大元
（至
欽察汗國
卡拉库木
益蘭州等部斷事官轄地
益兰州
察合台汗國
阿力麻里
别失八里
哈剌火州
可失哈耳
伊利汗國
印度
總制院轄地
尼波罗
蒲甘
缅
圖例
京師 都城
保定府 省級駐所
除州府 府級駐所
昌平州 其他居民點
國界
省界
地區界
京師 今首都
鄭州 今直轄市、省、自治區政府駐地
汴東 今市政府駐地
今其他居民點
百万分之一
550公里

忽必烈傳

李治安 著

導讀　世界帝王（universal emperor）的挑戰

洪麗珠

忽必烈（Khubilai Khan，一二一五—一二九四，中國歷史上的元世祖）是大蒙古國（Yeke Monggol Ulus）的最後一任大汗；中國正統王朝元代（Yuan Dynasty）的開創者。對蒙古民族來說，成吉思汗的地位不容挑戰，而忽必烈汗身為世界征服者的繼承人之一，卻不免毀譽參半，甚至一度被部分蒙古人視為「蒙古文化叛徒」。但如同成吉思汗等同於大蒙古國一般，忽必烈亦可與元朝畫上等號，美國漢學家羅沙比（Morris Rossabi）於八〇年代末出版的專書《忽必烈汗：他的生活與時代》（*Khubilai Khan: His Life and Times*）描述道：「忽必烈是一個世界性的帝王，在十三—十四世紀的各種文化中具有不同的形象，名滿天下。……他獨有的成功在於將自己從遊牧征服帝國的大汗轉變成能有效統治定居社會的帝王。」故而，無論是忽必烈自己或後世研究忽必烈的專業史家，都不會滿足於僅將忽必烈定位為中國史上朝代的開創者。

忽必烈因為對各種文化的擁抱，以致後世有「悖離」蒙古文化的批判，但實際上忽必烈從創建元朝始，從未忘記自己是大蒙古國的繼承人。「元」朝之名，傳統認知上是忽必烈採納漢人謀臣劉秉忠（一二一六—一二七四）的建議，從《易經》：「大哉乾元」而來，這使元朝創建之初似乎戴上了「漢化」（Sinicization）的外衣，羅沙比則認為忽必烈的種種作為，目的都是成為一位「世界的」帝王（universal emperor），而非僅是中國的皇帝。「大哉乾元」與其視為對儒化或漢化的選擇，更應該是滿足漢族士大夫的情感與兼顧大蒙古帝國本質的「變通」。元史學者蕭啟慶師已論證「元朝」就是「大朝」之意，元朝創建之前，成吉思汗的 Yeke Mongghol Ulus 有兩個漢譯，「大蒙古國」之號用於外交文書；簡譯的「大朝」則常用於對內，兩種漢譯國名並行了五十年之久，忽必烈的「元」就是取其「大」，只是換用一種更具中國朝代風格的譯法。簡之，忽必烈以「元」為國號，除了認知立國以漢地為中心的現實，也為建構他世界帝王形象的一環，這是忽必烈「祖述變通」的思維本質。

故而，要真正認識元朝，就必須透徹了解忽必烈汗。本書為專業蒙元史家力作，著者具有深厚的制度史研究基礎，奠定撰寫忽必烈傳最好的沃土。作者曾經指出：「忽必烈與其祖父成吉思汗一樣，堪稱蒙元的一代偉人。成吉思汗以征服武功震撼世界，忽必烈則以走向文治著稱於天下，他是成吉思汗最優秀的繼承者。」前輩學者蔡美彪亦說：「一部忽必烈的傳記等同於半部元史。」確是精論。此書將忽必烈的一生細膩地分為十九章：第一章到第七章，在時間軸上是滅宋之前忽必烈從成吉思汗的諸孫成為元朝大汗的過程。首先陳述蒙古世系從成吉思汗選定的窩闊台系轉移至拖雷系後人，這是忽必烈能走上成吉思汗繼承者位置的關鍵。再論及蒙哥登上汗位後，命忽必烈總領漢南軍國重事，開啟了著名的「金蓮川幕府」時代，亡金名儒與天下豪傑群從，尤其是劉秉忠、姚樞、郝經等，構成了潛邸謀臣集團，對於忽必烈的崛起助益甚大。而蒙哥忽然死於四川合州釣魚城，給予忽必烈奪取汗位的大好機會，他趕到開平召開忽里台大會，宣告自己成為大蒙古國的合法繼承者，也與同母弟阿里不哥展開多年的鬩牆之戰。另外一方面，他同時創建元朝，附會漢法，以雙重體制作為元朝立國基調，確立行政、軍事、監察分立的政治架構。忽必烈與阿里不哥進行戰爭之際，他所擔心的山東降將果然趁機聯宋叛蒙，提供忽必烈罷黜世侯制度，集權中央的契機，也導致忽必烈對漢族的信任與感情蒙上難以抹滅的陰影。因此，忽必烈開始重用色目人，藉以壓抑與牽制朝中漢人，尤其是阿合馬的專政，藩邸儒臣日漸淡出權力中心，最終引發暗殺阿合馬事件與真金太子憂死的結果。最後作者回到宋元之間的和戰關係，國信使郝經被賈似道拘留多年，以致議和破局，忽必烈在南宋川蜀降將的建議下，改變攻宋戰略，練水軍、圖襄樊，最終在一二七六年（至元十三年）謝太后率眾於臨安出降，三年後廣東崖山大戰，宋祚正式告終。

第八章到第十三章論及治理制度、社會結構、軍衛體系、再次分封、用兵西北與征服戰爭的盡頭。忽必烈滅宋後將行省制推及於江南，並以帝師與宣政院統轄吐蕃的治理，這是史上首次將今日西藏地區納入直接統治的創舉。根據降服蒙古帝國的先後，元朝給予不同族群差異待遇，也成為後世對四等人制的討論基礎。而為了保持「行國」的祖宗之法，忽必烈冬、夏巡幸兩都，有元一代帝王從未間斷。他更重組怯薛軍，使其與漢式體制並行，為穩固江南等新征服區域，以皇子宗王出鎮各處。忽必烈取得汗位的後遺症是引來西北諸王的叛變；遠征日本、安南、緬甸、爪哇，以及對高麗的占領和統治，帝國的征服也已達到極限，忽必烈也因為這些征戰換來窮兵黷武的批評。

第十四章到十八章以元代的海外貿易、科技發展、宗教政策、理財爭議、皇位繼承為議題，最終總結了忽必烈一生的功過。元代海外貿易發達程度空前，帝國的規模激發了完善的驛傳制度（站赤、急遞鋪），各族人才的匯聚與合作開啟科技的活躍發展。宗教政策則兼容並蓄，伊斯蘭、基督教、道教、佛教等首次與儒教平起平坐。但忽必烈的晚年並不平靜，重用色目人理財一方面是為制衡漢族儒臣，一方面也因對外征戰不斷與封賞太濫，財政亟需整理，這使得以漢法治漢地的基礎產生裂痕，真金太子也因為阿合馬暗殺事件受到波及早逝，忽必烈為穩定汗位繼承借用漢人嫡長子繼承制的規劃宣告夭折，從此元朝的皇位繼承波折不斷。最後一章作者以「蒙漢雜糅夢、功過紛紜說」作為忽必烈傳的總結評論。

本書雖名為帝王傳記，卻是以忽必烈為中心，元代創建前後的重大內、外制度為緯，人、文化、制度之間的互動為網，通讀本書，可獲得的元朝知識含量遠過於單一人物傳記。日本學者杉山正明（すぎやま まさあき）曾如此說道：「如同田餘慶所注意到的一樣，在拓跋政權和其後的中華世界中，多民族化和多元複合文化是顯著而同时進行的。唐宋變革是令人刮目相看的演變，與這種變革成果同步，北族王朝這一軍事優先的混合體，實際也形成了組織。结果，這兩種變化並行不悖，相互影響，共同向著下一個歷史階段前進。高度評價南方繁榮的文化區域和文明主義，貶低北方的粗野和武力的軍事優先主義，這不僅是中國學者的通病，日本的中國史學家也有此傾向。綜合地把握兩者，進而描畫出一幅時代的立體畫像，此點非常必要。也只有如此，才能體現出歷史研究者真正的水準。」（《澎湃新聞訪談》，二〇一四年七月）

即使有些學者並不同意杉山氏以往論著中「元朝非中國王朝」的觀點，但他的論說提醒著研究者與讀者，蒙元史的本質牽涉到複雜的多樣民族與文化，避免片面的立場，才能趨近蒙元史的原貌。本書不僅是描繪一位王朝開創者忽必烈汗，更特別注意到了蒙古原有文化對於忽必烈決策上的影響，如何成為複雜民族與文化的共同帝王，是忽必烈終其一生面臨的最大挑戰，也是讀者理解與閱讀此一忽必烈傳應具備的起點。

導讀作者簡介

洪麗珠
台灣清華大學歷史所博士、四川大學歷史文化學院副研究員。

序言

與祖父成吉思汗一樣，忽必烈堪稱蒙元一代的偉人。

在人們的腦海中，成吉思汗幾乎成了蒙古征服的代名詞。提起忽必烈，人們又馬上會聯想到元朝大一統帝國。成吉思汗以征服武功震撼世界，忽必烈則以文治著稱於天下。

忽必烈是成吉思汗繼承者中最傑出的政治家。他吸收漢法，毅然南下，遷都幽燕，建立了與大蒙古國略有不同的元帝國。他成功地平定南宋，完成了統一中國南北的大業。他創立了高層政區分寄式中央集權的行省制度，把江浙、江西、湖廣、河南、陝西、甘肅、四川、雲南、遼陽等地置於行省管轄之下。他創立行御史台和二十二道肅政廉訪司，大大完善了地方監察制度。他實施帝師、宣政院和政教合一制度，第一次將吐蕃納入中國版圖並進行直接、有效的治理。他第一次在元帝國廣袤疆域內統一發行紙幣，第一次開闢東南糧食北上的海道運輸。他重用郭守敬和札馬魯丁，支持他們從事世界先進水準的天文、曆法及水利等的科學研究。他崇信喇嘛教，又兼容並蓄，對儒學、道教、伊斯蘭教、基督教等多種宗教文化採取一定的保護優待政策。

義大利旅行家馬可波羅曾給予忽必烈很高的讚譽：「大可汗，是一個最智慧，在各方面看起來，都是一個有天才的人。他是各民族和全國的最好君主。他是一個最賢明的人，韃靼民族從來所未有的。」[1]即便屏除某些過頭的讚譽飾語，忽必烈仍不愧為十三世紀中國政治舞台上叱吒風雲的人物。

二十年前，筆者隨楊志玖師學習元史，開始研讀包括《元史》、《史集》在內的諸多史書。讀書之餘，兩點直觀感受，油然而生：一是成吉思汗征服亞歐的功業，令人驚歎不已，其取得成功的原因，也令人疑問叢生，興致盎然；二是忽必烈在少數民族中第一個統一和治理中國南北，同樣令人拍案讚歎，其動機、背景及利弊得失，也充滿了困惑狐疑。這兩個感受，幾乎陪伴著筆者近二十年學治元史的全過程。筆者在撰寫《元代分封制度研究》和《行省制度研究》兩本拙著之後，上述感受更為強烈，其中的一些疑問開始有了答案，對這兩個人物的思考也比較深入和理性了。

一九九九年，人民出版社陳鵬鳴同志和我談起撰寫成吉思汗、忽必烈兩傳記之事，希望我選寫其中一傳。我考慮再三，覺得自己對早期蒙古史研究較少，國內外成吉思汗傳記已有數十種。相對而言，忽必烈傳記目前僅有周良霄、羅沙比等五六種，有關內容自己也比較熟悉。所以表示願意承擔《忽必烈傳》的約稿。

記得在承擔約稿之初，蔡美彪先生曾經對我說，撰寫《忽必烈傳》實際上相當於寫半部元史。忽必烈是元王朝的創建者，他在位三十五年，占去元朝百年歷史的三分之一。而且，元王朝的大部分典制奠定於忽必烈，許多重要事件發生在忽必烈時期。在這個意義上，蔡先生的「半部元史」說頗有道理。

蔡先生語重心長，呵護後學，給我以很大的鼓勵和鞭策，使我時時想著要把《忽必烈傳》寫好。但是，究竟能不能寫好這「半部元史」，我又感到學識淺薄，心中沒底，只能是盡力而為。

概括地說，撰寫《忽必烈傳》的宗旨有三：其一，全面系統地描述和詮釋元王朝的締造者忽必烈，讓這位曾經對十三、十四世紀的中國和亞洲產生很大影響的人物，進一步為世人所瞭解認識；其二，以忽必烈其人為切入點，深化對元代歷史的探索和認知；其三，筆者始終抱著這樣一佃執著的願望或追求：認真揭示忽必烈在少數民族中首次統一和治理中國南北的來龍去脈和曲折經歷，以及動因、背景和利弊得失。

如果這本書能夠就上述三方面給予讀者比較滿意的答案，那將是筆者深感欣慰的。

《忽必烈傳》畢竟是傳記，體例上應該和斷代的元史有所不同。經過一番考慮，本書在體例上擬作如下安排：全書共計十九章，內容又分為六部分。第一部分（第一章），忽必烈的家世與四大汗留下的基業。第二部分（第二章、第三章），藩王時期的忽必烈。第三部分（第四章—第七章），忽必烈在位前二十年建元朝、平定李璮之亂、重用阿合馬，滅南宋統一南北等重要活動。第四部分（第八章—第十六章），忽必烈在位期間行省分鎮、吐蕃治理、種族分治、兩都巡幸、宗親分封、平定叛王、海外征伐、站赤外貿、科技儒學宗教等政事功業。第五部分（第十七章、第十八章），忽必烈暮年政治、后妃皇子和皇位傳承。第六部分（第十九章），關於忽必烈的總體評價。

由於元朝皇帝的特殊身分，《忽必烈傳》的內容不可能僅限於忽必烈私人事蹟，自然會跟他在位三十五年的重要政事及制度實施，緊密聯繫在一起。所以，本書擬採取與上述情況相適應的寫作方式，即以傳主忽必烈人生歷程為縱向主線，又橫向涉及他在位三十五年間政治、軍事、經濟、文化諸領域中以傳主為主導的重要史事。縱與橫結合，人與事兼顧，寫成的結果，實際上是「忽必烈及其時代」。在專制王朝的條件下，帝王是王朝的中心人物，當時許多重要事件都是圍繞帝王個人延伸發展的。忽必烈個人傳記很難和他所在的時代截然分開。這似乎也符合一般帝王傳記的慣例。

在寫作過程中，遇到的另一個困難是資料的不完善。與元史有關的史料，雖然比漢唐以前諸斷代豐富一些，但比起宋史、明史、清史，就相形見絀了。有關元世祖忽必烈的史料，也大體如此。關於忽必烈時期的朝廷重要史事，史料記載還算比較豐富，可涉及到忽必烈個人性格、情操、才識和作風，史料方面的零散和缺漏，就比較嚴重了。這種史料記載的客觀困難，給寫作帶來許多不便，致使筆者企望描述、揭示忽必烈個人性格、情操、才識的努力難以如願以償。有些場合確有「巧婦難為無米炊」的苦楚。這一點，敬請讀者見諒。

還有一個問題，文言與白話的使用。考慮到這套傳記的通行慣例，考慮到某些文言文史料十分生動、翔實，本書的處理方式是：凡情節重要和描述生動的史事或人物言語，多半使用史書原有的文言文；凡是不太重要的史事或話語，一概使用白話文。這樣雖然有半文半白之嫌，但在敘述描繪的生動和真實方面卻可以增色不少。本書屬於歷史學傳記，這樣處理應該是比較適宜的。

不湊巧的是，承擔此書撰寫工作以後，本人先後忝居南開圖書館和歷史學院職務，人在公職，身不由己，搜集資料和寫作，大部分需要利用夜晚時間或休息假日，寫作速度放的較慢，竟然歷四寒暑。今天總算完成了任務，我也如釋重負。

斷斷續續的寫作，有時會影響思維的連貫性，但時間較長，倒可以從容研讀史料，從容構思，反覆修改，說起來也有它的益處。效果究竟如何，只能讓讀者評判了。

二〇〇三年五月於天津南開大學龍興里

註釋

1 《馬哥孛羅遊記》張星烺譯本，頁一五一，商務印書館，一九三六年。

目次

忽必烈像

元成祖出獵圖

第一章　煊赫祖宗業　巍然征服功

西元一二一五年九月二十三日（陰曆八月乙卯），[1]一名黃金家族的男嬰，在漠北蒙古草原呱呱落地。他就是成吉思汗的又一位嫡孫和繼承者，拖雷次子忽必烈。

說來也巧，此時乃祖成吉思汗親自統率的蒙古鐵騎攻破金朝中都（今北京市）不滿百日。四十五年後，忽必烈竟把這個前金中都改建為大都城（西方人稱為「汗八里」），在那裡做起第五任蒙古大汗和元帝國的皇帝，而且成為可與乃祖成吉思汗相媲美的偉大人物。忽必烈在拖雷十個兒子中排行第四，但因係正妻唆魯和帖尼所生，又是四名嫡子中的第二子。

相傳，成吉思汗對剛出生的孫兒忽必烈端詳良久，說道：「我們的孩子都是火紅色的，這個孩兒卻生得黑黝黝的，顯然像他的舅父們。去告訴唆魯和帖尼別吉，讓她把他交給一個好乳母去餵養。」

拖雷正妻唆魯和帖尼出自蒙古克烈部，這裡所說的「舅父們」，應指突厥後裔克烈部男子。遵照祖父的意見，帶有部分克烈─突厥血統的忽必烈被交給拖雷次妻撒魯黑。這位出自乃蠻部的女子，成了忽必烈的乳母。忽必烈十分尊重乳母撒魯黑，一直和乳母及其所生子末哥保持著良好的關係。[2]

忽必烈的父親拖雷和母親唆魯和帖尼，都曾經是大蒙古國最有權勢的人物。所生四子中，蒙哥、忽必烈及阿里不哥，曾任第四、第五任大汗，旭烈兀則是波斯伊利汗國的開國君主。可見，在成吉思汗子孫中，拖雷——忽必烈支系是最為顯赫和舉足輕重的。

早在少年時代，祖父成吉思汗征服者的剽悍身影，給忽必烈留下了不能磨滅的記憶。

一二二四年，當成吉思汗從西征前線班師回到自己的帳殿之際，他的親屬們都專程趕來迎接，包括幼弟斡赤斤．鐵木哥，也包括兩名嫡孫：十一歲的忽必烈和九歲的旭烈兀。

恰巧忽必烈、旭烈兀兄弟剛剛在原乃蠻部邊境的愛蠻．豁亦之地初獵而歸，忽必烈射殺了一隻兔子，旭烈兀射殺了一隻山羊。按照蒙古人的風俗，小孩子第一次出獵時，長輩要在孩子大拇指上拭以肉和油脂。成吉思汗不顧長途征戰跋涉的勞累，親自為這一對初獵成功的嫡孫拭指。兩位嫡孫對勝利歸來的祖父滿懷崇敬。或許是未成年的緣故，當時他們並不能完全明白祖父的心願和寄託，忽必烈只是輕輕地握了握祖父的大拇指，旭烈兀則用力掐住祖父的拇指，還讓身經百戰的老祖父痛得叫出聲來。[3]

這次拭指在忽必烈兄弟後來的人生歷程中又是永遠難以忘懷的。隨著年齡的增長，尤其是兩人分別成為第五任蒙古大汗和伊利汗國君時，他們或許會領悟到當年拭指時祖父欲其將征服偉業薪火相傳、發揚光大的心願和寓意。

讓我們先來追溯成吉思汗建國和前四位蒙古大汗的征服偉業吧！

成吉思汗建國與征服偉業

六、七百年來，成吉思汗鐵木真的名字幾乎成了蒙古國和軍事征服的同義詞。他所發動的蒙古征服，改變了亞洲及歐洲的面貌與歷史，震撼了整個世界。

十二世紀的蒙古草原，充滿了動盪和血腥劫殺。「有星的天，旋轉著，眾百姓反了，不進自己的臥內，互相搶劫財物。有草皮的地，翻轉著，全部百姓反了，不臥自己被兒裡，互相攻打。」[4]鐵木真統一蒙古諸部和建立蒙古國，就是由此而起步的。

鐵木真雖然出自蒙古乞顏・孛兒只斤氏貴族，但其父也速該被塔塔兒人毒殺後，厄運一直在作弄著他。部眾離散，泰赤吾氏的綁架，新婚妻子被掠等等，大小災禍，接踵而來。

鐵木真沒有向厄運低頭屈服，而是艱難抗爭，奮力改變著自己的命運。他求助於克烈部王罕和札只剌部札木合，向他們借兵三萬，打敗了篾兒乞惕首領脫脫，奪回了被掠的妻子孛兒帖等。[5]於是，蒙古部眾和乞顏部貴族逐漸重新向鐵木真聚攏。一一八九年，鐵木真被推選為乞顏部可汗。[6]

而後，在與札木合及泰赤吾氏貴族較量的「十三翼之戰」中，鐵木真軍力受挫而歸附者轉多。[7]

接著，鐵木真與金朝內外配合，藉斡里札河戰役進攻東鄰勁敵塔塔兒部，敗其精銳，掠其民眾。一二〇一年，他還擊潰了札木合率領的塔塔兒、泰赤烏等部族聯盟軍隊。一二〇二年春，再次出兵，徹底消滅了塔塔兒部，為父親復了仇。[8]

一二〇三年，鐵木真與克烈部王罕決裂，雙方先後在合蘭真和折折運都山展開激戰，最終克烈部敗亡。

翌年，鐵木真迎戰率軍來攻的乃蠻部太陽罕，在納忽山一帶大敗乃蠻軍，滅亡了國土廣大，百姓眾多的乃蠻部。[9]

鐵木真終於用他的鐵騎和弓箭，將蒙古諸部統一在自己麾下。

一二〇六年春，在斡難河源頭的「忽里台」（蒙古語「聚會」）貴族會議上，鐵木真被尊為成吉思汗。還建九腳白旄纛，立國號「也客蒙古兀魯思」（大蒙古國）。成吉思汗的大蒙古國就這樣誕生了。

成吉思汗又著手規定了草原游牧帝國的一系列重要制度。首先是設置九十五千戶。全體牧民百姓被統一編組在十進位的九十五個千戶內，千戶之下，又有百戶、十戶，並且劃定相應的牧地。千戶既是軍事單位，又是地方行政組織。千戶成員「上馬則備戰鬥，下馬則屯聚牧養」，必須在劃定的千戶內游牧和應役，不得擅自離去。千戶長那顏（蒙古語「官人」）由大汗任命的有功貴族和那可兒（蒙古語「伴當、同伴」）世襲擔任。千戶之上又設左、右翼兩個萬戶，節制所屬的數十個千戶。[10]

千戶制度從總體上取代了舊有的氏族部落組織。它的編組又分兩種情況：一是那些始終忠誠於成吉思汗的部落首領或主動歸附的部落首領，獲准將其本部族眾統一編組為若干千戶；少數功勳卓著的那可兒也被特許收集其散亡的族眾組建千戶。二是多數千戶由蒙古諸部統一戰爭中覆滅瓦解了的不同部族的人民混合組成，另行委任千戶長管領。

千戶作為全體蒙古人軍民合一的組織，結束了蒙古諸部林立的舊體制，構建起大蒙古國新的基本統治秩序。

其次，組建萬人怯薛護衛軍。

怯薛源於草原部落貴族親兵，帶有濃厚的父權制色彩。成吉思汗在原有五百五十名怯薛護衛的基礎上，擴建起萬人大怯薛，包括一千名宿衛，一千名箭筒士，八千名散班。散班從千戶長、百戶長、十戶長及平民（白身人）的兒子中挑選有技能、身體健壯者充任，帶有強制入質的色彩。

怯薛集中了草原游牧帝國最精銳的部隊，號稱「大中軍」。其職司主要是：保衛大汗金帳，隨從大汗出征和分管汗廷的各種事務。宿衛負責夜間值班，箭筒士和散班負責白天值班。分四番入值，每番三晝夜，總稱四怯薛。

成吉思汗任命最親信的那可兒博爾忽、博爾朮、木華黎、赤老溫「四傑」，世襲擔任四怯薛長。還有各種世襲任職的專門執事：如火兒赤（主弓矢者）、雲都赤（帶刀者）、昔寶赤（掌鷹隼者）、札里赤（書寫聖旨者）、必闍赤（掌文書者）、博兒赤（掌烹飪飲食者）、闊端赤（掌從馬者）、速古兒赤（掌內府尚供衣服者）、答剌赤（掌酒者）、怯里馬赤（譯員）等。成吉思汗又規定，怯薛護衛的地位高於在外的九十五千戶那顏。[11]

怯薛的組建，不僅使大汗控制著一支強大的親衛軍及宮廷事務機構，還能協助大汗行使中央政府的諸多職能。故對大蒙古國游牧君主制的奠定和鞏固發揮了十分重要的作用。

第三，創制蒙古文字。

起初，蒙古人沒有屬於自己的文字，即使是發布號令和派遣使者往來傳遞消息，也只能用手指刻記。[12]成吉思汗攻滅乃蠻部，俘虜了該部掌印官塔塔統阿，從塔塔統阿處知道了畏兀兒字刻於印章，「出納錢穀，委任人才，一切事皆用之，以為信驗」等效能。於是，成吉思汗命令塔塔統阿用畏兀兒字母書寫蒙古語，並教皇子諸王學習。[13]經塔塔統阿等人的工作，創制了畏兀兒字蒙古文。

蒙古文字的創制，是蒙古民族共同體形成的標誌之一，也促使蒙古族的文化有了劃時代的進步。其後的成吉思汗「札撒」和歷史文學巨著《蒙古秘史》等，均是用畏兀兒字蒙古文書寫的。

第四，任命大斷事官。

斷事官，蒙古語曰札魯忽赤。一二〇六年，成吉思汗任命養弟失吉忽禿忽為大斷事官，其職責主要是，掌管民戶分配和刑獄詞訟。正如成吉思汗所言：「如有盜賊詐偽的事，你懲戒著，可殺的殺，可罰的罰。百姓每分家財的事，你科斷著。凡斷了的事，寫在青冊上，以後不許諸人更改。」[14]

大斷事官是蒙古國的最高司法行政長官，相當於「國相」。它的問世，意味著蒙古國家機構的逐步正規化。

第五，制定「札撒」。

「札撒」是蒙古語「命令」、「法令」之義。一二〇三年成吉思汗攻滅克烈部王罕後，已開始訂立嚴峻的法令（札撒），召集大會，當眾宣布。[15]一二一九年西征前夕舉行的忽里台貴族會議上，成吉思汗重新確定了訓言、律令和古來的體例，又下令寫在紙卷上，編為「大札撒」。[16]

「札撒」原文已佚失，部分條款保留在中外史籍中。如那顏們不得背離君主而投靠他人，不得擅離職守，違者處死；挑撥是非，構亂皇室者處死；收留逃奴而拒不歸還主人者處死；盜竊牲畜者九倍償還，否則償以子女；強盜寇掠者處死，籍沒其家賠償受寇方；說謊詐騙，以幻術惑人者處死；禁便溺於水中等等。後來凡舉行議定新汗或大征伐等忽里台貴族聚會，都要奉讀大札撒以為訓。

「札撒」是大蒙古國的法典，它為成吉思汗所建立的國家提供了法律依據和法律秩序。

第六，分封子弟。

一二〇七—一二一四年，按照蒙古草原家產分配習俗，成吉思汗把九十五千戶中的三十餘個及蒙古國東、西兩翼之地，分授給諸子諸弟。合撒兒、哈赤溫、斡赤斤．鐵木哥及別里古台四兄弟的封地在蒙古東部，稱為「東道諸王」。朮赤、察合台、窩闊台三嫡子的封地在阿勒台山之西，稱為「西道諸王」。幼子拖雷除繼承管領成吉思汗四大斡耳朵和中央兀魯思所屬千戶外，也以吉兒吉思之地為封地。擁有分民和封地的成吉思汗諸子諸弟，各自建立起自己的「兀魯思」封國領地。領地內管領游牧民的千戶那顏，又成為他們的家臣。

成吉思汗的子弟兀魯思分封，是與千戶制和怯薛制並存的另一項基本制度。分封，把家產制習俗擴大到整個蒙古國的管理，使大蒙古國的統治結構表現為大汗直轄與諸子諸弟分領的複合體系。它讓諸子諸弟封地充當著向東向西擴張的跳板，從而給蒙古征服注入了巨大的驅動力，同時也給大蒙古國發展與管轄，帶來了不少難以克服的麻煩。

蒙古國及九十五千戶等制度的建立，為成吉思汗提供了強大的戰爭機器。建國後不久，成吉思汗就發動了震驚世界的對外軍事征服。

一二〇五年，成吉思汗首先率軍抄掠西夏邊地。而後，對西夏的軍事征服進行了四、五次，規模越來越大，目標也改為納貢、稱臣、內屬、徵調等。直到一二二七年成吉思汗病逝前，仍親臨圍攻西夏國都的前線，並部署實施屠城和滅亡西夏的計畫。[17]

金朝被成吉思汗選為第二個征服對象。成吉思汗還揚起了替祖先俺巴孩等復仇的旗號，讓攻金朝師出有名。成吉思汗對金朝的進攻，先後有一二一一年、一二一三年、一二一四年和一二一五年四次，曾在野狐嶺和居庸關兩地殲滅金朝精銳數十萬。一二一五年還攻占金中都（今北京市），迫使金朝皇帝播遷南京汴梁（今河南開封）。[18]

成吉思汗軍事征服業績最輝煌和最殘酷的，還是在西面的中亞、西亞和東歐。這就是有名的

「西征」。

一二一九年成吉思汗藉口蒙古使者和商隊被殺，親自率領二十萬大軍征伐花剌子模，相繼攻克訛答剌、不花剌、撒麻耳干和玉龍傑赤等都市，進而攻占呼羅珊全境，又入侵印度河。所至之處，大肆屠殺擄掠，諸多西域名城被夷為廢墟。[19]

成吉思汗發動了有史以來游牧民族規模空前的軍事征服，建立了一個橫跨歐亞的龐大游牧帝國。《元史·太祖本紀》言其「用兵如神」，「滅國四十」。可謂成吉思汗軍事征服的赫然功業，也是他留給其子孫的主要遺產。

成吉思汗時期，對金朝統治下的漢地只是一味的軍事攻略，而且是抄掠和毀滅式的，基本上無所謂治理。如一二一三年秋至一二一四年春，「凡破九十餘郡，所破無不殘滅。兩河山東數千里，人民殺戮者幾盡，金帛、子女、牛羊馬畜，皆席捲而去，其屋廬焚毀而城郭丘亦丘墟矣。」[20]僅史秉直管領的遷徙漠北的擄掠人口就多達十餘萬家。[21]依照「凡敵人拒命，矢石一發，則殺無赦」的「國制」，許多城邑攻破之後，即下屠城令，「無老幼盡殺」，「屍積數十萬，磔首於城，殆與城等」。[22]

這種情況在木華黎以太師國王全權經營中原漢地之後，才逐步有所改變。

由於蒙古草原游牧文化與漢地農耕文化的隔閡、衝突，由於蒙古父權軍事封建國家對外擴張掠奪的野蠻屬性，成吉思汗一方面無愧為傑出的草原帝王和新興的蒙古族領袖，一方面又不可避免地充當了漢地先進文明的破壞者和毀滅者。

窩闊台汗與貴由汗

成吉思汗共有四個嫡子：朮赤、察合台、窩闊台、拖雷。朮赤雖身為長子，但係母親孛兒帖被篾兒乞惕掠去時所生，察合台等斥之為「篾兒乞種」，故無繼承汗位之可能。經成吉思汗父子五人協商和察合台的鼎力扶助，三子窩闊台在成吉思汗死後的第三年（一二二九年）做了大蒙古國的第二任大汗。[23]

窩闊台在成吉思汗諸子中是最富有睿智和政治謀略的。他在位十三年間，積極致力於大蒙古國統治的完善與鞏固，還頗有成效地推進了乃父成吉思汗的對外征服事業。

第一，哈剌和林建都。

窩闊台即位後不久，開始把自己的駐地移於斡耳寒河上游。一二三四年夏五月，他在該地的達蘭達葩建起了行宮，並舉行了一次忽里台貴族會議。翌年春，窩闊台從中原漢地調集一批各種技能的工匠，動工興建和林的城郭宮闕，主持這項工程的是燕京工匠大總管漢人劉敏。所修建的也包括諸王大臣的邸宅和僧徒的佛寺道觀。

和林城位於今蒙古國後杭愛省厄爾得尼召北，方圓十二里，東西向和南北向兩條道路交會於城中心，並通向四門，道路兩側也有店肆、作坊、官舍、寺院、民居。按照穆斯林史書的記載，和林城分回回人區和漢人區兩個區，還有十二座佛寺、兩座清真寺及一座基督教堂。

大汗所居的萬安宮在城西南隅，四周宮牆環繞，中間是一座占地二千四百餘平方公尺的宏偉大殿，其形制格式完全仿照中原的宮闕制度。一二五四年訪問和林的法國使臣盧布魯克說，萬安宮正殿宏偉高大，兩側是兩排柱子，南面是三道門，大汗坐在北面高台上，御座下左右兩側是諸王和后妃的座位。[24]

和林城建立後，大蒙古國開始有了固定的都城及宮殿，政治中心也由怯綠連河上游移至斡耳寒河上游。由於和林的地理位置處於蒙古國中心，和林建都又便於汗廷有效地統治整個疆域。

第二，設置站赤。

鑑於蒙古國的疆土越來越大，使臣來往頻繁，沿途既騷擾百姓又耽誤公事，窩闊台汗命令各千戶抽出人馬，專門充任站赤之役，供使臣乘用。站赤遍布全國，包括察合台領地和朮赤子拔都領地，均設站赤與和林相連。和林與漢地相連的驛路，號曰「納林」，共設三十七站。每站設馬夫二十人，使臣所用馬匹、車輛及廩給羊馬，均有規定的則例，不許欠缺。[25]站赤的定制，為龐大帝國的政令傳遞與交通聯絡，提供了很大的方便。

第三，初步訂立賦稅科斂。

窩闊台汗規定每年蒙古牧民一百隻羊繳納一隻二歲羯羊作湯羊，馬牛亦百者取一，一百隻羊繳納一隻羊救濟貧窮者。禁止諸王駙馬參與忽里台聚會時隨意科斂。又派人在荒漠地帶打井，解決水源。還設置倉廩，儲存貨物。

第四，部署探馬赤軍，鎮守已征服的地區。

成吉思汗時期已開始從各千戶抽調一定比例的兵員混編為探馬赤軍，充當軍事征戰中的先鋒。窩闊台汗進一步將此種軍隊部署於已征服的地區，負責當地的軍事鎮戍。例如綽兒馬罕等西路探馬赤鎮守巴黑塔惕、阿速等處，五投下探馬赤鎮守汴梁、燕京等處，也速迭兒率探馬赤軍鎮守高麗及女真等地。[26]

探馬赤軍用於鎮戍，對大汗直接控制新征服區域和穩定支配更多的軍隊，都有重要意義。

第五，「長子出征」與南下滅金。

一二三五年，窩闊台汗命令拔都、貴由、蒙哥等各支宗室均以長子統率出征軍，萬戶以下各級那顏亦遣長子從征，進行有名的「長子出征」，征討西域未臣服的欽察、斡羅斯諸國。[27]

一二三二年，窩闊台汗攜幼弟拖雷，率領蒙古軍南下大舉攻金，先在三峰山與金軍決戰而殲其精銳，後又攻克汴梁、蔡州等，滅亡了金朝。[28]

這樣，蒙古軍事征服得以繼續向外推進，大蒙古國的版圖和勢力範圍遂擴張到欽察草原和黃河以南。

在對待中原文明和改變漢地統治方式上，窩闊台汗比起乃父有了較明顯的進步。有條件地保留了中原農耕文明。

窩闊台汗即位不久，汗廷使者別迭等提議：「雖得漢人亦無所用，不若盡去之，使草木暢茂，以為牧地。」別迭等人顯然是在固守蒙古草原游牧文化本位和成吉思汗對漢地的野蠻殺掠政策。窩闊台汗卻採納契丹人耶律楚材收其稅而留其民的建議，在中原漢地試設十路課稅所，並取得了成效。窩闊台汗看到課稅所很快從漢地運來諸多金帛財富，十分欣喜，自然願意容許和保留中原農耕文明了。[29]

設置漢地萬戶世侯，對漢地實行間接統治和管轄。

木華黎國王負責經營中原漢地之際，就開始對納土歸降的漢族地主武裝頭目授予行省、都元帥、州尹、縣令等官銜，利用他們治理新征服區域。窩闊台汗即位後，參照蒙古兵民合一的制度，正式設立漢地萬戶世侯。起初僅立劉黑馬、史天澤、蕭札剌三萬戶，一二三二年之後增至七萬戶以上。一二三六年又實行「畫境之制」，調整和確定漢世侯的轄區疆界。於是，這些漢族萬戶就成為軍民兼領，有土有民，世襲罔替的世侯軍閥。[30] 蒙古統治者正是通過這批萬戶世侯，間接地治理管轄漢地農耕區。漢世侯的統治方式，是對戰國以來傳統的中央集權制度的倒退。然而，比起與農耕文明隔閡尚深的蒙古游牧貴族，畢竟要好一些。

改裂土分封為五戶絲食邑制。

一二三六年，窩闊台汗將七十六萬餘戶中原農耕民封授給蒙古諸王、貴戚和功臣。這次分封是漠北分封的繼續，開始也是要沿用漠北制度，裂土分民，各治其邑。後來，窩闊台汗聽取耶律楚材的建議，改而實行五戶絲食邑制。內容是：各投下封君只在分地設達魯花赤，朝廷置官統一徵收賦稅，按其應得封戶頒給五戶絲，未奉大汗詔令，不得擅徵兵賦。[31] 這在漢地王朝不算什麼新制度，但較之漠北蒙古分封，又進步了許多。

窩闊台汗在蒙古滅亡金朝、入主中原的歷史條件下，一方面把蒙古的萬戶制、分封制等大量帶入漢地，另一方面又不十分情願地部分接受著漢地統治方式。遺憾的是，窩闊台汗晚年重用回回人奧都剌合蠻，在漢地實行撲買課稅，變本加厲地搜刮民財。漢地的治理，又因添入回回人因素而變得複雜起來。

在窩闊台汗部分改變漢地統治方式過程中，耶律楚材的全力輔佐，至為重要。

耶律楚材是契丹貴族後裔，蒙古軍攻破金中都時歸降成吉思汗，隨從西征。初以占卜星相等術充任必闍赤（書記官），窩闊台汗即位後受到重用。他自幼學儒，兼通佛、道、醫卜、術數、天文、地理。他在擔任中書令（負責蒙廷文書）和主管漢地財賦過程中，從以儒治國的理念出發，竭盡全力勸導和輔佐窩闊台汗，吸收漢地的先進統治方式，重視漢地文明的價值。

除了前述收其稅而留其民和改裂土分封為五戶絲食邑制外，耶律楚材曾引入漢地王朝的君臣禮儀，說服察合台率領皇族尊長向窩闊台汗跪拜。他曾經力諫窩闊台汗勿屠金都汴梁，使在汴避兵的一百四十七萬人免遭慘禍。他曾倡導和主持「戊戌選士」，中選者四千餘人，千餘名儒士由此脫離驅奴之籍。又量才予以任用，不少中選者日後成為忽必烈朝的名臣。他限制斡脫商的利益，改其連息加倍的「羊羔息」舊法，實行本利相侔而止和官府代償債。他諫止回回人征南，漢人征西和漢地按丁定賦等荒謬做法，「各從其便」，以減少對百姓的騷擾。32

耶律楚材是最先影響和促使窩闊台等蒙古統治者部分改變漢地統治舊法的重要人物。雖然他的主張沒有能全部實現，後期又遭到回回人奧都剌合蠻的排擠，抑鬱而亡，但窩闊台等蒙古統治者畢竟在重視漢地文明的價值、吸收漢法等方面，前進了許多。耶律楚材以漢法治漢地的主張，還為後來忽必烈及其臣僚提供了十分寶貴的參考和借鑑。後一點同樣是值得肯定和稱道的。

據做過窩闊台汗御前控鶴近侍的平陽人陳某描述，窩闊台汗「天容晬表，一類釋迦真像，仁厚有餘，言辭極寡，服御簡素，不尚華飾，委任大臣，略無疑貳，性頗樂飲。及御下聽政，不易常度。當時，政歸台閣，朝野歡娛，前後十年，號稱廓廓無事」。33

陳某所言，大體符合窩闊台汗的所作所為。

然而，嗜酒如命，寬縱濫賞，又是窩闊台汗嚴重的弱點。

關於窩闊台的嗜酒和寬縱濫賞，拉施特說：「合罕很喜歡喝酒，經常喝得酩酊大醉，並且在這方面無所節制。〔這〕使得他身體日益虛弱；無論近臣們和好心腸的人們如何阻攔他，〔都〕未能成功。相反地，他喝得〔更〕多了。」「當合罕已經建成哈剌和林城以後，有一天他進入國庫，看見約有兩萬巴里失，他於是說，『我們積蓄這些有什麼用？經常都要看守著，去宣布，讓那些渴望〔取得〕巴里失的人來領取吧。』於是城中的居民，貴族和平民，富人和窮人，〔都〕

向國庫走來，每人都得到了豐富的一份。」志費尼也說：「在賞賜財物中，他勝過他的一切前輩。因為天性極慷慨和大方，他把來自帝國遠近各地的東西，不經司帳和稽查登錄就散發一空……沒有人不得到他的賜物或份兒離開他的御前，也沒有乞賞者從他嘴裡聽見『不』或『否』字。」[34]

上述嗜好或毛病，有些出於天性，有些出於早期蒙古人不懂得財富價值而寬縱疏財的習慣。它帶來了當時大蒙古國財政方面的一定混亂，以致部分臣民利用其寬縱而大行其私，也由此形成了蒙元濫行賞賜的慣例。尤其是後者，對蒙元諸帝的負面影響至深且重。

這又使窩闊台超越乃父功業的努力，往往被部分抵消。

貴由汗是窩闊台汗的長子。本來，窩闊台生前曾指定皇孫失列門（第三子闊出之子）為繼承人。只是因為貴由母親六皇后脫列哥那利用其臨朝稱制五年之便，極力活動，才把其子貴由推上了第三任大汗的寶座。

貴由汗即位後處理的第一件事是，審判和懲辦法提瑪。

法提瑪原為來自呼羅珊徒思的一名女俘虜，靠著狡黠和幹練，她成了六皇后脫列哥那臨朝稱制時寵愛的近臣。朝廷大臣往往要以她為奏請六皇后的仲介，才能辦理一切大事。她慫恿六皇后脫列哥那撤換了一批朝廷舊臣。像鎮海、牙剌窪赤等重要官員，先後遭其排擠迫害。貴由汗命令手下用棍棒逼法提瑪承認罪行後，就把她裹入一塊大氈，拋進水中淹死。六皇后脫列哥那所寵的回回理財官員奧都剌合蠻也被貴由汗處死。

接著，追究斡赤斤・鐵木哥陰謀奪汗位事件。

斡赤斤・鐵木哥是成吉思汗幼弟，他以灶主身分繼承了其母所封千戶，故在東道諸王中占有的蒙古千戶最多，實力最雄厚。窩闊台汗去世後，他曾率領大軍前往窩闊台汗的斡耳朵宮帳，企圖憑武力染指汗位。六皇后脫列哥那派遣使者卑詞質問他的行為及用意。斡赤斤・鐵木哥事後悔恨其奪位圖謀，匆匆率軍隊撤回自己的營地。貴由即汗後，命令從兄弟蒙哥和斡兒答審訊斡赤斤，最後將他處死。

貴由汗還拘收在汗位空虛期間諸王擅自頒發的牌符命令，責備他們的不法行為。貴由汗重新重用被六皇后脫列哥那罷黜的鎮海、牙剌窪赤等官員，又任命野知吉帶接替綽兒馬罕掌管鎮戍波斯的探馬赤軍。

貴由汗一度以大汗的身分，出面干預察合台兀魯思的君主繼承。察合台生前曾指定孫子哈剌—旭烈兀為他的繼承人。貴由汗與察合台第五子也速蒙哥關係很好，於是，強調「立子不立孫」，把君主位轉而授予也速蒙哥。

由於貴由在「長子西征」時和拔都結怨較深，貴由汗統治後期，曾親率大軍秘密征討朮赤之子拔都。

貴由汗體弱多病，又縱情酒色，他在位三年，就突然死在征討拔都的途中。35比起成吉思汗和窩闊台汗，貴由的確沒有什麼大的作為。但在任用親信和打擊政敵方面，倒是果敢堅決，成效累累。

拖雷與唆魯和帖尼

在成吉思汗四名嫡子中，拖雷最年幼。按照蒙古習俗，幼子又曰「斡惕赤斤」（灶主），可繼承父母的財產而守家帳。所以，拖雷號稱「也可那顏」（大官人），得以掌握成吉思汗的宮帳、牧地、怯薛護衛和大部分千戶，還被其父親昵地呼為「那可兒」（伴當、同伴）。

拖雷雖然未能繼承汗位，但在窩闊台即汗位前後，他一直是大蒙古國最有實力的人物。

成吉思汗確定窩闊台為汗位繼承人時，拖雷曾表態說：「兄根前忘了的提說，睡著時喚醒，差去征戰時，即行。」在成吉思汗逝世後的兩年內，拖雷實際上扮演著監國攝政的角色。擁戴新大汗的忽里台貴族會議上，窩闊台曾推辭道：「儘管成吉思汗的命令，實際上是這個意思，但是有長兄和叔父們，特別是大弟拖雷汗，比我更配授予大權和擔當這件事，因為按照蒙古人的規矩和習俗，幼子乃是家中之長，幼子代替父親掌管他的營地（禹兒惕）和家室，而兀魯黑那顏乃是大斡耳朵中的幼子。他在規定和非規定的時刻日夜都在父親左右，聞知規矩和札撒。我怎能在他活著時，並當著他們的面登上合罕之位呢？」[36]很明顯，窩闊台兩年之內未能及時即大汗位，拖雷及其所掌握的大批軍隊應是主要障礙。前述一二三一年窩闊台汗攜幼弟拖雷一同南下攻滅金朝，很大程度上就是為了借用他所掌管的六十多個蒙古千戶軍隊。

拖雷頗有軍事才能，成吉思汗曾命令他專門負責軍隊的組織、指揮及裝備。還預言：「你（指拖雷）將擁有許多軍隊，你的兒子們將比其他宗王們更為獨立和強大。」

在所有蒙古宗王中，拖雷率軍攻略的城邑和疆土也最多。

在呼羅珊，拖雷曾在三個月內攻占其全境。

在隨同窩闊台南下攻金時，拖雷又率四萬鐵騎從西面迂回包抄，由寶雞出大散關，沿漢水而東。因取道宋境，軍糧缺乏，甚至不得不以死人、死動物及乾草充饑。所率軍隊至鈞州（今河南禹縣）三峰山，與金軍主力決戰。當時金軍數量占優勢，又在地上挖掘戰壕駐紮兵士，以包圍蒙古軍。拖雷在軍中燒羊胛骨，祈求降雪，夜晚果然下起大雪，雪厚三尺。毫無備禦的金軍將士在戰壕中多被凍僵，無法舉動刀槍。拖雷率軍乘勢向金軍發動攻擊，殲滅金將合達的十五萬大軍，「追奔數十里，流血被道」，「金之精銳盡於此矣」。[37]

郝經賦詩述三峰山戰役：

俄聞繞出西南路，突騎一夜過散關；

……

黑風吹沙河水竭，六合乾坤一片雪。

……

逆風生塹人自戰，冰滿刀頭凍槍折；

……

二十萬人皆死國，至今白骨生青苔。[38]

拖雷是一二三二年死於返回漠北途中的。關於拖雷的死因，《元史．睿宗傳》及《元朝秘史》、《史集》說，拖雷是替窩闊台汗飲「巫覡祓除釁滌之水」，而後遇疾身亡的。有人甚至推測窩闊台汗在巫水內下毒而導致拖雷死亡。[39]這種推測不無道理。拖雷死亡前後，窩闊台汗與拖雷系的關係確實有些蹊蹺。波斯史家拉施特說，一次，唆魯和帖尼向窩闊台汗索要一名商人，遭到拒絕。唆魯和帖尼哭訴道：「我的心愛的人為誰作了犧牲？他替誰死了？」窩闊台聽到後，立即滿足了唆魯和帖尼的要求，並表示歉意。[40]顯然，窩闊台汗在拖雷死亡一事上是愧對唆魯和帖尼的。

拖雷的妻子唆魯和帖尼，是克烈部王罕的侄女。她機智聰慧過人而富有遠見。拖雷死後，唆魯和帖尼繼續掌管他麾下的軍隊、部眾及分地，並撫育蒙哥、忽必烈、旭烈兀和阿里不哥四個兒子。

儘管窩闊台降詔：拖雷所轄的軍隊和部眾，都聽從其妻唆魯和帖尼節制與號令，但他對拖雷系掌管的成吉思汗六十多個蒙古千戶始終十分嫉妒，常常想方設法予以肢解或變相剝奪。

某日，窩闊台汗未和宗親商議，擅自將拖雷系所轄的遜都思二千戶和雪你惕一千戶撥給自己兒子闊端。此事發生後，拖雷麾下的萬戶長和千戶長大嘩，揚言：「這兩千速勒都思人軍隊，按照成吉思汗的詔敕是屬於我們的，而合罕把他們給了闊端，我們怎能允許此事並違背成吉思汗的詔命呢？」唆魯和帖尼冷靜地對待這件事，感到不能因之與窩闊台汗對抗。她耐心說服那些喧鬧的萬戶長和千戶長：「你們的話是公正的，但是，我們所繼承的和自己取得的財產之中並無不足……軍隊和我們，同樣全都是合罕的…… 我們要服從他的命令。」終於用不大不小的讓步和妥協，平息了這場風波，維繫了對窩闊台汗的服從與和諧。

一波未平，一波又起。不久，窩闊台汗派使者送來了欲令唆魯和帖尼再嫁皇子貴由的詔旨，目的是想讓皇子貴由藉收繼孀居之嬸娘，全面接管拖雷系的軍隊和部眾。

這次唆魯和帖尼沒有作絲毫的讓步。她雖然首先聲稱：「怎麼能違背詔令呢？」接著又以「我有一個願望：要撫養這些孩子，把他們帶到成年和自立之時」為詞，婉言謝絕，致使窩闊台汗的圖謀未能得逞。

唆魯和帖尼對子女的教育十分精心和嚴格。她恪盡做母親的責任，教兒子們懂得德行和禮貌，不允許他們之間為小事發生任何爭吵，不允許他們違反或變動律令和札撒。在窩闊台汗和貴由汗逝世後，諸王紛紛濫發牌符征斂財物，她和她的兒子們卻嚴守札撒，沒有那樣做。[41] 她還特意為幼子阿里不哥請來真定漢族名士李槃，擔任「講讀」。[42]後來，她的四個兒子蒙哥、忽必烈、旭烈兀、阿里不哥相繼做了第四、第五任大汗和伊利汗，這與唆魯和帖尼的嚴格教育是分不開的。

窩闊台汗逝世後，汗位繼承再次發生爭執。窩闊台汗曾遺言以皇孫失列門為繼承人。另一名皇子闊端也志在必得。臨朝稱制的脫列哥那皇后則力主親生子貴由繼承汗位。機智的唆魯和帖尼覺得貴由繼承汗位不可逆轉，遂積極贊和脫列哥那皇后的意見，以保持拖雷系在貴由汗即位後的權益和有利地位。

她注意愛護和賞賜屬下部民，對諸王貴戚也多有餽贈恩惠，故受到多方面的讚譽和擁戴。當貴由汗秘密西去征討朮赤之子拔都時，唆魯和帖尼立即派人暗中通知拔都有所防備。[43]她或許感到：在察合台系和窩闊台系因擁戴窩闊台而友情日篤的情況下，結好朮赤系宗王，對拖雷系是有百利而無一害的。

唆魯和帖尼以其智慧聰穎，巧妙地運用了拖雷系的實力和諸王之間的派系矛盾，從而使自己的兒子們在新一輪汗位爭奪中處於比較有利的地位，為汗位最終向拖雷系的轉移鋪平了道路。

「剛明雄毅」蒙哥汗

蒙哥汗是拖雷的嫡長子，幼年被伯父窩闊台代養撫育，窩闊台還為他迎娶妻室，分配部民。直到拖雷死後，蒙哥才回到母親身邊。[44]窩闊台汗對蒙哥十分鍾愛和器重，認為他才堪大用。若干年後，蒙哥果然成為成吉思汗之後又一位傑出的大汗。

貴由汗死後，唆魯和帖尼認為拖雷系問鼎蒙古國的機會來臨了。她主動讓長子蒙哥以探病的名義趕赴拔都所在的欽察草原營地。

拔都是朮赤之子，也是朮赤兀魯思的繼承人。他曾因長子西征時與貴由爭吵而與其結怨很深。推選貴由汗的忽里台貴族會議舉行之際，他又以腳疾為由拒不出席，導致前述貴由汗的興師問罪。此時，拔都公開反對窩闊台後裔繼承汗位，而屬意於蒙哥。

拔都在自己的營地舉行了一次小型忽里台貴族會議。參加這次忽里台貴族會議的窩闊台系、察合台系宗王較少，他們或者只派出自己的代表，或者藉口薩滿巫師不允許久留，旋即離去。[45]當拔都親自提議應推選蒙哥為新的大汗時，貴由妻海迷失的使者八剌出來發難說：「昔太宗命以皇孫失烈門為嗣，諸王百官皆與聞之。今失烈門故在，而議欲他屬，將置之何地耶？」因窩闊台和貴由即汗位時，都曾讓出席忽里台的宗王貴族立下日後汗位必須在窩闊台後裔內傳承的誓言，[46]八剌的這番言語是頗有分量的。蒙哥庶弟末哥當場反駁道：「太宗有命，誰敢違之。然前議立定宗，由皇后脫列忽乃與汝輩為之，是則違太宗之命汝等也，今尚誰咎耶？」八剌被駁得無言以對。[47]與會者遂議定：來年在怯綠連河的蒙古本土召開全體宗王參加的忽里台會議，正式擁戴蒙哥登汗位。

會議後，拔都又特意命令其弟別兒哥帶領一支大軍護送蒙哥返回蒙古本土。

由於窩闊台後王的抵制，新的忽里台貴族會議兩年後才在闊帖兀阿闌之地舉行。這次忽里台會議，正式推選和擁戴蒙哥為第四任大汗。蒙哥的三位弟弟分別擔當了維持忽里台秩序的任務：忽必烈負責指揮全體與會宗王貴族的行動，末哥負責守衛帳殿門戶，阻攔宗王那顏們的出入，旭烈兀則站在司膳和衛士們前面，禁止與會人員喧嘩和交頭接耳。

憑藉拖雷系強大的軍事實力，憑藉唆魯和帖尼母子的機智幹練和拔都大王的全力支持，蒙哥做了第四任大汗。

汗位從此轉移到了拖雷家族。實現這個轉移的代價十分沉重，那就是大蒙古國內部出現了裂痕，成吉思汗子孫間開始了內訌和殺戮。

蒙哥即汗位後，嚴加追究抗拒忽里台和陰謀武力襲擊新汗的窩闊台、察合台後王，處死了貴由正妻斡兀立·海迷失、窩闊台孫失烈門、察合台第五子也速蒙哥及七十多名謀叛臣僚。[48]

蒙哥汗在位九年，他的政績主要有三：

其一，嚴厲馭下，強化汗權。

如前所述，窩闊台汗對臣民一味寬厚放縱，「委任大臣」和「政歸台閣」的後果，就是「群臣擅權，政出多門」。而對宗王貴族和境內外商人的慷慨賞賜，又直接導致宮廷欠債和財政收支失衡。貴由汗在位時間較短，體弱多病，類似的朝政紊亂，仍在繼續。

蒙哥汗生性「剛明雄毅」，不喜寬縱，很快恢復了成吉思汗「札撒」所規定的秩序。他「御群臣甚嚴」，曾經諭旨訓誡身旁的大臣：「爾輩若得朕獎諭之言，即志氣驕逸，而災禍有不隨至者乎？爾輩其戒之！」

蒙哥汗不但緊緊掌握了朝廷大權，還親自過問詔旨草擬。「凡有詔旨」，「必親起草，更易數四，然後行之。」這在蒙元諸帝中算是絕無僅有。與秦始皇的躬決大政相比，也是有過之而無不及。

蒙哥汗本人「不樂燕飲，不好侈靡」，還嚴格限制后妃們的衣食消費，不許肆意揮霍。[49]

蒙哥汗下令償還了貴由汗以來宮廷購買珍寶所欠的五十萬銀巴里失巨款，[50]說明他是一個厲行平衡財政收支和負責任的統治者。一二五三年，拔都大王遣使者脫必察奏請降賜買珠寶銀一萬錠。蒙哥汗沒有完全滿足拔都的請求，僅撥賜白銀一千錠。還詔諭拔都大王說：「太祖、太宗之財，若此費用，何以給諸王之賜，王宜詳審之。此銀就充今後歲賜之數。」[51]蒙哥汗連鼎力支持他奪得汗位的拔都大王的賞賜奏請，也要大打折扣和訓誡勸諭。可見，他對窩闊台以來蒙古汗廷的濫賜是有所節制和約束的。

其二，削弱窩闊台後王等敵對勢力。

由於大部分窩闊台汗後王極力反對蒙哥繼承汗位，有些甚至參與陰謀武力叛亂，所以，蒙哥汗除了誅殺海迷失、失烈門及也速蒙哥等人外，還毫不留情地著手削弱窩闊台後王等敵對勢力。

窩闊台未登汗位以前，他的草原領地在葉迷立（今新疆額敏）和霍博（今新疆和布克賽兒）一帶。窩闊台即汗位後，以上分地授予長子貴由。[52]其他窩闊台子孫（闊端除外）或許駐牧於漠北窩闊台汗四季行宮附近。

另，成吉思汗給諸子封授千戶軍隊時，三子窩闊台受封五千戶。[53]連同前述窩闊台自拖雷系撥付皇子闊端的遜都思二千戶和雪你惕一千戶，窩闊台系宗王擁有的蒙古千戶數總計應在八千戶以上。

此時，蒙哥汗下令將窩闊台系宗王大多遷徙至本位下原分地一帶。具體是窩闊台第六子合丹遷於別石八里（今新疆濟木薩兒縣北），第七子蔑里遷於葉兒的石河（今額兒齊斯河），第五子合失之子海都遷於海押立（今哈薩克斯坦之塔爾迪・庫爾幹），第四子哈剌察兒之子脫脫遷於葉迷立（今新疆額敏），蒙哥都也奉命遷往其父闊端所居地之西。也速、孛里、和只、納忽、也孫脫等，則被貶謫禁錮。窩闊台諸后妃的家貲，也被蒙哥汗分賜拖雷系等「親王」。[54]

據拉施特《史集》記載：「當窩闊台合罕家族的成員謀叛蒙哥合罕時，他們的軍隊都被奪走了，除闊端諸子的軍隊以外，全都被分配掉了。」[55]如果這一記載可信的話，蒙哥汗是將窩闊台系宗王的千戶軍隊由原先的八千戶削減至三千戶。闊端諸子的三千戶軍隊之所以被保留，是因為所屬的遜都思等軍團與拖雷家族關係密切，致使闊端諸子對蒙哥汗等一直十分友好。

此外，蒙哥汗又以違抗命令為由，殺掉了貴由汗的親信、鎮守波斯軍隊最高統帥野只吉帶。[56]

上述做法，不僅把窩闊台系宗王徹底驅逐出蒙古本土，還進一步擴大了窩闊台系與拖雷系占有軍隊的差距。這對鞏固蒙哥汗的絕對權力，自然是有益的。對窩闊台系宗王來說，無疑是十分沉重的打擊。若干年後，窩闊台之孫海都發動曠日持久的反對忽必烈政權的戰爭，一心想把汗位從拖雷系重新奪回來，也是對拖雷系積怨頗深而作的報復與發洩。

其三，部署推進對波斯和南部中國的軍事征伐。

當年，蒙哥曾經是長子西征的主要參加者之一。即汗位後，他曾經這樣說：「我們的父兄們，過去的君主們，每一個都建立了功業，攻占過某個地區，在人們中間提高了自己的名聲……。」[57]於是，他竭盡全力，欲將成吉思汗的對外征服繼續向最遙遠的東方和西方推進。

蒙哥汗在前朝大汗直轄區分設斷事官的基礎上，進一步完善和充實了燕京等處、別失八里等處、阿母等處三行尚書省。[58]

不久，蒙哥汗又命令同母弟忽必烈和旭烈兀分別負責南部中國、波斯的軍事征伐。尤其是旭烈兀西征時，蒙哥汗特意從蒙古東、西翼諸千戶中每十人抽取兩人，交付旭烈兀統一指揮，聲勢浩大，先後攻滅木剌夷和黑衣大食，並進兵敘利亞大馬士革等地。[59]

蒙哥汗似乎是嚴格按照乃祖成吉思汗的札撒，治理大蒙古國，繼續開拓疆域，而且頗多建樹和作為。他性喜走馬田獵，酷信薩滿巫師的卜筮之術，「凡行事必謹叩之，殆無虛日，終不自厭也。」他「自謂遵祖宗之法，不蹈襲他國所為」，[60]具有強烈的蒙古中心主義和驕傲感，不願意接受任何來自被征服國家和民族的文化影響。游牧君主和蒙古大汗的屬性，始終在蒙哥身上得到了完美的體現和延續。

以上是從成吉思汗到蒙哥的蒙古國四大汗時期的概況，也是忽必烈所繼承的祖父、父兄的基業，或者可以說是忽必烈即將登上的舞台。

這份基業或舞台，說起來的確非常大。從成吉思汗到蒙哥汗，蒙古鐵騎踏出了一個世界大帝國。其疆域東自日本海，西到中歐多瑙河；南起淮河，北至極北。成吉思汗還創建了包括汗權、千戶、怯薛、分封、札撒、斷事官在內的蒙古游牧君主制體系和不得隨意更改的訓言。後者又是基業的質的組成部分。另一方面，由於疆域過大和各地區的經濟文化差異突出，由於黃金家族各支系的矛盾和日益激烈的汗位爭奪，蒙古世界大帝國也面臨著內部的衝突和分裂。

正如虞集所言：

我皇元之始受天命也，建旗龍漠，威令赫然，小大君長，無有遠邇，師征所加，或克或附。於是，因俗以施政，任地而率賦，出豪傑而用之，禁網疏闊，包荒懷柔，故能以成其大。製作之事，益有待也。[61]

如何治理好以中原漢地為代表的廣大被征服區域，如何整合蒙古統治模式與新征服地區原有的統治模式等難題，又難以回避，亟待解決。

所有這些，就是忽必烈所繼承的基業，也是忽必烈政治生涯的起點。忽必烈的一切表演和作為，都將從這裡開始。

註釋

1《元史》卷四〈世祖紀一〉。

2《史集》余大鈞、周建奇譯本，第二卷，頁二八一，北京商務印書館，一九八五年。

3《史集》余大鈞、周建奇譯本，第一卷第二分冊，頁三一五，北京商務印書館，一九八三年。

4《元朝秘史》第二五四節。

5《元朝秘史》第一一〇節。

6《元朝秘史》第一二三節；《蒙古源流》卷三。可汗，北方游牧民族最高統治者的稱號。

7《聖武親征錄》王國維校注本；《史集》第一卷第二分冊，頁一一四，北京商務印書館，一九八三年。

8《元朝秘史》第一五三節；《聖武親征錄》王國維校注本。

9《元朝秘史》第一七〇節、第一八五節、第一九六節；《元史》卷一〈太祖紀〉。

10《元朝秘史》第二〇二節—二二三節；《元史》卷九十八〈兵志一〉。

11《元朝秘史》第二二四節—二二八節。

12《蒙韃備錄》王國維校注本。

13《元史》卷一二四〈塔塔統阿傳〉。

14《元朝秘史》第二〇三節。

15《史集》余大鈞、周建奇譯本，第一卷第二分冊，頁一八五，北京商務印書館，一九八三年；《元史》卷一〈太祖紀一〉。

16《史集》余大鈞、周建奇譯本，第一卷第二分冊，頁二七二、頁三一六，北京商務印書館，一九八三年。

17《史集》余大鈞、周建奇譯本，第一卷第二分冊，頁三五三，北京商務印書館，一九八三年。

18《聖武親征錄》王國維校注本；《元史》卷一〈太祖紀〉。

19《世界征服者史》（上）何高濟譯本，內蒙古人民出版社，一九八〇年。

20《建炎以來朝野雜記》乙集卷二〇〈韃靼款塞〉。

21《元史》卷一四七〈史天倪傳〉。

22《元文類》卷五七〈中書令耶律公神道碑〉；《靜修集》卷四〈孝子田君墓表〉；《陵川集》卷三五〈孟升卿墓誌銘〉。

23《元朝秘史》第二五四節。

24《史集》余大鈞、周建奇譯本，第二卷，頁六八，北京商務印書館，一九八五年；《魯布魯克東行記》耿升、何高濟譯本，頁二八四、頁二九二，中華書局，一九八五年；參閱陳得芝〈元嶺北行省建置考〉（上），《元史及北方民族史研究集刊》，九期，一九八五年。

25《元朝秘史》第二七九節、第二八〇節；《史集》余大鈞、周建奇譯本，卷二，頁六八，北京商務印書館，一九八五年。

26《元朝秘史》第二七三節、第二七四節、第二八〇節；《元史》卷二〈太宗紀〉。

27《史集》余大鈞、周建奇譯本，第二卷，頁六一，北京商務印書館，一九八五年。

28《元史》卷二〈太宗紀〉。

29《元文類》卷五七〈中書令耶律公神道碑〉。

30到何之〈關於金末元初的漢人地主武裝問題〉，《元史論集》，人民出版社，一九八四年。

31《元史》卷二〈太宗紀〉；《元文類》卷五七〈中書令耶律公神道碑〉。

32《元史》卷一四六〈耶律楚材傳〉；《元文類》卷五七〈中書令耶律公神道碑〉。

33《秋澗集》卷四四〈雜著〉。

34《史集》余大鈞、周建奇譯本，第二卷，頁七二、頁九三，北京商務印書館，一九八五年；《世界征服者史》（上）何高濟譯本，頁二三八，內蒙古人民出版社，一九八〇年。

35《元史》卷二〈定宗紀〉；《史集》余大鈞、周建奇譯本，第二卷，〈貴由汗紀〉，北京商務印書館，一九八五年。

36《元朝秘史》第二五五節；《史集》余大鈞、周建奇譯本，第二卷，頁二九頁，北京商務印書館，一九八五年。

37《史集》余大鈞、周建奇譯本，第二卷，〈拖雷汗傳〉，北京商務印書館，一九八五年；《世界征服者史》（上）（下），何高濟譯本，頁四四，頁六五四，內蒙古人民出版社，一九八〇年；《元史》卷一一五〈睿宗傳〉，卷一四九〈郭寶玉傳〉。

38《陵川集》卷一一〈三峰山行〉。

39 陸峻嶺、何高濟〈從窩闊台到蒙哥的蒙古宮廷鬥爭〉，《元史論叢》第一輯，中華書局，一九八二年。

40《史集》余大鈞、周建奇譯本，第二卷，〈拖雷汗傳〉，頁二〇三，北京商務印書館，一九八五年。

41《史集》余大鈞、周建奇譯本，第二卷，〈拖雷汗傳〉，頁二〇三—二〇五，北京商務印書館，一九八五年；《世界征服者史》何高濟譯本（上），頁六五六，內蒙古人民出版社，一九八〇年。

42《元史》卷一二六〈廉希憲傳〉。

43《史集》余大鈞、周建奇譯本，第二卷，〈拖雷汗傳〉，頁二〇五，北京商務印書館，一九八五年。

44《元史》卷三〈憲宗紀〉。

45《世界征服者史》何高濟譯本（上），頁六六四，內蒙古人民出版社，一九八〇年。

46《史集》余大鈞、周建奇譯本，第二卷，〈貴由汗紀〉，頁二一七，北京商務印書館，一九八五年。

47《元史》卷三〈憲宗紀〉。

48《史集》余大鈞、周建奇譯本，第二卷，〈蒙哥合罕紀〉，頁二四二—頁二五六，北京商務印書館，一九八五年；《世界征服者史》何高濟譯本（上），頁六九二，內蒙古人民出版社，一九八〇年。

49《元史》卷三〈憲宗紀〉。

50《世界征服者史》何高濟譯本（上），頁七二〇，內蒙古人民出版社，一九八〇年。

51《元史》卷三〈憲宗紀〉。

52《世界征服者史》何高濟譯本，頁四六，內蒙古人民出版社，一九八〇年。

53《元朝秘史》第二四二節；《史集》余大鈞、周建奇譯本，第一卷第二分冊，頁三七七為四千戶。

54《元史》卷三〈憲宗紀〉。

55《史集》余大鈞、周建奇譯本，第二卷，頁一三，北京商務印書館，一九八五年。

56《元史》卷三〈憲宗紀〉。

57《史集》余大鈞、周建奇譯本，第二卷，〈蒙哥合罕紀〉，頁二六五，北京商務印書館，一九八五年。

58《元史》卷三〈憲宗紀〉。

59《世界征服者史》何高濟譯本，頁七二四—七五五，內蒙古人民出版社，一九八〇年。

60 《元史》卷三〈憲宗紀〉。

61 《元文類》卷三〇〈御史台記〉。

第二章　總領漠南事　遠征大理國

總領漠南軍國重事

一、思大有為於天下

一二三二年父親拖雷逝世的噩耗，對剛滿十八歲的忽必烈，無疑是沉重的打擊。但喪父之痛，一定程度上促使忽必烈迅速成熟，鍾煉了他的意志和應付複雜事變的能力。《元史・世祖本紀》稱：「及長，仁明英睿，事太后至孝，尤善撫下。」當是十八歲以後忽必烈政治上趨於成熟幹練的概括性描述。

大約在乃馬真皇后稱制時期，忽必烈進入而立之年。那時，成吉思汗諸子相繼謝世，孫輩叱吒風雲的時刻即將到來。忽必烈一直在思考：如何為大蒙古國幹一番事業，如何大有作為於天下？身為蒙古宗王和拖雷嫡子，他有這樣的責任和實力，也有這樣的機會和可能。

忽必烈熱衷於訪求前代帝王的功業逸事，尤其是喜歡聽唐初李世民廣延四方文學之士，講論治道，終成大業的事蹟，而且由衷欽佩，銳意模仿。他千方百計延請召集藩府舊臣及四方文學之士，孜孜不倦地詢問治理國家的方略辦法。正如史書上說的：「世祖皇帝始居潛邸，招集天下英俊，訪問治道，一時賢士大夫雲合輻輳，爭進所聞」，「論定大業，厥有成憲。」由於這一系列努力，身居漠北的忽必烈，周圍漸漸彙集了一批「亡金諸儒學士及一時豪傑知經術者」。[1]

在臨時應召和長留漠北的漢族士大夫中，比較系統地向忽必烈獻上治國之道的，當數張德輝、劉秉忠、姚樞、李冶。

一二四七年，河東交城人張德輝被召至漠北藩邸。忽必烈首先發問：「孔子沒已久，今其性安在？」張德輝回答：「聖人與天地終始，無所往而不在。王能行聖人之道，即為聖人。性固在此帳殿中矣。」

忽必烈又問：「或云遼以釋廢，金以儒亡。有諸？」回答說：「遼事臣未周知，金季乃所親睹。宰執中雖用一二儒臣，餘則武弁世爵，若論軍國大計，又皆不預。其內外雜職，以儒進者三十分之一，不過閱簿書，聽訟理財而已。國之存亡，自有任其責者，儒何咎焉？」

忽必烈深表讚許，又問：「祖宗法度具在，而未設施者甚多，將若之何？」張德輝指桌案上的銀盤為喻：「創業之主，如製此器。精選白金，良匠規而成之，畀付後人，傳之無窮。今當求謹厚者司掌，乃永為寶用。否則不惟缺壞，恐有竊之而去者。」忽必烈思索良久後說：「此正吾心所不忘也。」

忽必烈還問：「農家作勞，何衣食之不贍？」張德輝答道：「農桑，天下之本，衣食所從出。男耕女織，終歲勤苦，擇其精美者輸之官，餘麤惡者將以仰事俯畜。而親民之吏復橫斂以盡之，民則鮮有不凍餒者矣。」

忽必烈繼續問道：「今之典兵與宰民者，為害孰甚？」張德輝回答：「典兵者，軍無紀律，專事殘暴，所得不償其失，害固為重。若司民者，頭會箕斂以毒天下，使祖宗之民如蹈水火，蠹亦非細。」忽必烈沉默許久，又說：「然則奈何？」張德輝答道：「莫若更選族人之賢如口溫不花者，使主兵柄，勳舊如忽都忽者，使主民政，則天下皆受其賜矣。」[2]

一二四二年，劉秉忠隨禪學海雲法師赴和林論道。海雲南返後，劉秉忠留在漠北忽必烈藩邸，上書數千百言。大概是：

> 愚聞之曰：以馬上取天下，不可以馬上治……君上，兄也；大王，弟也。思周公之故事而行之，在乎今日。千載一時，不可失也。
>
> 君之所任，在內莫大乎相，相以領百官，化萬民；在外莫大乎將，將以統三軍，安四域……當擇開國功臣之子孫，分為京府州郡監守，督責舊官，以遵王法；仍差按察官守，治者升，否者黜。天下不勞力而定也。
>
> 天下戶過百萬，自忽都那演斷事之後，差徭甚大，加以軍馬調發，使臣煩擾，官吏乞取，民不能當，是以逃竄。宜比舊減半，或三分去一……
>
> 納糧就遠倉，有一廢十者，宜從近倉以輸為便。當驛路州城，飲食祇待偏重，宜計所廢以准差發……
>
> 奧魯合鑾奏請於舊額加倍榷之，往往科取民間。科榷並行，民無所措手足。宜從舊例辦榷，或更減輕，罷繁碎，止科征，無從獻利之徒削民害國。鰥寡孤獨廢疾者，宜設孤老院，給衣糧以為養。使臣到州郡，宜設館，不得於官衙民家安下。[3]

一二五〇年，原燕京行台郎中、營州柳城人姚樞應召至漠北忽必烈藩邸。姚樞見忽必烈「聰明神聖，才不世出，虛己受言，可大有為」，就融會二帝三王之道和治國平天下之大經，歸納為修身、力學、尊賢、親親、畏天、愛民、好善、遠佞等八目。又詳細列舉救治時弊的三十條，即立省部，辟才行，舉逸遺，慎銓選，汰職員，班俸祿，定法律，審刑獄，設監司，明黜陟，閣徵斂，簡驛傳，修學校，崇經術，旌孝節，厚風俗，重農桑，寬賦稅，省傜役，禁遊惰，肅軍政，賙匱乏，恤鰥寡，布屯田，通漕運，倚債負，廣儲蓄，復常平，立平準，卻利便，杜告訐。[4]

劉秉忠和姚樞所言，多數針對蒙古國時期的弊政，又凝結了漢地王朝的豐富統治經驗，所以給忽必烈的影響和震動似乎更直接、更深刻。忽必烈自然容易高興地接受。而且，相當多的內容又成為忽必烈創建元朝以後主要政策的濫觴。

李冶，字仁卿，真定欒城人，金末進士。忽必烈聞知其賢，派遣使者召至藩邸，還特意讓使者轉達「素聞仁卿學優才贍，潛德不耀，久欲一見，其勿他辭」之盛情。

忽必烈問：「天下當如何而治？」李冶回答：「為治之道，不過立法度，正綱紀而已。」

忽必烈問：魏徵、曹彬何如？李冶答道：「徵忠言讜論，知無不言，以唐諍臣觀之，徵為第一。彬伐江南，未嘗妄殺一人……漢之韓、彭、衛、霍，在所不論。」

忽必烈又問：今之臣有如魏徵者乎？李冶回答：「今以側媚成風，欲求魏徵之賢，實難其人。」又問：今之人才賢否？李冶回答：「天下未嘗乏材，求則得之，舍則失之，理勢然耳。今儒生有如魏璠、王鶚、李獻卿、蘭光庭、趙復、郝經、王博文輩，皆有用之材，又皆賢王所嘗聘問者，舉而用之，何所不可，但恐用之不盡耳。」

忽必烈又問：「回鶻人可用否？」李冶答道：「漢人中有君子小人，回鶻人亦有君子小人……在國家擇而用之耳。」

李冶所言，側重於識才用人。他滿足了忽必烈求才若渴的心願，忽必烈當然願意接受。[5]

這些獻納問答，都是極好的漢地先進文化啟蒙，都是治國平天下的經驗之談。不僅為忽必烈增加了許多可貴的知識和資訊，而且為他瞭解中原漢地和日後以漢法治漢地，提供了很好的思想準備。

在這些漢族儒士的影響下，忽必烈還有了一定的尊孔禮儒的傾向。如乃馬真皇后三年（一二四四）前金朝狀元王鶚應忽必烈之召，攜孔子畫像赴漠北，在忽必烈的支持下舉行釋奠禮，忽必烈還與左右飲食其胙物，由此受到尊孔儀禮的初步演習。[6] 憲宗二年（一二五二），應召北覲的北方文學巨擘元好問及張德輝，尊忽必烈為儒教大宗師，忽必烈竟欣然接受。[7] 應該承認，此時的忽必烈，未必完全懂得上述釋奠和尊號的真實涵義。他的尊孔禮儒的傾向也是比較朦朧或不十分自覺的。

二、金蓮川開府

憲宗元年（一二五一）六月，兄長蒙哥登上蒙古國汗位。隨之，幸運之神降臨，忽必烈奉汗兄之命擔起了總領漢南的重任。

總領漢南前後，忽必烈在延請四方文學之士的基礎上，形成了一個號稱「金蓮川幕府」的謀臣侍從集團。這個謀臣侍從集團，對忽必烈總領漢南乃至以後締造元帝國的人生歷程，都產生了重大的影響。

「金蓮川幕府」，取名於忽必烈奉命總領漠南軍國庶事後的駐牧開府地點。該駐牧地在原金桓州附近的金蓮川。此地原名曷里滸東川，因夏季盛開美麗的金蓮花，金世宗時易名為金蓮川。這批藩邸謀臣侍從隨而被稱為「金蓮川幕府」。

幕府侍臣包括：劉秉忠、趙璧、王鶚、張德輝、張文謙、竇默、姚樞、許國楨、郝經、許衡、廉希憲、商挺、劉肅、宋子貞、王恂、李昶、徐世隆、李德輝、張易、馬亨、趙良弼、趙炳、張惠、李冶、楊奐等。這些人都是中州菁英和碩德耆儒。他們多數是較長時間留在漠北或漠南金蓮川藩邸，一小部分漢地名士或因年邁者旋召旋歸，並不久留。他們地域種族各異，技能職業有別，學術派別林立，志趣主張也不盡相同。大體可分為邢州術數家群、理學家群、金源文學群、經邦理財群、宗教僧侶群及王府宿衛群等若干群體。他們分別從自己的學術志趣出發，闡揚各自的政見方略，希望為忽必烈所採用，竭力在總領漠南的施政中留下一些屬於己方主張的印痕。

邢州術數家群

這一群體的領袖是劉秉忠，成員有王恂、張文謙、張易、馬亨等。

劉秉忠，邢州邢台人，一二四二年隨禪宗海雲法師北上覲見忽必烈，留侍於漠北。劉秉忠學貫儒、佛、道三教，尤其「通曉音律，精算數，善推步，仰觀占候，六壬遁甲，《易經》象數，《皇極邵氏》之書，靡不周知」。他不僅「學術通神明，機算若龜策」，還嫺熟治國之術。如前述，到漠北之初，劉秉忠曾上書數千百言，「皆尊王庇民之事」。但忽必烈最賞識的是「其陰陽術數之精，占事知來，若合符契」，而且有所謂「惟朕知之，他人不得與聞」的神秘約定。[8] 據說，他與忽必烈「情好日密，話必夜闌，如魚得水，如虎在山」，[9] 這又是其他藩府舊臣無法比擬的。元人張昱詩曰：「學貫天人劉太保，卜年卜世際昌期。帝王真命自神武，雨水君臣今見之。」[10]

王恂，中山安喜（今河北定縣）人，曾從劉秉忠學於邢州紫金山。「蚤以算術妙天下」，在藩府擔任太子伴讀。[11]

張文謙，邢州沙河（今河北沙河縣）人，與劉秉忠自幼同窗，「年相若，志相得」，早年受劉秉忠的影響，「洞究術數」。後來，又與許衡等交結，潛心義理之學。他被忽必烈「擢置侍從之列」，司教令牋奏，日見信任。[12]

邢州術數家群的成員，大都是劉秉忠的同鄉、同窗、或門人，並且是由劉秉忠薦舉進入藩邸幕府圈的。學術上也以陰陽術數為主。由於劉秉忠的緣故，邢州術數家群在藩邸幕府中稱得上是最早投靠忽必烈，最受忽必烈信任的。

理學家群。

這一群體主要由竇默、姚樞、許衡三位北方著名理學家組成。

竇默，廣平肥鄉（今河北肥鄉縣）人，初業醫，又學伊洛性理之書，一度隱於大名，與姚樞、許衡朝暮講習。一二四九年應召於漠北，首以三綱五常為言。忽必烈對此說有所領會，亦稱：「人道之端，無大於此。失此，則不名為人，且無以立於世矣。」竇默又說：「帝王之道，在誠意正心，心既正，則朝廷遠近莫敢不一於正。」忽必烈對此頗感興趣，一日三次召見與之交談，奏對皆稱旨，自此對竇默敬待加禮，不令暫去左右。竇默是理學家群中最早進入忽必烈藩邸的。曾奉命教授太子真金，姚樞、許衡均由他舉薦。[13]

姚樞，營州柳城（今遼寧朝陽）人，曾從趙復處得程、朱二子性理之書，潛心研讀，遂成北方理學領袖之一。一二五〇年北謁忽必烈，上治國平天下及救時弊之八目三十條，「本末兼該，細大不遺。」姚樞所言講究現實，也比較注重這位蒙古宗王的認同接受程度。忽必烈奇其才識，「動必見詢」，視姚為藩邸的主要謀臣。[14]

忽必烈雖然對空言性理的理學不甚感興趣，但竇默、姚樞二人「誠結主知」，一直受到格外的眷顧和信賴。忽必烈曾云：「如竇漢卿之心，姚公茂之才，合二為一，始成完人矣。」「此輩賢士，安得請於上帝，減去數年，留朕左右，同治天下？」[15]

至於許衡，因其被舉薦的時間較晚，起初僅奉王府令旨教授京兆，[16]又兼性情古怪，所言迂闊空泛，藩邸時期的忽必烈並不喜歡他。儘管許衡在理學家群中學術造詣是最高的。

金源文學群。

這一群體大多數是前金朝詞賦進士出身，率以詩賦文章相標榜。王鶚是這一群體的領袖，成員主要有徐世隆、李冶、劉肅、宋子貞、李昶等。

王鶚，開州東明（今山東東明縣）人，金正大狀元。一二四四年召赴漠北藩邸，忽必烈對他格外優待，每每賜座，呼狀元而不名。他曾給忽必烈進講修身齊家治國平天下之道，常常到深夜。忽必烈頗為所論感動，說：「我今雖未能即行，安知它日不能行之耶！」王鶚「以文章魁海內」，「一時學者翕然咸師尊之」。他向忽必烈所舉薦的，也多半是金朝的詞賦文士。忽必烈還命令近侍闊闊、廉希憲、柴禎等五人以王鶚為師，學習漢文化。[17]

徐世隆，陳州西華（今河南西華縣）人，金正大進士。他「古文純正明白」，「詩歌則坦夷瀏亮」，「四六則駢儷親切」。一二五二年徐世隆北上，見忽必烈於日月山帳殿，以孟子「不嗜殺人者能一之」說，勸戒忽必烈征雲南之行。[18]

李冶，真定欒城（今河北欒城縣）人，金正大末進士。他「聚書環堵」，以做文章為樂，「經為通儒，文為名家。」一二五七年，隨使者北謁，也是忽必烈問以治道的漢文士之一。[19]

其他屬於此群體的劉肅、宋子貞、李昶等，也都是喜好文學詩賦的進士出身者。

有必要解釋，這一群體的文士大部分是學儒通儒的。以上王鶚、徐世隆、李冶三人進講治道時，言必稱孔孟綱常，就很能說明問題。不過，他們在崇尚標榜詩賦文章之餘，兼學兼通的多是傳統的孔孟儒術，而非程朱的性理之學。

經邦理財群。

這個群體的人員，率以治國經邦為直接任務，或喜好謀畫經略，或善於理財會計。郝經、趙璧是其代表人物。

郝經，澤州陵川（今山西陵川縣）人，金朝亡後，僑居保定，充世侯張柔家塾教授。郝經雖然「上溯洙泗，下迨伊洛諸書，經史子集，靡不洞究」，但又強調「不學無用學，不讀非聖書」，「不為利益拘」，「不作章句儒」，立志「務為有用之學」，「以復興斯文，道濟天下為己任」。應召赴藩邸後，他充任重要謀臣，上下數千年，旁徵博引，援據古義，為忽必烈呈獻諸多救弊更化的良策。忽必烈喜其所言，凝聽忘倦，還在日後的施政中多有採用。[20]

趙璧，雲中懷仁（今山西懷仁縣）人。一二四二年，即被忽必烈召至漠北駐地，是忽必烈最親近的漢人侍從之一。忽必烈讓王妃親自為他縫製衣裘，派他馳驛出使四方，招聘名士王鶚、姚樞等。還奉命學習蒙古語，在馬背上替忽必烈譯講《大學衍義》。趙璧被忽必烈稱為秀才，頗善於草擬表章文檄，且教授蒙古生徒儒書。然而，他「刻意吏學，以經濟為己任」，後來又「經畫饋運」，「手校簿書」，忽必烈任命其為中書平章的制書中也有「素閒朝政，久輔聖躬，柱石廟堂，經綸邦國」之語，[21]故更像是一位經邦理政的精敏儒吏。

此外，「能理財賦」「調軍食」的李德輝，「博學有經濟器」的張德輝，文武才兼備，「有經濟略」的商挺，被忽必烈命為撫州長，「城邑規制，為之一新」的趙炳，擔任邢州安撫司和陝西宣撫司幕官的趙良弼，「盡通諸國語」，後任制國用司副使的張惠，出身察必皇后斡耳朵媵人，又與李德輝「偕侍潛邸」的阿合馬等，[22]也大致屬於這一群體。

宗教僧侶群

代表人物是吐蕃薩加派僧師八思巴、禪宗僧人海雲、太一道教大師蕭公弼等。[23]這個群體人數不多，但對忽必烈的個人宗教信仰，對日後元王朝的宗教政策及治理吐蕃，影響頗大。

王府宿衛群。

顧名思義，這一群體是由忽必烈王府怯薛宿衛士組成。如廉希憲、董文用、董文忠、賀仁傑、阿里海牙、許國禎、謝仲溫、姚天福、高天錫、謁只里、昔班、闊闊等。這些人來自蒙古、色目、漢人等不同種族，平時負責王府的生活服侍和護衛。除廉希憲以外，王府宿衛士大多沒有什麼突出的政見主張，也不常參與藩邸的治道問答。但他們始終是忽必烈最信賴的藩邸人員。

以上六種類型或群體，只是著眼於其基本特徵的粗略劃分。實際上，六群體部分人員在志趣流派方面常呈現一定程度的交叉或復合。例如，由於程朱性理之學是宋代以來儒學的新發展，多數中原士大夫對其均有某種渴望或追求欲，理學家群以外的四群體（不包括宗教僧侶群）中即有張文謙、王鶚、郝經、廉希憲等重要人物，饒有興趣地品味研讀伊洛義理之書。而經邦理財群之外，又不乏劉秉忠、姚樞、廉希憲等運籌帷幄的巨擘。張文謙和趙璧的身分根腳，也屬於怯薛宿衛。總之，六種類型或群體的劃分，使我們對「金蓮川幕府」內部構成及其與忽必烈的關係，一目了然。儘管這種劃分只是相對或粗略的。

忽必烈對「金蓮川幕府」及其他應召人員的態度，是比較理智的。這些侍從和應召人員形形色色，所持主張及所懷目的各異：有的希望獲取賞賜，有的希望免除本派別門人的勞役賦稅，有的希望改善民眾的生活並恢復中國的統一與秩序，有的則主張以華化夷，促使蒙古人逐漸漢化。此時的忽必烈，對這些人大抵是禮賢下士，虛己而問，相容並蓄，不明顯地抑此褒彼，以多聽多問為主，擇其有用有益而從。即使是對個別不友好、不合作者，也不發怒，不失禮。一次，忽必烈召見被俘北上的南人趙復，問道：「我欲取南宋，卿可導之乎？」趙復回答：「宋，吾父母國也，未有引他人以伐吾父母者。」忽必烈聽罷，反而挺高興，也不再強迫趙復在蒙古政權做官。[24]

「金蓮川幕府」的形成，是忽必烈主動吸收漢法制度，並與中原士大夫實行政治聯合的良好開端。它增加了以忽必烈為代表的蒙古貴族與漢族士大夫間彼此溝通、認同，對忽必烈履行其總領漠南的使命，發揮了深刻而積極的影響。由於這些士大夫中的相當部分來自漢世侯幕僚屬吏（如郝經、王鶚來自張柔幕下，宋子貞、李昶、徐世隆、商挺等來自嚴實幕下），「金蓮川幕府」的形成，又在一定程度上密切了忽必烈和漢地世侯的聯繫。從長遠看，它又為元帝國的建立提供了必要的政策方略、社會支援和官員準備。中統至元間，這些幕府侍從「布列台閣，分任岳牧」，[25]成為忽必烈政權的主要班底。他們有關漢地統治方式的論列，也為忽必烈君臨整個華夏描繪了一幅行之有效的政治藍圖。簡單地說，此藍圖包括兩方面內容：一是以漢法治漢地，二是原有蒙古制度參考漢地等先進方式予以變通，以適應君臨南北的形勢需要。而後，忽必烈總領漠南和建立元朝的整個政治生涯，幾乎都是基於這幅藍圖而實踐和發展的。

三、自請惟掌軍事

蒙哥即汗位之初，忽必烈以皇太弟日侍聖駕，開始進入汗廷決策圈。他論奏時務之急，替汗兄出謀畫策。對皇弟忽必烈的上奏，蒙哥汗大率言聽計從，賜允施行。而這些奏言多是藩邸謀臣劉秉忠和張文謙一手炮製擬定的。[26]

不久，蒙哥汗降詔：「凡軍民在赤老溫山南者」，聽皇弟忽必烈統轄領治。這是忽必烈總領漠南最初的管轄範圍和許可權內容。

即位伊始的蒙哥汗如此安排，顯然是為了讓同母弟忽必烈替他執掌漠南軍政大權，以對付窩闊台系、察合台系諸王等敵對勢力。這種安排，在蒙哥汗看來是十分必要的。

忽必烈及其王府官屬更是為之彈冠相慶，大排宴席。惟有王府文臣姚樞沉默寡言，心事重重。忽必烈覺得蹊蹺，宴會結束後，急忙詢問：「頃者諸人皆賀，汝獨默然，豈有意耶？」姚樞回答：「今天下土地之廣，人民之殷，財賦之阜，有加漢地者乎？軍民吾盡有之，天子何為？異時庭臣間之，必悔見奪。不若惟手兵權，供億之須，取之有司，則勢順理安。」

忽必烈恍然大悟，深知慮所未及，立即派人以姚樞的意見上奏，並獲得蒙哥汗的批准。[27]於是，忽必烈的許可權和使命，就由軍民兼領縮小為惟掌軍事了。

自請惟掌軍事，使蒙哥汗與忽必烈的權力衝突未能過早發生，給忽必烈在總領漢南期間幹一番事業帶來了寶貴的機會。

它還說明：總領漢南的忽必烈已經相當成熟幹練，他身旁的謀臣侍從也絕非等閒之輩。在選擇駐屯地點上，忽必烈也善於聽取部下的正確意見，不拘泥於草原游牧傳統，從而做出理智的決策。

受命總領漢南之初，忽必烈對木華黎孫霸突魯說：「今天下稍定，我欲勸主上駐蹕回鶻，以休兵息民。何如？」霸突魯回答：「幽燕之地，龍蟠虎踞，形勢雄偉，南控江淮，北連朔漠。且天子必居中以受四方朝覲。大王果欲經營天下，駐蹕之所，非燕不可。」忽必烈聽了，頗有感慨地說：「非卿言，我幾失之。」[28]

忽必烈把回鶻（畏兀兒）當作首選駐屯地，主要是因為該地是突厥後裔居棲處，在風俗和生活方式上與蒙古人很接近。而「幽燕之地」，遼、金兩朝一直是國都和政治中心，木華黎國王受命經營漢地和燕京行斷事官設立後，該地很快成為蒙古國在漢地的大本營。當忽必烈聽到霸突魯陳述駐屯幽燕更有利於經營中原和江淮等廣大區域時，就不再留戀或拘泥於回鶻（畏兀兒）地和蒙古草原游牧民的親和性，毅然改變主意，最終選定幽燕一帶為自己的駐屯地。

一二五六年，忽必烈命令劉秉忠占卜選擇金桓州東、灤河北之龍崗，修築開平城，[29]作為在漢南的固定駐所。開平，北連朔漠，南控中原，地理上很適合於忽必烈總領漢南的政治軍事需要。

請不要忽視上述駐屯地的選擇變動！倘若當時忽必烈選定的駐屯地是回鶻（畏兀兒）而非幽燕，那麼忽必烈或許不會成為蒙古貴族以漢法治漢地的先驅，蒙元帝國的歷史或許要重新書寫。

忽必烈惟掌軍事以後，對漢南的民事刑法，並非不聞不問。

當時，蒙哥汗新任用的燕京等處斷事官牙魯瓦赤和不只兒負責管轄漢南漢地的財賦司法。他倆視事第一日，大開殺戒，誅殺二十八人。其中一名偷盜馬匹的人犯，本來已施杖刑而釋放。恰巧有人獻上環刀，不只兒下令追回已釋放者，親手試刀而斬之。忽必烈聞訊，嚴詞指責道：「凡死罪必詳讞而後行刑。今一日殺二十八人，必多非辜。既杖復斬，此何刑也？」不只兒聽罷，驚愕而無言以對。[30]

還有一次，王府侍臣趙璧居然敢在蒙哥汗駕前申斥燕京斷事官牙魯瓦赤以舊印妄請復用。還提議：「請先誅近侍之尤不善者。」事後，連忽必烈也說：「秀才，汝渾身是膽耶！吾亦為汝握兩手汗也。」[31]

可以想見，那段時期總領漢南的忽必烈與燕京斷事官之間的關係，已經多少有些緊張了。不久，依照蒙古國慣例，藩邸近侍孟速思也代表忽必烈位下擔任了燕京行台斷事官。[32]

忽必烈征大理途經六盤山時，許多地方官聞訊趕來晉見，大多是就自己「官資之崇卑，符節之輕重」，請求忽必烈開恩庇護。惟延安路兵馬使袁湘面陳本路軍戶困乏之弊以及相應的革除辦法。忽必烈採納了袁湘的意見，並予極力讚揚。對其他官吏言私不言公的作法，一概責備訓戒。[33]鞏昌總帥汪德臣也來稟告新城益昌賦稅傜役免除事宜，且得到忽必烈的批准。[34]

這樣一來，總領漢南的忽必烈在陝甘一帶也留下了體恤百姓疾苦和秉公不徇私的好名聲。

南平大理

一、禡牙出師

蒙哥汗二年（一二五二），大汗蒙哥命令忽必烈遠征大理。此乃忽必烈總領漢南後承擔的第一項重大軍事征伐。

按照忽必烈總領漢南軍國重事的使命，他負責經略征伐的對象應是整個南部中國。然而，十餘年來蒙古軍對南宋的進攻，因在江淮和四川受到頑強的抵抗而舉步維艱。闊端大王對吐蕃的用兵卻進展順利，烏思藏已開始劃入蒙古軍隊的控制範圍。遠征大理，從西南包抄夾攻南宋控制區長江中游，遂成為經略南部中國戰略計畫的一部分，而且是與征服吐蕃相輔相成的部分。另一方面，雄居西南三百餘年的段氏大理國，此時由於國君段興智孱弱，大臣高氏專權，國勢業已衰落。這也是蒙古軍發動遠征的天賜良機。

忽必烈是夏六月在曲先腦兒覲見蒙哥汗時授鉞專征的。當晚，忽必烈宴請部屬侍從，姚樞趁機給他講起宋太祖遣曹彬取南唐未嘗殺一人的故事。翌日清晨上路，忽必烈興奮地在馬鞍上向著姚樞呼喊：「汝昨夕言曹彬不殺者，吾能為之，吾能為之！」[35]

七月，遠征大軍從漠北禡牙祭旗出發。遵照蒙哥汗的旨意，全軍軍事由速不台子、大將兀良合台節制管領，[36]皇弟忽必烈負責居上統轄。拉施特《史集》載，征雲南大軍有十萬之眾，[37]大致由兀良合台的蒙古千戶軍、諸王抄合、也只烈所部軍、漢軍及王府侍從組成。

隨同忽必烈遠征的侍從主要有：劉秉忠、姚樞、張文謙、廉希憲、賀仁傑、董文用、董文忠、許國禎、趙秉溫、鄭鼎、解誠、賈丑妮子、孛兒速等。董文用、董文忠兄弟負責督辦糧草，贊襄軍務。[38]其兄長董文炳則自率義士四十六人，尾隨遠征軍之後，受到忽必烈的慰勞和褒獎。[39]忽必烈認為姚樞等侍臣不能離其左右，臨行前還特意把原先姚樞教授皇子真金的任務，轉交給留在北方的竇默。[40]

冬十二月，大軍渡黃河。

翌年春，經原西夏腹地鹽、夏二州。夏四月，出蕭關，駐軍六盤山。

京兆鄠縣人賀賁修建房屋時從毀壞牆垣中獲得白金七千五百兩，遂以「殿下新封秦，金出秦地，此天以授殿下」為由，持其中五千兩呈獻忽必烈以助軍。某軍帥怨賀賁不先稟白而直接獻銀，將賀賁逮繫下獄。忽必烈得知，勃然大怒，下令捕捉該軍帥欲殺之，後念其動舊家世而饒其不死。[41]此軍帥的姓名，不得而知，忽必烈對遠征大軍將帥的生殺予奪權力，卻是顯而易見的。而主動呈獻白金的賀賁，後受到忽必烈擢用。根據賀賁的意願，其子賀仁傑即日應召進入了忽必烈宿衛。

二十年後的一天，忽必烈把賀仁傑召至御榻前，拿出五千兩白銀，對他說：「此汝父六盤山所獻者，聞汝母來，可持以歸養。」賀仁傑推辭不收，忽必烈不允許。[42]足見忽必烈念念不忘臣下舊日的貢獻，且能予以適當報償，頗有信譽和人情味。

二、迂迴遠征大理

「詔出甘泉總六軍，渡瀘深入建元勳。」43

蒙哥汗三年（一二五三）八月，忽必烈所率大軍到達臨兆，九月，抵忒剌。然後，兵分三路，兀良合台率西路軍，諸王抄合、也只烈率東路軍，忽必烈親自率領中路軍。

由於四川中南部的大部分地區仍被南宋控制，三路蒙古軍隊只能取道吐蕃東部等人跡罕至的地區，艱難跋涉。「經吐蕃曼陀，涉大瀘水，入不毛瘴喘沮澤之鄉，深林盲壑，絕崖狹蹊，馬相縻以顛死」；「前行者雪深三尺，後至及丈，峻阪踏冰為梯，衛士多徒行，有遠踰千里外者。」忽必烈的謀臣姚樞就曾因坐騎瘠瘦而徒行千餘里。44經雪山時，山路盤旋曲折，包括忽必烈在內，都必須「舍騎徒步」。因忽必烈患有足疾，不得不由隨從鄭鼎等背負以行。遇敵軍據險扼守，鄭鼎等又奮不顧身，力戰而敗之，受到忽必烈賜馬三匹的獎賞。

十月，過大渡河，軍隊在山谷中行進二千餘里，忽必烈率領的勁騎走在最前面。

隨同征大理的劉秉忠曾賦詩以志路途之艱險：

> 鞍馬生平四遠遊，又經絕域入蠻陬。
> 荒寒風土人皆愴，險惡關山鳥亦愁。45

入大理境後，行至金沙江畔，忽必烈情不自禁地立馬江邊巨石之上，俯視波濤洶湧的江水。後經隨從提醒，才下馬作罷。46

蒙古軍隊乘革囊和木筏渡金沙江，逐個攻下了負固自守的許多砦柵。

十二月，忽必烈所率中路軍先行包圍大理城。兀良合台的西路軍也在攻取龍首關後，抵達大理城下。

大理城倚點蒼山，傍洱海，相當堅固。事先，忽必烈曾派玉律朮、王君侯、王鑒三人為使者，諭說大理歸降，卻有去無還，杳無音信。大理國王段興智和權臣高祥背城出戰，被蒙古軍打敗。忽必烈下令攻城，還親自登上點蒼山臨視城中戰況。是夜，大理守軍潰敗，段興智和高祥率眾逃遁。忽必烈命令大將也古領兵追擊，擒殺高祥於姚州。

蒙古軍入城後，忽必烈言：「城破而我使不出，計必死矣。」於是命令姚樞等搜訪大理國圖籍，搜訪之際發現了三使者的屍體。[47]掩埋三使者屍體時，忽必烈又命令姚樞撰文致祭，以表哀思。另賜民戶數十，撫恤死者家屬。[48]

見到使者被殺，忽必烈大怒，一度要改變初衷而屠城。侍從張文謙、劉秉忠、姚樞急忙勸諫說：「殺使拒命者，其國主爾，非民之罪。」忽必烈接受他們的意見，特免殺掠。[49]還讓姚樞盡裂所攜之帛為幟，書寫止殺之令，分插公布於街衢。這樣，蒙古軍士一概不敢進城搶掠，大理城民眾的身家性命及官民財產才賴以保全。

一二四四年春，忽必烈班師北返，留兀良合台統兵戍守，又以劉時中為宣撫使，繼續經略撫治雲南。後來，被俘歸降的大理國王段興智，入覲蒙哥汗。在他的協助下，蒙古軍隊較快地征服了雲南全境。

劉秉忠《下南詔》詩曰：

天王號令迅如雷，百里長城四合圍。

龍尾關前兒作戲，虎賁陣上象驚威。
開疆弧矢無人敵，空壁蠻酋何處歸？
南詔江山皆我有，新民日月再光輝。[50]

忽必烈遠征大理的成功，使蒙古國疆域向西南擴展了一大塊，稱得上蒙古征服南部中國的一個不小勝利。它完成了對南宋的戰略性迂迴包抄，也打開了向南亞、東南亞擴展的通道。

遠征大理的成功，使雲南「衣被皇朝，同於方夏」，[51]納入蒙元王朝的直接統治，加強了雲南「新民」與蒙、漢等民族的聯繫，促進了多民族統一國家的發展壯大。

遠征大理的成功，又使忽必烈成為蒙古東方征服的贏家。它不僅讓忽必烈在艱苦的征戰中經受了劍與火的洗禮，也向黃金家族乃至整個大蒙古國顯示了他的軍事征服才能。這對忽必烈在後來的汗位爭奪中能贏得相當多蒙古諸王貴族的擁戴，是頗有意義的。

平定大理所付出的代價，也比較大。拉施特《史集》說：「當蒙哥合罕派遣自己的兄弟忽必烈合罕率領十萬軍隊到合剌章國（引者注：大理國別稱）之時……那裡的氣候又極惡劣、潮濕，因此全軍都生了病。此外，這個國家人煙稠密，軍隊眾多，每天在各個停駐之處都得作戰。由於這兩個原因，那十萬軍隊回來的，還不到二萬。」[52]除了軍士損失以外，「亡失馬，凡四十萬匹。」忽必烈在遠征途中曾派遣急使向蒙哥汗奏報：「沿途沒有食物，行軍極為困難：『若蒙頒降聖旨，我們就到合剌章地區去。』」[53]足見，遠征之艱難，投入的兵員輜重及損失，不可低估。

忽必烈本人對征大理之行，一直記憶猶新，非常重視。二十餘年後，忽必烈頗有感慨地說：「昔從太祖飲水黑河（引者注：班朱尼河）者，至今澤及其子若孫。其從征大理者，亦朕之黑河也，安可不錄其勞？」於是，對當年隨從征大理的舊臣，一概厚加賞賜。[54]

一三〇四年，元廷還命令在忽必烈曾經登臨俯視大理城中激戰的點蒼山崖上鐫刻「平雲南碑」，以紀半個世紀以前世祖遠征大理的功業。[55]

以漢法治漢地的嘗試

一、邢州治績

忽必烈總領漢南的另一項業績是，任用部分中原士大夫，以漢法成功治理邢州、河南和關中三地。

邢州，宋末為信德府。金朝滅亡後，窩闊台汗對諸王功臣大封漢地食邑，邢州一萬五千戶封授給啟昔禮、八荅兩荅剌罕。

當時投下封君所委派的達魯花赤，都是不習吏事、惟知求取的武弁。加之，蒙古政權在中原長期實行「並包兼容，籠絡八極，得一邑者，使宰一邑」的政策，具體管轄邢州的一直是節度使武貴等地主武裝頭目。他們「肆為峻剝，始於貧民下戶，次則中人富家，末則權家勢要，剝膚椎髓，惟恐不竭」。而驛站祗應等負擔，也使民不堪命。百姓被逼四散逃亡，戶口日減月削，最低跌至五、七百戶。邢州境內有「盜區」之稱，官府也敗落為晝伏夜出的「鬼衙」。

大約在忽必烈受命總領漢南前後，邢州下屬沙河縣達魯花赤呂誠等仰慕忽必烈之賢達，不遠萬里，赴漠北向本投下封君稟告以上情況，懇請將所屬地管理權交給忽必烈王府。[56]邢州封君兩答剌罕萬般無奈，只好出面請求忽必烈「選良吏撫循」所屬食邑分地。57

因為邢州又是劉秉忠、張文謙的故鄉，呂誠等邢州官吏也直接到忽必烈王府陳述以上請求，而且是劉、張二人先為接待的。於是，劉秉忠、張文謙合辭向忽必烈建議：「今民生困弊，莫邢為甚，救焚拯溺，宜不可緩。盍擇人往治，要其成效，俾四方諸侯，取法於我。則天下均受賜矣！」忽必烈欣然採納，奏請蒙哥汗，任命近臣脫兀脫、張耕為安撫使，劉肅為商榷使，以治邢州。58王府侍從趙良弼又被命為安撫司「幕長」。59不過，忽必烈王府只是負責派官管理，邢州的貢賦歲入「五戶絲」等仍歸於封君兩答剌罕。60

脫兀脫、張耕、劉肅等到任後，興辦鐵冶，充實官府財用，印製紙鈔，滿足民間貿易流通。還整頓驛站，驛馬由圉人恒養，驛車編甲乙受雇。對不法官吏，「誅尤為民害者一人，其餘或黜或降。」大部分官吏遵守「簿書期會」惟謹，不敢造次。官廨館舍倉廩，修理得井井有條。又在州之北郭新建石橋，以便官民通行。於是，新政大行，百姓安居樂業。流亡民眾紛紛歸返，一月之內，增戶二萬。諸路州政績考課時，邢州為最，一躍而成中原地方官府的楷模。61

在邢州的治理中，總領漠南的忽必烈也常常給予關心和支持。王府侍從趙良弼擔任安撫司幕長，區畫有方，政事遇有掣肘，就直接北上啟奏藩邸，求得忽必烈令旨的批准與庇護。兩年時間內，竟往返六次。忽必烈遠征大理之際，已升為斷事官的脫兀脫及其屬下交媾嫌隙，阻撓庶政。趙良弼乘驛向忽必烈稟白，罷黜了脫兀脫，62保持了邢州新政的積極成果。

治理邢州，雖然是當地部分官吏的偶然請求所引發，但它對忽必烈總領漠南的政策走向卻意義不凡。

如果說金蓮川開府是忽必烈從理念上初步學習和認同漢法的話，那麼，邢州新政就是他以漢法治漢地的現實試驗，而且是一次成功的試驗。通過這次試驗，忽必烈開始懂得：蒙古人的統治方法在漢地要碰壁，藉中原士大夫，以漢法治漢地，才是出路。因為邢州安撫使張耕、劉肅二人都是儒士，忽必烈由此「益重儒士，任之以政」，[63]進一步擴大了對漢地士大夫的任用。

二、經營河南與關中

忽必烈的京兆分地，是蒙哥汗三年（一二五三）受封的。

蒙哥汗對這位總領漠南的皇弟格外眷顧，曾讓他在南京（汴梁）、關中二地內，自擇其一。藩邸侍從姚樞向忽必烈獻策：「南京，河徙無常，土薄水淺，瀉鹵生之。不若關中，厥田上上，古名天府陸海。」忽必烈依此策而行，遂得京兆（今陝西西安）。三年後，蒙哥汗又以京兆戶口較少，特意為忽必烈增封懷孟。[64]

忽必烈京兆封戶計三萬三千餘，加上懷孟一萬一千餘戶，總共四萬五千餘戶。忽必烈當是蒙哥汗時期獲得漢地食邑封戶最多的宗王。其封戶數雖然比阿里不哥繼承拖雷真定封戶少得多，但又遠遠高於旭烈兀等其他皇弟。[65]

受封京兆分地之初，忽必烈麾下的諸將帥紛紛在京兆城內大興土木，修造府第，而且都以豪華奢侈相尚，似乎要在這裡安享榮華富貴。忽必烈感覺到勢頭不妙，與自己總領漠南和對宋用兵的事業很不合拍。於是，立即把這些將帥分別派遣到興元等州戍守。

忽必烈經營河南與關中，雖與他的封邑方位有關，更重要的還是其總領漠南及用兵南宋的使命。

蒙哥汗二年（一二五二）春，忽必烈身在漠北，通過幕府侍從的報告，他對漢地，尤其是河南、關中失於撫治的弊病已經所知甚多。鑑於蒙哥汗方倚重於燕京行尚書省牙魯瓦赤、不只兒等，忽必烈利用朝覲的機會，請求蒙哥汗將黃河以南的所屬地區劃分出來，交付自己試行治理，不受燕京行尚書省牙魯瓦赤輩的鈐制。蒙哥汗居然批准了這個請求。[66]於是，忽必烈暫時得到了便宜治理河南、關中的授權。

河南經略司是根據姚樞的建議設置的。

忽必烈覺得姚樞之言很有道理，於是上奏蒙哥汗，設立屯田經略司於汴梁，任命忙哥、史天澤、楊惟中、趙璧為經略使，陳紀、楊果為參議。[68]忙哥、趙璧是王府宿衛。史天澤是拖雷分地真定守臣、漢世侯萬戶之一。楊惟中曾在耶律楚材後任中書令，是投附蒙古最早的漢族官員。忽必烈任用這四人充經略使，希望能在與南宋對峙的河南一帶有所作為。

是時，河南境內屬於蒙古最新征服的地區，又與下一個用兵對象南宋王朝的疆域毗鄰。民心不穩，無所依恃，差役急迫，流亡頗多。蒙古軍隊既無紀律，又無固定屯戍地點，秋去春來，暴掠平民，沒有人敢出面管束。南部邊境備禦不嚴，南宋軍隊時而騷擾，民眾多被殺傷擄掠。

經略使史天澤、趙璧等在所屬州縣派設提領，嚴察奸弊，均平賦稅，以紓民力，更新鈔法，以通貿易。在邊境地帶，又修築城堡，保全邊民。[69]在誅殺奸惡，整肅吏治方面，經略使毫不手軟。河南道總管劉福「貪鄙殘酷，害虐遺民二十餘年」，經略使楊惟中手握大梃，擊殺之。趙璧又將恃勢為虐，強娶三十餘名民女的董主簿問罪斬首。[70]二、三年間，興利除害，民安兵強，河

姚樞云：「太宗平金，遣二太子總大軍南伐，降唐、鄧、均、德安四地，拔棗陽、光化，留軍戍邊，襄、樊、壽、泗繼亦來歸。而壽、泗之民，盡於軍官分有，由是降附路絕，雖歲加兵淮蜀，軍將惟利剽殺，子女玉帛，悉歸其家，城無居民，野皆榛莽。何若以是秋去春來之兵，分屯要地，寇至則戰，寇去則耕，積穀高廩，邊備既實，俟時大舉，則宋可平。」[67]

南大治，為日後大舉攻宋做了必要的準備。

屯田係經略司的重要職司，也是依照姚樞的建議辦理的。當時，河南境內的軍隊「分屯要地」、且耕且戰。所轄屯田多為軍屯，遍於唐、鄧等河南諸州，官府授給兵器和耕牛，南宋軍來攻時抵禦，南宋軍離去時耕作。距離襄陽前線不足二百里的鄧州駐有重兵，屯田萬戶就設於鄧州。史天澤之侄史權曾擔任屯田總管萬戶。[71]由於軍屯興辦，軍糧充實，西起穰、鄧，東連陳、亳、清口、桃源，屯兵防禦大為改善。還在窩闊台朝新衛軍儲所的基礎上，設都轉運司於衛州（今輝縣），擴建官倉五座，令民入粟，再轉運於河南，供給軍餉。[72]

蒙哥汗三年（一二五三）開始，忽必烈相繼設置了宣撫司、從宜所、行部等，負責其京兆分地和陝西地區的統轄管理。

京兆宣撫司是蒙哥汗三年夏忽必烈征大理途中，專派王府尚書姚樞前往設立的。最先擔任宣撫使的是孛蘭和楊惟中，商挺任郎中。第二年（一二五四）六月，廉希憲接替楊惟中任宣撫使，商挺升為副使。[73]正、副使的任命，一般要奏請大汗批准。趙良弼、楊奐則由忽必烈以教令任命為宣撫司參議。[74]

孛蘭和楊惟中任宣撫使後，提拔賢良，鋤暴黜貪，制定規程，印製紙幣，頒發俸祿，薄稅勸農。諸軍帥「橫侈病民」，郭千戶殺人而奪其妻，楊惟中戮之以徇，關中群吏震懾。楊惟中曾對他的重典政策解釋道：「吾非好殺，國家綱紀不立，致此輩賊虐良民，無所控告。不去不仁，何以為仁政乎？」[75]

與楊惟中相比，廉希憲為政稍顯溫和。他扶貧弱，摧奸強，去「羊羔利」徵取之弊，推行本息對償。又延訪宿儒，薦許衡為京兆提學，自辟智仲可參議幕府，釋為奴文士而附之儒籍。對串通占卜者毒殺丈夫之獄，廉希憲也能在審清結案後及時署字處決。

宣撫司之下還有交鈔提舉司、提學、勸農使、榷課所等設置。蒙哥汗四年（一二五四）六月，忽必烈曾委任姚樞為勸農使，負責關中的勸課農桑事。姚樞躬自遍歷京兆所屬八州十二縣，宣諭忽必烈重農桑的旨意，對恢復當地農業生產頗有裨益。[76]榷課所長官是由忽必烈藩邸私臣馬亨擔任。馬亨在長達五年的時間內，負責京兆的榷課辦集。所課稅銀每年多達五百錠，一概輸於王府，不繳朝廷。為避免所輸課銀被朝廷欽差沒收，馬亨之流心甘情願自身獲罪。[77]

宣撫司的管轄範圍和屬性，有些撲朔迷離。從商挺墓碑所載看，宣撫司管轄的似乎主要是忽必烈的分地京兆府八州十二縣和懷孟州。[78]然而，楊惟中「陝右四川宣撫大使」的官稱及施政情況又說明，宣撫司的許可權已延伸到整個川陝地區。還須遵照朝廷命令籌措調集糧食布帛器械，如期供給蒙古軍南征軍需。[79]如果按照當年耶律楚材規定的「各位止設達魯花赤，朝廷置官吏收其租而頒之」，[80]宣撫司並不符合食邑分地官府的正規制度，而是忽必烈個人為統管京兆分地和整個川陝的特殊設置。

從宜府之設，稍早於宣撫司。蒙哥汗三年（一二五三），也是在奉命征大理途中，忽必烈奏請蒙哥汗批准，立從宜府於京兆，專門負責為四川前線調集轉運軍糧。此舉是配合鞏昌總帥汪德臣在利州（今四川廣元）築益昌新城，建立川北軍事據點的。關於築益昌新城的計畫，是年春，汪德臣曾正式向征大理途經六盤山的忽必烈面陳，並得到忽必烈和蒙哥汗的批准。[81]

從宜使由忽必烈選派善理財賦的藩府侍臣李德輝及孛得乃擔任。李德輝還辟用原真州總管高逸民為助手。

從宜府的軍需經費，由朝廷所撥河東解州池鹽收入充當。具體做法是：在鳳翔舉辦屯田，招募民戶入粟於興元（今漢中）和綿竹的官倉，或給鈔幣，或給鹽券，回到京兆兌現。然後，陸輓興元軍糧入嘉陵江，由嘉陵江轉輸利州益昌新城。據說，汪德臣「宿兵利州，扼四川衿喉」的數萬之師，皆「仰哺」於從宜府的供給。一年後，「錢粟充棟於軍中。」[82]從宜府調集轉運軍糧的成績蔚為可觀。

此外，忽必烈還採納汪德臣的建議，置行部於秦州（今天水），將關中西部的糧食沿嘉陵江經漁關、沔州，轉輸到利州。[83]

對陝西境內的其他軍民事務，忽必烈也能積極過問和指導，充分行使其總領、監督之權。譬如，蒙哥汗五年（一二五五）軍民萬戶夾谷龍古帶稟告：興元官豪有勢之家逋欠稅收，頑抗不輸。忽必烈下教令曰：今後軍民官員有田而不納稅的，不得領受朝廷的廪糧。[84]

忽必烈運用漢法對邢州、河南和關中的成功治理，受到漢地士大夫的普遍讚譽。他們稱忽必烈為「賢王」，認為他「能用士而能行中國之道，則中國之主」。[85]

忽必烈還十分注意親近和收攏部分漢地世侯萬戶等。前述真定萬戶史天澤被委以經略使重任，當史天澤赴六盤山議經略司事，以「一門三要職」請求退休時，忽必烈竟引用成吉思汗諭旨，予以安撫和充分信任。[86]而從宜府和行部之設，則是直接滿足鞏昌總帥汪德臣入見請求並支持他建立利州據點的。他還命令萬戶夾谷龍古帶全權節制興元地區軍民事務。[87]至於藁城董文炳、董文用、董文忠三兄弟與忽必烈的關係，就更為近密。

忽必烈如此行事，逐漸把眾多漢世侯等軍政官員置於自己麾下，同時又為履行總領漠南使命獲取了來自漢世侯萬戶的必要支持。於是，忽必烈與漢族地主階級的聯盟，又從儒生士大夫擴展到漢世侯的範圍。

三、阿藍答兒鉤考

由於草原中心主義的作祟，蒙古貴族守舊勢力對忽必烈的親和漢法傾向甚是不滿，兄長蒙哥汗也對他猜忌日深。

忽必烈被告發、被指責的罪狀主要有兩條：一是「中土諸侯民庶翕然歸心」，二是「王府諸臣多擅權為奸利事」。[88]

一二五七年春，蒙哥汗派遣親信阿藍答兒、劉太平、脫因、囊家台等前往鉤考京兆、河南財賦出入盈虧，實際上是對忽必烈所治理的上述區域的一場大整肅。

阿藍答兒原為和林副留守，有些漢文史書稱他此時的官銜為「陝西省左丞相」，劉太平為「參知政事」。[89]

阿藍答兒性情苛刻，乘勢橫暴，擅作威福。他在關中設置鉤考局，以各路酷吏分領其事，招集經略司、都轉運司、宣撫司、從宜府等官吏，列一百四十二條，大開告訐，鍛煉羅織，無所不至。包括征商細務，皆被摭拾無遺，大多數官吏難以逃禍。還揚言：「俟終局日，入此罪者，惟劉（黑馬）、史（天澤）二萬戶以聞，餘悉不請以誅。」[90]

鉤考中，河南經略使之一忙哥以「國人」得以赦免，史天澤以勳舊受到特別寬容。儘管史天澤曾自言：「經略使司我實主治，是非功罪，皆當問我」，以減輕他人的責罰。[91]

另一名來自忽必烈王府侍從的經略使趙璧，自然成為鉤考的重點。曾多次逼迫屬吏當面指汙趙璧，未果。強制趙璧償還的錢物，因忽必烈代償，方得以了結。[92]

京兆宣撫使廉希憲、副使商挺、郎中趙良弼、從宜使李德輝等均受到追查。榷課所長官馬亨則被阿藍答兒派遣使者從忽必烈王府逮捕南歸，長期關押，窮治百端。臨行前，忽必烈十分擔心地問馬亨：「汝往，得無摭汝罪耶？」然而，汗命難違，愛莫能助，只好撫慰遣行。[93]阿藍答兒還在盛夏將被鉤考的官吏械繫於烈日之中，頃刻之間，人即斃命。被威逼折磨而死的，多達二十餘人。[94]

阿藍答兒鉤考，是對忽必烈的一次沉重打擊。當他得知河南、關中所委官吏被嚴酷整肅的消息，既氣憤，又感到委屈。

王府侍臣姚樞出來勸解：「帝，君也，兄也。吾，弟且臣。事難與較，遠將受禍。未若盡是邸妃主以行之，為久居謀，疑將自釋。」忽必烈覺得姚樞的話很有道理，身為藩王，無法和掌握全部權力的大汗硬抗。於是，依姚樞之策，主動覲見蒙哥汗，去化解與大汗的誤會、衝突。

蒙哥汗得到忽必烈請求覲見的奏報後，開始並不相信忽必烈的誠意，反而以為他心懷叵測，另有異圖。待忽必烈再次遣使請求，蒙哥汗才降詔：許其留下輜重隨從，乘驛傳覲見，日行二百里。

當年十二月，忽必烈在也可迭烈孫之地覲見蒙哥汗。蒙哥汗看到皇弟遵旨而來，開始轉怒為喜。朝會之後，蒙哥汗兩次親自為忽必烈斟酒，忽必烈則拜退如禮。兩人兄弟手足之情油然而起，相對泫然而涕下。蒙哥汗竟然不讓忽必烈稟白情況，就下令停止鉤考，同時也撤銷了河南經略司、都轉運司、京兆宣撫司、從宜府、行部等。[95]鉤考局解散之前，被鉤考的軍民官員仍受到了杖責。[96]

一場噩夢般的鉤考，總算以忽必烈與蒙哥汗兄弟二人的妥協，得以了結。

經略司、都轉運司、宣撫司、從宜府、行部等官署的撤銷，意味著忽必烈便宜治理河南和關中授權被廢止。

事實上，在阿藍答兒鉤考伊始，忽必烈的兵權連同總領漢南的使命，就統統被解除。關於這個變動，漢文史書說的比較明白：「歲丁巳，宗親間之，遂解兵柄他王，遣阿藍答兒至京兆。」[97]波斯拉施特《史集》則有些隱晦。該書云：「在那次會議上，別勒古台那顏奏告說：『忽必烈已經出征過一次並且完成了任務，如今他正患腳疾，若蒙降旨，他就可以回家去了。』蒙哥合罕同意了。」[98]這也足以說明忽必烈所掌兵權被解除。

如果說延請四方文士講論治道和金蓮川幕府的形成，為忽必烈日後君臨天下提供了很好的幹部準備和政治方略，那麼，自請惟掌軍事、南平大理和治理邢州、關中、河南，又是忽必烈總領漢南之際，運用上述幕僚和政治方略，所做的積極試驗。儘管此次試驗旋因與汗兄的權力衝突和阿藍答兒鉤考而夭折了。

總領漢南軍國重事權力的解除，是忽必烈人生歷程中的第一次大的挫折。

「禍兮，福之所倚；福兮，禍之所伏。」誰曾料，總領漢南使命的完結，很快引發了蒙哥汗親征川蜀和猝死釣魚城等一系列重大事變。繼而，又給忽必烈帶來了東山再起的新機遇。

註釋

1《元文類》卷五八〈中書左丞張公神道碑〉，卷四一〈經世大典序錄·進講〉。
2《元朝名臣事略》卷一〇〈宣慰張公〉。
3《元史》卷一五七〈劉秉忠傳〉。
4《元朝名臣事略》卷八〈左丞姚文獻公〉。
5《元史》卷一六〇〈李冶傳〉；《元朝名臣事略》卷一三〈內翰李文正公〉。
6《元朝名臣事略》卷一二〈內翰王文康公〉；《南村輟耕錄》卷二〈丁祭〉。
7《元朝名臣事略》卷一〇〈宣慰張公〉。
8《元朝名臣事略》卷七〈太保劉文正公〉。
9《藏春詩集》卷六附錄，姚樞〈祭文〉。
10《可閑老人集》卷二〈輦下曲〉。
11《元朝名臣事略》卷九〈太史王文肅公〉。
12《元朝名臣事略》卷七〈左丞張忠宣公〉；《元史》卷一五七〈張文謙傳〉。
13《元朝名臣事略》卷八〈內翰竇文正公〉；《元史》卷一五八〈竇默傳〉。
14《元朝名臣事略》卷八〈左丞姚文獻公〉。
15《元朝名臣事略》卷八〈內翰竇文正公〉。
16《元朝名臣事略》卷八〈左丞許文正公〉。
17《元朝名臣事略》卷一二〈內翰王文康公〉；《元史》卷一三四〈闊闊傳〉，卷一六〇〈王鶚傳〉。
18《元朝名臣事略》卷一二〈太常徐公〉。
19《元朝名臣事略》卷一三〈內翰李文正公〉。
20《元朝名臣事略》卷一五〈國信使郝文忠公〉；《陵川集》卷二一〈志箴〉。
21《西岩集》卷一九〈趙璧神道碑〉；《元史》卷一五九〈趙璧傳〉。
22《元史》卷一六三〈李德輝傳〉、〈張德輝傳〉、〈趙炳傳〉，卷一六七〈張惠傳〉；《元朝名臣事略》卷一一〈參政商文定公〉、〈樞密趙文正公〉、〈左丞李忠宣公〉。
23《歷代佛祖通載》卷三二；《靜修集》卷三〈洺水李君墓表〉。
24《元史》卷一八九〈趙復傳〉。
25《元文類》卷五八〈中書左丞張公神道碑〉。
26《元朝名臣事略》卷七〈左丞張忠宣公〉。

27 《元史》卷三〈憲宗紀〉；《元朝名臣事略》卷八〈左丞姚文獻公〉。
28 《元史》卷一一九〈霸都魯傳〉。
29 《元朝名臣事略》卷七〈太保劉文正公〉。
30 《元史》卷四〈世祖紀一〉。
31 《元史》卷一五九〈趙璧傳〉。
32 《雪樓集》卷六〈武都智敏王述德之碑〉。
33 《牧庵集》卷一七〈袁公神道碑〉。
34 《元史》卷一五五〈汪世顯傳〉。
35 《元文類》卷六〇〈中書左丞姚公神道碑〉。
36 《元史》卷一二一〈速不台傳〉；《秋澗集》卷五〇〈大元光祿大夫平章政事兀良氏先廟碑銘〉。
37 《史集》余大鈞、周建奇譯本，第一卷第一分冊，頁二六〇，北京商務印書館，一九八三年。
38 《元朝名臣事略》卷一四〈內翰董忠穆公〉。
39 《元朝名臣事略》卷一四〈左丞董忠獻公〉。
40 《元文類》卷六〇〈中書左丞姚公神道碑〉。
41 《元史》卷一六九〈賀仁傑傳〉；《牧庵集》卷一七〈光祿大夫平章政事賀公神道碑〉。
42 《元史》卷一六九〈賀仁傑傳〉。
43 《雙溪醉隱集》卷四〈賢王有雲南之捷〉。
44 《牧庵集》卷一七〈光祿大夫平章政事賀公神道碑〉；《元文類》卷六〇〈中書左丞姚公神道碑〉。
45 《藏春集》卷一〈西蕃道中〉。
46 《元史》卷一五四〈鄭鼎傳〉。
47 《元史》卷四〈世祖紀一〉；《雪樓集》卷五〈平雲南碑〉。
48 《元文類》卷六〇〈中書左丞姚公神道碑〉。
49 《元文類》卷五八〈中書左丞張公神道碑〉。
50 《藏春集》卷一。
51 《雪樓集》卷五〈平雲南碑〉。
52 《史集》余大鈞、周建奇譯本，第一卷第一分冊，頁二六〇，北京商務印書館，一九八三年。
53 《史集》余大鈞、周建奇譯本，第二卷，頁二六五，北京商務印書館，一九八五年。
54 《牧庵集》卷一七〈光祿大夫平章政事賀公神道碑〉。
55 《雪樓集》卷五〈平雲南碑〉。
56 《畿輔通志》卷九七，宋子貞〈改邢州為順德府記〉。
57 《元史》卷四〈世祖紀一〉。
58 《藏春集》卷六〈故光祿大夫太保劉公墓志〉；《元文類》卷五八〈中書左丞張公神道碑〉；《元朝名臣事略》卷七〈太保劉文正公〉。另，〈中書左丞張公神道碑〉

載：安撫使有李簡而無張耕；〈故光祿大夫太保劉公墓志〉為劉肅和李簡。《牧庵集》卷二七〈提刑趙公夫人楊君新阡碣〉又載：脫兀脫和趙瑨的職務是斷事官，位安撫使上。今從《元史·世祖紀一》。

59《元朝名臣事略》卷一一〈樞密趙文正公〉。

60《牧庵集》卷二七〈提刑趙公夫人楊君新阡碣〉。

61《元朝名臣事略》卷一〇〈尚書劉文獻公〉；《畿輔通志》卷九七，宋子貞〈改邢州為順德府記〉。

62《元朝名臣事略》卷一一〈樞密趙文正公〉；《元史》卷一五九〈趙良弼傳〉。

63《元文類》卷五八〈中書左丞張公神道碑〉。

64《牧庵集》卷一五〈中書左丞姚文獻公神道碑〉。

65以上統計，參閱拙著《元代分封制度研究》頁六三，天津古籍出版社，一九九二年。

66《元朝名臣事略》卷七〈丞相史忠武王〉。

67《牧庵集》卷一五〈中書左丞姚文獻公神道碑〉。

68《元史》卷四〈世祖紀一〉。

69《元朝名臣事略》卷七〈丞相史忠武王〉；《元史》卷四〈世祖紀一〉；《牧庵集》卷一五〈中書左丞姚文獻公神道碑〉。

70《陵川集》卷三五〈故中書令江淮京湖南北等路宣撫大使楊公神道碑〉；《元史》卷一五九〈趙璧傳〉；另，卷一五五〈史天澤傳〉言，史天澤也誅殺兩名貪橫成性的郡邑長貳。被誅者或許就是劉、董二人。

71《元史》卷四〈世祖紀一〉；《元文類》卷六三〈真定新萬戶張公神道碑〉。

72《牧庵集》卷一五〈中書左丞姚文獻公神道碑〉。

73《元史》卷四〈世祖紀一〉。

74《元史》卷一五九〈趙良弼傳〉；《元朝名臣事略》卷一三〈廉訪使楊文憲公〉。

75《陵川集》卷三五〈故中書令江淮京湖南北等路宣撫大使楊公神道碑〉；《元朝名臣事略》卷一一〈參政商文定公〉。

76《牧庵集》卷一五〈中書左丞姚文獻公神道碑〉。

77《元史》卷一六三〈馬亨傳〉。

78《元朝名臣事略》卷一一〈參政商文定公〉。

79《元文類》卷六五〈平章政事廉文正王神道碑〉。

80《元史》卷二〈太宗紀〉。

81《隴右金石錄》卷五，王鶚〈汪忠烈神道碑〉。

82《元史》卷四〈世祖紀一〉；《牧庵集》卷三〇〈中書左丞李忠宣公行狀〉。

83《牧庵集》卷一五〈中書左丞姚文獻公神道碑〉。

84《元文類》卷六二〈興元行省夾谷公神道碑〉。
85《陵川集》卷三七〈與宋國兩淮制置使書〉。
86《元朝名臣事略》卷七〈丞相史忠武王〉。
87《元文類》卷六二〈興元行省夾谷公神道碑〉。
88《元朝名臣事略》卷一一〈參政商文定公〉；卷七〈平章廉文正王〉。
89《元史》卷一五九〈趙良弼傳〉；《元朝名臣事略》卷七〈平章廉文正王〉。
90《牧庵集》卷一五〈中書左丞姚文獻公神道碑〉；《元史》卷一五五〈史天澤傳〉。
91《元文類》卷五八〈中書右丞相史公神道碑〉。
92《西岩集》卷一九〈大元榮祿大夫中書平章政事趙公神道碑〉。
93《元史》卷一六三〈馬亨傳〉。
94《元朝名臣事略》卷一一〈樞密趙文正公〉。
95《牧庵集》卷一五〈中書左丞姚文獻公神道碑〉。
96《元朝名臣事略》卷一一〈參政商文定公〉。
97《牧庵集》卷二四〈譚澄神道碑〉。
98《史集》余大鈞、周建奇譯本，第二卷，頁二六八，北京商務印書館，一九八五年。

第三章　角逐大汗位　定鼎開平城

蒙哥汗親征川蜀

一、三路攻宋

一二五六年春，蒙哥汗在蒙古中部的豁兒豁納黑主不兒之地舉行忽里台貴族會議。諸王也孫哥、駙馬帖里干等提議儘快征伐南宋。蒙哥汗完全贊同他們的意見，聲稱：「我們的父兄們，過去的君主們，每一個都建立了功業，攻占過某個地區，在人們中間提高了自己的名聲。我也要親自出征，去攻打南家思（南宋）。」[1]

第二年，派遣阿藍答兒南下鉤考和忽必烈總領漠南軍國重事權力的解除，更促使蒙哥汗加快實施親征南宋的計畫。

一二五八年陰曆二月，蒙哥汗率大軍渡黃河，拉開了親征南宋的序幕。

這是蒙古政權第一次大規模征服南宋的軍事行動。

對這次親征南宋，蒙哥汗事先做了較周密的部署安排。那就是，幼弟阿里不哥和皇子玉龍答失留守和林。進攻南宋的軍隊分為東、西、南三路。東路軍由諸王塔察兒率領，攻略荊襄。奉命參與的諸王貴族有：也孫哥、察忽剌、忽林池、阿勒赤、納陳駙馬、帖里干駙馬、怯台、不只兒、忙哥－忽勒察兒、察罕等。西路軍隨蒙哥汗出發，進攻川蜀。奉命參與的諸王貴族有：合答黑、禿塔黑、忽失海、阿必失合、納鄰—合丹、合答黑赤薛禪、末哥、阿速帶等。[2]還有史天澤等漢軍。已在巴蜀作戰的劉黑馬、汪德臣、紐璘等所率軍，也在西路軍行列。南路軍是兀良合台所率的雲南蒙古軍和蠻僰軍一萬三千，進攻路線是經廣西、貴州趨潭州（今長沙）。三路軍隊總數十餘萬，[3]試圖對南宋實施東、西、南三面圍攻。

蒙哥汗還遣使與其他兩路軍約定：一二六〇年陰曆正月會師潭州，[4]然後順江東下，直取臨安。這顯然是一次旨在滅亡南宋的戰略性大進軍。

蒙哥汗是一二五八年陰曆十月取道漢中抵達利州的。在鞏昌總帥汪德臣的協助下，蒙哥所率軍渡嘉陵江和白水，攻取地勢險要的苦竹隘。又沿嘉陵江東下，拔宋潼川府治長寧山城，招降閬州大獲城及運山、青居、大良等城。年底，蒙古軍順嘉陵江南下，欲進攻南宋在四川的大本營重慶。沒料到在重慶北一百四十里的釣魚城遭到前所未有的殊死抵抗。

二、釣魚城蒙哥猝亡

釣魚城位於嘉陵江、渠江、涪江的交匯之衝，東、南、北三面據江，皆峭壁懸崖，陡然阻絕，西依華瑩山。自淳祐三年（一二四三）宋四川制置使余玠等築城其上，釣魚城就成為屏蔽重慶的軍事重鎮。

一二五九年陰曆二月，蒙哥汗在掃清周邊之後，親自督促蒙古軍和漢軍對釣魚城展開強攻。先攻伸至江邊的「一字城」，而後，輪番進攻東、西、北三面的城門。

因「炮矢不可及」，「梯部不可接」，連續攻戰五個月，損兵折將，未能破城。守將王堅還一度夜間偷襲蒙古軍營寨。蒙哥汗一心想「乘拉稿勢，不棄去而必拔之」。連為蒙哥汗充當御前先鋒的汪德臣，也在攻城時負傷「感疾」而亡。[5]

七月，蜀川一帶暑熱難忍，軍中瘟疫流行。

拉施特《史集》記述了這段令蒙古人沮喪痛苦的歷程：「當蒙哥合罕正在圍攻上述城堡時，隨著夏天的到來和炎熱的加劇……在蒙古軍中也出現了霍亂，他們中間死了很多人。世界的君主（指蒙哥）用酒來對付霍亂，並堅持飲酒。但突然〔他的〕健康狀況惡化，病已到了危急之時。」[6]

蒙古軍只好暫時停止對釣魚城的進攻，轉而南攻重慶。而蒙哥汗竟在轉移營地途中，死於金劍山溫湯峽（今重慶北溫泉）。

蒙哥汗死後，群臣奉喪北還，葬於漠北成吉思汗家族墓地起輦谷。

征川蜀的蒙古軍和漢軍，除汪總帥和紐璘部外，大部分北撤到六盤山。蒙哥汗親征川蜀，就以他本人釣魚城下猝然身亡而告終。[7]

蒙哥汗進攻釣魚城的慘敗和陣前身亡，表明他並不是一位高明的軍事家。

蒙哥把對南宋主攻戰場錯誤地確定在利於宋軍防禦而不利於蒙古軍進攻的川蜀地區。事先，掌膳食的宿衛士朮速忽里曾建議，不必全力攻取釣魚城。應在重慶與釣魚城之間留戍銳卒五萬，牽制二城守軍，主力軍隊沿江東下，出三峽，搗荊楚。但未被蒙哥汗採納。宿衛士游顯也曾勸諫他放棄親征川蜀，取道大散關東，直臨江漢。蒙哥汗竟以「業已至此」而拒絕。忽必烈事後批評道：「當時若從此策，東南其足平乎。朕在鄂渚，日望上流之聲勢耳。」[8]

蒙哥身為大汗，卻親臨前線指揮攻城，犯了「萬乘之尊」不宜輕動的大忌。他拋棄蒙古軍靈活機動的野戰長技，違背蒙古騎兵喜寒惡熱的習性，聚數萬之眾，冒盛暑，強攻防禦堅固而範圍有限的釣魚城，累月不下，兵老師鈍，不改陳規，不思變通，逞匹夫之勇，以身殉陣，張「千金之弩，為鼷鼠而發」。[9]在成吉思汗子孫中，蒙哥汗的軍事才能，應算是比較低下的。

蒙哥汗的猝亡，暫時中斷了蒙古貴族滅亡南宋的戰爭進程，客觀上延長了南宋王朝的統治時間。

蒙哥汗之死，對於蒙古帝國來說，無疑是噩耗和災難，但對一度被解除總領漢南軍權的忽必烈而言，又算是福音。它使尚未規範化的蒙古汗位繼承，波瀾再起，也為忽必烈的重新出山和問鼎蒙古國汗位，提供了絕好的機會。

忽必烈統兵攻鄂州

一、奉旨南征

依照蒙哥汗親征南宋的安排，東路大軍由東道蒙古宗王塔察兒（鐵木哥・斡赤斤之孫）率領，負責進攻荊襄。據說，塔察兒率領十萬鐵騎沿漢水攻取襄樊。他們圍攻襄陽、樊城整整一個星期，未能攻克。然後，回撤到自己的營地，駐屯下來。

蒙哥汗聞訊，大發雷霆，派使者申斥道：「你們回來時，我要下令狠狠地懲罰你們！」另一名隨同蒙哥汗攻蜀的東道宗王忽里黑赤（也孫哥之弟），也派人對塔察兒說：「忽必烈合罕曾奪取了許多城堡，而你們卻帶著破爛屁股回來，也就是說你們只忙於吃喝。」[10]

被解除總領漢南軍國重事職務的忽必烈，事先接到蒙哥汗的諭旨：「忽必烈合罕腿有病，他以前已率師遠征，平定作亂地區，今可讓他留在家中靜養。」忽必烈只好遵旨在漠北哈剌溫—只敦的帳殿裡療養腳病。[11]

一二五七年冬，蒙哥汗度漠南親征南宋前夕，忽必烈曾和其他拖雷系親王趕到玉龍棧，為汗兄送行，大宴之後，即奉命返回。[12]

忽必烈完全明白：蒙哥汗不喜歡他參與這次南征，難免有些失落。回到營地以後，近侍、康里人燕真建言：「主上素有疑志，今乘輿遠涉危難之地，殿下以皇弟獨處安全，可乎？」忽必烈覺得燕真的話很有道理，立即派使者請求蒙哥汗允准他出征南宋。[13]

蒙哥汗正為塔察兒攻襄樊失敗而怒不可遏，出於對東路軍統帥難得其選和征伐南宋全局的考慮，他不得不重新起用忽必烈。

於是，蒙哥汗下了一道新的詔旨：「忽必烈合罕奏告說：『腿疾已愈，怎能坐視蒙哥合罕出征，而自己家居休息。』今可讓他率領塔察兒那顏的軍隊向南家思邊境推進。」[14]

忽必烈總算有機會復出南下總兵了。

關於忽必烈代替塔察兒統率東路軍的數量和構成，拉施特《史集・忽必烈合罕紀》稱為「一萬精兵和數萬札忽惕人」；同書〈蒙哥合罕紀〉作：「十萬軍隊。」二者比較，前者詳實可信。所謂「一萬精兵」主要指木華黎國王孫霸突魯所部蒙古軍。「數萬札忽惕人」，又包括張柔順天萬戶和嚴忠濟、嚴忠嗣東平萬戶、解誠水軍萬戶及史權真定萬戶的部分軍隊等。

蒙哥汗八年（一二五八）十一月，忽必烈自開平出發，大部分藩邸侍從一併隨行。翌年二月，會諸王於邢州。

五月，忽必烈抵達濮州（今河南濮陽東），召集東平名士宋子貞、李昶及隨從侍臣討論對南宋用兵方略和敵我得失優劣。

宋子貞說：「本朝威武有餘，仁恩未洽。天下之民，嗸嗸失依，所以拒命者，特畏死爾。若投降者不殺，脅從者勿治，則宋之百城，馳檄而下，太平之業，可指日而待也。」

李昶論及用兵時，也以伐罪、救民、不嗜殺為對。[15]

張文謙、劉秉忠和姚樞又多次講：「王者之兵，有征無戰，當一視同仁，不可嗜殺。」忽必烈欣然接受，還答覆：「保為卿等守此言！」[16]

郝經還提出，此時伐宋，時機不成熟。應簡選賢能將相，敦厚宗族，布置列鎮，結盟保境，興文習武，育材恤民，培植元氣，俟時而動，就可以圖取南宋。

商挺則云：「蜀道險遠，瘴疾時作，難必有功，萬乘豈宜輕動？」

對郝經不贊成攻宋的意見，忽必烈雖未予採納，但也能優容以待。聽罷商挺的話語，忽必烈沉思良久，竟十分肯定地回答：「卿言正契吾心。」[17]

此時，忽必烈對南下攻宋是堅定不移的。對蒙哥汗親率重兵主攻川蜀能否成功，卻持保留態度。他或許愈感到自己所率東路軍責任之重大。

七月十二日，忽必烈到達汝南（又作蔡州），與木華黎之孫霸突魯等所率軍會合。忽必烈命令霸突魯等先行至漢水之畔，準備軍糧，告誡南征軍將不得妄自殺戮。

又奏請三朝舊臣楊惟中和藩邸侍從郝經任江淮荊湖南北等路正、副宣撫使，率領歸德一帶的軍隊，先行南下，至長江北岸，設立行台，宣布恩信，招納降附，約束蒙古、漢軍諸將帥。命令書記孫貞督促蔡州的軍糧。燕京行台官月合乃則奉命留在汴梁掌管軍需，調運濟南鹽數百萬斤，散於軍隊所經州郡，換取糧食。孫貞發現軍士犯法，即綁縛州縣有司，稟白忽必烈。然後，由忽必烈下令戮之以號市。這樣一來，諸軍上下凜然有序，沒有人敢違抗軍令。[18]

需要說明兩點：一是忽必烈自開平出師到赴汝南調兵遣將，用了八個月時間，行動過於遲緩；二是忽必烈未西去進攻襄樊，而是從汝南南下，直指江漢。對於前一點，有人推測忽必烈是蓄意拖延時間，以觀川蜀用兵進展。不過，忽必烈剛剛恢復總兵，他不會不知道蒙哥汗疑忌尚存。所以，有關忽必烈拖延時間和坐觀川蜀的推測，與情理不合。企圖躲過炎熱的夏季，推延至秋季大舉進攻，倒比較現實，也容易得到蒙哥汗的諒解。至於不攻襄樊，直趨江漢，正說明了忽必烈在軍事上略勝塔察兒一籌。因為襄樊歷來易守難攻，塔察兒已在那裡無功而返，自不必重蹈其覆轍。

行至淮河北岸，忽必烈一度聽到蒙哥汗猝亡於合州釣魚城的傳言。他急忙與霸突魯商議，然後說：「我們率領了多得像螞蟻和蝗蟲般的大軍來到這裡，怎能因為謠傳便無所作為地回去呢？」[19]於是，決定全軍繼續南下。忽必烈自己殿後，又特意派遣蒙古八魯剌思部斡兒客那顏充前鋒，捕殺了南宋軍的哨兵，以防他們把蒙哥汗猝死的流言傳播出去。[20]

八月十五日，忽必烈率軍渡過淮河。二十日，攻入大散關，南宋戍兵紛紛潰退。二十一日，進抵黃陂。

宋光山縣治所移於台山寨上，忽必烈命千戶董文炳、劉思敬前往攻取。劉思敬身先登寨牆，中流矢受傷。董文炳又親抵寨下，以屠寨存活反覆開喻，忽必烈另派廉希憲幫助勸說，守者終於投降。[21]

從將鄭鼎乘勝追擊，俘獲胡知縣，不幸陷入泥潭，遭伏兵襲擊。忽必烈聞訊，急召鄭鼎返回，分給他衛士三百，以備不虞。還告誡鄭鼎：「為將當慎重，不可恃勇輕進！自後非奉朕命，毋得輕與敵接。」對攻寨受重傷的劉思敬，忽必烈又親自慰勞賜酒。[22]

與此同時，張柔奉命進攻南宋五關之首——虎頭關，與宋軍戰於沙窩，張柔之子張弘彥擊敗之，繼而奪取虎頭關。[23] 嚴忠濟、嚴忠嗣兄弟所率軍渡淮以後，出掛車嶺，與宋兵激戰三晝夜，殺獲甚眾，進抵蘄州（今湖北蘄春）。

忽必烈麾下的東路軍，已全部突破宋軍的淮西防線，直逼長江北岸。

二、渡江攻鄂

九月一日，正當忽必烈準備渡江時，隨從蒙哥汗征蜀的異母弟末哥，自合州釣魚山派遣使者報告蒙哥汗猝亡的消息，並且請忽必烈北歸以定國家大計。

前面提到，末哥的母親又是忽必烈的乳娘，由於這層親密關係，末哥特意派人來送信。蒙哥汗死訊已非謠傳，而是完全屬實。

忽必烈命令軍隊暫時停駐下來，全體將士向蒙哥汗志哀。[24]

蒙哥汗猝亡的噩耗，不能不影響到忽必烈的渡江計畫。

當時，有人建議立即北歸。忽必烈卻聲稱：「吾奉命南來，豈可無功遽還？」

忽必烈如此決定，無疑是明智的。因為所有蒙古人，最尊敬戰場上的英雄。對成吉思汗的繼承者來說，軍事征服的業績，是必不可少的。忽必烈好不容易獲得復出總領東路兵的機會，若是像塔察兒那樣無功而返，將會在黃金家族中丟盡顏面。再者，兀良合台所率南路軍奉旨經南宋轄區轉戰北上，東路軍若不渡江接應，南路軍必有覆滅的危險。在蒙哥汗身亡和西路軍無法東進的不利形勢下，忽必烈如約渡江，將會收到會合南路軍，壯大實力，提高在蒙古貴族中威望等多重成效。況且，渡江計畫及各項準備已大體就緒，渡江猶如箭在弦上。

兩天前，先鋒茶忽曾將前線截獲的一份南宋沿江制置使的榜文呈送忽必烈。上面寫道：「今夏諜者聞北兵會議，取黃陂民船繫筏，由陽羅堡以渡，會於鄂州。」忽必烈知曉後，說：「此事前所未有，願如其言。」[25]由於附近沒有其他的渡口，只能從陽羅堡渡江。為了鼓舞士氣，忽必烈聽從劉秉忠的建議，派近臣忽剌孫到軍中慰勞。於是，軍士們人人踴躍，願為效命。[26]

九月三日，忽必烈親自登上長江北岸距陽羅堡五里的香爐山，俯瞰大江，觀察敵情。只見長江自西流來，江北為武湖，湖東即陽羅堡，堡南為滸黃州（又名白鹿磯）。南宋方面陳兵十萬，列舟二千，築堡於岸，水陸戒備，還以大船扼江渡，確有橫截江面之勢。[27]

觀察完敵情後，忽必烈果斷決定，次日早晨開始渡江。當夜，忽必烈命令木魯花赤、張文謙準備船隻槳楫，又事先部署兵士專門奪取宋軍的兩艘大船。

四日黎明，天色陰暗，風雨交加。諸將都以為無法渡江，忽必烈不予理睬。董文炳主動請戰說：「長江天險，宋所恃以為國，勢必死守，不奪之氣不可，臣請嘗之。」忽必烈撥與敢死士近百和大型戰艦一艘，還親自為他們挑選甲冑。

忽必烈嚴令諸將帥揚旗擊鼓，分三路一起進發。恰在這時，天氣開始放晴。蒙古軍競相爭渡，董文炳、董文用兄弟所率敢死士衝在最前面，艨艟鼓棹急趨，疾呼奮進，二百艘戰船直抵南岸。

宋軍前來迎戰，鏖戰三個回合就被打敗。[28]習於水性的張榮實，遵照忽必烈的命令，率所部水軍乘小船鏖戰於北岸，繳獲宋軍大船二十艘，俘虜二百人，溺死者不可勝計，還斬殺宋軍將領呂文信。[29]水軍萬戶解誠及部將朱國寶率領精銳，在大江中流與宋軍激戰，前後十七戰，奪取敵艦千艘，殺溺敵軍甚眾。[30]宋軍大敗，蒙古軍紛紛渡江。

前鋒張宏在南岸豎起「北斗旗」為信號。[31]董文炳派其弟董文用乘小船回江北報捷。忽必烈正在香爐山上，急忙策馬下山詢問戰勝狀況。還站立在馬背上，豎起馬鞭向上指著說：「天也！」接著，忽必烈調動諸軍渡江，又傳令：「今夕毋解甲，明日將圍城。」[32]還命令張柔和嚴忠濟、嚴忠嗣所率軍間道趕赴鄂州，參加圍城之戰。[33]

蒙古軍渡江後，忽必烈駐紮於江北岸滸黃州。他果然履行諾言，頒布了嚴肅軍紀的命令：軍士有擅入民家者，以軍法從事。凡是俘獲人口，全部釋放。郝經〈青山磯市〉詩曰：「渡江不殺降，百姓皆安堵」，[34]可以為證。對俘虜中的儒士，忽必烈又接受侍臣廉希憲的建議，予以「官錢購遣還家」的特殊優待，所放還的江南儒士多達五百餘人。[35]

忽必烈曾派王沖道、李宗傑、訾郊三人為使者，到鄂州城下諭降，沒有奏效。數日後，蒙古軍正式完成對鄂州城的包圍。

忽必烈還在城東北頭陀峰上立起五丈高樓，號壓雲亭，登臨亭上，觀察城中敵情。郝經作〈壓雲亭〉詩，以志其狀：

> 重嶺繞郭峻，高亭下臨鄂。
> 艨艟斷江流，甲騎鏖城腳。
> 拒命始進攻，鐵匝長圍合。
> 顧已無頭陀，徑欲椎黃鶴。[36]

然而，對鄂州的圍攻並不十分順利。守城宋將張勝軟磨硬抗，先以緩兵之計，騙得蒙古軍暫時後撤。接著，焚燒城外民居，堅城固守。還把自重慶馳援的呂文德所部軍接入城中。賈似道、高達等軍也分別從漢陽等方面給予策應和支援。37

忽必烈最初有些輕敵，一度以為：「賈似道率兵救鄂，事起倉卒，皆非精銳。」但實際情況是城內宋軍死守，周邊竭力救援，蒙古軍的進攻速度較慢。

因為城牆難以攻破，蒙古軍就掘洞而入，宋軍則在城上樹柵為夾城以頑抗。張禧、張弘綱父子等敢死士拚死力戰，首次攻破城東南角。張禧還受了重傷。忽必烈見此狀十分焦急，連忙派人前往急救。38

在攻城百餘日不能破的情況下，忽必烈召來漢世侯張柔，對張說：「我猶獵者，不能擒圈中豕。野獵以供汝食，汝可破圈而取之。」張柔接到任務，立即命令部將何伯祥製造鵝車，繼續在城下掘洞，另行派遣勇敢之士，率先攻城，屢次攻破城牆。39

儘管鄂州城守軍死傷多達一萬三千餘人，守將張勝在城中戰死，該城攻守之役一直相持不下，忽必烈始終沒有完全攻克鄂州城。看到賈似道入鄂以後，蒙古軍屢破東南城牆，宋軍以木柵環城，一夕而就，忽必烈也曾發出這樣的感慨：「吾安得如似道者用之？」40

在忽必烈渡江攻鄂的同時，兀良合台奉蒙哥汗的命令，自雲南經廣西輾轉攻入湖南。

蒙哥汗九年（一二五九）八月，兀良合台所率蒙古四宗王騎兵三千和蠻僰軍一萬，先攻克廣西衡山塞（今廣西田東），沿途轉戰貴州（今廣西貴縣）、象州（今廣西象州）、柳州（今廣西柳州）和靜江（今廣西桂林）。十月進入湖南，又突破全州（今廣西全州）、辰州（今湖南沅陵）、沅州（今湖南芷江）等處宋軍的重重堵截，十一月攻至潭州（今湖南長沙）城下，敗湖南安撫使向士璧所部軍，開始對長沙的圍攻。41

忽必烈渡江後，曾派張柔進攻湖南，派鄭鼎襲擾江西諸州，派霸突魯攻岳州（今湖南岳陽），試圖主動接應兀良合台的軍隊。霸突魯所率軍一度攻入潭州境，因兀良合台軍尚未到達，只得於十月撤回鄂州。

十一月，獲悉兀良合台的軍隊攻至潭州，忽必烈業已決定議和北還，於是，派鐵邁赤率練卒千人、鐵騎三千，前往岳州接應兀良合台的軍隊，一同撤回江北。[42]《史集》說：「由於路途艱難，各地和堡塞均很險固，他們不止一次進攻作戰，進展困難。」「軍中有許多人病亡，他們總共剩下不到五千人。」[43]

兀良合台的這支軍隊，被平安接應北撤，後來也成為忽必烈政權的重要軍事力量之一。

三、議和北歸

蒙宋議和，首先是由南宋方面提出的。

忽必烈渡江攻鄂，突破了南宋在長江中游的軍事防線。且不說陷入重圍的鄂州危在旦夕，霸突魯率軍攻擊岳州，鄭鼎等率兵騷擾江西興國、瑞州、南康、撫州等地，兀良合台由廣西入湖南圍攻潭州，均使蒙古軍的軍事進攻深入到南宋統治的腹地，還威脅到臨安的安全。宋廷一度極為驚恐，有人甚至提議遷都逃亡。[44]

身為南宋右丞相、荊湖宣撫策應大使的賈似道曾入鄂督師，深知形勢危急。他秘密派遣宋京為使，去蒙古軍營請求稱臣議和。

忽必烈派王府親信侍臣趙璧入鄂州城與宋軍談判，臨行前忽必烈囑咐道：「汝登城，坐立必我。視彼月城築否。望我旗動，當還。」

趙璧由三千兵卒護送入城。談判時，宋軍白刃環列，宋京提議：「北朝不進，我朝歲貢銀、絹二十萬兩匹，割江為界，俾南北生靈息肩，何如？」趙璧回答：「上（忽必烈）駐濮州未拜旗時，汝國遣行人來議尚可。今已渡江，江南之地，悉為我有，何為出此言？」實際上拒絕了賈似道的請和條件。還提出與賈似道當面談判的要求。而後，趙璧看到忽必烈的旗幟在搖動，就以「待他日再議」為辭，返回蒙古軍營。[45]

十一月，阿里不哥與忽必烈爭奪汗位的事態發展，突然中止了蒙古軍的進攻，導致忽必烈決定議和北返。

當時，忽必烈妻察必派遣脫歡、愛莫干二人急馳至鄂州軍中密報：拖雷嫡幼子阿里不哥派脫里赤和阿藍答兒從漠南蒙古軍、漢軍中抽調括取兵丁，而其原因不明，那支軍隊我們交不交給他們呢？還帶來察必王妃的一段隱語：「大魚的頭被砍斷了，在小魚中除了你和阿里不哥以外，還剩有誰呢？你回來好不好？」忽必烈聞訊，頗為震驚。

兩天後，阿里不哥所遣急使來到鄂州前線謁見忽必烈，稟報道：「我們是被派來請安和轉達問候的。」忽必烈問急使：「阿里不哥把他所抽調出去的那些侍衛和軍士派到哪裡去呢？」急使回答：「我們這些奴僕們一點也不知道，顯然這是謠傳。」由於急使們吞吞吐吐，忽必烈便懷疑起來，想道：「如果阿里不哥需要把這些軍士派到某方面去，又何必隱瞞呢？其中可能有詭計。」[46]他覺察到幼弟阿里不哥趁其南征之機，已在作汗位爭奪的軍事準備，一場蕭牆禍或許要提早到來。

於是，忽必烈立刻召集隨同征鄂的文武臣僚計議。

郝經率先上〈班師議〉，分析蒙哥汗死後蒙、宋雙方形勢及對策。在談到南宋方面時，郝經說：

彼既上流無虞，呂文德已並兵拒守，知我國疵，鬥氣自倍。兩淮之兵，盡集白鷺（指鄂州附近的白鷺洲）；江西之兵，盡集龍興；嶺廣之兵，盡集長沙；閩越沿海，巨舶大艦，以次而至，伺隙而進。如遏截於江、黃津渡，邀遮於大城關口，塞漢東之石門，限郢、復之湖濼，則我將安歸？

言及蒙古方面時，他說：

第吾國內空虛，塔察國王與李行省肱髀相依，在於背脅；西域諸胡窺覘關隴，隔絕旭烈大王，病民諸奸，各持兩端，觀望所立，莫不覬覦神器，染指垂涎。一有狡焉，或起戎心，先人舉事，腹背受敵，大事去矣。且阿里不哥已行赦令，令脫里赤為斷事官、行尚書省事，據燕都，按圖籍，號令諸道，行皇帝事矣。雖大王素有人望，且握重兵，獨不見金世宗、海陵王之事乎！若彼果決，稱受遺詔，便正位號，下詔中原，行赦江上，欲歸得乎？

關於忽必烈應採取的對策，郝經提出：

盤桓江渚，情見勢屈，舉天下兵力，不能取一城，則我竭彼盈，又何俟乎？且諸軍疾疫已十四五，又延引月日，冬春之交，疫必大作，恐欲還不能……只有許和而歸爾……斷然班師，亟定大計，銷禍於未然。47

郝經原先就不十分贊成渡江和進攻鄂州，對南宋力量的估計也顯得偏高，但他對蒙古汗位爭奪局勢發展的分析，卻十分精闢中肯。

侍臣董文用等也一日三諫，力主班師，以為神器不可久曠，待登上大汗之位後，遣一支偏師，即可了結江南事。[48]

劉秉忠則替忽必烈「叩六丁之靈」，奏言：「龍飛之時已至，可速回轅。」[49]用卜筮之術，來打動忽必烈。

忽必烈終於放棄攻克鄂州的初衷，決定議和班師。

十一月二十八日，忽必烈從牛頭山啟程北歸，為了暫時穩定軍心和迷惑南宋軍隊，對外聲言：東攻臨安（今浙江杭州）。

數日後，忽必烈從長江岸邊派張文謙向前線諸將傳達命令：「遲六日，當去鄂退保滸黃洲。」忽必烈又命令大將霸突魯、兀良合台及張柔等率軍留守長江北岸。臨行前忽必烈曾對霸突魯、兀良合台說：「局勢如此，還不知道阿里不哥對我們有何圖謀，你們兩人帶著一部分軍隊留在這裡，等我先從乞台邊境哈剌沐漣河回去，弄清情況以後給你們送消息來。」[50]

奉命統領蒙古漢軍的張柔，還立足長久駐戍，在江北北岸滸黃洲（白鹿磯）築城。直到中統元年（一二六〇）才奉命北撤。[51]

離開鄂州前，忽必烈又部署了與賈似道的和談。在和南宋使臣宋京的第二次談判中，趙璧受忽必烈的委託，正式答覆了賈似道的請和：「汝以生靈之故來請和好，其意甚善，然我奉命南征，豈能中止。果有事大之心，當請於朝。」

忽必烈原則上同意了賈似道的請和，在急於北還解決汗位繼承的緊急情況下，忽必烈無暇與賈似道談判請和的詳細條文及履行書面簽約等程式。他只能用這種口頭協議的方式，與南宋達成暫時的和平。依照這一協議，當日蒙古軍隊就撤回長江以北。二萬江南降民，也遵循忽必烈的命令被帶回江北。[52]

據說，忽必烈自鄂州北還途中，曾派張文謙去懷孟州（今河南沁陽市）與商挺議事。商挺對張文謙說：「殿下班師，師屯江北，脫有一介馳詐發之，軍中留何符契？」張文謙聽罷，急忙追趕忽必烈，轉達商挺之言。忽必烈大悟，罵道：「無一人為吾言此，非商孟卿，幾敗大計。」於是，立即遣使者赴江北軍中訂立調兵契約。不久，阿里不哥的使者果然到了江北軍中，遂被軍將依事先的約定殺掉。[53]

開平稱汗

一、途中謀劃

蒙古國時期，汗位繼承一直沒有固定的制度。在決定新的大汗人選上，前任大汗的指定、忽里台貴族會議擁戴及各宗支實力等因素，均在不同條件下交互發揮作用。因此，常常容易出現以汗位繼承為中心的權力爭奪。

蒙哥汗是在攻取釣魚城前線猝然身亡的。他生前未來得及對汗位繼承作任何安排或指定。在蒙古皇室內部，關於汗位歸屬並沒有一個預定的、明確的意見。一輪新的汗位爭奪不可避免。

這一輪爭奪，又是在拖雷系的忽必烈與阿里不哥兄弟間展開。

阿里不哥是忽必烈的幼弟，也是唆魯和帖尼所生。在拖雷家族內部，阿里不哥以「斡赤斤」（灶主）的身分，承襲了拖雷夫婦的大部分蒙古千戶和分地。後者包括漠北吉里吉思和中原真定路。

蒙哥汗南征前夕，他奉命留守和林，主持大蒙古國庶政，管理漠北千戶軍隊和諸斡耳朵宮帳。

蒙哥汗死後，諸皇子阿速台、玉龍答失、昔里吉等均無角逐汗位的條件，他們都一致擁戴阿里不哥。蒙哥汗的親信大臣阿藍答兒、孛魯歡、渾都海、脫火思、脫里赤等，也站在阿里不哥一邊。這樣，阿里不哥自然成為當時蒙古草原最有權勢的人物。他在爭奪汗位時也應具有得天獨厚的優勢。

最初挑唆誘使阿里不哥與其兄長忽必烈爭奪汗位的是孛羅歡和阿藍答兒。他倆曾在蒙哥汗時策動鉤考和對忽必烈的貶斥。此時他們心虛恐慌，於是對阿里不哥說：「忽必烈和旭烈兀二人出征去了，蒙哥合罕把大兀魯思託付給了你，你有什麼想法，難道你要讓我們像羊一樣被割斷喉嚨嗎？」阿里不哥聽信他們的蠱惑，開始利用留守漠北之便，角逐汗位。[54]

阿里不哥非常清楚：他的惟一競爭對手正是同胞兄長忽必烈。趁忽必烈忙於攻取鄂州的機會，儘快控制漠南的主要軍隊和財賦，是順利登上汗位和迫使忽必烈就範的關鍵。

出於這種考慮，阿里不哥命令阿藍答兒到漠北諸部抽取兵丁，命令脫里赤到漠南諸州括取民兵，企圖直接控制大漠南北的更多軍隊。其中，阿藍答兒乘驛傳抽取兵丁，已行至距離開平一百里的草原地帶。忽必烈妻察必得悉，派使者責問：「發兵大事，太祖皇帝曾孫真金在此，何故不令知之？」阿藍答兒語塞不能答。[55]因而，才引出前述察必遣使者赴鄂州向忽必烈稟報和請他迅速北還的事情。

忽必烈在離開鄂州前，郝經就替他謀劃北還的策略：

置輜重，以輕騎歸，渡淮乘驛，直造都，則從天而下，彼之奸謀潛志，冰釋瓦解。遣一軍逆蒙哥汗靈輿，畀收皇帝璽。遣使召旭烈、阿里不哥、摩哥及諸王駙馬，會喪和林。差官於汴京、京兆、成都、西涼、東平、西京、北京，撫慰安輯，召真金太子鎮燕都，示以形勢。則大寶有歸而社稷安。56

除迎靈輿及會喪和林已屬過時外，忽必烈大體是依其計而行的。北歸途中，忽必烈的確是輕裝簡從，倍道兼程。

隨行侍臣廉希憲還給忽必烈分析自身優勢而獻勸進之策：

殿下太祖嫡孫，先皇母弟。前征雲南，剋期撫定，及今南伐，率先取鄂，天道可知。且殿下收召賢傑，悉從人望，子育黎民，率土歸心。今先皇奄棄萬國，神器無主，而殿下位親望重，功德兼隆，天意人心，灼然可見。

廉希憲所言南伐軍功、主動搜羅中原士大夫、嘗試以漢法治漢地等，均是忽必烈的長處與優勢。這恰恰是阿里不哥所不能比擬的。

忽必烈聽罷，頗以為然。於是，命令廉希憲一路先行，留心審察事態變化。廉希憲發覺，蒙哥汗征蜀時，曾留渾都海部四萬騎兵屯戍六盤山，征蜀諸軍回撤後大多散處秦蜀。近日，劉太平及霍魯懷重新來到關中，估計他們會因關中形便，要結諸將，扇搖民心。待忽必烈北渡黃河，廉希憲將此情況詳細稟報。忽必烈當即派擔任過京兆宣撫司郎中的趙良弼乘驛西入關中，假以他故，訪察秦蜀軍政動態。

不到一月，趙良弼果然獲得那裡的實際情況回來報告。57 這對忽必烈在關隴地區與阿里不哥的對抗中取得主動，大有裨益。

路過燕南，廉希憲又得悉：曾擔任阿里不哥「講讀」的真定名士李槃，此時被阿里不哥所遣「徵兵」官脫忽思械繫牢獄。急忙報告忽必烈，予以釋放。此舉頗得燕南民心。[58]

忽必烈又接受近侍孟速思的建議，將懷有貳心的前朝行台斷事官不只兒，徙往燕京，由孟速思親自監視，以防其叛變。[59]

閏十一月二十日，忽必烈抵達燕京。

在黃河畔汴梁一帶，忽必烈已看到阿里不哥遣官向蒙古軍、漢軍徵調兵士的情形。到達燕京之後，此類徵調兵士，更為嚴重，民間騷擾頗大。忽必烈詰問主持徵調燕京兵士的脫里赤：為何如此行事？脫里赤卻佯稱是蒙哥汗臨終的命令。忽必烈洞察其包藏禍心，立即下令將脫里赤所徵集的兵士全部遣散。[60]

在此以前，忽必烈已派遣使者向阿里不哥提出了責問和要求：「你們把戰士們從蒙古人的家裡和札忽剔人地區（漢地）中抽走，這是不合適的。你從各地拿走的財產和牲畜可歸還戰士們，並把戰士們還給我們，還給曾經跟隨過我的軍隊……〔把戰士們交還我們以後〕我們就可以安排好交通工具、糧食和武器，結束對南家思（南宋）〔的戰事〕。」

脫里赤沒有料到忽必烈會如此迅速地返回燕京，也沒有料到忽必烈會果斷遣散他所徵集的兵士。他急忙派一名隨從去稟告阿里不哥：「忽必烈似乎已經知道了你的圖謀，現在最好由您派遣一個萬夫長和急使們一起帶著海青、〔獵〕獸〔去見忽必烈〕，以祛除忽必烈的疑慮。」

阿里不哥依計而行，很快派了一名萬夫長及使者，帶著五隻海東青名鷹作為禮物向忽必烈致以問候。他們遵照阿里不哥的指令，對忽必烈說了一些悅耳動聽的話，使他感到安全和放心。他們還向忽必烈稟告：阿里不哥已經停止徵發兵士。

見到幼弟已理屈退讓，忽必烈隨即說：「既然你們已解釋了這些無謂的謠言，那就一切太平無事了。」

忽必烈終於用及時北還和據理力爭的方式，挫敗了阿里不哥藉抽軍控制大漠南北更多兵馬的陰謀。在第一個回合裡，忽必烈由被動變主動，算是取得了基本勝利。

然而，阿里不哥的退讓，只是緩兵之計。脫里赤等從燕京返回漠北，稟報了安撫忽必烈的情況後，阿里不哥說：「既然忽必烈對我們的計謀已有所聞，最好把住在各禹兒剔和自己家裡的宗王、異密們召集起來，找一處偏僻地方，把繼位問題給解決了吧！」

阿里不哥十分清楚：自己留守和林，主持國政，掌握著漠北大部分軍隊，又得到蒙哥汗諸子及汗廷大臣們的支持。儘快在漠北舉行忽里台貴族會議，藉此解決汗位繼承，可以說是勝券在握。這也是對忽必烈攤牌和逼其就範的最後一招。據說，阿里不哥與其屬下還密謀了屆時逮捕忽必烈等人的計畫。

於是，阿里不哥向各方面派出使者，邀請他們出席將在漠北舉行的忽里台貴族會議。同時又派脫里赤等為急使到忽必烈處通知說：「為了舉行蒙哥合罕的喪禮，務請忽必烈和全體宗王都來。」[61]

阿里不哥的遣使邀請，的確使忽必烈感到左右為難。按照常例，這樣的忽里台貴族會議忽必烈必須出席。然而，阿里不哥設置的陷阱，顯而易見，應邀赴會，則前途未卜，凶多吉少。

這時，廉希憲向忽必烈進言：「今阿里不哥雖殿下母弟，彼以前嘗居守，專制有年。設有奸人，俾正位號，以璽書見徵，我為後時。今若早承大統，頒告德音，彼雖遷延宿留，便名叛逆。安危逆順，間不容髮，宜早定大計。」[62]

商挺也說：「先發制人，後發人制。天命不敢辭，人情不敢違，事機一失，萬巧莫追。」[63]大約是在同一個時間，宗王塔察兒、也孫哥、納鄰・合丹和其他萬夫長紛紛趕到燕京，會見忽必烈。

鐵木哥・斡赤斤嫡孫塔察兒，所屬蒙古千戶最多，威望最高，實為東道成吉思汗諸弟後裔之長。由於多數漠北蒙古宗王傾向阿里不哥，塔察兒一度首鼠進退，拿不定主意。王傅撒吉思聞訊，特地馳驛趕來勸說塔察兒：忽必烈「寬仁神武，中外屬心，宜專意推戴。若猶豫不決，則失機，非計也。」塔察兒聽從了他的勸告。[64]

忽必烈也打算用遣使賜給飲膳的方式，結好塔察兒。近臣廉希憲自告奮勇前往。見到送來的飲膳，塔察兒非常高興，還談起忽必烈渡江之事。廉希憲乘興勸說道：「主上聖德神功，天順人歸，高出前古，臣下議論已定。大王位屬為尊，若至開平，首當推戴，無為他人所先。」塔察兒十分贊同，答應一定承擔這個任務。[65]

二、灤水畔的忽里台

中統元年（一二六〇）三月初，忽必烈到達開平，在那裡舉行了一次忽里台貴族會議。西道諸王合丹（窩闊台子）、阿只吉（察合台孫）、只必帖木兒（闊端子）等，東道諸王塔察兒、也孫哥（合撒兒子）、忽剌忽兒（哈赤溫孫）、爪都（別勒古台孫）、納鄰合丹（哈赤溫孫）等，皆來與會。還有其他功臣貴戚，如木華黎國王曾孫忽林池、納陳駙馬、帖里垓駙馬、孛里察（宿敦子）、亦只里（禿兒赤子）、啟昔禮、八答二答剌罕後裔等。

在此以前，忽必烈的妻室及漠北部眾覺察到阿里不哥有異志，已由近侍燕真等護送南下抵達開平。[66]

這些諸王勳貴經商議後一致認為：「旭烈兀已去到大食地區，察合台的子孫在遠方，朮赤的子孫也很遙遠。與阿里不哥勾結在一起的人做了蠢事……如果如今我們現在不擁立一個合罕，我們怎麼能生存呢？」

與會的忽必烈舊臣近侍孟速思、廉希憲、商挺等率先積極勸進：「蒙哥皇帝奄棄臣民，神器不可以久曠。太祖嫡孫，惟大王最長且賢，宜即皇帝位。」與會諸王貴族也相繼勸進曰：「殿下太祖嫡孫，大行母弟，以賢以長，當有天下。」

忽必烈再三推讓，後來才說：「汝等能協心輔翼，吾意已決。」於是，登上大汗之位。當時忽必烈四十六歲。

依照慣例，全體與會諸王那顏立下誓約，向新大汗下跪。因為舊有大汗印璽由阿里不哥掌握，忽必烈不得不新綰印璽，以發號施令。[67]

在擁戴新汗過程中，塔察兒果然作用非凡。據說，開平忽里台會議之初，諸王那顏議論並不完全一致。塔察兒大王曾事先寫有擁立忽必烈的文書，由忽必烈宿衛士阿里海牙保管。阿里海牙呈上此文書後，擁戴忽必烈為新汗，才成為與會諸王那顏的共同決議。[68]

四月，忽必烈頒即位詔於天下，詔書說：

朕惟祖宗肇造區宇，奄有四方，武功迭興，文治多缺，五十餘年於此矣。蓋時有先後，事有緩急，天下大業，非一聖一朝所能兼備也。先皇帝即位之初，風飛雷厲，將大有為，憂國愛民之心雖切於己，尊賢使能之道未得其人。方董夔門之師，遽遺鼎湖之泣。豈期遺恨，竟勿克終。

肆予沖人，渡江之後，蓋將深入焉。乃聞國中重以簽軍之擾，黎民驚駭，若不能一朝居者。予為此懼，馹騎馳歸。目前之急雖紓，境外之兵未戢。乃會群議，以集良規。不意宗盟，輒先推戴。左右萬里，名王巨臣，不召而來者有之，不謀而同者皆是。咸謂國家之大統不可久曠，神人之重寄不可暫虛。求之今日，太祖嫡孫之中，先皇母弟之列，以賢以長，止予一人。雖在征伐之間，每存仁愛之念，博施濟眾，實可為天下主。天道助順，人謨與能。祖訓傳國大典，於是乎在，孰敢不從。朕峻辭固讓，至於再三，祈懇益堅，誓以死請。於是俯徇輿情，勉登大寶。自惟寡昧，屬時多艱，若涉淵水，罔知攸濟。爰當臨御之始，宜新弘遠之規。祖述變通，正在今日。務施實德，不尚虛文。雖承平未易遽臻，而饑渴所當先務。嗚呼！歷數攸歸，欽應上天之命；勳親斯託，敢忘烈祖之規？建極體元，與民更始。朕所不逮，更賴我遠近宗族、中外文武，同心協力，獻可替否之助也。誕告多方，體予至意！69

詔書主要包含兩層意思：

第一，述忽必烈自鄂州前線北還的原因和被擁戴為大汗的由來、過程，抨擊阿里不哥的簽軍亂國，闡明忽必烈繼承大統的合理性。

第二，指出成吉思汗以來「武功迭興，文治多缺」和蒙哥汗「尊賢使能之道，未得其人」等缺陷，疾呼「宜新弘遠之規」，主張在「祖述變通」的原則下建立一種適合於帝國廣闊疆域的蒙、漢二元政治文化秩序。

這份詔書由漢族著名文士王鶚撰寫，是一篇文辭秀麗、言簡意賅的大手筆。由於忽必烈不懂漢語，他與漢族文士王鶚間的相互溝通，需要藉譯者的仲介來完成。儘管如此，詔書肯定會體現或貫徹忽必烈的基本意圖，成文過程中同樣會得到忽必烈的審查與核准。所以，此詔書可以算是忽必烈即汗位初首次對臣民開誠布公的政治表達，大體可以反映忽必烈當時的所欲所為和政策走向。

四月稍晚些時候，阿里不哥在和林西按坦河也被立為大汗。參與擁立阿里不哥的諸王有：蒙哥汗子阿速台、玉龍答失、察合台孫阿魯忽、塔察兒子乃蠻台、只必帖木兒弟也速、合丹子忽魯迷失和納臣、斡兒答子合剌察兒等。[70]

這樣，蒙古帝國就前所未有地出現了兩位並立的大汗，分別是拖雷的兩個兒子忽必烈和阿里不哥。

忽必烈曾指派一百名急使到阿里不哥等處宣諭：「我們這些宗王和異密們商議之後，已一致擁立忽必烈為合罕。」

阿里不哥也分遣使者到各地頒布詔旨，揚言：「旭烈兀、別兒哥和宗王們已同意並宣布我為合罕，不要聽忽必烈、塔察兒、也松哥、也可合丹和納鄰合丹的話，也不要服從他們的命令。」

兄弟二人曾經派出許多急使，進行談判和交涉。忽必烈還派出儒釋皆通的畏兀人安藏，北上「調護」幼弟阿里不哥。後因阿里不哥方面敵意彰明，才急遣近侍追回。[71] 雙方互不相讓，未能達成協議，[72] 只能訴諸武力。

兄弟鬩牆

一、兩大汗南北對峙

自成吉思汗以降的蒙古四大汗時期，圍繞著汗位誰屬的爭奪出現過多次。但是像忽必烈和阿里不哥兄弟間的激烈鬥爭又是未曾見到的。這次鬥爭的與眾不同處在於：首次以兩個並立的大汗把整個蒙古帝國劃分為勢不兩立的營壘，首次表現為兄弟操戈和大規模的、延續四年之久的軍事衝突。就其性質而言，不僅是蒙古王室內部傳統的汗位爭奪或宗派鬥爭，而且是在新的形勢下蒙古統治集團內革新與守舊等不同政治傾向、不同統治方針的鬥爭。[73]這場鬥爭又不可避免地影響著忽必烈的政治生涯和蒙古帝國的前途命運。

先讓我們來看忽必烈和阿里不哥兩大營壘間的軍事、政治、經濟等方面的實力對比情況：

軍事上，阿里不哥實際掌握著漠北大部分蒙古諸千戶軍隊。由於蒙古軍屢次西征和南下，阿里不哥所掌握的漠北軍事力量或許不及乃父拖雷那麼雄厚，但漠北大兀魯思六十餘個基本千戶的組織秩序未變，阿里不哥以大汗和拖雷家族「灶主」的雙重身分，對上述軍隊的最高統轄權也不可替代。渾都海六盤山四萬騎兵，散處秦、蜀的原隨從蒙哥南征軍隊等，阿里不哥也能夠全部統轄和支配，或能夠支配其中的相當部分。

忽必烈麾下的軍隊主要限於漠南，包括忽必烈進攻鄂州所率領的東路軍，以及其他漢地世侯諸萬戶的軍隊。忽必烈和他麾下軍隊的統轄關係，主要是基於總領漠南軍國重事和復出總兵攻鄂州而建立和維繫的。

無論是可支配軍隊的數量，抑或統轄關係的牢固性，忽必烈比起幼弟阿里不哥，似乎都要遜色一些。在所擁有的軍事力量方面，阿里不哥略占優勢。

政治上，忽必烈和阿里不哥雖然都是成吉思汗嫡孫、蒙哥汗的母弟，雖然都是經過忽里台貴族會議推選擁戴而登汗位的，但阿里不哥曾奉命留守和林，主持國政，蒙哥汗諸皇子和原汗廷大臣都站在他一邊，其忽里台會議在和林附近舉行，參與擁戴阿里不哥的蒙古宗王數量居多。依照蒙古人服從和擁護「嗣承成吉思汗寶位，領有他在蒙古的世代繼承下來的土地的那個人」的習俗，[74]阿里不哥繼承汗位似乎更合理些，更能得到蒙古臣民政治上的認可和擁戴。

忽必烈則前不久遭到蒙哥汗的貶斥，在漠北的政治基礎薄弱。他之所以不願返回漠北而在開平舉行忽里台會議，也與這個背景有關。

另外，從漢地的角度看，忽必烈自總領漠南以來，順應被征服地區統治政策亟待調整的形勢需要，主動搜羅漢地士大夫和吸收漢文化，在邢州、京兆、河南嘗試以漢法治漢地，「中土諸侯民庶翕然歸心。」[75]可以說，忽必烈在漢地樹立了良好的政治基礎。阿里不哥的漢地政策與蒙哥汗的「蒙古中心」傾向沒有什麼差別，近期對漢地的括兵又造成較大的騷擾。郝經說：阿里不哥「以次則幼，以事則逆，以眾則寡，以地則偏，兵食不足，素無人望。」[76]這大體可以反映漢地官民對阿里不哥的不滿和政治上的較低評價。

經濟上，自忽必烈總領漠南軍國庶事，較長時間控制了漠南廣闊的農耕區域，「奄有中夏，挾輔遼右、白霫、樂浪、玄菟、穢貊、朝鮮，面左燕、雲、常、代，控引西夏、秦隴、吐蕃、雲南」，「倍半於金源，五倍於契丹。」[77]誠然，忽必烈惟領軍事，除邢州、京兆、河南一度能全面治理外，基本不能過問財賦。忽必烈開平即汗位以後，自然對上述地區的財賦有了最高的節制權。在與阿里不哥作戰中，忽必烈頻繁從中原漢地徵調糧食馬匹皮帽裘衣等軍需物資，「經畫饋運，相繼不絕。」[78]足見，忽必烈掌握了漢南雄厚的財力和物力。

阿里不哥以漠北及吉利吉思為根據地，「地窮荒徼，陰寒少水，草薄土瘠，大抵皆沙石也。」[79]一旦離開漠南，糧食軍需難以籌集。後來，只得求助於察合台領地。

兩相比較，忽必烈在經濟上占有明顯的優勢。

總之，阿里不哥在軍事上占優勢，忽必烈在經濟上占優勢，政治上則雙方各有所長，難分伯仲。兩大營壘在客觀條件上各有優劣，旗鼓相當，都有取勝的可能，也都有敗北的危險。就看雙方誰能利用個人和群臣的智慧，揚長避短，擴大優勢，把握機會。

問題的關鍵是，在個人軍事才能方面，忽必烈比起阿里不哥是要成熟、幹練、高明的多。這也難怪，忽必烈從遠征大理，到渡江攻鄂，也算是統率千軍萬馬，攻城掠地，身經百戰。而阿里不哥多數時間居處漠北，未見參加什麼大的用兵征戰。兄弟二人的軍事閱歷，實在相去太遠了。

在與阿里不哥的作戰中，忽必烈制定了一套正確的戰略戰術，那就是以漠北為主，秦隴為輔，兩戰場南北配合；集中優勢兵力，主動出擊漠北，確保蒙古本土作戰的勝利。

二、秦隴鏖戰

秦隴鏖戰是在中統元年五月拉開序幕的。那裡，戰爭的激烈程度，並未因為次要戰場而有所減緩。

由於手中的兵力有限，忽必烈未向秦隴地區增派多少兵卒，只是在即汗位伊始的四月初任命八春、廉希憲、商挺為陝西四川等路宣撫使，趙良弼為參議。[80]

廉希憲、商挺和趙良弼，原先就是忽必烈藩邸京兆宣撫司官員。忽必烈派這三人去關中，目的是要他們利用昔日對秦隴軍政官員的統屬關係，就地組織兵馬，與阿里不哥方面較量。商挺說的：「西師可軍便地」，[81]就是這個意思。

廉希憲、商挺及趙良弼是五月三日馳驛抵達京兆府的。兩日前，阿里不哥委派的行尚書省官劉太平、霍魯懷已搶先入城。劉太平數年前曾是鉤考京兆的幹將，他的到來給秦隴吏民帶來了一定的恐慌。

廉希憲等首先大力宣傳新大汗忽必烈即位的相關詔旨，以闡明更始大勢，安定人心。還派使者到渾都海六盤山軍中宣諭安撫。十餘日後，得悉使者已被渾都海所殺。廉希憲意識到，渾都海的六盤山軍馬已明確倒向阿里不哥方面，情勢十分嚴重。於是，召集僚屬曰：「上新即位，責任吾等，正在今日。不早為之計，殆將無及。」然後果斷命令萬戶劉黑馬逮捕劉太平和霍魯懷，又採取先處置後迎赦免罪犯詔書的辦法，將劉、霍二人絞死於獄中。

廉希憲又派劉黑馬、鞏昌總帥汪惟正乘驛分赴四川誅成都軍將密里霍者和青城軍將乞台不華，就地接管川蜀蒙古軍團。當時，劉黑馬是矯稱忽必烈聖旨，殺掉了密里霍者。汪惟正又命令力士綁縛乞台不華，然後殺之。事後，忽必烈予以全力支持，詔川蜀軍事由劉黑馬、汪惟正等節制。[82]

下一個目標，就是對付六盤山渾都海軍了。

商挺與廉希憲曾議論過渾都海軍可能選擇的上、中、下三條出路：乘虛直搗京兆，為上；恃財聚兵坐觀，為中；重裝北歸和林，為下。還正確判斷其必選北歸和林的第三條路。

針對這種情況，廉希憲等便宜徵集川蜀輪換兵卒及在家餘丁四千人，由八春統率，抵禦渾都海軍，以防其東犯。又授予汪良臣金虎符、銀印及白銀一萬五千兩，命令他徵調鞏昌、秦州、平涼等二十四城諸軍，以作為關中另一支可支配的武裝力量。

渾都海率所部軍離開六盤山後，西渡黃河，直趨甘州。阿藍答兒自和林率軍南下接應，遂與渾都海軍會合。阿藍答兒、渾都海遂合軍東攻西涼州只必帖木兒大王領地。

據說，阿藍答兒抵達渾都海軍中後，一度追問棄妻兒東逃歸附忽必烈的耶律鑄的下落。渾都海還當面詬罵耶律鑄之子耶律希亮：「其父今亡命東見皇帝矣！」耶律希亮竭力辯解，才暫時免除了對方的懷疑與監視。[83]

八春、汪良臣二軍奉命西去禦敵，與渾都海軍相持兩月，未見分曉。

九月，合丹大王及哈必赤、阿曷馬等率騎兵參戰，會同八春、汪良臣部，與阿藍答兒、渾都海在甘州東山丹附近的耀碑谷展開決戰。隴州蒙古軍將領按竺邇也率所部助戰。

忽必烈命令全軍由宗王合丹統一號令指揮，分三路以迎敵，合丹列陣於北，八春列陣於南，汪良臣列陣於中。時值大風吹沙，天色陰晦，汪良臣命令軍士下馬，用短兵器突然襲擊敵軍左翼，繞出陣後，又擊潰敵軍右翼。八春直搗敵軍前部，合丹指揮精銳騎兵邀截敵軍歸路。大敗敵軍，斬阿藍答兒和渾都海，殺傷俘虜不計其數。只有部分殘餘軍士逃回吉兒吉思阿里不哥麾下。

為了震懾敵人，穩定局勢，廉希憲還命令將阿藍答兒、渾都海梟首於京兆市中三日。[84]秦隴之戰遂以忽必烈方面的勝利而告終。

忽必烈任用少數幾個宣撫使等官員，相機行事，就地臨時組織調集秦蜀軍隊，竟能打敗阿藍答兒、渾都海的數萬重兵。除了對秦隴局勢正確無誤的判斷外，還得益於忽必烈善於選用人才和用人不疑。廉希憲、商挺、趙良弼三人，不僅原先任職於忽必烈藩邸京兆宣撫司，對秦蜀軍政界很熟悉，而且個個足智多謀，敢於獨當一面。窩闊台之子合丹是參與擁戴忽必烈的西道諸王領袖。忽必烈在耀碑谷決戰前夕委任合丹為全軍統帥，威望高，能服眾，對阿藍答兒、渾都海輩也有一定的威懾力。

總之，忽必烈任用的幾名秦隴軍政官員，人盡其才，非常稱職，可謂極一時之選。

據說，廉希憲等事後曾遣使自劾擅殺劉太平，擅自徵調軍隊，擅自委命軍帥汪良臣等罪。忽必烈不但沒有責怪追究，反而降詔讚譽道：「朕委卿以方面之權，事當從宜，毋拘常制，坐失事機。」一事後又對廉希憲、商挺說：「大丈夫事也。」「當時之言，天知之，朕知之，卿果何罪。」「卿等古名將也，臨機制變，不遺朕憂。」85

正因為忽必烈不乏權變務實和豁達胸懷，能做到用人不疑和疑人不用，臣下就願意為他立奇功，效死命了。

三、親征昔木土

忽必烈清醒地知道：阿里不哥手中的王牌，即占有漠北。自己的缺陷又恰恰是遠離蒙古本土漠北。在他與阿里不哥的軍事較量中，漠北的爭奪是最主要、最迫切的。所以，忽必烈一開始就把漠北確定為主戰場。他沒有被動防守，沒有坐待阿里不哥南下進攻漠南開平，而是主動出擊，反客為主，把仗打到漠北去。這樣，忽必烈就能以成吉思汗嫡孫和拖雷諸子的兄長身分，名正言順地去逐鹿漠北，去奪回漠北的控制權，去戰勝阿里不哥，證明自己是合乎蒙古傳統的大汗。

立足於這項戰略，忽必烈從中統元年（一二六○）夏季就調兵遣將，籌措軍需糧草，集中蒙古軍和漢軍主力，積極為決戰漠北做好各方面的準備。

忽必烈接受商挺等「南師可還備選」的建議，[86]派遣史天澤為急使，向留戍長江北岸的霸都魯和兀良合台下達命令：「立即從鄂州撤圍回來，因為人生的變化猶如命運的旋轉。」於是，這支軍隊奉命迅速返回忽必烈身旁，成為後來漠北用兵的主力之一。[87]

五月，忽必烈命令平陽、京兆兩路宣撫司簽兵七千名，由萬戶鄭鼎、昔剌忙古帶率領，防守延安等處隘口。又徵調諸路兵三萬駐守燕京近地。六月，還以詔書調集東平路嚴忠濟等一萬五千精兵赴開平。

這樣，相當多的漢世侯地主武裝和新簽起的兵丁都被徵發集中到長城一線，以備忽必烈調遣。如果把塔察兒、也孫哥等諸王軍隊計算進來，此時忽必烈用於進攻漠北和防守幽燕的軍隊，估計有十五萬左右。

忽必烈籌集調用的軍需，也是種類各異，數量甚夥。如五月，命令各路購買馬一萬匹輸送開平。六月，又命燕京、西京、北京三路宣撫司運米十萬石至開平、撫州、沙井、淨州、魚兒濼等處，以備軍儲。還命令十路宣撫司造戰襖、裘、帽等各萬，亦運送開平。曾隨忽必烈南征的燕京行台官月合乃，罄其家資，市馬五百匹獻上。忽必烈大為讚賞，特意頒賜寫有「後當償汝也」的券書。[88]這一切都是大規模軍事行動所不可缺少的軍需物資準備。

在調集兵馬糧草過程中，個別忽必烈宿衛士的相機便宜行事，也能建立奇功，發揮意想不到的作用。如原藩邸必闍赤長昔班，奉命以戶部尚書、宗正府札魯忽赤督糧於黃河以西的寧夏一帶，返回途經大同北部，得悉萬戶阿失鐵木兒等正在簡選士卒，追隨阿里不哥。昔班立即矯稱制書召其軍赴忽必烈麾下。阿失鐵木兒狐疑不決，昔班規勸說：「皇帝兄也，阿里不哥弟也。從兄順事也，又何疑焉。」阿失鐵木兒請求當夜商議，翌日答覆。第二天，果然表示願意聽從忽必烈的號令。於是，昔班率領其軍馬歸附了忽必烈。忽必烈見此情景，喜出望外，不禁讚歎道：「戰陣之間，得一夫之助，猶為有濟。昔班以兩萬軍至，其功豈少哉！」[89]昔班之所以能夠建此奇功，得益於忽必烈和宿衛近侍間牢固的信賴、效忠關係，還得益於忽必烈通常允許部下靈活機動地處理突發事件。如果沒有後一條，昔班豈不要顧忌因「矯制」而獲罪。

七月，忽必烈決定親自征討阿里不哥。

秋冬之交，忽必烈率軍進攻和林。東道諸王也相哥和納鄰合丹奉命充當忽必烈的先鋒。阿里不哥派出旭烈兀長子主木忽兒和斡兒答子合剌察兒率軍與忽必烈方面作戰。雙方在巴昔乞地區相遇交戰，阿里不哥的軍隊被擊潰，主木忽兒和合剌察兒攜少數殘兵逃竄。

自窩闊台建都和林以來，該城糧食通常是用大車從漢地運來的。忽必烈下令封鎖糧食運輸，和林城便發生大饑荒，物價騰漲。阿里不哥陷入了絕境。這時，獲悉主木忽兒和合剌察兒戰敗，阿里不哥和他的軍隊倉皇逃出和林，回到吉兒吉思地區。

阿里不哥逃回吉兒吉思後，害怕忽必烈的軍隊趕來追剿。於是，派急使請求忽必烈的寬恕，說道：「我們這些弟弟們有罪，他們是出於無知而犯罪的，你是我的兄長，可以對此加以審判，無論你吩咐我到什麼地方，我都會去，決不違背兄長的命令。我養壯了牲畜就來見你。」忽必烈聽罷，高興地說：「浪子們現在回頭了，清醒過來，聰明起來，回心轉意了，他們承認了自己的過錯了。」年底，忽必烈命令移相哥率十萬軍隊留守和林，自己南返駐冬於燕京近郊。

但是，阿里不哥沒有遵守諾言。翌年夏秋當他把馬群餵養肥壯後，就再次出兵攻打忽必烈。在接近駐紮在邊境的移相哥的軍隊時，阿里不哥派去急使詐言：「我是來投降的。」移相哥信以為真，放鬆了警覺，竟遭到阿里不哥的突然襲擊，被打敗潰散。阿里不哥重新收復和林，而且，穿過草原，南下直趨忽必烈的開平之地。

忽必烈感到情況緊急，一面調集漢地七萬戶張柔、邸浹、王文幹、解誠、張榮實、嚴忠嗣、張宏所部軍及平章塔察兒所率一萬軍隊等，隨駕北上；一面命令諸王塔察兒、旭烈兀（按只吉台子）、納鄰合丹和駙馬納陳、帖里垓等五投下將領各率軍隊充當先鋒，迎戰阿里不哥的軍隊。

十一月，忽必烈率大軍與阿里不哥在昔木土（《元史．朮赤台傳》作「石木溫都」）腦兒遭遇，展開激烈的決戰。諸王哈丹、駙馬臘真與兀魯、忙兀居右，諸王塔察兒及太丑台居左，哈必赤將中軍。諸王納鄰合丹等斬殺阿里不哥部將合丹火兒赤及其兵三千人，阿里不哥麾下的斡亦剌部軍被擊敗。塔察兒、合必赤等又分兵奮擊，大破敵軍，追擊五十餘里。忽必烈親率諸軍繼續進攻，線真奉命領右軍，史天澤率領左軍。在忽必烈強有力的攻勢下，阿里不哥部將阿脫等投降，阿里不哥率其餘部向北逃竄。

這時，忽必烈說：「不要去追他們，他們都是些不懂事的孩子，應當使他們明白過來，後悔自己的行為。」[90]

昔木土大戰，不僅擊敗了阿里不哥對漠南的進犯，而且殲滅了他的部分精銳，使之元氣大傷。從此，阿里不哥再也沒有力量對忽必烈發動大規模的進攻。

耶律鑄曾賦詩〈昔木台〉，頌揚這場決戰：

辟易天威與勝風，一場摧折盡奇鋒。
西北龍荒三萬里，並隨驅策入提封。[91]

耶律鑄係耶律楚材子，曾領侍衛驍果從蒙哥汗征蜀。阿里不哥稱汗漠北後，耶律鑄「棄妻子，挺身自朔方來歸」。他對忽必烈戰勝阿里不哥，對「大統會歸於中統」，[92]應該是感觸良多，刻骨銘心的。

昔木土之戰結束後，忽必烈並沒有放鬆警惕。十一月十五日，他親自宣諭在燕京的中書省官員：「前時阿里不哥敗於昔木土腦兒，退散。今聞北方雪大，卻復回此。雖未必來，然須準備。據隨路不問是何人等馬匹，盡令見數。若有堪中騎坐者，每五匹馬價課銀一定和買。」[93]忽必烈嚴令和買漢南諸路馬匹，以防備阿里不哥捲土重來。可以看出，忽必烈政治上軍事上的判斷能力是相當正確和明智的。

阿里不哥失去來自漢地的物資供給後，曾委任察合台孫阿魯忽為該封國君主，通過他從察合台領地獲取大量牲畜、糧食和器械。後來，雙方因物資歸屬發生衝突，阿魯忽不願受阿里不哥的勒索，轉而歸順忽必烈。阿里不哥聞訊大怒，派兵攻打阿魯忽，一度占領察合台領地。

但是，阿里不哥經常宴飲作樂，肆意殺戮當地軍民，引起麾下許多蒙古那顏的不滿。他們說：阿里不哥「如此殘酷地糟蹋成吉思汗徵集起來的蒙古軍隊，我們怎能不感到憤怒而離開他呢？」阿里不哥開始眾叛親離，尤其是蒙哥汗之子玉龍答失偕同一些千夫長離他而去，歸附忽必烈。玉龍答失臨行時還向阿里不哥索回了蒙哥汗的一顆大玉璽。這樣一來，阿里不哥幾乎成了勢窮力竭的孤家寡人。

忽必烈對率先歸附的蒙哥幼子玉龍答失格外眷顧，特意賜予印章，又以蒙哥汗位下獵戶賞賜他。同時還封衛州的汲縣、新鄉、蘇門、獲嘉、胙城五縣為玉龍答失的中原食邑分地，立總管府，列河朔一路。[94]藉此，分化瓦解阿里不哥陣營。

四、阿里不哥歸降

中統五年（一二六四）七月，走投無路的阿里不哥，不得不南下歸降兄長忽必烈。當他到達上都開平時，忽必烈降旨聚集和陳列了很多軍隊，命令阿里不哥按照草原上有罪人請罪的習慣，披蓋著大帳的門簾入帳覲見。起初，僅允許他站在筆闍赤侍從所在的地方。後經塔察兒那顏的請求，忽必烈才批准他與宗王們同坐，並一起宴飲。

望著這位在疆場上與自己操戈的同胞幼弟，昔日的怨恨與家族榮譽、骨肉之情交織在一起，忽必烈難過地流下了眼淚。阿里不哥也淚流滿面。忽必烈擦去淚水，打破沉默，問阿里不哥：「我親愛的兄弟，在這場紛爭中誰對了呢？是我們還是你們呢？」阿里不哥回答：「當時是我們，現在是你們。」如此看來，阿里不哥仍然是有保留的投降，對自己最初據漠北稱汗事，並不認錯。

而後，忽必烈命令宗王塔察兒、移相哥、也可合丹、納鄰合丹、忽剌忽兒、只必帖木兒、爪都及其他蒙漢官員們，一起審訊了阿里不哥。一致決定：鑑於都是成吉思汗子孫，寬恕阿里不哥，賜他以自由。第二年秋天，阿里不哥就患病死去了。

關於對阿里不哥的處理辦法，忽必烈專門向母弟旭烈兀及察合台封國君主阿魯忽、朮赤封國君主別兒哥遣使，說明情況並徵求意見。旭烈兀曾遣使指責：阿里不哥披門簾入帳覲見的作法，令宗親蒙受恥辱。忽必烈欣然接受，承認自己做得有失禮節。

在阿里不哥覲見忽必烈的第二天，他麾下的那顏們開始受到更為嚴厲的審訊。

忽必烈命令：將阿里不哥麾下的那顏們捆綁起來，由宗王昔里吉、塔海、札剌忽、別帖木兒以及那顏安童、朵兒拜、孛羅——阿合等具體負責對他們的審訊。

忽必烈曾降旨質問這些受審那顏們：「在蒙哥合罕之世，當時的異密們甚至連想也沒有想違抗他，也不曾有過大的叛亂。人們知道，只要他們稍想有所反抗，就會受到怎樣的懲處。你們引起了這一切糾紛，在一切人之中散播了這樣的騷動和叛亂，毀滅了這麼多宗王、異密和軍隊，你們該當何罪？」孛羅歡、阿藍答兒等教唆挑撥作亂的罪行得到追查。

是時被拘捕問罪的阿里不哥黨羽那顏多達千餘人，究竟如何處置，忽必烈曾經猶豫不決。於是，詢問參與審訊的怯薛官、木華黎後裔安童說：「朕欲盡置此屬死地，何如？」安童回答：「人各為其主爾。陛下甫定大難，而以私憾殺人，何以懷未附。」忽必烈喜納其策，最後，只將其中的孛羅歡、忽察、禿滿、阿里察、脫火思等十名那顏處死。

為慶祝阿里不哥歸降和蒙古帝國的重新統一，是年八月，忽必烈特意將中統五年改為至元元年，以示否往泰來和鼎新革故之義。95

關於忽必烈立足漠南和北征阿里不哥的勝利，耶律鑄詩又曰：

聞說天兵下八埏，自臨華夏益精妍。
龍拏虎擲三千國，嶽鎮淵渟五十年。
應欲昭彰新日月，更為彈壓舊山川。
可憐棘霸皆兒戲，不似勝征計萬全。96

忽必烈戰勝幼弟阿里不哥，並非輕而易舉。它是在雙方旗鼓相當，各有短長，特別是軍事力量稍弱和起初比較被動的情況下，依靠忽必烈與漢南蒙古諸王那顏的聯盟，依靠忽必烈與漢族地主階級的政治聯合，依靠漠南漢地雄厚的人力物力支持，才贏得這場汗位爭奪。其間，也鍛煉並顯示了忽必烈個人較為高超的政治謀略和軍事才能。無論是在政治還是軍事方面，忽必烈都要高出幼弟阿里不哥一大截。

需要說明的是，在漠北與阿里不哥的作戰中，雙方往往互有勝負，難分仲伯。尤其是在阿里不哥乘忽必烈南歸，以詐降突然襲擊移相哥並重新占領和林的危急時刻，忽必烈迅速調用漢地雄厚的人力財力，及時組織「昔土木」新會戰，殲其精銳，反敗為勝。除了忽必烈果斷決策和二次親征外，調用漠南漢地的人力財力，應是忽必烈手中的一張「王牌」。有了這張「王牌」，忽必烈就可以不計一時勝敗，連續持久作戰，不斷打擊敵人，直至最後勝利。這一點，在後來對付海都等叛王的作戰中，始終是元朝方面長期發揮效用的「王牌」和優勢。

忽必烈戰勝幼弟阿里不哥，結束了四年時間的同室操戈和兩大汗並立，維護了蒙古帝國的統一。更有意義的是，由於忽必烈的勝利，蒙古貴族統治集團中的革新派占據了主導地位，忽必烈和他的元帝國走上了部分改變統治方式，以漢法治漢地的道路，走上了締造蒙、漢政治文化二元結構的道路。儘管這條道路十分曲折艱難，忽必烈和他的元帝國，都將遇到許多新的困擾和挑戰。

註釋

1 《史集》余大鈞、周建奇譯本，第二卷，頁二六五，北京商務印書館，一九八五年。

2 《史集》余大鈞、周建奇譯本，第二卷，頁二六六—二六八，北京商務印書館，一九八五年。

3 《史集》余大鈞、周建奇譯本，第二卷，頁二六八說，東路軍和西路軍分別為三十萬人和六十萬人。《元史》

卷三〈憲宗紀〉言，隨蒙哥汗進川蜀的軍隊，「軍四萬，號十萬」。「軍四萬」數翔實，其他都屬虛妄。連同東路軍和南路軍，合計十餘萬人。

4 《元朝名臣事略》卷二〈丞相河南忠武王〉。

5 《元史》卷一二三〈趙阿哥潘傳〉，卷一二九〈來阿八赤傳〉；《元文類》卷六二〈便宜副總帥汪公神道碑〉。

6 《史集》余大鈞、周建奇譯本，第二卷，頁二七〇。

7 以上參閱陳世松等《宋元戰爭史》第四章，四川社會科學出版社，一九八八年。

8 《元史》卷一二九〈來阿八赤傳〉；《牧庵集》卷二三〈江淮行省平章游公神道碑〉。

9 屠寄《蒙兀兒史記》卷六〈蒙格可汗本紀論〉。

10 《史集》余大鈞、周建奇譯本，第二卷，頁二六八。

11 《史集》余大鈞、周建奇譯本，第二卷，頁二八八。

12 《元史》卷三〈憲宗紀〉。

13 《元史》卷一三〇〈不忽木傳〉。

14 《史集》余大鈞、周建奇譯本，第二卷，頁二八九，北京商務印書館，一九八五年。

15 《元朝名臣事略》卷一〇〈平章宋公〉，卷一二〈尚書李公〉。

16 《元朝名臣事略》卷七〈左丞張忠宣公〉。

17 《元朝名臣事略》卷一五〈國信使郝文忠公〉；卷一一〈參政商文定公〉。

18 《元史》卷四〈世祖紀一〉，卷一一九〈霸突魯傳〉，卷一五七〈郝經傳〉；《元朝名臣事略》卷五〈中書楊忠肅公〉；《馬石田集》卷一三〈故禮部尚書馬公神道碑〉。

19 《史集》余大鈞、周建奇譯本，第二卷，頁二八九，北京商務印書館，一九八五年。

20 《史集》余大鈞、周建奇譯本，第二卷，頁二七二，北京商務印書館，一九八五年。

21 《元朝名臣事略》卷一四〈左丞董忠獻公〉。

22 《元史》卷一五二〈劉思敬傳〉，卷一五四〈鄭鼎傳〉。

23 《元史》卷一四七〈張柔傳〉。

24 《史集》余大鈞、周建奇譯本，第二卷，頁二七二，北京商務印書館，一九八五年。

25 《元史》卷四〈世祖紀一〉。

26 《元朝名臣事略》卷七〈太保劉文正公〉。

27 《元史》卷一五六〈董文炳傳〉，卷一六六〈張榮實傳〉。

28 《元史》卷四〈世祖紀一〉；《元朝名臣事略》卷一四〈左丞董中獻公〉、〈內翰董忠穆公〉。

29 《元史》卷一六六〈張榮實傳〉。

30《元史》卷一六五〈解誠傳〉、〈朱國寶傳〉。
31《元文類》卷五〇〈濟南路大都督張公行狀〉。
32《元朝名臣事略》卷一四〈內翰董忠穆公〉。
33《元史》卷一四七〈張柔傳〉；卷一四八〈嚴忠濟傳〉。
34《陵川集》卷三。
35《元朝名臣事略》卷七〈平章廉文正王〉。
36《陵川集》卷三。
37參閱陳世松、匡裕徹等《宋元戰爭史》頁一六二，四川社會科學院出版社，一九八八年。
38《元史》卷一六五〈張禧傳〉。
39《元史》卷一四七〈張柔傳〉。
40《元朝名臣事略》卷七〈平章廉文正王〉。
41《元朝名臣事略》卷二〈丞相河南武定王〉。
42《元史》卷四〈世祖紀一〉，卷一二二〈鐵邁赤傳〉。
43《史集》余大鈞、周建奇譯本，第二卷，頁二九〇，北京商務印書館，一九八五年。
44參閱陳世松、匡裕徹等《宋元戰爭史》頁一六四，四川社會科學院出版社，一九八八年。
45《西岩集》卷一九〈大元故榮祿大夫中書平章政事趙公神道碑〉；《宋史》卷四七四〈賈似道傳〉。
46《元史》卷四〈世祖紀一〉；《史集》余大鈞、周建奇譯本，第二卷，頁二九〇，北京商務印書館，一九八五年。另，《史集》中兩名使者的名字為：太丑台、也苦。
47《陵川集》卷三二。李行省即李璮。
48《元朝名臣事略》卷一四〈內翰董忠穆公〉。
49《佛祖歷代通載》第三十五，頁四〇八，江蘇廣陵古籍刻印社，一九九三年。
50《元史》卷四〈世祖紀一〉，卷一一九〈霸突魯傳〉；《史集》余大鈞、周建奇譯本，第二卷，頁二九一，北京商務印書館，一九八五年。
51《元史》卷一四七〈張柔傳〉。
52《元史》卷四〈世祖紀一〉。
53《元朝名臣事略》卷一一〈參政商文定公〉。
54《史集》余大鈞、周建奇譯本，第二卷，頁三〇八。
55《元史》卷四〈世祖紀一〉。
56《陵川集》卷三二〈班師議〉。
57《元朝名臣事略》卷七〈平章廉文正王〉；卷一一〈樞密趙文正公〉。
58《元朝名臣事略》卷七〈平章廉文正王〉。
59《雪樓集》卷六〈武都智敏王述德之碑〉。
60《元史》卷四〈世祖紀一〉。
61《史集》余大鈞、周建奇譯本，第二卷，頁二九一、

二九二、二九三，北京商務印書館，一九八五年。

62《元朝名臣事略》卷七〈平章廉文正王〉。

63《元朝名臣事略》卷一一〈參政商文定公〉。

64《元文類》卷七〇〈高昌偰氏家傳〉

65《元朝名臣事略》卷七〈平章廉文正王〉。

66《元史》卷一三〇〈不忽木傳〉。

67《史集》余大鈞、周建奇譯本，第二卷，頁二九四、二九五，北京商務印書館，一九八五年；《元朝名臣事略》卷一一〈參政商文定公〉，卷七〈平章廉文正王〉；《雪樓集》卷六〈武都智敏王述德之碑〉。

68《元文類》卷五九〈湖廣行省左丞相神道碑〉。

69《元史》卷四〈世祖紀一〉。

70《史集》余大鈞、周建奇譯本，第二卷，頁二九三，北京商務印書館，一九八五年。

71《雪樓集》卷九〈秦國文靖公神道碑〉。

72《史集》余大鈞、周建奇譯本，第二卷，頁二九五，北京商務印書館，一九八五年。

73孟繁清〈試論忽必烈與阿里不哥之爭〉，《元史論叢》第二輯，中華書局，一九八三年。

74《史集》余大鈞、周建奇譯本，第一卷第二分冊，頁三八二，北京商務印書館，一九八三年。

75《元朝名臣事略》卷一一〈參政商文定公〉。

76、77、79《陵川集》卷三八〈復與宋國丞相論本朝兵亂書〉。

78《元史》卷一五九〈趙璧傳〉。

80《元史》卷四〈世祖紀一〉。

81《元朝名臣事略》卷一一〈參政商文定公〉。

82《元史》卷一四九〈劉黑馬傳〉，卷一五五〈汪惟正傳〉。

83《元史》卷一二六〈廉希憲傳〉，卷一八〇〈耶律希亮傳〉。

84《元朝名臣事略》卷一一〈參政商文定公〉，卷七〈平章廉文正王〉；《元史》卷一五五〈汪良臣傳〉，卷一五九〈商挺傳〉，卷一二一〈按竺邇傳〉；《元文類》卷六五〈中書平章廉文正王神道碑〉；《史集》余大鈞、周建奇譯本，第二卷，頁二九七，北京商務印書館，一九八五年。

85《元朝名臣事略》卷一一〈參政商文定公〉，卷七〈平章廉文正王〉；《元文類》卷六五〈中書平章廉文正王神道碑〉；《元史》卷一二六〈廉希憲傳〉。

86《元朝名臣事略》卷一一〈參政商文定公〉。

87《史集》余大鈞、周建奇譯本，第二卷，頁二九二，北京商務印書館，一九八五年；《元朝名臣事略》卷七《丞相史忠武王》。

88《元史》卷四〈世祖紀一〉；《馬石田集》卷一三〈故禮部尚書馬公神道碑〉。

89《元史》卷一三四〈昔班傳〉。

90《元史》卷四〈世祖紀一〉，卷一二〇〈朮赤台傳〉；《元朝名臣事略》卷七〈丞相史忠武王〉；《史集》余大鈞、周建奇譯本，第二卷，頁二九六、三〇〇，北京商務印書館，一九八五年。

91《雙溪醉隱集》卷二。

92《元史》卷一四六〈耶律鑄傳〉；《元文類》卷一六〈車駕班師賀表〉。

93《大元馬政記》頁八，國學文庫本。

94《史集》余大鈞、周建奇譯本，第二卷，頁三〇四，北京商務印書館，一九八五年；《元史》卷五〈世祖紀二〉至元元年七月壬辰，卷六〈世祖紀三〉至元三年三月辛巳；《衛輝府志》卷四五，王公孺〈衛輝路廟學興建記〉。

95《史集》余大鈞、周建奇譯本，第二卷，頁三〇六—三一一，北京商務印書館，一九八五年；《元史》卷五〈世祖紀二〉至元元年七月庚子，八月丁巳；《元朝名臣事略》卷一〈丞相東平忠憲王〉。另據《草木子》卷三下〈雜制篇〉，至元之義，也取自《易經》「至哉坤元」。

96《雙溪醉隱集》卷四〈中統庚申聖上北征不庭〉。

第四章　創建元王朝　附會漢地法

元帝國的誕生

一、中統建元

在與阿里不哥進行軍事較量的同時，忽必烈加緊了建年號、國號，定都邑，立朝儀等一系列工作，目標是創建一個與大蒙古國、漢地傳統王朝都有繼承聯繫的元帝國。

中統元年（一二六〇）五月一日，剛剛登上汗位一個多月，忽必烈就在劉秉忠等漢族臣僚的幫助下，建起了中統年號。十年後，又改國號為大元。

先來看建元中統詔書：

祖宗以神武定四方，淳德御群下。朝廷草創，未遑潤色之文；政事變通，漸有綱維之目。朕獲纘舊服，載擴丕圖，稽列聖之洪規，講前代之定制。建元表歲，示人君萬世之傳；紀時書王，見天下一家之義。法《春秋》之正始，體大《易》之乾元。炳煥皇猷，權輿治道。可自庚申年五月十九日，建元為中統元年。惟即位體元之始，必立經陳紀為先。故內立都省，以總宏綱；外設總司，以平庶政。仍以興利除害之事，補偏救弊之方，隨詔以頒。於戲！秉籙握樞，必因時而建號；施仁發政，期與物以更新。敷宣懇惻之辭，表著憂勞之意。凡在臣庶，體予至懷！

再看至元八年（一二七一）十一月的建大元國號詔書：

誕膺景命，奄四海以為宅尊；必有美名，紹百王而紀統。肇從隆古，匪獨我家。且唐之為言蕩也，堯以之而著稱；虞之為言樂也，舜因之而作號。馴至禹興而湯造，互名夏大以殷中。世降以還，事殊非古。雖乘時而有國，不以利〔義〕而制稱。為秦為漢者，著從初起之地名；曰隋曰唐者，因即所封之爵邑。是皆徇百姓見聞之狃習，要一時經制之權宜，概以至公，不無少貶。

我太祖聖武皇帝，握乾符而起朔土，以神武而膺帝圖，四震天聲，大恢土宇，輿圖之廣，歷古所無。頃者，耆宿詣庭，奏章申請，謂既成於大業，宜早定於鴻名。在古制以當然，於朕心乎何有。可建國號曰大元，蓋取《易經》「乾元」之義。[1]

大蒙古國時期是用十二生肖紀年的。從成吉思汗到蒙哥四位大汗，都沒有使用年號。忽必烈模仿漢地王朝的制度，從儒家《春秋》、《易經》等經典中，選定「中統」一詞，作為自己的年號。所謂「中統」，就是「中華開統」，[2]就是華夏中央王朝的正統。漢地歷代王朝最講究正統誰屬，在魏晉南北朝和宋遼夏金諸民族或地域政權並立之際，「正統」更是熱衷爭奪的對象。忽必烈政權以中統為年號，表明其以承繼中央王朝的正統自命，而且致力於「天下一家」和大一統的目標。

大蒙古國前四汗時期的國號，即「大蒙古」，全稱為「也可蒙古兀魯思」。漢人有時稱之為「大朝」。忽必烈又取《易經》「大哉乾元」之義，定「元」為新國號，取代「蒙古」舊國號。「元也者，大也。大不足以盡之而謂之元者，大之至也。」[3]「大元」不僅象徵從成吉思汗到忽必烈的「歷古所無」的「大業」，還出自儒家經典「至公」之論，進而可以與三代相媲美，名正言順地厠身於夏、商、周、秦、漢、隋、唐大一統王朝序列。

建年號和改國號，顯然是忽必烈吸收漢地文化，改變其政權形式與內涵的兩個重要步驟。[4]定都邑，是在對阿里不哥的戰爭取得決定性勝利之際實施的。

中統四年（一二六三）五月，忽必烈先將踐祚稱汗和駐蹕所在的開平府定為上都。至元元年（一二六四）八月，又頒《建國都詔》，以燕京為中都，[5]後改稱大都。窩闊台汗所建的草原都城和林則被廢棄，改立宣慰司管理。

國都的改變，意味著忽必烈政權的統治重心由漠北移至漠南漢地，也意味著他對草原中心傳統的部分背叛。詳細情況，參見第十章。

朝儀，是至元六年（一二六九）十月由劉秉忠、許衡等主持訂立，尚文、趙秉溫、史杠等十餘人也參與議論。

未立朝儀之際，凡遇到稱賀時節，大小官吏，不分貴賤，都聚集在忽必烈的帳殿前，熙熙攘攘，一片混亂。執法官嫌人員過多，甚至揮杖敲打驅趕。逐去復來，頃刻數次。尤其是在四方邦國朝貢的場合，確實有失體統，有礙大雅。不少漢族官員對此很不滿意，屢有嚴格班序和嚴格傳呼贊引及殿中糾察等呼籲。[6]

劉秉忠等訂立的朝儀，「頗採古禮」，「雜就金制」，大體是對漢、唐、金有關制度的承襲和變通。

其內容包括：平明設儀仗於崇天門內外，虎賁羽林，弧弓攝矢，分立東西，陛戟左右。教坊陳樂廷中。皇帝、皇后出閤升輦，升御榻。謁者傳警，雞人報時。妃嬪諸王駙馬和丞相百官分班行賀禮。具體禮節有：二鞠躬、六拜、三舞蹈、三山呼、三叩頭等。丞相祝贊曰：「溥天率土，祈天地之洪福，同上皇帝、皇后億萬歲壽。」

朝儀初步擬訂，先選近侍二百人肄習，然後是百官於皇城之東肄習。忽必烈御法座蒞臨，對儀制中的某些細節，也要一一詢問，由尚文等條對明白。忽必烈非常滿意，遂為定制。還下令設侍儀司，以近侍趙秉溫為禮部侍郎兼知侍儀事。[7]

至元八年（一二七一）八月忽必烈生日天壽節時，上述儀制正式啟用。而後，元旦朝賀、冬至進曆、冊立皇后太子、諸國來朝等，也用此儀。

關於忽必烈在劉秉忠等輔佐下所定朝儀，馬可波羅又有與《元史．禮樂志一》驚人相似的描述：

> 大可汗朝見群臣、賜宴時候，儀式如下：
>
> 皇帝的席是比別人的高好些。他坐在北面，面朝南向。靠近他的左邊坐的，是他第一個妻子……
>
> 在元旦節的早晨，當桌位分派以前，所有的國王、公爵、侯爵、伯爵、男爵、勇士、星相家、醫師和放鷹匠以及許多軍官，各民族、各地方的君主，和軍隊全都聚在大可汗面前。那些找不到地方的人站在廳外面，可以叫皇帝看見他們。他們立的次序是如此布排：首先是大可汗的諸子，皇孫，和皇系的親屬，以後是國王，再後是公爵，再次是其餘各級的人，一個一個依次序排下去。當人人都坐在所派定的座位上後，有一個高等主教站起來，大聲說：「跪下敬拜。」他大聲唱完這些字後，所有人立刻跪下，把他們的前額叩在地上，高聲禱祝大可汗，拜他如一個上帝。以後主教說：「上帝拯救和保護我們的皇帝，永久生存在快樂和喜悅之中。」全體回答說：「望上帝能這樣作。」主教再說：「望上帝能增加和擴大我們皇

帝的疆土，叫他們常常更加廣大。望上帝能使他的臣民常享太平，常蒙憐愛，並使各事在全國裡能興旺。」全體回答說：「望上帝能夠這樣作。」他們如此敬拜四次……他們獻上許多寶貴和華麗的禮物……大可汗看過以後，食桌全放出來。當食桌設好後，所有人全遵照次序坐上……當他們吃完以後，魔術家進來使宮中全體娛樂。[8]

忽必烈批准並實行的上述朝儀，與漢唐儀制有三處差異：第一，皇帝、皇后列坐御榻，同受朝賀；第二，增加了三叩頭。此叩頭之禮，似來自窩闊台汗即位時諸王那顏們的「九次以首叩地」[9]；第三，朝儀結束後，還要舉行蒙古傳統的質孫宴。這又明顯摻入了蒙古草原禮俗。

據說，劉秉忠奏上所訂朝儀後，曾向忽必烈講述當年漢高祖劉邦「吾乃今知皇帝之貴也」的話語，沒想到忽必烈的反映竟是：「漢高眼孔小，朕豈若是。」[10]劉秉忠等所訂立的朝儀，「尊嚴宸極，辨上下而示等威」，[11]為忽必烈增加了漢地皇帝式的獨尊無二。對上述朝儀，忽必烈沒有像劉邦那樣喜出望外，也是有緣由的。忽必烈畢竟不像劉邦那樣出身於小小亭長。作為成吉思汗嫡孫，蒙古大汗至高無上、臣民匍匐叩首的場面，他是在父兄時代早已領略過的。

或許是受忽必烈的影響，元中葉以後的漢族官僚對待朝儀的看法，同樣有某些褒元貶漢、厚今薄古的傾向，張養浩〈元日朝賀〉詩曰：

綿蕞區區笑叔孫，聖元相萬漢君臣。
鳳龍齊舞雲間樂，虎象爭輸海外珍。
仙仗分開丹禁曉，朝班浮動翠花春。
與天同大惟王者，今日方知此語真。[12]

二、內而省部，外設監司

忽必烈創建元朝的另一項重要舉措是，「用歷代遺制，內而省部，外設監司。」[13]所謂「省部」，即中書省及所屬左三部、右三部；「監司」具體指十路宣撫司和宣慰司。[14]

總領全國政務的機構中書省，設於中統元年（一二六〇）四月一日，王文統、張文謙首任平章政事和左丞。翌年，增為右、左丞相各二員，平章政事四員，右丞、左丞各一員，參知政事二員。[15]宰執以下，設管轄六曹、參與機務的若干參議及左、右司，還設左三部（吏、戶、禮三部）和右三部（兵、刑、工三部）等，掌管各類政務。

忽必烈所設中書省，大抵參照金尚書省制度。以中書省取代蒙古國掌管政刑的札魯忽赤（斷事官），也是一個進步。關於中書省的詳細情況，詳見本章第三節。

如果說建立中書省是中央機構引入漢法的開端，那麼十路宣撫司之設又是對漢世侯實施的較有效監督和管轄。

前面提到，窩闊台汗正式確定了利用歸降漢人地主武裝頭目對漢地進行間接統治的秩序。由此，形成了劉黑馬、史天澤、張柔、嚴實、張榮、李璮等大小不等的漢世侯。他們在轄境內軍、民二柄皆握，命吏、徵稅、刑罰，專於一身，父子兄弟，世襲相傳。近似於春秋時代的諸侯和唐後期的藩鎮。漢世侯中的多數曾經是忽必烈總領漠南時的舊部，在與阿里不哥爭奪汗位過程中，他們也大都是忽必烈的支持者。但是，漢世侯體制與中央集權制度格格不入，隨著統治中心的南移和漢法推行，漢世侯遂成了忽必烈政權加強對地方有效管轄的障礙。

忽必烈即位不久，朝廷議事時有人提議削奪漢世侯權力。世侯之一張柔奏上：「請選老成人監之便」的折中方案，以阻削奪之議。郝經的《便宜新政》也獻策說：「建監司以治諸侯。諸鎮諸侯各握兵民，不可猝罷，當置監司，以收其權利，制其所為。」[16]中統元年五月，忽必烈下令設置十路宣撫司，大體是依據張柔和郝經的建議行事的。

十路宣撫司的具體安排是：賽典赤、李德輝為燕京路宣撫使，徐世隆為副使；宋子貞為益都濟南等路宣撫使，王磐為副使；史天澤為河南宣撫使；楊果為北京等路宣撫使，趙炳為副使；張德輝為平陽太原路宣撫使，謝瑄為副使；孛魯海牙、劉肅為真定路宣撫使；姚樞為東平路宣撫使，張肅為副使；張文謙為大名彰德等路宣撫使，游顯為副使；粘合南合為西京路宣撫使，崔巨濟為副使；廉希憲為京兆等路宣撫使。

擔任宣撫司正、副使的，大多數是忽必烈藩邸舊臣。姚燧所云：「盡出藩府舊臣，立十道宣撫使。」[17]十分貼切。說起十路宣撫司官員的民族成分，惟有賽典赤等四名色目人，其餘都是漢人。這些人中的相當部分，後來還任職於中書省、六部等官署。由他們擔任正、副宣撫使，去監督和有效管轄以漢世侯為首的地方官府，有利於恢復郡縣制中央集權。

十路宣撫司的職掌，主要是簽發兵卒，輸送軍需物資，監督徵稅和刑獄，勸農桑，問民疾苦，考核黜陟州縣官吏等。[18]

上述職掌，除了簽發兵卒和輸送軍需物是直接服務於對阿里不哥的戰爭（京兆等路宣撫司在這方面最為突出）外，其他與金朝提刑使兼宣撫使非常相似。例如，太原、平陽一帶地廣人眾，地方官世守，胥吏結為朋黨，侵漁貪賄，視官府紀綱和民間疾苦，猶若土渣。宣撫使張德輝將其中奸贓尤甚的太原石抹氏、平陽段李、河中忽察忽思等數十人，械繫庭下，數其罪惡，一一杖責。然後，剔除吏弊，遴選官屬，更新庶政，所部肅然。部民以手加額稱譽道：「六十年不期復見此太平官府！」張德輝在河東的治績，為十路之最，忽必烈也予以稱讚慰勞。張德輝還應忽必烈的要求，奏上包括「易世官而遷郡邑」在內的四件「急務」。[19]嚴實之子嚴忠濟承襲東平萬戶兼總管職務後，號稱「強橫難制」，東平路宣撫使姚樞針對性地設置了勸農、檢查二官，監督嚴忠濟。還推排民戶物力以均平賦役，廢罷了冶鐵官署。[20]此外，宣撫司還需要和諸王封君投下打交道。

無論職司規定還是實際政績，十路宣撫司都是在不改變漢世侯職權和地盤的前提下，代表朝廷對漢世侯進行監督和較有效的管轄。宣撫司的監司性質與角色，顯而易見。

忽必烈還利用矛盾，不失時機地撤換了東平路世侯嚴實之子嚴忠濟。

中統二年（一二六一）五月十四日，忽必烈命令在上都開平的諸路管民官彙集闕下，以聽聖訓。凌晨，忽必烈降詔罷免了東平路管民總管兼行軍萬戶嚴忠濟。並且敕戒：「諸路官僚，無是效焉，國有常刑，犯不容有。」

起初，官員們對嚴忠濟未見顯咎而被罷黜，十分詫異。三日後，忽必烈臨軒親諭諸路長官，又任命嚴忠濟之弟嚴忠範為東平路總管。至此，官員們才知道罷黜嚴忠濟的直接原因是其弟嚴忠範的告發。忽必烈還特意訓誡嚴忠範：「兄弟天倫，事至於此，朕甚憫焉。今予命爾尹茲東土，非以訟受之也。彼所責匪輕。警哉，今而後，苟不克荷，非若兄幸而免也。」

此次罷黜嚴忠濟，儘管有其弟嚴忠範的告發，但那只是直接誘因而已。根本原因還是，「甲仗精銳，所向無前，大臣有言其威權太盛者。」[21]前述東平路宣撫使姚樞已對他做了一些抑制，忽必烈巧妙地利用嚴氏兄弟內訌，黜兄而用弟，既鄭重行使了朝廷的予奪大權，又是對其他世侯的有力懲戒。

中統二年十一月，忽必烈廢罷了十路宣撫司。

忽必烈之所以在率軍親征阿里不哥之際廢罷宣撫司，並不是宣撫司政績不佳和未達到預期的效果，而是由於漢世侯和蒙古投下的壓力。尤其是漢世侯，一開始就對宣撫司之設十分反感。張德輝宣撫太原平陽雖然受朝廷褒獎，後來卻為怨家所訴，進退維谷，經中書省大臣申理幫助，才得以解脫。[22]這裡的怨家，當然包括張德輝杖責過的「世守」「結黨」的貪官污吏。可見，宣撫司受到來自漢世侯等的抵制刁難往往十分嚴重。忽必烈廢罷宣撫司，也可以看作是在李璮反跡已部分顯露的情況下，對漢世侯及諸王投下的暫時妥協。是時，忽必烈所面臨的主要的敵人或危險，無疑是阿里不哥。忽必烈在需要運用漠南蒙古諸王勳貴和漢世侯政治軍事支持的緊急時刻，用廢罷宣撫司來緩和與二者的關係，從策略上也是必要的。這樣做，能夠儘量避免漠南生事和南北兩面受敵。

中統三年（一二六二）二月，阿里不哥之亂基本平息，益都世侯李璮則公開反叛。也是從二月開始，忽必烈將宣撫司改頭換面，進行部分人員調整，陸續設立十路宣慰司，繼續實施宣撫司未竟的職能。因為漢世侯體制是李璮反叛的根源，在軍事討伐平定的同時，仍需要從政治上徹底解決問題。

從是年二月到十二月陸續設立的十路宣慰司，在統轄範圍和路分上，與原宣撫司大同小異。平陽太原、真定、東平、大名、河南、西京、北京等路，基本不變。減燕京、京兆二路，而增順天路和開元路。見於記載的有：闊闊、怯烈門、游顯行宣慰司於大名，鄭鼎、贍思丁、答里帶、三島、李德輝行宣慰司於平陽太原，趙瑨行宣慰司於順天，王磐、布魯海牙行宣慰司於真定順德，張德輝、八剌、寶合丁行宣慰司於東平，撒吉思、柴楨行宣慰司於北京，賈文備行宣慰司於開元等處。

十路宣慰司的職能雖大抵沿襲前宣撫司，但蒙古人和色目人任此職的數量卻顯著增加了。據不完全統計，十路宣慰司官員大約十六人。蒙古人和色目人竟多達九人，占總數的五十六．三％。相當於原宣撫司中非漢人的二．六八倍。這又是李璮反叛爆發後忽必烈對漢人臣僚產生疑慮所致。

在十路宣慰司繼續充當監司的過程中，忽必烈不時予以直接過問和指導。東平宣慰司官張德輝和八剌，因誅殺盜賊和官賦蠶絲發生爭執，八剌向忽必烈秘密上奏。忽必烈問八剌：「張耀卿曾受賄否？」八剌不敢言其有。於是，忽必烈降旨：「張耀卿所言准合條例，可從之。」[23]張德輝是最早應召北覲藩邸，在漠北龍庭期年，為忽必烈講解漢法文治，多所開悟。曾擔任太原、平陽道宣撫使，執法嚴明，政績為最。忽必烈對他的剛直和扶善疾惡，可以說瞭若指掌。此時給予旗幟鮮明的支持，也是情理中事。

至元元年（一二六四），在朝廷普遍遷調各地「世職守令」、罷黜漢世侯的同時，十路宣慰司也因其監督漢世侯使命的完結而被最終廢止。原十路宣慰司中的李德輝、趙璿、游顯、鄭鼎等，很快被委任為改造後的路總管等職。這種以原宣慰司部分成員取代漢世侯路總管職務的舉措，不僅是簡單的善後，也是忽必烈監督和廢罷漢世侯政策的進一步發展。

勸農桑與理財賦

一、勸課農桑

忽必烈即位伊始，就詔告天下：「國以民為本，民以衣食為本，衣食以農桑為本。」[24]又採取一系列措施，恢復飽受戰亂破壞的北方農業生產。由只關心草原游牧，轉變為勸農桑和重視發展農業生產，說明忽必烈的經濟政策已向漢地傾斜。

首先是設置勸農官署。

中統二年（一二六一）八月，忽必烈命令設立勸農司，以陳邃、崔斌、成仲寬、粘合從中為濱棣、平陽、濟南、河間勸農使，李士勉、陳天錫、陳膺武、忙古帶為邢洺、河南、東平、涿州勸農使，分道檢查農業生產。

至元七年（一二七〇），根據張文謙的提議，置大司農司，以張文謙為司農卿，專掌農桑水利。下設四道勸農官及知水利官，巡行勸課，察舉勤惰，「親行田里，諭以安集，教之樹藝。」忽必烈還欲以御史中丞孛羅兼領大司農，右丞相安童認為台臣兼領，前無此例。忽必烈回答：「司農非細事，朕深諭此，其令孛羅總之。」[25]

還命令州縣長官兼勸農事，歲終申報司農司和戶部，考察成否。秩滿時，要在解由內注明殿最。提刑按察司須負責對勸農桑業績的體察和監督。又嚴明賞罰地方官勸農桑成效。高唐州官員因勤於勸課受升秩獎賞，河南陝縣尹王仔卻以惰於農事被降職。

司農司曾奉忽必烈的命令，「相風土之宜，講究可否」，擬定和頒布農桑之制十四條，以為規則。在此基礎上，「遍求古今所有農家之書，披閱參考，刪其繁重，摭其切要」，最後彙編成一部《農桑輯要》，推廣先進的農業技術。[26]

在鄉間村疃，又實行五十家立一社，擇高年曉農事者為社長，敦本業，抑游末，設庠序，崇孝弟。[27] 北方的社，建立於至元七年。平定江南後，社也推廣到南方。忽必烈曾下達「既是隨路有已立了社呵，便教一體立去者」，「立社是好公事也」等聖旨，親自推動立社勸農桑。忽必烈還命令探馬赤軍戶同樣立社。由於牽扯到軍戶數目，此類立社，後來改在萬戶建制內舉行。[28]

其次，禁止占民田為牧地，禁止損害莊稼。

蒙古入主中原以來，諸王權貴和蒙古軍隊占據農田，「近於千頃，不耕不稼，謂之草場，專用牧放孳畜」，[29]隨處可見。這無疑造成了中原農業耕地面積的萎縮和生產條件的破壞。

忽必烈屢次下令：嚴格限制諸王權貴和蒙古軍隊的牧地範圍，禁止強占民田為牧地。中統二年（一二六一）七月，忽必烈詔諭河南管軍官：駐有軍馬的城邑可在近郊保留部分牧場，其餘應聽還民耕。[30]中統四年（一二六三）七月，又命令征南都元帥阿朮，禁止所部蒙古軍占民田為牧地。至元元年（一二六四）四月，當御苑官南家帶奏請興修駐蹕涼樓並擴充御用牧地時，忽必烈率先垂範，詔命修涼樓待農事之隙，牧地則分給無地農戶。[31]

從至元二年（一二六五）開始，忽必烈還將黃河南北荒蕪田土和僧侶所占良田，分配給蒙古軍士等耕種。[32]這種提倡鼓勵遷居漢地的蒙古人從事農耕的做法，似乎更為積極。又實行蒙古人種田及有羊馬之家，停止供給口糧，無田土者依舊供給的政策。[33]後者可以保證尚未從事農耕者的生計，減輕他們對農耕民的侵犯。

忽必烈還多次頒布詔令，嚴格禁止蒙古軍踐踏農田，損害莊稼。如中統三年（一二六二）正月曾禁止諸道戍兵及權勢之家放縱牲畜侵害桑棗禾稼。四月，又下令禁止徐邳地區征戍軍隊縱牧畜損害農田莊稼。中統四年七月，禁止野狐嶺行營蒙古人進入南、北口縱牧畜，損踐桑稼。[34]而後，忽必烈頒發的聖旨條畫規定：「諸軍馬營寨及達魯花赤、管民官、權豪勢要人等，不得恣縱頭匹，損壞桑棗，踐踏田禾，騷擾百姓。如有違犯之人，除軍馬營寨約會所管頭目斷遣，餘者即仰本處官司就便治罪施行，並勒驗所損田禾桑果分數賠償。」[35]在一般禁止以外，另加治罪和賠償措施，遂使上述政策更為行之有效。

再次，鼓勵開荒復業與興修水利。

中統三年四月，忽必烈命令各行省、宣慰司、諸路達魯花赤、管民官積極鼓勵和勸誘百姓，開墾田土，種植桑棗，不得擅興不急之役，妨奪農時。[36]至元八年（一二七一）又推出定期減免開荒者稅收的政策。「凡有開荒作熟地土，限五年驗地科差。」考慮到桑樹雜果成熟期較長，遂補充規定種植桑樹限八年，雜果限十五年後科差。[37]

由於朝廷的積極提倡，元朝初年的水利事業也獲得可喜的成就。如中統二年提舉王允中、大使楊端仁奉忽必烈詔令，開鑿懷孟路的廣濟渠，引沁水經濟源、河內、河陽、溫、武陟五縣，達於黃河，全長六百七十七里，灌溉民田三千餘頃。[38]翌年，又任命「習知水利」、「巧思絕人」的郭守敬為提舉諸路河渠。至元元年，張文謙偕郭守敬行省西夏中興，修復疏浚唐來、漢延二渠，灌溉田地近十萬頃。[39]

十餘年後，忽必烈的勸農桑政策，「功效大著，民間墾辟種藝之業，增前數倍」；「凡先農之遺功，陂澤之伏利」，「靡不興舉」，基本上做到了「野無曠土，栽植之利遍天下」。[40]據說，元中葉以後，全國各地普遍收到了種植桑麻的良好成效，尤其是齊魯地區最為繁盛。虞集賦詩志其情狀：

> 昔者東南杼柚空，詠歌蠶織列圖窮。
> 勸農十道先齊魯，百世興王衣被功。[41]

由於忽必烈政權的推動和鼓勵，黃河流域的農業生產得到了較快的恢復和發展。

二、王文統理財

中統至元之初的財賦整頓，同樣是值得稱道的。

當時，忽必烈與阿里不哥圍繞著汗位誰屬的戰爭剛剛爆發，兵馬頻繁調發，軍需開支浩大，一概仰賴中原漢地的財賦支持。再加上營造宮室，新設軍政機構廩祿和宗藩歲賜，都需要巨額經費。儲積無幾和國用不足，是忽必烈政權建立之初所面臨的首要難題。

忽必烈把這方面的事情，先是交給了中書省平章政事王文統全權負責。

王文統，字以道，金北京路大定府（今內蒙古寧城縣）人，曾得中經義進士。年輕時，搜集閱讀歷代奇謀詭計之書，「好以言撼人」。金元之際，王文統以「布衣」遊說各地軍閥諸侯，受益都世侯李璮的賞識，留為幕僚，軍旅之事都要聽其謀劃決策。李璮還命兒子彥簡拜王文統為師，王文統則將女兒嫁給李璮，兩人關係由此更為親密。王文統足智多謀，幫助李璮從南宋軍隊處奪取了久攻不下的漣水和海州（今江蘇漣水和連雲港），聲名大噪。早在忽必烈率兵渡江攻鄂州之際，劉秉忠、張易即舉薦道：「山東王文統，才智士也。」忽必烈即汗位伊始，迅速將王文統提拔至朝廷，授以中書省首任平章政事，掌管日常政務和財政，「凡民間差發、宣課鹽鐵等事，一委文統等裁處。」[42]

王文統的理財，頗有方略。楊果譽王：「材略規模，朝士罕見其比。」這也是劉秉忠、張易及廉希憲舉薦他的原因。忽必烈曾以錢穀大計詢問，王文統「敷對明敏，慮無遺策」。還「以簿書委積，重為規畫，授諸掾成算，以備不時顧問」。

忽必烈對王文統的經邦理財之術，非常賞識，不時「綸音撫慰」，「且有恨其見晚之歎」。

念及王年齡較大，忽必烈特許其不必勞於奏請，平時可運籌於中書省，遇大事則面陳。[43]

王文統的理財活動，包括三方面的內容：

一是整頓戶籍和差發。

中統元年（一二六〇），在王文統的主持下，對漢地的戶口進行整頓和分類，大抵分為元管戶（業已登入朝廷戶籍且無變化的人戶）、交參戶（曾經登入朝廷戶籍，後遷徙他鄉又在當地重新登錄入籍的人戶）、協濟戶（沒有成年人丁的人戶）、漏籍戶（從未著入朝廷戶籍的人戶）。其下又細分成絲銀全科戶、減半科戶、止納絲戶、止納鈔戶、全科系官戶、全科系官五戶絲戶等名目。他們交納的丁糧、絲料和包銀，又依戶別等第而有高下。[44]

還命令各路差發採用取「甘結文字」、「立限次」、「置信牌」等方式，以保證「從實盡數科徵」。針對諸王封君投下五戶絲逕自從相關路州徵取的舊制，王文統等又以「恩不上出，事又不一，於政體未便」等理由，奏准實行各路皆輸京師和各投下赴中書省驗數關支的新辦法。翌年，中書省又對投下私屬人戶進行甄別梳理，按照不同情況逐一確定他們所承擔的投下賦役和朝廷差發。[45]

以上整頓，初步改變了蒙古國時期戶籍歸屬和差發徵收的混亂狀況，使國家得以直接控制較多的戶籍和賦稅。

二是食鹽榷賣。

《元史．王文統傳》所說的「欲差發辦而民不擾，鹽課不失常額」，就屬此類。中統二年（一二六一），王文統在世祖皇帝頒布詔諭「申嚴私鹽」等禁的同時，又將榷賣食鹽的價格由每引白銀十兩減至七兩，這樣就便於官府向鹽商批發和推銷行鹽鹽引了。此外，還加強了對各地榷鹽的管理。如將河間一帶的滄清深鹽使所，改由宣撫司提領；對河東解州池鹽，在路村特地設置解鹽司統轄其事；山東鹽運司的歲辦鹽收入，也提高至白銀二千五百錠。[46]

對於綦陽等冶鐵官的存廢，中書省沒有貿然行事，而是讓掾屬王惲等反覆論證成本收益幾何與利弊得失。最後奏准廢罷冶戶而歸民。[47]

榷鹽收入的增加，為忽必烈政權提供了一項穩定而可觀的財賦來源。

三是推行中統鈔。

窩闊台滅金以後，各路都在本境內使用自己的紙鈔，國家沒有統一的鈔幣，造成某些混亂和不便。

中統元年，王文統為首的中書省在全國發行中統元寶交鈔，面值有壹拾文、貳拾文、參拾文、伍拾文、壹百文、貳百文、參百文、伍百文、壹貫、貳貫十種。規定中統鈔不限年月，通行流轉，官府的酒醋鹽鐵等課程和各種差發均以中統寶鈔為主。中統鈔以所儲白銀為本，鈔壹貫（兩）相當於白銀一兩，發行數量大體依銀本多寡而定。允許百姓持鈔倒換白銀，也可倒換昏壞紙鈔。後者除按規定交納三分工墨費外，別無克扣增減。

與此同時，廢罷了各路原先使用的錢鈔。王文統還接受真定宣撫使劉肅的建議，命令各路以舊鈔如數倒換中統鈔，以避免百姓蒙受損失。由於此時的中統鈔以白銀為本，各路換鈔時還須把本路金銀送往中書省。真定路情況比較特殊，原有金銀已被拖雷妻唆魯和帖尼取走。經宣撫使布魯海牙遣官與王文統交涉，立即破例頒降新鈔五千錠。[48]

中統鈔推行初期，王文統惟恐鈔法壅滯，公私不便，整日與都省官及提舉司官講究利弊所在，制定了一套包括紙鈔與白銀子母相權，銀本常不虧欠，京師總鈔庫不得動支借貸等嚴密規則。

據說，中統鈔之行，有六、七項便利：經費省，銀本常足不動，僞造者少，視鈔重於金銀，實不虛，百貨價平。[49]當時的物價大體是，鈔一貫可買絹一匹，鈔五、六十文可買絲一兩，鈔六、七百文可買米一石，鈔五、六百文可買麥一石，鈔四、五百文可買布一端。「公私貴賤，愛之如重寶，行之如流水。」[50]

中統鈔的廣泛流通和鈔值物價的平穩，既方便了民間貿易及百姓生活，又改善了國家的財政收支。

元人李存詩贊曰：

國朝鈔法古所無，絕勝錢貫如青蚨。
試令童子置懷袖，千里萬里忘羈孤。[51]

另外，中統鈔可用於交納各種賦稅，減輕了白銀等形式的稅收負擔。如蒙哥汗始，科差中的包銀每戶納四兩，二兩輸白銀，二兩輸絲絹、顏料。由於百姓無銀可輸，州縣不能按時完納，率多向回回斡脫商借貸白銀，受其「羊羔息」盤剝。甚至有「十年闔郡委積數盈百萬，令長逃債，多委印去」的情況。中統初，忽必烈頒布免除負銀詔書，特別是中統四年（一二六三）包銀全部以鈔輸納後，包銀強制輸白銀的弊端才徹底袪除。[52]

關於中統鈔為代表的紙幣，馬可波羅也曾這樣記述：

在汗八里城中有大可汗的造幣廠。內部設備非常好，我們可以說大可汗是一個完全的煉金家（馮承鈞譯作「點金術」）……他採取桑樹的皮……和膠一齊搗成漿糊，然後捲成薄片……他把他們切成大小不同的小塊，但全是長方形…… 所有這些大小紙塊上，全印著大可汗的圖章。你們必須知道，所有那些錢發出去和純金純銀有一樣的勢力和威嚴。有一定的官吏，特別委派在每張紙幣上寫上他們的名字並蓋上各人的印。當錢製好時候，那些官的領袖，奉大可汗特別委派守印，將官印塗上硃紅，蓋在紙上。所以紙上留著硃紅色官印的痕跡。以後這張紙幣就變成有效的了。如有人偽造紙幣，必受斬首的死刑。大可汗造出如此多的紙幣，能夠拿他付換世界上所有的錢幣……在他所統治的各省、各國和各地方中，這紙幣皆通行使用。沒有人敢拒絕，違者處以死刑。我還要切實告訴你們，在他所轄的各國各民族中之臣民，皆願意接受這紙幣，償付各種款項。因為他們無論到了什麼地方，總能用他購買一切東西，如各種貨物珍珠、寶石和金銀等物。[53]

馬可波羅以域外人的新奇和敏銳，道出了忽必烈在元帝國首次統一發行紙幣的諸多特別之處，不僅大體符實，也為人們提供了推行中統鈔的彌足珍貴的細節。

王文統的上述理財，取得了較大的成功。中統二年（一二六一）五月，忽必烈命令王文統主持的中書省與前燕京行台當面對檢所掌財賦數額，結果，以上年比中統元年，數雖多而實際收入少；以中統元年比上年，戶數相同而實際收入多，王文統的理財政績，明顯超過了前燕京行台。

二十餘日後，燕京帑藏財富運至上都，忽必烈親往觀看，非常喜悅地說：「自祖宗已來，未有如是之多。」[54]後又對中書右丞廉希憲說：「吏弛法而貪，民廢業而流，工不給用，財不贍費，先朝嘗已戚矣。自相卿等，朕無此戚。」[55]忽必烈對王文統理財的稱讚，不會是輕率和無根據的。就連與王文統有政見分歧的姚樞也承認：中統年間做到了「民安賦役，府庫粗實，倉廩粗完，鈔法粗行，國用粗足，官吏轉換，政事更新」。[56]

在理財方面，忽必烈一般是「責以成效」和從嚴要求的。當藩邸親信近臣、另一名平章趙璧因軍儲事受譴責怪罪時，忽必烈竟毫不客氣地把趙平章拘禁在府宅，嚴格予以管制。[57]

除了王文統，劉秉忠和史天澤也是中統年間幫助忽必烈奠定元帝國基本規模的重要宰輔。

劉秉忠北上投靠忽必烈最早，也是「金蓮川幕府」中邢州術數家群的領袖。忽必烈即汗位後，他一直充當忽必烈的主要謀臣。諸如中統建元紀歲，建國號，定都邑，頒章服，立朝儀，立中書省，置十路宣撫司，議定官制等，他都是首倡者和積極推進者。忽必烈對劉秉忠深信不疑，幾乎是言聽計從。中統初，忽必烈曾命令專門為劉秉忠修建上都南屏山庵堂，供其居處。後又詔命劉還俗，妻以竇默之女。還冊授光祿大夫和三公之一的太保。[58]劉秉忠的成功之處，是在於他兼通釋、道、儒三學，又居漠北多年，熟悉蒙古習俗，故能夠糅合蒙古舊典、中原漢法而成一代新制，以為忽必烈君臨大漠南北所用。

史天澤是投靠蒙古政權較早、勢力最大的漢地世侯之一。他又是拖雷家族真定分地的守土臣，故與蒙哥、忽必烈等一直保持著特殊親密的關係。忽必烈總領漠南，他被委任為河南經略使，負責河南一帶的屯田、兵戎等。蒙哥汗親征川蜀，他又率兵從征，還奉命掌管御前宿衛。中統二年五月，史天澤擔任中書省右丞相，這也是所有漢人和漢世侯中惟一身膺此要職的。他主持中書省，定省規十條，使政務處理有章可循。又奏罷諸色占役，實行統一賦稅科差規則。他在多員宰輔中間彌縫協調，委曲論列，又在皇帝與宰臣之間上傳下達，使漢法在忽必烈政權草創階段得以較順利的推行。在輔佐忽必烈而成「中統初元之治」過程中，史天澤出力頗多。[59]

建立中書省、樞密院、御史台和御前奏聞制度

一、中書省總政務

蒙古國時期一直設有最高行政長官札魯忽赤（斷事官），掌管審刑斷獄和民戶分配。隨著疆域擴大和政務繁多，汗廷怯薛執事中主管文書、印章的必闍赤長的作用日益突出，逐漸發展為僅次於札魯忽赤的輔相之臣。漢人尊稱其為中書令或丞相。札魯忽赤和必闍赤長，都是蒙古游牧官系列的中樞要員。雖然在職司上與後來的中書省有相似處，但它們和漢地王朝的宰執還是有本質的差異。

忽必烈即位後，模仿漢制，設置中書省宰執取代札魯忽赤和必闍赤長。

中統元年（一二六〇）四月，忽必烈最早任命的中書省官員是平章王文統和左丞張文謙。七月，又以禡禡為丞相，王文統和趙璧為平章，張易為參知政事。中統二年（一二六一），忽必烈對中書省作大幅度調整，不花、史天澤為右丞相，忽魯不花、耶律鑄為左丞相，王文統、塔察兒、廉希憲、賽典赤．贍思丁為平章政事，張易為右丞，張文謙為左丞，商挺、楊果為參知政事，宰執總數多達十二員。

至元四年（一二六七）六月，中書省宰執精簡為右、左丞相各一員，平章政事二員，右丞、左丞各一員，參知政事二員，號稱「八府」。

中統二年十二月皇子真金封燕王，開始領中書省事，至元十年（一二七三）真金冊為太子後又兼任名義上的長官中書令。

宰執以下的僚佐有，參議一員，左司和右司郎中、員外郎、都事各二員，斷事官三十餘員。

中書省統轄的政務官署，中統初僅為左三部、右三部，至元元年（一二六四）分為四部，至元七年（一二七〇）以後才分為吏、戶、禮、兵、刑、工六部。

中書省的職司與前朝相似，可以概括為「佐天子，理萬機」，「統六官，率百司」。具體地說，大致包括議論朝政並協助皇帝決策，發布政令，監督六部等政務官署施政，或親自處理重要政務。[60]

中書省設立之初，其宰執及屬員分為都省和燕京行省兩部分。隨忽必烈在開平活動的是都省，留燕京處理漢地事務的是燕京行省。至元元年上都和大都確定前後，燕京行省撤銷，中書省在大都興建了鳳池坊北的正規衙署。但因忽必烈歲時巡幸兩都，中書省官員內部一直有隨駕都省和留省、留守的臨時分工。

忽必烈政權剛剛建立的中統年間，中書省宰執構成的特色是：以藩邸舊臣為主，漢族官僚居半。

元人李謙說：「世祖皇帝始居潛邸，招集天下英俊，訪問治道。一時賢士大夫，雲合輻輳，爭進所聞。迨中統至元之間，布列台閣……蔚為一代名臣。」[61]據不完全統計，中統元年到四年，擔任中書省右丞相和左丞相的有禡禡、不花、史天澤、線真、忽魯不花、耶律鑄、塔察兒等七人，平章政事有王文統、趙璧、塔察兒、賽典赤、廉希憲等五人，右丞和左丞有廉希憲、張啟元、粘合南合、張文謙、闊闊、姚樞等六人，參知政事有張啟元、商挺、楊果等三人，總計十八人（重複任職者除外）。除不花、忽都不花、塔察兒分別是蒙哥汗怯薛長和世臣貴冑，屬於金蓮川藩邸舊臣的，約十二人，占總數的六六·七％。其中，邢州術數家群二人，經邦理財群二人，理學家群一人，王府宿衛群五人以上。可見，王府宿衛群、邢州術數家群和經邦理財群，又是藩邸舊臣中最受重用的部分。從民族成分看，十八名宰執中，蒙古人五名，色目人三名，漢人十名。漢人占總數的五十五・五%。

上述宰執構成，透露了兩點資訊：初期的忽必烈政權大體上是以藩府舊臣班底為基礎建立的；忽必烈採用漢法，忽必烈與漢族地主階級的聯合，在政權組織上得到了較充分的保證或體現。然而，李璮之亂特別是阿合馬被殺以後，漢人擔任宰執的人數明顯減少。據初步統計，至元元年到三十一年間，中書省宰執共計七十四人。其中，蒙古人和色目人三十七人，漢人及南人三十七人，各占五十%。漢人及南人的宰執人數比例下降了五・五%。更重要的是，在右丞相、左丞相、平章等長官中漢人僅六人，蒙古人和色目人則多達二十七人，後者占總數的八十一・八%。而且，任職時間也遠遠超過漢人宰臣。[62] 漢人宰執比例和地位的降低，也是忽必烈的蒙古、色目、漢人、南人四等人政策在中書省內的直接體現。

忽必烈本人對右丞以上宰臣的任用，慎重而嚴肅。至元二十二年（一二八五）正月，中書省右丞相安童等推薦御史大夫玉速帖木兒為左丞相，行御史台大夫撥魯罕為平章政事，忽必烈答道：「玉速帖木兒朕當思之，撥魯罕寬緩，不可。」當安童提及另一位候選人阿必赤合時，忽必烈又說：「此事朕自處之。」而對右丞以下，則交付中書省丞相等自行擇用，以免失去寄託委付之意。[63]

忽必烈不但任用宰相十分嚴肅，對宰相的勤惰業績，也嚴加檢核督責。元人胡祗遹評論道：「自中統建元，政治一新，勞聖慮，勤聖躬，宰相而下，雞鳴而興，不可謂不勤不勞，無所困其心矣。雖旬休假寧，一歲之中，未嘗三五旬休假寧也。公退嘗以未申，或抵暮，或繼之以燭，不可不謂專其事矣。然而每每為口舌者訕訐曰：某事不辦，某事錯矣。或錢穀會計不當，或刑獄淹滯填塞，或執法前後不一，或進退人物不公不材。」[64]有兩個事例可以證實胡氏的說法基本可信：一是至元初有人說中書省政事大壞，忽必烈大發雷霆，欲治宰相大臣（很可能是史天澤）之罪。幸而姚樞從旁勸解疏導，才算了結。二是至元末有人告發右丞相完澤徇私，忽必烈追問平章不忽木。不忽木提議當面對質，明示責降。忽必烈依其言而行，果然查明純屬誣告。[65]

以上事例告訴人們，忽必烈雄才大略，知人善任，既委任責成，大膽使用宰相，又隨時掌握控制其政績功效，不為臣下所蒙蔽迷惑。忽必烈如此行事還基於一條蒙古舊俗，那就是大汗作為主子，對包括宰相在內的所有臣屬奴婢，擁有絕對的支配權和處置權。

在模仿漢地宰輔制度的同時，忽必烈所建中書省一開始就融入了部分蒙古舊制，也注意保持蒙古貴族的長官和主導地位。中書省右丞相大多是蒙古人，長官「國相」對所議政事有裁定權。[66]宰執群官「圓議」，又帶有蒙古忽里台會議的印痕。宰執屬下還設有皇帝、皇后、太子、宗王諸位下代表組成的斷事官數十員，這又是蒙古國札魯忽赤制的變易和延續。

二、樞密院掌兵戎

自成吉思汗立國以來，左、中、右三萬戶是最高的軍事統帥組織，軍權主要由大汗、宗王和萬戶掌握。而當對外軍事征服不斷擴大，萬戶的設置逐漸由原先的三個擴大到數十個之際，萬戶原有的性質和地位就不復存在了。在一段時間內，大汗之下的軍事統帥管理機構實際是空缺的。

中統四年（一二六三），剛剛經過與阿里不哥角逐汗位戰爭和平定李璮之亂的忽必烈，似乎深感朝廷軍事指揮調遣的不便。五月，忽必烈下令設立的樞密院，既是沿用宋金制度和實行漢法的組成部分，也有彌補朝廷軍事統帥管理機構闕如的寓意。

樞密院設立之初，長官為兼判樞密院事的皇子燕王真金，儘管只是名義上的。同時，設樞密副使二員，僉樞密院事一員，實際掌管院務。史天澤和趙璧曾經較早擔任樞密副使。至元七年（一二七〇），增設同知樞密院事一員，位副使之上，又設院判官一員。[67]至元二十二年（一二八五）底，真金太子病逝，樞密院長官空缺。至元二十六年（一二八九）二月，忽必烈任命中書省右丞相伯顏以知樞密院事，出鎮和林。[68]儘管伯顏並不在大都樞密院任職，但從他平宋回京已擔任同知樞密院事職務和北邊尚未正式設行院或分院看，伯顏的知院一職至少是樞密院以知院為長官的前奏。《元史・百官志二》所云至元二十八年（一二九一）設知院，應是在此基礎上的正式設置。

樞密院的職司主要有三：軍隊的管領與調發，軍官的奏舉與銓選，軍人的賞罰與存恤。[69]

樞密院設立後，確實在調兵遣將、協助忽必烈應付各種戰事及屯戍等方面發揮了很好的作用。如至元十二年（一二七五）正月，元軍在鄂州一帶渡江成功，沿江東下。忽必烈命令樞密院調納忽帶兒、也速帶兒所統戍軍及登萊丁壯八百人撥付五州經略司，加強淮東的征戍兵力。數日後，忽必烈又應樞密院的請求，降璽書詔諭阻兵頑抗的嘉定、重慶、江陵、郢州、漣海等南宋邊城。[70]至元十七年（一二八〇）五月，樞密院調兵六百戍守居庸關南、北口。[71]至元二十七年（一二九〇）十二月，忽必烈又命令樞密院括取江南民間兵器。[72]就連軍士修大都城牆，也需要樞密院調遣。[73]當然，以上調遣軍隊，大多是奉忽必烈命令行事的。沒有忽必烈的命令，樞密院不敢擅自調動較多的軍隊。這顯然是由樞密院充當皇帝左、右手之一的性質所決定的。

有關南宋合州守將王立歸降的一段故事，很能說明樞密院在方面將帥和忽必烈之間所扮演的角色。

至元十六年（一二七九）正月，四川大部分南宋城池先後降附，惟有合州守將、安撫使王立因曾經抗拒蒙哥汗親征，又與東川行樞密院長年對壘，結怨頗深，遲遲未降。安西王相、行西川樞密院事李德輝到任後，王立暗中遣使向李德輝表示降意。李德輝單舸至合州城下，招王立出降，川蜀隨之全部平定。東川行院怨李德輝越境邀功，便把王立押送長安獄。同時奏報王立久抗王師，指斥蒙哥汗等罪狀，要求殺王立。樞密院轉奏忽必烈，忽必烈降詔殺王立，且籍沒其家資。繼而，安西王忙哥剌遣使稟報王立歸降始末及東川行院嫉恨爭功事，樞密院又上奏說：上次所奏不確。忽必烈聽罷大怒，責備道：「卿等視人命若戲耶。前遣使殺立久矣，今追悔何及。卿等妄殺人，其歸待罪！」後因安西王未及時殺掉王立，樞密院官才免遭罪譴。74

樞密院平時掌握著方面將帥上奏皇帝的轉達權，這項權力十分重要。忽必烈有關軍事領域的大量資訊依賴樞密院的轉達，對軍隊將帥賞罰予奪的決策，也依賴樞密院所轉達的各種上奏。忽必烈平素對樞密院是相當信任，多半是言聽計從。但是，當他得悉樞密院轉達奏言失實和草菅人命時，也會予以嚴肅追究和處罰。

樞密院之設，為忽必烈提供了一個輔助自己調遣、指揮和管理全國軍隊的機構。由於忽必烈操縱嫻熟，控制有方，樞密院對皇帝的從屬性質和輔佐功能，始終沒有改變。

從樞密院設立之時起，忽必烈即實行蒙古人及色目人充當長官，漢人及南人擔任佐貳的政策。據有關統計，忽必烈朝漢人擔任樞密院副使等官計有史天澤、趙璧、崔斌、商挺、趙良弼、倪德政、董文炳、董文忠、張文謙、張易、劉國傑、崔彧、董士選、賀勝等十四人，占當時樞密院官總數的近四十%。這在元代歷朝算是人數最多，比例最高。

忽必烈參用較大比例的漢人臣僚掌管樞密院，也是當時形勢和政治背景的需要。忽必烈朝的大規模軍事行動主要是攻滅南宋、與北邊蒙古叛王的戰爭以及海外征伐。這些戰爭都需要使用為數眾多的漢族軍隊，以較多漢人臣僚掌管樞密院，自有諸多便利之處。

漢人擔任樞密院官職，又大致以至元十九年（一二八二）為界，至元十九年以前，忽必烈對漢族臣僚充分信任，上述十四人中的十人均在這段時期任職。每歲皇帝北幸上都時，樞密副使張易等還能留守大都並總領本院庶務。至元十九年張易因擅調軍士幫助王著殺阿合馬而獲罪被殺後，忽必烈對漢族臣僚的疑懼漸深，不僅減少了漢人樞密院官的任用，還明令取消了漢官留守大都樞密院的資格。

此外，忽必烈又以四怯薛派員參決樞密院事，宰相參議樞密院事或兼領院官等方式，強化對樞密院的控制，協調中書省與樞密院的關係，收到了較好的效果。[75]

樞密院和中書省，號稱忽必烈的「左、右手」，其職權比宋、金等朝也要廣泛一些。設樞密院，確立了從地方到中央的千戶、萬戶——統軍司（或元帥府、行樞密院）——樞密院的軍事指揮系統，便於有效地節制和管理蒙古諸大千戶、漢地諸萬戶及侍衛親軍等各類軍隊，便於把軍權集中於中央。某種意義上說，樞密院之立，也是忽必烈懲治漢世侯專權之弊和建設漢地式中央官署的步驟之一。

三、御史台司黷陟

中書省、樞密院等官府建立以後，官僚機構內部的吏治和效率，又開始令忽必烈大傷腦筋。一次，忽必烈詢問應召的轉運使張雄飛等：「今任職者多非材，政事廢弛，譬之大廈將傾，非良工不能扶，卿輩能任此乎？」張雄飛回答：「古有御史台，為天子耳目，凡政事得失，民間疾苦，皆得言；百官奸邪貪穢不職者，即糾劾之。如此，則紀綱舉，天下治矣。」忽必烈聽了，連連稱善。宰相廉希憲和翰林學士高智躍也向忽必烈提出過儘快設立御史台的類似建議。[76]

至元五年（一二六八）七月，忽必烈下令設立御史台，以右丞相塔察兒為首任御史大夫，張雄飛則擔任侍御史。此外，還設御史中丞、治書侍御史等。

御史台的職司主要是糾察百官貪贓不法和諫言政治得失。[77]

忽必烈本人對御史台格外重視。御史台設立之初，忽必烈就對塔察兒、張雄飛說：「卿等既為台官，職在直言。朕為汝君，苟所行未善，亦當極諫，況百官乎！汝宜知朕意。人雖嫉妒汝，朕能為汝地也。」又命令把這段話詔諭天下，廣為宣揚。[78]日後，忽必烈還頗有感慨地說：「中書朕左手，樞密朕右手，御史台朕醫兩手。」[79]御史台充當天子耳目鷹犬、監督軍政官署的用場，已被忽必烈領悟得相當透徹。

御史台由台院、殿中司、察院三部分組成。台院設大夫、中丞、侍御史若干員，是御史台的首腦機關。殿中司設殿中侍御史，專門糾肅朝儀和監督大臣奏事等。察院設監察御史三十二員，專掌舉刺百官善惡和諷諫政治得失。

御史台官員任用，依然是蒙古人居長，參用一定數量的漢人。御史大夫，開始就貫徹非蒙古「國姓」不授的原則，而且以蒙古勳舊貴胄「大根腳（家世、出身）」為主。如四傑之一的博爾朮後裔玉昔帖木兒擔任御史大夫長達二十年。首任御史中丞為帖赤和阿里，從名字看，此二人並非漢人。後來，參用的張文謙、董文用、崔彧、張雄飛等漢人中丞，多半是忽必烈親自選拔的藩邸舊臣。監察御史起初均為漢人，至元十九年（一二八二）十月經崔彧提議和忽必烈批准，改作蒙古人十六員、漢人十六員。還確定了台察官自選的規則。[80]

御史台設立伊始，忽必烈就頒布《立御史台條畫》，規定其糾彈不法、上書言事、照刷文卷以及監督刑獄銓選等職司。[81]半年後，忽必烈又下令建立隸屬於御史台的四道按察司。後來又改建二十二道肅政廉訪司。還增立江南、陝西二行御史台。

與唐、宋、金御史台相比，忽必烈建立的御史台，具有品秩高，自成與中書省、樞密院鼎立的系統，台諫合一，地方監察高度完善等特色。御史台的建立，使忽必烈在實行漢法官制方面走到了最高點，從而給元帝國的朝政添加了新的監察機制。立台數月，即追理侵欺糧粟近二十萬石，在整頓吏治方面取得了較明顯的成效。

忽必烈知人善任，使用了一批傑出人才擔任台察相關職務，也是御史台成效顯著的重要原因。

蒙古勳貴玉昔帖木兒任御史大夫，「事上遇下，一本於誠」，敢於在忽必烈大發雷霆時，爭辯不已，言辭鯁直，甚至讓忽必烈也不得不霽威息怒。當權臣阿合馬以「庶務責成諸路，錢穀付之轉運，今繩治之如此，事何由辦」為言，欲將按察司併入轉運使司且請路府與憲司互相照刷案牘時，玉昔帖木兒斥責道：「風憲所以戢奸，若是，有傷監臨之體。」終於挫敗了阿合馬廢罷、打擊按察司的陰謀。至元二十八年（一二九一）權相桑哥倒台，最終也是玉昔帖木兒率怯薛近侍在忽必烈面前輪番奏劾的結果。[82]

崔彧負才氣，剛直敢言，頗受忽必烈器重。阿合馬、桑哥垮台後，忽必烈兩次命令他出任御史中丞，整頓台綱，在確定台察官自選和台察官皆得言事，奏劾貪官污吏及權相奸黨等方面多所建樹。忽必烈對他的各種奏議，多半是言聽計從。至元二十九年（一二九二），崔彧劾集賢院官詹玉貪酷暴横，謊報江南有叛，矯命乘傳往鞫。忽必烈立即諭旨：「此惡人也，遣之往者，朕未嘗知之。其亟擒以來。」中書省奏請以崔彧為中書省右丞，忽必烈的答覆是「崔彧不愛於言，惟可使任言責」。[83]可見，對崔彧瞭解之深，委任之專。

監察御史姚天福常常廷折權臣，忽必烈嘉獎他的剛直，賜號「巴兒思」，謂其不畏強悍，猶若老虎。後來，在糾正御史台設大夫二員和廢罷按察司等錯誤上，姚天福都發揮了積極作用。[84]

然而，忽必烈憑藉御史台監察百官的同時，又相繼任用阿合馬、盧世榮、桑哥等理財大臣，替他搜刮財富。而當御史台官員檢舉糾劾阿合馬、盧世榮、桑哥等違法行為時，忽必烈總是有意無意地站在這些理財大臣一邊，予以包庇袒護。陳思濟、魏初相繼奏劾阿合馬不法，忽必烈只令近侍對奏章略加核實，不了了之。而且，讓近侍核對彈劾事實，本身就是將御史置於近侍監督之下的不恰當做法，就是對御史監察權的某種壓制和侵犯。難怪陳思濟厲聲抗議：「御史言官也，非為辨訟設。」[85]更有甚者，姚天福和程思廉還因糾彈阿合馬反遭報復，前者被左遷衡州路同知，後者被誣陷拘捕下獄。[86]忽必烈對被糾劾的權臣的縱容庇護，助長了他們的囂張氣焰，致使相當長的時期內中書省（尚書省）與御史台相對立，省臣壓制台察的情況十分嚴重。御史台官甚至被「視之如仇讎，百般沮抑」，為全身遠禍，只得閉口不言。[87]御史台的正常職能受到很大限制和阻撓。

其實，忽必烈並非完全未覺察阿合馬、桑哥等權臣的違法，也並非不知道台察官的重要，只是他要從事滅南宋、平定蒙古叛王及海外征伐等大規模的軍事活動，需要權臣為其斂財養兵。因此，只好暫時壓抑御史台監察官。阿合馬被殺後，忽必烈命令崔彧出任御史中丞。不久，崔彧卻因奏劾上任不足十日的右丞盧世榮而忤旨罷職。而當桑哥垮台後，忽必烈再次任命崔彧為御史中丞，整頓台綱。這些均能說明忽必烈對台察官和理財官交互重用、取其所需的真實用意。

出於上述複雜矛盾心理，忽必烈有時的舉措也會令人費解。例如，阿合馬死後其罪狀被揭露，忽必烈以監察官失職為由，撤換了御史中丞以下的大部分官員，又飭戒台察官員：「官吏受賄及倉庫官侵盜，台察官知而不糾者，驗其輕重罪之。中外官吏贓罪，輕者杖之，重者處死。言官緘默，與受贓者一體論罪。」[88] 桑哥事敗後，忽必烈再次指斥道：「桑哥為惡，始終四年，其奸贓暴著非一，汝台臣難云不知。」最後，在大夫玉昔帖木兒的提議下，將久任台察者罷免，新任者暫留。[89]

台察官在糾彈理財權臣的過程中，得不到忽必烈的充分支持，事後卻屢受責難，甚至被當作替罪羔羊。這的確叫人啼笑皆非。表明御史台監察官雖然在忽必烈朝得到長足的完善和發展，但因其御用鷹犬耳目的根本屬性，始終不能擺脫忽必烈對台察官、理財官同時重用的兩難。其正常功能無法充分發揮就是十分自然的了。

中書省、樞密院、御史台三大官府相繼建立前後，忽必烈身旁的一群漢族官員還幫助他詳細論證了上述官府的構建體系及其相互關係。

許衡曾經和劉秉忠、張文謙歷考古今官制的分並統屬之序，又把省、部、院、台、郡、縣等百司的聯屬統制，繪製為圖，然後奏請於上。朝廷官員們還就中書省、樞密院、御史台三官府的公文行移規則，進行集議。許衡主張：「中書佐天子總國政，院、台宜具呈。」當時，商挺任職樞密院，高鳴任職御史台，兩人都不喜歡許衡的見解，堅持定為諮稟。還以「台院皆宗親大臣，若一忤，禍不可測」等語，試圖令許衡讓步。雙方各不相讓，一齊把自己的意見向忽必烈奏報。最後，忽必烈裁定：「衡言是也，吾意亦若是。」由此確定了中書省、樞密院、御史台三大官府公文行移的基本規則。[90]

四、從忽里台到省院台大臣御前奏聞

正如人們所熟知的，作為蒙古草原古老傳統的忽里台貴族會議，盛行於蒙古國時期。而皇帝主持的若干樞要大臣或省院台大臣奏聞，又是窩闊台時期形成的雛形，至忽必烈朝最終確立的。《元文類》卷五十七宋子貞《中書令耶律公神道碑》云：

宣德路長官太傅禿花失陷官糧萬餘石，恃其勳舊，密奏求免……仍敕今後凡事先白中書，然後奏聞……中貴苦木思不花奏撥戶以為采煉金銀、栽種葡萄等戶，公（中書令耶律楚材）言：太祖有旨，山後百姓與本朝人無異，兵賦所出，緩急得用。不若將河南殘民貸而不誅，可充此役，且以實山後之地。上曰，卿言是也。又奏，諸路民戶，今已疲乏，宜令土居蒙古、回鶻、河西人等所在居民一體應輸賦役。皆施行之……回鶻譯史安天合至自汴梁，倒身事公……首引回鶻奧都剌合蠻撲買課稅增至四萬四千定……而近侍左右皆為所啗，上亦頗惑眾議，欲令試行之。公反覆爭論，聲色俱厲。上曰，汝欲鬥搏耶？

碑文所言「中書」，即窩闊台三年設置的掌管徵收賦稅、宣發號令及內外奏聞諸事的官署之一。「中貴」乃怯薛執事官的代稱。從窩闊台汗「今後凡事先白中書，然後奏聞」的敕令和苦木思不花、耶律楚材圍繞著「撥戶」的奏議及「卿言是也」的諭旨，不難窺知，大汗聽取中書令（必闍赤長）、怯薛的進奏而做出相應的決策以及中書專司內外奏聞制度，窩闊台汗時已基本形成。除了上奏，耶律楚材還在窩闊台駕前駁斥奧都剌合蠻撲買課稅，甚至「反覆爭論，聲色俱厲」，有「欲鬥搏」之態。既然是「爭論」且「欲鬥搏」，當時肯定有奧都剌合蠻等輩在場陳述其撲買課稅的意見，參與爭論的臣下不止二、三人。所以，上述史實可以視為蒙古國時期若干樞要大臣奏聞的雛形。儘管它尚不成熟和完善。

另，《黑韃事略》亦云：「事無巨細，須偽酋自決。楚材、重山、鎮海同握韃柄，凡四方之事，或未有韃主之命，而生殺予奪之權，已移於弄印者之手。霆嘗考之，只是見之文書者，則楚材、鎮海得以行其私意，蓋韃主不識字也。若行軍用師等大事，祇韃主自斷，又卻與親骨肉謀之，漢兒及他人不與也。」

《黑韃事略》雖未從正面描述樞要大臣奏聞的情況，對耶律楚材等權力也不無誇張，但畢竟補充強調了兩條重要史實：第一，包括樞要大臣奏聞在內，「事無巨細，須偽酋自決」，中書或韃人「自家骨頭」參與奏議謀劃，也僅起輔助建策作用。這和〈中書令耶律公神道碑〉裡中書或怯薛執事奏言均須大汗裁定批准的情節，完全吻合。第二，蒙古國時期的樞要大臣奏聞內部也開始出現了一定的分工和協調。民事、司法、財政等由中書負責，兵戎征伐則由大汗和蒙古那顏議論處理。後者或許就是「論奏兵政機密，非國族大臣無得與聞」[91]制度的濫觴。

元朝建立後，樞要大臣奏聞逐步成熟，並隨著中書省、樞密院、御史台的相繼建立，完成了向省院台大臣奏聞的過渡。

王惲〈中堂事記〉說，中統二年（一二六一）四月六日「諸相入見」，「因大論政務於上前，聖鑑英明，多可其奏。」十三日，「諸相入朝，以議定六部等事上聞，綸音撫慰，大允所奏，曰：向來群疑，煥然冰釋。」[92]中統三年二月，忽必烈召見竇默、姚樞、劉秉忠及張柔，拿出李璮給王文統的書信讓他們看。忽必烈問：「汝等謂文統當何罪？」竇默、姚樞、劉秉忠等文臣異口同聲地回答：「人臣無將，將而必誅。」於是，忽必烈下令殺掉了王文統。[93]這是忽必烈與漢族臣僚議定誅王文統較特殊的樞要大臣奏聞。

此後，仍不時有「奏事內廷」，「廷臣奏事」，「凡省台監奏事……奏已，上或有所可否」之類的記載。[94]以上記錄，雖然比較零散簡單，但大體包含了若干大臣奏事和議論政務，皇帝「有所可否」、乾綱獨斷等基本內容，故不失世祖朝以降省院台大臣奏聞的概括描繪。

有必要解釋一個疑問：正如一些學者指出的，「元代不行常朝」，並沒有皇帝「定期上朝接見百官，討論政務的制度」。[95]這種看法與忽必烈朝確立的省院台大臣奏聞的一系列史實是否矛盾？是否影響世祖朝以降省院台大臣奏聞的普遍存在？筆者的回答是否定的。

持「元代不行常朝」說的學者所依據的史料，主要是王惲、馬祖常等人的奏疏。

王惲說：

> 切見天下之事，日有萬機，事重而當即行者，必須取自聖裁。宜恭請皇帝陛下，自非歲時巡幸，於端居兩宮之時，視朝進奏，定立常限……軍國大事，日有萬機，須敷奏以時，聽鑑有所，今殿庭慶宴，已有定儀，視朝之禮，尚曠而未行，行之正在今日。勤政之實，無逾於此。[96]

元末馬祖常也有類似的議論。[97]

王惲及馬祖常的批評建議，主要是參照漢唐等傳統王朝的皇帝定期視朝制度而發的。他們之所以提出非議，不外是忽必烈以降的蒙古皇帝沒有像漢唐兩宋那樣，採取嚴格繁縟的禮儀，定時、定地朝見文武百官，處理政務。

事實上，在元人筆下，類似「視朝」的記述，並不乏見。如〈中堂事記〉（中）載，中統二年五月十二日，「有旨先召首相二三人入朝」。此外還有若干處「退朝」、「下朝」、「罷朝」

等記載。[98]

就是說，忽必烈以降不是沒有「視朝」，而是採取了省院台大臣奏聞的特殊方式，進行最高決策。這種奏聞方式，與漢地王朝百官均能參加的「常朝」有較大差別，即時間不固定（「敷奏」不時），地點不固定（「聽鑑」無所），參與者也只是少數省、院、台親貴大臣及怯薛近侍。在這種特殊「視朝」方式下，大多數漢族臣僚「鮮得望清光」，[99]自然會憤憤不平。在漢族臣僚紛紛揚揚的非議聲中，省院台大臣奏聞的特殊「視朝」方式就被曲解和掩蓋了。

為什麼忽必烈不實行漢地式的「常朝」呢？為什麼忽必烈會採用省院台大臣奏聞的特殊「視朝」方式呢？

這可以從兩方面予以回答：

其一，自元世祖忽必烈開始，蒙古統治者在部分吸收漢法、運用漢法的同時，仍較多保留了蒙古草原舊俗。保持蒙、漢政治和文化的二元結構及蒙古貴族的特權支配。這始終是元帝國的重要國策。受此國策的影響，蒙古統治者雖然逐步減少了忽里台貴族會議在最高決策中的比重，但不願意也不可能照搬漢地式的「常朝」。

其二，元代朝廷用語一般是蒙古語。忽必烈等大部分蒙古皇帝不懂漢語，大部分漢族臣僚又不懂蒙古語，君臣間的上奏和聽政，不能不受語言隔閡的較嚴重制約，而需要借助怯里馬赤譯員作中介。這種情況下，文武百官朝見皇帝和上奏政事，就變得十分困難。忽必烈自然而然地會經常使用少數蒙古人和熟悉蒙古語的色目人、漢人大臣參加的省院台大臣奏聞，來代替漢地式的「常朝」。人們從世祖初參與省院台大臣奏聞的中書省宰執廉希憲、張文謙都精通蒙古語，左右司郎中賈居貞「由善國語，小大庶政，不資舌人，皆特入奏」；右丞相史天澤自稱：「老夫有通譯其間，為諸公通達爾」等史實，[100]也能窺見一斑。這似乎是忽必烈朝開始的省院台大臣奏聞具有自身特色而異於前代常朝的另一個直接原因。

忽必烈朝每次奏聞均留有具體準確的年月日。但所載奏聞上下相隔時間，則因史料零散和不完整，或隔數日，或隔數年，無法見識其真面目。比較而言，王惲〈中堂事記〉所保存的有關元初省院台大臣奏聞的時間記載，是相當完整和珍貴的。據〈中堂事記〉，中統二年四月之內，中書省臣在上都參與的大臣奏聞計有五日丙申、六日丁酉、十二日癸卯、十三日甲辰、十七日戊申、二十四日癸卯、二十六日丁巳、二十七日戊午等八次。間隔時間長短不一，平均每四日一次。其中，兩次明確記載是奉世祖詔旨舉行的，其餘不詳。[101]

另外，在相關的官方文書等史料中，除了記載省院台大臣奏聞的舉辦年月日外，又加綴四怯薛番直次第日期，如「也可怯薛第二日」，「安童怯薛第一日」，「阿都台怯薛第一日」等。而且這類加綴始終如一，未見變動。這應是蒙古怯薛番直制度滲入省院台大臣奏聞在日期記錄上的實際反映。

省院台大臣奏聞舉辦的地點可分三類：一是大都皇宮內，如大都皇城西殿，皇城暖殿，香殿，紫檀殿等。二是上都宮殿及斡耳朵內，如上都斡耳朵火兒赤房子等。三是兩都巡幸途中的納缽及大都郊外行獵處，如柳林裡阿勒坦察察爾（金帳）等。有一點頗令人費解，即使在大都和上都皇城內，某些省院台大臣奏聞卻往往在「火兒赤房子裡」等較簡陋的房室內舉行。這似乎有失帝王的尊嚴，也是一般漢地式「常朝」未曾見到的。

舉辦時間不固定，場所或兩都宮內各殿，或巡幸途中納缽（皇帝牙帳），變化多端，靡有定所。這或許是忽必烈朝省院台大臣奏聞顯得不甚正規而容易被人們忽視的重要原因。

其實，在看待省院台大臣奏聞的舉辦時間和場所時，無疑有一個採用何種標準或尺度等問題。如果用漢地王朝正規禮儀意義上的「常朝」作標準，忽必烈朝省院台大臣奏聞似乎不倫不類，難登大雅之堂。如果我們從蒙古「行國」、「行殿」的草原游牧傳統角度去觀察分析，就比較容易得出合理的認識了。所謂「行國」、「行殿」，均是無城郭常處，逐水草而居的游牧國君棲息理政習俗。忽必烈朝開始的省院台大臣奏聞時間和場所的不確定性（包括在「火兒赤房子裡」等較簡陋的房室內舉行），正是這種習俗在朝廷議政決策方式上的表現。也就是說，時間和場所的不確定性，是蒙古草原習俗給省院台大臣奏聞帶來的印痕，並不影響其視朝和最高決策的屬性和功能，故無可厚非。

出席省院台大臣奏聞的，除了主持人皇帝外，由上奏大臣與陪奏怯薛執事兩部分組成。上奏大臣主要來自中書省（尚書省）、樞密院、御史台、宣政院等四個樞要官府。其中，尤以中書省官員比例最大。間或也有秘書監、司農司等個別寺監。這與元代中書省、樞密院、御史台、宣政院長期擁有獨立上奏權及中書省總轄百官上奏的制度基本吻合。

關於上奏大臣的人數，鄭介夫說：「今朝廷……得奏事者，又止二、三大臣及近幸數人而已。」[102]張養浩說：「況今省台奏事，多則三人，少則一人，其餘同僚，皆不得預。」[103]以上說法，似乎符合忽必烈朝的情況。上奏大臣僅僅二、三人，很可能是忽必烈等皇帝沿用蒙古那顏及伴當舊俗，看重少數大臣長官上奏所致。

怯薛近侍以陪奏者的身分參與省院台大臣奏聞，是元代朝政中值得注意的現象。《輟耕錄》卷一說：

> 雲都赤，乃侍衛之至親近者……雖宰輔日覲清光，然有所奏請，無雲都赤在，不敢進。

今中書移諮各省，或有須備錄奏文事者，內必有雲都赤某等，以此之故。

雲都赤，蒙古語意為「侍上帶刀者」，怯薛執事官之一。單就帶刀護衛的職司而言，雲都赤的陪奏，起初主要是護駕防奸。實際上，陪奏的怯薛執事並不止雲都赤，還有速古兒赤（掌尚供衣服者）、怯里馬赤（譯員）、火兒赤（主弓矢者）、博兒赤（掌烹飪飲食者）、昔寶赤（掌鷹隼者）、必闍赤（掌文書者）、阿塔赤（掌牧養御馬者）及給事中等。尤其是速古兒赤陪奏出現的次數甚至超過雲都赤，居怯薛執事之冠。

陪奏的怯薛執事，大抵是依其所在的四怯薛番直，分別負責皇帝的生活服侍、護駕、文書記錄、聖旨書寫等職事。但在陪奏時有些怯薛執事官的實際作用並不限於其原有職司，而是重在輔佐皇帝裁決機密政務，軍政財刑，無不涉及。如曾充任元世祖御前侍從的賀勝，「無晝夜寒暑，未嘗暫去左右」，雖然身為漢人，也可「留聽」「論奏兵政機密」。[104] 按照「雖以才能受任，使服官政，貴盛之極，然一日歸至內廷，則執其事如故」的制度，[105] 某些帶「大夫」、「院使」等官銜的宿衛大臣，在省院台大臣奏聞的場合，仍是以內廷宿衛的身分出現的。在皇帝及其他人心目中，他們也是與一般出身的省院台大臣有別的「近臣」。

省院台大臣奏聞的參加官員，由上奏大臣和陪奏怯薛兩部分人員組成，表面上看似乎是偶然的。事實上，它反映了忽必烈朝以降省院台外廷官和怯薛內廷官的內外銜接及其在省院台大臣奏聞中各自所處的位置和功用。怯薛執事是蒙古國時期草原游牧官的核心部分，也是蒙古汗廷的基本職官。中書省、樞密院、御史台則是忽必烈開始建立的漢地式樞要官府。二者長期在內廷和外廷並存且有一定的分工合作。怯薛執事實際上類似於漢代的「內朝官」，省院台大臣則類似於「外朝官」。二者以陪奏和上奏兩種角色參加省院台大臣奏聞，從而使之某種意義上成為皇帝主持下的內廷怯薛、外廷省院台大臣的聯席決策形式。

省院台大臣奏聞的議政內容相當廣泛。如逃亡軍人處置（至元二十四年十二月），[106]是為軍事兵戎。如佛、道、儒三教約會（至元三十年正月初九），[107]是為司法刑獄。又如命監察官就斷行省令史稽遲（至元二十八年十二月十一日），[108]是為台憲監察。其他還涉及秘書監官邸遷徙（至元二十二年二月十一日），立太學和提舉司（至元二十四年二月），使臣過州縣更換鋪馬（至元三十年三月初五）。[109]軍事、民政、財賦、刑法，監察、驛站，都在省院台大臣奏聞的議政內容之列。

關於省院台大臣奏聞的具體程序和決策方式，《元典章》卷三十四〈兵部一〉「逃亡・處斷逃亡等例三款」載：

至元二十四年十二月初九日，安童怯薛第一日，本院官奏，月的迷失奏將來有，鎮守城子的軍人逃走有。在先，那逃走的根底一百七下打了呵，放了有來。那般呵，慣了的一般有。如今那般逃走的每根底，為首的每根底敲了，為從的每根底一百七下家打呵，怎生？麼道將來有。俺與省官每忙兀歹一處商量來。忙兀歹也說，我也待題來。若不那般禁約呵，不中的一般。麼道說來。葉右丞也那般道有。玉速帖木兒大夫俺一同商量的，依著月的迷失的言語，為首的每根底敲了，為從的每根底一百七下家打了，懲戒呵，怎生？麼道。奏呵，為首的每根底問了，取了招伏呵，對著多人訂見了呵，敲了者。為從的每根底，依著在先聖旨體例裡一百七下打了，放者。麼道，欽此。

此硬譯體公文的前半，是樞密院轉達江西行樞密院官月的迷失有關處罰逃軍的奏章，也包括月的迷失和江淮行省左丞相忙兀歹的商討意見。接著又是樞密院官與中書省右丞葉李、御史大夫玉速帖木兒會商後擬議奏報的處理意見。最後，是以世祖忽必烈聖旨形式出現的朝廷決策。所反映的上奏、擬議、決策三程序，前後相連，井然有序，不失為省院台大臣奏聞的議政決策的一個典型。

省院台大臣奏聞時，不乏中書省、御史台等官員的爭論。

《南台備要．行台移江州》載：

> 至元二十二年三月二十五日，於大口北皮察只兒里，御史台官對安童丞相、阿必失阿平章、盧右丞、撒的迷失參政、不魯迷失海牙參政等奏：罷了行御史台底勾當，俺題說來。聖旨：到大都裡問省官人每。麼道，道來。奉聖旨，問省家：為什麼罷來？安童丞相奏說：台家每說有，江南盜賊幾遍生發，這行台鎮遏來。我也俺伴當每根底裡說來，罷了呵，不宜的一般。聖旨：依著您底言語，教行御史台移去江州立者。欽此。

至元二十一年（一二八四）十一月，忽必烈任用盧世榮為中書省右丞，掌管財政，控制了中書省的實際權力。未逾十日，反對盧擔任宰相的御史中丞崔彧被罷黜。翌年正月，盧世榮又以中書省的名義，奏請廢罷了江南行御史台。以上公文即是兩個月後御史台官員就江南行御史台廢罷一事，向中書省理財大臣右丞盧世榮的反擊。公文的前半部是御史台官員的奏議和奉聖旨質問中書省為何廢罷江南行台。接著是中書省右丞相安童的答覆。最後是忽必烈恢復江南行御史台的裁決。其間，御史台官員和中書省右丞盧世榮圍繞著江南行台廢立的分歧或爭論，雖筆墨不多卻顯而易見。右丞相安童站在御史台一邊，反對盧世榮的意見，表明上述分歧或爭論也擴展到中書省官員內部。不能否認，安童和御史台官員聯合反對廢罷江南行台，是導致忽必烈最終作出恢復江南行台裁決的一個重要原因。

應該強調的是，忽必烈在省院台大臣奏聞中的最高決策權十分突出，行使最高決策權時比較認真。所下達的聖旨多半比較具體且帶有針對性，多半不只是對省院台大臣上奏意見的簡單同意，而是要加入皇帝個人的一些決斷意見。

最典型的是至元二十四年（一二八七）二月十五日省院台大臣奏聞時尚書省左丞葉李上奏設立太學事，忽必烈所降聖旨曰：

您說的宜的一般，那田地裡立太學，合讀是什麼書，合設學官並生員飲食分例，合立的規矩，外頭設儒學提舉去處寫出來，我行奏著，那時分，我回言語。欽此。110

元世祖忽必烈在肯定葉李設立太學及各路儒學提舉司奏議合理性的同時，又進一步要求臣下就太學所讀書籍、所設學官、生員飲食分例等規則，以及設置儒學提舉司的具體地點等，擬出詳細方案，然後重新上奏，以便皇帝作出相應的決策。可謂過問詳密，裁斷具體。

忽必烈朝省院台大臣奏聞中的皇帝聖旨，是口頭記錄，還是皇帝親自書寫？有關這個問題，未曾見到正面的文字記述，只能根據相關情節進行綜合分析。

首先，從省院台大臣奏聞相關史料中皇帝聖旨語氣看，口語味頗重。其次，從省院台大臣口頭奏聞的情節看，主持者皇帝聽取奏聞後即席口頭下達聖旨的可能性很大。第三，蒙元諸帝中，蒙哥汗躬自書寫聖旨，最為突出。《元史本紀》即說：「凡有詔旨，帝必親起草，更易數四，然後行之。」世祖忽必烈在位三十餘年，雖留下中統二年以「手詔」答四川降將楊大淵等零星記載，但另一些史料又表明「手詔侍郎楊大淵」乃翰林院詞臣王惲所代筆。[111]黃溍〈都功德使司都事華君墓誌銘〉所載頗有價值：「都功德使所掌祝釐禬禳，皆朝廷重事，每入對上前，都事則載筆以從，書其奏目及所得聖語。雖在庶僚，而日近清光，士林中以為榮。」[112]按照黃溍的說法，省院台大臣奏聞的最終決策形式皇帝聖旨，或是由隨同上奏大臣的都事等首領官身分者「載筆」書寫的。除都功德司都事外，中書省、樞密院、御史台等大臣也攜有經歷、都事、直省舍人等，或許這些人也執行「載筆」「書其奏目及所得聖語」的任務。這又不失為省院台大臣奏聞聖旨決策多數為口頭而非皇帝親自書寫的證據之一。

事情也有例外。《牧庵集》卷一五〈董文忠神道碑〉云：忽必烈「中歲多足疾，一日，樞密院奏軍務，上臥畫可」。此乃皇帝親自畫制可的例子。由是觀之，簡單的制可或許由皇帝親自書寫，複雜的詔旨估計就是由詞臣代筆代記了。當然也不排除詞臣記錄之後皇帝再審查並畫制可的可能。

蒙古國時期朝廷的決策方式主要是忽里台貴族會議。參加忽里台的貴族們大抵奉行平等議事的原則。對軍國大事，大汗不能單獨決斷，而必須經過貴族會議的討論和認可。忽必烈朝確立的省院台大臣奏聞則不然。奏聞的主持者和裁定者明確是皇帝，參加者包括中書省、樞密院、御史台等上奏大臣和陪奏怯薛執事。奏聞中，省院台大臣雖然可以參與奏議，並擬出初步處理意見，但其身分是大汗的臣僕，「軍國機務，一決於中」，裁決權牢牢掌握在皇帝手中，皇帝對省院台大臣奏聞全過程擁有主導權。忽必烈以降，忽里台會議的使用逐漸減少，省院台大臣奏聞越來越多地充當朝廷主要決策方式，說明後者基本適應了大汗專制集權的發展趨勢。省院台大臣奏聞作為最高決策方式，比忽里台貴族會議有了明顯的進步。

省院台大臣奏聞對中書省的大都留省和上都分省制也帶來一定影響。由於元世祖以降兩都歲時巡幸的長期施行，中書省在每歲春夏常因扈從和留守分作上都分省和大都留省兩部分。人們習慣上稱大都留省為「都省」，扈從上都的中書省官員為「分省」。筆者認為，因為皇帝巡幸上都和往返途中納鉢宿營之際均要舉行省院台大臣奏聞，惟中書省及樞密院、御史台等扈從官員有權參加。嚴格地說，中書省扈從和留守官員何者為主體，是基於省院台大臣奏聞制度來確定的。扈從上都的中書省宰相因參加省院台大臣奏聞而繼續充當著朝廷中樞的核心部分，故應該稱其為「都省」，而不應稱為「分省」。

註釋

1 《元史》卷四〈世祖紀一〉，卷七〈世祖紀四〉。

2 《元文類》卷一六，徐世隆〈東昌路賀平宋表〉。

3 《元文類》卷四〇〈經世大典序錄·帝號〉。

4 一二六四年，忽必烈又改用「至元」的年號，其基本涵義與「中統」不無相通。只是在阿里不哥降附的情況下，另有一些「否往泰來」、「鼎新革故」的寓意（《元史》卷五〈世祖紀二〉至元元年八月丁巳）。

5 《元典章》卷一，詔令一。

6 《元朝名臣事略》卷一二〈內翰王文忠公〉。

7 《元史》卷六七〈禮樂志一〉；《元文類》卷六八〈平章政事致事尚公神道碑〉；《滋溪文稿》卷二二〈故昭文館大學士中奉大夫知太史院侍儀事趙文昭公行狀〉。

8 張星烺譯《馬哥孛羅遊記》，頁一六八，頁一七五，商務印書館，一九三六年。

9 《史集》余大鈞、周建奇譯本，第二卷，頁一七五，北京商務印書館，一九八五年。

10 《元朝名臣事略》卷七〈太保劉文正公〉。

11 《秋澗集》卷四三〈朝儀備錄序〉。

12 《歸田類稿》卷一九。

13 《牧庵集》卷一五〈中書左丞姚文獻公神道碑〉。

14 《元文類》卷九王鶚撰〈中統建元詔〉云：「內立都省，以總權綱；外設總司，以平庶政。」其中的「總司」，容易讓人誤解為宣撫司和宣慰司。實際上，中統和至元初的宣撫司和宣慰司的性質和準確稱呼，應為「監司」。參閱拙文〈元代宣慰司建置沿革與性質辨析〉，《南開大學歷史系建系七十五週年紀念文集》，南開大學出版社，一九九八年。

15 《元史》卷四〈世祖紀一〉；卷八五〈百官志一〉。

16 《蒙兀兒史記》卷五一〈張柔傳〉；《陵川集》卷三三。

17 《元文類》卷六〇〈中書左丞姚公神道碑〉。

18 《秋澗集》卷八〇、卷八一〈中堂事記〉（上）、（中）；《元史》卷四〈世祖紀一〉。

19 《元朝名臣事略》卷一〇〈宣慰張公〉。

20 《牧庵集》卷一五〈中書左丞姚文獻公神道碑〉。

21 《秋澗集》卷八一〈中堂事記〉（中）。

22 《秋澗集》卷八二〈中堂事記〉（下）。

23 《元朝名臣事略》卷一〇〈宣慰張公〉。

24 《元史》卷九三〈食貨志一．農桑〉。

25 《元史》卷四〈世祖紀一〉，卷七〈世祖紀四〉，至元七年十二月丙申；《元文類》卷五八〈中書左丞張公神道碑〉；《道園學古錄》卷四二〈朝列大夫僉燕南河北道廉訪司事趙公神道碑〉。

26 《農桑輯要》王磐序。

27 《元史》卷九三〈食貨志一．農桑〉。

28 《通制條格》卷一六〈田令．立社巷長〉。

29 趙天麟《太平金鏡策》卷四〈限田產〉。

30 《元史》卷四〈世祖紀一〉。

31、34、36 《元史》卷五〈世祖紀二〉。

32 《元史》卷六〈世祖紀三〉至元二年正月乙酉，至元三年五月丙午。

33 《元史》卷五〈世祖紀二〉至元元年八月乙巳。

35 《通制條格》卷一六〈司農事例〉。

37 《元典章》卷二三〈戶部九．栽種．開田栽桑年限〉。

38 《元史》卷六五〈河渠志二〉。

39 《元朝名臣事略》卷七〈左丞張忠宣公〉，卷九〈太史郭公〉。

40《農桑輯要》王磐序；《秋澗集》卷三七〈絳州正平縣新開溥潤渠記〉；《元朝名臣事略》卷七〈左丞張忠宣公〉。

41《道園類稿》卷一一〈題樓功媿織圖〉。

42《元史》卷二六〇〈王文統傳〉，卷一二六〈廉希憲傳〉。

43《秋澗集》卷八一〈中堂事記〉（中）中統二年四月。

44《元史》卷九三〈食貨志一‧科差〉。

45《秋澗集》卷八〇、八一〈中堂事記〉（上、中）中統元年十月，中統二年四月二十四日，六月二日。

46《元史》卷九四〈食貨志二‧鹽法〉。

47《秋澗集》卷八一〈中堂事記〉（中）中統二年五月二十五日。

48《元史》卷一二五〈布魯海牙傳〉。

49《秋澗集》卷八〇〈中堂事記〉（上）中統二年正月，二月。

50《紫山集》卷二二〈寶鈔法〉。

51《俟庵集》卷二一〈偽鈔謠〉。

52《牧庵集》卷二五〈磁州滏陽高氏墳道碑〉。

53《馬哥孛羅遊記》張星烺譯本，頁一九一，商務印書館，一九三六年。

54、57《秋澗集》卷八一〈中堂事記〉（中）。

55《元文類》卷六五〈平章政事廉文正王〉。

56《牧庵集》卷一五〈中書左丞姚文獻公神道碑〉。

58《元史》卷一五七〈劉秉忠傳〉；《元朝名臣事略》卷七〈太保劉文正公〉。

59《元朝名臣事略》卷七〈丞相史忠武王〉。

60《元史》卷八五〈百官志一〉，卷四〈世祖紀一〉，卷五〈世祖紀二〉。

61《元文類》卷五八〈中書左丞張公神道碑〉。

62以上數字依據《元史》卷一一二〈宰相年表〉統計。

63《元史》卷一三〈世祖紀十〉；《元文類》卷二四〈丞相東平忠憲王碑〉。

64《紫山集》卷八〈送霍僉事序〉。

65《牧庵集》卷一五〈中書左丞姚公神道碑〉。

66《元朝名臣事略》卷七〈丞相史忠武王〉。

67《元史》卷八六〈百官志二〉，卷五〈世祖紀二〉。

68《元史》卷一五〈世祖紀十二〉。

69、75參閱李涵、楊果〈元樞密院制度述略〉，《蒙古史研究》第三輯，內蒙古大學出版社，一九八九年。

70《元史》卷八〈世祖紀五〉。

71《元史》卷一一〈世祖紀八〉。

72《元史》卷一六〈世祖紀十三〉。

73《元史》卷一三〈世祖紀十〉至元二十一年七月。

74《元史》卷一〇〈世祖紀七〉；《牧庵集》卷一七〈平章政事賀公神道碑〉。

76《元史》卷一六三〈張雄飛傳〉，卷一二五〈高智耀傳〉；《元文類》卷六五〈平章政事廉文正王神道碑〉。

77《元史》卷八六〈百官志二〉。

78《元史》卷六〈世祖紀二〉，卷一六三〈張雄飛傳〉。

79《草木子》卷三下〈雜制篇〉。

80《元史》卷一七三〈崔彧傳〉；《經世大典·御史台》，《永樂大典》卷二六〇七。

81《元典章》卷五〈台綱一·設立憲台格例〉。

82《元文類》卷二三〈太師廣平貞憲王碑〉；《元史》卷一一九〈玉昔帖木兒傳〉。

83《元史》卷一七三〈崔彧傳〉。

84《元史》卷一六八〈姚天福傳〉。

85《元史》卷一六八〈陳思濟傳〉。

86《元史》卷一六八〈姚天福傳〉，卷一六三〈程思廉傳〉。

87《紫山大全集》卷二三〈民間疾苦狀〉。

88《柳待制集》卷八〈杜思敬謚文定〉；《元史》卷一二〈世祖紀九〉。

89《元史》卷二〇五〈桑哥傳〉。

90《元史》卷一五八〈許衡傳〉。

91《道園學古錄》卷一八〈賀勝墓誌銘〉。

92《秋澗集》卷八一。

93《元史》卷二〇五〈王文統傳〉。

94《元史》卷一八四〈韓元善傳〉，卷一〇二〈刑法志上·職制上〉；《野處集》卷三三〈汪故嘉議大夫邵武路總管汪公行狀〉。

95張帆《元代宰相制度研究》，頁一〇八，北京大學出版社，一九九七年。

96《秋澗集》卷八五〈視朝奏事有常限狀〉，卷一九〈勤政〉。

97《石田集》卷七〈建白一十五事〉。

98《秋澗集》卷八一；《元史》卷一七三〈葉李傳〉。

99《禮部集》卷一九〈江西鄉試策問〉。

100《元文類》卷六一〈參知政事賈公神道碑〉；《秋澗集》卷四八〈開府儀同三司中書右丞相忠武史公家傳〉。

101《秋澗集》卷八一。

102《歷代名臣奏議》卷六七〈治道〉大德中。

103《歸田類稿》卷二〈時政書〉。

104《道園學古錄》卷一八〈賀勝墓誌銘〉。

105《元史》卷九九〈兵志二．宿衛〉。
106《元典章》卷三四〈兵部一．處斷逃亡等例三款〉。
107《廟學典禮》卷四。
108《元典章》卷六〈台綱二．行省令史稽遲監察就斷〉。
109《秘書監志》卷三〈廨宇〉；《廟學典禮》卷二；《元典章》卷三六〈經過州縣交換鋪馬〉。
110《廟學典禮》卷二。
111《秋澗集》卷八一〈中堂事記〉（中），卷六七〈翰林遺稿〉。
112《金華集》卷三七。

第五章　平定李璮亂　罷黜漢世侯

狐居兔穴　聯宋叛蒙

李璮，字松壽，是金元之際山東南部豪強軍閥李全的養子。

早在蒙古大舉攻金時期，李全即趁勢起兵山東濰州，反金自雄。後與楊妙貞部紅襖軍會合，先降於南宋，不久見蒙古大軍壓境，遂轉而歸附蒙古，被授以山東淮南楚州行省，長期占據在以益都為中心的魯南及淮北部分地區，在蒙古和南宋之間依違兩端。

李全攻南宋陣亡後，李璮承襲其職為益都行省，所控制的地盤逐漸擴大到山東半島和淮河以北。而且，得以專制其地，還有所謂「顓征擅權，奄殿全齊，厲階泗漣，煮鹽涸海，產銅夷山，地險物眾」的說法。[1]李璮一方面利用益都系成吉思汗幼弟鐵木哥斡赤斤食邑的關係，娶斡赤斤後王塔察兒妹為妻，與東諸侯之長「肱脾相依」。[2]一方面，經常利用益都地處與南宋軍事對峙的東南前線，「恫疑虛喝，挾敵國以要朝廷，而自為完繕益兵計。」蒙哥汗南征時，曾下令調其兵從征，李璮竟以益都處要津前線，分兵非便為由，詭辭不至。他修城儲糧，秣馬厲兵，「名為討宋，實不出境，士卒惟知璮之號令，不復知稟朝廷之命。」

忽必烈即位後，北上親征阿里不哥，漢地諸萬戶世侯奉命率兵從征，李璮「既不身先六軍」，也未發一兵一卒。他還有意干擾忽必烈暫時與南宋修好議和的策略，暗中侵宋，輕啟邊釁，藉此向朝廷索取箭矢十萬、益都路鹽課及官銀，千方百計擴充所部的兵力和軍備。[3]這樣，擁兵五、六萬的李璮，就成為漢地世侯中桀驁不馴和心懷貳志的危險人物。

中統三年（一二六二）二月初，李璮趁忽必烈再次北征阿里不哥的機會，舉兵反叛。對李璮叛亂，忽必烈事先是有所覺察和防備的。

忽必烈南攻鄂州時，粘合南合就進言：李璮坐制一方，叛無日矣。[4]中統二年（一二六一）元旦宴會之際，忽必烈見新任濟南路總管張宏欲有密奏，於是囑咐道：「卿比還，當陛見，朕與卿有言也。」正月十六日夜間，忽必烈在燕京近郊行獵營地郊壇旁秘密召見張宏，聽取張總管有關李璮圖謀不軌的奏言，內容涉及李璮修城儲糧，蓄養強兵，與王文統勾結，拒不使用中統鈔等「十事」。忽必烈聽罷，深感事態嚴重，特別囑咐近侍「以軍國密計毋洩」。[5]

因為元廷在與阿里不哥的戰爭中已投入大量的蒙古軍和漢軍精銳，尚未見勝負，內地守備空虛，忽必烈無力顧及東南。故不得不採取加封大都督、賜金銀符、撥付鹽課官銀等辦法，以暫時穩住李璮。

不久，李璮秘密安排私驛將留質於燕京的兒子李彥簡召回益都，謀反之跡已露。提前南返燕京的忽必烈，即日召見剛剛從山東馳驛至京師的益都宣撫副使王磐，反覆詢問情況。還讓親信幕僚姚樞為他分析預測敵情與形勢。

姚樞說：「使璮乘吾北征之釁，留後兵寡，瀕海擣燕，閉關居庸，惶駭人心，為上策；與宋連和，負固持久，令數擾邊，使吾疲於奔救，為中策；如出兵濟南，待山東諸侯應援，此成擒耳。」忽必烈又問：「若是，賊將安出？」姚樞回答：「出下策！」[6]王磐的回答也是：「豎子狂妄，即成擒耳。」

事態發展，果然未出姚樞的預料。

李璮起兵反叛後，以獻出漣、海三城為條件，向南宋納款，換取了保信寧武軍節度使、督視京東河北軍馬、齊郡王的官爵。宋理宗趙昀聞訊，曾賦詩賜賈似道，以為慶賀：

「力扶漢鼎賴元勳，泰道弘開萬物新。聲暨南郊方慕義，恩漸東海悉來臣。」7

在與南宋勾結和爭取其支持後，李璮盡殺境內蒙古兵，還攻益都，打開府庫犒賞麾下將士。又攻占濟南，濟南路總管張宏所部兵卒不足千人，遂偕祖父張榮棄城北上告變。

李璮雖然在益都和濟南得手，但是，他掌握的軍隊僅五、六萬，自難單獨和忽必烈政權抗衡。用這支軍隊遠途奔襲燕京，風險很大。即使暫時可以獲得小勝，攪亂天下，動搖甚至驅逐忽必烈政權對漢地的統治，但最終很可能是兩敗俱傷，李璮方面也會付出較大代價。

鑑於此，李璮沒有膽量和實力瀕海直搗燕京。李璮和他的父親長期在金、蒙、宋之間投機坐大，依違兩端，政治信譽很差。不僅山東一帶的吏民對李璮頗反感，聽到其反叛的消息「皆入保城廓，或奔竄山谷」，就是南宋方面也怒其反覆無常，對其心懷戒備，始終沒有給予積極主動的政治軍事支援。李璮也不可能做到與南宋精誠連和，負固持久，腹背相依。在這種情況下，留給李璮的出路只能是：用主力固守濟南，等待其他漢世侯回應援助。也就是姚樞所說的下策。

然而，李璮以反蒙歸宋為旗號傳檄各路，得到的反映卻大失所望。真正積極回應的只是少數人，如太原總管李毅奴哥和達魯花赤戴曲薛。李、戴二人曾經「領李璮偽檄，傳行旁郡」，但很快因所部忻州監州阿八赤等告發而被捕殺，並未來得及在山西採取什麼軍事行動。8

濟南世侯張榮的兒子、邳州行軍萬戶張幫直兄弟及姜郁、李在等二十七人也在回應者之列。[9]張幫直兄弟之所以參與反叛，很可能與朝廷命令其侄張宏承襲張榮濟南總管之職有關。出於對忽必烈未允許自己承襲父職的怨憤，鋌而走險來回應李璮，其本身就得不到多少同情。問題還在於，張宏和他的祖父張榮完全站在忽必烈一邊。前面提到，張宏在一年前已向忽必烈密奏李璮反狀，李璮攻濟南時他又偕祖父北上告變。張宏和張榮的此種態度，大大抵消了張幫直兄弟參與反叛的政治影響。

李璮又派遣使者招徠嚴實部將、德州軍民總管劉復亨，劉總管卻以斬殺使者作答覆。[10]其他漢世侯雖然對忽必烈政權有這樣那樣的不滿，但他們基本相信蒙古人統治中原已是大勢所趨，視宋為正統的觀念也十分淡薄，對恢復宋室並不感興趣。他們畢竟沒有李全和李璮那樣在宋、金、蒙之間朝秦暮楚、依違兩端的經歷，他們與南宋的政治「情感」似乎已不及和蒙古親密。他們對當時忽必烈政權中漢人官僚掌握較大的實權比較滿意，甚至已經把忽必烈看作蒙古統治者中最適合推行漢法的代表人物。在這種情況下，多數漢世侯關心的主要是維護自己割據一方的實力和地位，他們不願意也不可能追隨政治聲譽很差的李璮去輕率舉兵，反叛元廷。所以，他們大多聽從忽必烈的命令，較積極地參加了對李璮的軍事圍剿。

李璮把希望寄託在恢復宋室的旗號和其他漢世侯的應援上，只能是一種不切合實際的政治賭博，只能將自己引向失敗的絕路。

調兵討伐

獲悉李璮舉兵叛亂，忽必烈曾頒布一份詔書，歷數和揭露李璮背信棄義、反叛朝廷的罪惡。[11]這樣做是絕對必要的。因為忽必烈自即位以來對李璮爵賞甚厚，優待有加，李璮趁忽必烈對付漢北邊釁，匆匆叛蒙歸宋，在道義上未必得人心。

然後，忽必烈降詔調集各路蒙古軍、漢軍征討李璮。

在各路大軍尚未抵達之際，忽必烈一方面命令水軍萬戶解誠、張榮實、大名萬戶王文幹及東平萬戶嚴忠濟在東平一帶聚集，濟南萬戶張宏、歸德萬戶邸浹、武衛軍炮手元帥薛軍勝等在濱棣一帶聚集。此舉既可堵截李璮叛軍瀕海北上，又能切斷在平灤擔任總管的李璮之子李南山與其父的聯繫。

同時又命令大名、洺磁、彰德、濱棣、衛輝、懷孟、河南、真定、邢州、順天、河間、平灤等路修繕城塹，籍民為兵守城，防備李璮進犯。

接著，忽必烈任命宗王合必赤為諸軍統帥，以不只愛不干和趙璧行中書省事於山東，宋子貞為參議，董源、高逸民為左右司郎中，許便宜行事。待真定、順天、河間、平灤、大名、邢州、河南等路兵馬抵達山東後，形成了對李璮叛軍的圍攻之勢。元朝方面參加圍攻濟南的軍隊有十七路之多。包括諸王拜出、帖哥和高麗軍隊等，都在參與圍攻的諸軍行列。[12]

發人深省的是，這次大規模征討中，忽必烈委任了三名統帥，除宗王合必赤外，還有中書省右丞相史天澤和平章政事趙璧。史、趙二人都獲得忽必烈「蒙古漢軍聽其節制」之類的詔旨，而且都是自始至終地密不示人。

同時委任三名統帥，從征討大軍的組成看，不是沒有道理。因為十七路征討大軍恰恰可以分為宗王、朝廷侍衛親軍和漢世侯軍團三部分，合必赤、趙璧和史天澤三人或許能視為上述三部分軍隊的代表。至於史、趙二人將節制軍隊的詔書密不示人，主要不是本人的「謙退慎密」，[13]估計是忽必烈事先有過囑咐。

忽必烈不會不知道：一軍三帥等於無帥，他之所以讓史、趙二人密不出示詔旨，正是為了維護宗王合必赤的最高統帥地位。忽必烈授予趙璧和史天澤節制軍隊的密詔，又是為了在三名公開和秘密的統帥中形成相互牽制、彼此制約的局面。此舉確能讓合必赤和史、趙二人對忽必烈心懷感激，願效死命。一旦有人對朝廷懷有貳心，其他兩人就可以用其公開或秘密的統帥授權，立即予以制服。

忽必烈的上述安排，可謂煞費苦心，老謀深算。在剛剛登上大汗寶座，即受到阿里不哥和李璮南、北兩方面叛亂威脅的情勢下，使出這樣的權術也無可厚非。

元廷調集的軍隊與李璮叛軍交戰，是從三月開始的。

侍衛親軍李伯佑、蒙古諸翼軍都元帥阿剌罕等部率先敗李璮軍隊於距濟南五十里的老僧口。史樞、阿朮所率軍又在清河邀擊而大破李璮叛軍，斬首四千。接著，萬戶韓世安率鎮撫馬興等在高苑一帶大敗李璮軍，捕獲其權府傅珪。

李璮受到初步打擊後，被迫龜縮回濟南，轉為消極防守。忽必烈則抓住這個機會，降詔大肆宣傳李璮的敗績，又赦免博興、高苑等處李璮的脅從者。

四月，諸路大軍在濟南城外樹柵鑿塹，將李璮軍馬圍困於城中。

參議宋子貞等親臨戰壘，觀察敵情和地形，針對李璮率主力東來和軍馬強悍，獻上：「急增築外城，俾不得突走，則勢日窘，糧盡援絕，不攻而自潰」的計策，被史天澤、合必赤等採納。於是，將木柵改建為環城，還從三十里以外引來河水，「凡三河三城而圍」，困李璮守軍於濟南孤城。14

六月初，南宋軍隊浮海進攻滄州、濱州，企圖從側翼接應李璮軍隊，但被濱棣安撫使韓世安部擊敗，未能得逞。

李璮也曾組織過若干次突圍，都未能成功。一次向城西的元軍陣地突圍，行軍總管張弘範連夜加深加寬塹壕，並埋伏甲兵以為備，突圍的叛軍或陷入深壕，或為伏兵所殺。15

李璮只得命令軍隊日夜拒守。為讓部下效命，李璮曾取城中子女賞將士，以悅其心。後來，由於濟南被圍得水洩不通，城內糧食匱乏，又讓軍士到百姓家就食，或者挖掘百姓的糧食窖藏，暫時維持。甚至截斷草房屋簷拌鹽飼馬，最後發展到以人為食。全軍人心潰散，百十成群的縋城投降，接連不斷。

侍衛親軍都指揮使董文炳曾抵城下，以「反者璮耳。余來即吾人，毋昧取誅死」語，呼李璮愛將田都帥縋城出降。田都帥的投降，進一步瓦解了李璮的軍心。16

李璮被圍困於濟南之際，曾作〈水龍吟〉詞，抒其心志：

腰刀帕（帕）首從軍，戍樓獨倚闌凝眺，中原氣象。孤（狐）居兔穴，暮煙殘照。投筆書懷，枕戈待旦，隴西年少，歎光陰掣電，易生髀肉。不如易腔改調。此變滄海成田，柰（奈）群生幾番驚擾。干戈爛熳，無時休息。憑誰驅掃，眼底山河，胸中事業。一聲長嘯，太平時將近也，穩穩百年燕趙。17

從詞中可以看出，儘管忽必烈待李璮不薄，但他始終對蒙元政權心懷貳志，他把自己充當蒙元政權下的「都督」、「行省」，視作「狐居兔穴」。他既不效忠於忽必烈，也不效忠於宋理宗。他一直對成就所謂的燕趙山河「事業」懷有野心。他趁忽必烈政權未穩和漠北有釁之機，迫不及待地「易腔改調」，發動叛亂，是蓄謀已久的。

七月十三日，李璮糾集所部軍作最後一次突圍，又因缺糧乏力，敗入城中。二十日，李璮見大勢已去，吩咐部眾自尋出路。麾下將士近六千人相繼從西門、南門、東門解甲投戈而降。[18] 李璮又親手殺死愛妾，乘舟入大明湖，投水未溺死，被元軍捕獲。

做了俘虜的李璮，被綁縛到宗王合必赤帳前，接受審問。

東平萬戶嚴忠範問道：「此是何等做作？」李璮反咬一口：「你每與我相約，卻又不來！」史天澤又問：「忽必烈有甚虧你處？」李璮依然反咬道：「你有文書約俺起兵，何故背盟？」史天澤等被「咬」得十分被動，於是就用「宜即誅之，以安人心」的理由，下令將李璮肢解後梟首軍門。[19]

史天澤沒有按照慣例獻俘朝廷，卻擅自命令殺掉李璮。雖然不能肯定他與李璮串通反叛，但至少表明其擔心李璮更多地洩漏漢世侯間議論朝政、訴說不滿的秘密。

李璮叛亂，給忽必烈帶來了不小的麻煩。幸運的是，總算較快平息下去了。

元軍進入濟南後，宗王合必赤欲按照蒙古舊法縱兵屠城。撒吉思、姜彧等人以「王者之師，誅止元惡，罔治脅從」力爭，並援引忽必烈「發兵誅璮耳，毋及無辜」的詔旨，結果，合必赤放棄前議，下令：敢入城者，論以軍法，濟南城才安堵如初。[20]

李璮所部的漣、海兩軍二萬餘人，剽悍善戰，對元軍殺傷較多，將帥大多怨恨他們，遂分配諸軍秘密殺害。其中一部分因侍衛親軍都指揮使董文炳再次強調忽必烈征大理不妄殺之例，竭力勸阻，才得以倖免。[21]

史天澤又率軍東行，收復益都。城中人聞李璮已死，事先開門迎降。[22]

忽必烈立即著手安排撫治益都屬民和對李璮原轄軍隊的改造。

當年十月，忽必烈頒詔赦免了脅從李璮叛亂的益都府路官吏及軍民。忽必烈命令諸侯王唐古率蒙古軍士萬人鎮益都，[23]又委任侍衛親軍都指揮使董文炳兼山東路經略使，撒吉思為益都行省大都督。董文炳領軍，撒吉思治民。

董文炳和撒吉思忠實執行忽必烈的懷柔撫治政策。

董文炳主要負責將原李璮益都舊軍等改編為武衛軍，戍守南部邊境。還奉命與撒吉思會議兵民籍，從益都民戶中十取其二，隸屬於武衛軍。董文炳先帶領少數親軍抵達益都。他留兵於城外，只帶數名騎兵進城。入府邸後，董不設警衛，召來原李璮部將屬吏立於院庭，對他們說：「璮狂賊，詿誤若曹。璮誅死，若曹為王民，陛下至仁聖，遣經略使撫汝，相安勿恐。經略使便宜除擬將吏，汝曹勉取金、銀牌，經略使不敢格上命，不予有功。」董文炳穩住了原李璮部眾的人心，順利完成了對益都舊軍的改編和武衛軍的組建。

撒吉思則約束蒙古軍將遊獵害民和占民田為牧地，大膽參用「叛帥故卒」。又捕殺圖謀重新叛變歸宋的李璮故將毛璋。賑災蠲租和撫恤百姓，也頗有成效。[24]

追究同黨王文統等

李璮的反叛，招來了中書平章政事王文統的殺身之禍。王文統原係李璮的幕僚，也是李璮的岳丈。他倆的親密關係，路人皆知。李璮舉兵後，許多人揭發王文統暗中遣其子王蕘與李璮通消息。

忽必烈急忙召見王文統質問道：「汝教璮為逆，積有歲年，舉世皆知之。朕今問汝所策云何，其悉以對。」王文統回答：「臣亦忘之，容臣悉書以上。」王文統呈上寫好的書面答覆，忽必烈命令讀給他聽。其中有「螻蟻之命，苟能存全，保為陛下取江南」語。忽必烈聽罷，很不滿意，認為王文統是有意拖延以求保命。

恰在這時，有人從洺水一帶送來王文統給李璮的三通書信。信中有「期甲子」語。王文統見此書信，驚惶失措，冷汗不止。

忽必烈追問王：「甲子之期云何？」王文統辯解說：「李璮久蓄反心，以臣居中，不敢即發。臣欲告陛下縛璮久矣，第緣陛下加兵北方，猶未靖也。比至甲子，猶可數年，臣為是言，姑遲其反期耳。」忽必烈打斷他的話，說：「無多言。朕拔汝布衣，授之政柄，遇汝不薄，何負而為此？」此時的王文統，仍然枝辭傍說，解釋辯白，但始終不肯言「臣罪當死」。忽必烈命令左右將王逐出，正式逮繫起來。

而後，忽必烈又召來竇默、姚樞、王鶚、劉秉忠、張柔等，讓他們看王文統給李璮的三通書信，問：「汝等謂文統當得何罪？」文臣們回答：「人臣無將，將而必誅。」張柔獨自大聲說：「宜剮！」忽必烈命令他們同聲說出意見，諸臣都言：「當死！」

中統三年（一二六二）二月二十三日，忽必烈下令以與李璮「同謀」之罪，誅王文統及其子王蕘。還詔諭天下，說明王文統負國恩而被極刑的真相。[25]

可以看出，王文統與反叛有染是確鑿無疑的。言其內應外合，似乎證據不足。言其知情不報和縱容庇護，卻毫不過分。忽必烈在處理王文統的問題上，注重證據事實，有理有節，基本上是恰當的。

受到牽連或追究的，還有廉希憲、商挺、趙良弼、游顯等藩邸舊臣。或許是王文統受重用卻同謀逆亂的異乎尋常的刺激，忽必烈對這些親近舊臣的追究調查也十分嚴厲。

廉希憲、商挺、趙良弼三人的受牽累，起初是興元府同知費寅銜恨誣告引起的。費寅原為南宋俘虜，犯死罪遇赦釋放，宣撫使廉希憲惡而不用，遂懷恨北上。時值李璮在山東反叛，費寅乘機向朝廷誣告廉希憲、商挺在關中聚兵完城，當有異志等九事。

這時候，中書平章趙璧因嫉妒廉希憲的功業才能，也向忽必烈進讒言：「王文統一窮措大，由廉某、張易薦，遂至大用，今日豈得不坐？」

忽必烈一度頗信費、趙之言，以為商挺及廉希憲或是王文統「西南之朋」，懷疑趙良弼足智多謀，為王文統「流亞」。於是，商挺被幽禁於上都，趙良弼也被械繫於牢獄。又派中書右丞粘合南合代為行省關中，並前往按問廉希憲。

忽必烈親自詰問商挺當初讚譽王文統等事。又詰問趙良弼：廉希憲、商挺在關中聚兵完城是否有異志？趙良弼力辯其誣，卻引起忽必烈大怒，甚至「威刑臨恐，譴訶百至」。

當忽必烈半夜召廉希憲入宮，問起舉薦王文統的細節時，廉希憲申言：首先舉薦王文統的是劉秉忠和張易，自己只是隨聲附和，且說過「其心固未識也」。

後姚樞替他們說情，極言商、趙等忠純，且以闔門百口擔保。忽必烈才漸漸解除了對三人的懷疑，將他們釋放。[26]

另外，大名彰德等路宣撫副使游顯也被張公撫告發，罪狀是曾經與李璮通過書信。幸好抄檢李璮家時未發現游顯的信札。忽必烈得知真相後也說：「游某豈為是者？鷙禽為狐所憎然耳。」[27]

相對而言，忽必烈對漢世侯軍閥昔日與李璮的關係，卻沒有深究。

對擅殺李璮有滅口之嫌的史天澤，忽必烈一度因「子侄布列中外，威權太盛，久將難制」的告發，欲罷丞相職而鞫問其罪。後經平章廉希憲的竭力勸阻，最終還是給予優容。[28]

張弘略雖與李璮有過書信來往，也以所書內容勸其忠義，予以解脫。平陽路總管李毅被誅後，其子李青童一度「坐徙遼海居」。不久，新設立的樞密院將青童奏還河東。[29]

忽必烈心裡十分清楚：漢世侯軍閥與李璮間的私下交通肯定不會少，一味追究下去，可能會把他們逼到和元政權對抗的地步。況且，他們已用率兵征伐李璮的行動表白了對朝廷的忠誠。對漢世侯軍閥來說，最迫切的未必是追究舊事，而應是利用其害怕追究的心理，削奪私家權力，徹底改造漢世侯制度。

罷黜世侯　收攬權綱

早在中統元年（一二六〇）奉使南宋前夕，郝經所上「佐王經世之略」十六條中，就特別提到「罷諸道世襲」。[30]李璮之亂發生後，廉希憲也建言：「國家自開創以來，凡納土及始命之臣，咸命世守，逮今垂六十年。故其子若孫，並奴視所部，而郡邑長吏，皆其皂吏僮使，此在古所無。宜從更張，俾考課黜陟。」[31]

李璮反叛，不僅給忽必烈政權帶來一定的危害，也暴露出盡專兵民之權的世侯制度已構成忽必烈統治漢地的主要障礙。

於是，忽必烈不失時機地採取了一系列措施，罷黜世侯收攬權綱。

首先是軍民分職，不可並居一門。

這條措施，最早是在史天澤回京師自劾擅殺李璮罪的同時提出的。或許為了做出效忠姿態，減輕忽必烈對殺璮滅口的疑心，史天澤主動請求：「兵民之權，不可並居一門，行之請自臣家始。」忽必烈立即予以批准。真定史天澤子侄一日內解除虎符及金銀符者，多達十七人。[32]

中統三年（一二六二）十二月，忽必烈還進一步以詔令形式把這項措施列為國家固定的制度：「各路總管兼萬戶者，止理民事，軍政勿預」；「諸路管民官理民事，管軍官掌兵戎，各有所司，不相統攝。」[33]

依照此制，張柔八子張弘略、九子張弘範，嚴實之子嚴忠嗣等也被罷去了萬戶、總管等職務。[34]每個世侯之家，或軍或民，或將或相，只保留一人任官。

第二，罷諸侯世守，立遷轉法。

此措施始於至元元年（一二六四）十二月。忽必烈曾派出四名中書省宰執，即左丞相耶律鑄、參知政事張惠行省於山東，左丞姚樞行省於河東山西，參議阿里海牙等行省河南，專門負責罷世侯，置牧守，遷轉河東山西、河南、山東官吏。[35]遷轉方法大致是：「管民官三年一遍，別個城子裡換者。」[36] 如至元二年（一二六五）張弘範改任大名路總管，張宏由濟南路改真定路總管。[37] 山西宣慰使李德輝則被委任為第一位「常選」的太原路總管。[38]

第三，設置諸路轉運司。

各路財賦權自總管府分割出來，歸屬諸路轉運司，[39] 進而集中於朝廷。此轉運司存在時間不長，旋即撤銷，所掌財賦重新歸還路總管府。但諸路轉運司設置在當時削奪漢世侯權力方面還是發揮了一定作用。

第四，撤銷世侯封邑。

在史氏子弟即日解綬而退的同時，史天澤主動辭調了蒙哥汗所封衛州的汲、胙城、新鄉、獲嘉、蘇門五縣封邑。[40] 順天張柔、東平嚴忠濟、河間馬總管、濟南張林、太原石抹總管所占有的私屬戶等，至元二年十月也被忽必烈以敕令改隸民籍。[41] 這樣，漢世侯們又失掉了蒙古貴族所能享受的封邑及私屬，他們更像是官，而不再是「侯」了。

第五，易兵而將，切斷與舊部兵卒的隸屬聯繫。

漢世侯稱雄一方的主要資本，始終是私家軍隊。忽必烈還命令世侯交出原先統率的軍隊，改由其他將領節制。史天澤子史格奉命代替張柔子張弘範掌管亳州萬戶，而史氏舊屬鄧州二萬戶移交董文炳節制。張弘範則代董文炳統轄益都諸軍。[42]

第六，設立監戰萬戶和十路奧魯總管。

忽必烈又沿襲金朝制度，委任蒙古人宿衛士為監戰，居萬戶長之上，監督和管領諸漢軍萬戶。訥懷、哈蘭朮、忽都哈思、忙兀台、謁只里等即擔任過此類監戰。[43] 這又是漢軍等萬戶府達魯花赤的前身，意在監視漢人兵士大量集中的此類軍隊。還將漢軍奧魯（蒙古語「老營」）自諸萬戶劃出，專設十路奧魯官管轄。奧魯官內的各萬戶子弟私人，也被一概罷職。[44]

李璮之亂是因與南宋藕斷絲連的個別漢世侯發動的旨在顛覆忽必烈政權的叛亂。它暴露了盡專兵民之權的漢世侯制度的危害及離心力。基於軍事平叛和追究黨羽的以上六項措施，忽必烈剝奪了漢世侯專制一方的地盤和私家軍隊，意味著蒙古統治者「出其豪強而用之」的間接治理方式的完結。漢世侯本人，也因之被改造為「不盡襲其故土，各以材能授政中外，惟上所使」的朝廷文武官員。[45]通過罷黜漢世侯，忽必烈剷除了危害元王朝的地方軍政勢力，迅速在漢地構建了中央集權的路府州縣秩序。這就徹底解決了漢世侯制度的弊端，堪稱對李璮之亂的積極而高明的「善後」。

註釋

1 《秋澗集》卷一〈中統神武頌〉。

2 《陵川集》卷三二〈班師議〉。

3 《元史》卷二〇五〈李璮傳〉，卷四〈世祖紀一〉中統二年六月庚申；《元文類》卷五〇〈濟南大都督張公行狀〉。

4 《元史》卷一四八〈粘合南合傳〉。

5 《元文類》卷五〇〈濟南大都督張公行狀〉。

6 《元朝名臣事略》卷一二〈內翰王文忠公〉；《元史》卷五〈世祖紀二〉；《牧庵集》卷一五〈中書左丞姚文獻公神道碑〉。

7 《宋史》卷四五〈理宗紀〉景定三年二月庚戌；《錢塘遺事》卷四〈李璮歸國〉。

8 《元文類》卷六四〈故提舉太原鹽使司徐君神道碑〉；《元史》卷五〈世祖紀二〉中統三年六月癸卯。

9《元史》卷五〈世祖紀二〉至元元年四月丁卯。

10《元史》卷一五二〈劉通傳〉。

11《元史》卷二〇五〈李璮傳〉，卷五〈世祖紀二〉中統三年二月癸卯。

12《元史》卷一六六〈王綧傳〉，卷一二八〈阿朮傳〉。

13《元文類》卷五八〈中書右丞相史公神道碑〉；《西岩集》卷一九〈元故榮祿大夫中書平章政事趙公神道碑〉。

14《牧庵集》卷一九〈侍衛親軍都指揮使李公神道碑〉；《元朝名臣事略》卷七〈丞相忠武王〉，卷一〇〈平章宋公〉；《滋溪文稿》卷一〇〈江北淮東道提刑按察使董公神道碑〉；《元史》卷四〈世祖紀二〉，卷一二九〈阿剌罕傳〉；《紀錄彙編》卷二〇二〈前聞記・李璮〉。

15《元朝名臣事略》卷六〈元帥張獻武王〉。

16《元文類》卷七〇〈藁槁城董氏家傳〉。

17《紀錄彙編》卷二〇二〈前聞記・李璮〉。

18《松雪齋集》卷八〈大元故嘉議大夫燕南河北道提刑按察使姜公墓誌銘〉。

19《紀錄彙編》卷二〇二〈前聞記・李璮〉；《元史》卷二〇五〈李璮傳〉。

20《元文類》卷七〇〈高昌偰氏家傳〉；《松雪齋集》卷八〈大元故嘉議大夫燕南河北道提刑按察使姜公墓誌銘〉。《元史》卷一六七〈姜彧傳〉。

21《元文類》卷七〇〈藁城董氏家傳〉。

22《元史》卷一五五〈史天澤傳〉。

23《滋溪文稿》卷一〇〈江北淮東道提刑按察使董公神道碑〉。

24《元史》卷五〈世祖紀二〉；《元文類》卷七〇〈藁城董氏家傳〉。

25《元史》卷二〇六〈王文統傳〉。

26《元朝名臣事略》卷七〈平章廉文正王〉，卷一一〈樞密趙文正公〉；《元史》卷一五九〈商挺傳〉；《元文類》卷六〇〈中書左丞姚文獻公神道碑〉。

27《牧庵集》卷二二〈江淮行省平章游公神道碑〉。

28《元朝名臣事略》卷七〈平章廉文正王〉。

29《元史》卷一四七〈張弘略傳〉；《元文類》卷六四〈故提舉太原鹽使司徐君神道碑〉。

30《陵川集》附錄〈郝經行狀〉。

31《元朝名臣事略》卷七〈平章廉文正王〉。

32《元朝名臣事略》卷七〈丞相史忠武王〉；《元文類》卷六二〈平章政事史公神道碑〉。

33《元史》卷五〈世祖紀二〉。

34《元史》卷一四七〈張弘略傳〉，卷一四八〈嚴忠嗣傳〉；《元朝名臣事略》卷六〈元帥張獻武王〉。

35《元史》卷五〈世祖紀二〉；《元文類》卷六〇〈中書左丞姚文獻公神道碑〉，卷五九〈湖廣行省左丞相神道碑〉。

36《事林廣記》別集卷一〈職官新制〉。

37《元朝名臣事略》卷六〈元帥張獻武王〉；《元文類》卷五〇〈濟南大都督張公行狀〉。

38《元朝名臣事略》卷一一〈左丞李忠宣公〉。

39《元史》卷五〈世祖紀二〉中統三年十二月。

40《秋澗集》卷四八〈中書左丞相忠武史公家傳〉；《牧庵集》卷一六〈平章政事史公神道碑〉。

41《元史》卷六〈世祖紀三〉。

42《牧庵集》卷一六〈平章政事史公神道碑〉；《元文類》卷二一〈元帥張獻武王廟碑〉，卷七〇〈藁城董氏家傳〉。

43《元史》卷六〈世祖紀三〉至元二年正月己卯，卷一二三〈直脫兒傳〉、〈月里麻思傳〉，卷一三一〈忙兀台傳〉、〈懷都傳〉，卷一五四〈謁只里傳〉。

44《元史》卷五〈世祖紀二〉中統四年正月。

45《道園類稿》卷四三〈懷孟路總管崔公神道碑〉。

第六章　倚重阿合馬　專權二十年

從媵人到宰相

一、媵人阿合馬登政壇

蒙元時期，西北、中亞及歐洲來華諸色人概稱色目人，或曰回回人。

色目人或回回人為主的理財臣僚，很早就登上大蒙古國的政治舞台，並形成一股重要勢力。這些色目人懂得蒙古語及其他多種語言，善於理財和交際，積極協助蒙古貴族治理國家。牙剌瓦赤、奧都剌合蠻就是他們的代表。在前四汗時期，除了耶律楚材一度受窩闊台汗的器重外，色目理財臣僚一直在蒙古汗廷十分活躍，且占有重要地位。

忽必烈即汗位後，起用漢人王文統理財，原右丞相、回回人禡禡被貶職，其手下的一批回回人也受到打擊和罷黜。色目理財臣僚由此在朝廷暫時失勢。

王文統剛剛被誅，那些曾經受到王文統壓抑的回回人趁機伏闕攻擊漢人官僚：「回回人雖時盜國錢物，未若秀才敢為反逆。」

這類攻擊，居心叵測，卻正中忽必烈下懷。儘管忽必烈也說：「在昔潛藩，商訂天下人物，亦及文統，姚公茂言『此人學術不純，以遊說干諸侯，他日必反。』去年，竇漢卿上書累千言，亦發其必為亂首。秀才豈盡皆斯人然。」[1]但李璮及王文統的反叛，給忽必烈帶來的刺激幾乎是刻骨銘心的。忽必烈對漢人士大夫官僚的信任和情感，此時已開始蒙上一層難以消除的陰影。

可以說，中統三年（一二六二）以後，忽必烈對漢人官僚士大夫已由充分信任轉向使用中又加以戒備防範了。是年三月，忽必烈下令：「禁民間私藏軍器。」次年正月，重申上述禁令。二月，又頒布詔書曰：「諸路置局造軍器，私造者處死；民間所有，不輸官者，與私造同。」[2]當時忽必烈政權所控制的百姓，絕大多數是漢人，具備造兵器技能的也主要是漢人。以上以死刑相威脅的禁令，顯然是直接針對北方漢人。

與此同時，忽必烈蓄意採取了借重色目人、壓抑和牽制漢人的策略。

前述中統三年設立的十路宣慰司十六名官員中，蒙古人和色目人竟多達九人，占總數的五十六．三％。相當於原十路宣撫司中非漢人的二．六八倍。接著，忽必烈又於至元二年（一二六五）二月下令：「以蒙古人充各路達魯花赤，漢人充總管，回回人充同知，永為定制。」[3]

李璮之亂，不能不使忽必烈對漢人臣僚的忠誠產生懷疑。而色目人對蒙古貴族卻是始終追隨和竭力效忠的。這是因為色目人大都是蒙古軍隊征服擄掠來的僕從和奴隸。對漢地而言，色目人和蒙古人，都是為數較少的外來者。面對人口眾多的被征服漢地，色目人和蒙古人一直保持著政治上、文化上的親和性。任用色目人，既可以牽制漢人，防備其懷貳坐大，又能造成色目人與漢人的角逐，最終有利於蒙古貴族的居上監督和特權地位。再者，王文統被誅後，漢人臣僚暫無合適的擅長理財者，忽必烈只能回到蒙古國重用回回人理財的老路。借重色目人（回回人）理財並掌握大權，以壓抑和牽制漢人。這樣做確實是一石三鳥。

這項策略帶來的一個直接和重要人事安排，就是色目理財大臣阿合馬登上政壇並受寵專權二十年。

阿合馬原來是花剌子模費納克忒的一名穆斯林商人。蒙古西征時被擄掠東來，充當弘吉剌部貴族按陳的屬民或奴僕。

拉施特《史集》說：「還在察必哈敦生活於自己父親的家中時，異密阿合馬就同他們親近，因此，當她做了合罕的妻子之後，經常在他的帳殿中，取得了勢力，成了一個大異密。」[4]阿合馬或是作為斡耳朵侍臣和陪嫁的媵人，隨察必皇后進入忽必烈宮廷的。

漢文史書載，阿合馬和漢人李德輝「偕侍」於忽必烈藩邸，時間大約在貴由汗二年（一二四七）以後。[5]可見，阿合馬也算是忽必烈藩邸舊臣，只是他的身分非漢族儒士，而是回回商賈和皇后媵人，是察必皇后及忽必烈的家奴。

忽必烈即汗位不久，阿合馬就擔任了上都留守同知兼太倉使，開始替忽必烈掌管宮廷倉廪錢穀。

中統二年（一二六一）五月十日，忽必烈曾命令阿合馬核計清點燕京行省（中書省留在燕京的一部分）所屬萬億庫諸色貨物。十二日，阿合馬又建議設立和糴所，以增加糧食儲備。中書省採納他的意見，任命曹州人李亨管領和糴糧食之事，且改和糴所為規措所。李亨就職後，整頓人事，精心籌劃，很快使儲糧堆積累加，縱橫交錯。[6]由此，阿合馬理財積穀，嶄露頭角。

二、理財入相

中統三年（一二六二）二月，擅長理財的中書平章王文統被殺，忽必烈身旁缺乏得力的理財大臣。隨即提拔阿合馬為領中書左右部，兼諸路都轉運使，專門委以財賦之任。此時，中書省之下僅設左三部（吏戶禮）和右三部（兵刑工），阿合馬擔任的「領中書左右部」，似乎相當於左三部和右三部之長。

居阿合馬之上的，還有一位回回人中書平章賽典赤・贍思丁。他「辦集經營」，「甚為切當」，王文統死後曾奉旨兼領鈔法和工部造作。[7]至元元年（一二六四）賽典赤・贍思丁調任陝西四川行省平章。於是，阿合馬趁勢獨攬了朝廷理財大權。

阿合馬以領左右部掌管財政後，寵眷日隆，躊躇滿志。不久，阿合馬黨羽內部互相攻擊，忽必烈遂下令中書省推問審查阿合馬，平章政事廉希憲具體負責窮治其事。阿合馬一度受杖責，他所管領的左右部事權，也歸還了有司。[8]

至元元年八月，阿合馬憑藉其理財聚斂的本事，終於爬上了中書省平章政事的寶座。之後，阿合馬青雲直上，官職和權勢愈來愈大。

至元三年（一二六六）正月，阿合馬又兼領制國用使司。至元七年（一二七〇）設立尚書省時，他擔任了尚書省平章政事。至元九年（一二七二）尚書省併入中書省，他繼續位居平章政事。《史集》稱阿合馬的職務「首席平章」或「大平章」，擁有充分的勢力。[9]至元十九年（一二八二）被殺前夕，阿合馬又晉升為左丞相。

在這期間，阿合馬一直掌管元帝國的財政，多數情況下還主持朝廷庶政。

阿合馬擔任平章政事等職期間，主要從事理財聚斂。這也是長期受到忽必烈寵愛和器重的原因。詳而言之，阿合馬的理財有如下幾項：

一是官辦礦冶。

中統四年（一二六三）阿合馬建言：給宣命牌，置鐵冶官，興辦河南鈞州、徐州的鐵冶鼓鑄牟利。又奏准以禮部尚書月合乃兼領已括戶三千，興煽鐵冶，歲輸鐵一百三萬七千斤，鑄造農器二十萬事，換取糧食輸官達四萬石。

至元三年，他以平章政事兼領的制國用使司上奏：真定、順天所冶金銀不中程者，宜改鑄。桓州峪所採銀礦，已有十六萬斤，百斤可得銀三兩、錫二十五斤。採礦所需要的費用，可由出賣錫來供給。忽必烈批准了上述運營計畫。

至元十二年（一二七五），阿合馬又以支持用兵南宋為由，實行公私鐵冶鼓鑄，一律官府立局販賣，並禁止民間私造銅器。

二是增收商稅榷鹽等。

中統四年根據阿合馬等人的建言，開始強令在京師經營商業權勢之家和以官本錢從事貿易的斡脫商，一概到稅務輸稅，入城不出示運販貨物憑證者以匿稅論處。

至元元年正月，阿合馬提議：太原一帶庶民煮煎小鹽，越境販賣，百姓貪圖價廉，競相購買食用，解州池鹽因之銷售困難，每年收入課銀僅七千五百兩。自今每年增加五千兩，諸色僧道軍匠等戶一概攤派科徵。其太原小鹽從便流通。此議不久被朝廷採納並付諸實施，解州鹽課迅速增加三分之二。

至元八年（一二七一），又奏請增加太原鹽課，以千錠為年度常額，仍然讓本路兼領。

至元十二年，提議向蔡州發送官鹽十二萬斤，不許百姓私相貿易。

除了鹽課，阿合馬還注意增加茶葉專賣等其他歲課。如至元三年（一二六六）市羊於東京（遼陽），代替當地的歲課布匹；遣官採取別怯赤山石絨，織造耐燃之布。至元十二年，又籍括汴梁、衛輝等路藥材，禁止私人買賣。至元十六年（一二七九）在設立諸路轉運鹽使司增加鹽課的同時，又特意添設江西榷茶運司統轄榷茶事宜。[10]

阿合馬熱衷於增加稅課，甚至到了多多益善、沒有止境的地步。如陝西一帶的歲辦課額已從至元十六年（一二七九）的一萬九千錠增加到至元十八年（一二八一）九月的五萬四千錠，阿合馬仍以為不實，主張再增加。後經忽必烈出面阻止，才甘休。[11]這樣的增稅，雖可以擴大國家的財政收入，對百姓卻是災難性的經濟負擔。

阿合馬還在自己府邸設置總庫，舉辦所謂「和市」，以收四方之利。[12]實際上是亦官亦商，官商合一，在為官方搜刮的同時，也牟取私利。

三是檢括戶口及推廣鈔法。

檢括清查戶口，王文統擔任平章之際已開始實施。至元七年（一二七〇）五月，阿合馬為首的尚書省又進行了蒙古入主中原以來第三次大規模的戶口清查。這次清查雖因御史台以所在捕蝗、百姓騷擾為由，予以暫時勸止，但翌年三月在尚書省的再次要求下，戶口清查得以正式實施。還頒布《戶口條畫》於全國，作為釐定諸色戶計歸屬的依據，供地方官府參照執行。這次戶口清查，形成了所謂「至元八年之籍」，對忽必烈政權在重新抄數戶口的基礎上增加朝廷所掌握的戶計和稅收對象，都是有益處的。[13]

至元十二年（一二七五）平宋大軍接連報捷，忽必烈命令阿合馬與姚樞、徒單公履、張文謙等議論中統鈔更換宋交子一事。姚樞、徒單公履、張文謙三人反對更換。阿合馬及陳漢歸、楊誠等則認為：以中統鈔易其交會，何難之有。忽必烈批評姚樞、徒單公履等不識事機，明確支持阿合馬的計畫，迅速更換新征服區域的交子，將中統鈔推廣到江南。

阿合馬檢括戶口及推廣鈔法，有利於完善戶籍制和全國鈔法統一，基本上是積極的。官辦礦冶和增收商稅榷鹽，則有聚斂和與民爭利之嫌，儘管它也是秦漢唐宋以來理財官員慣用的辦法。

阿合馬雖然熱衷於增稅和聚斂，有時也勸告忽必烈節約開支。如至元三年（一二六六），阿合馬上奏：「國家費用浩繁，今歲自車駕至都，已支鈔四千錠，恐來歲度支不足，宜量節經用。」[14]這說明增稅和聚斂，雖有阿合馬胡商本性的作用，但主要還是應付國家浩繁費用支出逼出來的。尤其是忽必烈用兵南宋、抵禦西北叛王，以及對日本、緬國等海外征伐，數十萬大軍南征北伐，需要大量財賦支援。還須供應、滿足蒙古諸王貴族及吐蕃喇嘛的巨額賞賜。這種情勢下的理財聚斂，倒也不完全是阿合馬個人的責任。

阿合馬還善於玩弄權術，在朝臣中拉攏對自己有用的人，以壯大勢力。他曾經出重金向王磐求取碑文，遭到拒絕。又誘使大臣舉薦他入相，王鶚奮然擲筆曰：「吾以衰老之年，無以報國，即欲舉任此人為相，吾不能插驢尾矣。」[15]王磐和王鶚，因為是忽必烈藩邸舊臣，又性情剛直，可以不買阿合馬的帳，其他人則不盡然了。

恃寵專權

一、惟阿合馬堪任宰相

忽必烈對阿合馬頗為賞識，「授以政柄，言無不從」，還不無感慨地說：「夫宰相者，明天道，察地理，盡人事，兼此三者，乃為稱職。阿里海牙、麥朮丁等，亦未可為相。回回人中，阿合馬才任宰相。」[16]

阿里海牙是畏吾兒人，忽必烈藩邸宿衛士出身，在經略荊湖方面立有大功，官至湖廣行省平章和左丞相。麥朮丁是回回人，曾充任中書省平章。忽必烈對此二人的才能，稍有微詞。忽必烈不顧其他大臣的攻擊和反對，對阿合馬格外青睞，稱譽有加，寵幸二十餘年而不衰，恰恰是因為阿合馬「以功利成效自負」，其理財能力和業績，迎合了忽必烈「急於富國」和嗜利黷武的需要。

當然，阿合馬所具有的狡黠詼諧和善於向主人表白的奴才習性，也頗討忽必烈的喜歡。拉施特《史集》載：高平章（應為張平章之訛）為首的一些漢人官僚想除掉阿合馬。阿合馬去見忽必烈，他獻上一個黑色的盤子，盤裡裝滿各種珍珠，珍珠上放一把刀子，上面覆蓋一塊紅綢。忽必烈問道：「這是什麼意思？」阿合馬稟告說：「當您的順從的僕人我最初來效力於您的時候，我的鬍鬚像這個盤子一樣黑；在我熱心效力期間，它變得像這些珍珠一樣白了，而高平章卻想用刀子使我的鬍鬚變得像這塊綢子一樣紅！」忽必烈聽罷，果然下令追究高平章等人的罪責，對阿合馬則更加寵信了。[17]

關於阿合馬所受寵幸，馬可波羅如此描繪：

在所有人中，他是大可汗所最喜悅、最有權力和威勢的人。因大可汗最喜愛他，所以給他一切的自由權……大可汗絕對的信從他的話，對他的話無時不密切的注意。因此他可以做任何他所願意做的事情，他可以分派所有政權及官吏，也可以去懲罰所有反動的人。每次他不論有理或無理，要去處死他所嫉恨的人時候，他必定來到皇帝面前說：「陛下，這人是值得處死，因為他用這樣方法去侵犯你的尊嚴。」以後皇帝就回答說：「去作你所認為最合宜的罷。」他就即刻去處死那人了。因為看見他所享受的完全自由和大可汗如此信任他的話，所以沒有一個人敢在他面前違忤他的意思。這裡沒有一個人，無論他是如何高貴，如何有大勢力，說來可以不怕他的。假使有人在大可汗面前被控應治死刑，他想自己辯護，那是不可能的事情。因為沒有一個人敢去違反阿合馬，替他把辯護書遞接大可汗的。如此他不公平的治死許多人。18

馬可波羅滯留中國期間，正值阿合馬專權，所述與《史集》相比，因係親身見聞，故更為直接和符合實際。諸多漢文史料也告訴人們：阿合馬在受到忽必烈寵信後，進一步專攬權柄，排擠打擊其他臣僚，大有權傾朝野之勢。

二、與儒臣的較量

在阿合馬恃寵專權期間，站在阿合馬對立面、與他展開激烈較量和鬥爭的，主要是許衡、廉希憲、張文謙為首的一批儒臣。支持他們的還有受儒學影響的蒙古勳貴安童和皇太子真金。而且，傳統的義與利之爭，漢法與蒙古法、回回法的鬥爭，以及忽必烈有意利用色目人與漢人的矛盾等，交織在一起，可謂錯綜複雜。

至元元年（一二六四）到八年，是阿合馬擊敗藩邸儒臣，在宰相位置上逐漸坐穩的時期。這期間，與阿合馬發生激烈衝突的是張文謙、廉希憲、許衡等。由於忽必烈的縱容，阿合馬甚至敢於和丞相線真、史天澤辯論，屢次使他們屈服。19

張文謙原屬藩邸舊臣中的邢州術數家群，又與理學宗師許衡等交往甚密。他自中統元年（一二六〇）即擔任中書省左丞，算得上是忽必烈最信賴的藩邸漢族臣僚之一。

在阿合馬領左右部之際，張文謙見其總司財賦，凡事不關白中書省，直接奏聞忽必烈。於是批評道：「分制財用，古有是理。不關預中書，無是理也。且財賦一事耳，中書不敢詰，天子將親蒞之乎？」忽必烈稱讚張文謙言之有理，阿合馬的計謀未能得逞。

由於張文謙「好善疾惡」，敢進直言，「不以用捨進退累其心」，阿合馬擔任平章和主持尚書省後，兩人的牴牾增多。至元四年（一二六七）張文謙降職為參知政事，至元七年（一二七〇），改任大司農卿。此類職務變動，很可能與阿合馬的排擠有關。

張文謙擔任司農卿前後，揭露阿合馬榷賣鹽鐵及農器，抬高價格以抑配民戶，創立宣慰司和行戶部於東平、大名，惟印紙幣，諸路轉運司怙勢作威，害民干政等弊端，屢次在忽必烈面前極論其害。忽必烈大多聽從張文謙之言，下令罷止。為此阿合馬耿耿於懷，頻繁中傷張文謙。只是因為忽必烈對張信賴多年，才免受其害。

至元十三年（一二七六），張文謙轉任御史中丞，阿合馬一度奏罷諸道提刑按察司，以打擊台察。數日後，張文謙又奏准予以恢復。

一年後，張文謙為躲避阿合馬的報復和迫害，不得不辭職「避位」，去主持修訂《授時曆》，遠離了朝廷樞要官府。[20]

廉希憲，畏兀兒人。在忽必烈藩邸舊臣中他雖可列於宿衛士群，但儒化較深，有「廉孟子」之稱。廉希憲為忽必烈爭得汗位立下汗馬功勞，他的仗義執言和獨當一面的膽識魄力，深受忽必烈賞識。

廉希憲擔任宰相稍晚於張文謙，職務卻後來居上，中統二年（一二六一）到至元三年（一二六六）一直任中書省平章政事。阿合馬領左右司時，平章廉希憲杖責過他，兩人的怨恨，可謂由來已久。

阿合馬升為平章後，起先他的地位和署字順序，排在廉希憲之下。[21]兩人曾在按察司廢立問題上發生爭執。阿合馬以為：「庶務責成各路，錢穀付之轉運，必繩治若此，胡能辦事？」廉希憲反脣相譏：「今立台察，不獨事遵古制，蓋內則彈劾奸邪，外則察視非常，訪求民瘼，裨益國政，無大此者。如君所言，必使上下專恣，貪暴公行，然後事可集耶？」阿合馬被駁得啞口無言。

當廉希憲罷相家居時，阿合馬又乘機污蔑廉每日和妻兒子女宴樂。幸而忽必烈深知廉希憲清貧，無以設宴，才未給廉帶來損害。若干年後，阿合馬懼怕廉希憲重新入相，特意上表舉薦廉以右丞行省江陵。

廉希憲自江陵行省歸京，忽必烈欲委以首任門下省長官侍中，終因阿合馬從中作梗，未能成功。[22]

門下省的設立，起初是由禮部尚書、南人謝昌元奏請倡言的。用意是「封駁制敕，以絕中書風曉近習奏請之源」。忽必烈聽罷，異常興奮，銳意實行。還惱怒地對翰林學士承旨王磐說：「如是益事，汝不入告，而使南土後至之臣言之，用學何為？必今日開是省。」廷臣舉薦的門下省侍中人選，除了廉希憲，還有近侍董文忠。忽必烈一度說：「侍中非希憲不可。」還派使者向廉希憲諭旨：「鞍馬之任，不以勞卿，坐而論道，時至省中，事有必須執奏，肩輿以入可也。」阿合馬聞訊急忙向忽必烈進奏：「陛下將別置省，斯誠其時。得人則可寬聖心，以新民聽。今聞盜詐之臣與居其間。」由於阿合馬的誹謗和阻撓，門下省最終胎死腹中。

然而，阿合馬也害怕近侍董文忠在忽必烈身旁言其罪狀，一次竟送來中統鈔一萬緡的壽禮，討好董文忠，被拒絕。[23]

許衡是忽必烈藩邸理學家群的領袖，他崇尚義理，生性迂闊，雖然有「許衡天遣至軍前，未喪斯文賴此傳。大學一編堯舜事，至君中統至元年」等讚譽，[24]但始終與忽必烈比較疏遠。

中統初，許衡等主張以義為本，反對王文統言利理財。至元二年（一二六五）阿合馬升任平章政事不久，許衡奉旨議事中書省，上疏議論朝政，不點名地抨擊阿合馬「其為心也險，其用術也巧」，「竊人君之喜怒而迎合之」，「愛隆於上，威擅於下」，「徒知斂財之巧，而不知生財之由」。在與阿合馬議論具體政務時，許衡也是正言不少讓。

許衡還用隨駕上都的機會，具奏阿合馬專權無上，蠹國害民。阿合馬欲讓其子出任樞密院僉事，典兵柄，許衡立即向忽必烈上奏：「國家事權，兵民財三者而已。父位尚書省典民與財，而子又典兵，太重。」忽必烈問：「卿慮阿合馬反側耶？」許衡回答：「此反側之道也。古來奸邪，未有不由如此者。」忽必烈採納了許衡的意見。當樞密院迎合阿合馬，奏擬其子忽辛為同僉樞密院事時，忽必烈明確表示：「彼賈胡，事猶不知，況可責以機務耶！」

不過，事後忽必烈竟將許衡的話轉告阿合馬。阿合馬詰問許衡：「公何以言吾反？」許衡回答：「吾言前世反者皆由權重，君誠不反，何為由其道？」阿合馬惱怒地指責許衡：「公實反耳。人所嗜好者，勢利爵祿聲色，公一切不好，欲得人心，非反而何？」許衡只好說：「果以君言獲罪，亦無所辭。」

阿合馬懷恨在心，薦許衡為中書左丞，圖謀因事中傷之。多虧右丞相安童庇護，許衡才免遭傷害。至元八年（一二七一）許衡改任集賢大學士，兼國子祭酒，最終也離開了朝廷中樞。[25]

至元八年到十二年，是阿合馬與蒙古勳貴、右丞相安童鬥爭並占據上風的時期。

安童是蒙古札剌亦兒部人，木華黎四世孫，忽必烈南征鄂州時的副手霸突魯之子。至元二年十八歲的安童由宿衛官拜中書右丞相。

安童雖然是蒙古勳貴出身，但受許衡等儒士影響頗大，奉行重用儒臣的方針，故與阿合馬接連發生矛盾。

至元五年（一二六八），阿合馬等謀議立尚書省，以阿合馬領之，事先奏請安童宜進為三公。忽必烈詔命諸儒臣議論可否。商挺倡言：「安童，國之柱石，若然，則是與虛名而奪實權，甚不可。」與議儒臣紛紛贊和其說，忽必烈遂未按阿合馬的意見辦理。

至元七年（一二七〇），阿合馬轉任尚書省平章，擢用私人，不由部擬，不諮中書，與安童為首的中書省在奏聞和事權分配上又起爭執。

安童上奏說：「臣近言，尚書省、樞密院宣奏，並如常制，其宏綱大務，從臣等議定，然後上聞。已有旨俞允。今尚書眾務一切徑聞，似違前奏。」又言，阿合馬所用部官，左丞許衡以為多非其人。忽必烈答曰：「豈阿合馬以朕頗信用，故爾擅耶。不與卿議，非是。敕如卿所言。」

忽必烈以此追問阿合馬，阿合馬卻回答：「事無大小，皆委之臣，所用之人，臣宜自擇。」安童不得不妥協，於是說：「今後惟重刑及遷上路總管，始屬之臣，餘事並付阿合馬。」忽必烈對兩人的奏議均予許可，實際等於承認了阿合馬獨立處理一般刑獄和任用中級官吏的權力，某種程度上架空了中書省。

至元八年以後，忽必烈藩邸儒臣一個個被逐出政府。隨著尚書省併入中書省，右丞相安童更成了阿合馬倒行逆施的障礙和重點打擊的目標。

至元十一年（一二七四），安童見阿合馬擅權日甚，奏劾其蠹國害民數事和各部、大都路官用多非才。又奏：「阿合馬、張惠，挾宰相權，為商賈，以網羅天下大利，厚毒黎民。」阿合馬爭辯道：「誰為此言，臣等當與廷辯。」安童舉出左司都事周祥官買木材的罪狀。忽必烈罷黜了周祥，對阿合馬則依然寵信如故。

阿合馬及其黨羽對安童倍加仇恨，屢進讒言，至元十二年（一二七五）忽必烈將安童調離相位，以行中書省和行樞密院事，輔佐北平王那木罕出鎮西北。[26]右丞相安童在與阿合馬的鬥爭中，同樣敗下陣來。

安童受到阿合馬的打擊，十分自然。忽必烈在兩人的衝突中不支持安童，反而偏袒阿合馬。其原因說來並不複雜。忽必烈始終希望像安童這樣親近的蒙古勳舊任職中書省右丞相，然而他對安童的才能及其過分傾向漢族儒士，並不滿意。在非常注重功利的忽必烈看來，不能替他解決理財等實際問題的安童，當然不及阿合馬有用。尤其是在至元十二年漠北、江南同時用兵，財賦供給浩繁的情勢下，忽必烈做出調離安童而讓阿合馬獨自主持朝政的選擇，也自有其道理。

三、權傾朝野

至元十二年到十九年是阿合馬獨當國柄，益肆貪橫的時期。

從中書省長官看，除了至元十四年（一二七七）以前尚有忽都察兒一人任左丞相外，其他時間已無地位居其上的右丞相和左丞相設置。實際權勢能與阿合馬抗衡的大臣，也不復存在。因為沒有中書省內部的約束和制衡，這一時期的阿合馬專橫跋扈，為所欲為，「內通貨賄，外示威刑，廷中相視，無敢論列。」

在中書省宰執的構成上，《元史・阿合馬傳》言其「援引奸黨郝禎、耿仁，驟升同列，陰謀交通，專事蒙蔽」。這種說法並不過分。《元史・宰相年表》所載至元十四年到十九年中書省五名宰執中，即包括阿合馬、郝禎、耿仁和另一名同黨張惠。這段時間內，阿合馬在中書省糾集私黨，狼狽為奸，可謂昭然若揭。

至元十四年到十五年之間，惟一能夠適當牽制阿合馬的，當是忽必烈從臨安召回的董文炳。他的職務是僉樞密院事、中書省左丞。忽必烈還特意囑咐中書省和樞密院事無大小，需要諮董文炳而行。但是，董文炳始終沒有在中書省文案上署字。董文炳本人也如是解釋：「主上所付託者，在根本之重，非文移之細。且吾少徇則濟奸，不徇則致讒。讒行則身危，而深失付託本意。」[27] 在阿合馬獨當國柄，益肆貪橫的形勢下，忽必烈最信賴的董文炳，同樣對阿合馬之奸惡和讒言，亦有所顧忌，不得不採取不署案牘的策略，以全身遠禍。而且，至元十五年（一二七八）九月董文炳即病逝於上都。《元史．宰相年表》失載董文炳這段時間擔任左丞事，估計與他未署事和任職短暫有關係。

阿合馬恃權迫害異己，十分殘酷。

阿合馬領尚書省之際，怯薛宿衛士秦長卿上書彈劾道：「臣愚贛，能識阿合馬，其為政擅生殺人，人畏憚之，固莫敢言，然怨毒亦已甚矣。觀其禁絕異議，杜塞忠言，其情似秦趙高；私蓄踰公家貲，覬覦非望，其事似漢董卓。《春秋》人臣無將，請及其未發，誅之為便。」忽必烈把秦的彈劾一度交付中書省追查處理，阿合馬卻厚賄內朝貴人，竭力解救，平息了此事。

於是，阿合馬對秦長卿恨之入骨。後利用職權任命秦長卿為興和宣德同知鐵冶事，竟然誣陷秦長卿折閱課額數萬緡，將其逮捕下獄，籍沒家產償官。又唆使獄吏用濡紙塞口鼻，將秦長卿害死於獄中。[28]

與秦長卿同時受迫害的，還有亦麻都丁和劉仲澤。

此三人皆因違忤得罪阿合馬而被銜恨羅織罪名，逮繫下獄，欲除之而後快。時任兵部尚書的張雄飛以為不可。阿合馬居然派人利誘說：「誠能殺此三人，當以參政相處。」張雄飛嚴詞拒絕：「殺無罪以求大官，吾不為也。」阿合馬大怒，很快將張雄飛貶為澧州安撫使。由於省部官已無持異議者，亦麻都丁等二人也最終被害。[29]

監察御史姚天福奏劾阿合馬罪狀二十有四。應召廷辯時，又摧奸發伏，枚數其罪，不少假借，使之氣沮情露，不得不引服。忽必烈為之動色，當時也說：「此三者，罪已不宥。」還稱譽姚天福為「巴兒思」（蒙古語「虎」）。由於需要倚賴阿合馬理財，姑且釋而不問。

後來，阿合馬對姚天福蓄意報復，他乘忽必烈北狩邊地之機，派人逮繫姚天福，籍沒其家，「羅織苛毒」。姚天福厲聲申斥：「乘輿巡狩，戕害言臣，宰相寧欲反邪？」阿合馬找不到進一步陷害的證據，擔心忽必烈怪罪，結果只將姚貶為衡州路同知。[30]

藉鉤考殺害江淮行省平章阿里別和右丞崔斌，是阿合馬打擊迫害異己的典型事件。有關情況，詳見第八章第一節。

阿里別和崔斌，是阿合馬迫害誣殺的品級最高的官員。就在鉤考阿里別不到一月，阿合馬的兩名親信郝禎和耿仁由參知政事擢為中書左丞。阿合馬恃寵獨當國柄的氣焰，可謂登峰造極。

阿合馬打擊迫害的矛頭，一度還對準了平宋建立殊勳的伯顏和阿朮。

當伯顏自江南班師回朝，忽必烈詔令文武百官出城郊迎慰勞。阿合馬搶先於十里之外會見伯顏，一心想得到更多的寶物餽贈。伯顏僅僅解下隨身所佩玉鉤絛贈送他，又特意解釋道：「宋寶玉固多，吾實無所取，勿以此為薄。」

阿合馬不相信這種解釋，認為伯顏輕視他，故銜恨誣告伯顏私藏南宋珍寶玉桃盞。忽必烈聽罷大怒，立即下令將伯顏逮捕，置其於狗圈之中。幸而有御史大夫玉昔鐵木兒說情，伯顏才免遭厄運。後來那件玉桃盞由他人呈獻，忽必烈始明白幾乎陷害了忠良。[31]

阿合馬還誣陷伯顏濫殺丁家洲降卒，以提拔伯顏佐吏、行省僉事焦德裕為中書省參政為條件，誘使焦出一言證實伯顏的罪過。焦德裕沒有應諾，未能得逞。[32]

鄭思肖也說：「韃酋如伯顏得江南，阿朮得維揚，可謂有大功於韃，阿合馬譖其私捲江南金銀寶玉極多，忽必烈窮其根源，皆受囚縶。」[33]

阿朮的相關碑傳，雖然沒有記錄其被拘禁事，但阿朮至元十三年（一二七六）以後的事蹟頗多闕如，也披露其碑傳作者似乎在有意迴護、掩蓋一些不利於阿朮的事情。所以，阿朮和伯顏一樣受到阿合馬的打擊迫害，是完全可能的。

隨著權勢的膨脹，阿合馬的專橫暴虐和貪贓荒淫，也越發不可收拾。他一門子侄，占據要津。長子忽辛先為大都路總管，至元十六年（一二七九）升任潭州行省左丞，又擢江淮行省平章。次子抹速忽擔任杭州路達魯花赤。侄別都魯丁則為河南行省參政。

《馬哥孛羅遊記》還不無誇張地說：

> 他（阿合馬）也有二十五個兒子，都居高貴的官職。有幾個用他們父親的名義，在他的保護之下，同他一樣去姦淫婦女和做出許多兇猛殘惡的事情。凡是哪一個想官做的人，無不去送給他許多禮物。因此阿合馬聚集很大的財產。[34]

尤其是阿合馬升為左丞相前後，其家奴忽都答兒亦可「久總兵權」。中書省及六部官員中，阿合馬黨羽竟多達七百一十四人。[35]他霸占附郭民間美田，擅將胡商獻給忽必烈的兩顆大珍珠據為己有。[36]他占有府邸宅院七十餘所，分置子女妻妾，也藏匿著從江南內外搜刮來的大量珍寶奇貨。《遊記》和《元史》等官私史書都提到，阿合馬經常強索他人美妻豔女而償以官爵。[37]既敗壞吏治，又引起了內外上下的憤慨。

王著殺阿合馬及處置

一、袖中金錘擊奸雄

阿合馬近二十年的恃寵專權和貪贓荒淫，在貴族官僚中樹起了一批政敵，尤其是引起了漢族士大夫的強烈憤懣。

這些反對阿合馬的意見和聲音，長期得不到忽必烈的切實支持。甚至連忽必烈所「愛重」的怯薛執事寶兒赤（掌烹飪飲食者）答失蠻，趁「侍上左右」之機，極論阿合馬蠹政病民，忽必烈卻憤怒訓斥道：「無預若事。」[38]

在眾怒難遏的情勢下，終於爆發了至元十九年（一二八二）王著殺阿合馬事件。

王著殺阿合馬事件的主謀者是王著和高和尚。

王著，字子明，山東益都人，自幼輕財仗義，不拘小節，嫉惡如仇，沉毅有膽氣。初充胥吏，因不得志，棄職從軍，升任代理千戶長。

高和尚，又名高菩薩，曾自稱有秘術，能役鬼神為兵，遙制敵人，受樞密副使張易舉薦赴北邊，施其秘術於軍中，無驗而歸。又詐言身死，四十日後復生，眾以為神奇，信徒漸多。

王著、高和尚二人在北邊軍中熟識，南歸後，受漢族吏民憤怨阿合馬輿情的薰染，秘密策畫以暗殺手段除掉阿合馬。王著還私下鑄造一把大銅鎚，發誓用銅鎚擊殺阿合馬，為民除害。[39]

至元十九年（一二八二）三月，忽必烈照例北上巡幸，至察罕腦兒，太子真金從行。左丞相阿合馬和樞密副使張易等留守大都。

鑑於阿合馬平素警戒防備甚嚴，白日常以護衛相隨，夜間寢所詭秘不定，王著、高和尚二人決定偽裝太子真金，謊稱其回大都作佛事，引出阿合馬後下手。

三月十七日（丁丑）行動開始。他們先在大都北集結。然後分作兩路：王著等結夥八十餘人先行夜入大都；高和尚率二千人北上控制居庸關，偽造儀服器仗，裝扮太子真金，緩緩南下。

翌日（戊寅）黎明，王著派遣二名吐蕃僧人詣中書省，傳言當夜皇太子與國師來作佛事，令置買齋物。省官疑惑不定，讓太子東宮宿衛高觿等前來辨認，又以吐蕃語和漢語反覆詰問，覺得有疑，遂將二僧人拘留。

中午，王著又派崔總管矯傳太子真金令旨，讓樞密副使張易發兵若干，是夜會於東宮前。王著本人還馳騎會見阿合馬，面告太子真金將至，命令留在大都的中書省官全部在東宮前迎候。阿合馬平素最怕太子真金，急忙派中書省右司郎中脫歡察兒等數騎出關迎接。偽裝的太子以脫歡察兒等「無禮」為由，殺掉了他們，夜晚進入健德門，直趨東宮。

尚書忙兀兒、張九思、高觿等率宿衛士及官兵負責守衛東宮門。偽裝的太子及數百儀衛到達西門後，一人上前呼喚開門。張九思和高觿以為，平日太子回宮，一直是完澤與賽羊為先導。此時高觿喚二人名，不應。於是拒不開西門。王著、高和尚等不得不沿著宮牆轉趨南門，邊走邊說：「前門可入也。」

阿合馬率領中書省、樞密院、御史台等官員已在南門等候。王著、高和尚等抵南門後，全部下馬，惟獨偽太子在馬上指揮。

先是喚中書省官員上前，叱責阿合馬數語，王著即牽起阿合馬，以袖中銅錘猛擊其腦袋，當場斃命。接著呼出阿合馬同黨左丞郝禎，將郝殺死。右丞張惠也被囚禁。

由西門趕至的張九思和高觿看出其中有詐，疾命衛士拚力捕賊。留守司達魯花赤博敦持梃擊偽太子墜地，王著被擒，高和尚等逃竄。[40]

此事件中追隨王著、高和尚的人數，漢文記載不詳。拉施特《史集》說，王、高二人在大都北的同黨多達數千。

鄭所南《心史》載：阿合馬被殺後，「軍民盡分臠阿合馬之肉而食，貧人亦莫不典衣，歌飲相慶，燕市酒三日俱空。」足見，捲入殺阿合馬事件的漢族吏民相當多，某種程度上又是漢族吏民反抗阿合馬柄國虐民的一次暴動。

《馬哥孛羅遊記》還說：

> 高和尚（張星烺譯本訛詐「張庫」）的母親、女兒、妻子都被阿合馬姦淫了。他在盛怒之下，與王著合謀殺掉阿合馬。「他們的計畫是在一個指定的日期，看見火的符號時候，就把所有帶鬍鬚的人殺死了……理由是因為契丹人天生沒有鬍鬚，而韃靼人，回回教徒，和基督教徒都帶鬍鬚。你們必須知道，所有契丹人全都痛恨大可汗的統治權。因為他叫韃靼人和許多回回教徒來統治他們。他們看起來是拿他們當作奴隸，所以他們不能忍受這樣。大可汗沒有合法的權來治理契丹省。這省他是用武力取得的。所以他對這地人民沒有信任心。

但只相信自己隨從中的韃靼人，回回教徒，和基督徒們。他們都忠心於他。所以他叫他們去治理這地。他委託一切給那些不屬於契丹地方的人。」[41]

馬可波羅言高和尚母親、女兒、妻子受辱事，未必確切。但阿合馬強索他人美妻豔女，司空見慣，民憤很大。追隨高和尚、王著殺阿合馬的，很可能有受害者親屬。其他有關記載與史實非常接近。大都城暗殺阿合馬的暴動，不僅針對阿合馬個人，也是漢人吏民對忽必烈利用回回人壓迫漢人政策的反抗行動。

二、鎮壓與追究

十九日黎明，御史中丞也先帖木兒及高觽馳驛向忽必烈報告事件經過。

忽必烈當時駐蹕察罕腦兒，聽到大都漢族吏民以暴動方式殺阿合馬的消息，大為震怒。他立即抵達上都，命令樞密副使孛羅、司徒和禮霍孫、參政阿里等去大都，予以嚴厲鎮壓。

三天後，王著、高和尚等被誅於街市。被殺的同黨有數百人。臨刑前，年僅二十九歲的王著大呼：「王著為天下除害，今死矣，異日必有人為我書其事者。」[42]

果然，王著為除阿合馬而殺身，引起了許多漢族士大夫高度讚譽和謳歌。任職江南行御史台侍御史的王惲，賦詩〈義俠行〉曰：

君不見，

悲風瀟瀟易水寒，荊軻西去不復還。

往圖衹與螢蛛靡，至今寒骨埋秦關。

又不見，

豫讓義所激，漆身吞炭人不識。
劘軀止酬一己恩，三刜裏衣竟何益。
至今冠古無與儔，堂堂義烈王青州，
午年辰月丁丑日，漢元策秘通神謀。
春坊代作魯兩觀，卯冕已褫魯夷猶。
袖中金鎚斬禹劍，談笑截取奸臣頭。
九重天子為動色，萬命拔出顛崖幽。
陂陀燕血濟時雨，一洗六合妖氛收。
丈夫百年等一死，死得其所鴻毛輶。
我知青誠耿不滅，白雲貫日霜橫秋。
漸頭不作子胥怒，地下當與龍逢遊。
長歌落筆增慷慨，覺我髮豎寒颼飀。
燈前山鬼忽悲歗，鐵面御史君其羞。[43]

據說，一部分蒙古貴族官僚對王著殺阿合馬也持同情態度，他們還主動施與海東青衣襖三千件，焚燒而祭奠王著等。[44] 這當然和前述阿合馬專橫跋扈，淫威殃及阿朮、伯顏等蒙古勳臣有關。

在處置暗殺阿合馬事件中，樞密副使張易也受到牽連而被殺。

張易，字仲一，交城人。早年和劉秉忠、張文謙、王恂同學於邢州西紫金山。而後，事忽必烈於藩邸，屬於「金蓮川幕府」中邢州術數家群。歷任中書省參政、右丞，官至中書平章、樞密副使，兼知秘書監事。張易通術數，有權謀，又是劉秉忠同窗，故長期為忽必烈所信任。

至元十年（一二七三）以後，忽必烈藩邸漢族舊臣相繼被阿合馬排擠出政府樞要，張易卻能佯作「傍若無與己」，和阿合馬長期共事。[45] 而後，阿合馬欲為其子謀求樞密院職務，使他與張易的衝突尖銳化。[46] 這或許是張易捲入暗殺阿合馬的重要原因。

三月十八日，當王著派崔總管矯傳皇太子令旨調動樞密院軍隊若干時，留守大都掌管兵戎的張易，當即命令指揮使顏義率衛軍與其同往。

雖然《元史．阿合馬傳》和前揭〈徽政院使張忠獻公神道碑〉均言，張易是「莫察其偽」，「不能辯其偽，不敢抗」，但久任樞密副使和練達政事的張易，居然為矯傳令旨調兵者所欺，確是讓人難以置信。

事實上，張易與高和尚及王著早有來往，兩年前，張易就以能役使鬼神，將高和尚舉薦給忽必烈，並讓他赴北邊軍中試驗。[47] 另一名藩邸舊臣、同僉樞密院事趙良弼也曾對張易在忽必烈駕前讚譽高和尚善役鬼神和以巫術事君的做法，頗不以為然，三年前即辭官以避禍。[48]《元史．高觿傳》也說，張易交付衛軍給王著之際，已經知曉當晚皇太子殺阿合馬的消息，並私下對東宮宿衛官高觿說：「皇太子來誅阿合馬也」，「夜後當自見。」

張易很可能直接參與，至少是積極支援或縱容了王著和高和尚暗殺阿合馬的活動。

忽必烈對張易捲入這一事件尤為光火，下令將張易與王著、高和尚一併誅於街市，且施以剁為肉醬的醢刑。本來還要將張易傳首郡縣，因張九思和真金太子出面阻止，才算甘休。

張易派去與王著等同往東宮的右衛指揮使顏義（又作顏進）中流矢身亡後，一度也被怨家誣為賊黨，其家屬幾遭籍沒。[49]

大都暴動後，忽必烈還親自盤問身旁的漢人宿衛。

他特意把漢族宿衛士之一的典瑞少監王思廉召至上都察罕腦兒（蒙古語「白海」）行殿，屏去左右，問道：「張易反，若知之乎？」王思廉回答：「未詳也。」忽必烈又說：「反已反已，何未詳也？」王思廉又答道：「僭號改元謂之反，亡入他國謂之叛，群聚山林，賊害民物謂之亂，張易之事，臣實不能詳。」忽必烈歎息道：「朕往者，有問於竇默，其應如響，蓋心口不相違，故不思而得。朕今有問汝，能然乎？且張易所為，張仲謙知之否？」王思廉立即十分肯定地答道：「仲謙不知。二張不相安，臣故知其不知也。」[50]

經歷了暗殺阿合馬事件，忽必烈與漢族士大夫官僚之間顯然已產生了難以平復的猜疑和不滿。昔日彼此對應如流、心口一致的坦誠與信任，似乎已不復存在。可以說，張易捲入大都暴動，對忽必烈的打擊既深且重，遠遠超過中統初王文統與李璮的勾結。忽必烈怎麼也沒有想到這位委以大都兵權的藩邸舊臣張易會和暴動者站在一起。在忽必烈看來，大都城漢族吏民殺阿合馬的暴動，矛頭所向既是阿合馬，也是蒙元政權。所以，他的盤問和追查，涉及到身旁的親近宿衛王思廉和另一位同屬邢州術數家群的藩邸舊臣張文謙（字仲謙）。

忽必烈的看法似乎有些多疑和片面，未必符合漢族士大夫官僚的實際動機。以張易為代表的大多數漢族士大夫官僚主要是反抗阿合馬的欺凌和壓迫，當然也反對忽必烈借重、利用色目貴族的種族壓迫政策。對忽必烈的蒙元政權，他們仍然是擁護的。

至於忽必烈問及張文謙介入與否，另有考驗這位最信任的漢人舊臣的用意。根據盤問的結果，至元十九年（一二八二）十二月，忽必烈就命令時已六十七歲的張文謙重新出山，代替張易擔任樞密副使。因為元廷始終有漢族官僚擔任樞密副使的慣例。此時，忽必烈對一般漢人不放心，只好推出張文謙這位藩邸老臣了。

或許是接受張易擅調侍衛親軍參與漢人暴動的教訓，大約在至元十九年以後，忽必烈特別規定了一項新的制度：樞密院官歲時扈從皇帝巡幸上都，留一員掌大都本院事，漢人不得參與，[51] 以此來防範漢人官僚。

忽必烈對阿合馬的處理，也帶有戲劇性。

阿合馬被殺之初，忽必烈曾頒賜重金辦理其喪事，派遣朝廷大臣為之禮葬，極盡哀榮。對阿合馬及其諸子的種種罪過，明確下令一概不問。

四十日後，忽必烈從兩名商人處得知：阿合馬曾將他們獻給大汗的一顆巨鑽私自扣留，據為己有。遣使者到阿合馬宅搜取，果然從其愛妾引住處獲得。忽必烈聞訊，大為震驚。忽必烈怎麼也沒有想到二十年來非常順從聽話的寵臣阿合馬會如此大膽地欺騙自己。

接著，忽必烈主動向樞密副使、蒙古朵兒邊氏孛羅詢問阿合馬的情況，詳細瞭解到了他的罪惡。這時，忽必烈才若有領悟地說：「王著殺之，誠是也。」

忽必烈採納那兩個商人提出的處置罪奴的辦法，下令將阿合馬發墓剖棺，戮屍於通玄門外，縱犬食其肉。百官士庶，圍觀稱快。其家屬和巨額財產被籍沒，奴婢被放縱為民。其長子忽辛、二子抹速忽、三子阿散、四子忻都、侄兒宰奴丁及黨羽耿仁、撒都魯丁等皆伏誅，有些還施以醢刑或剝皮。同黨郝禎也被剖棺戮屍。[52]

籍沒阿合馬家產資財入官之際，忽必烈曾命令中書省右丞何榮祖、左丞馬紹及尚書省掾張思明抱案牘入宮，向忽必烈彙報。張思明奉命將籍沒財產明細為忽必烈逐一奏讀，自黃昏到黎明，忽必烈凝神聽取，忘記了疲倦。[53]

據說，抄籍阿合馬家時，其家奴張散札兒等有罪當死。張又詐言阿合馬家貲隱寄者頗多，如能全部徵得，可資國用。於是，依張散札兒之言，鉤考捕繫追徵，連及無辜，京師騷動。

忽必烈感到有些疑惑，命令右丞相安童召集六部長貳官詢問此事。吏部尚書不忽木說：張散札兒是阿合馬的家奴和心腹爪牙，死有餘辜。其詐言無非是為苟延歲月，僥倖不死。豈可受其誑騙，嫁禍善良？急誅此徒，則怨謗自息。安童以不忽木之言上奏，忽必烈大悟，審問張散札兒等，盡得其實，最後殺掉了張散札兒，所捕繫的無辜者一概釋放。[54]

阿合馬的如此下場，確實叫漢人官僚士庶拍手稱快，揚眉吐氣。殊不知，這又是忽必烈在色目人、漢人官僚群之間不厚此薄彼的一種平衡術。

處理阿合馬黨羽過程中，還有一段不大不小的插曲：當忽必烈命令中書省和怯薛人員雜問阿合馬之子忽辛時，忽辛歷指在場的中書省宰執說：「汝曾使我家錢物，何得問我？」新任參知政事張雄飛屢與阿合馬抗爭，此時反問忽辛：「我曾受汝家錢物否？」忽辛回答：「惟公獨否。」張雄飛說：「如是，則我當問汝矣。」最終鞫問得實，忽辛認罪伏誅。[55]可以看出，阿合馬及其親黨貨賄收買朝臣之廣，氣焰之囂張。

有必要說明，阿合馬擔任宰相近二十年，的確是回回理財派柄國和勢力最強盛的時期。在阿合馬麾下還形成了一個相當大的理財官僚群。

阿合馬死後，朝廷清查他在省部的同黨，竟多達七百一十四人，一百三十三人先被革職，其餘五百八十一人後來也被罷黜。[56]

鄭思肖還說，阿合馬死後，「由是回回不許與韃靼內外事，亦不許佩刀。」[57]此說即使屬實，也應是暫時的。阿合馬同黨也並非全都是回回人，回回人以外還雜有不少漢人。前述被殺的阿合馬黨羽郝禎、耿仁等都是漢人。至元十二年（一二七五）阿合馬奏立的十一名諸路轉運司官員中，亦比烈金、札馬剌丁、阿里和者、阿老瓦丁、倒刺沙等五人為回回人，張暠、富珪、蔡德潤、紇石烈亨、完顏迪、姜毅等六人則為漢人或女真人。而在阿合馬當政之際以賄賂入仕，官至江西榷茶運使的盧世榮，也是原籍大名的漢人。[58]

另一方面，反對阿合馬的官僚中也有部分回回人。如前述被阿合馬誣以罪名殺害的江淮行省平章阿里別和在忽必烈面前極論阿合馬蠹國病民的答失蠻，均為回回人。

就是說，王著為首的暗殺阿合馬的暴動參與者，雖然大抵是漢人吏民，但阿合馬麾下的理財官僚群和他的政敵群體兩陣營間，並不是以回回人、漢人的種族分野來截然區別的。造成兩陣營內回、漢界限混淆不清的原因主要有：回回人當時是少數，不得不在廣大漢人中尋找幫手；漢人中一些趨炎附勢之徒向回回當權人物靠攏；兩陣營人員在政治觀點或行為操守上氣味相投或迥異。[59]在傳統的義與利之爭，漢法與蒙古法、回回法的鬥爭，以及忽必烈有意利用色目人與漢人的矛盾等錯綜複雜形勢下，這種回、漢界限混淆不清，也是可以理解的。

據說，阿合馬至元元年甲子歲（一二六四）拜中書省平章，領制國用使司。當時，京師樂府盛行詠唱「胡十八小令」，講究讖緯迷信的人曾預言：阿合馬當擅重權十八年。一般人都不相信。至元十九年壬午歲（一二八二），阿合馬果然在柄國十八年後被王著、高和尚所殺。[60]這段傳言，離奇而荒誕，又隱含幾分巧合，反映了民眾對阿合馬長期擅權柄國的無奈和詛咒。

還有一點值得注意，王著、高和尚暗殺阿合馬之際，冒充皇太子真金也是有緣由的。王著、高和尚知道，太子真金平素憎惡阿合馬，「阿合馬所畏憚者，獨太子爾。」[61]

拉施特《史集》云：

真金也對他（阿合馬）沒有好感，甚至有一次用弓打他的頭，把他的臉打破了。當他到了合罕處，〔合罕〕就問道：「你的臉怎麼啦？」他回答說：「被馬踢了。」〔正好〕真金在場，他就生氣地說道：「你說得無恥，〔這是〕真金打的。」還有一次，他〔甚至〕當著合罕的面狠狠地用拳頭打了他。阿合馬一直都怕他。62

阿合馬雖然是不可一世的權臣，但他畢竟是忽必烈和察必皇后的家臣、奴才，也等於是太子真金的家臣、奴才。懼怕太子真金，完全合乎蒙古人主奴隸屬的傳統。又兼，太子真金學儒讀經較多，對漢法的認同與接受，明顯超過乃父忽必烈。在張文謙、廉希憲、許衡、安童與阿合馬的衝突中，他始終站在阿合馬為首的色目理財臣僚的對立面，公開支持漢法派臣僚。在忽必烈對阿合馬寵幸長久不衰及其政敵相繼被排擠出政府的情勢下，太子真金又成了惟一可以和阿合馬抗衡的漢法派領袖人物。

王著、高和尚殺阿合馬，之所以能通過樞密副使張易調動右衛侍衛親軍參與，之所以能騙得平時防範甚嚴的阿合馬引頸受死，正是利用了真金憎惡阿合馬和阿合馬最害怕太子真金這一眾人熟知的情節。

真金雖然和暗殺阿合馬無直接聯繫，但對張易等人頗為同情。前述張易被誅而免予傳首郡縣，就是太子真金向忽必烈說情的結果。63

註釋

1《牧庵集》卷一五〈中書左丞姚公神道碑〉。

2《元史》卷五〈世祖紀二〉。

3《元史》卷六〈世祖紀三〉。

4 余大鈞、周建奇譯本，第二卷，頁三四〇，北京商務印書館，一九八五年。

5《元朝名臣事略》卷一一〈左丞李忠宣公〉。

6《秋澗集》卷八一〈中堂事記〉（中）。

7《秋澗集》卷八二〈中堂事記〉（下）中統二年七月；《元史》卷五〈世祖紀二〉中統三年三月，五月。

8《元朝名臣事略》卷七〈平章政事廉文正王〉。

9 余大鈞、周建奇譯本，第二卷，頁三四一，北京商務印書館，一九八五年。

10《元史》卷二〇五〈阿合馬傳〉，卷五〈世祖紀二〉，卷一〇〈世祖紀七〉，卷九四〈食貨志二〉。

11《元史》卷一一〈世祖紀八〉。

12《元史》卷一六八〈何榮祖傳〉。

13《元史》卷七〈世祖紀四〉。

14《元史》卷二〇五〈阿合馬傳〉。

15《元史》卷一六〇〈王磐傳〉、〈王鶚傳〉。

16《元史》卷一〇〈世祖紀七〉至元十五年六月；卷二〇五〈阿合馬傳〉。

17《史集》余大鈞、周建奇譯本，第二卷，頁三四二，北京商務印書館，一九八五年。

18《馬哥孛羅遊記》張星烺譯本，頁一六一，商務印書館，一九三六年。

19《元史》卷二〇五〈阿合馬傳〉。

20《元朝名臣事略》卷七〈左丞張忠宣公〉；《元文類》卷五八〈中書左丞張公神道碑〉。

21《道園類稿》卷四一〈陳文肅公神道碑〉。

22《元朝名臣事略》卷七〈平章廉文正王〉；卷一四〈樞密董正獻公〉。

23《元文類》卷六一〈僉書樞密院事董公神道碑〉；《元史》卷一二六〈廉希憲傳〉。

24《可閒老人集》卷二〈輦下曲〉。

25《元朝名臣事略》卷八〈左丞許文正公〉；《元史》卷一五八〈許衡傳〉；卷二〇五〈阿合馬傳〉。

26《元史》卷二〇五〈阿合馬傳〉；《元朝名臣事略》卷一〈丞相東平忠憲王〉。

27《元史》卷一五六〈董文炳傳〉。

28《元史》卷一六八〈秦長卿傳〉。

29《元史》卷一六三〈張雄飛傳〉。

30《元史》卷一六八〈姚天福傳〉；《元文類》卷六八〈大都路都總管姚公神道碑〉；《秋澗集》卷五一〈大元中奉大夫參知政事稷山姚氏先德碑銘〉。

31《元史》卷一二七〈伯顏傳〉；《漢藏史集》陳慶英譯本，頁一七四，西藏人民出版社，一九八六年。

32《元史》卷一五三〈焦德裕傳〉。

33《鄭思肖集》〈大義略敘〉，頁一八八，一九九一年。

34《元史》卷一〇〈世祖紀七〉至元十五年十一月，十六年六月；卷一二〈世祖紀九〉至元十九年四月；卷二〇五〈阿合馬傳〉；《馬哥孛羅遊記》張星烺譯本，頁一六三，商務印書館，一九三六年。

35《元史》卷一二〈世祖紀九〉至元十九年四月，五月。

36《元史》卷一六八〈何榮祖傳〉。

37《馬哥孛羅遊記》張星烺譯本，頁一六三，商務印書館，一九三六年；《元史》卷一二〈世祖紀九〉至元十九年四月丙辰；《鄭思肖集》〈大義略敘〉，頁一七八，上海古籍出版社，一九九一年。

38《金華集》卷二四〈宣徽使太保定國忠亮公神道碑〉。

39《秋澗集》卷九〈義俠行〉；《道園學古錄》卷一七〈徽政院使張忠獻公神道碑〉；《元史》卷二〇五〈阿合馬傳〉。

40《元史》卷二〇五〈阿合馬傳〉；卷一六九〈高觿傳〉，〈張九思傳〉；《道園學古錄》卷一七〈徽政院使張忠獻公神道碑〉；《史集》余大鈞、周建奇譯本，卷二，頁三四四，北京商務印書館，一九八五年。一般認為，王著、高和尚暗殺阿合馬，事在至元十九年三月十七日（丁丑）。實際上，大都北偽裝太子及王著先行入城，是在十七日（丁丑）；東宮南門前殺阿合馬，則在十八日（戊寅）夜。〈阿合馬傳〉中「以戊寅日，詐稱皇太子還都作佛事」等記述，可以為證。

41《馬哥孛羅遊記》張星烺譯本，頁一六四，商務印書館，一九三六年。

42《元史》卷二〇五〈阿合馬傳〉。

43《秋澗集》卷九。

44《鄭思肖集》〈大義略敘〉，頁一七九，上海古籍出版社，一九九一年。

45《秋澗集》卷八〇、八一〈中堂事記〉；《元朝名臣事略》卷一一〈樞密趙文正公〉；《元史》卷一六四〈郭守敬傳〉。

46《鄭思肖集》〈大義略敘〉，頁一七八，上海古籍出版社，一九九一年。

47《元史》卷一一〈世祖紀八〉，至元十七年二月乙亥。

48《元朝名臣事略》卷一一〈樞密趙文正公〉。

49《元史》卷一六九〈張九思傳〉；《元朝名臣事略》卷一一〈樞密趙文正公〉。

50《元史》卷一六〇〈王思廉傳〉。

51《元文類》卷五八〈左丞張忠宣公神道碑〉；《元史》卷一二〈世祖紀九〉，卷一五四〈鄭制宜傳〉。

52《元史》卷一二〈世祖紀九〉，卷二〇五〈阿合馬傳〉；《鄭思肖集》〈大義略敘〉，頁一七九，上海古籍出版社，一九九一年；《成吉思汗的繼承者》周良霄譯本，頁三五九，天津古籍出版社，一九九二年。

53《元史》卷一七七〈張思明傳〉。

54《元史》卷一三〇〈不忽木傳〉。

55《元史》卷一六三〈張雄飛傳〉。

56《元史》卷一三〈世祖紀九〉，至元十九年五月。

57《鄭思肖集·大義略敘》，頁一七九，上海古籍出版社，一九九一年。

58《元史》卷二〇五〈阿合馬傳〉，〈盧世榮傳〉。

59參閱楊志玖師〈回回人與元代政治〉（二），《回族研究》，一九九四年第一期。

60《南村輟耕錄》卷二二〈數議〉。

61《元史》一一五〈裕宗傳〉；另，馬可波羅也有類似的說法。參見張星烺譯《馬哥孛羅遊記》頁一六五，商務印書館，一九三六年。

62余大鈞、周建奇譯，第二卷，頁三四〇，北京商務印書館，一九八五年。

63《元史》卷一六八〈張九思傳〉。

第七章　渡江滅趙宋　南北共一家

郝經使宋議和及失敗

一、國信使南下

忽必烈即位之初，為了集中力量對付阿里不哥反叛，下令撤回了隨從他渡江圍攻鄂州的蒙古軍和漢軍主力。後來，又相繼任命史天澤為江淮諸翼軍馬經略使，李璮為江淮大都督，史權為江漢大都督，負責與南宋邊境的防務，並實施以防為主的策略，力求使宋、蒙雙方大體保持和平或休戰狀態。

中統元年（一二六〇）四月，忽必烈採納廉希憲「遣信使，諭以息兵講和」的建議，[1]派翰林侍讀學士郝經佩金虎符為國信使，翰林待制何源、禮部郎中劉人傑為副使，出使南宋，告以忽必烈即大汗位，且就履行昔日鄂州和議中宋方割地納幣等承諾展開談判。

郝經為中州名士和政論家，也是忽必烈藩邸的重要謀臣之一。如前述，在忽必烈渡江攻鄂州前夕，郝經就主張不要過早與南宋展開大規模軍事衝突，而後，郝經又是勸說忽必烈中止攻鄂和及時北撤的主要謀臣。忽必烈選擇他為使者，是非常恰當的，也表明當時忽必烈對南宋議和確實抱有誠意。

臨行前，郝經入見陛辭，忽必烈賞賜葡萄酒，親自面諭道：「朕初即位，庶事草創，卿當遠行，凡可輔朕者，亟以聞。」郝經遵旨奏上有關立政大要的便宜十六事，對元初的國政多所裨益。郝經又請求與一二名蒙古人偕行，忽必烈未予批准。降詔曰：「只卿等往，彼之君臣皆書生也。」[2]

《元史・郝經傳》還說，郝經奉使南宋，也有受中書平章王文統嫉妒、排擠等背景。[3]郝經進入宋境後，適逢李璮擅自進犯南宋淮安軍，被擊敗，宋兩淮制置使李庭芝因之責怪郝經議和無誠意。

專制國事的宋丞相賈似道則一直隱瞞昔日鄂州城下許以割地、納幣的真相，反而令其門客廖瑩中等杜撰賈在鄂州的扞城之功，蒙蔽和欺騙宋理宗及其他朝廷大臣。此時，賈似道非常害怕郝經的到來會洩漏鄂州媾和的真相，於是命令將郝經秘密拘留於真州（今江蘇儀征）忠勇軍營新館。[4]

忽必烈見郝經使宋，去而不返，杳無音信，十分焦急，先後於中統二年（一二六一）五月和中統四年（一二六三）二月派崔明道、王德素等為使，詰問南宋稽留郝經的原因。[5]被禁錮的郝經也數次上書李庭芝、賈似道和南宋皇帝，極陳戰和利害及禍福存亡之理，請求入見或歸國，前後累計數十萬言，都未得到南宋方面的實質性答覆。

二、窮海纍臣有帛書

對於郝經奉使南宋，賈似道心懷鬼胎，既不上報，也不正面答覆，一拖再拖，致使郝經滯留宋境長達十六年。

郝經等所居館舍，棘牆鑰戶，晝夜環兵擊柝，守衛巡邏。隨從數十人久被羈困，多有怨言。

越七年，又發生隨從人員之間反目鬥毆之事，數人死於非命。郝經及其他六人移處別館，繼續在真州忠勇軍營中受煎熬。

相傳十四年後郝經在受禁錮的館中蓄養了一隻大雁。大雁每次見到郝經，都會興奮地鼓翼引吭，若有所訴。或許是對求得自由的渴望，郝經親手題詩於尺帛：

霜落風高恣所如，歸期回首是春初；
上林天子援弓繳，窮海纍臣有帛書。

還題有如下附言和落款：「中統十五年九月一日放雁。獲者勿殺。國信大使郝經書於真州忠勇軍營新館。」其系年寫作「中統十五年」，明顯是羈留南宋期間全然不知中統五年已改至元年號的緣故。

郝經選擇吉日，率從者具香案，北向而拜。然後將蠟丸帛書繫於大雁足上，縱放而去。第二年三月，此雁書果然為負責養鷹蓄獸的虞人在汴梁金明池所獲取。當年二月，迫於伯顏率大軍渡江的壓力，郝經終於被賈似道釋放回朝。

或許是因為郝經已經北歸，虞人並未將雁書及時上奏世祖忽必烈。至元十三年（一二七六）正月，雁書暫時為安豐教授王時中收藏。直到四十年後的仁宗延祐五年（一三一八），集賢院學士郭貫出任淮西廉訪使之際，才上奏朝廷，並由中使取回京師。仁宗皇帝命令將雁書裝潢成卷，又令翰林集賢文臣綴文題記，然後藏於秘書監（東觀）。當時有名的文臣王約、吳澄、袁桷、鄧文原、虞集等均有題作。

至於《輟耕錄》所言雁書被較快獻於忽必烈，忽必烈惻然地說：「四十騎滯留江南，曾無一人雁比乎」，就屬於「好事者傅會之談」了。明初宋濂早已辨其偽。

儘管如此，「一寸蠟丸憑雁寄，明年春盡竟生還」的故事，[6]大體是可信的。

郝經至元十一年（一二七四）自真州北歸時，業已身染疾病。忽必烈聞訊，立即命令樞密院和尚醫近侍前往迎接慰勞，並予醫治。沿途父老瞻望其病體甚是衰弱，無不唏噓流涕。翌年夏，郝經抵達大都，覲見忽必烈於赴上都途中。忽必烈賜宴行殿，賞賜有差，命其留居家中治病。

可惜的是，時至七月，郝經就溘然病逝，年僅五十三歲。[7]王惲〈哭郝內翰奉使〉詩痛悼郝經英年早逝：

大河東匯杞連城，之子南來氣宇盈。

……

義契重於平昔友，斯文公與後來盟。

苦心問學唐韓愈，全節歸來漢子卿。

……

十六年間成底事，長編惟見史華名。[8]

郝經使宋議和，本來可以由這位對宋稍存親善的人物，南北溝通，或許能給雙方帶來較長時間的和平與休戰。然而，竟被賈似道掩過報功之術一手破壞。元政權與南宋繼續南北分治的可能或前景，隨之被葬送。忽必烈武力平定南宋，統一中國，遂成必然之勢。

其間，郝經等實際上充當了這次奉使議和失敗的犧牲品和代價，後來又被忽必烈當作對南宋大動干戈、興師問罪的理由。

先圖襄樊

一、劉整獻策

隨著元政權的鞏固及對宋議和的失敗，南攻趙宋，完成蒙哥汗未竟的統一南北事業，很快被忽必烈提上議事日程。

而在對宋用兵的主攻方向選擇上，忽必烈做出頗為明智的戰略改變：先圖襄樊。

忽必烈擱置川蜀、先攻襄樊的戰略改變，需要從他對南宋川蜀降將的懷柔政策談起。

忽必烈即汗位以後，對降附蒙古的原南宋將領甚為重視，給予種種優待和撫慰。

中統二年（一二六一）五月，蒙哥汗親征川蜀時降蒙的侍郎、都行省楊大淵，遣其子攜賀表、弓矢等物來上都朝覲。忽必烈御萬安閣接見，還親手書寫詔書云：「朕恪守王封，遽膺推戴，即位之始，不遑康寧。惟爾遠戍邊陲，久服戎政，身外心內，來陳賀章，宜加寵答之辭，以勵忠貞之節，故茲詔示，想宜知悉。」9

楊大淵原籍天水，兄長楊大全在守衛敘州時戰死。他本人先殺勸降使者，而後勢窮被迫投降。因為是蒙哥入蜀招降的第一位南宋重要將領，影響較大。

忽必烈以手詔賜臣下的，為數甚少。忽必烈的用意很明白，就是要通過特殊褒崇厚待楊大淵，取得降附宋將對元王朝的效忠，並作為榜樣，進一步招降和瓦解南宋軍將。

這一策略效果頗佳。楊大淵受詔後，拜命踴躍，調兵攻宋禮義城等，殺獲甚眾。翌年冬，又親自入覲，以示忠勤。忽必烈升其職為東川都元帥，與都元帥欽察同署事。此後，楊大淵及其子侄對元朝忠誠不貳，在經略平定川蜀中發揮了不可替代的作用。對其子楊文安等效忠元室，忽必烈也屢次溫言以勉勵：「汝兄弟宣力邊陲，朕所知也」；「汝攻城掠地之功，何若是多也。」

劉整原為京兆樊川人，徙居鄧州穰城，金末歸附南宋，驍勇善戰，孟珙稱之為「賽存孝」（賽過唐名將李存孝）。而後隨軍入蜀，擢為將官。劉整在抵禦蒙哥汗攻蜀中建立殊勳，升任瀘州知州和潼川十五軍州安撫使，成了四川制置司下四大主力將領之一。

劉整身為北人，卻令南方諸將皆出其下，故引起宋制置大使俞興和策應大使呂文德的嫉恨，其軍功等級被蓄意貶低。呂文德又誣搆劉整跋扈，權相賈似道和制置大使俞興欲殺害劉整。中統二年（一二六一）夏，劉整接到密報後深感危不自保，決意以瀘州十五郡、三十萬戶降元。

消息傳到上都，忽必烈迅速降手詔給劉整：「勇冠諸將，名配古人，知大義之可為，籍諸城而來附，獻以金帶，示以誥牋，載詳終始之誠，宜示褒崇之禮。可特賜虎符，充夔府路行省兼安撫勾當，更宜招懷未附，共底丕平。但桑蔭不移，能立其功；雖苑土至重，而朕無所惜。其賜卿莫物，至可領也。」

詔書鼓舞了劉整及其部屬。他們在成都元軍將領劉黑馬、劉元振支持下，拚死擊敗俞興及呂文德的重兵圍攻，率瀘州軍民撤往成都。第二年，劉整入覲，改授成都、潼川二路行省，還獲賜白銀萬兩。

在劉整降元過程中，劉黑馬、劉元振父子所發揮的作用非凡。當劉整秘密送款求降時，成都元軍諸將都說：「劉整無故而降，不可信也。」劉黑馬、劉元振父子卻認為，南宋權臣當國，賞罰無章，將士離心，劉整求降無可疑。劉黑馬派遣其子劉元振親自前往瀘州受降，臨行，劉黑馬囑咐道：「劉整，宋之名將，瀘乃蜀之衝要，今整遽以瀘降，情偽不可知，汝無為一身慮，事成則為國家之利，不成則當效死，乃其分也。」劉元振又與劉整合力擊退宋軍圍攻，接應劉整所部進入元軍在成都的大本營。為此，忽必烈也嘉獎劉黑馬、劉元振父子通於權變，賞賜劉元振黃金、白銀、錦衣等。[11]

劉整降元及忽必烈的懷柔撫慰政策，造成川蜀宋軍四大軍將之一向元朝方面倒戈，使元軍在主力投於北邊的困難情勢下仍然得以維持川蜀宋元對峙的局面。經歷了這段周折，劉整也成為繼楊大淵之後另一個效忠於元王朝的南宋降將。

擱置川蜀、先攻襄樊之策，就是由劉整提出的。

襄樊位於南陽盆地的南端，由漢水南岸的襄陽和北岸的樊城組成。它「跨連荊豫，控扼南北」，兩城之間又可以夾漢水互相支援，歷來是易守難攻的兵家必爭之地。「中原有之，可以並東南；東南得之，亦可以圖西北者也。」[12]蒙、宋攻金聯盟破裂後，雙方在襄樊等地的軍事爭奪一直十分激烈。自一二六一年，襄樊被南宋較穩定地控制，十餘年的苦心經營，使襄樊城池高深，儲積豐厚，成為抵禦蒙古軍南下的戰略堡壘。

至元四年（一二六七）十一月，時已調任南京路宣撫使的劉整，借朝覲機會，向忽必烈進言：「宋主弱臣悖，立國一隅，今天啟混一之機。臣願效犬馬勞，先攻襄陽，撤其扞蔽。」

開始，這一意見受到大臣廷議的阻撓。劉整再次上言：「自古帝王，非四海一家，不為正統。聖朝有天下十七八，何置一隅不問，而自棄正統！」「攻蜀不若攻襄，無襄則無淮，無淮則江南可唾手下也。」

儘管中統初史天澤部將郭侃也曾提過「先取襄陽」，但因忽必烈正忙於應付阿里不哥及李壇叛亂，無暇顧及攻略南宋，也不可能重視他的意見。此時用兵南宋已進入議事日程，選擇何處為主攻方向，確實讓忽必烈頗傷腦筋。

八年前，忽必烈率領大軍順利渡江，卻在鄂州城下遇到宋軍極為頑強的抵抗，說明平定南宋並非輕而易舉的事。劉整長期任職京湖、四川兩制置使麾下，盡知南宋國情和防禦要害虛實。對劉的建議，忽必烈不能不認真聽取，也覺得很有道理。若是實施蒙哥汗川蜀、雲南、鄂州三路並進而會師潭州（長沙）的方案，襄樊或可暫時不顧。若是實施擱置川蜀和從中路渡江攻鄂州再順江東下的計畫，襄樊即可以發揮控扼三峽和堵截川蜀援軍的作用。因此，實施中路攻宋，必須先取襄樊。忽必烈採納劉整建議，做出了先攻襄樊的決策。13

這項決策，摒棄蒙哥汗先取川蜀而被迫與宋軍的長年拉鋸的陳舊戰略，找到了從中路重點進攻的突破口，使混一南北的大業又柳暗花明，出現轉機。

二、圍攻襄樊

改變進攻戰略後，忽必烈又選定了兩名統帥：蒙古軍都元帥阿朮和漢軍都元帥劉整。

阿朮，蒙古兀良合氏，名將速不台孫，兀良合台子。蒙哥汗九年（一二五九），二十餘歲的阿朮隨父兀良合台率蒙古軍自雲南轉戰廣西、貴州、湖南，與攻鄂大軍會合北撤，入忽必烈怯薛宿衛。中統三年（一二六二）阿朮即以宿衛將軍拜征南都元帥，是忽必烈最信賴的蒙古軍將之一。

至元四年（一二六七）秋，阿朮已開始在襄樊西部安陽灘一帶與宋軍激戰，還悟出了「所領者蒙古軍，若遇山水寨柵，非漢軍不可」的經驗。他主動請求忽必烈令左壁總帥史樞麾下漢軍「協力征進」。忽必烈基本接受了他的意見，可增派的漢軍都元帥不是史樞，而是剛剛獻上先攻襄樊之策的劉整。

忽必烈對這兩名統帥的選擇，是非常適宜和有遠見的。

阿朮係國族名將世胄，「沉幾有智謀，臨陣對敵，英毅果決，氣蓋萬人。」[14]無論是威望和個人軍事才能，都無可挑剔。

至於劉整，雖是南宋降將，卻為北方漢人，降元七、八年來，業已效忠元室。劉整不僅驍勇善戰，對水軍的熟悉和對南宋防禦虛實的瞭解，也在史樞等漢軍將領之上。還有劉整和南宋方面的統帥、京湖安撫制置屯田大使呂文德是仇敵。此次劉主動獻策先攻襄樊，又表示願效犬馬之勞。增派劉整為漢軍都元帥，既可用其所長，又能遂其心願，為攻襄樊建殊勳、效死力。

在襄樊戰役拉開序幕之際，阿朮和劉整採取了兩項很有意義的舉措：一是築城圍襄樊，二是造船練水軍。

築城圍困襄樊，始於鹿門山築土牆。按照劉整的計謀，元朝方面抓住宋京湖制置大使呂文德貪圖貨利的弱點，遣使向呂文德賄以玉帶，請求在樊城之外的鹿門山置榷場，呂文德果然應允。於是，蒙古軍很快建起了外為土牆內有堡壘的鹿門堡。這是元軍在襄樊城外建立的第一座堡壘。[15]

接著，又築白河口堡，以斷襄陽糧道。

至元六年（一二六九），史天澤和駙馬忽剌出奉命到襄樊前線經畫以後，修築長圍，始於萬山，包圍百丈、楚山，止於鹿門。又築峴山、虎頭山為一字城。[16]

據不完全統計，這一時期元軍所築城堡計有牛首、安陽、古城、紅岩、沙河等十處。[17]上述城堡的修築，「重營復壁，緐布如林，遮山障江，包絡無罅」，[18]切斷了宋軍的東西南北之援，實現了對襄樊的長期圍困。

造船練水軍，也是劉整首先倡言的。

至元七年（一二七〇）三月，針對宋沿江制置副使夏貴連續兩次率水軍援襄樊的情況，劉整和阿朮商議：「我精兵突騎，所當者破，惟水戰不如宋耳。奪彼所長，造戰艦，習水軍，則事濟矣。」這條意見由劉整乘驛上奏朝廷，忽必烈以詔令批准：訓練水軍七萬餘人，造戰艦五千艘。在此一段時間內，劉整每日負責水軍的訓練，雨天不能外出，就在兵營內畫地為船來練習。在此前後，忽必烈又命令陝西五路和四川行省造戰艦五百艘交付劉整。阿朮和劉整麾下軍將率領水軍作戰也日益增多。

還在漢水中流築實心台，台上設置弩炮，台下放石囤五個，用來遏制宋軍的船隻。[19]這兩項舉措，顯然是遏制南宋軍隊善於扼守關隘要津和長於水戰的某種優勢。一旦兩項舉措順利推行，宋軍方面就完全無優勢可言，襄樊會戰的勝券就為元軍所把握了。

為配合阿朮、劉整環圍襄樊，至元八年（一二七一）五月忽必烈還命令川蜀等地軍隊分別從重慶、瀘州及汝州等處出擊，以牽制宋軍的救援行動。[20]

南宋方面卻是內有誤國之相臣，外無禦敵之優良將帥。原先經營襄樊防禦頗有功績的高達，因得罪賈似道被排擠調離，幾乎遭誅殺。襄樊一帶軍事改由與賈似道狼狽為奸的呂文德總領。

呂文德雖然讓其弟呂文煥任襄陽知府兼京西安撫副使，赴襄樊坐鎮守禦，但呂文德本人在方略對策上屢屢失誤。先是貪賄好利，令元軍在鹿門山以置榷場為由建成第一座城堡據點。後又不聽呂文煥的蠟書報告，未在元軍築城伊始及時增兵打擊。

呂文德病死後，接替他督師進援襄樊的京湖制置大使李庭芝，又受到殿前副都指揮使、呂文德女婿范文虎的掣肘。范文虎總領禁軍先至，獲賈似道的秘密縱容與支持，致使李庭芝難以有所作為，喪失了元軍合圍前對襄樊實施有效救援的大好時機。

至元八年四月和六月，范文虎率舟師十萬兩次沿漢水援救襄樊，結果被阿朮所率元軍在湍灘等處擊敗。在大規模的援救失敗後，李庭芝和范文虎所率援軍「往往扼關隘不克進」。

翌年五月宋軍只好派遣張順、張貴率三千勇士，攜支援襄樊的衣甲，拼死衝破元軍艦隊封鎖向襄陽逼近。張順戰死江中，張貴進入襄陽。

而後，元軍在漢水江面布列撒星樁，封鎖數十里，圍困襄樊的形勢更為嚴峻。

七月七日，呂文煥又派張貴突出重圍，期與駐紮龍尾洲的范文虎部會合，內外夾攻元軍。沒料到，范文虎軍違約提前撤離，造成張貴所率軍戰敗被殺。21

宋人汪元量詩曰：

> 呂將軍在守襄陽，十載襄陽鐵脊梁。
> 望斷援兵無信息，聲聲罵殺賈平章。22

宋軍援救襄樊因其內部傾軋及渙散，於此徹底失敗。

至元九年（一二七二）十一月，正當元軍掃清樊城周邊、強化圍攻之際，宋京湖制置大使李庭芝又施離間計，企圖造成忽必烈對元軍主將的信任危機。

本來，忽必烈剛剛任命劉整為河南行省參政、諸翼漢軍都元帥，兼統水軍四萬戶，進一步明確了其與阿朮並為元軍統帥的地位。李庭芝清楚地知道，劉整被重用，意味著元軍對襄樊更大軍事行動即將開始。於是，他用金印牙符授予劉整漢軍都元帥、盧龍軍節度使，加封燕郡王，還書寫信函，讓永寧僧人一併送給劉整。印符和書信為永寧縣令所截獲，立即馳驛奏報朝廷。

忽必烈聞訊，十分吃驚，下令尚書省平章張易和儒臣姚樞雜問此案。恰在這時，劉整自襄陽軍前回到京師，辯解道：「宋怒臣我畫策攻襄陽，故設此以殺臣。臣實不知。」

忽必烈明察秋毫，覺得劉整所言有理，或許他已斷定：在襄樊危在旦夕之際，劉整不可能重新投降南宋，否則劉不會這時候趕到京師。基於這樣的考慮，忽必烈詔令劉整給李庭芝回書說：「整自受命以來，惟知督厲戎兵，舉垂亡孤城耳。宋若果以生靈為念，當重遣信使，請命朝廷，顧為此小術，何益於事！」忽必烈還賞賜劉整，命令他回襄樊前線，誅殺永寧僧人及黨羽，並讓劉繼續擔任漢軍及水軍統帥職務。[23]

忽必烈在關鍵時刻用將不疑，明辨是非曲折，戳穿並粉碎了宋人的反間計，確保了元軍對襄樊總攻的順利舉行。

也是在至元九年（一二七二）十一月前後，針對襄樊圍困長達五年、久攻不下的情勢，另一名行省參政阿里海牙以及劉整、張禧、張弘範等紛紛建議：襄陽、樊城互為唇齒，宜先攻樊城，斷絕其聲援。

忽必烈審時度勢，批准了這一總攻計畫。又命令把亦思馬因所獻回回巨石炮運至襄樊軍前使用。[24]此種回回炮出自西域，攻擊力猛烈於一般火炮。連最大的樹木，也能就地摧毀。炮石直徑數尺，墜地可陷入三四尺。[25]

隨後，強攻樊城開始。

阿朮和劉整命令擅水性兵士鋸掉漢水中的木樁，砍斷鐵索，焚燒連接襄陽、樊城間的浮橋，切斷襄陽守軍前來救援的通道。

元軍分五道猛烈進攻。忙兀台率所部豎雲梯於北岸，登櫃子城，奪得西南角入城。張君佐親自安裝火炮摧毀樊城角樓。史弼所率軍鏖戰十四日，攻破東北隅。元軍入城，下令屠城，殘餘軍民被殺掠無遺。26

樊城已破，襄陽孤立無援，危在旦夕。忽必烈得知一直頑抗拒降的守將呂文煥有所動搖，毅然決定派原宋將唐永堅持詔書入城諭降。27

此時呂文煥是降是戰，仍然舉棋不定。曾經和呂文德有舊怨且被呂文煥射傷的劉整，竭力主張按拒降例武力夷平襄陽，「執文煥以快其意」。另一名參政阿里海牙表示反對。

至元十年（一二七三）二月，阿里海牙調集火炮等戰具瞄準襄陽，一炮擊中該城譙樓，聲如雷霆，全城震動，軍心大亂，諸將多竊城逃命，如鳥獸散。

阿里海牙又親自到城下再三勸說呂文煥：「公以孤軍禦我數年，今鳥飛路絕。帝實嘉能忠而主信。降必尊官重賜，以勸方來，終不仇汝，置死所也。」還折斷箭支向呂發誓。呂文煥終於感悟出城投降。

而後，呂文煥由阿里海牙陪同朝覲忽必烈，果然受到優待，命為昭勇大將軍、侍衛親軍都指揮使、襄漢大都督和行省參政，其麾下軍將士卒也得到賞賜與安置。28

> 援兵不遣事堪哀，食肉權臣大不才。
> 見說襄陽投拜了，千軍萬馬過江來。29

襄樊戰役的勝利，破壞了南宋在長江上、中、下游的三道防禦體系，使之喪失了苟安東南的軍事屏障。元軍則在中路攻宋方面取得了突破性進展。

襄樊戰役，還是忽必烈起用南宋降將和造戰艦，習水軍的成功試驗場。藉此，元軍「奪彼所長」，取得了包括水軍艦船在內的戰略戰術的優勢。由於一批南宋降將的歸附和加盟，忽必烈混一南北的步伐大大加快了。

北風三吹白雁來

一、選帥調兵

攻克襄樊以後，對南宋的大規模軍事進攻，隨而拉開了序幕。

十多年前曾率軍渡江攻至鄂州城下的忽必烈，其內心當然對解決南宋問題躊躇滿志，大有「掃清六合、混一車書之意」。[30]但征伐南宋，事關重大，前面又有金海陵王和汗兄蒙哥失敗的教訓，忽必烈不得不認真聽取各方面的意見，慎重行事。

儘管一批將相紛紛請求以拘留使者的罪名討伐南宋，但朝廷議論並不完全一致。

忽必烈用驛傳台來的儒臣姚樞、許衡、徒單公履三人中，徒單公履認為：「乘破竹之勢，席捲三吳，此其時矣。」許衡則以為不可。[31]

至元十一年（一二七四）正月，襄樊前線的兩員主將阿朮和阿里海牙利用朝覲的機會，進一步向忽必烈陳述及時征伐南宋的好處。

原先在忽必烈駕前即以直言不諱著稱的阿里海牙，首先上奏說：「襄陽，自昔用武之地也。

今天助順而克之，宜乘勝順流長驅，宋可必平。」

阿朮也說：「臣久在行間，備見宋兵弱於昔，削平之期，正在今日。」

忽必烈將此事交付中書省相臣議論，卻受到某些非難，遲遲不能決定。阿朮再次上奏道：「今聖主臨御，釋亂朝不取，臣恐後日又難於今日。」忽必烈聽罷，喜悅地回答：「卿言允契朕意。」據說，忽必烈還密問陰陽術士田忠良，讓他占卜渡江能否成功。田忠良回答：可以成功，忽必烈才做出了乘勢平定南宋的決策。[32]

忽必烈還需要選擇統帥和簽發調集軍隊。

關於征伐南宋的統帥人選，姚樞的意見是「如求大將，非右丞相安童、同知樞密院事伯顏不可」。

史天澤也認為：「此國大事，可命重臣一人如安童、伯顏，都督諸軍，則四海混同，可計日而待矣。臣老矣，如副將者，猶足為之。」[33]

藏文史料又云：帝師八思巴曾竭力舉薦伯顏才能出眾，堪任平宋統帥。[34]

在柳林行獵幄殿，忽必烈再次借助陰陽術士田忠良的占卜，問道：「今拜一大將取江南，朕心已定，果何人耶？」田忠良回答：伯顏偉丈夫，可屬大事。忽必烈聽罷大喜，賞賜了田忠良。[35]

伯顏是蒙古八鄰部人，世為八鄰左手千戶長。祖父阿剌犯罪被殺，伯顏即淪為忽必烈所分得的奴隸。伯顏因從旭烈兀西征曾留居波斯，至元初隨使臣東歸元廷，受到忽必烈器重，逐漸提拔為中書省左丞相、同知樞密院事。忽必烈又以敕令主婚，將安童之妹許配伯顏為妻。

伯顏參與謀劃國事，常常高出廷臣一籌，處理政務，明智果斷。此時，既為臣僚眾望之所歸，也被忽必烈所青睞。忽必烈選他作平定南宋的統帥，也是獨具慧眼的。

平宋之荊湖行省設立時，伯顏和史天澤並為左丞相，但史天澤被排在第二位。

忽必烈開始以伯顏和史天澤並為統帥，是有緣由的：一則平宋軍隊大多數是中原漢軍，需要有一員德高望重的漢人將領統馭；二是史天澤本人曾隨蒙哥親征川蜀，又長期擔任河南經略使。忽必烈明知史天澤年老難以征戰，又不得不用之。

襄樊發兵南下，史天澤因病主動上表請求辭歸。忽必烈聞訊即遣使持葡萄酒慰問，諭之曰：「卿自吾父祖以來，躬環甲冑，跋履山川，宣勤勞者多矣。勿以小疾暫阻行意，便為憂擾，可且北歸，善自調養。」竭力稱讚史天澤輸忠蒙廷、攻略南宋多年及此番畫策之功。然後，專任伯顏節制全軍，而命阿朮為其副。忽必烈這樣做是很高明的。既任用了自己的意中人，也對眾多漢軍有個交代。

不久，史天澤病逝於原籍真定，基本上未參與平宋戰爭。[36]伯顏離京陛辭時，忽必烈囑咐道：「曹彬不嗜殺人，一舉而定江南。汝其今體朕心，古效彬事，毋使吾赤子橫罹鋒刃。」忽必烈的叮囑，對減少平宋戰爭的殺戮破壞及加快進軍速度，作用不可低估。

出征前夕，阿朮和阿里海牙奏言：「我師南征，必分為三，舊軍不足，非益兵十萬不可。」忽必烈清楚地知道，南宋龐然大物，若調集軍隊偏少，難以制服它，於是，滿足二將的請求，詔命中書省簽軍十萬以付之。[37]

關於伯顏所率渡江軍隊的數量，《元朝名臣事略》卷七〈丞相史忠武王〉說：「方將百萬之眾南伐。」《史集》也稱忽必烈汗準備了三十萬蒙古軍和八十萬漢軍。[38]然而，揆以至元十一年（一二七四）九月兵分三路，除伯顏自率大軍居中外，東路唆都、西路翟文彬各率軍萬人，以及渡江以後分兵四萬給阿里海牙等情節，[39]伯顏所率南征軍隊不會達到一百萬。〈丞相河南武定王〉所引〈勳德碑〉，又有「其平宋也，將二十萬，猶將一人」之說。

鑑於此，伯顏所率南征軍隊數目大約二十萬左右。[40]如果把川蜀和淮西的元軍計算進去，估計總數會在三十萬以上。可見，「百萬之眾」說是個帶有誇張的虛數。

至元十一年六月，忽必烈向行中書省及蒙古軍、漢軍萬戶千戶軍士頒布了興師問罪於南宋的詔諭：

> 爰自太祖皇帝以來，與宋使介交通。憲宗之世，朕以藩職奉命南伐，彼賈似道復遣宋京詣我，請罷兵息民。朕即位之後，追憶是言，命郝經等奉使往聘，蓋為生靈計也。而乃執之，以致師出連年，死傷相藉，係累相屬，皆彼宋自禍其民也。襄陽既降之後，冀宋悔禍，或起令圖，而乃執迷，罔有悛心，所以問罪之師，有不能已者。
>
> 今遣汝等，水陸並進，布告遐邇，使咸知之。無辜之民，初無預焉，將士毋得妄加殺掠。有去逆效順，別立奇功者，驗等第遷賞。其或固拒不從及逆敵者，俘戮何疑。

這顯然是全面進攻南宋的動員令。

忽必烈對平宋軍隊的指揮機構及任務主次，也能做出妥善、明智的安排。

攻克襄陽後兩個月，忽必烈曾下達詔令以史天澤、阿朮、阿里海牙行荊湖樞密院事於襄陽，合丹、劉整、塔出、董文炳行淮西樞密院事於正陽。

至元十一年三月，改上述二行樞密院為二行省，以伯顏、史天澤並為左丞相，阿朮為平章政事，阿里海牙為右丞，呂文煥為參知政事，行中書省於荊湖；合丹為左丞相，劉整為左丞，塔出、董文炳為參知政事，行中書省於淮西。

同年八月，史天澤上言：「今大師方興，荊湖、淮西各置行省，勢位既不相下，號令必不能一，後當敗事。」忽必烈採納這一意見，又改淮西行省為行樞密院。[41] 這一改動，表面上只是機構名稱的改動，實際意義又非常重要。它協調了川蜀、荊湖、淮西三戰區的關係，進一步明確了平宋大軍的主攻方向和主帥機構均在荊湖。

當時，南宋主力駐屯於兩淮，城堅兵精，號為南宋北藩。忽必烈清醒地看到，必須抓住襄陽攻克伊始和宋軍尚未調整兵力部署的有利時機，儘快實施其中路重點突破的戰略計畫。上述行省、行院的機構變動，恰恰有利於這一戰略計畫的實施。

在東、西、中三戰區對宋軍事行動中，忽必烈只允許川蜀、淮西兩戰區從側翼佯攻牽制，阻止對中路宋軍的救援，不許分散軍力，喧賓奪主。

四川總兵官汪惟正曾上奏：「蜀未下者，數城耳……願以本兵，由嘉陵下夔峽，與伯顏會錢塘。」忽必烈下詔優言安慰道：「四川事重，捨卿誰托！異日蜀平，功豈伯顏下邪！」忽必烈的意向很清楚，就是要求川蜀軍將在當地以攻為守，牽制宋軍，從上游配合中路主力的軍事行動。

襄樊戰役結束，劉整和阿里海牙矛盾漸深，不能相容，只好將共同節制的漢軍分為兩部分，各統一部。至元十一年（一二七四）三月，劉整終於被調至淮西行省擔任左丞。

忽必烈如此行事，也是他善於用人的表現。既然劉整生性倨傲，不能和阿里海牙和睦相處，把他們分置荊湖、淮西兩戰區，正可以減少內耗，鼓勵其競相建功立業。再者，劉整與呂文煥結怨很深，若劉整留在荊湖，勢必增加和呂文煥的對立。荊湖一帶呂氏親族及門生故吏頗多，呂文煥出面宣諭招降，他人難以替代。總之，劉整調任淮西，利多於弊。

劉整被調至淮西後，曾奉命出擊淮南，從東翼掩護配合中路主力的進攻。劉整非常想率兵乘勝渡江，與中路主力爭功，卻被首帥阻攔，未能實現。[42]

後來，劉整聞伯顏渡江入鄂州的捷報，不禁悲痛地說：「首帥止我，顧使我成功後人。善作者不必善成，果然。」當夜，憤鬱而死於宋無為軍（今安徽無為）城下。[43]

劉整的悲劇性結局，有值得同情的一面。襄樊戰役以後，忽必烈確實有重用呂文煥的某種意向，這不能不讓襄樊戰役的第一功臣劉整產生一定的失落感。但這是元軍渡江前後主、客觀形勢的需要，把劉整調往淮西，也是不得已而為之，並非忽必烈有意壓抑劉整。

設想劉整這樣急功好勝而置元廷重在招撫、有征無戰的策略於不顧，他留在荊湖的後果或許更糟糕。

二、陽羅堡大捷

至元十一年九月十三日，伯顏所率蒙古軍和漢軍，自襄陽分三路南下，水陸並進，直指郢州（今湖北鍾祥）。

郢州夾漢水為東、西二城，依山傍水，以石而築。宋將張世傑領兵駐守，沿江精銳盡聚於此，戰艦數千艘布列江中，船堅糧足，恃江為固。其背後又有荊湖制置使闔府江陵的強有力支持。經蒙古軍萬戶阿剌海等試探性進攻，無大進展。

有些將領以為郢州是元軍南下的喉襟，無論進攻或後退，都應當首先攻取。伯顏卻說：「用兵之緩急，我其知之。況攻城乃兵家之下計，大兵之用，豈惟在此一城哉！若攻此城，大事失矣。」他毅然決定捨郢州南下。

元軍在伯顏的指揮下，搶先奪取郢州南漢水下游的黃家灣堡，一面派兵包圍郢州，一面讓大軍繞過郢州，拖船經黃家灣堡入藤湖和漢水。然後，攻克沙洋堡，諭降復州，僅用一個多月，就迅速兵臨長江北岸了。[44]

十一月二十三日，元軍抵達蔡店（今漢陽）之際，宋淮西制置使夏貴已率戰艦萬艘扼守大江中流，控制江面三十餘里。接受當年忽必烈自陽羅堡渡江成功的教訓，宋軍重點加強了漢口和陽羅堡等處的防禦。

伯顏在充分聽取偵察人員的報告後，佯作圍攻漢陽和自漢口渡江的姿態，把夏貴的兵力吸引在漢口一帶。十二月十日，命令步騎十萬和戰艦萬艘，分水陸兩路猛攻北岸的沙蕪口，很快占據了這一江北的重要據點。

鑑於宋軍在陽羅堡屯駐重兵，據險死守，伯顏和阿朮議定：採用擣虛之策。

十二月十三日，命令阿里海牙督張弘範等繼續攻擊陽羅堡，示以志在必得。當晚，又讓阿朮率晏徹兒、忙古歹、史格、賈文備四翼軍，乘夜色出其不意，溯流西上四十里，突然在南岸青山磯登陸。阿朮親自血戰中流，攀岸步鬥，在後續部隊的支援下，擊敗宋軍，追擊至鄂州東門。

伯顏接到阿朮的報告後，立即派遣數萬步騎對陽羅堡展開猛攻，又命令數萬舟師與夏貴激戰於江中。陽羅堡守軍聞元軍渡江已獲成功，軍心瓦解，該堡旋被攻克。夏貴見大勢已去，急忙帶三百艘戰船順江東逃。數十萬宋軍死傷殆盡，浮屍蔽江。伯顏指揮的渡江戰役大獲全勝。

夏貴東逃白滸後，諸將提議應予追擊。伯顏則云：「陽羅之捷，吾欲遣使前告宋人。而貴走代吾使，不必追也。」[45]

耶律鑄詩詠渡江成功對平宋的意義：

橫野萬艘金翅艦，總戎一冊玉鈐篇。
長江豈限天南北，萬劫坤靈戴一天。[46]

在夏貴順江東逃的同時，自江陵提兵支援的京湖四川宣撫使朱禩孫也倉皇西遁。長江南岸的重鎮鄂州，被置於全無備禦的地步。夏貴因而又被宋人視作放縱蒙古兵渡江東下的罪人。[47]伯顏、阿朮不失時機地分別率兵直逼鄂州、漢陽二城，迫使守將迅速聽從勸諭，納款投降。元軍進入鄂州後，伯顏留阿里海牙以四萬兵馬守衛鄂州，繼續經略荊湖。而後，他就和阿朮統領大軍沿長江水陸東下。[48]

由於呂文煥兄呂文德長期擔任京湖制置使，聚集甲兵，勢力膨脹，子弟將校，典州郡，握兵馬，沿江諸將多其部曲，忽必烈讓呂文煥任職荊湖行省的策略，居然派上了大用場。諸如鄂州守將張晏然、程鵬飛，蘄州守將管景模、池州張林等，都是呂文煥親自諭降的。江州呂師夔是呂文煥之侄，安慶范文虎是呂文德之婿，五郡鎮撫使呂文福是呂文煥的從弟，他們相繼歸降，也是因為和呂文煥的親屬關係。伯顏渡江以後，進軍神速，沿江州郡，多望風降附，呂文煥的招諭之功不可沒。[49]後來，呂文煥、范文虎還分別成為率先進入臨安和南宋皇宮的將領。[50]

據說，南宋長江防線未攻破時，江南盛傳的民謠曰：「江南若破，百雁來過。」[51]劉因〈白雁行〉詩也說：「北風三吹白雁來。」[52]《馬哥孛羅遊記》又說：

耶蘇降生後一千二百六十八年時，當今大可汗忽必烈派他的一位大臣伯顏丞相到那裡去。那個人名字的意思，就是伯顏一百隻眼呀。還有你們必須曉得，蠻子國王從他的占星家處知道，除非有一百隻眼的人來，他絕不會把他的國家喪失的唉。53

這些歌謠、詩詞或傳說，大抵屬於讖緯迷信，也許是元軍事先有意製作的平宋輿論準備。後來與白雁、百雁、百眼偕音的伯顏丞相，果然受忽必烈派遣充當攻滅南宋的統帥。很像是天意註定，屆時應驗。前引歌謠、詩詞或傳說，連寓居中國的馬可波羅都略知其一二，足見流傳之廣，影響之大，委婉表達了江南民眾對元滅南宋的無奈和消極認同。

臨安末日

一、丁家洲決戰

元軍渡江，特別是鄂州的失陷，震撼了南宋朝廷。

此時宋度宗剛去世，四歲的皇子趙顯即位於靈柩前，其祖母謝氏被尊為太皇太后，臨朝稱制。南宋朝廷的大權仍然掌握在賈似道手中。

幼帝趙顯雖也曾詔令天下勤王，但回應者寥寥無幾。臨安太學生等紛紛要求賈似道出師禦敵。迫於朝野的壓力，賈似道不得不開督府於臨安，總攬天下軍權和財權，全面負責對元軍的作戰防禦。

然而，賈似道本人深憚劉整，遲遲不肯率兵出戰。直到至元十二年（一二七五）正月劉整死於無為軍（今安徽無為），賈似道才以為得到「天助」，比較放心地率十三萬精兵，離臨安赴前線。

賈似道屯兵蕪湖後，沒有積極備戰部陣，而是急不可待地派計議官宋京去元軍大營議和，請求歸還已降州郡，表示可稱臣貢納歲幣。

伯顏的答覆是：「未渡江，議和入貢則可。今沿江諸郡皆內附，欲和，則當來面議也。」又說：「我奉旨舉兵渡江，為爾失信之故，安敢退兵。如彼君臣相率納土歸附，即遣使聞奏。若此不從，備爾堅甲利兵，以決勝負。」

對這樣強令納土投降的苛刻要求，賈似道當然不敢接受。宋京請和，遂告失敗。[54]

伯顏入池州後，接到忽必烈原地待命，停止進攻的詔令。他不敢造次，連忙和擔任過忽必烈宿衛將軍的阿朮商量：「有詔令我軍駐守，何如？」阿朮說：「若釋似道而不擊，恐已降州郡今夏難守。且宋無信，方遣使請和，而又射我軍船，執我邏騎。今日惟當進兵，事若有失，罪歸於我。」[55]伯顏又詢問南宋降將：「行在（臨安）何時可得？」呂文煥答覆：「內地雖近，有軍有糧，非三四年攻擊不可得。」范文虎則說：「內地虛弱，不足應敵，驅兵而入，可即得之。」[56]

伯顏得到副帥阿朮的支持，又覺得范文虎所言有理，就敢便宜赴丁家洲迎戰賈似道了。

至元十二年二月十八日，丁家洲戰役正式開始。

賈似道以步軍指揮使孫虎臣為先鋒，淮西制置使夏貴率戰艦二千五百艘布列長江中，軍隊總數十三萬，略占優勢。

伯顏讓軍士準備薪芻柴草，佯作火燒宋戰艦狀。南宋將士日夜戒備，防不勝防。待其軍心稍有懈怠，伯顏命令左、右萬戶率騎兵夾江岸而進，又在兩岸豎起火炮，轟擊宋陣營中堅，炮聲震動百里。見到宋軍陣內有所搖動，伯顏又指揮水軍猛烈衝擊宋軍船隊。

宋軍孫虎臣部率先敗北，還辯解道：「吾兵無一人用命也。」夏貴的舟師接著遁去，夏貴所乘扁舟還特意從賈似道船邊掠過，大呼：「彼眾我寡，勢不可支！」

賈似道聞訊，倉皇失措，連忙鳴金收兵。這樣一來，宋軍全線潰退。伯顏和阿朮分別帶領水軍、騎兵乘勝追擊一百五十里，擂鼓大震，聲動天地，殺傷溺水的死屍，遮蔽江面，流血染紅了江水。元軍繳獲戰艦二千艘及大量軍資器械，連賈似道的都督府印也在戰利品之列。[57]

宋人以詩記宋軍的敗績：

> 夜半撾金鼓，南邊事已休。
> 三軍坑魯港，一舸走揚州。
> 星殞天應泣，江喧地欲流。
> 欺孤生異志，回首愧巢由。

元人耶律鑄之詩，又記元軍摧枯拉朽之勢：

> 舳艫千里蔽江湖，擿挑樓船為騷除。
> 先直前鋒三十萬，一通嚴鼓盡為魚。[58]

丁家洲兵敗後，陳宜中等大臣奏請誅賈似道以謝天下。謝太后卻以「勤勞三朝」和「待大臣禮」為辭，只同意將他貶職安置循州。

賈似道被貶途中，押解官鄭虎臣殺掉了這位誤國罪臣。[59]

丁家洲戰役是元軍渡江以後與賈似道所率南宋主力進行的一場決戰。它以南宋十三萬精銳的全軍覆沒而告終。宋王朝文武將相的離心離德和腐敗無能，於此也暴露得淋漓盡致。此戰以後，元軍取得了軍事上的絕對優勢，南宋的滅亡和忽必烈混一南北，只是一個時間問題了。

二、火攻焦山

七月初，元軍與南宋在焦山展開了另一場激戰。

當時，宋沿江制置使趙溍、樞密承宣張世傑及孫虎臣率戰船萬艘列陣鎮江焦山以東江面，欲乘統帥伯顏離職赴闕之機，拚全力與元軍決一死戰。

阿朮、阿塔海、董文炳等率各翼兵船迎戰。阿朮先登上南岸的石公山瞭望敵情，只見宋軍旌旗蔽江，舳艫相連，船大兵精，聲勢赫然。其艦船，每十艘用鐵索連成一舫，沉碇於江中，沒有號令，禁止起碇。60

阿朮笑著說：「可燒而走也。」於是，指揮水軍萬戶劉琛沿長江南岸，東趨夾灘，繞至敵軍後方；董文炳直抵焦山南麓，以擊其右；招討使劉國傑攻其左；萬戶忽剌出直搗其中；自上流趕到的張弘範又攻擊焦山之北。另選拔強健善射者千人，分乘巨艦，兩翼夾射，火矢接連射中宋船蓬檣，煙焰赫赫，宋軍大亂。被射中起火的宋軍艦船，因鐵索聯營，無法馳逃，士卒赴水而死者數萬。張世傑見敗局已定，匆匆乘小船東逃。61

焦山的敗北，使宋軍完全失去了對元軍進行大規模軍事抵抗的力量。

宋朝廷內外官員士氣沮喪，逃遁匿避之風大盛。以至謝太后貼榜於朝堂之上，斥責道：

我國家三百年，待士大夫不薄。吾與嗣君遭家多難，爾小大臣不能出一策以救時艱，內則畔官離次，外則委印棄城，避難偷生，尚何人為？亦何以見先帝於地下乎？[62]

以儒立國，重文養官，是大宋的一項國策。而用納幣稱臣換取和平與延續國祚，又成了文士們經常使用的辦法。如今蒙古鐵騎渡江南下，勢如破竹，直指臨安，連以往委曲求全的機會也不復存在。文士們無計可施，又大多不願殉國捐軀，只能選擇逃生避禍。

三、進軍臨安

伯顏渡江以後，忽必烈仍抱有對南宋談判議和的願望，並做出了一定的努力。當元軍渡長江克鄂州的消息傳來時，忽必烈沒有過分喜悅。一天夜裡，忽必烈召見舊臣姚樞，面帶憂慮地說：「自太祖勘定天下，列聖繼之，豈固存之令久帝制南國耶？蓋天命未絕。朕昔濟江而家難作，天不終此，大惠而歸。今伯顏雖濟江，天能終此與否，猶未可知。是家三百年天下，天命未在吾家先在於彼，勿易視之。」[63]

忽必烈很想早日征服南宋，又極其迷信天命，他把南宋國祚與上天佑助緊緊聯繫起來。他遣使談判議和，乃至對滅亡南宋信心不足，都是基於天命觀的。

另，至元十二年（一二七五）二月忽必烈染疾，於是有人給他講過「今歲不嘉」之類的預言。[64]這對忽必烈征服南宋的決心，或有某種消極影響。

當月，原鄂州守臣張晏然上奏：「宋之權臣不踐舊約，拘留使者，實非宋主之罪，倘蒙聖慈，止罪擅命之臣，不令趙氏乏祀者。」忽必烈答覆：「卿言良是。卿既不忘舊主，必能輔弼我家。比卿奏上，已遣伯顏按兵不進，乃派遣兵部尚書廉希賢等持書往使。果能悔過來附，既往之愆，朕復何究。至於權臣賈似道，尚無罪之之心，況肯令趙氏乏祀乎?若其執迷罔悛，未然之事，朕將何言，天其鑑之。」

忽必烈派遣廉希賢使宋議和，是在當年正月。隨同使宋的還有工部侍郎嚴忠範、秘書丞柴紫芝。

如前述，忽必烈確實給伯顏下達過停止進攻的命令，說明當時忽必烈尚未下定最後滅亡南宋的決心。只是伯顏沒有遵旨照辦。

廉希賢等南下來到軍中時，丁家洲之戰已經結束，伯顏乘勝攻入建康。廉希賢進建康城傳達忽必烈詔旨，令諸將各守營壘，停止攻略，以保證使宋議和。然而，十日後，廉希賢、嚴忠範等在使宋途經廣德軍獨松關時，被守關宋軍所殺。[65]

事態的發展，居然使忽必烈最後與南宋談判議和的努力歸於失敗。

伯顏立即遣左右司員外郎石天麟向忽必烈奏報上述情況。經忽必烈同意，伯顏駐建康，阿剌罕、董文炳駐鎮江，阿朮進攻揚州。

元軍進入建康城後，恰逢江東大疫，居民乏食，伯顏開倉賑饑，派醫治病，被民眾稱作「王者之師」。

至元十二年四月二十四日，忽必烈派遣使者傳達了暫緩進軍的詔旨，命令元軍暫時停息休整，待秋季再舉，不許輕敵貪進。理由是暑熱方熾，不利於行軍作戰。

忽必烈的詔旨不是沒有道理。江南五月入夏，炎熱的氣候，的確令來自北方的蒙古人和漢人難以忍受。在這樣的季節裡繼續用兵，容易導致當年蒙哥汗征川蜀那樣的災難性後果。

伯顏等分析了渡江以後宋、元二陣營的情況，持有不同意見。萬戶張弘範認為，聖上待士卒誠厚，但如今敵人已經喪失士氣和膽量，亡在旦夕，元軍過分遲緩，就會錯過滅亡南宋的好時機。於是，伯顏派使者上奏道：「百年逋寇，已扼其吭，風馳電擊，取之恐後，少爾遲回，奔播江海，遺患留悔矣。」忽必烈答詔曰：「將在軍，不從中制，兵法也。宜從丞相言。」[66]

五月十七日，忽必烈命令奉御愛先傳旨，詔伯顏回京。

五月底，伯顏在上都覲見忽必烈。當時西北諸王海都公開反叛。據說，還有叛亂者侵犯成吉思汗山陵起輦谷，騷擾成吉思汗的基業和根本之地。忽必烈為之甚是憂慮，曾經派和禮霍孫和田忠良率眾前往護視。[67]忽必烈此次召伯顏回京，歷時兩月，或許想把伯顏調往漠北前線，對付叛王海都，先解決北邊叛王問題。[68]

七月，北邊軍事統帥另選派安童丞相，忽必烈才決定重新讓伯顏返回江南，率領諸將直趨臨安，攻滅南宋。

忽必烈對出征江南諸將大加褒獎賞賜，還晉升伯顏為右丞相，阿朮為左丞相。

同時，又命令留守鄂州的阿里海牙攻取湖南；蒙古萬戶宋都帶、漢軍萬戶武秀、張榮實、李恒及降將呂師夔五人組建都元帥府，進攻江西；阿朮則駐兵瓜州，切斷揚州李庭芝南下通道。[69]

忽必烈的意圖很清楚，就是要這些將帥從側翼展開相應的攻勢，以牽制所在地區宋軍，配合伯顏直趨臨安的戰略攻勢。這種安排，無疑是明智和適宜的。

伯顏是八月五日離上都啟程南返的。遵照忽必烈秋季再舉的旨意，避免在江南的夏季用兵，伯顏的南返並不迅速，大約延續了兩個多月。沿途他相繼徵調淮東都元帥博羅歡所部兵隨同南下，又組織攻擊淮安，部署對揚州的進一步包圍。這就加強了元軍在淮河流域的攻防體系，消除了進軍臨安的後顧之憂。

十一月九日天氣涼爽之際，伯顏分兵三路，正式開始向臨安的進攻。西路軍由阿剌罕率領，自建康、四安、廣德，出獨松嶺；東路軍由董文炳率領舟師自江陰循海路經許浦、澉浦，直抵浙江；中路軍由伯顏及阿塔海率領，自鎮江、常州、平江，水陸並進，直趨臨安。

在向臨安進軍前夕，伯顏向行省郎中、謀士孟祺問計。孟祺云：「宋人之計，惟有竄閩爾。若以兵迫之，彼必速逃，一旦盜起臨安，三百年之積，焚蕩無遺矣。莫若以計安之，令彼不懼，正如取果，稍待時日耳。」伯顏依其策而行，立即修書信派人送往臨安，予以安撫。70

宋廷嗣君趙㬎幼沖，太后全氏善懦，臨朝稱制的太皇太后謝氏昏老，既無統率千軍萬馬的將帥，又無善於主持國政的宰相。此時對戰與和，守與逃，整日爭論不休，舉棋不定。

伯顏遣使安撫之策，恰恰穩住了臨安君臣。

而三路大軍中的東路軍順江入海，搶先占領澉浦等出海口，既能封鎖宋軍自海上救援臨安，又可堵截宋廷的海上逃路，使之最終在臨安就範。

十二月五日，伯顏大軍占領無錫。

宋將作監柳岳奉宋主趙㬎和太皇太后謝氏的書信來見伯顏，哭泣著說：「太皇太后年高，嗣君沖幼，且在衰絰中。自古禮不伐喪，望哀恕班師，敢不每年進奉修好。今日事至此者，皆奸臣賈似道失信誤國耳。」

伯顏答覆道：「主上即位之初，奉國書修好，汝國拘執我行人一十六年，所以興師問罪。去歲，又無故殺害廉奉使等，誰之過歟？如欲我師不進，將效錢王納土乎？李主出降乎？爾宋昔得天下於小兒之手，今亦失於小兒之手，蓋天道也，不必多言。」

柳岳企圖用哀乞感動伯顏，求得元軍的退兵，卻被一口回絕。伯顏的理由也比較充分。或有詩云：「當日陳橋驛裡時，欺他寡婦與孤兒。誰知三百餘年後，寡婦孤兒亦被欺。」[71]這也是一種有趣的偶合或報應。況且，忽必烈「直趨臨安」的旨意，很明白，就是要一鼓作氣，滅亡南宋，混一南北。伯顏等征宋將士更不願讓平宋大業半途而廢。包括二十日後陸秀夫等到平江以稱叔侄、歲貢幣銀二十五萬兩為條件的乞和，都為時已晚。只能仿效南唐後主李昱出金陵城歸降，或仿效吳越王錢俶被迫納土了。

而後，伯顏又遣使者將柳岳乞求退兵等事奏報忽必烈。[72]

四、南宋亡國

至元十三年（一二七六）正月中旬，伯顏、董文炳、阿剌罕所率三路大軍在臨安近郊會師，並加緊對臨安城的包圍和諭降。

錢塘江上雨初乾，風入端門陣陣酸。
萬馬亂嘶臨警蹕，三宮垂淚濕鈴鑾。

在大兵壓境、出海口被元軍封鎖的情勢下，丞相陳宜中主張遷駕南逃。太皇太后謝氏認為：求和不許，大規模的南逃已不可能，在城軍民奮力抵抗，只會招致屠城毀滅。在謝太后及主和派官僚們看來，投降是惟一的出路。

在正式投降前一日，陳宜中秘密說動楊太妃挾所生二王逃逸。於是，宋帝封其庶兄趙昰為益王，判福州，福建安撫大使；封庶弟趙昺為廣王，判泉州，兼判南外宗正事。還派楊鎮、陸秀夫等連夜從陸路護送二王逃至溫州，以留趙宋之根苗。[73]

正月十七日，伯顏派忒木台、忙古歹等八人率甲士三百欲入宋宮，搜取傳國玉璽。謝太后請求解下兵器，在內殿接見了他們，約定次日奉寶乞降。

十八日，宋帝趙㬎和太皇太后謝氏派遣臨安知府賈餘慶、保康軍承宣使趙尹甫、和州防禦使趙吉甫奉傳國玉璽及降表詣皋亭山軍前，伯顏接受下來。降表曰：

> 大宋國主㬎，謹百拜奉表於大元仁明神武皇帝陛下，臣昨嘗遣侍郎柳岳、正言洪雷震捧表馳詣闕庭，敬伸卑悃，伏計已徹聖聽。臣眇焉幼沖，遭家多難，權奸似道，背盟誤國，臣不及知，至勤興師問罪，宗社阽危，生靈可念。臣與太皇日夕憂懼，非不欲遷辟以求兩全，實以百萬生民之命寄臣一身，今天命有歸，臣將焉往。惟是世傳之鎮寶，不敢愛惜，謹奉太皇命戒，痛自貶損，削帝號，以兩浙、福建、江東西、湖南北、二廣、四川見在州郡，謹悉奉上聖朝，為宗社生靈祈哀請命。欲望聖慈垂哀，祖母太后耄及，臥病數載，臣煢煢在疚，情有足矜，不忍臣祖宗三百年宗社遽至殞絕，曲賜裁處，特與存全，大元皇帝再生之德，則趙氏子孫世世有賴，不敢弭忘。臣無任敢天望聖，激切屏營之至。

據說，正月十八日奉出的降表中，宋主仍稱侄稱帝號，不肯稱臣，伯顏當然不滿意。四天後，伯顏特派程鵬飛、洪君祥及行省郎中孟祺同來使賈餘慶返回臨安，敦促宋宰相修改上述稱謂。直至半夜三更，宋宰相仍未議定。孟祺正色催促道：「國勢至此，夫復何待！」宋宰相只好依照伯顏的意思予以修改。最後，又由太皇太后謝氏內批用寶。汪元量詩曰：

> 亂點連聲殺六更，熒熒庭燎待天明。
> 侍臣已寫歸降表，臣妾簽名謝道清。

這裡的謝道清，就是太皇太后謝氏的名諱。此時南宋由謝太后臨朝稱制，故修改後的降表也須她簽名用寶。由於修改後的降表中宋帝已俯首稱臣，謝太后的簽名就只能是臣妾謝道清了。

宋主所獻的傳國玉璽十二枚，也根據孟祺的建議，未讓任何人經手拆封，由千戶囊家帶、行省掾王祐直接送往元廷。[74]

二月五日，宋主趙㬎親自率領文武百僚到祥曦殿，面北望闕，上表拜伏，乞為藩服。

計窮但覺歸降易，事定方知進退難。
獻宅乞為祈請使，酣歌食肉愧田單。[75]

謝太后還任命大臣吳堅、賈餘慶、謝堂、家鉉翁等為祈請使，赴京師請求忽必烈能在投降後保留宋朝的國號和宗社。

三月，遵照囊家帶南返傳達的忽必烈密旨，宋主趙㬎和皇太后全氏及其他宮人，被押送北上，赴上都朝覲。太皇太后謝氏因病暫留臨安，五月初，也被強命赴大都。

與此同時，南宋的祭器、樂器、秘書省圖書、袞冕、圭璧、車輅、輦乘、鹵簿、儀衛、宗正譜牒、天文地理圖冊及大量財寶，均被伯顏派人登記造冊，集中收繳，運往大都。

降表、玉璽奉上和宋主北覲，意味著享國三百年的宋王朝至此被忽必烈所滅亡，「南北共為一家」的夢想，終於成為真實。[76]

謝太后還被迫頒布手詔，命令江南州郡「一體歸附」，又強行遣散文天祥原先招募的二萬餘義軍，令其各歸鄉里。

伯顏還在臨安舉行了元軍的入城儀式，建大將旗鼓儀仗，率領左、右翼萬戶，巡行臨安城。

又命令阿剌罕、闍里帖木兒、晏徹兒等諸將分兵鎮守西湖、錢塘、湖州市等處。對臨安附近的湖州、建德、婺州、衢州、鹽官、德清等城池的軍事屯戍，也作了「犬牙相禦」的部署。

南宋在臨安的軍隊被遣散，諸色官府被廢罷撤銷，取而代之的是，伯顏承制設立的兩浙大都督府和浙東西宣慰司。77

至元十五年（一二七八），臨安府又正式易名為杭州路，昔日南宋的臨時都城終於被降為元帝國的東南一路府了。

對業已降附的臨安吏民，忽必烈表示了很大的寬厚優容。至元十三年（一二七六）二月十二日頒布的安撫臨安新附府州司縣官吏士民軍卒人等的詔諭，明確說：

> 爾等各守職業，其勿妄生疑畏。凡歸附前犯罪，悉從原免；公私逋欠，不得徵理。應抗拒王師及逃亡嘯聚者，並赦其罪。百官有司，諸王邸第，三學、寺、監、秘省、史館及禁衛諸司，各宜安居。

元軍統帥伯顏執行忽必烈的「奉揚寬大，撫戢吏民」政策，不遺餘力。南宋決定投降後，為防止諸將利於擄掠，爭趨臨安，伯顏下令禁止軍士暴力擄掠和進入臨安城中，違者以軍法從事。又派遣呂文煥持黃榜向臨安城內外軍民宣諭，讓他們如同昔日一樣安定無事。一度發生的宋三衙衛士白晝殺人，張世傑部曲橫行閭里，小民乘亂搶掠等，也被迅速平息。還嚴禁侵擾損壞宋氏山陵墓地。

宋人汪元量詩曰：

伯顏丞相呂將軍，收了江南不殺人。
昨日太皇請茶飯，滿朝朱紫盡降臣。
……
衣冠不改只如先，關會通行滿市廛。
北客南人成買賣，京師依舊使銅錢。

伯顏在給忽必烈賀表中也說：「九衢之市肆不移，一代之繁華如故。」[78]這大抵是臨安當時雞犬不驚，四民晏然，街市如故的寫實。

忽必烈還對使用南宋降附官僚就便管理江南農耕區域，持有非常積極的認識。至元十二年（一二七五）五月，忽必烈對剛剛歸降的原南宋湖北制置副使高達說：

昔我國家出征，所獲城邑，即委而去之，未嘗置兵戍守，以此連年征伐不息。夫爭國家者，取其土地人民而已，雖得其地而無民，其誰與居？今欲保守新附城壁，使百姓安業力農，蒙古人未之知也。爾熟知其事，宜加勉旃。湖南州郡皆汝舊部曲，未歸附者何以招懷，生民何以安業，聽汝為之。[79]

忽必烈以總結蒙古征服以來治理農耕地區的經驗教訓為切入點，談到江南百姓安業力農和新征服州郡的保守鞏固，談到進一步招降懷柔未歸附者，並且把這些任務主要委付給南人官僚辦理。如果說忽必烈不嗜殺人和盡力諭降安撫的政策，在滅亡南宋的過程中，取得了減少進軍阻力和戰爭破壞的積極效果。那麼，委付南人官僚就便管理，以「安業力農」，又是對不嗜殺人和盡力諭降安撫政策的有意義的新發展，而且是更高層次的發展。

麾兵閩廣

一、追剿益、廣二王

占領臨安和宋主投降，雖然意味著享國三百年宋王朝的壽終正寢，但原南宋境內的福建、兩廣、及川蜀、兩淮的部分地區，當時尚未攻克。特別是益王、廣王在福州建立「行朝」逃亡政權後，未征服地區的軍事抵抗轉而變得十分頑強，許多已歸附城邑又降而復叛。忽必烈麾兵閩廣和最終統一全國的任務，就顯得十分迫切而艱巨。

益王趙昰、廣王趙昺自嘉會門逃出臨安，渡錢塘江，先抵婺州。伯顏派范文虎領兵追擊，二王藏入山中七日，又逃往溫州。宋大臣陸秀夫、陳宜中、張世傑等隨後趕到。他們奉益王趙昰為天下兵馬都元帥，趙昺為副元帥，正式舉兵抗元。繼而，又拒絕謝太后所遣二宦官的招降，輾轉進入福建。

至元十三年（一二七六）五月一日，陳宜中、陸秀夫等在福州擁立趙昰為新帝，改元景炎，是為端宗。又冊立趙昰生母楊淑妃為太后，一同聽政。

十一月元軍攻入福建以後，趙昰及陸秀夫、陳宜中、張世傑等逃亡海上，欲入泉州，卻被閩廣招撫使、胡商蒲壽庚所阻。不久，蒲壽庚殺泉州城內宋南外宗子數萬而降元。趙昰行朝被迫退出福建，逃往廣東。

至元十五年（一二七八）四月，趙昰病死於硇洲，趙昺繼為宋主。趙昰、趙昺「行朝」政權及其在閩廣的復辟，使原先對趙宋王朝喪失信心的眾多江南吏民，重新燃起了希望。元軍兵鋒所至，州郡望風歸降的勢頭，迅速停頓下來。死守城池，以身殉宋的，比以前大大增多。

宋主趙㬎降元後，汀州、建寧府守官原先欲隨黃萬石降元，聞趙昰入閩，立即改而閉門拒黃，歸於「行朝」政權麾下。[80]

焚詔殺使，長期堅守揚州的李庭芝和姜才，得悉福州政權建立，又被趙昰委任為左丞相和保康軍承宣使，感慨萬千。於是，二人親率七千軍隊泛海南下，準備效力於「行朝」政權。七月，二人在泰州兵敗被俘，不屈而死。[81]

十一月，阿里海牙率三萬大軍進逼廣西要塞靜江城下，錄忽必烈招諭詔書遣人送去，宋廣右經略使馬塈同樣焚詔斬使，死守三月，城破被殺，靜江亦遭屠城之禍。[82]

姚樞說：「伯顏濟江，兵不踰時，西起蜀川，東薄海隅，降城三十，戶踰百萬……然自夏徂秋，一城不降。」姚樞認為是元軍將士「利財剽殺」所致。[83]

應該補充的是，「自夏徂秋」，恰恰是五月一日益王趙昰立為新帝以後。所以，這段時間江南「一城不降」，實際上背後也有趙昰行朝政權在閩廣復辟的政治影響和作用。

至元十五年六月，江東宣慰使張弘範朝覲時向忽必烈進奏：「宋主既降，而其將張世傑奉其庶兄益王昰與弟廣王昺南奔。既立昰於閩而卒，又立昺於海上，宜致討焉。」

忽必烈看到，北邊叛王對和林一帶的侵擾，此時已得到一定的遏止，剿滅廣東二王逃亡政權，徹底解決江南問題，再也不能拖下去。於是，任命張弘範為蒙古漢軍都元帥，負責對廣東二王的用兵。

張弘範是漢世侯張柔之子，曾參與襄陽、丁家洲、焦山等戰役，水陸作戰皆長，軍功顯赫，賜號拔都（蒙古語勇士），還被特許重新統領其父舊軍亳州萬戶。忽必烈選他為主將，是獨具慧眼的。

上述決定作出後，忽必烈斷然拒絕了參知政事蒙古帶有關頒詔書招降趙昺及張世傑的請求，迅速調集蒙古軍千人和揚州「水陸之師二萬」，交付張弘範。

離京陛辭時，張弘範又上奏說：「國朝制度，無漢人典蒙古軍者。臣漢人，恐乖節度，猝難成功，願得親信蒙古大臣與俱。」忽必烈回答：「爾憶而父與察罕之事乎？其破安豐也，汝父欲留兵守之，察罕不肯，師既南，而城復為宋有，進退幾失據，汝父至不勝其悔恨也。由委任不專，今豈可使汝復有汝父之悔乎？尚能以汝父宣力國家之心為心，則予汝嘉。今付汝大事，勗之哉！」

忽必烈還要賞賜張錦衣和玉帶，張弘範推辭不受，卻請求改賜寶劍甲胄。忽必烈拿出尚方寶劍和名甲，由他挑選。又對他說：「劍，汝副也，有不用命者，以此處之。」

張弘範舉薦已在江西南部作戰的行省參政李恒為副都元帥，又命弟張弘正為先鋒。然後分道南征，張弘範由海道出漳州、潮州，李恒率步騎出梅嶺。又命令江西行省右丞塔出專門負責後方軍需供應。[84]

也是在當年六月，趙昺行朝失掉了雷州的地盤，被迫撤離碙洲，遷至廣東新會縣境內的崖山。

二、崖山大戰

崖山乃海中之山，位於珠江出海口處，與崖西湯瓶山對峙如門，山北水淺，潮水早午落漲，守軍可利用潮汐，或乘潮而戰，或順潮而退。張世傑看到崖山之形勝，於是，大造行宮，聚船隻，治兵器，集中軍民二十萬，作為「行朝」的最後堡壘和據點。

閏十一月，李恒擊敗宋廣州守將凌震，奪船三百艘，擒其將吏宋邁等二百人，重新占領廣州。十二月，張弘範在廣東海豐五嶺坡圍剿文天祥為首的行督府，並將文天祥俘獲。[85]

這樣就清除了趙昺崖山「行朝」的周邊軍事支援。

至元十六年（一二七九）正月，張弘範在甲子門從捕獲的宋斥候劉青、顧凱口中得悉趙昺行朝駐於崖山的消息，立即組織對崖山的軍事包圍。

張弘範率主力由崖山東轉而南入大洋，控制崖門以南，李恒以兩艘戰艦鎮守北面。

當時，宋元雙方的戰艦軍力對比，元軍並不占太多的優勢。宋軍環列戰艦千餘艘，下碇海中，貫以大索，四周起樓棚如城堞，還採取以泥塗艦身，懸水桶無數的辦法對付火攻。戰艦之外，另有千餘艘小黑船，急馳游擊，因此，元軍起初的進攻並沒有取得良好的成效。

張弘範曾經派張世傑的外甥韓某三次前往招降，都遭到拒絕。後來，張弘範從降人口中得悉：宋軍精銳僅張世傑麾下淮兵一千五百人，餘皆民兵。於是決定採取積極攻勢，與宋軍決戰。

張弘範先命令騎兵切斷宋軍的汲水來源，焚燒了崖山西趙昺宮室。由於缺乏淡水，宋軍的處境日益窘迫。

二月六日清晨，元軍總攻開始。

戰前，諸將提議用火炮轟擊。張弘範主張：使用炮攻，敵軍必定浮海散去，我軍分散追擊並不有利。不如與敵船相直對攻，聚留而全殲之。

如此決策後，元軍分為四部，從東、南、北三面進攻，張弘範親自率領一軍。早上退潮，海水南瀉，李恒乘勢率軍自北面順流衝擊，突入其陣，各殊死鬥。中午漲潮，海水北流，北軍順潮而退。張弘範率南軍乘潮大舉進攻。

因宋軍艦船巨大，難以就近攀登，張弘範構築高樓於船尾，外蒙布障四匝，讓兵士負盾而伏，奏起音樂。還下令：「聞吾樂作乃戰，違令者斬。」宋軍開始聽到音樂，以為元軍宴樂，有些懈怠。而後，覺得有詐，才大量向元軍射箭。元軍兵士負盾而伏，毫無動靜。接近敵船，鳴鑼撤障，元軍弓弩火器一齊發射。頃刻，奪得宋軍巨艦一艘，攻破艦船七艘。諸將殊死混戰，聲震天海，宋軍大潰。

陸秀夫見大勢已去，先沉妻兒於海中，又抱趙昺赴海死。

楊太后聞趙昺已死，撫膺大慟，悲切地說：「我忍死艱關至此者，正為趙氏一塊肉爾，今無望矣。」言罷，亦赴海死。宋軍將士死於焚燒水溺十餘萬人。被繳獲海艦八百餘艘，趙昺的符璽印章亦為元軍所得。

張世傑突圍南奔交趾，遇颶風船毀溺死。至此，嶺海皆平，南宋殘軍餘孽蕩然無存。

張弘範還在崖山之陽，摩崖鐫石以紀此役之功，然後，凱旋北歸。86

幾乎和張弘範摩崖紀功同時，文天祥曾賦詩述及這場令宋人充滿悲憤和失望的最後戰役：

南人志欲扶昆侖，北人志欲黃河吞。
一朝天昏風雨惡，炮火雷飛箭星落。
誰雌誰雄勝負分，流屍漂血洋水渾。
昨朝南船滿崖海，今朝只有北船在。

昨夜兩邊桴鼓鳴，今朝船船鼾睡聲。
北兵去家八千里，椎牛釃酒人人喜。
惟有孤臣雨淚垂，冥冥不敢向人啼。
六龍杳靄知何處，大海茫茫隔煙霧。87

關於伯顏奉命渡江滅宋和崖山大戰，北方思想家劉因〈白雁行〉詩曰：

北風初起易水寒，北風再起吹江乾。
北風三吹白雁來，寒氣直逼朱崖山。
乾坤噫氣三百年，一風掃地無留殘。
萬里江湖想瀟灑，佇看春水雁再來。88

劉因把蒙古喻作「北風」，把元軍統帥伯顏就其諧音稱為「白雁」，詩句中對元軍掃平江南，混一南北，以及崖山大戰全殲南宋餘孽殘軍，明顯持春風得意、江湖瀟灑之類的喜悅心情。這和南人前述的憂愁和絕望，形成鮮明的對照。

崖山之戰，是宋元戰爭的最後一役。它徹底殲滅了二王逃亡政權及其所屬的軍事力量，平定了南宋殘餘勢力所控制的閩廣地區。在此前後，重慶、瀘州、合州等川蜀最後一批宋軍守城相繼被占領。忽必烈所期待的混一南北，終於得以圓滿實現。

「皇天不遺一塊肉，一瓣香聞海舟覆。」崖山戰敗，意味著宋祚徹底滅絕，即使在南人看來，天下正統也是非元朝莫屬了。89

對南宋頑強抵抗蒙古鐵騎四十年而覆亡於一旦，忽必烈當然十分欣喜。因為這畢竟是自滅大理以後忽必烈本人成就的一項巨大軍事征服功業。軍事征服功業和每位大汗的威望或資格，緊密聯繫在一起，幾乎成為成吉思汗繼承者們的不成文規則。在這一點上，忽必烈超過了死於釣魚城下而僅得川蜀之半的汗兄蒙哥。

三宮銜璧燕山去

一、幼主新封瀛國公

至元十三年（一二七六）三月十二日，對南宋朝廷和幼帝趙㬎，都是一個悲涼的日子。趙㬎及太后大臣將要踏上與昔日徽宗、欽宗類似的亡國被擄北上的路程。

這一天，伯顏丞相的副手阿塔海、阿剌罕、董文炳等持忽必烈詔書進入宋帝宮廷，敦促趙㬎同全太后北上入覲。

詔書由行省郎中孟祺宣讀，當讀到「免繫頸牽羊」語時，全太后哭泣著對宋主趙㬎說：「荷天子聖慈活汝，當望闕拜謝。」趙㬎依照全太后語向北跪拜。

然後，母子乘肩輿出宮，連夜出城上船。次日，在元軍的監護下，趙㬎和全太后等沿運河北上，陸路換乘的官車多達九十三輛。

隨從北上的還有，隆國夫人黃氏及宮人數百人，福王趙與芮、沂王趙乃猷和謝太后侄謝堂、駙馬楊鎮以下的官屬數千人。此外，宋太學上舍、內舍、外舍諸生數百也被強制赴京。[90]

有人曾向元將進言：「福王趙與芮，理宗親弟，度宗本生父，福王家多子侄，大宋根本猶在。」結果，福王及其子侄全部被迫北上。[91]太皇太后謝氏則因病暫留臨安，八月亦被送至大都。[92]據說，途中宋幼主趙㬎請求會見伯顏。伯顏明確拒絕，理由是：尚未入朝，無相見之禮。

汪元量曾賦詩述南宋君臣被擄北上的淒慘景象：

謝了天恩出國門，駕前喝道上將軍。

白旄黃鉞分行立，一點猩紅是幼君。

……

三宮錦帆張，粉陣吹鸞笙。

遺氓拜路旁，號哭皆失聲。[93]

忽必烈召伯顏偕同趙㬎君臣北上入朝的命令，早在二月已經下達。因揚州等城仍由宋將李庭芝和姜才占領，且拒絕謝太后及趙㬎的諭降之詔，北上途中淮南一帶的安全很成問題。為此，伯顏先期兩日從臨安啟程，部署沿途的警戒。

果然不出所料。當趙㬎和全太后抵達瓜州（今江蘇揚州市南）時，再次送去一份謝太后詔書勸李庭芝投降，詔書曰：「比詔卿納款，日久未報，豈未悉吾意，尚欲固圉邪？今吾和嗣君既已臣伏，卿尚為誰守之？」李庭芝和姜才不僅不聽第二次勸降詔書，還和將士哭泣發誓，欲拚死奪回兩宮，隨即以四萬軍隊夜攻瓜州。

由於元軍早有防備，事先已將趙㬎和全太后送走，才未成功。[94]

汪元量：「丞相催人急放舟，舟中兒女淚交流。淮南漸遠波聲小，猶見揚州望火樓。」的詩句，[95]或許就是描述南宋君臣急匆匆離瓜州北上的情形。

閏三月二十四日，全太后、趙㬎等在伯顏的監護下到達大都。

伯顏入城之日，打起了寫有「天下太平」四字的大旗。元廷還派出「緋綠妓樂，神鬼清樂，戴珠翠，衣銷金，乘馬旌隊，鎗刀金鼓」等，予以迎接。

已在大都的宋祈請使吳堅、家鉉翁等出城門五里迎謁。家鉉翁等流涕伏地，頓首以謝奉使無成效，不能感動忽必烈皇帝，無以保存其國家社稷。[96]

四月二十八日，全太后、趙㬎一行抵達上都，等候忽必烈接見。

五月初一，亦即益王趙是在福州被立為新帝的同一日，全太后、趙㬎等按照元樞密院的事先通知，隨同伯顏等朝廷大臣出城祭祀太廟，向祖宗和天地神祇報告平定南宋、混一南北的喜訊。清晨，出上都城西門外五里，全太后、趙㬎、福王、隆國夫人等在前，吳堅、謝堂、家鉉翁等在後。趙㬎面對象徵黃金家族太廟的紫錦罘罳（城角之屏），向北兩拜。全太后及其他女性則各自長跪。福王和吳堅、謝堂等宰執又依照南宋祭太廟的儀式，跪拜行禮。

五月初二拂曉，全太后、趙㬎、福王、隆國夫人等前往朝見忽必烈。

吳堅、謝堂等宰執及屬官事先鋪設金銀玉帛一百餘桌於上都宮殿前，以為全太后、趙㬎的覲見進貢禮物。

忽必烈御大安閣接受他們的朝覲。大安閣是上都皇宮中舉行重大典禮的正殿。忽必烈和察必皇后並坐在大殿的寶座上，諸王列坐於兩側。

朝覲之前，忽必烈曾降旨：「不要改變服色，只依宋朝甚好。」全太后、趙㬎等遵旨而行，各著宋朝的朝服冠冕，福王和諸宰執腰金服紫，屬官依品階服緋綠，各依次序站立，分班向忽必烈皇帝及皇后行朝拜大禮。整個儀式莊嚴肅穆。由於未改變服色冠冕，趙㬎君臣也似乎好受些、自然些。但身著南宋冠服的全太后、趙㬎等向忽必烈行朝拜大禮，更能顯示大元皇帝君臨華夏和南宋覆亡的全部涵義。

忽必烈龍顏大悅，當即封授趙㬎開府儀同三司、檢校大司徒、瀛國公，福王被封為平原郡公。後來抵達京師的太皇太后謝氏也被封為壽春郡夫人。

忽必烈又封賞平宋功臣，伯顏被授予同知樞密院事，賜銀鼠青鼠只孫服二十襲，增封陵州、藤州食戶至六千。伯顏謙讓說：「奉陛下成算，阿朮效力，臣何功之有。」聽到這番話語，忽必烈當然感到十分愜意。隨後，阿朮、阿里海牙等也都加官晉爵，獲得許多賞賜。

朝覲結束，忽必烈大設御宴，招待全太后、趙㬎、福王等。97 而後，忽必烈以御宴款待謝太后、全太后、趙㬎等，據說有十多次。汪元量詩曰：

皇帝初開第一筵，天顏問勞思綿綿。
大元皇后同茶飯，宴罷歸來月滿天。
第二筵開入九重，君王把酒勸三宮。
駝峰割罷行酥酪，又進雕盤嫩韭蔥。
第三筵開在蓬萊，丞相行杯不放杯。
割馬燒羊熬解粥，三宮宴罷謝恩過。
第四排筵在廣寒，葡萄酒釅色如丹。
並刀細割天雞肉，宴罷歸來月滿鞍。

第五華筵正大宫，轆轤引酒吸長虹。
金盤堆起胡羊肉，樂指三千響碧空。
第六筵開在禁庭，蒸麋燒鹿薦杯行。
三宫滿飲天顔喜，月下笙歌入舊城。
第七筵排極整齊，三宫遊處軟輿提。
杏漿新沃燒熊肉，更進鵪鶉野雉雞。
第八筵開在北亭，三宫豐筵已恩榮。
諸行百戲但呈藝，樂局伶官叫點名。
第九筵開盡帝妃，三宫端坐受金巵。
須臾殿上都酣醉，拍手高歌舞雁兒。
第十瓊筵敞禁庭，兩廂丞相把壺瓶，
君王自勸三宫酒，更送天香近玉屏。

此外還有皇太子東宫賜宴，皇帝賜酒、賜熊掌，皇后親自探視等。謝太后、全太后和趙㬎的衣食住行日用，也得到了非常優厚的待遇：

每月支糧萬石鈞，日支羊肉六千斤。
御廚請給蒲桃酒，別賜天鵝與野麋。
三宫寢室異香飄，貂鼠氈簾錦繡標。
花毯褥裀三萬件，織金鳳被八千條。

……
雪裡天家賜炕羊，兩壺九醞紫霞觴。
三宮夜給千條燭，更賜高麗黑玉香。98

大元皇后察必對瀛國公和謝太后、全太后，還予以了深切的憐憫與同情。據說，在趙㬎朝見於上都時舉行的御宴上，與會者甚是喜慶歡樂，惟獨察必皇后鬱鬱寡歡。忽必烈覺得納悶，問道：「我今平江南，自此不用兵甲，眾人皆喜，爾獨不樂，何耶？」察必跪而奏言：「妾聞自古無千歲之國，毋使吾子孫及此則幸矣。」察必在同情弱宋的同時，又引發出對蒙元子孫的擔憂，可謂未雨綢繆。

按照慣例，忽必烈將南宋府庫儲集的諸多珍寶器物聚置於上都殿庭之上，召察必前往觀看，並讓她任情選取。察必看完後即離去，還說：「宋人貯蓄以遺其子孫，子孫不能守，而歸於我，我何忍取一物耶！」

全太后至京師後，不習慣北方的水土。察必皇后得知，連續三次奏請放全太后回江南。忽必烈一直沒有允許，為此他責備道：「爾婦人家無遠慮，若使之南還，或浮言一動，即廢其家，非所以愛之也。苟能愛之，時加存恤，使之便安可也。」

察必皇后放還全太后的意見，是從照顧其生活習慣的仁慈心意出發的。忽必烈拒絕放還的安排，主要是和江南地區的政治局勢相聯繫的考慮。因為全太后畢竟不是普通的孺人命婦，她是剛剛覆亡的南宋國母。從當時的政治局勢看，放歸江南，對全太后個人安危，弊多利少。忽必烈的安排還算合情合理。察必聽從忽必烈的旨意，不再提起放還之事，更留意厚待瀛國公、全太后了。99

清人趙翼說，元世祖待亡宋太后幼帝甚為優待。比起金朝強徙徽宗、欽宗及宗室三千餘人於上京，僅賜田十五頃，令耕種自食，後又殺趙宋男子一百三十餘口等情節，的確是厚薄不同，相去甚遠。[100]這在至元十九年（一二八二）以前是無可爭辯的事實。

至元十九年以後，情況急轉而下。引起事態急劇變化的直接原因是：當年十二月中山府部分漢人欲入大都製造劫持趙㬎及文天祥的暴亂。

據說，事變發生前，一位福建僧人預言：土星犯帝坐，可能會有變亂。某些記載又云，一名南人曾圖謀行刺忽必烈，臨時膽怯戰慄而失敗。

不久，真定路中山府有人擁兵千人，欲入大都營救趙㬎和文天祥。大都城內也發現匿名文書，聲稱某日焚燒蓑城葦草，[101]率領兩翼兵入城為亂，文丞相可以無憂。

這年夏季剛剛在大都發生過王著殺左丞相阿合馬的暴動。所以，忽必烈和中書省聞訊甚為恐慌，一度召來全太后、趙㬎及文天祥查問虛實。全太后和趙㬎矢口否認與此事的牽連，但文天祥卻痛快地承認自己是預謀者，還對身著胡服的瀛國公趙㬎「大慟而拜」。

這一切不能不讓忽必烈感到惱怒和憂慮，轉而對瀛國公趙㬎和北上宋宗室採取防範和遷徙政策。

而且，對南宋皇后及趙㬎心存憐憫的察必皇后，已於一年前去世，忽必烈身旁已經沒有替瀛國公求情的人物。

十二月，中書省奏言：「平原郡公趙與芮、瀛國公趙㬎、翰林直學士趙與票，宜並居上都。」忽必烈以趙與芮年邁為理由，只批准瀛國公趙㬎遷徙上都，且頒發衣糧，即日發遣。書寫匿名文書的薛保住，則以「妄效東方朔書，欺罔朝廷，希覬官賞」的罪名被殺。[102]

瀛國公趙㬎被強制離開漢人聚居和生活條件較好的大都，遷徙至草原地帶的上都，明顯寓有加強控制和預防漢人、南人劫奪為亂的用意。

從此，瀛國公趙㬎的命運開始惡化。「冷霰撒行車，呻吟獨搔頭」，「母子鼻辛酸，依依自相守」，[103]就是瀛國公在上都六七年淒涼情景的寫實。

久居上都的趙㬎，開始學佛修行，皈依三寶。忽必烈大喜，立即命令他削髮為僧。

至元二十五年（一二八八）十月，忽必烈又下令將「毳衣圓頂」的瀛國公趙㬎送往吐蕃薩斯迦寺，「討究大乘，明即佛理。」臨行，僅賜中統鈔百錠。[104]

瀛國公趙㬎被越送越遠，這次被送到漢人、南人罕至的吐蕃腹地，由帝師所在的薩迦派僧人監視控制。這樣做，既可以妥善防止南宋遺民救主復國，又不失元廷優待降人的寬厚美德。

「木老西天去，袈裟說梵文。」

趙㬎到達吐蕃後，居然潛心鑽研佛法，學會了吐蕃文字，翻譯了《因明入正論》、《百法明門論》等佛教典籍。後來還當上了薩斯迦寺內主持講經的木波講師，吐蕃人敬稱之為「蠻子合尊」。「蠻子」是吐蕃人襲用蒙古人對宋人的稱謂，「合尊」則是他們對王室子孫棄位出家者的尊稱。

至治三年（一三二三）四月，英宗碩德八剌懷疑趙㬎捲入了吐蕃一帶的反叛，下令將他處死。藏文史料還以趙㬎被殺時流出的不是血而是奶汁的記載，披露他的冤枉。[105]

南宋王朝的末代皇帝就這樣淒慘地結束了他的生命歷程。

在瀛國公趙㬎徙居吐蕃之前，忽必烈還支持和縱容江淮釋教都總統楊璉真加挖掘毀壞南宋諸帝陵墓。

挖掘破壞南宋陵墓，主要發生在至元二十一年（一二八四）和二十二年（一二八五）。

至元二十二年八月，紹興路會稽縣泰寧寺僧人宗允、宗𠁊，因盜斫宋陵樹木與守陵人爭訟。二僧遂以宋陵多藏金玉異寶為詞，誘說江淮釋教都總統、八思巴弟子楊璉真加。

於是，楊璉真加羅織楊侍郎等侵占寺田的罪名，發給官府文書，率領吐蕃僧人及所屬工匠民夫，先挖掘寧宗、理宗、度宗、楊后四陵，割破棺槨，劫取寶貨無數。尤其是理宗陵所藏寶器最多，受到的破壞最烈。本來，理宗屍體保存完好如生，為奪得口含夜明珠，理宗屍體被掘墓者倒懸在樹上，瀝取水銀，長達三日。理宗的頭顱也被吐蕃僧人盜割而去，以為厭勝之物。

十一月，楊璉真加等又繼續挖掘徽宗、欽宗、高宗、孝宗、光宗四帝及孟后、鄭后、吳后、謝后等陵墓，盡取寶貨，斷殘肢體，毀棄骸骨於草莽間。

而後，楊璉真加又下令將宋帝后遺骨雜置牛馬枯骨中，其上築一塔壓之，特意名之為「鎮南塔」。

以上挖掘宋陵，表面上是楊璉真加一手製造和操辦的，其動機似乎偏重於劫取珠玉異寶。然而，楊璉真加的行徑，多半經當時的總制院使桑哥上奏忽必烈，標榜以發掘宋陵墓金玉珠寶修建寺院，替皇帝、皇太子祈求福壽，而且得到朝廷默許或批准。

挖掘宋陵之後數月，忽必烈又應桑哥的奏請，命令遣送謝太后、全太后親屬謝儀孫、全允堅和趙宋宗室趙沂、趙太一北上入質。[106]

足見，楊璉真加挖掘宋陵實際上是在忽必烈的縱容支持下進行的。對此，元末陶宗儀曾頗感困惑，他說：「至元丙子，天兵下江南。至乙酉，將十載，版圖必已定，法制必已明，安得有此事？」[107]

忽必烈這樣行事，似乎與他平素的弘才大略，顯得有些反常，與他對亡宋君臣前述優撫政策也相違背。但從他極其迷信天命，從他虔誠皈依藏傳佛教等背景看，又是不難理解的。

忽必烈或許已經相信楊璉真加、桑哥等「厭勝」、「鎮南」之類的說法，無非是欲藉藏傳佛教僧徒掘陵以建佛塔、佛寺之舉，破壞趙宋的王氣和龍脈，使之永遠喪失復國的希望和能力。這和忽必烈的弘才大略及功利主義並不矛盾，只是手法上不夠道德仁義。當然也意味著他優撫亡宋君臣政策的某種改變。或者可以說，這也和瀛國公西遷相聯繫，也是忽必烈防範壓制亡宋君臣新政策的組成部分。

值得注意的是，忽必烈如此行事，還與他個人年邁及真金太子的健康有關。至元二十二年（一二八五）之際，忽必烈已年屆七十，春秋已高。他不能不為身後元帝國及繼承者的前途多考慮一些。恰在這時，真金太子體弱多病，並於至元二十二年十二月病逝。而這一年，瀛國公趙㬎已經十三歲，一天天長大成人。從年齡上說，這位亡國之君趙㬎，的確對忽必烈父子構成了一定的潛在威脅。對一位年逾古稀而又即將失去嗣子的老皇帝來說，此時相信吐蕃喇嘛「厭勝」、「祈壽」的說教，對瀛國公趙㬎及亡宋勢力轉而採取防範壓制政策，也是不難理解的。

時隔六年，桑哥被殺，根據忽必烈的「密旨」，新任江淮行省左丞董士選，一度將楊璉真加「明正其辜，械之於市」，[108]但只是為平息江南吏民的憤懣，最終未見傷及楊的性命。

二、南國舊王母

太皇太后謝氏曾是宋朝廷覆亡前夕的最高決策者，也是主張投降元朝最堅決的人物。

當右丞相陳宜中唆使謝氏侄謝堂再三勸說謝太后拒降遷駕時，她竟責備道：「汝姓謝，寧管得趙家事？」又質問陳宜中：能否用大船將京師百姓一併載走？當陳宜中反對以稱臣投降為求和條件時，謝太后的回答是：「倘能為生靈計，此一字（臣）亦不惜。」而後，謝太后屢次頒手詔命令江南州郡迅速歸降元朝。詔書大意為：「今根本已拔，諸城雖欲拒守，民何辜焉?詔書到日，其各歸附，庶幾生民免遭荼毒。」[109]諸如夏貴等相當多的南宋官員，就是聽從她的詔令而俯首降元的。

還有一部分南宋官員對謝太后報以拒絕和諷刺。如李庭芝見到謝太后的諭降詔書，即斥責道：「奉詔守城，未聞有詔諭降也。」[110]

王逢〈讀謝太皇詔稿〉詩曰：

半壁星河兩鬢絲，月華長照素簾垂。
衣冠在野收亡命，烽火連營倒義旗。
天地晝昏憂社稷，江淮春漲泣孤嫠。
十行哀詔無多字，落葉虛窗萬古思。[111]

謝太后俯首降元，不遺餘力，的確令南宋臣民寒心失望。在多數宋人心目中，太皇太后母儀天下的國母形象早已化為烏有了。

儘管如此，包括始終對元政權抱有敵意的南宋遺民鄭思肖，也不得不肯定：「京師眾大之區，不受韃賊屠弒之苦。」是受了謝太后拒遷主和的「至大之賜」。[112]

北上大都後，謝太后很快被忽必烈封為壽春郡夫人。「謝后已叨新聖旨，謝家田土免輸糧。」忽必烈還降聖旨特許，免除其家族土地所輸稅糧。[113]

謝太后在大都度過了整整七個年頭。大辱迭至，含淚北狩，此時雖有悔恨之意，業已晚矣。她的七十歲壽辰也是在大都慶賀的。汪元量賀壽詞曰：

一生富貴，
豈知今日有離愁。
錦帆風力難收。
望斷燕山薊水，
萬里到幽州。
恨病餘雙眼，
冷淚交流。

這首詞，喜慶稀少，傷感居多，與其說是慶賀，毋寧說是謝太后國亡被擄和由高貴跌入低賤的淒涼寫照。

四年後，謝太后悄然病逝，元朝廷並沒有予以什麼特殊的賻贈禮葬，只有隨同北上的原宋皇宮琴師汪元量等為她賦詩悼念。[114]

全太后北上初期同樣受到諸多優待。

元朝廷容許她和瀛國公趙㬎長期擁有三百六十頃土地，充當贍養費用。這些土地的來源和最初占有時間，尚無確實的史料記載，或來自忽必烈賞賜，或來自他們自行購買。即使在他和瀛國公趙㬎出家以後，朝廷仍然根據宣政院的意見，依例免徵這些土地的稅糧。[115]

全太后到正智寺出家為尼，大約與瀛國公赴薩斯迦寺學佛時間相近。不過，在全太后離臨安北上時，她已有了出家的願望。汪元量〈全太后為尼〉詩記述了這位昔日南宋國母遁入空門、誦經北地的情景：

南國舊王母，西方新世尊。
頭顱歸妙相，富貴悟空門。
傳法優婆域，誦經孤獨園。
夜闌清磬罷，趺坐雪花繁。[116]

忽必烈得悉全太后削髮為尼，誦經修道，深加敬仰，下令官府負責對她的供養。至元末，全太后死於正智寺，忽必烈曾召集部分詞臣作詩追悼。

此外，被擄北上的兩名南宋宮女也隨全太后祝髮為尼，忽必烈特意召見，稱二人為「三寶中人」，命二人歸山學佛修行，官府供送衣糧。[117]

三、紗帽蒙頭笑楚囚[118]

福王趙與芮係宋理宗之弟，宋度宗生父，也是趙宋宗室中的長輩。

早在至元十三年（一二七六）二月，趙與芮曾主動致信伯顏丞相，言辭非常懇切。伯顏答覆道：「爾國既以歸降，南北共為一家，王勿疑，宜速來，同預大事。」福王果然應邀到伯顏軍中議事。他應是趙宋宗室中與元政權較早建立密切聯繫的高層人員。

而後，由於個別降臣向元軍將帥密告，福王趙與芮家多子侄，係大宋根本所在，所以，福王及其子侄全部被擄北上。

「高下受官隨品從」，「福王又拜平原郡」。福王趙與芮到大都後，很快受封平原郡公。他還以重寶普遍賄賂朝廷權貴，以求得到一定的關照。不久，其家產被元廷登錄。忽必烈還特意命令：將福王趙與芮在杭州、紹興的財產由官府運至大都，交付給他。[119]

在大都，福王趙與芮一度被允許與親孫趙㬎見面，但「他鄉相見淚空流」，思鄉懷祖之情切切，天倫之樂索然。

趙㬎遷居上都時，忽必烈念福王年邁，批准他依然留在大都，祖孫二人遂成生離死別。福王趙與芮死於至元二十四年（一二八七）二月以前，最後結局不過是「南冠流遠路，北面幸全屍」。

忽必烈還命令其子趙孟桂承襲平原郡公的爵位。[120]

在南宋宗室中被召北上並受到忽必烈青睞的，當數趙與票。

趙與票早年以宋宗室子中進士，充鄂州教授。至元十一年（一二七四）元軍渡江，趙與票率鄂州的趙宋宗室赴伯顏軍門歸降，請求勿嗜殺並保全其宗屬。

而後，伯顏朝見忽必烈時，忽必烈問起趙宋宗室孰賢，伯顏首推趙與票。

至元十四年（一二七七），元廷遣使召趙與票北上。趙與票深衣幅巾，見忽必烈於上都。談起南宋敗亡的原因，歸罪於誤用權奸之臣，語詞激切，令人感動。忽必烈頗覺滿意，立即授官翰林待制。

至元十九年（一二八二）元廷強制趙㬎等徙居上都，趙與票獲得忽必烈特許，繼續留在大都。

趙與票本人忠於職事，直言讜論，無所顧惜，曾上書抨擊江南科斂過急，趙宋墳丘暴露等弊。又指責權臣桑哥猶若入城之虎。桑哥失敗後，平章政事不忽木上奏：趙與票貧窮有操守，負債歲積。忽必烈馬上說：「得非指權臣為虎者邪？」隨即下令官府酬還其逋負債務，又賞賜寶鈔一萬三千貫，每歲供給其妻子粟米布帛。[121]忽必烈對這位敢於直言的趙宋宗室，可謂印象甚佳，關懷備至。

賈餘慶、吳堅、謝堂和家鉉翁四人，並為先期或隨三宮北上的宋廷重要大臣。他們北上後的結局，也多是悲劇性的。

右丞相兼樞密使賈餘慶曾是謝太后和幼主趙㬎任命的首席祈請使。祈請使的任務是奉表獻璽納土，同時又要乞求忽必烈存留宋朝的宗社。可惜祈請使使命難酬，抵達大都不久，全太后和趙㬎也被迫北上，南宋宣告滅亡。賈餘慶連忽必烈的面都未曾見著，就在大都身染重病，並於至元十三年（一二七六）閏三月十四日客死幽燕。

賈餘慶是北上宋廷大臣第一個死去的。在國破人亡的雙重打擊下，其他北上宋臣不免同病相憐，極度悲哀。[122]

左丞相吳堅也是先期北上的祈請使之一。

賈餘慶死後，吳堅成了在大都的亡宋臣僚之首。無論是應召赴上都和受忽必烈賞賜，吳堅均位居前列。

在五月初二日的御宴上，忽必烈問吳堅：「汝老矣，如何為丞相領事？」吳堅回答：「自丞相陳宜中以下遁去，朝廷無人任職，無人肯做，故臣為相未久。」吳堅趁機以衰老請求忽必烈放他回歸江南田里，卻未獲准。

據說吳堅離開臨安前夕曾偕同賈餘慶等臣僚向謝太后上奏乞封三代及妻孥，謝太后遂運用最後的權力，依奏請行事，滿足了吳堅輩的要求。此事在臨安趙宋朝野引起不小的非議，人們紛紛指責吳堅等「不救國難，尚慕虛名，報國之心安在？」[123]此時的吳堅，不知對數月前的「乞封」，是感到羞愧，還是榮耀？

謝堂是謝太后的侄兒，至元十三年（一二七六）二月，曾以樞密使充祈請使，奉謝太后之命赴大都請命。謝堂向元軍將領行賄，一度得以返回臨安。

三月，全太后和幼主趙㬎在伯顏的護送下離臨安北上，謝堂此番無法逃脫，亦奉命隨從，後一直留居幽燕。[124]

家鉉翁是以端明殿學士和簽書樞密院事，充任南宋滅亡前夕的宰執。在諸多苟且偷安的宋大臣中，家鉉翁算得上一位有骨氣者。當左丞相吳堅、右丞相賈餘慶欲以中書省札附於謝太后手詔後，檄告江南守令以城降元時，家鉉翁拒不署字，還幾乎被元將程鵬飛所綁縛。

不久，家鉉翁也作為祈請使成員先期北上。抵達大都後，南宋滅亡的消息傳來，家鉉翁旦夕哭泣，數月不思飲食。元廷欲授其官爵，家鉉翁義不二君，直言拒絕。又傾囊贖回被籍沒的文天祥女弟。

而後，家鉉翁在河間路開館教授《春秋》。直到成宗即位，才賜號「處士」，放還江南。成宗皇帝賞賜的金幣，家鉉翁也拒而不受。[125]

四、英風凜凜文天祥

在被擄北上的南宋臣僚中，最有氣節而又被忽必烈器重的，當然是文天祥。

文天祥，江西吉州吉水人，二十歲中理宗朝進士第一名。伯顏率大軍渡江前，文天祥官至贛州知州。

他悲壯生涯中最閃光的一段，實際上是和元世祖滅南宋聯繫在一起的。

至元十二年（一二七五），謝太后頒布勤王詔書。文天祥立即招募義兵萬人，入衛臨安。命運似乎總和他作對。此時，不僅響應勤王詔書提兵入衛京師的寥若晨星，臨朝稱制的謝太后也打算議和投降。

文天祥先被任命為知平江府，後應召以臨安知府守臨安，卻一直無仗可打，沒有機會以武力抵禦元軍。

至元十三年正月，謝太后執意投降，陳宜中、張世傑逃遁。文天祥反對投降無效，還被命令帶右丞相兼樞密使銜赴臨安城外臯亭山伯顏營中議和。文天祥詞語慷慨激昂，「辨析夷夏，忠壯不屈」，拒不下跪，還大罵降將呂文煥：「叛逆遺孽，當用春秋誅亂賊法」，「國家不幸至今日，汝為罪魁！」

伯顏頗佩服文天祥的氣節精神，但仍然將他拘留下來，後又強制他與吳堅等祈請使一道北赴大都。

在押解北上途中，文天祥自鎮江逃到高郵，然後泛海至溫州。

益王趙昰被立為新帝（端宗）後，文天祥也被召至福州，委以右丞相兼知樞密院事，負責都督諸路軍馬。

至元十四年（一二七七），文天祥率軍自福建進入廣南東路，又北上進入江西，收復會昌、興國等縣，圍攻贛州。不久被元將李恒在空坑一帶擊敗，主力潰散，文天祥逃往循州。

衛王趙昺繼立後，文天祥堅持在潮州等地抗擊元軍，不幸在海豐以北的五坡嶺被元軍俘虜。

當被押解至都元帥張弘範面前，軍士以刀戈強迫下跪，文天祥不肯屈服。張弘範同樣佩服文天祥的氣節，命令解開繩索，用客禮相待。

崖山大戰前夕，張弘範讓文天祥招降張世傑。文天祥書「人生自古誰無死，留取丹心照汗青」之詩句回應。張弘範看罷，只好無奈地笑笑，放在一旁。張弘範感到很棘手，只好遣使向忽必烈詳細奏報文天祥不肯屈服和不能殺害的原由。

於是，忽必烈下令將文天祥「護送」至大都。

至元十六年（一二七九）十月，文天祥被押送至大都。

起先，丞相孛羅特意把文天祥安排在館驛中，享受上賓待遇。文天祥卻「義不寢處」，五日後，只得改而關押在兵馬司空宅內。

據說瀛國公趙㬎及原宋丞相留夢炎等曾前去勸文天祥投降，均遭拒絕。權臣阿合馬到住地問話，丞相孛羅等在樞密院審問，文天祥也嚴詞以對，不屈不撓。

當時忽必烈多方網羅求取有才能的南宋官僚士大夫。一次他剛剛從上都開平返回大都，問身旁的臣僚：「南宰相孰賢？」原福建制置使王積翁等舉薦說：「南人無如文天祥。」王積翁還說：「文天祥，宋狀元宰相，忠於所事。若釋不殺，因而禮待之，亦為人臣好樣子。」忽必烈聽罷默然良久，諭旨：「且令千戶所好好與茶飯者。」

忽必烈又派王積翁傳達欲用文天祥為元朝宰相的旨意。文天祥回答：「國亡，吾分一死矣。儻緣寬假，得以黃冠歸故鄉，他日以方外備顧問，可也。若遽官之，非直亡國之大夫不可與圖存，舉其平生而盡棄之，將焉用我？」

王積翁一度聯合原宋官謝昌元等十人，奏請釋放文天祥為道士。留夢炎反對說：「天祥出，復號召江南，置吾十人於何地！」結果，事情沒有成功。

忽必烈也知道文天祥始終不肯屈服，曾與宰相議論釋放事宜，但新任參知政事麥朮丁曾在江西行省任職，一直對文天祥出師江西之事耿耿於懷。此時他竭力阻撓，故文天祥獲釋未果。

至元十九年（一二八二），形勢急轉而下。十一月，大都以南的中山府薛寶住自稱「宋主」，糾集兵士一千人，圖謀劫取文天祥。大都城流傳的匿名書信也說：「兩衛軍盡足辦事，丞相（文天祥）可以無慮」，「先燒城上葦子，城外舉火為應。」恰恰在前不久，又發生了王著等漢人吏民暗殺權相阿合馬事件。這一切不能不令忽必烈對漢人、南人的疑懼進一步加深，當然也包括對瀛國公趙㬎和文天祥的疑懼。

主持朝廷庶政的太子真金獲得上述匿名書信後，立即奏聞。忽必烈深感事態嚴重，於是下令京師戒嚴。十二月九日，又批准中書省的提議，將瀛國公趙㬎及南宋宗室遷往上都。

前一日（八日）忽必烈將文天祥召來，親自做最後的勸降。

忽必烈說：「汝以事宋者事我，即以汝為中書宰相！」文天祥回答：「天祥為宋狀元宰相，宋亡，惟可死，不可生！」忽必烈又說：「汝不為宰相，則為樞密。」文天祥的最後回答是：「一死之外，無可為者。」忽必烈佩服他的忠貞，仍然不忍心殺他，先讓文天祥退下。

次日，有大臣奏言：文天祥不願歸附，當從其請，賜之死。參知政事麥朮丁又從旁積極贊和。忽必烈最終予以批准。

文天祥赴大都柴市刑場途中，「過市揚揚，顏色不變」，且歌且行，悠然自得。觀看者、送行者如堵。到達刑場柴市口，文天祥向市人問清南北方向，南面再拜而就死，年僅四十七歲。126

臨刑前，文天祥索筆寫下了最後兩首七律絕筆：

昔年單舸走維揚，萬死逃生輔宋皇。
天地不容興社稷，邦家無主失忠良。
神歸嵩岳風雷變，氣哇煙霞草樹荒。
南望九原何處是，塵沙黯淡路茫茫。

衣冠七載混氈裘，憔悴形容似楚囚。
龍馭兩宮崖嶺月，貔貅萬灶海門秋。
天荒地老英雄喪，國破家亡事業休。
惟有一腔忠烈氣，碧空常共暮雲愁。[127]

據說，忽必烈曾命使者傳詔停止行刑，但為時已晚。[128] 即使是最後，忽必烈對文天祥仍抱著欲用不能，欲殺不忍的複雜心情。

文天祥被殺後，其家產被元廷籍沒。但是，文氏家族成員改而仕元的，不乏其人。世祖朝後期，文天祥一子仕元，被委任為路儒學教授，乘驛傳上任，行數站而身亡。此事在江南士大夫中引起較大震動，紛紛作詩悼念，當然也夾雜著遺憾與譏諷。福建一文士賦詩最為絕妙：「地下修文同父子，人間讀史各君臣。」

至元十七年（一二八〇）五月，文天祥胞弟文璧降元北覲，右丞相帖木兒不花引見奏聞說：「此人是文天祥弟。」忽必烈問：「哪個文天祥？」樞密院官博羅答：「即文丞相。」忽必烈歎嗟好久，稱讚道：「是好人也。」接著詢問文璧的情況，右丞相帖木兒不花介紹說：「是將惠州城子歸附底。」忽必烈又讚許地說：「是孝順我底。」儘管文天祥、文璧兄弟效忠宋室和主動降元等態度反差頗大，忽必烈居然能夠寬容以待，一概給予讚許和肯定。

後來，文璧被忽必烈任命為惠州路總管，又升職廣西宣慰司同知。文璧曾攜中統鈔四百貫贈與大都獄中的文天祥，文天祥竟斥責曰：「此逆物也，我不受！」搞得文璧羞愧不堪。過繼給文天祥為嗣的文璧次子文升，仁宗朝也官至集賢直學士。[129]誰曾料，忽必烈任用文天祥的願望，居然在他的子弟身上得以實現。正因為這樣，民間輿論對文天祥及其子弟的評價，涇渭分明，似有天壤之別。

據說，忽必烈曾經詢問降元南人將領管如德：「我何以得天下，宋何以亡？」管如德回答：「陛下以福德勝之。」管如德的答案不無阿諛奉承之嫌，由於問題本身比較複雜，管如德也很難得其要領。忽必烈注重思考和總結這方面的經驗教訓，倒是難能可貴的。

忽必烈還問中書右丞相和禮霍孫：「俺聞江南百姓率怨俺行事，惟思大宋舊政，既得民心，胡為又失國？」和禮霍孫回答：「大宋愛民之道有餘，用兵之政不足，率為邊將誤國賣降。」[130]此說出於南宋遺民鄭所南筆下，鄭氏忠於亡宋，仇視蒙元，後半生隱居吳下。他的記述只是來自傳聞，又不可避免地摻雜了個人情感。所以，信實程度有限。但忽必烈關心南宋的統治經驗教訓和亡國的原因，是確鑿無疑的。將南宋在江南的統治與元帝國的政策相比較，的確是征服江南和統一全國後忽必烈需要思考的問題。

註釋

1 《元朝名臣事略》卷七〈平章廉文正王〉。

2 《元朝名臣事略》卷一五〈國信使郝文忠公〉；《元史》卷一五七〈郝經傳〉；《靜軒集》卷五〈元故翰林侍讀學士國信使郝公墓誌銘〉。

3 《元朝名臣事略》卷一五〈國信使郝文忠公〉和《元史·郝經傳》說，因郝經素有重名，當時的中書省平章政事王文統對他十分嫉妒。郝經啟程後，王文統暗中囑咐江淮大都督李璮擅自攻略南宋，挑起邊釁，欲假手南宋加害郝經。郝經與王文統不和及受其排擠，或許可能。至於王文統欲假手南宋加害郝經，似缺乏具體而確鑿的證據，估計是反對王文統的史臣臆測推斷之語。況且，李璮曾以書信阻止郝經南行，明顯和所謂陰謀假手加害相悖。

4 《元朝名臣事略》卷一五〈國信使郝文忠公〉；《宋史》卷四七四〈賈似道傳〉；《宋季三朝政要》卷三。

5 《元史》卷四〈世祖紀一〉，卷五〈世祖紀二〉。

6 《輟耕錄》卷二〇〈雁書〉；《宋文憲公集》卷八〈題郝伯常帛書後〉；《吳文正公集》卷四五〈題郝陵川雁足系詩後〉；《清容居士集》卷一二〈題郝伯常雁足詩〉；《梧溪集》卷一〈讀國信大使郝公帛書〉。

7 《元史》卷一五七〈郝經傳〉。

8 《秋澗集》卷一五。

9 《秋澗集》卷八一〈中堂事記〉。

10 《元史》卷一六一〈楊大淵傳〉。

11 周密《癸辛雜識》別集下〈襄陽始末〉；《鄭思肖集》〈大義略敘〉，頁一六〇，上海古籍出版社，一九九一年；《元史》卷一六一〈劉整傳〉，卷一四九〈劉元振傳〉，卷一二九〈紐璘傳〉；《秋澗集》卷八一〈中堂事記〉。按，〈中堂事記〉將此條手詔也記作「宣諭四川侍郎楊某」，有誤。今據《元史》卷四〈世祖紀一〉和卷一六一〈劉整傳〉糾正。

12 《讀史方輿紀要》卷七九〈湖廣五·襄陽府〉；〈湖廣方輿紀要序〉。

13 《元史》卷一六一〈劉整傳〉，卷一四九〈郭侃傳〉；周密《癸辛雜識》別集下〈襄陽始末〉。

14 《元史》卷六〈世祖紀三〉至元五年六月，卷一二八〈阿朮傳〉，卷一六一〈劉整傳〉；《元朝名臣事略》卷二〈丞相河南武定王〉。

15 劉一清《錢塘遺事》卷四〈劉整叛北〉。

16 《元史》卷一六一〈劉整傳〉，卷一五五〈史天澤傳〉；《元朝名臣事略》卷二〈丞相河南武定王〉；《宋季三朝政要》卷四。

17 嘉靖《襄陽府志》。

18 《癸辛雜識》別集下〈襄陽始末〉。

19 《元史》卷一六一〈劉整傳〉，卷七〈世祖紀四〉。

20 《元史》卷六〈世祖紀三〉至元五年正月辛丑，至元六年七月庚申、癸酉；卷七〈世祖紀四〉至元八年六月癸卯，五月乙丑。

21 周密《齊東野語》卷一八〈二張援襄〉；參閱陳世松、匡裕徹等《宋元戰爭史》，第六章，四川社會科學院出版社，一九八八年。

22 《增訂湖山類稿》卷一〈醉歌〉，中華書局，一九八四年，頁一三。

23 《元史》卷一六一〈劉整傳〉，卷七〈世祖紀四〉至元九年十一月己卯。

24 《元史》卷七〈世祖紀四〉至元九年十一月己卯，卷一二八〈阿里海牙傳〉，卷一六一〈劉整傳〉，卷一六五〈張禧傳〉，卷一五六〈張弘範傳〉。

25 《鄭思肖集》〈大義敘略〉，頁一八一，上海古籍出版社，一九九一年。

26 《元史》卷一六一〈劉整傳〉，卷一三一〈忙兀台傳〉，卷一五一〈張榮傳〉，卷一六二〈史弼傳〉。

27 《元史》卷八〈世祖紀五〉至元十年正月。

28 《元史》卷一二八〈阿里海牙傳〉；《元朝名臣事略》卷二〈丞相楚國武定公〉；《元史》卷八〈世祖紀五〉。

29 《增訂湖山類稿》卷一〈醉歌〉，頁一四，中華書局，一九八四年。

30 《元朝名臣事略》卷七〈丞相史忠武王〉。

31 《元史》卷八〈世祖紀五〉至元十年四月癸未；《元朝名臣事略》卷八〈左丞許文正公〉。關於許衡的詳細說法及理由，〈左丞許文正公〉僅云「其辭甚秘」，其他不得而知。

32 《元史》卷一二八〈阿里海牙傳〉，卷二〇三〈田忠良傳〉；《元朝名臣事略》卷二〈丞相河南武定王〉。

33 《牧庵集》卷八〈中書左丞姚文獻公神道碑〉；《元史》卷八〈世祖紀五〉至元十一年正月丙午。

34 《漢藏史集》陳慶英譯本，頁一七二，西藏人民出版社，一九八六年。

35 《元史》卷二〇三〈田忠良傳〉。

36 《元史》卷一二七〈伯顏傳〉；《元文類》卷五八〈中

書左丞相史公神道碑〉；《史集》余大鈞、周建奇譯本，第二卷，頁三一八，北京商務印書館，一九八六年。

37《元史》卷八〈世祖紀五〉至元十一年正月丙午；《元朝名臣事略》卷二〈丞相淮安忠武王〉，〈丞相河南武定王〉。

38《史集》余大鈞、周建奇譯本，第二卷，頁三一八，北京商務印書館，一九八六年。

39《元文類》卷四一〈經世大典序錄．政典．平宋〉，卷五九〈湖廣行省左丞相神道碑〉。

40另據屠寄《蒙兀兒史記．呂文煥傳》估計，元軍圍困襄樊的軍隊人數在十萬左右。加上至元十一年正月所增簽的十萬軍士，恰與二十萬之數相符合。

41《元史》卷八〈世祖紀五〉。

42《元史》卷一五五〈汪惟正傳〉，卷一六一〈劉整傳〉。

43《元史》卷九八〈兵志一．兵制〉，卷八〈世祖紀五〉至元十年六月辛卯，卷一六一〈劉整傳〉；《錢唐遺事》卷七〈劉整死〉。

44劉敏中《平宋錄》卷上；《元朝名臣事略》卷二〈丞相淮安忠武王〉。

45劉敏中《平宋錄》卷上；《元史》卷一二七〈伯顏傳〉。

46《雙溪醉隱集》卷二〈江南平〉。

47《鄭思肖集》〈大義略敘〉，頁一七五，上海古籍出版社，一九九一年。

48《錢唐遺事》卷六〈下鄂州〉；《元史》卷一二七〈伯顏傳〉。

49參閱陳世松、匡裕徹等《宋元戰爭史》，第七章，四川社會科學院出版社，一九八八年。

50《鄭思肖集》〈大義略敘〉，頁一六六，上海古籍出版社，一九九一年。

51《元朝名臣事略》卷二〈丞相淮安忠武王〉。

52《靜修集》卷一四。

53《馬哥孛羅遊記》張星烺譯本，頁二八一，商務印書館，一九三六年。

54劉敏中《平宋錄》卷上；《元史》卷一二七〈伯顏傳〉，卷八〈世祖紀五〉至元十二年二月壬子。

55《元史》卷一二八〈阿朮傳〉。

56《鄭思肖集》〈大義略敘〉，頁一六三，上海古籍出版社，一九九一年。

57《元史》卷一二七〈伯顏傳〉、〈阿朮傳〉；《元文類》卷四一〈經世大典序錄．政典．平宋〉；《宋史》卷四七四〈賈似道傳〉。

58《增訂湖山類稿》卷一〈魯港敗北〉，頁六，中華書局，一九八四年；《雙溪醉隱集》卷二〈戰蕪湖〉。

59 《宋史》卷四七四〈賈似道傳〉。

60 《清河集》卷七〈藁城董氏家傳〉。

61 《元朝名臣事略》卷二〈丞相河南武定王〉；《元史》卷一二八〈阿朮傳〉，卷八〈世祖紀五〉至元十二年七月。

62 《宋史》卷二四三〈后妃傳下・理宗謝皇后〉。

63 《元朝名臣事略》卷八〈左丞姚文獻公〉。

64 《元史》卷二〇三〈田忠良傳〉。

65 《元史》卷一二七〈伯顏傳〉，卷八〈世祖紀五〉至元十二年二月、三月，卷一二六〈廉希賢傳〉。

66 《元史》卷一二七〈伯顏傳〉；《元朝名臣事略》卷六〈元帥張獻武王〉；《元文類》卷二四〈丞相淮安忠武王碑〉。

67 《元史》卷一二七〈伯顏傳〉，卷二〇三〈田忠良傳〉；《元朝名臣事略》卷二〈丞相淮安忠武王〉。

68 參閱《蒙兀兒史記》卷九〇〈伯顏傳〉。

69 《元朝名臣事略》卷二〈丞相淮安忠武王〉、〈丞相河南武定王〉；《元史》卷八〈世祖紀五〉至元十二年五月，七月。

70 《元史》卷一二七〈伯顏傳〉，卷一六〇〈孟祺傳〉。

71 《西湖遊覽志》。

72 《元史》卷一二七〈伯顏傳〉。

73 《增訂湖山類稿》卷一〈北師駐皋亭山〉；《宋史》卷四七〈瀛國公傳〉。

74 《元史》卷九〈世祖紀六〉，卷一六〇〈孟祺傳〉；《增訂湖山類稿》卷一〈醉歌〉，中華書局，一九八四年。

75 《元史》卷一二三〈唵木海傳〉；《增訂湖山類稿》卷一〈佚題〉，中華書局，一九八四年。

76 《元史》卷九〈世祖紀六〉，卷一二七〈伯顏傳〉，卷一六〇〈孟祺傳〉。

77 劉敏中《平宋錄》卷中；《元史》卷九〈世祖紀六〉，卷一二七〈伯顏傳〉；《元文類》卷二四〈丞相淮安忠武王碑〉。

78 《元史》卷九〈世祖紀六〉，卷一二七〈伯顏傳〉；《增訂湖山類稿》卷一〈醉歌〉，中華書局，一九八四年。

79 《元史》卷八〈世祖紀五〉。

80 《宋史》卷四七〈二王紀〉。

81 《宋史》卷四二一〈李庭芝傳〉，卷四五一〈姜才傳〉。

82 《宋史》卷四五一〈馬塈傳〉；《元朝名臣事略》卷二〈丞相楚國武定公〉。

83 《元朝名臣事略》卷八〈左丞姚文獻公〉。

84 《元朝名臣事略》卷六〈元帥張獻武王〉；《元史》卷一三五〈塔出傳〉。
85 《元朝名臣事略》卷六〈元帥張獻武王〉；《牧庵集》卷一二〈中書左丞李公家廟〉；《宋史》卷四一八〈文天祥傳〉。
86 《元文類》卷四一〈經世大典序錄．政典．征伐〉；《元朝名臣事略》卷六〈元帥張獻武王〉；《宋史》卷四七〈二王紀〉；《鄭思肖集》頁一七三，上海古籍出版社，一九九一年。
87 《文山集》卷一九〈指南後錄．二月六日詩〉。
88 《靜修集》卷一四。
89 《玉笥集》卷二〈崖山行〉；《申齋集》卷一五〈書崖山碑後〉。
90 《元史》卷九〈世祖紀六〉；《元朝名臣事略》卷二〈丞相淮安忠武王〉。
91 《鄭思肖集》〈大義敘略〉，頁一六七，上海古籍出版社，一九九一年。
92 《宋史》卷二四三〈后妃下．理宗謝皇后〉。
93 《增訂湖山類稿》卷二〈湖州歌九十八首〉，〈北征〉。
94 《宋史》卷四二一〈李庭芝傳〉，卷四五一〈姜才傳〉。
95 《增訂湖山類稿》卷二〈湖州歌九十八首〉。
96 《錢塘遺事》卷九〈祈請使行程記〉；《宋史》卷四二一〈家鉉翁傳〉。
97 《錢塘遺事》卷九〈祈請使行程記〉；《元史》卷九〈世祖紀六〉；卷一二七〈伯顏傳〉。
98 《增訂湖山類稿》卷二〈湖州歌九十八首〉。
99 《元史》卷一一四〈后妃一〉。
100 《廿二史箚記》卷三〇〈金元待宋后厚薄不同〉。
101 大都城牆始終未砌磚石，而是用葦草覆蓋其上，以防雨水沖刷。
102 《宋史》卷四一八〈文天祥傳〉；《元史》卷一二〈世祖紀九〉；《鄭思肖集》頁一二七，上海古籍出版社，一九九一年。
103 《增訂湖山類稿》卷三〈開平〉。
104 《佛祖歷代通載》第三十五，頁四一二，江蘇廣陵古籍刻印社，一九九三年；《元史》卷一五〈世祖紀十二〉。
105 《增訂湖山類稿》卷三〈瀛國公赴西域為僧號木波講師〉；《漢藏史集》陳慶英譯本，頁一五八，西藏人民出版社，一九八六年；王堯〈南宋少帝趙㬎遺事考辨〉，《西藏研究》一九八一年創刊號。
106 《元史》卷一三〈世祖紀十〉至元二十一年九月丙申、

至元二十二年正月庚辰，卷一四〈世祖紀十一〉至元二十三年正月壬午。

107《輟耕錄》卷四〈發宋陵寢〉；《宋學士集》卷一〇〈書穆陵遺骼〉；《癸辛雜識》續集上〈楊髠發陵〉。

108《吳文正公集》卷三二〈元榮祿大夫平章政事董忠宣公神道碑〉。

109《鄭思肖集》頁一六六，上海古籍出版社，一九九一年；《宋史》卷二四三〈后妃下·理宗謝皇后〉；《錢塘遺事》卷八〈京城歸附〉。

110《宋史》卷四二一〈李庭芝傳〉。

111《梧溪集》卷一。

112《鄭思肖集》頁一七五，上海古籍出版社，一九九一年。

113《增訂湖山類稿》卷二〈湖州歌九十八首〉。

114《增訂湖山類稿》卷五〈婆羅門引·四月八日謝太后慶七十〉，卷三〈太皇謝太后挽章〉。

115《元史》卷一六〈世祖紀十三〉至元二十八年十二月己巳，卷三三〈文宗紀二〉天曆二年九月乙卯。

116《增訂湖山類稿》卷三。

117《歷代佛祖通載》第三十五，頁四二一二，江蘇廣陵古籍刻印社，一九九三年；《西湖遊覽志》。

118《增訂湖山類稿》卷三〈登薊門用家則堂韻〉。

119《元史》卷一二七〈伯顏傳〉，卷九〈世祖紀六〉至元十四年正月甲寅；《元朝名臣事略》卷一四〈左丞董忠獻公〉；《鄭思肖集》頁一六七，上海古籍出版社，一九九一年。

120《增訂湖山類稿》卷二〈湖州歌九十八首〉，卷三〈平原郡公夜宴月下待瀛國公歸寓府〉、〈平原郡公趙福王挽章〉；《元史》卷一二〈世祖紀九〉至元十九年十二月；卷一四〈世祖紀十一〉至元二十四年二月戊午。

121《元史》卷一六八〈趙與票傳〉；《清容居士集》卷二八〈翰林學士嘉議大夫知制誥趙公墓誌銘〉。

122《錢塘遺事》卷九〈祈請使行程記〉。

123《鄭思肖集》頁一六七，上海古籍出版社，一九九一年。

124《錢塘遺事》卷九〈祈請使行程記〉；《元史》卷九〈世祖紀六〉。

125《宋史》卷四二一〈家鉉翁傳〉；《錢塘遺事》卷九〈祈請使行程記〉。

126《宋史》卷四一八〈文天祥傳〉；《申齋集》卷一三〈文丞相傳〉；《鄭思肖集》頁一二八，上海古籍出版社，一九九一年；《文山集》卷一七。

127《廬陵文丞相文山先生全集》卷一四〈出獄臨刑詩歌〉。

128《申齋集》卷一三〈文丞相傳〉。

129《南村輟耕錄》卷二〇〈挽文教授詩〉；《申齋集》卷一〇〈廣西宣慰使文公墓誌銘〉；《元文類》卷六三〈集賢直學士文君神道碑〉；《文山集》卷一七。

130《鄭思肖集》〈大義略敘〉，頁一二六、一七五，上海古籍出版社，一九九一年。

第八章　行省撫江南　帝師轄吐蕃

一、江淮行省創建與阿里別、忙兀台等行省江淮阿里別對抗阿合馬

行省是行中書省的簡稱。起初，它是朝廷中書省的臨時派出機構，至元十年（一二七三）以後陸續帶有了地方最高官府的性質。忽必烈所設置的行省主要有：江淮（江浙）、江西、湖廣、雲南、四川、陝西、甘肅、遼陽、河南九行省。

滅亡南宋後，忽必烈一面命令伯顏、阿朮、合答、博羅歡和蒙古軍主力迅速北上，抵禦漠北昔里吉等叛王，一面部署了江南地區的行政統轄與軍事鎮戍。基本狀況是設置江淮、江西、湖廣三行省，自東到西，分轄長江中下游的吳楚之地。江南行御史台又以糾察非違和軍事鎮遏雙重職能，「監臨東南諸省，統制各道憲司」。[1]

這裡，先談江南三行省中地位最重要的江淮行省。

《元史》卷九一〈百官志七〉說，江淮行省作為江浙行省的前身，設立於至元十三年（一二七六年）。實際上，至元十三年只有淮東行省和臨安行中書省的設置，二者分別管轄兩淮江東和兩浙福建。淮東行省創設於當年十月，長貳是平章政事阿里別（又作阿里），右丞合剌合孫、參知政事王儀、楊鎮、迷里忽辛、陳嚴六人。臨安行中書省設立於六月，其官員大抵有平章

政事阿塔海、參知政事范文虎等。後者設於伯顏所統征伐南宋行中書省最後駐紮之地，或者可以說是征伐南宋行中書省的延續，故在一段時間內不冠名號，徑稱行中書省。如〈世祖紀〉載至元十四年（一二七七）三月，「行中書省承制，以閩浙溫、處、台、福、泉、汀、漳、劍、建寧、邵武、興化等郡降官，各治其郡。」

江淮行省正式設立的時間，應在阿塔海以平章政事行中書省於江淮的至元十四年三月。此時阿塔海為首的行中書省，治所設在揚州，其名稱也併含「江」「淮」。阿塔海的原職務又是平章政事、浙西道宣慰使。當年一月，元廷還初置江淮等路轉運鹽使司及江淮榷茶都轉運使司。[2]這些應是淮東行中書省、臨安行中書省合二為一和江淮行省成立的某些先兆。

而後，江淮行省在至元十五年（一二七八）到二十六年（一二八九）間曾四次在揚州、杭州二城間往返遷徙，直到至元二十六年二月，才最後將治所確定在杭州。[3]

兩年後，江北諸路劃歸於新成立的河南江北行省，江淮行省易名為江浙行省。其轄區逐漸固定下來，那就是，東至大海，西至鄱陽湖與江西行省南康路接界，北至揚子江與河南行省揚州路接界，南與江西行省潮州路接界，東南到漳州路海岸，西南與江西行省建昌路接界，東北到松江府海岸，西北與河南行省安慶路接界，總計三十路一府。[4]

在江淮行省建立之初的三、四年間，平章阿塔海、阿里別及左丞崔斌是該行省主要官員。實際主持政務的，又是阿里別和崔斌。

阿里別是蒙古國時期有名的回回大臣牙剌窪赤之子。元初，與阿合馬同時擔任領中書省左右部兼諸路都轉運使，至元元年（一二六四）十一月，升職為中書省右丞。四年後降為參知政事。又以參知政事行省河南，旋升右丞。至元八年（一二七一）正月，他掌管的南陽等處屯田受到中書省的指責和檢覆，被迫以無效引伏。九年（一二七二）九月，又因妄奏軍數而受杖責罷職。

至元十二年（一二七五）二月，阿里別重新被任命為淮東副都元帥。都元帥博羅歡因病北歸，「素不習兵」的阿里別代其負責揚州一帶的軍事。後又隨阿朮擊敗宋將李庭芝、姜才，平定淮東。[5]前述阿里別升任淮東行省平章和江淮行省平章，似為忽必烈對其平宋軍功的酬答。

至元十四年初，阿里別擔任江淮行省平章的首項工作，就是奉忽必烈的詔旨檢括臨安南宋各官倉所貯藏的貨物財寶，追索檢括甚為苛細，引起不滿。後經回朝入覲的董文炳奏告，忽必烈又頒詔書予以罷止。[6]

崔斌，大同路馬邑縣人，擅騎射，攻文學，達政術，蒙古名曰燕帖木兒。忽必烈藩王時期即受召見，奉命戍守淮南有功。至元初，先後任中書省左右司郎中、東平路總管、同僉樞密院事等。平宋戰爭開始，崔斌先以僉河南行省事、河南宣慰使負責襄樊戰役的軍需轉輸，後以行省參知政事輔佐阿里海牙經略湖南。攻潭州時，崔斌挾盾先登，且與阿里海牙力主不殺降民，以功升行省左丞。至元十五年七月，留夢炎、謝昌元兩位南人官僚向忽必烈進言：「江淮行省事至重，而省臣無一人通文墨者。」忽必烈特意召崔斌回京，調任江淮行省左丞。[7]

崔斌與阿合馬早有積怨，至元初他擔任中書省左右司郎中時，就在忽必烈駕前屢次斥責其奸惡，還說：「與其有聚斂之臣，寧有盜臣。」[8]

至元十四年，阿合馬在南宋原轄區濫除官吏，「行海放之法，使負販屠沽之輩、臧獲廝役之才，或受皇宣，或膺敕札，填街塞市，車載斗量。望江淮而去者，皆懷劫掠之心；就閩廣而官者，罕有公清之德。」[9]攪亂了江南的吏治。

崔斌應召入覲，忽必烈問以江南各省撫治情況，他極言阿合馬用多非人等奸蠹。大略是：「先以江南官冗，委任非人，遂命阿里等澄汰之。今已顯有徵驗，蔽不以聞，是為罔上。杭州地大，委寄非輕，阿合馬溺於私愛，乃以不肖子抹速忽充達魯花赤，佩虎符，此豈量才授任之道。」「阿合馬先自陳乞免其子弟之任，乃今身為平章，而子若侄或為行省參政，或為禮部尚書、將作院達魯花赤、領會同館，一門悉處要津，自背前言，有虧公道。」

忽必烈立即命令江南行台御史大夫相威和樞密副使孛羅按問此事，精簡了江南冗官，罷黜了阿合馬親黨，所設轉運司也被廢止。[10] 阿合馬擅權日甚的氣焰，暫時受到一定抑制。

本來，阿里別與崔斌在河南行省共事時一度因河南四路簽兵二萬之事發生糾紛，致使阿里別丟掉官職。然而，至元十五年（一二七八）初他倆又因為沙汰阿合馬江南所置冗官，志同道合地走到了一起。

當時，淮西宣慰使昂吉兒入覲京師，抨擊權臣阿合馬在江南納賄鬻爵而造成的官僚冗濫。江淮行省阿塔海和阿里別曾奉命精簡冗員及不勝任者，崔斌則公開聲援支持。待崔斌任職江淮行省，進一步釐正「蠹國漁民不法」之弊，他和阿里別在對抗權相阿合馬方面的共同利害就更多了。

至元十六年（一二七九）四月，阿合馬不甘心剛剛受到的挫折，以中書省的名義奏准恢復了諸路轉運司，又增設諸路宣課提舉司，專領課程。九月，阿合馬另一子忽辛又替代其弟抹速忽任職杭州，還升為行省左丞。

翌年六月，江淮行省阿塔海、阿里別及崔斌等也不示弱，上奏道：今立宣課提舉司，官吏至五百餘員，騷擾民間，侵盜官錢，應予廢罷。

阿合馬又上奏反駁：日前奉旨檢核江南糧數，屢次移文取索，江淮行省不以實數上報。經與樞密院、御史台及廷臣諸老集議，謂設立運司，官多俸重，可以諸路立提舉司，都省、行省各委一人任其事。如今江淮行省未嘗委用，就請求廢罷，又歸咎於臣等。然而，臣所委宣課提舉司官吏，有的任職僅兩月，合計其侵用約一千一百錠，與江淮行省所管四年比較，又當幾何？今立提舉司，未及三月而罷，難道不是江淮行省害怕奸弊呈露，故先自言以掩蓋罪狀。應該命令御史台遣能臣同往，凡有非法，具以實聞。忽必烈回答：「阿合馬所言是，其令中台選人以往。若己能自白，方可責人。」

阿合馬利用江淮行省在掌管錢糧方面與中書省許可權劃分不明的矛盾，抓住了阿里別任職時間長、紕漏多和宣課提舉司新設立、錯誤少的反差，促使忽必烈做出了審查阿里別及崔斌的決策。於是，阿合馬乘勢展開對阿里別、崔斌設立行省以來一切錢糧的鉤考理算。

由於和個人恩怨、政見衝突糾纏在一起，這場鉤考理算顯得十分殘酷。

鉤考開始，阿合馬先派不魯合答兒、劉思愈等前往檢核。接著，派刑部尚書李子忠與中書省左部都事劉正馳驛按問，未能得到足夠的罪證。阿合馬第三次派親信北京行省參政張澍等四人重新前往按治，羅織阿里別及崔斌擅自變易命官八百員、私自分左右司官、私自鑄造銀印銅印、違背命令不解散防守軍、擅支糧四十七萬石等罪名，奏報朝廷。

忽必烈對此事的處理比較慎重，他曾經詢問：「阿里別等何以為辭？」但是，阿里別和崔斌所遣上奏使者被阿合馬「遮留」，難以及時奏聞辯解意見。阿合馬則貌似公允地說：「彼謂行省昔嘗鑄印矣。臣謂昔以江南未定，故便宜行之，今與昔時事異」。結果，忽必烈聽信阿合馬所言，下令殺掉了阿里別和崔斌。[11]

據說，真金太子聞知崔斌將被誣殺的消息，正在就餐，淒然丟下手中的筷子，又派使者阻止行刑，可惜為時已晚。[12]

阿里別、崔斌與阿合馬對抗失敗而被殺，表面上是某些回回官員之間及漢官與阿合馬之間的矛盾衝突，其客觀背景又是至元中葉行省官員的許可權並沒有完全規範化，沒有正式確定下來。行省官員以宰相自負、代表朝廷鎮撫一方的慣例，相當風行。中書省和掌管大樁財賦的江淮等行省，圍繞著如何分配財賦軍政等權力，矛盾衝突時有發生。最後的結局還是中書省占上風。

阿里別與御史台監察官關係緊張，也是他失敗的一個因素。至元十五年（一二七八）三月和十六年（一二七九）二月，阿里別兩次奏請江淮行省檢核江南行御史台文書案牘，又請求比附御史台奏章先呈中書省之例，行御史台奏章亦先呈江淮行省。後來，阿里別又提議遇罪犯行省和行御史台一同審問。這兩項請求雖然均得到忽必烈的批准，可隨之而來的又是御史台方面的強烈不滿。御史大夫玉昔帖木兒等親自出馬駁斥阿里別的主張，忽必烈轉而降詔改變了態度。[13] 阿里別在對抗阿合馬的同時，又和御史台監察官交惡，確有樹敵過多、不自量力的弱點。阿合馬在鉤考江淮行省時亦讓御史台派員參與，正是巧妙利用了阿里別和御史台的矛盾。

阿里別、崔斌被殺後，阿合馬長子忽辛把持江淮行省長達兩年。

早在阿合馬爬上中書省平章的至元十年（一二七三），猶如「雞犬升天」，其子忽辛就當上了大都路總管。至元十五年因崔斌奏劾，忽辛的官職一度被罷免。後經阿合馬黨羽張惠援救，又恢復原職。至元十六年六月，忽辛升為潭州行省（湖廣行省）左丞。九月，又以行省左丞兼領杭州等路諸色人匠，被安插進江淮行省。不久升至右丞。當時，張雄飛將任江南行御史台中丞，阿合馬擔心對其子忽辛不利，特意奏留不遣，又改命張為陝西按察使。[14]

阿里別被殺，忽辛很快當上江淮行省平章政事，恃勢貪穢，不可一世，其黨羽馬璘也被提拔為江淮行省參政。阿合馬還企圖以阻止設立江南諸行樞密院，讓忽辛兼掌兵柄。[15]

至元十九年（一二八二）三月阿合馬被刺殺，特別是忽必烈知曉其奸惡後，忽辛立即受到追究。江南行御史台中丞亦力撒合揭發其奸惡，得贓鈔八十一萬錠。當年六月，忽辛被鎖繫至揚州鞫治，十月，忽辛與其二弟抹速忽在揚州就死刑，還被剁成肉醬。[16]可見，忽辛兄弟在江淮行省貪贓狼藉，民憤甚大。

二、忙兀台執掌江淮行省

至元二十年（一二八三），江淮行省左丞相阿塔海改任征東行省丞相，專事渡海征日本。忽必烈深知江淮關係重大，特意命令木華黎裔孫、首任江南御史台大夫相威代為江淮行省左丞相。沒料到相威在赴任途中病死。[17]於是，至元二十年到至元二十七年（一二九〇）的七年間，忽必烈一直讓忙兀台掌握江淮行省的大權。

忙兀台，蒙古達達兒氏，探馬赤軍將塔思火兒赤之孫。至元初任監戰萬戶和鄧州新軍萬戶，隨阿朮攻襄樊，功在諸將之上。又隨伯顏渡江攻滅南宋，以功授兩浙大都督。至元十四年（一二七七）以後，改閩廣大都督，升福建行省參政、左丞、右丞。至元二十一年（一二八四）正月調任江淮行省平章，主持該省軍政，還以行省長官的身分向忽必烈進貢珍珠百斤。而後，江淮行省從揚州遷至杭州，故又稱江浙行省。當年九月，因福建行省軍餉仰賴揚州轉輸供給，忽必烈初次批准將福建、江淮兩省合二為一，又任命忙兀台擔任合併後的江淮行省平章，而以福建行省其他官員分省泉州。[18]這意味著福建開始併入江淮行省，也進一步明確了忙兀台在新江淮行省的長官身分。

翌年十月，忙兀台升任左丞相。至元二十三年（一二八六）七月元廷制定了行省只設兩名平章為長官的規則。忙兀台一度依上述規則降職為平章政事。一年半後，忽必烈又應尚書省官員的奏請，以所統地廣事繁為由，特別頒詔以忙兀台為行省左丞相，還命令江淮管內並聽忙兀台節制。[19]忙兀台以特例復任左丞相，顯示了忽必烈對他的格外寵信，也說明江淮行省長官地位高於他省。

忙兀台在任期間，做了一些有利於安撫穩定和民眾休養生息的事情。

南宋降將陳義曾經協助張弘範俘獲文天祥，協助完者都征討陳大舉，又資助阿塔海征日本戰艦三千艘。原福建行省官告發陳義有反叛的意向，請求除掉他。忽必烈命令忙兀台察訪真實情況。忙兀台攜陳義入朝忽必烈，擔保其無事，並奏請授予他官爵。忽必烈聽從忙兀台的意見，授予陳義廣東道宣慰司同知。

浙西地區遇嚴重饑荒，忙兀台開放河流湖泊之禁，發放官府貸款，降低物價，購入糧食以賑濟。浙東地區盜賊起事，忙兀台則蠲免田租，以紓民力。又奏請出資將鬻販私鹽的海島民招募為征日本的水手。征日本結束，又請求將戰艦交付海上漕運使用。還提議在淮東設置屯田，所得糧食主要供戍軍食用，其餘轉輸京師。當朝廷欲強令遣返中原流民轉徙入江南者時，忙兀台出面反對。

此外，還向朝廷建議：「省治在杭州，其兩淮、江東財賦軍實，既南輸至杭，復自杭州北輸京城，往返勞頓不便，請移省治於揚州。」這些意見均得到忽必烈的批准而付諸實施，[20]對安定東南一帶的社會秩序和經濟生活無疑是有好處的。

忙兀台還頻繁率軍平定境內叛亂，並負責本省所轄軍隊的戍守及調動。如至元二十六年（一二八九）正月，忙兀台奉詔與不魯迷失海牙及月的迷失合兵討伐閩越尚未平息的叛亂。原先，御史大夫玉昔帖木兒奏請選擇將領前往，忽必烈卻說：「忙兀台已往，無慮也。」二月，忙兀台又奉命與福建行省及江西行樞密院官員率兵進攻江西盜賊。[21]

江淮一帶的軍事鎮戍布局，起初是由伯顏丞相、阿朮及阿塔海安置的。忙兀台主持該省兵戎後，全部變更舊法，遷徙易置了所在將吏士卒。據說，此舉後來受到該省繼任者的非議。

忙兀台的某些主張，有時也遭到忽必烈的駁斥。至元二十五年（一二八八）三月，忙兀台建言：修改軍官更調法，父兄死於官事者，子弟提高散階襲職，病故者，子弟降一等任用。忽必烈答覆：「父兄雖死事，子弟不勝任者，安可用之？苟賢矣，則病故者亦不可降也。」而當忙兀台提議以水軍、陸軍互換遷調時，忽必烈訓斥說：「忙兀台得非狂醉而發此言！以水路之兵習陸路之伎，驅步騎之士而從風水之役，難成易敗，於事何補。」[22]

忙兀台受到忽必烈的信賴和寵愛，也顯而易見。至元二十二年（一二八五），近侍脫忽思、樂實傳達聖旨給中書省，命令全部替代江浙行省官員。中書省覺得有些蹊蹺，遂重新上奏忽必烈。忽必烈云：「朕安得此言，傳者妄也。如忙兀台之通曉政事，亦可代耶？」一次，忙兀台因有人奏劾被召回京師，又查封其家資，派遣使者按問查驗未得到確鑿證據。不久，忽必烈重新給忙兀台加官晉爵，從平章政事提拔為銀青榮祿大夫、江浙行省左丞相。[23]

據說，忙兀台擔任行省平章和左丞相，頗傲慢。通常左丞、右丞、參政等同列莫敢仰視，跪起稟白，如同小吏事上官。惟有忽必烈宿衛根腳的董文用，才敢與他共坐堂上，侃侃議論是非可否。[24]行省負責傳達公文的宣使郗顯、李兼，控告忙兀台不法，忽必烈降詔：勿問其罪。同時又把郗顯、李兼交付忙兀台下獄審問，一定要抵以死罪。南台御史申屠致遠錄囚時欲從輕發落，也受到忙兀台的威脅。[25]

對同僚屬吏如此，對御史台監察官也能借機壓制打擊。至元二十五年（一二八八）江南行御史台中丞劉宣到任，坐鎮揚州的忙兀台，希望與劉宣會一次面，敘說舊情以修好。沒料到劉宣以御史台官不當外交為理由，予以拒絕，直接渡江入建康行御史台治所。於是，忙兀台對劉宣猜忌怨恨漸深。

而後，又發生南台御史張諒詰問江淮行省官以軍船載葦事，忙兀台即圖謀報復。他首先按問奏劾任官於江淮行省下屬路州的南台大夫之父，又羅織劉宣之子罪名，關押於揚州獄中。還唆使犯罪免職人員誣告行御史台沮壞錢糧，遂將劉宣及六名御史逮捕下獄。劉宣不願受辱於小人和怨家，自盡於舟中。忙兀台即以劉宣畏懼罪重而自殺，奏報朝廷。[26]

忙兀台雖然和本省官、行御史台官關係比較緊張，但與朝廷中書省或尚書省的關係一直比較好。至元二十六年（一二八九）四月桑哥鉤考理算各行省錢穀時，江淮行省雖然由戶部尚書王巨濟專門負責，但又明言左丞相忙兀台總領其上，[27] 與桑哥姻黨要束木享受類似優越待遇。

至元二十七年（一二九〇），忙兀台調往江西行省，他在江浙行省專愎自用和不可一世，隨而結束。四十日後，忙兀台病死，他逼死南台中丞劉宣、擅易戍兵及屯田無成效等過錯，才被揭露出來。

附帶說明一下，江淮等行省設立初期，由於庶事草創，行省官員有所建白以及政事不能自決而必須奏聞的，往往派遣行省理問官等乘驛諮聞於朝廷。江浙行省理問、畏吾兒人拜降曾擔任這種角色。每次引見入宮，忽必烈從較遠處就能識別其人，還喜悅地說：「黑髯使臣復來耶！」[28] 足見，忽必烈對控馭江浙行省的高度重視。

阿里海牙等經營湖廣

一、阿里海牙經略荊湖南北

湖廣行省，其前身為荊湖行省。它的創建，需要從平定南宋之際阿里海牙經略荊湖南北等活動談起。

至元十一年（一二七四）十二月，伯顏丞相為首的荊湖行省率西路大軍渡過長江，占領鄂州。而後，伯顏丞相所率主力水陸並進，沿江東下。右丞阿里海牙奉命以兵四萬，分省於鄂，規取荊湖，[29]自此開始了阿里海牙經略荊湖南北和創建湖廣行省的歷程。

阿里海牙，畏吾兒人。早年充忽必烈藩邸宿衛，扈從渡江攻鄂有功。忽必烈即位，自左右司郎中遷參議中書省事，不憚權相，敢於直言，「人有小疵，必白帝前。」元廷用兵襄陽時，出任河南行省同僉，曾專掌入奏，能日馳八百里，升參政，兼漢軍都元帥。攻破襄樊後，以功遷行省右丞。

關於阿里海牙經略荊湖南北和創建湖廣行省，姚燧〈湖廣行省左丞相神道碑〉記述甚詳，[30]所言阿里海牙攻略荊湖南北州郡和開拓湖廣行省疆域，大抵屬實。湖廣行省的疆域，基本是依阿里海牙麾下各路軍攻略荊湖的兵鋒所至而奠定。阿里海牙攻略荊湖南北和開拓湖廣行省疆域的主要業績，可以歸納為如下四方面：

其一，規畫有方，遠見卓識。

至元十一年末阿里海牙接受分省鄂州，經略荊湖的任務之際，麾下軍隊主要是張興祖萬戶、張榮實水軍萬戶和闊闊出所部一千五百人等，合計四萬餘人，[31]兵力比較薄弱。當時，元軍僅突破鄂州一帶的長江防線，主力又沿江東下。長江上游的川蜀大部分地區及江陵、岳州等尚在宋軍手中。攻略荊湖的元軍，把用兵矛頭首先指向何方？關係到元軍能否在鄂州站穩腳跟和東下主力有無後顧之憂。

至元十二年（一二七五）初，阿里海牙採納僉省賈居貞的意見，迅速上奏忽必烈：「江陵宋巨鎮，地居大江上流，屯精兵不啻數十萬。若非乘破竹之勢取之，江水泛溢，鄂漢之城亦恐難守。」[32]在徵得忽必烈同意後，阿里海牙以賈居貞留守鄂州，自己提兵溯江而上，先破岳州及沙市鎮，殲敵精銳，迫使江陵守將投降。

獲悉阿里海牙攻占江陵，忽必烈喜出望外，大宴三日，親作手詔讚譽：

伯顏東兵，阿里海涯孤軍戍鄂，朕嘗深憂。或荊、蜀連兵，順流而東，人心未牢，必翻城為內應，根本斯蹶。孰謂小北庭人（指阿里海牙）能覆全荊。江浙聞是，肝膽落矣。而吾東兵可無後虞。[33]

忽必烈的憂與喜，不是沒有道理。江陵（荊州）自古乃兵家必爭之地，也是江漢平原西部的門戶。從江陵、鄂州一帶的軍力對比情況看，宋軍雖然未及數十萬，但估計比阿里海牙麾下的四萬兵馬多。在地利、人和等方面，元軍也處於明顯劣勢。阿里海牙先攻取江陵，變被動為主動，改劣勢為優勢，既在鄂州站穩了腳跟，為攻略荊湖全境打好了基礎，又解除了東下大軍的後顧之憂。戰略意義之重大，足以令忽必烈大喜過望。

而後，阿里海牙又繪其地圖，奏請朝廷派重臣、開大府鎮守江陵。忽必烈立即選派原中書省平章政事廉希憲行省江陵。阿里海牙對廉希憲十分恭敬，甚至屈尊郊迎，望拜塵中。廉希憲在江陵治績頗顯，數月後，政化大行，很快鞏固了阿里海牙在大江上游的軍事成果。[34]

至元十二年十月，阿里海牙揮軍南下，圍攻潭州（今湖南長沙）。翌年正月初一，潭州城破，湖南境內州郡陸續投降。

三月，阿里海牙應召入朝賀平宋，升行省平章政事。六月奉命征伐廣西，十一月攻克靜江，廣西之地亦進入版圖。

至元十五年（一二七八）十月，為遏止南宋行朝政權向海南、交趾的逃亡，阿里海牙親赴雷州前線，調兵遣將，戍守堵截。還率軍航海五百里，追擊宋安撫趙與珞，諭降瓊、南寧、萬安、吉陽等州軍，盡平海南島之地。[35]

由此，湖廣行省奄有了荊湖南北（包括今鄂、湘、桂、瓊）的廣大地區。

其二，撫戮兼施，恩威並用。

阿里海牙在經略荊湖南北過程中，沒有「專事殺戮」，而是採取了口舌諭降、[36]撫戮兼施、恩威並用的政策。這也是他攻城掠地和開拓疆域順利，所遇拚死抵抗較少的一個重要原因。試舉一、二例如下：

因鄂州守軍降元較早，故在受命戍守鄂州之初，阿里海牙即給予優待。他允許州民服用原來的衣冠，使用南宋的楮幣，街市依舊，「鄉郭帖然」。又召集鄂州民眾，宣諭世祖皇帝好生不殺之德惠，禁止將士侵掠百姓。而且令行禁止，軍紀頗嚴，部下甚至不敢取民蔬菜。此舉頗受民眾歡迎，對穩定鄂州民心大有裨益。對郢州、歸州、峽州、常德州、澧州、隨州、辰州、沅州、靖州、復州、均州、房州、施州、荊門州等守將降元者，阿里海牙又能全部奏聞保留其原有官職。

阿里海牙圍攻潭州所遇的抵抗，頗為頑強。自十月圍城到翌年正月城破，雖招諭多次，守將李芾等至死不降。圍繞潭州屠城與否，右丞阿里海牙與兩名參政展開了爭論。包括兩名參政在內的許多將領援引蒙古軍征伐舊制，要求屠城。行省郎中和尚、參政崔斌主張：「殺降不祥」，難以「勸來附者」。阿里海牙贊合不殺議。兩種意見爭執不下，分別遣使入奏。

阿里海牙在奏章中說：

臣初出征受命，陛下首以曹彬下江南不殺人為訓。今潭州城已降，同列疾其拒命之久，欲獵其民。臣誠不敢負陛下先詔，昧死為民請命。

兩名參政所遣使者先至京師半月，忽必烈得知不是阿里海牙所遣，有些懷疑，未及時召見。不久，阿里海牙所遣使者至，忽必烈立即召其入內，獲悉阿里海牙的奏章，非常欣喜地說：「阿里海牙言與朕志正合」。然後召參政所遣使者，嚴厲責備道：

國家征南，非貪其國，欲使吾德化均及其民人爾。今得土地而空其城，政復何為？汝不稟命主將，輒為異同，當正汝罪。以汝薄勞，今姑貰汝。後復敢爾，必置汝法。其從阿里海牙慰安吾民，毋或異議。37

阿里海牙原係忽必烈潛邸宿衛，對忽必烈效曹彬不殺的旨意，十分清楚。他也深知，潭州為荊湖重鎮和宋湖南安撫使所在，對湖南諸州郡影響很大。破例不屠潭州，有利於招降未下州郡，對其完成經略荊湖南北的使命，關係重大。阿里海牙的意見，得到忽必烈的全力支持。破例不屠潭州的決策，非常適時，甚有成效。待阿里海牙傳檄湖南未下諸州，郴州、全州、道州、桂陽州、永州、衡州、武岡州、寶慶州，及江西之袁州、連州，爭相歸附。38

此為懷柔安撫之例。

元軍渡江後最先遇到的頑強抵抗是沙市。該城久攻不下，使用火攻，仍持續有城上、城中的激戰，阿里海牙下令屠城，以儆他邑。

攻略靜江時，儘管阿里海牙派人送去忽必烈招諭靜江詔書的抄錄本，得到的答覆卻是焚詔斬使和連續四十多天的拚死抵抗。阿里海牙認為，靜江距中原遙遠，非長沙可比，民性驚囂，易叛難服，不用重典刑之，廣西其他州郡談不上綏服招徠。於是，下令屠其城，「官寺民廬，一炬盡燬」。據說，屠靜江也收到了廣西二十州聞檄歸降的效果。[39]

此為野蠻殺戮之例。

某種意義上，「拔城必屠」屬「國制」蒙古法；效曹彬不殺降，又可歸於忽必烈提倡的新法。阿里海牙對屠城與不殺的交替運用，體現其撫戮兼施，恩威並用的政治軍事策略。不如此，荊湖南北在一、二年內較快歸附元朝，是相當困難的。

至於活潭州而屠靜江，除了阿里海牙所說的原因外，還有一點需要補充：二者的時空環境有異。活潭州在元軍總攻江浙、江西、湖南之際，破例的免屠安撫，十分必要。而屠靜江時，南宋朝廷已降元，但益王、廣王的逃亡政權也於當年五月建立，閩廣尚在其手中，文天祥等恢復江西的軍事行動，在江南引起很大震動。此時已不能和攻潭州時相提並論。就維護和擴大元朝在江南的統治來說，強力的鎮壓乃至殺戮，在某種程度上也是不得已的。

其三，通商安民，輕刑薄稅。

阿里海牙及其佐貳僉省賈居貞在創建湖廣行省過程中的另一項有特色的政策是：通商安民，輕刑薄稅。

入鄂州後，除了實行前述不變衣冠，不變楮幣和嚴禁軍士擾民外，還開倉廩賑濟流亡，包括宋宗室子孫流寓者，也享受官府廩食。又在陽邏堡設置驛站，以便行商。免檢括商民，設置藥局，遣醫更視疾病。放寬湖荻之禁，聽民漁樵。對東南未下州郡流滯本地的商旅，則發給路引，聽其返鄉。

攻占江陵後，阿里海牙廢除南宋苛法，廢罷繁細徭賦，釋放繫囚和南宋戍券軍。還修復水利，在湘江上建起三十六所船閘，以通舟楫。[40]

阿里海牙在湖廣行省境內的減輕賦稅的政策，應該從阿里海牙制定湖廣稅糧及門攤說起。姚燧〈湖廣行省左丞相神道碑〉載：起初，北方田租畝收三升，戶調每歲四兩。及平定湖廣，「稅法畝取三升」，盡除南宋其他名目的徵稅。後征伐海南，預算不足於用，開始權宜抽戶調三之一佐軍，時以為虐。如今江浙諸省大約增加數倍，獨西南賴以輕平。其境內「館傳修潔，亦甲他省」。[41]

這裡的「稅法畝取三升」，即阿里海牙模仿北方地稅制定的湖廣稅糧。「抽戶調三之一佐軍」，即《元史・食貨志》所云「門攤」，實際屬於科差中包銀的變態，大約為每戶一兩二錢，相當於北方包銀的三分之一。開始是用於至元十五年（一二七八）阿里海牙征伐海南軍需，後來成為固定課稅。[42] 據姚燧的評論，阿里海牙所定湖廣上述賦稅名目及數額，較之江浙等省還是「輕平」的。這或許也是湖廣行省境內岳、潭、柳、雷等州阿里海牙生祠遍布的一個原因吧！

對阿里海牙所定湖廣上述賦稅名目及數額，雖有姚燧「輕平」的評論，但有的學者又指出，阿里海牙按中原例改科門攤，每戶一貫二錢，造成湖廣賦稅比江浙更重的後果。[43]

如何看待這兩種截然不同的意見呢？

筆者認為，阿里海牙所定湖廣上述賦稅名目及數額究竟是輕是重，應該詳細考察其所有稅目和稅額，還應認真與他行省作橫向比較。如果單就至元十五年的門攤和大德三年後的夏稅而言，湖廣行省的確比江浙吏重，姚燧「時以為虐」語及《元史・食貨志・稅糧》載；「視江浙、江西為差重云」，即謂此意。還需要看到，湖廣秋稅稅糧「畝取三升」，在江南三行省中是頗低的。而有元一代江南夏稅徵收的原則，一直是「稅隨地出」和「視其糧以為差」。[44]儘管湖廣門攤和後來依每石稅糧徵收的夏稅額都比較重，但阿里海牙主持湖廣行省之際是惟徵門攤而不收夏稅的，該省的夏稅又是大德三年左右增加的。所以，阿里海牙時期畝收三升的秋糧及門攤加在一起，綜合計算，湖廣行省民戶的賦稅負擔總量，還是比江浙行省等低一些。姚燧「獨西南賴以輕平」語，不會是無根之說。

又，《元史・食貨志一・稅糧》所載：湖廣行省稅糧每歲八十四萬三千七百八十七石，僅相當於江西行省的七成多，不足江浙行省的五分之一；湖廣行省天曆元年夏稅鈔數為一萬九千三百七十八錠二貫，僅相當於江西行省和江浙行省的三分之一左右。這些數字也可以證明湖廣行省的賦稅總量還是比較低的。誠然，它與上述三行省人口和墾田數量的差別也有關係。

另外，湖廣行省官員有義務向皇帝上貢。阿里海牙至元十六年（一二七九）七月朝覲忽必烈時，曾「獻金三千五百八十兩，銀五萬三千一百兩」。[45]

其四，知人善任，「推勞」部屬。

阿里海牙的知人善任，善於使用和駕馭各種人才，也是他在荊湖南北攻城掠地、遊刃有餘的一個重要條件。

阿里海牙率兵攻江陵時，以僉省賈居貞留守鄂州，就是一個上乘的選擇。前述安撫鄂州民眾的舉措，實際上多是賈居貞之所為。最突出的莫過於阻止鄭萬戶濫殺鄂州大姓事。南宋益王、廣王逃亡閩廣，建立行朝政權後，「所在煽惑」，鄂州屬縣民傅高亦起兵響應。元軍守將萬戶鄭鼎懷疑鄂州大姓與傅高勾結，倡言先除掉鄂州大姓，將鄂州城中南人統統捕殺，以絕禍本。賈居貞及陳天祥以為傅高「鼠子無知」，行將就戮，城中大姓沒有參預，竭力予以阻止。最終全部釋放了被捕者，頗得鄂州民眾擁護，許多城中新民也參加了守衛鄂州和防禦賊寇。46

阿里海牙「承制」委任萬戶史格行宣慰司於靜江，史格也能不辱使命，治績頗顯。如重建靜江官舍民居，「畫地募民」，命鄉縣之豪「析族城居」，行徇廣西等二十餘州，派遣萬戶、千戶分戍。47

阿里海牙還善於激勵部屬建功立業，並能夠身先士卒，為其表率。沙市激戰前夕，他曾與將士盟誓：「自今功者，健兒升長百夫，百夫長千夫，千夫長萬夫，萬夫取進止。」使全軍士氣大振。進攻潭州，百日不下，阿里海牙身中流矢，創傷甚重，卻督戰益急，申命諸將：「凡所由久頓兵者，卒伍前驅，諸將安行其後也。自今萬夫、千夫、百夫皆居前列，有退屻者，定以軍興法從事。」此令一出，三日即克潭州城。48

姚燧在談到當年跟隨阿里海牙轉戰荊湖南北和以功加官晉爵者時說：

今列其由省幕戎麾與所受降，登宰相者二：蒙古帶、阿剌韓，平章十二：奧魯赤、虎突帖穆兒、阿力、史格、呂文煥、帖穆耳不花、李庭、李恒、張弘範、劉國傑、程鵬飛、史弼，右丞四：唆突、完顏那懷、闖出、樂落也訥，左丞四：塔海、唐兀帶、劉深、趙修己，參政十三：賈文備、鄭也可、何瑋、張鼎、樊楫、朱國寶、張榮實、囊家帶、烏馬耳、索羅合答耳、高達、馬應龍、雲從龍，都元帥、宣慰使、總管、萬夫、千夫之長，又什伯。是觀出其門者衆多，又足徵公善推勞人也。[49]

從這份名單可以窺知，阿里海牙提拔部將如雲，也能夠體現阿里海牙及其部屬起家湖廣，建功湖廣之梗概。

阿里海牙在創建湖廣行省過程中，將其部屬四十五人提拔至行省參知政事以上。其中奧魯赤、李恒、呂文煥、忽都帖木兒、張鼎、劉國傑、賈文備、樊楫、唆都、朱國寶、唐兀帶、史格、程鵬飛、劉深等十餘人，又相繼任職於湖廣行省。視元前期的湖廣行省為阿里海牙控制或其部屬雲集的省分，似乎毫不過分。如張鼎先充阿里海牙的「屬吏」，一度被提拔為湖廣行省參政，至元十五年（一二七八）六月經內侍劉鐵木兒奏劾，方罷去。尤其是程鵬飛，原係與元板橋張萬戶的擄掠奴隸，也被阿里海牙以軍功擢為參知政事，後升至湖廣行省平章。[50]這在元代諸行省中是很少見的。

總之，阿里海牙圓滿地實現了忽必烈命令其留戍鄂州，經略荊湖南北的戰略意圖，他在鄂、湘、桂、瓊、黔的攻城掠地，幾乎「半宋疆理」。這就從轄區範圍、安撫降民、羈縻洞蠻、賦稅制度、軍事鎮戍、委任官吏等方面，初步奠定了湖廣行省基本規模。稱阿里海牙為湖廣行省的創建者，似乎不過言。

忽必烈曾以御筆褒獎阿里海牙：「昔魯魯合西地生阿里海牙，為大將有功，信實聰明而安詳。其加卿為阿虎爾愛虎赤，嫡近越各赤。」[51]阿里海牙原係忽必烈宿衛士，此次破格擢為「阿虎爾愛虎赤，嫡近越各赤」，並以御筆讚譽，可謂最高獎賞。也可以說是對阿里海牙經略荊湖南北，創建湖廣行省的肯定和評價。

大德五年（一三〇一），元朝以鄂州在江南諸城中首先降附，又曾是忽必烈親征之地，易其名為武昌。[52]此名至今相沿未改，可以用來見證或紀念這段不平凡的經歷。

另外，一些史料說，當年忽必烈渡江後射中一隻老虎，未死。宿衛士阿里海牙下馬徒步用長矛將此虎刺死。[53]此說帶有一定傳奇色彩，倘若屬實，倒是和阿里海牙繼續完成當年忽必烈未竟的攻略荊湖大業，偶然暗合。

二、久任湖廣與要束木鉤考

世祖朝後期，湖廣行省曾出現以嚴酷聞名的要束木鉤考。這次鉤考持續五、六年，不僅直接針對理財官員，還造成了湖廣行省創建人阿里海牙被逼自殺等嚴重後果。

要束木鉤考的緣起，是阿里海牙在湖廣行省長期任職和尾大不掉，引起了朝廷官員的非議。

世祖朝中後期，湖廣行省曾發生過二萬戶蒙古軍與奧魯赤四萬戶交替換防，阿里海牙一度竭力阻撓的情況。

《清容居士集》卷二六〈玉呂伯里公神道碑〉載：平定南宋後，玉呂伯里氏伯行隨從江淮行省丞相阿塔海鎮揚州。阿塔海奏請皇帝批准，欲以揚州四萬戶蒙古軍移鎮鄂西，而以鄂州兩萬戶蒙古軍更戍於揚州。此事通報湖廣行省丞相阿里海牙，使者相望，阿里海牙卻不肯發軍。江淮行省丞相阿答海派遣伯行乘驛前往，宣布朝廷的旨意。話音剛落，阿里海牙色赤反目，甚為惱怒。伯行走上前去說：「丞相何怒，怒且不敬。」阿里海牙害怕地回答：「吾怒阿答海。」伯行又說：「上旨非淮相所造，公怒殆怒上，願亟歸。」阿里海牙更加害怕，具酒食招待伯行，以示謝悔，隨後遵旨發軍。

〈玉呂伯里公神道碑〉中的揚州四萬戶軍和鄂州兩萬戶軍，未明言是蒙古軍，但從《元史・兵志二・鎮戍》所載：至元十七年「七月……復以揚州行省四萬戶蒙古軍更戍潭州」看，揚州四萬戶軍和鄂州兩萬戶軍，都是蒙古軍。

根據〈玉呂伯里公神道碑〉，湖廣行省二萬戶蒙古軍與江淮行省四萬戶蒙古軍的互換，最終還是實行了。

至元十九年（一二八二）四月，江南行御史台彈劾：阿里海牙占降民為奴，而以為征伐所得私屬，數以萬計。為此，元世祖曾降詔打圓場：命其將降民還有司，擄掠民賞有功部將。[54]翌年，刑部尚書崔彧上疏劾：阿里海牙掌兵民之權，子侄姻黨，分列權要，官吏出其門者，十之七八，威權不在阿合馬之下，理應罷職理算。[55]所謂「理算」，就是鉤考的同義語。此類奏疏估計不止兩篇，所言基本屬實，在主張削弱阿里海牙權力的政議中有一定的代表性。儘管這兩條罪狀都有蒙古軍前擄掠俗和行省制度不完善等客觀原因，但阿里海牙的個人責任也不容忽視。至元二十三年（一二八六）四月，元廷派遣要束木鉤考荊湖省錢穀，[56]或許就是江南行御史台及崔彧上疏奏劾的實際成果。

至元二十三年鉤考錢穀，顯然是主要針對湖廣行省左丞相阿里海牙。

起初，阿里海牙反映強烈，曾上奏攻擊要束木：「要束木在鄂省鉤考，豈無貪賄？臣亦請鉤考之。」忽必烈勉強接受了同時鉤考要束木的奏請，派遣中書省參政禿魯罕、樞密院判李道及治書侍御史陳天祥偕往。

據說，要束木在所欲為不順利的情況下，唆使阿里海牙的仇人怨家赴京師告狀，其姻黨桑哥又以此為左驗，行其讒言。

不久，互請鉤考的結果揭曉：阿里海牙被逼自殺，忽必烈肯定要束木對阿里海牙的揭發，並同意要束木所言，追逮連引相關人員，嚴加究問。[57]阿里海牙舊部之一、湖廣行省右丞史格在這次毫推縷剔的鉤考中，也因曾經督造海艦，費計巨萬，受到檢核，最終強制賠償軍民鈔三萬錠。[58]半年後，要束木籍沒阿里海牙家貲，運往京師。《元典章》中的一件公文所言阿里海牙妻郝氏呈獻在官的潭州柑園，[59]估計也是此次籍沒家貲的一部分。

要束木本人則因揭發和鉤考阿里海牙有功，爬上了湖廣行省平章的寶座。朝廷還重新派遣中書省斷事官禿不申鉤考湖廣行省錢穀，[60]以期徹底弄清阿里海牙在理財方面的問題。

至元二十六年（一二八九）尚書省右丞相桑哥將鉤考錢穀進一步推廣到江淮、江西、福建、四川、甘肅、陝西六行省，同時，特許湖廣行省錢穀由其平章要束木「自首償」。[61]所謂「自首償」，是指湖廣行省此時的鉤考不派朝廷官員，而是由平章要束木自己主持。鉤考對象，則是湖廣行省所屬官吏及欠稅民戶。鉤考的內容，包括地方官所掌賦稅積年逋欠和徵收過程中的奸贓、侵牟之類。具體做法不外是置局稽察籍冊，強制追徵逋欠，清查官吏奸贓。

要束木曾徵集諸道官吏數千人於湖廣行省，命荊湖北道宣慰司同知孫顯主持計局，長時間地拘留審查各路計吏。[62]追徵民間積年賦稅逋欠，更是「備極殘酷」。常常是訂立期限送官，榜掠號哭之聲相聞，民眾被逼，甚至鬻田宅，嫁妻女，或赴水自戕。人死無法追究，則強迫親戚鄰里代償。據說，要束木自定全省追徵逋欠十五萬錠，「程督日嚴」，忽必烈赦令頒下，經同列史格力爭，才減為追徵五萬錠。[63]

要束木又威逼官吏，令自首償還屬民饋遺財物及酒食，督責使者，每日多達十餘輩。某總管被逼無奈，只好標草老婢，鬻賣得值，以輸其贓，後來竟依此項輸贓免其官職。[64]還命令庶民自行舉報平宋初州縣斂銀數，隨地置獄，株連蔓引，民眾因考掠瘐死者載道。[65]要束木又將許多輸贓掩為己有，甚至強迫路州官錢糧數額「增羨」，稍有怠慢，立刻逮捕關押，非死不釋。[66]

要束木鉤考，本來屬於財政審計，主要效用是搜刮財富，其背後也摻雜著削弱行省等地方官府權力等部分政治因素。由於要束木鉤考，結束了湖廣行省的阿里海牙支配體制，對湖廣行省自身的影響似乎更大些。

以鉤考得勢起家的要束木，是權相桑哥的姻親。至元二十二年（一二八五）二月要束木被提拔為湖廣行省右丞，奉命與參政潘傑「專領」本省課程財賦事。[67]這應是要束木任職湖廣行省的開始。至元二十三年（一二八六）四月中書省擬奏要束木為湖廣行省平章，脫脫忽為參知政事。忽必烈諭旨道：「要束木小人，事朕方五年，授一理算官足矣。脫脫忽人奴之奴，令史、宣使才也。讀卿等所進擬，令人恥之。」[68]儘管忽必烈對要束木評價並不高，但在桑哥的支持下，要束木後來仍憑藉鉤考阿里海牙之功，獲取了湖廣行省平章的官職。

至元二十五年（一二八八）五月忽必烈還以詔書決定湖廣行省管內並聽要束木和另一名平章禿滿節制。[69]要束木依仗桑哥的援藉，怒詈同列，辯詐鷙刻，聲勢甚張。右丞劉國傑平叛捕盜，屢有功勳，要束木卻壓抑不以奏聞。另一名平章史格為忽必烈所熟識信任，要束木才不敢用言語臉色相侵辱。[70]治書侍御史陳天祥奉命參與鉤考湖廣行省錢穀，上疏奏劾要束木兇暴不法，反而被要束木勾結桑哥，誣陷繫獄近四百日，必欲置之死地。幸而按部湖廣的江南行御史台監察御史申屠致遠上章營救，才未得逞。[71]由於擔心對自身的監察檢舉，要束木還通過桑哥一度奏罷湖北道按察司。[72]

要束木權勢最盛之際，遇正月初一，百官會行省，要束木竟先召他們至私邸，受賀完畢，才到行省官邸舉行望闕賀歲的儀式。[73] 氣焰可謂囂張之至。

要束木鉤考，引起了較嚴重的社會騷動和朝野反對。他的為非作歹，在湖廣行省造成很大禍害。桑哥被殺後，全國範圍的鉤考錢穀基本停止，湖廣行省鉤考也以罪惡和失敗落下帷幕。以鉤考起家的桑哥妻黨要束木，此時被列出數十條罪狀，籍沒家貲，先是逮捕入京，不久，為平息湖廣吏民的怨恨，忽必烈特降詔：押送回湖廣行省處死。[74]

三、哈剌哈孫主持湖廣行省

至元二十八年（一二九一）以後，忽必烈親自選拔哈剌哈孫主持湖廣行省政務，該省得到了一段難得的休養生息。

哈剌哈孫，斡剌納兒氏答剌罕啟昔禮之裔孫，至元九年（一二七二）奉命入掌宿衛，襲答剌罕。至元二十八年，忽必烈感到，湖廣行省因要束木構禍而失於治理，欲起用哈剌哈孫。御史台臣卻以為哈剌哈孫擔任大宗正執法平允，欲讓其繼續留任舊職。忽必烈裁定道：「湖廣之地，朕嘗駐蹕，非斯人不可。」立即任命哈剌哈孫為湖廣行省平章。[75] 平章哈剌哈孫還舉薦原先的屬官禿忽魯擔任右丞以「自輔」，共同整頓和治理湖廣之地。[76]

湖廣行省地處原南宋統治西南區域，階級矛盾與民族矛盾交織錯綜，一直比較尖銳。哈剌哈孫下車伊始，發現洞庭湖湘江一帶南宋末以來巨盜嘯黨出沒，剽取商旅貨財，近二十年未能制服。於是，選士卒付以方略，全部捕捉斬殺。還聽從右丞禿忽魯「樹茂鳥集，樹伐則散，戮一人足矣」的建議，果斷將賄賂官府、交通群盜的江州「盜首」、「猾民」，處以死刑。

對於八番兩江溪洞蠻獠，哈剌哈孫也能審利病，簡僚佐，撫兵民，做到威行德流，錢穀刑獄，井井有條。

一次，忽必烈降詔旨：發湖南富民萬家，屯田廣西，以圖交趾。哈剌哈孫暫緩署案實施，秘密遣使者向忽必烈奏報：「往年遠征無功，瘡痍未復，今又徙民瘴鄉，必將怨叛。」促使忽必烈批准了停止徙民的請求。不久，哈剌哈孫又根據廣西元帥府的提議，招募南丹等地土著民，立為五屯，設屯長，官給牛種農具以屯田。

常德、澧州、辰州等地大水，哈剌哈孫迅速開倉廩以賑濟。湖南宣慰使張國紀建言，欲仿唐、宋舊制恢復湖廣夏稅，哈剌哈孫及右丞禿忽魯堅決反對，奏聞止其議。[77]

至元二十九年（一二九二）行樞密院副使劉國傑征討辰州叛蠻，移文索取辰、澧、沅等州民間弩士三千，哈剌哈孫起初不許，經右丞禿忽魯勸說，最終依行樞密院請求撥與弩士。[78]對途經湖廣境征交趾的軍隊，哈剌哈孫嚴加訓誡，禁止擾民。有強奪民戶魚菜者，哈剌哈孫杖其千戶長，全軍肅然。[79]

哈剌哈孫與後來擔任行省右丞的劉國傑相知相得，還以如何瞭解和接受「漢人之學」，向劉右丞問計。[80]

相威行御史台於江南

至元十四年（一二七七）七月，為了加強對江南新征服區域「方伯連帥」、「大小官吏」的監督和「臨察」，忽必烈降詔設置了以蒙古勳舊相威「為頭」的行御史台。[81]行御史台是元世祖忽必烈所獨創，它作為御史台的派出和分設機構，對元帝國監察制度的發展和監察網絡構建，具有特別重要的意義。

首任南台御史大夫相威是札剌亦兒部著名勳臣木華黎國王裔孫，嗣國王速渾察之子。相威喜好延請漢人士大夫，聽他們講讀經史，談論古今治亂，接受了較多的政治經驗和文化營養。日後相威臨大事，決大議，言必中節，很大程度上受益於這種喜好。

相威嶄露頭角，是從平宋戰爭開始的。

至元十一年（一二七四）忽必烈命令相威統領其父速渾察原領弘吉剌等五投下軍團南下伐宋。該軍團自正陽城出發，先後攻取安豐、和州、司空山、野人原，由安慶渡長江東下，與伯顏丞相大軍會合於潤州。隨後，以左路軍收服江陰、華亭、澉浦、上海，進屯鹽官。宋恭帝趙㬎投降後，相威又移駐瓜州，與阿朮會合進攻揚州，在揚子橋戰役中擊敗宋都統姜才。

至元十三年（一二七六）秋，相威應忽必烈召入覲，以功授金虎符、征西都元帥，統領汪總帥鞏昌軍鎮西土，抵禦叛王海都和昔里吉進犯。

至元十四年（一二七七），忽必烈創設江南行御史台，又將相威召回京師，任命他為行台御史大夫。

在近七年的行台大夫任內，相威主要做了三方面的事情：

第一，選拔台察官員。

相威就職伊始，立即上奏：「陛下以臣為耳目，臣以監察御史、按察司為耳目。倘非其人，是人之耳目先自閉塞，下情何由上達。」忽必烈贊同他的奏議，命令御史台嚴格行台監察御史、按察司官吏的選拔。

行台監察御史等銓除方案往往是由朝廷御史台擬出，送至行台長官處徵求意見。相威躬自主持召集幕僚御史，共同議論其可否。不協公論者，即從原方案中劾去。相威視監察御史為「耳目」，尤其重視行台監察御史等屬官選擇，躬自審議監察御史「除目」草案，[82]既控制行台人事權，又藉以影響行台監察活動全域。他還慎重揀選所屬吏員，署用原按察司書吏白恪為南台掾史，充當文墨方面的助手。

第二，上疏極言軍民利弊。

相威命令掾史白恪起草便民事二十件，包括合併行省，削減冗官，鈐結鎮戍，拘收官船，安置流民，檢復舊官，餽遺入贓，淮浙鹽運司直隸行省，行大司農司營田司併入宣慰司，理訟勿分南北，公田召佃仍減其租，革去南宋胥吏勿容作弊等。據說，相威大夫朝見世祖時，將此二十事當面陳述，竭力闡發，忽必烈採納了其中十五件。[83]

至元十八年（一二八一）范文虎、李庭率十萬大軍浮海征日本遇颶風，士卒十喪六七。忽必烈震怒，欲派遣阿塔海再次率軍征日。相威遣使者入奏：「倭人不奉職貢，可伐而不可恕，可緩而不可急。向者師行迫期，戰船不堅，前車已覆，後當改轍。今為之計：預修戰艦，訓練士卒，耀兵揚武，使彼聞之，深自備禦；遲以歲月，俟其疲怠，出其不意，乘風疾往，一舉而下，萬全之策也。」忽必烈聽罷，再征日本的意圖有所淡化，罷止了這次軍事行動。

相威還奏言：皇太子真金既為中書令，應領撫軍監國之任，建議選正人端士，設立太子詹事、賓客、諭德、贊善等官，衛翼左右，以樹國本。忽必烈深以為言之有理。

宋代台、諫合一已成定制，元承宋制，御史台監察官兼有諫院之職，故亦有言官的稱號。南台大夫相威的上述陳奏，正體現了言官議論朝政的職司。

第三，糾劾或奉旨按問行省等軍政官員。

至元十五年（一二七八），浙東一帶出現盜賊，浙西宣慰使昔里伯平定盜賊時，縱兵大肆擄掠，俘及平民。相威派遣御史商琥在錢塘江渡口檢查，釋放無辜數千。御史台掾詰問相關人員，不伏，昔里伯逃回京師。相威奏劾並經忽必烈詔旨批准，將他押回揚州治罪。84

至元十七年（一二八〇）忽必烈命令相威檢核湖廣行省平章阿里海牙及忽都帖木兒等所俘人口三萬二千餘，皆放免為民。至元十九年（一二八二）相威又奏劾阿里海牙占降民一千八百戶為奴。阿里海牙辯護說：是為征討所得。忽必烈降旨：真是降民，則歸還有司；若是征討所得，命御史抄籍數目奏聞，量情賜有功者。

行御史台糾劾行省長官，常常遇到挫折或風險。這種形勢下，行台大夫相威出面執著力爭，就十分重要了。南台御史滕魯瞻劾阿里海牙自以為功比伯顏而請賜養老戶，反遭阿里海牙攻擊。忽必烈命令使者赴南台逮問滕魯瞻。相威出面鳴不平：「為臣敢爾欺誑邪，滕御史何罪。」隨即馳驛奏聞，終於讓使者回京了事。

至元十六年（一二七九）相威還奉命參與按問權相阿合馬不法案。當阿合馬稱疾不出時，相威厲聲警告：「奉旨按問，敢回奏耶。」強令其「輿疾赴對」。事後，還受到忽必烈：「朕知卿不惜顏面」的讚譽。足見南台大夫相威所受的信任和所具有顯赫地位。85

至元二十年（一二八三），相威轉任江淮行省左丞相，翌年死於赴任途中。相威籌建和主持江南行御史台的歷程，就此結束。接任南台大夫的是忙兀部勳舊博羅歡。應該承認，江南行御史台的基本體制大抵是相威大夫構建的。

賽典赤等撫定雲南

一、雲南王忽哥赤被殺及處理

忽必烈曾經說：「雲南朕所經理，未可忽也。」[86]雲南曾為藩王時期的忽必烈親自征服，也是他在成吉思汗子孫中值得炫耀的一份軍功。在位三十餘年間，忽必烈對雲南地區的治理一直格外重視。

早在至元四年（一二六七）八月，忽必烈就封皇五子忽哥赤為雲南王，賜第四等金鍍銀印駝紐，統轄大理、鄯闡（昆明）、茶罕章（麗江地區）、赤禿哥兒（貴州西部）、金齒（保山、德宏、臨滄、思茅、西雙版納等地區）等處。又設立大理等處行六部，掌管行政，以闊闊帶為尚書兼雲南王傅，柴楨為尚書兼府尉，寧源為侍郎兼司馬。[87]

忽哥赤是朵兒別真哈敦所生，在庶子中年齡居長，不僅得以較早受封出鎮雲南，還能和燕王真金、安西王忙哥剌、北平王那木罕三皇嫡子一道獲取白銀三萬兩的賞賜。[88]

由於蒙古軍占領雲南以後一直是都元帥為首的軍事統制，兀良合台、寶合丁之類的都元帥實際掌握著雲南的最高統治權。忽哥赤封雲南王出鎮該地，自然容易引發最高統治權誰屬的糾葛。

三十七部都元帥寶合丁專制多年，有竊據西南的野心，對雲南王忽哥赤的受封十分嫉恨。至元八年（一二七一）寶合丁與尚書闊闊帶合謀，趁設宴之機，置毒酒中，毒殺了雲南王忽哥赤。還賄賂王府官不得洩漏。

王府文學張立道聞訊，急忙趕去見忽哥赤，被守門者阻攔。張立道憤怒地與守門者爭執。忽哥赤聽到張的聲音，特意讓人把張召入，還令張以手指探察口中被毒酒腐蝕的皮肉。當天夜裡，忽哥赤死亡。寶合丁意得志滿地坐上忽哥赤的交椅，又派人向王妃索取雲南王印。

忽必烈接到密報，命令忙兀部勳舊博羅歡等到雲南按問此事，殺掉了元兇寶合丁及王府官受賄者。忽必烈又親自聽取張立道關於忽哥赤被毒害的奏告，泣數行下，噓唏良久，又稱讚張立道：「汝等為我家事甚勞苦。」89

在選派博羅歡處理雲南王忽哥赤被毒殺案件時，忽必烈煞費苦心，知人善任。博羅歡則恪盡職守，不辱使命。

原先，中書省四次舉薦赴雲南治獄人選，忽必烈均不滿意。線真丞相推薦忙兀部勳臣博羅歡，且以「敗事，臣請從坐」擔保。忽必烈才表示認可。

博羅歡覺得事關重大，於是推辭說：「臣不愛死，第年少且不知書，惟恐誤事。」忽必烈回答：「朕方恃卿求皇子死，尚書別帖木兒知書，惟可使之簿責。其事是否，一委自卿，明日慎無歸咎輔行也。」又囑咐博羅歡飲酒以敵雲南瘴氣。

抵達大理前四、五驛，寶合丁遣人攜黃金六籯前來迎接。博羅歡想到，寶合丁握兵徼外，若拒絕接受，恐怕會導致叛變。於是，好言安撫。最後，查明了毒害皇子案件，殺掉了寶合丁等，重新將黃金歸還官府。90

雲南王忽哥赤被殺事件，似乎讓忽必烈領悟到一條經驗教訓：單純的皇子宗王出鎮，不足以應付雲南等處較為複雜的政治軍事形勢，在皇子宗王出鎮的同時，還應該有行省重臣具體治理。賽典赤・贍思丁撫治雲南，就是根據這一經驗教訓而作出的安排。

二、賽典赤撫滇

賽典赤・贍思丁，回回人，伊斯蘭教什葉派創始人阿里的後裔。成吉思汗西征時，賽典赤率眾歸附，充宿衛，歷任豐、淨、雲內三州都達魯花赤，太原、平陽二路達魯花赤，燕京斷事官等。忽必烈即位後，又升任燕京宣撫使、中書省平章政事、陝西四川行中書省平章等。他善於理財，辦集經營，甚為切當，又輕財安民，頗有人望，被稱為回回人中有良德者。91

至元十一年（一二七四）忽必烈任命賽典赤・贍思丁為雲南行省平章政事。臨行前，忽必烈對他說：「雲南朕嘗親臨，比因委任失宜，使遠人不安，欲選謹厚者往撫治之，無如卿者。」賽典赤・贍思丁深知雲南局勢複雜，社會不安，治理撫慰，決非易事。為了不辜負忽必烈的希望和信任，賽典赤・贍思丁受命以後，立即訪求雲南地理，繪製山川城郭、驛舍軍屯、夷險遠近等為地圖，以此作為撫治雲南的準備。

忽必烈平雲南後，該地一直留有蒙古宗王鎮守。如何處理與鎮守雲南蒙古宗王的關係，是賽典赤到達雲南後最先遇到的難題。

當時，鎮守雲南蒙古宗王脫忽魯受部下的蠱惑，以為賽典赤的到來是為奪他的權，特意預備兵甲作防範。

賽典赤採取了一方面尊重宗王，一方面逐步加強行省權力的策略。

他主動派遣長子納速剌丁去見宗王脫忽魯，稟告說：「天子以雲南守者非人，使諸國背叛，故命臣來安集之，且戒以至境即加撫循。今未敢專，願王遣一人來共議。」脫忽魯聽罷，責罵其部下：「吾幾為汝輩所誤。」

次日，脫忽魯果然派遣撒滿、位哈乃兩名親臣前來，賽典赤設宴款待，又將忽必烈所賜的金寶、飲器轉贈給他們。二人大喜過望。賽典赤對他們說：「二君雖為宗王親臣，未有名爵，不可以議國事，欲各授君行省斷事官，因未見王，未敢擅授。」一名親臣先回去稟報，脫忽魯聽罷大悅。賽典赤令宗王派遣斷事官參與議事的做法，完全符合蒙古國燕京等處行尚書省的舊例，消除了脫忽魯權力被奪的擔心，故宗王樂意接受。宗王置斷事官，又使其行政權力納入行省框架。

除位哈乃（又作月忽乃）外，賽典赤又讓長子納速剌丁擔任斷事官，楊璉任左右司郎中，塔木丁任員外郎，梁曾、侯瑞任都事，組成了長官以下的辦事機構。自中書省譯史隨從賽典赤轉任至雲南的西域人怯烈，也被署為幕官，後升為左右司員外郎。由此，行中書省獲得了施政主導權，雲南政令開始一聽賽典赤所為。

行省建立以前，雲南境內主要是都元帥為首的軍事統制，軍權握於三十七部都元帥之手。其高級軍政機構又是宣慰司、都元帥府及元帥府並立，軍政號令不統一，權力相當分散。賽典赤提議：宣慰司兼行都元帥府及元帥府事，從官署上把它們統一起來，又一併聽雲南行省節制。這項奏請得到忽必烈的批准。不久，賽典赤任命阿魯（又作愛魯）、納速剌丁為雲南諸路宣慰使都元帥，楊璉為宣慰使副都元帥。

至元十二年和至元十五年，經朝廷同意，賽典赤先後簽取落落、蒲納烘等處軍二萬，交付行省，以供征討。[92] 於是，通過宣慰司都元帥，行省控制了境內大部分軍事權。原先都元帥為首的軍事統制也被行省所取代。

原大理國內的行政建置，部分為唐以來的州縣，部分為諸蠻部落，合為三十七部。蒙古軍占領後，包括原有州縣在內的三十七部，移植蒙古軍民合一的舊俗，設萬戶、千戶管領行政事務。這似乎是漢唐以來西南郡縣化趨勢的一種倒退。賽典赤奏請忽必烈批准，著手將各地的萬戶、千戶改造為路府州縣。如普安路，唐為西平州，蒙哥汗七年（一二五七）內附，置于失萬戶，至元十三年（一二七六）改普安路總管府；晉寧州，古為夜郎，唐為晉寧縣，大理國時為陽城堡部，蒙哥汗七年立陽城堡萬戶，至元十二年（一二七五）改晉寧州；劍川，原為南詔六節度之一，蒙哥汗七年立義督千戶，至元十一年（一二七四）罷千戶，立劍川縣。元人趙子元說，賽典赤所設置的路計有二十餘個，州縣計一百餘個。又精簡當地冗官，每年節省俸金九百餘兩。[93]原大理國王後裔段實也被任命為大理路總管。[94]

改置路府州縣，進一步完善了行省在當地的統治體系和基礎。

賽典赤還將雲南行省治所正式設於地處滇中的中慶路，作為新的政治、經濟、文化中心。這既利於統攝全域，又可以擺脫大理段氏和前蒙古都元帥舊勢力的羈絆。

在發展生產和屯田方面，賽典赤也建樹頗多。

滇池方圓五百里，夏季暴雨氾濫成災，不僅淹沒周圍的田地，還殃及中慶路城郭。賽典赤在大理等處巡行勸農使張立道的協助下，調集民夫二千，一方面疏浚上游源頭以蓄水，一方面開掘通導下游出水口以洩水，構成一個良好的儲存排泄系統，避免了水患，還獲得良田萬頃。

當地的白人（爨僰）文明程度較高，已經知曉蠶桑，但尚未懂得飼養的良法。張立道首次教授他們內地的先進方法，比以前收到了十倍的利益，雲南民眾由此更加富庶。

農桑水利的發展，引起邊遠山區羅羅人的仰慕，他們相繼主動歸降。[95]

賽典赤又命令中慶路達魯花赤愛魯整頓永昌一帶的土地疆界，增加了相當多的納稅土地。愛魯還奉命清查中慶路所屬州縣戶口，檢得隱漏戶一萬餘，以其中四千一百九十七戶立民屯，官給田一萬七千零二十二雙（一雙為四畝），自備私田二千六百零二雙。這一時期，賽典赤所主持的屯田還有威楚、大理、鶴慶、曲靖、臨安等六處，總計屯田三萬三千七百七十四雙，一萬四千五百七十二戶。起初，賽典赤所定的屯田租額為每畝二斗，大約相當於當地民間田租的一半。[96]舉辦屯田，使荒田開墾，民眾安居樂業，官府控制的賦稅對象也隨之增多了。

賽典赤在任期間，雲南的驛站交通亦有很大發展。至元十三年（一二七六）他奉詔開通從中慶路到烏蒙的驛道，命中慶路達魯花赤愛魯率軍前往督辦。兩年間，水陸皆置，共設站赤九處。烏蒙以北的土官仰慕賽典赤的寬厚仁慈，故對在該地加設驛站提出附加條件：「使我屬賽典赤則可立站。」朝廷同意了他們的要求，得以在烏蒙以北另設五站。

賽典赤擔心山路險惡遙遠，盜賊出沒，騷擾行旅，於是依據地勢設立若干鎮，每鎮設土酋吏一人，百夫長一人，負責驛道安全。行人若被劫掠，要追究這些人的責任。[97]驛站的設置，對改變雲南地區各自為政的狀況和保證行省權力的貫徹，均有積極意義。

漢唐以來，雲南雖有中原文化的傳入，但喪葬婚嫁，不遵禮儀，子弟不知讀書之類的落後情況仍很嚴重。身為穆斯林的賽典赤，卻能在雲南努力傳播漢地先進的禮儀風俗和儒學文化。他向當地民眾教授拜跪之節、婚姻行媒和喪葬棺槨祭奠。在張立道的輔佐下，賽典赤創建孔子廟和明倫堂，購買經史，撥授學田，又首次在大理和中慶二路設置儒學提舉，建學舍，勸士人子弟以學，迎蜀儒為師，行釋菜禮，使雲南儒學文化有了一定的進步。

另外，賽典赤奏請忽必烈批准，在雲南暫不實行紙鈔，順應諸部之俗，特許「以貝為錢」。[98]賽典赤對境內的少數民族及其首領，採取了懷柔安撫的政策，收到了良好效果。

賽典赤下車伊始，即委任大理國王後裔段實為大理路總管。後又因段實平定舍利畏叛亂和擊敗緬國象騎等功，賽典赤奏聞朝廷，賞賜金錠及金織紋衣，遷官大理蒙化等處宣撫使。

蘿槃甸發生叛亂，賽典赤率兵前往征討。途中，賽典赤面帶憂色，隨從問其原因，他說：「吾非憂出征也，憂汝曹冒鋒鏑，不幸以無辜而死，又憂汝曹劫虜平民，使不聊生，及民叛，又從而征之耳。」

軍隊到達蘿槃城下，城民三日不降，諸將請求攻城，賽典赤不許，派遣使者曉諭情理。蘿槃部主雖然表示願意俯首聽命，過了三天仍未投降，諸將奮勇請求進攻，賽典赤依然不允許。將士兵卒有主動登城進攻的，賽典赤大怒，立即鳴金制止，召萬戶斥責說：「天子命我安撫雲南，未嘗令殺戮也。無主將命而擅攻，於軍法當誅。」接著，命令左右將擅自攻城者綁縛，諸將叩頭，請求城下之時再作發落。蘿槃部主聞訊後說：「平章仁厚如此，吾拒命不祥。」遂舉國出降，有關將卒也獲得釋放。

於是，西南諸夷翕然款附。酋長每次謁見，照例有獻上的禮物，賽典赤統統分賜隨從官員，或者分給貧窮民戶，自己絲毫不取。又備酒食犒勞酋長，送他們衣冠襪履，更換其草鞋草衣，酋長們異常感激喜悅。

賽典赤還能以德報怨，善待反對過自己的當地土官。數名土吏對賽典赤怨恨不已，去京師誣告他專擅僭越。忽必烈對身旁的侍臣說：「賽典赤憂國愛民，朕洞知之，此輩何敢誣告！」隨即命令械繫送回賽典赤處懲治。回到雲南，賽典赤寬大為懷，命令解脫他們的枷鎖，曉諭說：「汝曹不知上以便宜行事命我，故訴我專僭，我今不汝罪，且命汝以官，能竭忠自贖乎？」那些人叩頭拜謝說：「某有死罪，平章既生之又官之，誓以死報。」

與雲南相鄰的交趾（又作安南），較早歸附了元朝，但對蒙元皇帝苛刻的內屬國條件始終不樂意順從接受，故叛服不常，和元朝的關係往往很緊張。

賽典赤派人諭以順逆禍福，且約為兄弟，交趾國王大喜，親自到雲南，賽典赤出城迎接，待以貴賓之禮。交趾國王深受感動，請求永為藩臣。至元十六年（一二七九），賽典赤卒，年六十九。交趾王派遣使者十二人以繫麻代之喪服前來祭奠，祭文中有「生我育我，慈父慈母」之語，和當地送葬的百姓一樣，號泣震野。[99]

三、賽典赤之後的雲南行省

賽典赤死後，忽必烈十分懷念他在雲南的功績，特意降詔：雲南行省官員盡守賽典赤成規，不得輒改。忽必烈又擔憂雲南行省官對諸夷缺乏撫綏之方，故採納近臣的舉薦，任命賽典赤長子納速剌丁為雲南行省左丞，主持政務。不久升職為右丞和平章政事。

納速剌丁奉行其父的成規，主要做了三方面的事情：

第一，精簡官署，劃一事權。

納速剌丁建言：雲南境內有行省，又有宣慰司和都元帥府，近期宣慰司已經奏罷，而都元帥府尚存，行省既然兼領軍民，都元帥府也應當廢罷；雲南官員子弟入質朝廷，大官子弟理當遣送入質，其餘應罷免；精簡哈剌章（大理）冗官，每年可省俸錢九百四十六兩。

第二，減輕賦役，袪除弊政。

納速剌丁又上奏：雲南行省規措所造金箔貿易，損害民眾，應罷止；屯田課程由專人主管，每歲能獲得五千兩的收入；放鬆道路之禁，暢通百姓往來；禁止負販之徒隨從征伐，廢罷丹當站搜刮民財為飲食費用；允許民眾砍伐樹木貨賣貿易；戒飭使臣勿擾民居，建立急遞鋪以節省驛騎。

第三，率軍征討招撫諸夷。

納速剌丁擔任雲南諸路都元帥時，曾帶領軍隊抵達金齒、蒲、驃、曲蠟、緬國，招安夷寨三百個，登錄戶口十二萬二百。又規定租稅，設置驛站，建立衛兵，並獲得忽必烈的金銀、錦衣等賞賜。尤其是在進攻緬國的作戰中，以少勝多，戰績顯著。（詳見第十三章第三節）至元二十三年（一二八六）四月，升任平章政事的納速剌丁又奉忽必烈諭旨，分撥哈剌章、蒙古軍一千人，赴交趾前線援助皇子脫歡。[100]

以上一、二條，雖然屬於上奏建議，但大部分已被忽必烈批准並付諸實施。納速剌丁大抵繼承了乃父的撫治雲南的政策，既寬厚為懷，又不斷改進行省建立發展中的一些弊病和不足，基本上實現了忽必烈的囑託與希望。

至元二十八年（一二九一），納速剌丁調任陝西行省平章，翌年去世。而後，其子弟多人長期任職於雲南行省，口碑很好。

雲南行省由賽典赤．贍思丁父子所創建，他們在世祖朝主持雲南政務長達十八年。似乎可以說，賽典赤．贍思丁父子是在忽必烈的支持下撫治雲南功勞最大、影響最大的人物。

帝師與宣政院統轄吐蕃

蒙古對吐蕃地區的大規模經略，始於窩闊台子闊端。進入元朝以後，忽必烈對吐蕃治理的突出的建樹是：首次以宣政院直轄的方式將吐蕃納入中央政府的支配之下，首次在吐蕃建立以帝師為首腦的政教合一體制，首次以喇嘛教為紐帶結成了蒙古皇帝與吐蕃政教上層之間的穩定聯繫。

一、宣政院等官府設置及其對吐蕃的管轄

宣政院及其所屬吐蕃地區各級官府的設置，是忽必烈將吐蕃納入中央政府的支配之下的第一步。

宣政院原名為總制院，至元元年（一二六四）設置，至元二十五年（一二八八）兼任總制院使的桑哥丞相，為「崇異」提高其地位，奏改為宣政院，職司依然是掌管天下佛教，兼治吐蕃之境。宣政院及其前身總制院，都是忽必烈朝設立的管轄吐蕃地方的最高官署，秩從一品，與中書省、樞密院、御史台並為朝廷四大官府，得以自選其官和逕自上奏。它開始即以帝師總領，下設使、同知、副使等若干。由於宣政院之名來自唐朝皇帝接見吐蕃使臣所用宮殿，其實際管轄吐蕃的權力和職責似乎更重要些。

宣政院管轄吐蕃的職司為軍民兼領，全面負責該地區的軍、政、財、刑各種政務。正如元人所云：「自河之西，直抵吐蕃西天竺諸國邑，其軍旅、選格、刑賞、金穀之司，悉隸宣政院所屬。」[101]

宣政院屬下是直接管理吐蕃地方事務的三道宣慰司，即吐蕃等處宣慰司都元帥府、吐蕃等路宣慰司都元帥府、烏思藏納里速古魯孫等三路宣慰司都元帥府。其下有元帥府、宣撫司、安撫司、萬戶府、千戶所等。從宣慰使到萬戶的官員，由帝師或宣政院舉薦，皇帝予以任命，萬戶和千戶通常委以當地僧俗領袖，允許世襲。[102]例如烏思藏納里速古魯孫等三路宣慰司都元帥府下屬十三萬戶，實際為十三個地方實力集團。原先十三萬戶沒有高下尊卑之別，各自為政，互不統屬，分

別管理自己的地盤和屬民，忽必烈有意扶植薩迦派，才使薩迦萬戶上升為十三萬戶之首。

首席宣慰使亦即吐蕃人所稱「本欽」，掌管所屬軍政事務。他作為朝廷任命的行政長官和當地政教合一體制下的世俗首長，負責直接管轄各萬戶，可以徵調各萬戶的民伕，可以統率所屬萬戶的軍隊。對犯罪萬戶，也可以審訊、處罰，乃至撤職。兼任薩迦萬戶的宣慰使本欽，有權管理其他十二個萬戶。宣慰使本欽釋迦桑布曾調集十三萬戶的人力修建薩迦大殿。103

元廷還在吐蕃地區實施設立站赤和清查戶口。

忽必烈即汗位不久，即派遣總制院使答失蠻前往吐蕃進行第一次設立站赤和清查戶口的工作。臨行，忽必烈親自向答失蠻下達聖旨云：

答失蠻聽旨，吐蕃之地，人民勇悍……現今吐蕃之地無王，仰仗成吉思皇帝之福德，廣大國土俱已收歸我朝統治。薩迦喇嘛也接受召請，擔任我朝的上師。上師八思巴伯侄，本是一方之主，其學識在我等之上，如今也在我朝管轄之下。答失蠻，汝品行良善，速前往薩迦一次，使我聽到人們傳頌強悍之吐蕃已入我薛禪皇帝忽必烈治下……路上所需各種物品，俱由御庫官員撥給。自薩迦以下，可視道路險易，村落貧富，選擇適宜建立大小驛站之地，仿照漢地設立驛站之例，立起驛站來。

第一次設立站赤和清查戶口，正是在忽必烈聖旨委派的總制院官答失蠻主持下進行的。

答失蠻奉皇帝聖旨和帝師法旨，率一些隨從，攜帶來往路途所需和御庫所頒賞賜吐蕃僧俗官員的物品，前來吐蕃。他們先到達朵思麻，依次經過朵甘思，最後抵達薩迦寺。沿途召集各地僧俗民眾，宣讀聖旨和法旨，頒發堆積如山的賞賜品。遵照忽必烈的旨意，答失蠻從漢藏邊界到薩迦之地，共設立了二十七個大驛站。其中，朵思麻設七個大的驛站，朵甘思設九個大的驛站，烏思藏設十一個大的驛站，並具體規定了各萬戶為驛站提供祇應的辦法。大驛站之外，另設一定數量的小站，專用於出兵時提供軍需供應。

之後，忽必烈又特派大臣額濟拉克，以同知之職，前往薩迦，掌管吐蕃全境新設立的二十七個大驛站。藏文史籍稱，額濟拉克是忽必烈派往吐蕃的第一位佩戴金牌的官員，赴吐蕃之前曾任職於忽必烈遠征大理之際的沿途驛站。他生性好善，對薩迦派和佛教十分敬仰，在吐蕃任職期間，對烏思藏恩德甚大。[104]

與內地驛站管理相似，吐蕃的驛站管理自成系統，設站的地方，往往成為一塊較獨立的區域，不歸屬當地萬戶管轄。如遇到災荒戰亂時，朝廷還可以直接撥付所在站赤的供應補給。如至元二十九年（一二九二）九月因必里貢叛亂，忽必烈特別以詔令發給烏思藏五站各馬一百匹，牛二百頭，羊三百隻的價銀。[105]

忽必烈朝對吐蕃的清查戶口，大約進行了三次。第一次是與一二六〇年答失蠻在吐蕃設立二十七站同時舉行。第二次是一二六八年元廷派遣阿袞、彌陵二官員負責，清查的對象除了戶口，也包括土地。第三次是一二八七年忽必烈派遣御史和肅阿努汗與宣慰司本欽宣奴旺秋一同舉行。

當時，戶口計算以帳（戶）為單位，夫婦二人，子女二人，奴婢二人，合計六人為一小帳（戶）。[106]按照此種計算方法，烏思藏納里速古魯孫地區第一次清查戶口的結果為三萬六千四百五十三戶。[107]清查戶口之初，曾經劃分過世俗民戶和寺院屬民，二者的比例可能是四比六。以上統計戶口數，只限於承擔官府賦役的萬戶、千戶所屬世俗民戶，不包括寺院屬民。

需要強調的是，吐蕃地區的萬戶、千戶、百戶的十進位組織編制，應是隨清查戶口而引入的蒙古制度。具體到烏思藏納里速古魯孫等三路宣慰司都元帥府下屬十三萬戶，就是在八思巴主持下劃分的，包括調整和確定各萬戶的轄區，委任萬戶長和千戶長等。108設立驛站和清查戶口，應視為將吐蕃置於「我薛禪皇帝忽必烈治下」並實施有效管理的基本措施之一。

二、薩迦派「政教合一」體制的奠定

在忽必烈對吐蕃的經略和治理中，奠定薩迦派「政教合一」體制，是一項非常重要的建樹。簡而言之，所謂薩迦派「政教合一」體制，就是以帝師兼薩迦派教主為吐蕃政教最高首腦，白蘭王或薩迦本欽為行政主管，薩迦款氏家族成員及親信為核心，僧職和世俗官員互相配合，共同統治吐蕃的體制。

正如本書第十六章所詳言，中統初忽必烈皈依藏傳佛教以後，尊八思巴為帝師，與八思巴結成了福田和施主的關係，由此開始了元廷重點扶植支持薩迦派和「帝師之命，與詔敕並行於西土」。薩迦派隨之成了最受元朝官方垂青的吐蕃宗教派別，帝師兼薩迦教主八思巴也成為吐蕃和全國佛教的最高領袖。

一二六四年，八思巴攜其弟白蘭王恰納多吉啟程返回闊別二十年的薩迦。五月一日臨行，忽必烈授予他一道珍珠詔書。全文如下：

長生天氣力裡，大福蔭護助裡，

皇帝聖旨：

曉諭眾僧人及俗民等：

此世間之完滿，由成吉思皇帝之法度而生，後世之福德，須依法積聚。明察於此，即可對佛陀釋迦牟尼之道生起正見。朕善知此意，已從明白無誤之上師八思巴處接受灌頂，封彼為國師，任命其為所有僧眾之統領。上師已對敬奉佛法、管理僧眾、講經聽法修行等項明降法旨。僧人們不可違了上師的法旨，應敬奉佛法，懂得教法者講經，年青心誠者學法，懂得教法而不能講經聽法者可依律修習。如此行事，方合乎佛陀之教法，合乎朕擔任施主、敬奉三寶之願意。

汝僧人們如不依律講經聽法修習，則佛法又何在？佛陀曾謂：吾之教法如獸王獅子，體內不生損害，外敵不能毀壞。朕駐於通衢大道之上，對遵依朕之聖旨、懂得教法的僧人，不分教派一律尊重服事。如此，對依律而行的僧人，無論軍官、軍人、守城子官、達魯花赤、金字使者，俱不准欺凌，不准攤派兵差賦稅勞役，使彼等遵照釋迦牟尼之教法，為朕告天祝禱著。朕並頒下聖旨使彼等收執。僧人之佛殿及僧舍裡，金字使者不可住宿，不可索取飲食及烏拉差役。寺廟所有之土地、水流、水磨等，無論如何不可奪占、收取，不可強逼其售賣。僧人們亦不可因為有了聖旨而違背釋迦牟尼教律而行。

朕之詔命於鼠年孟夏一日在上都寫來。109

在這道被稱為珍珠詔書的文獻中，忽必烈首次向吐蕃僧俗民眾公布了元朝皇帝皈依佛法，接受八思巴灌頂，並與薩迦教主結成施主與福田關係的事實，公布了封八思巴為國師，命他統領一切僧人和管理吐蕃政教的旨意，進一步強調了「帝師之命，與詔敕並行於西土」。在這個意義上，珍珠詔書也是一道授權書。它授權八思巴在吐蕃建立隸屬於元王朝的政教合一統治體制，為八思巴頒布法旨管理吐蕃僧俗民眾提供了政治依據。

蒙哥汗時期，蒙古宗王紛紛在吐蕃尋求自己的勢力範圍。吐蕃佛教各教派和一些地方首領相繼從蒙古大汗和諸王處獲得詔書和令旨，似乎有各自領屬的勢頭。這種情況下，要讓他們服從薩迦教主八思巴的管理，頒布來自蒙元皇帝的授權書，自然是必要的。

由於忽必烈兩次受灌頂時先後將烏思藏地區十三萬戶和吐蕃全境奉獻給八思巴為供養地，帝師八思巴至少在法理上擁有了對上述地區的管領權。藏文史書說：「由於此上師（八思巴）的功業，雪山環繞之吐蕃地方，不向皇帝之御庫交納貢賦、差稅和兵役。」[110]整個吐蕃地區享有的這種特罕見的優惠，似乎不是忽必烈批准帝師奏請後的簡單恩典和豁免，大抵是與上述奉獻供養地有關。

因為烏思藏乃至吐蕃全境均成為帝師的供養地，其地的貢賦、差稅和兵役，就應由帝師等薩迦派首領享用，而無須上繳朝廷皇帝了。

八思巴在吐蕃期間，還設立了包括司禮、服飾、宗教、文書等執事在內的十三種私人侍從官，組成了名曰「拉章」的機構。此機構及其侍從，很大程度上模仿元朝皇帝的怯薛，又結合吐蕃的情況加以改進。

「拉章」組成後，帝師也有了管轄政教的「教廷」。通常，帝師擔任政教首腦，其職權有四：一是依據元朝皇帝的封授，作為藏傳佛教的最高首領，對各教派的寺院、僧人行使管轄權；二是依據元朝皇帝的授權，掌管吐蕃的行政機構；三是舉薦或任命本欽等吐蕃各級官員；四是通過薩迦本欽處理吐蕃的行政、戶籍統計及訴訟等事務。[111]

八思巴死後的近二十年間，相繼有四人嗣為帝師，即八思巴之弟亦憐真為第二任帝師，八思巴之侄答耳麻八剌剌吉塔為第三任帝師，八思巴門徒亦攝思連真為第四任帝師，八思巴侍者乞剌斯八斡節兒為第五任帝師。亦憐真等四位嗣帝師在繼承帝師之位的同時，也繼承了吐蕃政教首腦及其對吐蕃全境的管領權。

吐蕃政教合一體制建立初期，充當行政主管的是八思巴弟、白蘭王恰納多吉。

一二六四年夏季，八思巴和其弟恰納多吉在蒙古軍隊的護送下啟程返回吐蕃。不久，恰納多吉被忽必烈封為白蘭王。他是元朝方面委任的第一位吐蕃三區行政首長，也是帝師和薩迦派教主八思巴的代理人。通過八思巴和白蘭王恰納多吉兄弟搭檔，元王朝和帝師在吐蕃的政教合一體制得以初步建立。藏文史書云：忽必烈封恰納多吉為白蘭王，賜金印，把墨卡頓公主嫁給他，讓他穿蒙古服裝，任命他為蕃地三區的總法官。在吐蕃地方，「帝師」和「王」的職位最早就是在他們兄弟二人時出現的，對吐蕃恩德至大。三年後，恰納多吉突然死亡。[112]白蘭王充當行政首長遂告一段落。

一二六七年經八思巴舉薦，薩迦派的代理教主釋迦桑布很快被忽必烈任命為吐蕃地區的首席長官——薩迦本欽。本欽持有忽必烈賜予的印信和官職，按照朝廷的命令在吐蕃清查戶口和設置驛站，同時依然以帝師和薩迦派的代表執掌政權。

一年多後，薩迦本欽釋迦桑布逝世，本欽一度由公哥監卜接任。此人雖為近侍，但不受八思巴喜歡。

一二七四年，為安頓治理吐蕃事宜，八思巴再次返回吐蕃。忽必烈派遣太子真金率軍隊護送。八思巴曾在曲彌舉行七萬人參加的大法會，太子真金代表忽必烈充任施主，負責法會的費用，並給予每名與會僧人黃金一錢的布施。元軍攻滅南宋之際，遠在薩迦的八思巴，特意給忽必烈寫了奏章，表示祝賀。

八思巴此次回到吐蕃所做的最重要的事情，當然是在忽必烈的支持下重新調整本欽人選。八思巴罷免了原先他任命的公哥監卜，委任尚尊為新本欽。公哥監卜心懷不滿，公然對抗。

忽必烈聽到太子真金對上述情況的奏報後，感到事關元朝和薩迦派在吐蕃統治的大局，於是果斷決定予以佑護。忽必烈派遣原任八思巴侍從速古兒赤的桑哥，率領十萬大軍進入吐蕃討伐，迅速擊敗對抗者，處死了公哥監卜。而後，桑哥赴薩迦拜見了八思巴，以示尊敬。[113]第三任本欽尚尊之後，八思巴還舉薦秋波崗噶哇、強仁接任本欽。強仁本欽深得忽必烈賞識，獲賜水晶印，並兼任首席宣慰使。[114]

忽必烈對帝師為首的吐蕃政教合一體制，十分支持。在派兵干預前本欽公哥監卜對抗八思巴並處死公哥監卜後，忽必烈派遣專使召八思巴回大都。八思巴自吐蕃抵達大都時，忽必烈命令王公宰輔士庶出城一舍，專門搭建大香壇，設置大淨供，「香華幢蓋，大樂仙音」，羅拜迎接。街衢兩旁，五彩繽紛，萬眾瞻禮。[115]以此表示元廷在重新調整本欽人選的情況下對帝師八思巴的尊禮和政治護持。

前述桑哥所率軍隊的一部分還長期留駐在吐蕃，負責當地的軍事鎮戍與警戒。又改進烏思藏站戶赴藏北駐站祗應的辦法，命藏北駐屯的蒙古軍撥出人員兼掌當地站赤，烏思藏站戶只需派人運送驛站所需馬匹牲畜及其他物資。[116]這樣，元朝不僅正式駐軍於吐蕃，還直接掌管了吐蕃北部與內地相連的部分驛站。這種來自朝廷的軍事支持，對維護剛剛建立的吐蕃政教合一體制，對元廷居上的控馭，都頗有意義。

忽必烈還於至元六年（一二六九）封皇七子奧魯赤為西平王，駐吐蕃等處宣慰司（朵思麻治所河州路。拉施特《史集》說，皇七子奧魯赤是朵兒別真哈敦所生，雲南王忽哥赤的同母弟。忽必烈把吐蕃地區賜給了他。奧魯赤死後，又把吐蕃地區授予其子鐵木兒不花。117

實際上，忽必烈諸皇子分封之際，已改行宗王出鎮，吐蕃地區只是西平王奧魯赤的鎮戍區，而非其封地，他對吐蕃地區僅負有鎮護監督的責任。皇子西平王奧魯赤以吐蕃為其鎮戍區，也是代表忽必烈控馭吐蕃的一種特殊方式。

西平王奧魯赤不僅對朵思麻地區可以進行就近監督和鎮護，對烏思藏地區也同樣。至元二十七年（一二九〇）薩迦派與止貢派發生激烈衝突，奧魯赤之子鐵木兒不花應薩迦本欽旺璉的請求，率軍進藏與薩迦軍隊聯手進攻止貢派，燒毀止貢寺院，殺止貢僧俗民眾一萬餘人。118 這應該是西平王奧魯赤父子行使其對整個吐蕃地區鎮護監督權的典型事例。

至於以喇嘛教為紐帶結成了蒙古皇帝與吐蕃政教上層之間的穩定聯繫，詳細情況，請參閱第十六章。這裡著重說明的是，以喇嘛教為紐帶結成了蒙古皇帝與吐蕃政教上層之間的穩定聯繫，也是歷史上前所未有的，很大程度上又是從宗教信仰的層面將原本為征服與被征服，中央與地方的關係，整合為施主與福田的關係、皇帝與帝師的關係，大大增強了蒙古皇帝與吐蕃政教上層之間的趨同性和一致性。此種紐帶，在當時的歷史環境下是至關重要的，似乎是吐蕃第一次置於元王朝中央政府統治下必不可少的。後來，它還被清統治者借用繼承過來且稍加改進，成為清王朝統治西藏的法寶之一。

註釋

1 《元史》卷八六〈百官志二〉。
2 《元史》卷九〈世祖紀六〉。
3 參閱劉如臻〈元代江浙行省研究〉，《元史論叢》第六輯，中國社會科學出版社，一九九七年。
4 《輟耕錄》卷一七〈江浙省地分〉。
5 《元史》卷五〈世祖紀二〉，卷六〈世祖紀三〉至元四年六月乙丑、至元五年十月己卯、至元六年九月辛未，卷七〈世祖紀四〉，卷九〈世祖紀六〉，卷一五六〈董士元傳〉。
6 《元朝名臣事略》卷一四〈左丞董忠憲公〉。
7 《元史》卷一七三〈崔斌傳〉，卷一〇〈世祖紀七〉。
8 《元史》卷一七三〈崔斌傳〉。
9 趙天麟《太平金鏡策》卷三〈慎名器〉。
10 《元史》卷一〇〈世祖紀七〉至元十五年四月壬午，卷二〇五〈阿合馬傳〉。
11 《元史》卷一一〈世祖紀八〉至元十七年六月壬辰、十二月庚午，卷一七三〈崔斌傳〉，卷一七六〈劉正傳〉，卷二〇五〈阿合馬傳〉。
12 《元史》卷一七三〈崔斌傳〉。
13 《元史》卷一〇〈世祖紀七〉。
14 《元史》卷一〇〈世祖紀七〉至元十五年十一月甲午、至元十六年六月甲辰，九月庚戌，卷一二〈世祖紀九〉至元十九年九月癸酉，卷二〇五〈阿合馬傳〉，卷一六三〈張雄飛傳〉。
15 《元史》卷一三〈世祖紀十〉至元二十二年正月乙未，卷二〇五〈盧世榮傳〉。
16 《元史》卷一二〇〈察罕傳〉，卷一二〈世祖紀九〉。
17 《元史》卷一二八〈相威傳〉，卷一二九〈阿塔海傳〉。
18 《元史》卷一三〈世祖紀十〉。
19 《元史》卷一四〈世祖紀十一〉，卷一五〈世祖紀十二〉至元二十五年正月，卷一三一〈忙兀台傳〉。
20 《元史》卷一三一〈忙兀台傳〉。
21 《元史》卷一五〈世祖紀十二〉，卷一三一〈拜降傳〉。
22 《元史》卷一五〈世祖紀十二〉，《元史》卷九九〈兵志二．鎮戍〉至元二十七年十一月、至大二年七月。
23 《元史》卷一三一〈忙兀台傳〉。
24 《道園類稿》卷五〇〈翰林學士承旨董公行狀〉。
25 《元史》卷一七〇〈申屠致遠傳〉。

26《吳文正公集》卷四三〈大元故御史中丞劉忠憲公行狀〉；《元史》卷一六八〈劉宣傳〉。
27《元史》卷二五〈世祖紀十二〉，卷二〇五〈桑哥傳〉。
28《元史》卷一三二〈拜降傳〉。
29《元史》卷一二七〈伯顏傳〉，卷一二八〈阿里海牙傳〉，卷九一〈百官志七〉。
30《牧庵集》卷一三。碑文云：「……公（阿里海牙）鼓其孤軍，留戍所餘，不能倍萬，名城通都，身至力取，利盡海表，圖地籍民，半宋疆理。……所下州，荊之南十四，淮西四，湖南九，江之西二，廣西二十有一，廣東、河南各四，凡五十八。自餘洞夷山獠，荷氊被毳，大主小酋，棋錯幅裂，連數千里，受槧聽令者，猶不與存。其依日月之末光，張雷霆之餘威，以會其成功者，亦一世之雄哉。」
31《元文類》卷五五〈征行百戶劉君墓碣銘〉；《元史》卷八〈世祖紀五〉至元十二年二月，卷一六六〈張榮實傳〉；《元朝名臣事略》卷二〈丞相楚國武定公〉。
32《元史》卷八〈世祖紀五〉至元十二年二月乙丑，卷一五三〈賈居貞傳〉。
33《元朝名臣事略》卷二〈丞相楚國武定公〉。
34《元文類》卷六五〈平章政事廉文正王神道碑〉。
35《元朝名臣事略》卷二〈丞相楚國武定公〉。參閱陳世松、匡裕徹等著《宋元戰爭史》第七章、第九章，四川社會科學院出版社，一九八八年。
36《元史》卷一二八〈阿里海牙傳〉。
37《圭齋集》卷九〈江陵王新廟碑〉。
38《元朝名臣事略》卷二〈丞相楚國武定公〉；《元史》卷一二八〈阿里海牙傳〉，卷一三四〈和尚傳〉，卷一七三〈崔斌傳〉。
39《宋史》卷四五一〈馬暨傳〉；《元朝名臣事略》卷二〈丞相楚國武定公〉；《牧庵集》卷二一〈少中大夫靜江路總管王公神道碑〉。
40《元朝名臣事略》卷二〈丞相楚國武定公〉；卷一一〈參政賈文正公〉；《元史》卷一二八〈阿里海牙傳〉；卷一五三〈賈居貞傳〉。
41《牧庵集》卷一三。
42《元史》卷九三〈食貨志一·稅糧〉。
43 白壽彝主編《中國通史》第八卷，第十四冊頁二九七，上海人民出版社，一九九七年。
44《元文類》卷四〇〈經世大典序錄·賦稅夏稅〉。
45《元史》卷一〇〈世祖紀七〉。
46《元朝名臣事略》卷一一〈參政賈文正公〉；《元史》

卷一五三〈賈居貞傳〉，卷一六八〈陳天祥傳〉。

47 《牧庵集》卷一六〈平章政事史公神道碑〉。

48 《元朝名臣事略》卷二〈丞相楚國武定公〉。

49 《牧庵集》卷一三〈湖廣行省左丞相神道碑〉。

50 《元史》卷一〇〈世祖紀七〉；《輟耕錄》卷四〈賢妻致貴〉。

51 《元文類》卷五九〈湖廣行省左丞相神道碑〉。

52 《元史》卷六四〈地理志六〉。

53 《元朝名臣事略》卷二〈丞相楚國武定公〉。

54 《元史》卷一二〈世祖紀九〉；《道園學古錄》卷一五〈戶部尚書馬公墓碑〉。

55 《元史》卷一七三〈崔彧傳〉。

56 《元史》卷一四〈世祖紀十一〉。

57 《元史》卷一四〈世祖紀十一〉至元二十三年五月己巳、六月辛丑；《柳待制集》卷一〇〈元贈中議大夫同僉樞密院事宋公墓誌銘〉。

58 《牧庵集》卷一六〈平章政事史公神道碑〉。

59 《元典章》卷一九〈戶部五・趙若震爭柑園〉。

60 《元史》卷一四〈世祖紀十一〉至元二十三年十二月。

61 《元史》卷二〇五〈桑哥傳〉。

62 《牧庵集》卷二四〈少中大夫孫公神道碑〉。

63 《牧庵集》卷一六〈平章政事史公神道碑〉。

64 《牧庵集》卷二八〈中奉大夫荊湖北道宣慰使趙公墓誌銘〉。

65 《牧庵集》卷二八〈中奉大夫荊湖北道宣慰使趙公墓誌銘〉；《元史》卷一六三〈烏古孫澤傳〉。

66 《元史》卷一六三〈烏古孫澤傳〉。

67 《元史》卷一三〈世祖紀十〉。

68 《元史》卷一四〈世祖紀十一〉。

69 《元史》卷一五〈世祖紀十二〉。

70 《至正集》卷四八〈劉平章神道碑〉；《牧庵集》卷一六〈平章政事史公神道碑〉。

71 《歸田類稿》卷一〇〈資德大夫中書右丞議樞密院事陳公神道碑〉；《元史》卷一六八〈陳天祥傳〉，卷一七〇〈申屠致遠傳〉。

72 《元史》卷一七三〈崔彧傳〉。

73 《元史》卷二〇五〈桑哥傳〉。

74 《元史》卷一六〈世祖紀十三〉至元二十八年二月丙戌，五月甲辰。

75 《中庵集》卷一五〈丞相順德忠獻王碑〉；《元史》卷一三六〈哈剌哈孫傳〉。

76 《元史》卷一三四〈禿忽魯傳〉。

77《中庵集》卷一五〈丞相順德忠獻王碑〉；《元史》卷一三四〈禿忽魯傳〉。

78《元史》卷一〇〈世祖紀七〉至元十六年七月壬戌，卷一三四〈禿忽魯傳〉。

79《中庵集》卷一五〈丞相順德忠獻王碑〉。

80《至正集》卷四八〈劉平章神道碑〉。

81《南台備要》，〈立行御史台命相威為御史大夫制〉，《永樂大典》卷二六一〇。

82《元史》卷一二八〈相威傳〉。

83《元史》卷一二八〈相威傳〉云：相威「繼陳便民一十五事……帝皆納焉」。《清容居士集》卷二七〈朝列大夫同僉太常禮儀院事白公神道碑〉。相威借朝見的機會，將掾史白恪起草便民事二十件「力陳之，允十有八」。可見，〈白公神道碑〉所說：便民事二十件，是相威面陳的數目；〈相威傳〉所云：便民一十五事，乃忽必烈採納允許的數目。

84《元史》卷一二八〈相威傳〉，卷一〇〈世祖紀七〉至元十五年十月庚午。

85《元史》卷一二八〈相威傳〉。

86《元史》卷一二〇〈立智理威傳〉。

87《元史》卷六〈世祖紀三〉。

88《元史》卷六〈世祖紀三〉至元四年三月己亥。

89《元史》卷一六七〈張立道傳〉；《元文類》卷五九〈平章政事蒙古公神道碑〉。

90《元文類》卷五九〈平章政事蒙古公神道碑〉。

91〈中堂事記〉（中），中統二年六月四日，《秋澗集》卷八一。

92《元史》卷八〈世祖紀五〉至元十二年七月壬申，卷一〇〈世祖紀七〉至元十五年四月丙辰，卷九八〈兵志·兵制〉，卷一二三〈愛魯傳〉，卷一三三〈怯烈傳〉；《雪樓集》卷二五〈魏國公先世述〉。

93《元史》卷六一〈地理志四〉，卷一二五〈賽典赤·贍思丁傳〉；《萬曆雲南通志》卷一五〈賽平章德政碑〉。

94《元史》卷一六六〈信苴日傳〉。

95《元史》卷一六七〈張立道傳〉。

96《元史》卷一〇〇〈兵志三·屯田〉，卷一二二〈愛魯傳〉；《雲南各族古代史略》頁一一〇，雲南人民出版社，一九七七年。

97《元史》卷一二二〈愛魯傳〉，卷一二五〈賽典赤·贍思丁傳〉，卷六一〈地理志四〉；《永樂大典》卷一九四七〈站赤〉至元十五年五月六日。

98《元史》卷一二五〈賽典赤·贍思丁傳〉，卷一六七〈張立道傳〉；〈大理路興舉學校記〉，方齡貴《大理五華樓新出元碑選錄並考釋》頁一二，雲南大學出版社，二〇〇〇年。

99 《元史》卷一二五〈賽典赤・贍思丁傳〉，卷一六六〈信苴日傳〉。

100 《元史》卷一二五〈賽典赤・贍思丁傳〉，卷一二〈世祖紀九〉至元二十年十二月丙午，卷一三〈世祖紀十〉至元二十二年十二月戊子，卷一四〈世祖紀十一〉至元二十三年四月。

101 《元史》卷二〇五〈桑哥傳〉。《存復齋集》卷四〈行宣政院副使送行序〉。

102 王輔仁、陳慶英《蒙藏關係史略》，頁四三，中國社會科學出版社，一九八五年。

103 王輔仁、陳慶英《蒙藏關係史略》，頁四七、五三，中國社會科學出版社，一九八五年；陳慶英《雪域聖僧——帝師八思巴傳》頁一〇七，中國藏學出版社，二〇〇二年。

104 《漢藏史集》陳慶英譯本，頁一六七—一七〇，西藏人民出版社，一九八六年。

105 《元史》卷一七〈世祖紀十四〉。

106 王輔仁、陳慶英《蒙藏關係史略》頁四五、五五，中國社會科學出版社，一九八五年。

107 《漢藏史集》陳慶英譯本，頁一八七，西藏人民出版社，一九八六年。

108 陳慶英《雪域聖僧——帝師八思巴傳》頁九九、一〇三，中國藏學出版社，二〇〇二年。

109 陳慶英《雪域聖僧——帝師八思巴傳》頁八六，中國藏學出版社，二〇〇二年。

110 《漢藏史集》陳慶英譯本，頁一八五，西藏人民出版社，一九八六年。

111 陳慶英《雪域聖僧——帝師八思巴傳》頁一〇五、一〇八，中國藏學出版社，二〇〇二年。

112 參閱王輔仁、陳慶英《蒙藏關係史略》頁五〇，中國社會科學出版社，一九八五年。

113 《漢藏史集》陳慶英譯本，頁一八〇，西藏人民出版社，一九八六年；《元史》卷二〇二〈釋老傳〉；參閱王輔仁、陳慶英《蒙藏關係史略》頁五四，中國社會科學出版社，一九八五年。

114 《紅史》陳慶英、周潤年譯本，頁四八，西藏人民出版社，一九八八年。

115 《佛祖歷代通載》第三十二，王磐〈八思巴行狀〉。

116 《漢藏史集》頁一八一，西藏人民出版社，一九八六年。

117《史集》余大鈞、周建奇譯本，第二卷，頁二八五，北京商務印書館，一九八六年。

118 參閱王輔仁、陳慶英《蒙藏關係史略》頁五四，中國社會科學出版社，一九八五年。

第九章　分治四等人　懷柔南降臣

四等人種族壓迫政策的制訂

阿合馬被殺事件以後，元帝國政壇上的一個重要變動，就是四等人種族壓迫政策的雛形。在北方少數民族入主中原的歷程中，不乏人數較少的統治民族旨在維護其既得利益的種種舉措。遼朝曾實行南北面官制，金朝實行過優待女真人的若干規定，但最聞名、最突出的無過於忽必烈時期基本形成的元王朝四等人種族壓迫政策。這項政策在忽必烈手中被應用的相當巧妙嫺熟，某種意義上，似乎成了維持或支撐元帝國統治的重要工具。

「四等人」是把元帝國境內的民眾，按征服先後分作四個等級不同族群。蒙古人或稱「國人」和「自家骨肉」，為第一等。由唐兀、回回、畏吾兒、康里、欽察、阿速、哈剌魯、吐蕃等西北諸族組成的色目人為第二等。由長江以北的原金朝統治區域的漢族、契丹、女真以及四川、雲南兩地人組成的漢人為第三等。原南宋境內所轄南人為第四等。四等人種族壓迫政策，是忽必烈根據元王朝建立和擴張的形勢，逐步制訂和不斷豐富起來的。此政策肇始於李璮之亂，大約在王著殺阿合馬事件之後基本成型。由於包括張易在內的大批漢族吏民蜂擁捲入王著等殺阿合馬事件，並聲稱：「把所有帶髯鬚的人殺了」，忽必烈對漢人的疑懼進一步加重。這就是四等人種族壓迫政策形成的基本政治氛圍和背景。

四等人種族壓迫政策首先表現為種族分職制度。

早在中統三年（一二六二）平定李璮之亂以後，重用蒙古人和色目人的傾向已初見端倪。如中統三年設立的十路宣慰司十六官員中，蒙古人和色目人竟多達九人，占總數的五十六．三%。相當於原十路宣撫司中非漢人的二．六八倍。[1]至元二年（一二六五）二月元廷又規定：「以蒙古人充各路達魯花赤，漢人充總管，回回人充同知，永為定制。」其後，至元五年、六年和十六年，又多次禁止漢人及南人充任達魯花赤。

幾乎與此同時，中書省宰相的種族成分也發生了類似的變化。至元二年八月，原任中書省諸宰執皆罷，命令蒙古人安童、伯顏分別擔任中書省右丞相和左丞相。至元四年（一二六七）六月，又調整為安童任中書省右丞相，漢人史天澤任左丞相；以下平章，蒙古人、漢人各一，右丞和左丞，蒙古人、色目人各一；參知政事，色目人、漢人各一。[2]這與路級官府的蒙古人、漢人、色目人種族分職，如出一轍。此項規定的出台，背景同樣是李璮之亂後忽必烈對漢人世侯官僚心存疑懼。忽必烈蓄意採取了借重色目人，壓抑和牽制漢人的策略。

元末梁寅云：「世祖之約，不以漢人為相，故為相皆國族。」[3]按照元朝的習慣，丞相與平章，合稱宰相，左右丞與參知政事，合稱執政。梁寅所說的「相」，實際上是指丞相與平章。就至元二十一年（一二八四）以前的情況看，梁寅之說，與史實稍有出入。至元二十一年到三十一年的中書省丞相與平章中，漢人的確是徹底絕跡了。

所有這些，基本奠定了「官有常位，位有常員，其長則蒙古人為之」的種族分職制度。[4]

由於元王朝是人口占少數的蒙古人所建立的「征服王朝」，讓蒙古人擔任各級官府長官，對維護其特權統治地位非常必要。忽必烈也十分清楚，治理漢地，不能不使用漢族官僚士大夫，而李璮之亂和王著殺阿合馬事件，又使他對漢人的忠誠產生懷疑。色目人多是蒙古軍隊征服擄掠來的僕從和奴隸，進入元帝國境內後，他們對蒙古貴族始終是牢固地依附和效忠，他們中間的相當部分已逐步蒙古化。對漢地而言，色目人和蒙古人，都是為數較少的外來者，二者一直保持著政治上、文化上的親和性。任用色目人，分割漢人官僚的一部分權力，既可以牽制漢人，防備其懷貳坐大，又能造成色目人與漢人的角逐，增加他們對蒙古統治者的依賴和忠誠。最終有利於蒙古人的居高監督和特權地位。

在刑罰條文方面，忽必烈時期也相繼出台了一些帶有種族壓迫性質的規定。

至元九年（一二七二）五月，忽必烈頒布的聖旨云：「禁止漢人聚眾與蒙古人鬥毆。」至元二十年（一二八三）二月的中書省札付又說：「如蒙古人毆打漢兒人，不得還報。」「如有違犯之人，嚴行斷罪。」[5]這體現漢人在刑事處罰上所受的歧視和不平等。

中統三年元廷就頒布了「禁民間私藏軍器」的命令，重在禁止漢人持有兵器。

至元十三年（一二七六）又檢括江南已歸附州郡兵器，[6]把禁持兵器的政策進一步擴大到新征服的南人範圍。

至元十五年（一二七八）五月，南宋降將呂文煥就被來阿八赤誣陷私匿兵杖之罪。

至元二十二年（一二八五）五月元廷又規定，江南地方拘收的弓箭軍器，命令諸路達魯花赤和色目官員提調管理，漢人和南人官員「休教管者」。[7]

此外，又禁止侍衛親軍以外的漢軍平時執把武器，禁止漢人打捕戶執把弓箭。負責捕盜的新附弓手，其弓箭非緊急場合也須庫存。還強制拘收漢人持有的鐵尺、手撾等。甚至連急遞鋪兵用的鐵尺等，也被拘收。[8]這又是提防漢人和南人吏民聚眾造反的嚴厲措施之一。

另外，至元五年（一二六八）規定，漢人官員子弟享受蔭敘，僳使一年，不支俸祿。蒙古人則不履行這種僳使義務。[9]兩年後，又允許蒙古人和色目人任府達魯花赤者，其承蔭人可任州達魯花赤，以下依次承蔭，進一步增加蒙古人和色目人的承蔭特權。[10]

至元二十三年（一二八六）的括馬令中，色目人有馬者括取三分之二，漢人則全部括取。[11]

這些歧視壓迫漢人南人、優待蒙古人和色目人的具體規定，涉及官職任用、刑罰、執把武器、蔭敘等政治生活和社會生活的許多方面，意味著四等人種族壓迫政策趨於細緻深入。它反映了忽必烈朝基本政策走向的微妙變動與複雜化，不能不讓大多數漢人南人感到失望和怨恨，忽必烈雄才大略的形象隨之也有些黯然失色。

無論漢人南人如何抱怨和不滿，四等人種族壓迫政策在忽必烈的主持下仍然得到長期實施與延續。元朝中後期，諸如此類的規定越來越嚴密繁瑣，而且大抵是以忽必烈時期的規則為藍本發展起來的。

在蒙古人、色目人、漢人、南人四等人中，忽必烈最擔憂、最不放心的顯然是南人。

忽必烈曾詢問元南人將領、浙西宣慰使管如德：「江南之民，得無有二心乎？」管如德的回答比較得體，他說：往歲旱澇相仍，民不聊生，如今連年豐收，百姓沐浴聖恩甚多，怎敢有二心異志，臣我怎敢矯飾言辭來欺騙陛下呢？[12]

管如德並沒有真正解決忽必烈的心病。對人數甚多而又反抗頻仍的南方民眾，忽必烈採取了鎮壓與懷柔並重的方針。他曾經多次派遣江南諸行省、行樞密院及行御史台官員率兵征討和平息黃華、杜萬一、陳吊眼、鐘明亮等起義，堅決剿滅，毫不手軟。

另一方面，忽必烈又主張適當使用懷柔策略。他對擔任嘉定路達魯花赤的立智理威說：「南人生長亂離，豈不厭兵畏禍耶？禦之乖方，保之不以其道，故為亂耳。其歸以朕意告諸將，叛則討之，服則舍之，毋多殺以傷生意，則人必定矣。」[13]由於鎮戍江南的蒙古軍、漢軍等多數以殺戮擄掠為榮，有時甚至以良充賊，大開殺戒，忽必烈的上述諭旨在執行中肯定會大打折扣。但是，忽必烈本人能如是認識，如是宣諭，應該說是比較明智和清醒的，估計可以某種程度地減輕元軍在鎮壓江南民眾反抗時的一味殺戮。

對其他南宋降臣的懷柔和使用

忽必烈朝後期的一個戲劇性的政治動向，就是在推行四等人民族壓迫政策的同時，又重用少數南人官僚。

除了優待被擄北上的南宋君臣（詳細情況見第七章第六節）外，忽必烈最早任用的南人官僚，是在平宋戰爭期間投降的南宋將領呂文煥、呂師夔、范文虎、夏貴、管如德、陳岩等。

呂文煥自襄陽投降後，至元十三年（一二七六）被任命為荊湖行省參知政事。他在隨同伯顏渡江以後，利用其兄呂文德長期擔任南宋京湖制置使和沿江諸將多親戚部曲的條件，親自諭降鄂州守將張晏然、程鵬飛，蘄州守將管景模、池州張林等。還有因為與呂文煥的親屬關係而投降的。如江州呂師夔是呂文煥之侄，安慶范文虎是呂文德之婿，五郡鎮撫使呂文福是呂文煥的從弟。[14]後來，呂文煥以功升行省左丞，兼江東宣慰使。至元十五年（一二七八），江東按察使阿八赤向呂文煥索取金銀器皿和房舍子女，呂文煥沒有答應。阿八赤懷恨誣陷呂文煥私匿兵杖，忽必烈得知後，命令江南行御史台大夫相威詰問此事。最終真相大白，忽必烈下令罷免江東按察使阿八赤。數日後，忽必烈在稱讚阿合馬「明天道，察地理，盡人事」，「才任宰相」的同時，又明確說「南人如呂文煥、范文虎率眾來歸，或可以相位處之」。[15]

呂文煥之侄呂師夔，原為宋江州安撫使，至元十二年（一二七五）正月以城降元。不久，隨蒙古軍萬戶宋都台等進攻江西，加官江東江西大都督，升江西行省參政和左丞。至元十六年（一二七九），瑞州張公明控告呂師夔圖謀不軌，右丞塔出認為呂師夔位居相職，不可能做「狂妄之事」，張公明是誣陷，是「狂夫欲求貨」，竟然下令殺掉了張公明。事後，忽必烈特意召塔出和呂師夔回京，詰問江西「民不聊生」之罪，估計也包括張公明告呂而被殺一事。當時，事情鬧的似乎很大，忽必烈一度停止二人的職務，改派也的迷失和賈居貞行宣慰司於江西。最後，經過御前爭辯核對是非，證明二人無罪，才恢復其江西行省右丞和左丞的官職。[16]與其叔父一樣，官至行省左丞的呂師夔，也因他人誣告而一度被詰問，幸而忽必烈仔細審問，明察秋毫，才免受傷害。

他如降元後與呂文煥先入臨安宋宮和率十萬新附軍征日本的范文虎，曾經統率南宋沿江重兵後又以淮西州郡降元的宋淮西制置使夏貴，被忽必烈稱為「拔都」且賞賜寶刀的原宋江州都統制管如德，與其父陳奕分別在黃州、漣州投降的陳岩等，後來都被忽必烈提拔為行省參政、左丞、右丞，甚至平章。

至元二十四年（一二八七）五月江淮行省平章沙不丁上奏：「江南各省南官多，每省宜用一二人。」忽必烈宣諭：「除陳岩、呂師夔、管如德、范文虎四人，餘從卿議。」[17]直到後期，忽必烈依然堅持保留上述四人在江南各行省中的宰執官位，不容許隨便精簡罷免。可以窺見：忽必烈對有功於元廷的南宋降將還是能夠誠懇相待，給予特殊的優撫。

忽必烈還在益、廣二王所建「行朝」逃亡政權給江南造成較大政治波動的形勢下，仍能夠對南宋降將的某些過失採取寬容政策，獲得了較好效果。

至元十五年（一二七八），張世傑偕益王趙昰、廣王趙昺播遷閩廣，繼續抵抗元軍，某些已經歸降的南宋官員因之發生動搖和反覆。當年八月，沿江經略司行左副都元帥劉深向忽必烈告狀「福州安撫使王積翁既已降附，復通謀於張世傑。」王積翁辯解道：「兵力單弱，若不暫從，恐為闔郡生靈之患。」忽必烈權衡利害，下詔赦免了王積翁降而復叛的罪過。日後，王積翁一直效忠於元廷，奉使日本，死於海上。其子王都中也成為忽必烈親加優撫和擢用的宣慰司和行省級官員。有人揭發南宋降將、右都元帥高興匿藏趙宋黃金，忽必烈也降詔：不予追究。翌年，高興入覲，即將江南所獲珍寶全部獻上。[18]

忽必烈又對征服南宋之迅速和南宋將領抵抗不力，感到驚訝和疑惑。

至元十三年（一二七六）二月，他召見若干降元南宋軍將時問道：「爾等何降之易耶？」這幫軍將回答：「宋有強臣賈似道擅國柄，每優禮文士，而獨輕武將。臣等久積不平，心離體解，所以望風而送款也。」

忽必烈不通漢語，不能直接和宋將對話。於是，命令近侍董文忠答覆說：「借使似道實輕汝曹，特似道一人之過耳。且汝主何負焉。正如所言，則似道輕汝也固宜！」[19] 這番話道出了忽必烈對南宋降將並無多少好感，對他們藉口賈似道擅國柄而不肯效忠宋室，明顯持批評態度。

元人宋本曾經揭露說，元軍渡江之後，南宋沿江州郡大小文武將吏爭先恐後投降元朝。有的降將說因為沒有得到宋廷賞賜；有的自己雖然得到宋廷的名位，但子弟部曲未獲取官賞；有的甚至明言某郡、某城有自己的房屋、奴婢、產業，希望投降後元廷如數歸還。「可羞可惡之狀百出。」[20]就是說，苟且偷生和貪圖榮華富貴，才是他們望風而降的真正原因。忽必烈的招降不殺政策，恰恰中其下懷。但忽必烈並不喜歡他們不效忠宋室的行為。事主報國以忠的草原傳統，在忽必烈心目中根深蒂固。這在中統初忽必烈給川蜀降將楊大淵「尚厲忠貞之節，共成康乂之功」的手詔裡，[21]也能窺見一斑。

除了呂文煥、范文虎等降元武將外，忽必烈最早重用的南人文官是程鉅夫。

程鉅夫，江西建昌人。原名文海，字鉅夫，後避武宗海山之諱，只使用鉅夫。宋末，其叔父程飛卿任建昌通判，以城降元。至元十三年（一二七六）程鉅夫隨叔父入覲於上都，授職宣武將軍、管軍千戶。至元十五年（一二七八），程鉅夫又以質子的身分，奉命北赴大都入備宿衛。

一天，忽必烈召見，詢問：「卿在江南，知賈似道何如人？」程鉅夫逐條對答賈似道始終所以忠邪狀，甚為詳細全面。忽必烈命令他用筆札寫下來，程鉅夫書寫二十餘幅進上。忽必烈閱後非常驚奇，很器重程鉅夫才華見識。又問程現居何官。當得知程任職千戶時，忽必烈對近臣說：「朕觀此人相貌，已應貴顯，聽其言論，誠聰明有識者也。可置之翰林。」怯薛官和理霍孫傳旨翰林院，翰林院以程年少，奏為應奉翰林文字。

忽必烈告戒程：「自今國家政事得失，及朝臣邪正，宜皆為朕言之。」程鉅夫頓首謝恩說：「臣本疏遠之臣，蒙陛下知遇，敢不竭力以報陛下！」程鉅夫本人也沒有想到，自己身為南人，居然會受到忽必烈的如此厚待，怎能不令他感恩之至。不久，程鉅夫晉升翰林修撰，屢遷集賢值學士，兼秘書少監。

至元十九年（一二八二），程鉅夫上奏五事：一曰取會江南仕籍，二曰通南北之選，三曰立考功曆，四曰置貪贓籍，五曰給江南官吏俸，特別指出了江南濫選，賣官鬻爵，北人任於南方郡縣，「半為販繒屠狗之流、貪污狼藉之輩」，南人「列姓名於新附，而冒不識體例之譏」，無法進入仕途等弊病，所提建議，多被採納。忽必烈還賞賜程鉅夫大都安貞門宅地，以築居室。

至元二十四年（一二八七），朝廷復立尚書省，忽必烈起先欲任命程鉅夫為參知政事，程本人堅決推辭，又想用為御史中丞。御史台大臣言：「鉅夫南人，且年少。」忽必烈大怒，斥責道：「汝未用南人，何以知南人不可用！自今省部台院，必參用南人。」由於忽必烈的堅持，程鉅夫被任命為行御史台侍御史。他也是有元一代第一位擔任御史台較高級官職的南人。

在這以前，程鉅夫曾當面向忽必烈建議：乞請遣使搜訪江南遺逸。擔任行御史台侍御史伊始，忽必烈就交給程鉅夫「奉詔求賢於江南」的任務。平素，皇帝詔書使用蒙古國字，此次特命用漢字書寫。

忽必烈素聞趙孟藡、葉李之名，程鉅夫臨行，密諭必致此二人。程鉅夫不辱使命，除此二人外，另薦舉趙孟頫、余恁、萬一鶚、張伯淳、胡夢魁、曾晞顏、孔洙、曾沖之、凌時中、包鑄等二十餘人，皆被忽必烈置於台憲及文學之職。回大都之日，宮門已經關閉，未能及時入見。忽必烈得悉程鉅夫回京的消息，大喜過望，不由得起立說：「程秀才來矣。」

至元二十六年（一二八九），程鉅夫乘傳入京師，彈劾桑哥割剝生民等罪，遭到桑哥報復，六次奏請殺害程鉅夫。忽必烈皆予拒絕，還命令御史台大臣把程鉅夫安置在館舍待命。22

程鉅夫是南人中以質子宿衛受到賞識器重的個別官員之一。他不僅是進入元朝御史台系統的少數南人代表，更重要的是他還促請忽必烈派遣他赴江南搜訪遺逸，使較多南人名士進入元朝廷。後人讚譽道：

世皇任使無南北，楚公薦賢動江國。
當年台閣多門生，富有文華在賓客。[23]

在這個意義上，程鉅夫可以稱得上是忽必烈重用江南士人的第一人，也是較大範圍使用南人士人的橋梁和仲介。

南人中對吳澄的徵召，頗有意義。吳澄為江南理學宗師。至元二十三年（一二八六）程鉅夫奉詔赴江南搜訪遺逸時，曾以「不欲仕可也，燕冀中原，可無一觀」為辭，把吳澄延請到大都。翌年，吳澄因母老南歸，[24]但他的應召北上，即表明與元政權開始合作的政治態度，在江南士人中影響頗大。

桑哥當權時期，葉李、趙孟頫等南人官僚受到特殊重用，也頗引人注目。

葉李，字太白，杭州人，宋末補太學生。宋理宗景定五年（一二六九），賈似道隱瞞與忽必烈的鄂州城下之盟，將忽必烈主動命令蒙古軍隊北撤以爭大汗位，詐言為退敵之功，重新入相，益驕肆自專。葉李與同舍生康棣等八十三人，伏闕上書，抨擊賈似道實行公田關子不便，專權誤國。其略曰：

三光舛錯，宰執之愆。似道繆司台鼎，變亂紀綱，毒害生靈，神人共怒，以干天譴。

賈似道極為惱怒，得知書稿文字出於葉李之手，唆使黨羽臨安尹劉良貴及林德夫，誣告葉李僭用泥金飾齋匾不法，下獄吏鞫問。鍛煉成獄，遭黥流放嶺南漳州。賈似道失敗，亦流放嶺南。葉李蒙恩得放還，恰與賈似道遇於途中。曾贈詞以譏諷：

君來路，吾歸路，來來去去何時住？公田關子竟何如，國事當時誰汝誤？雷州戶，崖州戶，人生會有相逢處。

南宋滅亡，葉李隱居富春山。

葉李力詆奸相賈似道的消息，不脛而走。忽必烈當年在鄂州前線與賈似道對壘作戰，曾誇獎賈，後主動北撤而成賈似道「再造之功」，自然對此事十分關心。葉李攻擊賈似道書稿末尾有：「前年之師，適有天幸，克成厥勳」之語，忽必烈讓人念給他聽，常常拊掌稱歎。

至元十四年（一二七七）相威行御史台於江南，奉旨訪求隱逸之士。當報上葉李的名字時，忽必烈非常喜悅，立即授予葉李奉訓大夫、浙西道儒學提舉。葉李聞訊，起先想逃遁。這時，右丞相安童派使者送來書信云：「先生在宋，以忠言儻論著稱，簡在帝心。今授以五品秩，士君子當隱見隨時，其尚悉心，以報殊遇。」葉李幡然省悟，北面再拜，接受委任。

至元二十四年（一二八七）程鉅夫奉旨攜葉李北上大都。忽必烈特命集賢院大學士阿兒渾撒里把葉李安置在院內館舍。

他日，忽必烈在披香殿召見葉李，慰勞道：「卿遠來良苦。」又說：「卿向時訟似道書，朕嘗識之。」又特意賜坐錫宴，命其五日一次入宮中議事。[25]

從此，葉李常能給忽必烈提出許多重要建議，忽必烈對他幾乎是言聽計從。

如至元十九年（一二八二）以後，各道儒學提舉司因削減冗官被撤罷，葉李言：「各道儒學提舉司及郡教授，實風化所繫，不宜罷。請復立提舉司，專提調學官，課諸生，講明治道。」忽必烈採用其意見，恢復了江淮十一道儒學提舉司。[26]

又如乃顏反叛，忽必烈親征，所用將校多蒙古人，兩軍陣前，或其親昵，立馬相向語，往往釋兵杖不戰。忽必烈深為憂慮。葉李秘密啟奏：「兵貴奇，不貴眾，臨敵當以計取。彼既親昵，誰肯盡力，徒費陛下糧餉，四方轉輸甚勞。臣請用漢軍列前步戰，而聯大車斷其後，以示死門。彼嘗玩我，必不設備，我以大眾蹈之，無不勝矣。」忽必烈以其謀劃告諭部署諸將，元軍果然大捷。由是，忽必烈愈加奇其才，每次朝見大臣結束，必定召見葉李討論政事。

忽必烈復立尚書省，欲授葉李左丞。葉李堅決推辭，理由是「論臣資格，未宜遽至此」。忽必烈曰：「商起伊尹，周舉太公，豈循格耶！尚書繫天下輕重，朕以煩卿，卿其勿辭。」鑑於葉李患足疾，忽必烈特賜大、小車各一輛，許乘小車入禁中，派人扶持上殿。

一次，議事大廷，葉李足疾發作，未能出席。忽必烈竟用所御五龍車召葉李前來，且許坐而諮詢議決。凡有軍國大事，忽必烈必問：「曾與蠻子秀才商量否？」「蠻子秀才」，是忽必烈對葉李的特稱。

元末陶宗儀從葉李之孫葉以道處看到當時所畫「應召圖」，圖中皇帝乘輿「五龍車」中端坐一介「山野質樸之老」葉李。於是大發感慨道：「使無賈似道以發其正大之論，直一書生耳。而望功名、顯天下，亦難矣。」[27] 忽必烈對葉李眷顧寵愛之隆，甚至把漢地王朝有關人臣不得僭用皇帝乘輿的禮制一概拋在腦後。這一點，確實令陶宗儀輩生出幾分羡慕或嫉妒。

一次，忽必烈欲把江南趙宋宗室及大姓遷徙北方。葉李勸阻道：「宋已歸命，其民安於田里。今無故聞徙，必將疑懼，萬一有奸人乘釁而起，非國之利也。」忽必烈恍然大悟，遷徙之事遂寢。

葉李與當時的權臣尚書省右丞相桑哥關係甚為密切，很大程度上是桑哥專擅朝政、急於財利的得力助手。據說，桑哥改定鈔法，所發行使用的至元新鈔，就來自葉李呈獻的鈔樣。[28] 葉李在朝廷的官職也隨之上升為資德大夫、尚書右丞，一度還欲升為平章政事。終因葉李本人推辭不就，才僅升其官秩為一品，又賜平江田四千畝。

桑哥罷相被殺後，原尚書省官員多受到牽累。葉李以生病為由被批准南還。

揚州儒學正李淦上書揭露葉李的罪狀：「葉李本一黥徒，受皇帝簡知，可為千載一遇。而才近天光，即以舉桑哥為第一事；禁近侍言事，以非罪殺參政郭佑、楊居寬；迫御史中丞劉宣自裁，錮治書侍御史陳天祥，罷御史大夫門答占、侍御史程文海，杖監察御史；變鈔法，拘學糧，征軍官俸，減兵士糧；立行司農司、木綿提舉司，增鹽酒醋稅課，官民皆受其禍。尤可痛者，要束木禍湖廣，沙不丁禍江淮，滅貴里禍福建。又大鉤考錢糧，民怨而盜發，天怒而地震，水災洊至。尚賴皇帝聖明，更張政化。人皆知桑哥用群小之罪，而不知葉李舉桑哥之罪。葉李雖罷相權，刑戮未加，天下往往竊議，宜斬葉李，以謝天下。」

忽必烈獲悉此書，吃驚地說：「葉李廉介剛直，朕所素知者，寧有是耶！」

李淦所列舉的葉李諸多罪狀，實際上劃歸桑哥更合適，加在葉李頭上，十分牽強。至於舉薦桑哥一事，葉李北上大都以前，忽必烈已經開始重用桑哥。即使葉李曾經主張桑哥擔任尚書省長官，在桑哥入相中發揮了推波助瀾的作用，也無可厚非。因為桑哥畢竟做了不少有益於國計民生的事情。由是觀之，忽必烈「葉李廉介剛直，朕所素知者，寧有是耶」的見解，是比較公允的。

當葉李南下行至臨清，忽必烈甚至派來使者召葉李重新擔任中書省平章，協助右丞相完澤主持朝政。葉李則上表全力推辭，本人不久即病逝。

適逢李淦應召入京，忽必烈雖然沒有接受他對葉李的指責，但仍然提拔他為江陰路教授，以旌其直言。[29]

忽必烈所青睞器重的另一位南人官僚是趙孟頫。

趙孟頫，字子昂，宋太祖子秦王趙德芳後裔，南渡後，寓居湖州。孟頫自幼聰敏，讀書過目成誦，為文操筆立就。未冠，試中國子監，補真州司戶參軍。入元，閒居里中。母丘夫人說：「聖朝必收江南才能之士而用之，汝非多讀書，何以異於常人？」孟頫謹遵母親教誨，讀書求學更加奮發努力。

至元二十三年（一二八六）十一月，行御史台侍御史程鉅夫奉忽必烈詔令，搜訪江南遺逸名士二十餘人，趙孟頫名居首選。

當趙孟頫被引見於大都宮內時，忽必烈一看到他就十分喜歡，稱之為神仙中人，令他坐於葉李之上。

這時，御史中丞耶律某發難說：趙孟頫「乃故宋宗室子，不宜薦之使近左右」。忽必烈斥責道：「彼豎子，何知！」又派遣侍臣傳旨：讓耶律某立即出御史台，毋過今日。重用趙孟頫，起初就因其趙宋宗室身分遇到不小阻力，忽必烈卻迎難而上，不屑一顧。

翌年，忽必烈復立尚書省，命趙孟頫草擬詔書頒告天下。趙孟頫揮筆立就，忽必烈問知所草詔書大旨後，興奮地說：「卿得之矣，皆朕心所欲言者。」[30] 忽必烈欲大用趙孟頫，初擬吏部侍郎、參議，或許是嫉恨孟頫為宋宗室且年少，議者發難阻止，結果只授奉訓大夫、兵部郎中，掌管驛站。

趙孟頫雖然僅是從五品的中級官員，但忽必烈對他的器重並未因之減弱。

王虎臣言：平江路總管趙全不法。忽必烈命令王虎臣前往按問。尚書省右丞葉李執奏，以為不可。忽必烈不聽。趙孟頫進言：「趙全固當問，然虎臣前守此郡，多強買人田，縱賓客為奸利，全數與爭，虎臣怨之。虎臣往，必將陷全。事縱得實，人亦不能無疑。」忽必烈大悟，另派遣他人為使前往。

與葉李不同的是，趙孟頫和權臣桑哥的關係並不親近，很大程度上還是站在桑哥的對立面。有的學者認為，桑哥當權期間，出現了一段色目官僚與南人官僚的聯合或勾結。這種說法在桑哥與葉李之間是適用的。對趙孟頫而言，則不一定恰當。趙孟頫在擔任兵部郎中之際，就因為未執行奉使笞責江南諸省官員的命令而遭到桑哥的譴責，趙孟頫本人也因偶爾遲到被桑哥拉去受笞責之辱。所以，趙孟頫對桑哥始終有所怨恨和不滿。

至元二十七年（一二九〇）夏，忽必烈駕幸龍虎台，命令尚書省平章阿魯渾撒里馳驛回大都召集賢院、翰林院官議論引起地震等災害的原因，儘管忽必烈告戒毋令桑哥知道，但與議兩院官員畏懼桑哥，都不敢言及時事。趙孟頫則運用他和阿魯渾撒里的親善關係，秘密鼓動阿魯渾撒里勸阻忽必烈以停止鉤考錢穀來消弭天變和災異，終於促使忽必烈頒詔停廢鉤考。

至元二十八年（一二九一）初，趙孟頫剛剛與忽必烈談論完葉李、留夢炎對奸相賈似道的態度，帳殿外恰遇速古兒赤徹里。趙孟頫對徹里言：「上論賈似道誤國之罪，責留夢炎不能言之。桑哥誤國之罪，甚於似道，我輩不能言，他日何以免責？弟我疏遠之臣，言必不聽。觀侍臣中，讀書知義理、慷慨有大節又為上所親信，無逾公者。夫捐一旦之命，為萬姓除去殘賊，此仁人之事也。公必勉之。」趙孟頫慫恿速古兒赤徹里率先奏劾桑哥，可謂煞費苦心，循循善誘。事後，徹里還感謝說：「使我有萬世名，公之力也！」

由此可見，趙孟頫基本屬於反對桑哥陣營中的人物，與葉李充任桑哥得力助手的政治態度大相逕庭。

元人讚譽趙孟頫具有七點常人不及之處：「帝王苗裔，一也；狀貌昳麗，二也；博學多聞知，三也；操履純正，四也；文詞高古，五也；書畫絕倫，六也；旁通佛老之旨，造詣玄微，七也。」還言：趙孟頫書畫、文章、經濟之學並茂。對這位出類拔萃的人才，忽必烈的評價是「聰明絕人，剛直有守，敢為直言」。

忽必烈又降旨：允許趙孟頫出入宮門，往往和趙孟頫長談到夜間。忽必烈曾對趙孟頫說：「卿宜亟至中書，參決庶政，以分朕憂。」還頗有感慨地說：「朕年老，聰明有所不逮，大臣奏事，卿必與俱入，或行事過差，或意涉欺罔，卿悉為朕言之。朕方假卿自助，卿必盡力。」趙孟頫則堅決推辭，忽必烈「慰勉再三」，都不奏效。

趙孟頫的理由，既複雜也簡單，那就是身為趙宋宗室和「疏遠之臣」，如果進處要地，必為人所忌。所以，當忽必烈執意要倚重他、大用他時，趙孟頫就主動減少入宮次數，後又請求外補官職，出京擔任了濟南路同知的中級地方官，遠離朝廷是非之地。

對忽必烈重用趙孟頫，南人士大夫不無微詞。連他的朋友戴表元也有「遭逢不自閔，頗為談者惜」的批評。[31]

忽必烈與趙孟頫一起品評趙宋歸附官員的高下，頗有意思。

忽必烈問：留夢炎與葉李二人優劣何如。趙孟頫回答：「夢炎向與臣父同在宋朝，是時，臣甫數歲，其或忠或佞，臣所不能知。今幸得與夢炎同事天朝，夢炎為人，性重厚，篤於自信，思慮甚遠，善斷國事，有大臣之器。李所讀之書，即臣所讀之書，李所知所能，臣亦無不知無不能。」

忽必烈又說：「卿意豈以夢炎賢於李哉？夢炎在宋狀元及第，位至丞相，賈似道懷諼誤國，罔上不道，夢炎徒依阿取容，曾無一言，以悟主聽。李，布衣之士，乃能伏闕門上書，請斬似道。是李賢於夢炎明矣。李論事，厲聲色，盛氣凌人，若好己勝者，剛直太過，故人多怨焉。卿以夢炎父執友，故不敢斥言其非。今朕既得卿之情，可為朕賦詩以譏刺夢炎。」

趙孟頫遵旨賦詩一首：「狀元曾受宋家恩，國困臣強不盡言。往事已非那可說，且將忠直報皇元。」忽必烈聽罷讚歎不已。[32]

然而，忽必烈的上述懷柔政策僅僅在部分南人範圍內發生作用。相當數量的南人士大夫，對此政策的反應冷淡，有的甚至長期抱抵制態度。他們尤其蔑視和反感降元南宋官員喪失氣節的行為。

如原嚴州知州方回在元軍未到時，倡言戰死封疆，甚是慷慨激昂。後元軍逼近，突然不知所在，人們起初以為他曾履行死節諾言。不久，方回迎降於三十里以外，「韃帽氈裘，跨馬而還，有自得之色」，又獲得元朝建德路總管的授官。州人無不唾罵，其不少親戚故舊也與之反目為仇。有人還模仿方回當年抨擊賈似道所上「十可斬」之疏，書寫貪、淫、驕、褊、專、吝、詐等「十一可斬」，揭露其奸惡狀。[33]

原淮西安撫制置大使夏貴曾經在與蒙元軍隊作戰中屢建戰功，但是在至元十二年（一二七五）的丁家洲大戰中卻臨陣逃脫，退守廬州。宋廷為夏貴加官開府儀同三司，命令他率所部入衛臨安。不應。後致書伯顏：「願勿廢國力，攻奪邊城，若行在歸附，邊城焉往。」實際是許諾南宋滅亡即降。次年正月，宋幼主降元。二月，夏貴果然以淮西之地三府六州三十六縣降附，官至行省參政和左丞。當時部分南人甚至把他與賈似道誤國相提並論，斥之曰：「縱韃渡江犯京師者，夏貴也。」[34]至元十六年（一二七九）夏貴病逝。有人賦詩曰：

自古誰不死，惜公遲四年。
聞公今日死，何似四年前。[35]

此詩在肯定至元十二年（一二七五）以前夏貴所建功業的同時，又抨擊他以後降元失節，雖生猶死。與其說是悼念，毋寧說是辛辣的譏諷和鞭撻。

宋亡後，原太學生鄭所南隱居於吳下（今蘇州），改名思肖，意為思念趙宋。又扁其居所「本穴世界」，寓「大宋」二字。平時不與北人交往，聞北人語，必掩耳亟走。他畫蘭不畫根與土，暗示土地已被元朝奪走。縣長官欲求所畫蘭花，因以賦役迫取，他憤怒地說：「頭可斫，蘭不可畫。」趙孟頫以書畫詩文之才，享譽南北，鄭所南怨恨他背叛宋室為忽必烈所聘用，故與趙絕交。趙孟頫數次前往看望，都拒不會見。趙孟頫只得歎息而去。在其所書〈大義略敘〉等文中，鄭所南多處指名道姓咒罵忽必烈及其所建元朝。[36]忽必烈的上述懷柔南人的政策，顯然對鄭所南輩幾乎毫無效果。

另一位固守「嚴夷夏之防」的南宋遺民是謝枋得。謝枋得系江西信州弋陽人，進士出身，南宋末以江東提刑守信州，城破隻身逃亡，匿藏於福建建寧縣山村，妻、弟、子、侄多人被殺。建寧縣人黃華舉行反元起義，謝枋得積極予以支援。至元二十三年（一二八六）程鉅夫奉忽必烈的旨意，赴江南舉薦南宋名士三十人，謝枋得名列其中。他致書程鉅夫，以母死未葬為辭，拒不應詔。至元二十五年（一二八八），留夢炎再次舉薦。謝枋得不僅嚴詞拒絕，還以尖刻的諷刺挖苦言辭答覆留夢炎：

江南無人才未有如今日之可恥……先生少年為魁倫，晚年作宰相，功名富貴，亦可以酬素志矣。賓士四千里，如大都拜見皇帝，豈為一身計哉？將以問三宮起居，使天下後世知君臣之義不可廢也。先生此心，某知之，天地鬼神知之，十五廟祖宗之靈亦知之。眾人豈能盡知之乎？

此番言語，足以使降元的「狀元宰相」留某羞愧不已，無地自容。而後，元廷繼續召謝枋得北上，總計達五次，他依然故我，不予理睬。福建行省參政魏天佑迫不得已下令拘捕謝枋得，派兵押送至大都。沒料到，謝枋得以絕食抗爭，翌年四月死於大都。[37]在效忠亡宋和拒不變節仕元方面，謝枋得甚至比鄭所南表現得更頑固、更執著。

忽必烈之所以在後期懷柔降元的南宋官員且特別重用個別南人文臣，是有多種意圖的。首先是要作出姿態，拉攏南人，藉以安撫江南人民，平息或緩和南方民眾思宋反元的情緒。忽必烈對江南新征服地區的人心所向，對江南民眾是否認同蒙古人的占領和統治，十分擔憂。忽必烈清楚地知道，南宋的名臣和降將，在當地具有較強的影響或勢力。面臨南方連綿不斷的民眾反叛，懷柔和使用南人降臣，有利於籠絡江南百姓的人心，有利於降低和消磨他們的反抗意識。

另一方面也通過利用部分南人名士，對北方漢人儒臣進行掣肘和抑制，削弱了北方儒士在朝政中的作用，同時加劇南、北方士大夫原已存在的隔膜，達到分裂漢族隊伍，以利穩固蒙古貴族統治的目的。[38]

還需要補充的是，忽必烈搜羅江南精英、為我所用的動機和客觀需要，也十分明顯。從藩王時代起，忽必烈就喜歡搜集聚攏一批來自不同民族或地域的精英人才，充當自己的智囊謀臣。有名的「金蓮川幕府」及其在忽必烈統治前期所扮演的角色，實際上就是漠南精英人才與大汗智囊謀臣兼而有之。這也是忽必烈前期取得可以和秦皇、漢武、唐宗、宋祖、成吉思汗相媲美功業的緣由。

然而，迄至元二十年（一二八三），劉秉忠、姚樞、竇默、張文謙、許衡、廉希憲、郝經、趙璧、史天澤等能夠為忽必烈出謀劃策的北方精英人物陸續謝世。至元二十二年（一二八五）六月，忽必烈對中書省右丞相安童所言：「朕左右復無漢人，可否皆朕決。汝當盡心善治百姓，無使重困致亂，以為朕羞。」[39]既可以解釋成忽必烈有意疏遠北方漢人儒臣，也可以理解為身旁北方精英人物陸續謝世後忽必烈的無奈表白。因為此時忽必烈身旁確實出現了北方漢人精英幾乎完全空缺的情況，原因是多方面的。既有朝廷政治鬥爭對漢人臣僚的打擊壓抑的背景，也有中土精英自身的人才斷層或選拔不暢等因素。

忽必烈清楚地知道，身旁缺乏精英，十分不利。忽必烈所重用的程鉅夫、葉李、趙孟頫，恰恰是江南精英儒士的代表。他們的確以其傑出的智能才華，從不同層面替忽必烈運籌帷幄，在一定程度上填補了忽必烈身旁已無北方漢人精英謀臣的空缺。這又是忽必烈打破民族或地域界限，不拘一格，善選精英，為我所用的成功之處。

由於呂文煥、呂師夔、范文虎、夏貴、管如德、陳岩等降元武將在江南各省的長期任職，由於程鉅夫、葉李、趙孟頫等在忽必烈後期政治舞台上所扮演的重要角色，人們普遍認為忽必烈後期應是南人受重視的獨無僅有的黃金時段。正因為這樣，對這段時間基本形成的四等人民族壓迫政策，還應該作一些補充說明：人們所熟知的元代民族壓迫的四等人規定，通常是謂蒙古人第一等，色目人第二等，漢人第三等，南人第四等的等級排列。但是，忽必烈朝蒙古人、色目人、漢人、南人四等級秩序中，前二者等級排列是高下分明、不容混淆的。而在後兩個等級漢人、南人中，儘管已有漢兒和蠻子的特定稱謂，可他們的高下有別的法律規定並不多見。因為程鉅夫、葉李、趙孟頫等南人儒臣的特別重用，南人的實際處境和待遇並不比北方漢人低多少。嚴格地說，元代民族壓迫的四等人規定，雖然形成於忽必烈朝，但忽必烈時期的蒙古人、色目人、漢人、南人四等級秩序並不典型，後兩個等級及待遇往往是難以截然區分開的。成宗以降，南人的法律地位和實際境遇顯著惡化，四等級秩序才最終固定下來。

註釋

1 參閱拙著《行省制度研究》頁三一五，南開大學出版社，二〇〇〇年十一月。

2《元史》卷六〈世祖紀三〉。

3《梁石門集》卷八〈元〉。

4《元史》卷八五〈百官志一〉。

5《通制條格》卷二七〈漢人毆蒙古人〉；《元史》卷七〈世祖紀四〉；《元典章》卷四四〈刑部六〉、〈雜例·蒙古人打漢人不得還〉。

6《元史》卷五〈世祖紀二〉，卷九〈世祖紀六〉。

7《元史》卷一〇〈世祖紀七〉；《元典章》卷三五〈兵部二·達魯花赤提調軍器庫〉。

8《元典章》卷三五，頁三；《通制條格》卷二七，頁七；《元典章》卷三五，頁二，至元二十三年；《元史》卷一四〈世祖紀十一〉至元二十三年；《元典章》卷三五，頁四，至元二十四年。

9《元史》卷八三〈選舉志三〉。

10《元典章》卷八，頁一八。

11《元史》卷一四〈世祖紀十一〉。

12《元史》卷一六五〈管如德傳〉。

13《元史》卷一二〇〈立智理威傳〉。

14 參閱陳世松、匡裕徹等《宋元戰爭史》，第七章，四川社會科學院出版社，一九八八年。

15《元史》卷一〇〈世祖紀七〉至元十五年六月。

16《元史》卷一一〈世祖紀八〉至元十七年二月辛丑；卷

一三五〈塔出傳〉。

17《元史》卷一四〈世祖紀十一〉。

18《元史》卷一〇〈世祖紀七〉，卷一八四〈王積翁傳〉，卷一六二〈高興傳〉。

19《元史》卷九〈世祖紀六〉。

20《元文類》卷三一〈湖南安撫使李公祠堂記〉。

21《元史》卷一六一〈楊大淵傳〉。

22《元史》卷一七二〈程鉅夫傳〉；《雪樓集》卷一〇〈奏議存稿·吏治五事〉，附錄〈程鉅夫年譜〉；《危太僕續集》卷二〈大元敕賜故翰林學士承旨程公神道碑〉。

23《道園類稿》卷四〈送程楚公子叔賓官海上〉。

24《道園類稿》卷五〇〈臨川吳先生行狀〉。

25《元史》卷一七三〈葉李傳〉；《南村輟耕錄》卷一九〈至元鈔樣〉，卷二六〈五龍車〉。

26《元史》卷一七三〈葉李傳〉，卷一四〈世祖紀十一〉至元二十四年閏二月辛未；《元典章》卷三一〈禮部四·儒學〉、〈立儒學提舉司〉。

27《元史》卷一七三〈葉李傳〉；《南村輟耕錄》卷二六〈五龍車〉。

28《南村輟耕錄》卷一九〈至元鈔樣〉。

29《元史》卷一七三〈葉李傳〉。

30《元史》卷一七二〈趙孟頫傳〉；《松雪齋集》附錄〈大元故翰林學士承旨趙公行狀〉。

31《剡源集》卷二七〈書歎七首〉。

32《松雪齋集》附錄〈大元故翰林學士承旨趙公行狀〉。

33《癸辛雜識》別集上〈方回〉。

34《元史》卷一五四〈洪福源傳〉，《宋史》卷四七〈瀛國公紀〉；《鄭思肖集》〈大義略敘〉頁一七四，上海古籍出版社，一九九一年。

35《三朝野史》。

36《鄭思肖集》〈大義略敘〉，附錄二〈鄭所南小傳〉，上海古籍出版社，一九九一年；《輟耕錄》卷二〇〈狷潔〉。

37《謝疊山集》卷四〈上丞相劉忠齋書〉，卷六〈送黃六有歸三山序〉。

38參閱周良霄《忽必烈》，頁二〇〇，吉林教育出版社，一九八六年。

39《元史》卷一三〈世祖紀十〉。

第十章　冬夏巡幸兩都　內外布列軍衛

兩都的營建與朝會祭祀

一、上都開平

忽必烈奉命總領漢南軍國庶事以後，南下駐紮在原金蒙交界的桓州、昌州、撫州一帶。蒙哥汗六年（一二五六），忽必烈希望在駐帳附近建城市，修宮室，命令劉秉忠占卜吉祥，選擇地點。劉秉忠選定了桓州以東、灤河以北的龍崗之地。此地「龍崗蟠其陰，灤江經其陽，四山拱衛，佳氣蔥郁」，「展親會朝」，「道里得中」，[1]既是遼闊坦蕩的天然牧場，也適宜建城。興建新城花了三年時間，先建宮室，後築宮城，負責監督工程的有董文炳、賈居貞、謝仲溫等。忽必烈還特許近侍謝仲溫以工部提領，手執木梃，對成百上千的築城工匠民夫進行恫嚇威脅。忽必烈給他的諭旨是：「汝但執梃，雖百千人，寧不懼汝耶！」[2]

竣工以後，新城被命名為開平府。開平府的興建，使忽必烈藩府得以較穩定地遷移至北連朔漠、南控中原的金蓮川一帶，對忽必烈履行總領漢南使命和接受漢文化，均大有裨益。

中統元年（一二六〇）三月十七日，忽必烈在開平舉行「忽里台」貴族會議，被推舉為第五任大汗。

七月，忽必烈率軍北上擊敗在漠北稱汗的阿里不哥，並於秋季占領和林，奪回了前朝大汗的四大斡耳朵。

然而，政治、經濟、軍事等方面的形勢或原因，致使忽必烈不願意、也不可能繼續以和林為都城來君臨天下。

窩闊台汗建都和林以來，和林城內居民的糧食，主要依賴漢地，多是用大車自南向北轉運。[3]忽必烈在位的三十餘年間，朝廷經常運送糧食賑濟和林城的居民。假如繼續以和林為都城，勢必造成糧食等物資長途轉輸的更大負擔和壓力。

和林雖然被忽必烈的軍隊所占領，但忽必烈離開漠北多年，就漠北而言，忽必烈的政治軍事實力遠不能與阿里不哥相比。假如忽必烈繼續以和林為都城，勢必受到阿里不哥等反對派的軍事威脅，勢必需要大量軍隊留駐漠北並在和林周圍部署嚴密的防禦圈。當時蒙古軍習慣於戰後下馬分散駐牧，不善於聚合守衛城堡，漢軍又不能適應草原氣候而遠離漢地長期鎮戍。此種情況下，漠北留駐軍隊的調集和部署也相當困難。

更重要的是，忽必烈總領漠南多年，即汗位之地又在開平，他的主要統治基礎已在漠南和中原奠定。在忽必烈看來，繼續以和林為都城，繼續走草原帝國的舊路，不利於蒙、漢統治階級的聯合，不利於對中原漢地的管理與控制。

所以，忽必烈決意離開和林舊都以及原蒙古大汗四季營地、斡耳朵，於當年十二月率眾返回燕京附近。[4]其後的三四年間，開平是有都城之實而無都城之名，忽必烈多數時間駐於開平，剛剛設立的中書省等官署也在開平處理政務。

中統四年（一二六三）五月九日，忽必烈正式定開平為上都，設立上都路總管府。[5]而後，又開始了大規模的上都營建。

因為上都皇城建在一個草地環抱的小湖上，施工前的排水頗費力氣。工匠們先用石頭和碎磚填滿小湖及源頭，然後熔化許多錫進行加固，最後在上面覆蓋石板。石板上就可以建造宮殿了。[6]

上都宮城的主體建築大安閣，始建於至元三年（一二六六）十二月。大安閣原是宋金故都汴梁熙春閣，拆遷到千里以外的金蓮川，稍加損益而成。據說，汴梁熙春閣拆下的木材多達「萬計」，水浮陸輦，耗費甚大。僅從汴梁入黃河東下的一段，就役使汴梁路、衛輝路諸多民夫。衛輝路總管陳祐為此還特意上奏忽必烈批准，由汴梁路負責運送木材至黃河邊，調遣軍士三百名，負責編組木筏，順黃河漂下，衛輝路則「壅遏水勢」，協助河上木筏漂流工作。

因上都宮城無正衙，大安閣遂巍峨為前殿，「規制尊穩秀傑，後世誠無以加。」[7]元末周伯琦賦詩讚美曰：

「大安御閣勢岧亭，華闕中天壯上京。」

「層甍復閣接青冥，金色浮屠七寶楹。」[8]

這座華麗宏偉的宮殿，又稱為上都的「大內」或「大安閣」，[9]忽必烈臨朝、議政、接見臣下等，經常在這裡舉行。如至元十三年（一二七六）五月初一，忽必烈御大安閣接受宋恭帝趙㬎及被擄北上宋朝大臣的朝拜，封趙㬎為瀛國公；至元十六年（一二七九）都元帥帖木兒不花追擊張世傑和平定廣東諸郡及海島後，率領諸降將及有功將校北赴上都，也是在大安閣朝見忽必烈的。[10]耶律鑄之子耶律希亮自中亞東歸，入覲上都，同樣是在大安閣向忽必烈詳細陳述邊事以及羈旅他鄉的困苦情狀。[11]欽察人和尚之子千奴由御史大夫玉昔帖木兒引見忽必烈，特許以功臣子襲職江南浙西道按察使。播州楊漢英隨其母田氏入見忽必烈，得以世襲為播州安撫使。這兩次入見，都在大安閣。[12]至元二十二年（一二八五）五月十九日，御史台官員就江南行御史台自江州遷往杭州一事，奏聞忽必烈並得到批准，同樣是在大安閣。[13]

大安閣是忽必烈在上都舉行「視朝」的場所之一。閣內設有專用的御榻，還有若干宰相或近侍在閣內陪同忽必烈接見前來朝覲的人員。忽必烈接見楊漢英母子時，曾呼漢英至御榻前，熟視他的眼睛和神情，久久撫摩他的頭部，然後對旁邊的宰臣說：「楊氏母子孤寡，萬里來庭，朕甚憫之。」

大安閣還備有祭祀神明的幣貢禮器。一次，忽必烈得知有人盜竊幣貢，大怒，欲誅盜者，經宿衛出身的提點太醫院事許扆勸諫，才作罷。[14]

除大安閣外，上都的漢地式建築還有至元八年（一二七一）十一月建成的萬安閣。[15]波斯史家拉施特說：「在城的中央修建了一座宮殿和（另外一座）較小的宮殿。」[16]估計指的就是大安閣和萬安閣。

汪元量曾賦詩以志萬安閣的早朝和宮廷侍從夜直：

鳳銜紫詔下雲端，千載明良際會難。
金闕早朝天表近，玉堂夜直月光寒。[17]

上都體現蒙古草原風格的宮殿為失剌斡耳朵。失剌又作昔剌，蒙古語義為黃色。忽必烈定都開平後，沿襲窩闊台汗和林舊例，設置失剌斡耳朵，作為自己在上都的「行在」和「宴遊」之所。[18]

此外，皇城中的草地四周築有圍牆。各式各樣的野獸飛禽在草地上生息繁衍。如麋鹿鷹兔等。忽必烈時常在圍牆內馳馬追逐麋鹿，一則取鹿肉餵鷹，二則消遣娛樂。[19]

在上都城，忽必烈還建起了孔子廟、佛寺、道觀及城隍廟。孔子廟和城隍廟先後建於至元四年（一二六七）和五年（一二六八）。袁桷所云忽必烈在上都「首建廟學」，實即至元四年所建孔子廟。[20]

忽必烈在上都所建佛寺，主要是龍光華嚴寺和乾元寺。龍光華嚴寺建於蒙哥汗八年（一二五八），位於上都皇城的東北角。乾元寺建於至元十一年（一二七四），位於上都皇城的西北角。龍光華嚴寺是禪宗寺院，劉秉忠的好友至溫和曹洞宗領袖萬松的弟子福裕，相繼擔任該寺的住持。乾元寺則與大都護國仁王寺相同，屬於藏傳佛教寺院。

所建上都道觀主要有位於城東、西的正一教派崇真宮、全真教派長春宮、太一教派太一宮以及壽寧宮等。

不難看出，上都城的上述宗教文化設施，是儒、佛、道三教並存。即使同一種宗教內，也是諸教派紛然林立。其功用有人闡釋為「化俗警蒙，相須以成，具訓淵遠，將垂憲永，以為民則」。[21]

郝經〈開平新宮五十韻〉詩曰：

欲成仁義俗，先定帝王都。
畿甸臨中國，河山擁奧區。
燕雲雄地勢，遼碣壯天衢。
峻嶺蟠沙磧，重門限扼狐。

侵淫冠帶近，參錯土風殊……
棟宇雄新造，城隍屹力扶。
建瓴增壯觀，定鼎見規模。[22]

上都作為忽必烈建造的草原都城，既具漢地式都城的風貌，又帶有蒙古草原「行國」的特色。它地處漠北蒙古與漢地的交通要衝，對加強蒙古宗王的向心力和元朝廷控制大漠南北，意義非凡。需要說明的是，上都的皇宮寺觀雖然雄偉壯麗，比較正規，但上都留守司以外的諸官署因係季節性分司扈從，故其衙署建築均不正規，扈從官員的住宿也頗為簡陋。元初擔任中書省左右司都事和翰林院編修的王惲，曾賦詩描述他在上都的住所：「土屋甖燈板榻虛，一瓶一缽似僧居。」原平章政事廉希憲至元十五年（一二七八）扈從上都時，也是暫住在華嚴寺內。[23]一般蒙古及色目貴族官宦應該是在氈帳中住宿的。宋本〈上京雜詩〉曰：「西關輪輿多似雨，東關氈房亂如雲。」[24]可以為證。鄭思肖所云：「四時雨雪，人咸作土窖居宿。北去竟無屋宇，氈帳鋪架作房。」[25]大體符合實際，也能顯現忽必烈所建元上都草原都城的特有人文地理風貌。

忽必烈還在上都處理過許多軍國大事，舉行過一些非常重要的祭祀典禮。

如第三章所述，一二六〇年擁戴忽必烈為大汗並改變大蒙古國命運的忽里台貴族會議，就在開平舉行。接著，建中統年號，設中書省、十路宣撫司和燕京行省，都是在開平決策實施的。

中統五年（一二六四），也是開平被定為上都的第二年，阿里不哥南下歸降，又在這裡召開忽里台貴族會議，依據札撒赦免阿里不哥並處置其謀臣。漢地諸路總管史權等二十三人和高麗國王王植，也奉詔參加了這次「大朝會」。[26]元人張昱詩曰：

至元典禮當朝會，宗戚前將祖訓開。

聖子神孫千萬世，俾知大業此中來。[27]

至元十一年（一二七四）忽必烈頒布伐宋詔書和派遣伯顏率師渡江，同樣是在上都。[28]至元十四年（一二七七）忽必烈調兵遣將北擊昔里吉和至元二十四年（一二八七）親征乃顏，又是把上都當作兵力聚集點與軍事大本營。[29]

至元十九年（一二八二）忽必烈聽到阿合馬被殺的消息，立即從察罕腦兒回到上都，派遣樞密副使孛羅等到大都拘捕誅殺王著等。至元二十二年（一二八五）、至元二十八年（一二九一）忽必烈追究盧世榮和桑哥罪狀及下令處死盧、桑二人，也是在巡幸上都期間。[30]

忽必烈在上都舉行的祭祀，主要是祭天和祭祖。

中統二年（一二六一）四月八日，忽必烈親率皇族成員，祀天於舊桓州西北郊，皇族以外不得參與。祭天依然採用灑白色牝馬奶子的蒙古舊俗。

關於祭天的詳細情況，馬可波羅說：

「每年太陰曆八月二十八日，大可汗離開上都同那個宮……他必須在地上或空中灑少許這些馬奶，使鬼神可以喝得到這奶……鬼神必須喝得到這奶，方可使他們保護大可汗所有的東西，男女人口，走獸飛禽，五穀以及各種別的東西。」[31]

至元十三年（一二七六）五月初一，忽必烈又派遣伯顏等大臣赴上都近郊祭祀天地和祖宗，告以平宋大捷。全太后和宋幼主趙㬎一行也隨同參與。清晨，出上都城西門外五里，趙㬎面對象徵黃金家族太廟的錦制罘思（城角之屏），向北兩拜。全太后、福王和吳堅、謝堂等宰執又依禮跪拜。一名蒙古官員對著罘思前致語，拜兩拜而退。[32]致語內容，估計是向成吉思汗等列祖列宗稟告平定南宋的喜訊。

上都建成十餘年後，發生過一次是否遷徙的波折和爭論。

至元十五年（一二七八）上都所在的龍崗一帶失火，殃及民房。少數南人官員借題發揮，主張將上都遷離龍崗。樞密副使張易和中書左丞張文謙竭力言其不可，雙方在忽必烈駕前爭辯十分激烈。忽必烈聽罷，一時舉棋不定，甚是煩惱。次日，忽必烈特別召見太常卿陰陽術士田忠良，詢問兩種意見何者正確。田忠良轉達了正在抱病休養的原中書平章廉希憲的看法：「上都，聖上龍飛，國家根本。近日火延龍崗，居民常事。勿令雜學小生妄談風水，惑動上意。」忽必烈聽從廉、田二人的勸告，最終拒絕了遷都的意見。還稱讚道：「希憲方大病，念及此耶！」[33]

二、大都汗八里

大都，突厥語作「汗八里」，義謂「汗城」。前身為遼南京（又稱燕京）和金中都。它「右擁太行，左注滄海，撫中原，正南面，枕居庸，奠朔方」，[34]兩千多年來一直是北方名城之一。

蒙古滅金以後，燕京又因燕京等處斷事官所在而成為蒙廷控制漢地的樞紐。忽必烈總領漢南軍國庶事之際，札剌亦兒部木華黎後裔霸突魯就向他獻策：「幽燕之地，龍蟠虎踞，形勢雄偉，南控江淮，北連朔漠。且天子必居中以受四方朝覲。大王果欲經營天下，駐蹕之所，非燕不可。」這項建議對忽必烈將燕京定為上都以外的第二個都城，影響頗大。後來，忽必烈十分感慨地說：「朕居此以臨天下，霸突魯之力也。」[35]

忽必烈即汗位之初四、五年，開平一直是實際上的都城。中書省設在開平，燕京僅設行中書省。隨著忽必烈政權治理漢地事務越來越繁劇，作為中書省組成部分的燕京行省，日益受到忽必烈的重視。由於政務等需要，忽必烈頻繁召燕京行中書省官員赴開平奏事和面取聖旨，忽必烈本人常在冬季駐帳於燕京郊外。

中統四年（一二六三）五月，忽必烈改開平為上都。翌年（一二六四）七月，阿里不哥南下歸降，忽必烈政權基本鞏固。八月，忽必烈又降詔改燕京為中都（後易名大都）。[36] 於此，兩都制正式確立，營建大都也隨之開始。

大都的皇城和宮城，始建於至元三年（一二六六），至元十一年（一二七四）大體竣工。皇城宮城以外的官民廨舍和城牆等，至元四年（一二六七）開始興建，因為工程浩大，至元二十年（一二八三）才基本建成。

大都的主要設計者，也是劉秉忠。參與選擇建築方位和繪製城郭經緯、祖社朝市圖形的還有趙秉溫等。負責指揮監督施工的，則是漢軍萬戶張柔、張弘略父子，行工部尚書段楨等。[37]

大都的宮城處於全城的南北中軸線上。宮城的主要建築是大明殿和延春閣。

大明殿是皇宮的正殿，位置偏南。殿內間架為十一間，東西長二百尺，南北入深一百二十尺，高九十尺。殿外柱廊七間，入深二百四十尺，寬四十四尺，高五十尺。

其建築樣式和風格，主要沿襲漢地皇宮傳統。如「青花石礎，白玉石圓碣，文石甃地，上藉重裀，丹楹金飾，龍繞其上。四面朱瑣窗，藻井間金繪，飾燕石，重陛朱闌，塗金銅飛雕冒」。與此同時，蒙古草原游牧君主宮帳的若干特色又雜糅其中。如殿內中心設置的皇帝七寶雲龍御榻，因蒙古大汗與皇后並坐的習俗，添設皇后位。而諸王百官怯薜官侍宴的坐床，又重列左右。另置木質銀裹漆甕一個，高一丈七尺，容量五十餘石，專用於宮廷馬奶酒飲用。[38]後二者又明顯是蒙古草原舊俗使然。

此外，至元七年（一二七〇）忽必烈採納帝師八思巴的意見，在大明殿御座之上放置一個白傘蓋，傘蓋用素緞製成，又用泥金字書寫梵文於傘蓋上，以伏邪魔，以鎮國邦。[39]這應該是忽必烈皈依藏傳佛教後喇嘛帝師迅速在大明殿打下的印記。元人張昱詩曰：

黃金大殿萬斯年，十二丹楹日月邊。
傘蓋葳蕤當御榻，珠光照耀九重天。[40]

大明殿主要用於正月元旦、天壽節等朝會。

至元二十一年（一二八四）正月初六，忽必烈御大明殿，右丞相和禮霍孫率文武百官奉玉冊玉寶，為忽必烈上尊號為「憲天述道仁文義武大光孝皇帝」，諸王百官按照正月元旦朝賀儀行禮慶賀。[41]

至元十六年（一二七九）秋，招討使行副都元帥高興被忽必烈召入大都，侍宴於大明殿，高興將自己在江南所得珍寶全部貢獻給忽必烈。忽必烈說：「卿何不少留以自奉！」高興回答：「臣素貧賤，今幸富貴，皆陛下所賜，何敢隱停獲之物！」忽必烈欣喜地說：「直臣也。」[42]忽必烈的生日即天壽節，是陰曆八月二十八日。天壽節之際，忽必烈半數是要回到大都。高興秋季應詔入大都侍宴大明殿，估計是天壽節。

馬可波羅也說：「當他（引者註：忽必烈）生日那天，全世界韃靼人，所有各省及臣服他的屬地，獻給他許多禮物。至於多少，則按他們的官職大小和已定的風俗如何。」[43]馬可波羅所言，可謂忽必烈在大明殿慶祝天壽節並接受高興等官員貢獻禮物的最好詮釋。

據說，忽必烈還將成吉思汗漠北創業之地的青草一株，特意移植於大明殿丹墀前，欲使後世子孫不忘勤儉之節，名之曰「誓儉草」。

黑河萬里金沙漠，世祖深思創業難。
卻望闌干護青草，丹墀留與子孫看。[44]

延春閣位於大明殿以北，結構為三簷重屋。閣內間架九間，東西長一百五十尺，入深九十尺，高一百尺，[45]是皇宮中最高的建築。

元朝建立後，長期沿襲蒙古國歲時賞賜、朝會賞賜等舊制。忽必烈常常在延春閣賞賜諸王權貴和文武百官。至元中期，忽必烈曾在延春閣大範圍賞賚群臣，包括怯薛衛士在內的官員奉命十人為列，上前領賞。至元二十八年（一二九一）叛王哈丹被誅後，忽必烈又在延春閣陳列所繳獲的金銀器，召來諸侯王將帥慷慨賞賜，博羅歡即受賜金銀器五百兩。[46]

此外，比較重要的宮殿還有萬壽山廣寒殿和隆福宮。這兩座建築馬哥孛羅遊記都饒有興趣地敘述過。

關於萬壽山廣寒殿，元末陶宗儀言「其山皆以玲瓏石疊壘，峰巒隱映，松檜隆鬱，秀若天成」。有名的瀆山大玉海就放置在廣寒殿中。

馬可波羅也說：

還有向著北面，離宮殿有一箭所射的地方，但在兩牆裡面，大汗造一小山，或是土堆，足一百步高，周圍一邁耳長。上面蓋著永不落葉而長綠的樹木……大可汗將全山覆以玻璃

> 土，那是特別的綠。因此所有的樹是綠的，和全山也都是綠的，觸目全是綠的。因而叫做綠山。正在山頂上，有一座大宮殿，也是綠的……這個山和樹和宮殿皆是非常的美觀……西北方面，有一個人工造的大湖，非常的寬和深。計畫的最好，湖中掘出的土，用來造成上面所說的山。[47]

隆福宮是專供太子真金居住的。令忽必烈大為驚恐的王著殺阿合馬事件，就是在隆福宮南門發生的。

大都的城牆和城門，也頗有特殊之處。

大都的城牆是採用傳統的夯土板築方法修建的。基部寬，頂部窄，橫截面呈梯形。馬可波羅曾描述道：「牆基寬十步，高二十步……愈高愈窄，所以上面只有三步寬了。」[48]至元八年（一二七一）忽必烈還聽從千戶王慶瑞的建議，未葦石砌城，而是以葦草排編遮蓋土牆，來防雨水摧塌。[49]這就是所謂的葦城之策，也是元大都城牆與其他朝代不一樣的地方。據說，忽必烈晚年曾下令運來石頭，欲砌城加固城牆，因其逝世未能遂願。[50]

大都的城門也比較特殊，長方形的城牆四周共開十一門。東面三座：光熙門、崇仁門、齊化門，西面三座：平則門、和義門、肅清門，南面三座：文明門（哈達門）、麗正門、順承門，北面兩座：建德門、安貞門。

大都城門沒有築成對稱偶數，偏偏開為十一門。據說是因為該城設計者劉秉忠附會傳說中哪吒形象，蓄意構成三頭六臂兩足狀：南面三門象徵三頭，東、西六門象徵六臂，北面二門象徵兩足。其寓意是借用哪吒的法力，護衛都城，降伏龍王解除缺水之患。[51]劉秉忠這樣做，無非是要為大都——汗八里增添一些神秘色彩。對深信上天諸神的忽必烈來說，這番設計當然是令人滿意的。

元末張昱曾賦詩讚歎大都的葦草覆城和十一門：

> 大都周遭十一門，草苫土築哪吒城；
> 讖言若以磚石裹，長似天王衣甲兵。52

大都城中心還建有鐘樓和鼓樓，一北一南，雄敞高明，俯瞰城堙。其鼓奏鐘鳴，既報告時辰和控制居民的作息，也便於實行夜禁。中統五年（一二六四）八月忽必烈頒布的聖旨條畫規定：「一更三點，鐘聲絕，禁人行。五更三點，鐘聲動，聽人行。」53

大都城建好後，曾大規模遷民以居，近臣舊族的賜第多集中在內城西部。而且，原金燕京舊城被廢，保留下來的惟有佛寺、道觀和若干民房。54

忽必烈還在大都建起太廟，舉行了祭祀列祖列宗的活動。

燕京太廟始建於中統四年（一二六三）三月，完工於至元三年（一二六六）。這以前，忽必烈已在漢族士大夫的影響下初步製作了祖宗神位、祭器、法服等。但相當長的時間內神位暫設於開平的中書省，中書省官署變動之際，祖宗神位又一度遷至聖安寺及瑞像殿。至元三年十月，大都太廟落成。忽必烈命令中書平章趙璧等集議並決定：在原有太廟七室制度的基礎上，增為八室，又制定尊謚廟號，即烈祖神元皇帝及皇曾祖妣宣懿皇后第一室，太祖聖武皇帝及皇祖妣光獻皇后第二室，太宗英文皇帝及皇伯妣昭慈皇后第三室，皇伯考朮赤及皇伯妣別土出迷失第四室，皇伯考察合帶及皇伯妣也速倫第五室，皇考睿宗景襄皇帝及皇妣莊聖皇后第六室，定宗簡平皇帝及欽淑皇后第七室，憲宗桓肅皇帝及貞節皇后第八室。又定每歲冬季祀太廟。

至元十四年（一二七七），因舊太廟楹柱腐朽，忽必烈降詔新建太廟於大都。三年後，新太廟正式使用，舊太廟毀棄。

太廟神主開始是劉秉忠依宋制以栗木製成。至元六年（一二六九）十二月，帝師八思巴奉忽必烈聖旨製造木質金表牌位，代替栗木神主，特稱「金主」。至元十三年（一二七六）「金主」題名又依蒙古俗略作改動，太祖改稱「成吉思皇帝」，睿宗改稱「太上皇也可那顏」，諸皇后則直題其名諱。[55]

忽必烈還隨時聽取掌管祭祀官員的意見，不斷完善太廟祭祀及相關制度。

至元十八年（一二八一）負責皇室生活供給的太府監欲在大都太廟之南為諸王昌童建王宅，太常丞田忠良親自前去掀倒正在修築中的柱子。太府監官員向忽必烈告狀，忽必烈質問田忠良。田忠良回答：「太廟前豈諸王建宅所耶？」忽必烈聽罷，立即稱讚：「卿言是也！」田忠良進一步上奏說：「太廟前無馳道，非禮也。」忽必烈立即命令中書省開通太廟前的道路。

有人一度建議取消太廟犧牲中的牛。田忠良上奏道：「梁武帝用麵為犧牲，後如何耶？」忽必烈再次採納田的說法，恢復了牛為犧牲的舊制。[56]

忽必烈依照田忠良的意見多次規範太廟祭祀，固然和田以陰陽占卜之術為忽必烈所信任有關，但也可以從側面說明忽必烈對太廟是比較重視的。

大都太廟是仿照漢地王朝祖宗祭祀的產物，它與忽必烈在上都祭祀祖宗活動有很大差別。不過，忽必烈在大都太廟祭祀中並沒有完全倒向漢法典制，而是有意無意地加入了不少蒙古及藏傳佛教的東西。

第一，宗廟祭祀祝禱之文，用蒙古文書寫，以蒙古巫祝致辭。

第二，祭祀所用常饌以外，自至元十三年九月增加野豬、鹿、羊、葡萄酒等。一度又禁用豢養之家及牛。

第三，至元六年十二月始命令帝師八思巴和其弟益憐真作佛事於太廟七晝夜。

第四，儘管大都太廟是忽必烈所創建，但他一開始就是讓諸王、宰執及必闍赤攝行其事的。忽必烈本人一直未嘗親自祭祀。57

這四條對元朝大都的太廟祭祀，影響極大。元人張昱詩曰：

清廟上尊元不罩，爵呈三獻禮當終。

巫臣馬湩望空灑，國語辭神妥法宮。58

由此，太廟祭祀實際上已被改造成蒙漢雜糅的形態。後世諸帝大抵沒有越出忽必烈所構築的藩籬。

此外，沿用漢地祭祀先人遺像的影堂俗，忽必烈在大都一帶也設立影堂以祭祀祖先。起初，忽必烈僅在父母分邑真定路玉華宮立孝思殿，布置拖雷夫婦御容影堂，逢忌日依照《宋會要》所定禮儀，派官員前往祭祀。至元十五年（一二七八）十一月，忽必烈命令翰林學士承旨和禮霍孫畫太祖成吉思汗御容，翌年二月，又命畫太上皇拖雷御容，與太宗窩闊台御容一併置於翰林院，由院官春秋致祭。據說，當畫師孫某奉詔將所畫成吉思汗和拖雷御容呈獻忽必烈時，因為畫肖其人，忽必烈看罷，不由得為之動情，「泣下沾衿」。

後來，諸帝后御容影堂祭祀逐漸正規，所奉祖宗御容，皆用紋綺局織錦製成。忽必烈和察必皇后死後，其影堂御容置於大聖壽萬安寺（白塔寺）。真金太子的影堂也置於此寺。堂內設祭器，藏玉冊、玉寶等。祭祀也由最初的忌日祭祀，擴展為常祭、節祭。文宗時，影堂統一改稱神御殿。[59]

歲時巡幸

一、扈從留守與春蒐秋獮

在兩都制度確定以後，忽必烈便開始在上都、大都間歲時巡幸。每年二月，有時也在三月，忽必烈從大都出發赴上都。秋八月或九月，又自上都返回大都。春秋恒時，歲歲如此，未曾中輟。

據拉施特《史集》，忽必烈往來於大都、上都間的巡幸路線，大抵有三條：

第一條是專供狩獵、持詔使者用的。相當於元末周伯琦所說的皇帝經行之輦道，途中宿營納鉢計有甕山、車坊、黑谷、色澤嶺、龍門、黑店頭、黃土嶺、程子嶺、磨兒嶺、頡家營、白塔兒、沙嶺、黑嘴兒、失八兒禿等。這條路線，路途最短，「水草茂美，牧畜尤便」。

第二條是沿桑乾河向西北，經蕁麻嶺北上。或相當於周伯琦所言西路，亦即孛老路。

有關第三條路，《史集》的記載是「道出一低山名新嶺 Sing-ling，人過此山後由此去開平府盡為草原，〔宜於〕夏牧」。[60]此新嶺 Sing-ling 的方位，暫無法詳考。從中統初忽必烈冬季駐帳潮河川、中統三年（一二六二）立古北口驛和至元二十年（一二八三）十月忽必烈自古北口南返大都看，[61]第三條路也可能是古北口路。

可以想見，後世諸帝在兩都之間「東出西還」的巡幸路線多半是忽必烈開闢的。

由於兩都巡幸，朝廷官員又有扈從、留守之別。通常，中書省、樞密院、御史台的主要官員及部分僚屬必須扈從上都。如中統二年（一二六一）中書省右丞相史天澤、左丞張文謙、參政楊果等在開平，平章王文統、廉希憲、右丞張啟元留燕京；至元六年（一二六九）左丞相史天澤等扈從上都，左丞廉希憲等留守大都；至元十六年（一二七九）平章哈伯、參政耿仁、參議禿烈羊阿扈從上都，平章阿合馬、右丞張惠、左丞郝禎留守大都；至元十九年（一二八二）右丞相䊵吉剌歹、左丞耿仁、參政阿里扈從上都，左丞相阿合馬、右丞張惠、左丞郝禎留守大都。[62]至元十六年扈從上都的還有樞密院官朵兒朵呵、御史大夫玉速鐵木兒、孛羅、通政院使兀良哈歹等。[63]

在漢族文臣筆下，扈從上都的中書省、御史台官員，被稱為「上都分省」、「上都分台」。實際上，扈從上都的均為中書省、樞密院、御史台主要官員，且因其不離權力源頭大汗左右，所以，他們始終充當中書省、樞密院、御史台的核心。具體到中書省，扈從上都的才是「都省」，留守大都的僅是留省。

忽必烈經常在上都和往返兩都途中舉行省院台大臣奏聞或大臣集議，決定軍國大事。如至元二十二年（一二八五）三月二十五日大口以北的虎皮察只兒奏聞時，御史台官員和中書省安童丞相、阿必失阿平章、盧右丞等討論江南行御史台廢罷問題，經忽必烈裁定：江南行御史台仍保留，治所遷往江州。至元十六年五月二十日，中書省平章合伯、樞密院官朵兒朵呵、御史大夫玉速鐵木兒、孛羅、通政院使兀良哈歹等「集議定十五事」。[64]包括至元二十八年（一二九一）忽必烈殺掉權相桑哥的決策，也是召集御史台與中書省、尚書省官員赴駐蹕地大口御前辯論之後作出的。[65]

無論是省、院、台大臣扈從，還是巡幸途中舉行省院台大臣奏聞或集議，在漢地傳統王朝都是不可思議的，但從蒙古游牧帝國「行朝」、「行國」習俗看來，又是可以理解的。

從忽必烈開始，兩都巡幸還有了一定的迎送儀式。春季忽必烈離大都赴上都前夕，往往在瓊華島萬歲山廣寒殿大宴文武百官。秋天，忽必烈自上都返回大都時，大都留守官員又要專程至居庸關北口或龍虎台迎接。[66]

二、象背前馱幄殿行

在巡幸期間，忽必烈還沿襲蒙古舊俗，春蒐秋獮。

忽必烈冬春之際的狩獵，一般正月出發，三月初以前返回。開始在大都近郊，後來多數在大都東南的柳林。

《元史．世祖本紀》和其他人物傳中也明確載錄了至元十一年（一二七四）春、至元十八年（一二八一）二月、至元十九年（一二八二）二月、至元二十二年（一二八五）二月、至元二十八年（一二九一）春，忽必烈頻繁田獵於柳林。[67]有時，還在柳林行帳接受臣下的覲見和上奏。至元二十八年福建閩海道提刑按察使王惲所上極陳時政的萬言書，就是在忽必烈行獵柳林時進奏的。[68]

至於柳林的方位，或言其在大都西南，或說它在大都東南。[69]人們注意到，至元十八年正月丙辰忽必烈車駕幸漷州（今天津市武清區河西務），二月辛未車駕幸柳林。漷州在大都東南約二百里處，柳林方位當與漷州相近，也應在大都東南，只是距離更遠些。漷州之東南離渤海灣很近，這也和馬可波羅所云「往南走兩天，留在距大洋海很近的地方」，大抵相符。鑑於此，柳林在大都東南說，是正確的。

馬可波羅又說，忽必烈春獵後返回大都，僅停留三日，就啟程赴上都。馬可波羅的說法並無大錯，忽必烈在大都停留的時間的確很短，通常是一周之內即離大都赴上都。

馬可波羅還饒有興趣地講到忽必烈乘象輿飛放打獵的情景：

「當大可汗遠征到臨近大洋海的時候，打獸打鳥的美麗景致，是不缺少的……大可汗常常坐在一個美麗的木頭寢室中，四隻象抬著室走。室中用錘金製成的布匹鑲裡，外面蓋著獅子皮。當打鳥時，因為他有痛風病，所以他常常留在室中。大可汗在室中常常養著十二隻好的鷹。裡面也有許多貴官和婦女來引他快樂，和他作伴。當他在那放在象背上的寢室中，站起散步時，你們必須知道，如有騎馬在他左右的貴官大聲喊，『陛下，有鶴飛過去了』。他聽到後，即揭開寢室的遮蓋物，來看鶴。他叫把所要的大鷹拿來放出。這些鷹最後和鶴爭鬥，常常的把牠們捉住。大可汗在床上看見這種景致，覺得非常快樂和歡娛。」70

被擄北上的南宋遺老汪元量有〈斡耳垛觀獵〉詩為證：

黑風滿天紅日出，千里萬里棲寒煙。
快鷹已落薊水畔，獵馬更在燕山前。
白旄黃鉞左右繞，氈房帳殿東西旋。
海青眇然從此去，天鵝正墜陰崖巔。

〈山東飛放〉詩又曰：

天子出獵山之東，臂鷹健卒豪且雄。
我欲從之出雲中，坐看萬馬如游龍。71

汪元量詩中雖然沒有提及忽必烈乘象輿行獵的情節，但它如飛放「快鷹」「海青」捕捉天鵝等飛禽，燕山以東和以南、薊水之畔的方位等，卻與馬可波羅所言基本相符。

另外，許多漢文史籍不約而同地記述道：元朝駕馱乘輿的大象，來自金齒、緬國、占城、交趾被征服後的貢納。大象平時圈養在大都皇城北面湖泊岸邊，大汗行幸時，命令擅長馭象的蕃官騎在一隻象上，導引象輿前進。象輿前面另有前峰豎皀纛，後峰紮小旗，五色璀玉，毛結瓔珞的駱駝。一人鳴駝鼓於上，一則威震遠邇，替皇帝清道，二則先行試驗橋梁和路上的積水，以保證象輿順利通過。72

忽必烈不僅飛放打獵時乘象輿，大都上都，春去秋歸，以及征討叛王乃顏，也經常是乘輿象駕。元人賦詩詠其事曰：「當年大駕幸灤京，象背前馱幄殿行。」

象輿中除忽必烈外，常有宿衛賀勝等「參乘」。早在藩王時期，忽必烈已患有足疾。親征乃顏回京途中，因為已是秋末冬初，塞外頗有寒意，坐在象輿中的忽必烈，為足寒而痛苦。參乘宿衛士賀勝竟解開衣服，以自己的身體為忽必烈暖足。這些都能夠印證：馬可波羅的上述說法，大體是翔實可信的。

乘坐象輿，歲時往來於兩都之間，甚至用於親征和行獵，這的確是以前蒙古大汗和漢地王朝的皇帝所未曾有的。象輿比較平穩，不影響坐臥酣息，又極具大元帝國皇帝的威嚴。這無疑令忽必烈十分愜意。

然而，象輿並不絕對安全。至元後期，吏部尚書劉好禮向中書省提出建議：「象力最巨，上往還兩都，乘輿象駕，萬一有變，從者雖多，力何能及。」劉好禮建言不久，果然發生了忽必烈行獵歸來，大象被伶人蒙彩毳扮獅子舞所驚嚇，狂奔不可遏止的危急情況。幸虧「參輿」宿衛士賀勝奮不顧身地跳到大象前面擋住去路，後到的人又割斷靷索，放縱受驚大象逸去，才保住忽必烈的安全。賀勝為此受傷頗重。忽必烈親自慰問賀的傷情，還特意派遣太醫和尚食為他醫治和護理。[73]

忽必烈常常在上都附近行獵。如中統二年（一二六一）十一月，忽必烈命令平章政事塔察兒以虎符徵發燕京兵士，取道居庸關，圍獵於湯山（大約在今北京昌平東）之東。至元十四年（一二七七）八月，一度畋於上都之北。[74]關於湯山圍獵，擔任中書省左司都事的王惲扈從該地，以詩詠之：

> 二年幽陵閱丘甲，詔遣謀臣連夜發。
> 春蒐秋獮是尋常，況復軍容從獵法。
> 一聲畫鼓肅霜威，千騎平崗捲晴雪。
> 長圍漸合湯山東，兩翼閃閃牙旗紅。
> 飛鷹走犬漢人事，以豹取獸何其雄。
> 馬蹄蹴麋欻左輿，赤條撒鏇驚龍騰。[75]

重組怯薛與創立侍衛軍

一、重組萬人怯薛

怯薛是成吉思汗所建直屬於大汗的宿衛侍從組織。而後，萬人怯薛，就成為蒙古大汗身旁不可或缺的御用軍團。前四汗時期，萬人怯薛大抵是隨汗位的傳承遞相移交給後任大汗的。[76]蒙哥汗猝死釣魚城後，其靈柩由皇子阿速台等親自護送回漠北「起輦谷」安葬，隨從蒙哥汗出征的怯薛宿衛士也在護送人員之列。據說，在釣魚城前線，蒙哥汗曾命令鞏昌汪總帥和漢世侯軍團抽調若干精銳補充宿衛，並以史天澤統領。[77]後者在蒙哥死後或許有一部分隨靈柩北上，其餘則散歸各部了。

就是說，忽必烈與阿里不哥爭奪汗位之際，原屬蒙哥汗的萬人怯薛，大抵聚集在漠北。即位於漠南開平的忽必烈，不可能繼承和完全占有這支怯薛。稍有例外的是，蒙哥汗原怯薛長不花和宿衛士、四斡耳朵怯憐口千戶木花里等少數人南下投奔忽必烈，忽必烈也曾予以賞賜和任用。[78]忽必烈即汗位以後面臨的一個重要任務，即重組屬於新任大汗的萬人怯薛。此舉可以增加忽必烈作為蒙古大汗的必要宿衛軍團與合法性。這在阿里不哥南下歸降以前是至關重要的。

忽必烈藩邸宿衛士率先進入了新大汗的萬人怯薛行列。如蒙古土別燕氏綫真、蔑兒乞氏闊闊、畏吾兒人廉希憲、八丹、昔班，漢人張文謙、趙璧、董文用、賀仁傑、趙炳、張立道等。〈中堂事記〉中還出現了「內庭官」忽魯不花和「侍中」和者思的名字。又稱忽魯不花是蒙哥汗親信大將不憐吉歹第二子。[79]此「內庭官」和「侍中」的職名，可證二人的身分是怯薛。

中統初年，忽必烈曾降詔以諸路官員子弟和其他貴冑入京師充當怯薛禿魯花，而且親自審閱揀選。[80]質子，蒙古語為「禿魯花」，《蒙古秘史》漢譯作「散班」，還說成吉思汗萬人大怯薛中的散班計八千人。[81]足見，這次審閱揀選貴冑質子，當是忽必烈沿用舊有選拔方式重建大怯薛的組成部分。像木華黎國王後裔安童、碩德、兀良合台之子阿朮、迦葉彌兒人鐵哥、阿速人阿塔赤、西川便宜都元帥帖赤之子帖木兒不花等，都是這段時間遴選進入怯薛的。

忽必烈揀選鐵哥及阿塔赤，頗為有趣。即位不久，一次巡幸香山永安寺，忽必烈偶然看到牆壁上書寫著畏吾字，問起何人所書。寺內僧人回答：蒙哥汗所尊的那摩國師之侄鐵哥書寫。忽必烈十分懷念當年那摩國師緩和蒙哥汗與自己緊張關係的那段舊情，於是主動召見鐵哥。忽必烈看到鐵哥容儀秀麗，語音清亮，甚是喜歡，立即命令編入孛羅丞相屬下充任宿衛。

阿塔赤則是因在與阿里不哥的軍隊作戰中負傷立功而被召入宿衛的。[82]

此類選拔勳臣子孫進入怯薛宿衛，至元九年（一二七二）左右再次舉行過。答剌罕哈剌哈孫與唐兀人亦力撒合，均是在此次選拔中入備宿衛的。[83]

原蒙哥汗的少數怯薛人員，也被吸收進忽必烈怯薛中。如中統二年（一二六一）五月原蒙哥汗怯薛長兼斷事官不花被任命為中書省右丞相。[84]依照慣例，在擔任右丞相前後，不花肯定也在忽必烈新擴建的怯薛中任職。

這樣，忽必烈的萬人大怯薛較快地建立起來了。

忽必烈的萬人怯薛依然遵循成吉思汗的舊制，分作四部分，名曰四怯薛。每三日一輪值，申、酉、戌三日，第一怯薛當值；亥、子、丑三日，第二怯薛當值；寅、卯、辰三日，第三怯薛當值；巳、午、未三日，第四怯薛當值。如至元二十一年（一二八四）時的四怯薛，即是也可怯薛、忽都答兒怯薛、怙古迭兒怯薛、月赤察兒怯薛。[85]也可，蒙古語曰「大」，也可怯薛，即第一怯薛，通常由大汗自領。忽都答兒、怙古迭兒、月赤察兒分別為第二、第三、第四怯薛長名。

關於忽必烈的四大怯薛，馬可波羅記述道：

「大可汗有一萬二千的衛隊來保守他的國家。他們叫怯薛歹，這字在我們的方言說起來，就是『皇帝忠實之勇士』的意思……這一萬二千人有四個首領，每一人帶領三千人一組。每三天三夜有三千人留在宮中以為保護，吃喝全在那裡。三天三夜過後，他們就要離開。另三千人一組進來，留在那裡保護三天三夜。以此類推，直等四組全輪流到了，他們再開始重來。一年到頭都是如此。那九千沒有輪到職務的人，他們白天也留在宮中。那些為大可汗作事的，或自己有事的，自然除外。不必守衛。他們可以離開。離開時候的長久，要看他們的領袖怎樣認可的。假使有意外事情發生，如他父親或兄弟或其他親屬要死亡了，或其他危險的事情將要臨頭，使他不能趕快的回來，他必須向大可汗請假。當晚上的時候，這九千人都回家去住。」[86]

成吉思汗建國之際的大怯薛，人數是一萬人。元朝時期，最多擴充至一萬五千人。忽必烈朝怯薛人數在一萬至一萬二千，完全有可能。因此，馬可波羅的上述說法，大體與忽必烈時代四怯薛輪番宿衛的狀況相符。

怯薛長全面負責大汗的起居、飲食、服御和晝夜警衛等。忽必烈朝的四怯薛長除前述忽都答兒、怙古迭兒、月赤察兒外，史書中還有安童、失列門、巴林、察察兒、呼圖克台、阿都台等名字。

怯薛長之下，又有各種名目的執事，如博兒赤、速古兒赤、必闍赤、火兒赤、雲都赤、哈剌赤、阿塔赤、昔寶赤、貴赤等。

博兒赤，又作寶兒赤，蒙古語「親烹飪以奉上飲食者」之義，負責大汗的用膳飲食。蒙元王朝的怯薛內膳掌管，一直受到特殊的重視，所以，博兒赤在怯薛諸執事中地位最高。自藩邸到中統年間，蒙古土別燕氏線真長期擔任博兒赤，掌御膳，不久又升職宣徽使和中書右丞相，曾和漢族儒臣一道參與元朝典制的議論和確定。[87] 較早充當博兒赤的還有，畏吾兒人八丹、蒙古按赤歹氏闊里吉思、哈剌魯氏答失蠻、塔海、賈昔剌孫虎林赤等。其中，塔海起初隨同土土哈充哈剌赤，因扈從征乃顏有功，至元二十六年（一二八九）升為博兒赤。[88]

另一個擔任博兒赤的重要人物是四傑博兒朮之孫玉昔帖木兒。玉昔帖木兒未成年即襲任右手萬戶長，管領按台山一帶的部眾，器量宏達，襟度淵深。忽必烈得知他的賢能，驛召赴闕，依蒙古習俗解下御服銀貂賞賜他，特命管領怯薛內膳。每逢內殿侍宴，玉昔帖木兒履行其太官御膳之責，為與宴者行觴酌酒，忽必烈即命令宗王妃子都向他答禮。後來，玉昔帖木兒升任御史大夫和知樞密院事，成為威望崇高、久受寵信的蒙古勳貴大臣之一。[89]

某些博兒赤還兼掌皇帝湯藥。忽必烈曾對鐵哥言：「朕聞父飲藥，子先嘗之，君飲藥，臣先嘗之。今卿典朕膳，凡飲食湯藥，宜先嘗之。」[90] 博兒赤全面負責皇帝的飲食湯藥及品嘗，其受皇帝的特別重視與青睞，就可想而知了。

速古兒赤，蒙古語「掌內府尚供衣服者」之義。至元十年（一二七三）忽必烈選拔勳臣閥閱子孫進入怯薛，唐兀人亦力撒合應召赴闕，命為速古兒赤，甚見親幸。[91] 另一名唐兀人昂阿禿（昂吉兒之子）也在至元二十一年（一二八四）隨父入覲時奉命充當速古兒赤。[92] 蒙古燕只吉台氏徹里（又作闇里）至元十八年（一二八一）以功臣子受忽必烈召見，令常侍左右，後擔任速古兒赤，擢利用監，頻繁奉命出使各地，省風俗，訪民事。至元二十八年（一二九一）春又率先奏劾權相桑哥，奉旨按問桑哥在江南諸省的黨羽，以功進拜御史中丞。[93]

必闍赤，蒙古語「為天子主史書者」之義。具體職司亦如其名，替大汗掌管文書。

早在藩王時期，一部分漢族和色目臣僚就充當了忽必烈王府的必闍赤。如張文謙一二四七年驛召北上，擢置侍從之列，負責王府的教令牋奏。董文用隨兄董文炳入覲和林，被忽必烈留在藩府主文書，講說帳中。[94]畏吾兒人昔班又任藩邸必闍赤長。[95]遼陽人高天錫也充任藩邸必闍赤，甚見親幸。[96]這些人在忽必烈登大汗位後，雖然多數相繼官至中書左丞、翰林學士承旨等，但在怯薛中的必闍赤執事身分始終未變。

中統和至元年間，忽必烈又根據需要任用了一些新的必闍赤。如契丹人移剌買奴之子移剌元臣十六歲進入怯薛宿衛，言行應對進止頗有法度。忽必烈稱讚道：「此勳臣子，非凡器也。」於是，提拔為怯薛必闍赤，又承襲其父千戶職，管領其舊軍；耶律阿海的曾孫驢馬也充任必闍赤。[97]康里人明里帖木兒父親戰死釣魚城，本人也任職必闍赤，其子斡羅思襲為內府必闍赤。[98]至元四年（一二六七）耶律楚材之孫耶律希亮自西北叛王處返回上都，忽必烈念其羈旅困苦和忠心，除重加賞賜外，先後委任他為速古兒赤、必闍赤。[99]擔任翰林學士承旨、集賢院長官和大司徒的撒里蠻，在怯薛中的職務也是必闍赤。[100]而小雲石脫忽憐之孫臘真在擔任中書平章和翰林學士承旨及以前，一直是怯薛必闍赤。[101]至元十二年（一二七五）二月元廷派往西夏檢核榷課的孛羅，其身分也是必闍赤。[102]

哈剌赤，源自蒙古語「哈剌」（黑）。蒙哥西征時，欽察部班都察舉族迎降，又隨忽必烈征大理和攻鄂州，侍從左右，率部眾百人撞黑馬乳以進，故稱哈剌赤。由此，怯薛執事中又有了哈剌赤之名目。班都察死後，其子土土哈襲職，仍為怯薛宿衛中的哈剌赤。[103]另一位欽察人伯帖木兒，至元年間入備宿衛，充當的也是哈剌赤，後又升為僉左衛親軍都指揮使司事。[104]

阿塔赤，蒙古語「養馬放牧人」之義。藩邸舊臣、世襲阿塔赤闊闊曾奉忽必烈的命令，受業於王鶚和張德輝。中統二年六月，又升任中書左丞。[105]忽必烈征大理時，阿速人月魯達某以阿塔赤扈從。其子失剌拔都兒至元十一年（一二七四）跟隨伯顏平南宋有功，襲為怯薛阿塔赤，後升尚乘寺少卿。同樣是阿速人的拔都兒，討伐李璮，身經二十餘戰，忽必烈嘉獎其勳勞，先命他管領阿速軍千人，旋升任怯薛阿塔赤百戶。每當忽必烈御馬出行，必定由他控引。[106]

火兒赤，蒙古語「主弓矢者」之義。充任怯薛火兒赤的有阿速人徹里等。[107]

貴赤，蒙古語「跑步者」。元人張昱〈輦下曲〉曾如此描述：「放教貴赤一齊行，平地風生有翅身。未解刻期爭拜下，御前成箇賞金銀。」[108]康里人明安等擔任過貴赤。還有阿失不花、禿剌鐵木兒擔任「上都大內鷹房子」（昔寶赤）等零星記載。[109]

怯薛執事中又有掌朝儀者。如木華黎後裔碩德因通敏有幹才，忽必烈即位初，進入宿衛，典朝儀。忽必烈自襁褓撫育成人的撒蠻常侍左右，也擔任類似職務。關於掌朝儀者的職司，忽必烈曾經詔諭說：「男女異路，古制也，況掖庭乎。禮不可不肅，汝其司之。」掌管宮廷帳殿嬪妃臣子行止等禮儀，應該是典朝儀者的任務。據說，撒蠻恪盡職守，非常負責。一次近侍孛羅接受命令迅速出宮，行止違犯規定的次序。撒蠻以其觸犯禮儀，將其拘押於別室。忽必烈發覺後，命令下令釋免其罪。撒蠻進奏說：「令自陛下出，陛下乃自違之，何以責臣下乎？」忽必烈聽罷連忙說「卿言誠是也」。最終承認撒蠻做法的正確。[110]

在怯薛宿衛士中，董文忠和賀仁傑等少數長直內廷的近侍所扮演的角色，既特殊又十分重要。一般宿衛都是分作四班，三日一輪值。董文忠和賀仁傑往往長時間當值，甚至四十天不歸家。征伐田獵，無處不從，凡是乘輿、衣服、鞶帶、藥餌，大小不下一百幾十橐，都要掌管。夜間與妃嬪相混雜，留侍忽必烈寢殿，休息御榻之下。半夜若有需索，不使用蠟燭，就可以迅速取到。皇帝隨時呼喚，董、賀因疲憊熟睡而未即時應命，皇帝就讓妃子以足蹴之。這類日以繼夜、不辭辛勞的內廷服侍，自然能夠眷寵彌深，成為忽必烈最寵信的怯薛近侍。[111]

關於怯薛的宿衛宮帳職司，元人張昱詩曰：「圓殿儀天十六楹，向前黃道不教行。帳房左右懸弓角，盡是君王宿衛兵。」[112]

扈從大汗親征，依然是忽必烈新組建的萬人怯薛的另一項重要義務。

例如，阿速人阿塔赤中統元年（一二六〇）與渾都海、阿藍答兒作戰有功，忽必烈賞以白金，召入宿衛。翌年，扈駕親征阿里不哥，追擊至失木里禿（昔木土）之地，又以軍功受賞白金。畏吾兒人博兒赤八丹扈從征討阿里不哥，亦戰於昔木土，一日三回合，殺傷甚眾，賞賜黃金一錠。[113]

至元二十六年（一二八九）夏，海都犯邊，七十五歲高齡的忽必烈率軍親征杭海山。博兒赤賈禿堅不花扈從，敵軍驟然逼近，忽必烈命令立即迎擊。其他怯薛近侍見敵軍聲勢頗盛，多畏避不前。賈禿堅不花馳入敵陣，英勇搏鬥，活捉其首將而歸。[114]

據說，在杭海山兩軍陣前，四怯薛長之一的月赤察兒曾以「丞相安童、伯顏，御史大夫月呂祿，皆嘗受命征戰，三人者臣不可以後之」為由，向忽必烈請纓。忽必烈回答：「乃祖博兒忽佐我太祖，無征不在，無戰不克，其勳大矣。卿以為安童輩與爾家同功一體，各立戰多，自恥不逮。然親屬橐鞬，恭衛朝夕，俾予一人，不逢不若，爾功非小。何必身編行伍，手事斬馘，乃始快心邪。」[115]在扈從親征中，親近執事，尤其是怯薛長的主要職責不是躬自上陣殺敵，而是朝夕護衛大汗。在忽必烈看來，受命征戰、立功疆場的將帥，固然重要，佩帶櫜鞬、朝夕恭衛的怯薛近侍，更是須臾不能少。他們對大汗自身來說，確實是非同小可。

怯薛近侍奉大汗命令出使各地，也為數甚夥。如碩德先後以「近臣」奉使遼東和西域，速古兒赤亦力撒合曾奉使河西，篤綿亦奉使遼東，徹里則奉使江南，亦黑迷失奉使海外諸國，昔班使於海都。

在履行上述宿衛服侍義務的過程中，怯薛人員，尤其是近侍又與忽必烈結成了非常親密的主從關係。怯薛源於草原貴族的「那可兒」，漢譯曰伴當、同伴。貴族與那可兒屬民間的主從領屬，曾經是十二、三世紀蒙古游牧社會關係的核心。從成吉思汗到忽必烈，一直將草原貴族與那可兒的主從領屬，穩定移植於萬人怯薛中，作為大汗與怯薛關係的基礎。無論怯薛人員入仕或免官，都保持對大汗終身不得變更的隸屬和依附。

忽必烈對其所屬的怯薛，需要給予貴族主人對「那可兒」伴當式的庇護和照料。十四歲的康里人阿沙不花入侍忽必烈。忽必烈賜予土田、奴隸，讓他居住於興和路的天城縣。[116]鐵哥又獲賜大都大明宮以東的宅第。忽必烈開始欲替鐵哥選擇家世尊貴的女子為妻，後因本人意願，娶漢人冉氏為妻。[117]昔班出任中書右丞商議政事以後，忽必烈仍將宗王之女不魯真公主許配他為妻。[118]與此類似的有，忽必烈特意命已任遼陽行省左丞的亦力撒合尚諸王算吉之女，又親自資助嫁妝以送之。[119]內府必闍赤斡羅思受桑哥陷害，欲以使用繫官孳畜加罪，忽必烈以「口腹之事，其寢之」為辭，替他開脫。[120]

忽必烈還把怯薛當作最親近、最可信賴的人員。不忽木、董文忠、張立道等近侍則得以充任忽必烈的「耳目」、「爪牙」、「腹心臣」。[121]由於怯薛前身的草原「那可兒」曾是替貴族服役的自由人，上述領屬關係和皇帝與宦官閹奴間的主奴關係也有所不同。它並不意味著怯薛社會地位卑下，反而能給他們帶來尊貴的「根腳」，成為顯貴於世的資格和參預朝政的憑藉。

二、怯薛近侍參與朝政

蒙古國初期的怯薛組織，兼有禁衛親兵、宮廷服侍、行政差遣諸職能。忽必烈建立元朝以後，設中書省、樞密院執掌行政和軍事。隨之，怯薛主要從事較單純的宮廷服侍和宿衛，其行政職能顯著衰退。然而，忽必烈在位期間，怯薛仍以影響御前決策、挾制宰相等形式，參預朝政。這也是忽必烈時期朝廷政治的一個較突出問題。

自忽必烈朝始，元帝國的最高決策大體有兩種方式：一是中書省、樞密院、御史台及有關怯薛人員共同進奏議政，二是皇帝聽取少數怯薛人員反映情況後作出決策。在這兩種方式中，怯薛均能對朝廷決策施加自己的影響。

怯薛近侍參與中書省、樞密院、御史台大臣進奏機密大事，是忽必烈朝以降值得注意的現象。為了便於說明問題，下面引用一段硬譯體白話公文：

> 至元二十四年十一月初八日，也可怯薛第一日，香殿裡有時分，火兒赤脫憐帖木兒、不花、（剌）〔速〕古兒赤禿林台、博兒赤哈答孫、唆歡同知、月迭失同知，對這的每。相哥丞相、阿里渾撒里平章、葉右丞、阿鶻答尚書、忽都答兒尚書、乞失馬失里尚書等奏：『秘書監司天台裡有的觀星象的每根底，在先札馬剌丁、愛薛他每相管著來。前者札馬剌丁、愛薛兩個根底，秘書監漢兒觀星象的每根底休教管者麼道，聖旨有來。如今將秘書監司天台集

賢院里撒里蠻、阿里渾撒里那的每根底收管呵，怎生？』奏呵。『那般者。』麼道聖旨了也。欽此。[122]

公文講的是，尚書省桑哥丞相等有關秘書監司天台、集賢院掌管觀星象事的上奏。其中，「對這的每」，即陪奏怯薛人員，含有火兒赤脫憐帖木兒、不花、（刺）〔速〕古兒赤禿林台、博兒赤哈答孫、唆歡同知、月迭失同知等六人。這並非特殊或偶然情況，而是忽必烈朝形成的慣例。親近怯薛參加陪奏，還在於參與機密事務，軍政財刑無不涉及。在皇帝聖旨及官方文書中，總是把陪奏的怯薛執事官和中書省、樞密院重臣書於一紙的。這似乎說明，參加陪奏的怯薛和朝廷宰相同樣具有參與機務的合法權力。

按照元廷制度，上述省、院、台御前論奏軍國機密，非蒙古國族大臣無得與聞。前揭陪奏的火兒赤脫憐帖木兒等六人，也都是非漢人。惟賀勝等個別漢族近侍不予回避，甚至特意命其留侍聽奏。這是因為至元後期賀勝承襲其父賀仁傑長直內廷之職，不分晝夜寒暑，未嘗暫離左右，屬於忽必烈特別親近的怯薛人員。[123]

陪奏的怯薛近侍還被當作皇帝臨朝聽政的得力助手。或許惟有他們，才能協助皇帝察微杜漸，辨別良莠。

當然，並非所有的怯薛人員都可以參與朝政，只有經忽必烈特許的少數親近怯薛才有這樣的資格或權力。如前述木華黎後裔脫脫自幼充任忽必烈宿衛士，因其隨從大汗親征乃顏，拚死殺敵，忽必烈深加器重，由是得以預聞機密之事。[124]

元制，百官上奏皇帝，須經中書省等樞要機關。然而，內廷親近怯薛卻可以超越中書省等，利用侍從左右之機，「隨時獻納」。這種隔越奏聞，比起「三日一奏事」的中書省官員，[125]顯然便利得多。

「隨時獻納」等形式出現的隔越奏聞，儘管以成宗、武宗二朝最為盛行，但忽必烈時期已開始成為怯薛近侍較穩定的義務和權力。而且，對忽必烈決策軍政庶務的影響也比較大。

近侍禿堅不花力排眾議，建言赦免杭海叛軍歸降者，忽必烈欣然應允。[126]

安西王相商挺因趙炳被殺案牽連下獄，南宋降儒青陽夢炎援引議勳之義替商說情，忽必烈斥之為「同類相助之辭」。近侍董文忠從旁細說商挺昔日之功和此案中的責任，數言乃息忽必烈之怒。[127]

太府監令史盧贄截貢布遭近臣誹謗，忽必烈欲殺盧。符寶郎耶律希亮刀下留人，「具以實入奏」，遂免盧贄之罪。[128]

不忽木每當直，從容獻納，經常使受疑者開釋，危難者轉安，誣陷者得以辨白。[129]

博兒赤答失蠻曾在忽必烈面前極言阿合馬蠹政害民，忽必烈大怒，斥責道：「無預若事！」答失蠻徐徐回答：「犬馬知報其主，臣世荷國恩，事有關於治亂，安敢坐視而不言？」後來阿合馬敗露，忽必烈重賞答失蠻，以旌其直。[130]

王著殺阿合馬事件發生後，忽必烈對漢族官僚的疑忌進一步加深。即便如此，他仍以漢人近侍典瑞少監王思廉為耳目，「屏左右」聽取王有關張易、張文謙等在王著事件中政治背向的密奏。後張易被殺，張文謙不僅未受牽累還加官樞密副使，王思廉以大汗親近執事為張文謙辯解，想必發揮了作用。[131]

他如內朝宿衛阿魯渾薩里勸阻逮捕南宋宗室，賀仁傑諫止選童男女以入宮掖，博兒赤鐵哥奏奪管民官牌符，以彰武職[132]……無一不是利用了徑直奏聞的特權。

在這類密奏中，內廷怯薛還能協助忽必烈運籌帷幄，議定大政。如平定阿里不哥之亂後，安童以弭私憾，「懷未附」進諫，協助忽必烈糾正了盡殺阿里不哥黨羽千餘人的過激措置。[133]至元十年（一二七三），忽必烈立真金為太子，兼中書令和樞密使。由於沒有理順某些關係，真金太子一直謙抑不肯視事。董文忠進言：先上奏皇帝後白太子，不妥。應改為先啟太子後奏聞皇帝。忽必烈欣然採納，遂開始了六年之久的真金太子監國。[134]

誠然，徑直奏聞也屬於臣下進奏，能否採納，完全取決於皇帝個人的意志。但是，怯薛的徑直奏聞和隨時獻納，畢竟獲得了向皇帝充分陳述政見的較多機會，又兼他們「密近天光」，頗受寵幸。因此，怯薛隔越中書省等奏聞在忽必烈最高決策中的作用是不可忽視的。

中書省等充任朝廷行政中樞後，怯薛組織與中書省、樞密院之間，長期處於既矛盾衝突，又內外協同配合的複雜狀態。怯薛人員或以聖旨脅迫，或暗中彈射奏劾，或以內線贊襄，進行了一系列以內馭外、挾制朝廷宰相的活動。

自忽必烈始，皇帝的聖旨分為兩種：一是由怯薛札里赤等書寫的璽書聖旨，類似唐宋的「內制」；一是由漢官書寫的詔敕制誥，類似唐宋的「外制」。其中璽書聖旨錄有皇帝對朝政的口頭指示，權威效力極高。璽書聖旨一部分由中書省、樞密院等重臣奏准頒布，另一部分則由內廷怯薛奏准頒布，或先行署事，再交中書省執行。

怯薛經常用口頭形式向中書省傳達聖旨，這在中統初已較多發生。雖然忽必烈先後下達敕令：傳旨有疑允許復奏和禁止口傳敕旨，但至元前期近侍「中貴」傳旨朝堂指揮政事的情況，仍時有發生。[135]

近侍口傳詔旨，難免出現弄權或訛傳，使中書省宰相無所適從。至元十四年（一二七七）中書省接到「漢人盜鈔六文（者）殺」的聖旨。實施不久，大都城牢獄裡擠滿了囚犯，忽必烈聽到後吃驚地問：「孰傳此語？」中書省大臣回答：「也可脫兒察。」脫兒察則說：「陛下在南坡以語蒙古兒童。」忽必烈云：「前言戲耳，曷嘗著為令式？」於是，處罰了脫兒察，糾正了訛傳的聖旨。136 怯薛將皇帝的戲言傳為聖旨，人們也很難排除其增所好損所惡的可能。而宰相對所傳聖旨，一般是不敢違抗的。

怯薛人員暗中彈射奏劾，也經常給朝廷宰相帶來麻煩。

至元二十三年（一二八六）中書右丞相安童奏言：「比覺聖意欲倚近習為耳目。臣猥列台司，所行非道，從其彈射，罪從上賜。奈何近習伺間抵隙，援引奸黨，曰某人與某官。以所署事目付中書，曰准敕施行。臣謂詮選自有成憲，若此廢格不行，必短臣於上者。幸陛下察之。」忽必烈答覆道：「卿言甚是。妄奏者，入上其名。」137

安童雖然元初擔任怯薛長，但因昔里吉之亂被擄北邊八、九年，長期脫離怯薛。此時復為中書右丞相，卻不能完全控制怯薛，也不甚受忽必烈信任。而怯薛近侍得以假主上威權，「伺間抵隙」，隨時監視彈射安童等宰相重臣。中書省宰相等則經常處於被約束、被挾制的尷尬境地。

還應注意，安童此次上奏未見明顯成效。忽必烈雖口頭讚許其說，但沒有去嚴格禁止近侍「妄奏」撓政，只給朝廷宰相入奏申辯的權力。此後，諸如此類的撓政現象，屢見不鮮。朝廷多次下達禁令，都形同具文，不了了之。這或許是因為依照蒙古舊俗，怯薛近侍預政合情合理，也有利於伸張皇權和限制相權。出於強化皇權的目的，忽必烈自然不想加以杜絕。

當內廷怯薛與宰相矛盾激化時，怯薛還能擸掇慫恿忽必烈罷黜宰相。桑哥出任丞相四年被殺一事，就頗典型。

《元朝名臣事略》卷三〈太師淇陽忠武王〉載，桑哥既立尚書省，蒙蔽上聽，殺異己者，箝天下口，以刑賞為貨，紀綱大紊，人心駭愕。尚書省平章政事也速答兒是怯薛太官屬員，向怯薛長月赤察兒秘密報告此事。月赤察兒奮然奏劾，桑哥伏誅。忽必烈讚揚說：「月赤察兒口伐大奸，發其蒙蔽。」

其他近侍賀勝、徹里、不忽木、岳鉉等相繼參與了彈劾。138

《漢藏史集》也說：

> 又由於他不虛耗國庫錢財，對怯薛們加以限制，怯薛們就傳出丞相貪污了錢財的話，並在皇帝回京的路上由怯薛們向皇帝控告……眾怯薛受各怯薛長及玉呂魯諾顏的鼓動，又以以前的罪名向皇帝控告桑哥……（皇帝）把桑哥丞相交使者帶走。139

上述兩段漢、藏文史料，對桑哥有明顯的褒貶之別。但在怯薛太官上下配合，屢次奏劾，導致桑哥失敗被殺等情節上，又如出一轍。還告訴人們，即使是受皇帝寵幸的權相重臣，一旦和內廷怯薛發生摩擦與對立，終究抵不住怯薛太官的眾口鑠金，黨同伐異。其垮台幾乎是不可避免的。

內廷怯薛臧否和挾制宰相，並不完全是忽必烈有意的利用，而主要是內廷怯薛與外廷中書省、樞密院、御史台機構並存的情況下，怯薛運用侍從官掌庶政的蒙古舊俗慣力和接近皇權源頭的有利地位使然。其大背景又是忽必烈所締造的蒙、漢政治文化二元體制。內廷怯薛不僅以忽必烈的家臣自居，在皇帝和省、院、台等朝廷權力機構之間扮演承上啟下、內外貫通的重要角色，而且似乎在觀念上長期把省、院、台看作漢唐式的「外朝官」。省、院、台大臣順從內廷怯薛的利益意願，就可以得到其暗中贊襄而較長時間地執政當權，若有違忤，怯薛往往會在御前群起而攻之。不可否認，由於怯薛人數上萬，內廷怯薛與皇帝的關係也有親疏之別。那些與忽必烈不十分親近的怯薛人員對朝廷大臣的彈劾，有時也不被採納，甚至會受到朝廷大臣的報復。例如彈劾權相阿合馬的秦長卿就反遭暗算。140

以上所述，主要是怯薛人員與省、院、台大臣的矛盾、衝突。另一方面，他們之間的相互依賴、支持，更為常見。

首先，內廷怯薛往往充任宰相的內應和贊襄者。《牧庵集》卷一七〈平章政事賀公神道碑〉說：賀仁傑入侍帷幄日久，事益明習。人們以為他密近天光，宰相而下，面君進奏之前，依然必須諮托，刺探皇帝的喜怒動靜。宰相們這樣做，無非是為著進奏稱旨固寵，避免犯龍顏丟烏紗帽。而當宰相大臣違忤皇帝旨意，可能受到責備處罰時，近侍人員又可以從中斡旋。同書〈董文忠神道碑〉云：至元二年（一二六五），安童出任中書省右丞相，建言陳奏十事，違忤忽必烈的意見。符寶郎董文忠說，丞相由勳閥王孫，素以賢明聞。如今開始理政，人們正延頸傾耳。所奏請這樣，以後如何是好。於是，董文忠從旁邊代安童應對，懇切詳盡，如同親自條理陳述。這才得到忽必烈的認可。

足見，執掌朝廷庶政的中書省勳貴重臣，同樣需要以近侍為內線，隨時疏導、彌合君臣間的分歧隔閡，才能順利履行其相權。

忽必烈新設的御史台，頗受重視，御史大夫多由勳貴閥閱擔任，權勢很大。然而，御史官不僅不能彈劾怯薛近侍，其一般彈劾諫諍也往往需要怯薛近侍暗中應和或奉旨對證事實。阿合馬等看破了這個機關，常常交結「賄遺近臣」，一旦受到監察官彈劾，「中貴人」就「力為救解」。[141]結果，受寵柄國二十年，御史監察官往往奈何不得。

其次，怯薛歹與省、院、台為首的官僚機構始終存在人員上的交流溝通，怯薛組織一直是忽必烈以降朝廷文武官員的預備學校。怯薛宿衛的大部分成員都來自那顏官員子弟。從忽必烈朝開始，怯薛宿衛一直是入官的首要途徑。大量怯薛人員可用怯薛長舉薦、皇帝批准的方式，直接入仕並擔任各種官職。

忽必烈曾經親自訓喻擔任尚膳監的怯薛博兒赤頭目鐵哥：「朕以宿衛士隸卿，其可任使者，疏其才能，朕將用之。」[142]這就是所謂「別里哥選」（蒙古語「符驗」之義）。自此途徑所任官職，又依皇帝寵愛、怯薛內職掌輕重、歷時久近、門第貴賤、才能大小為等差。門第高、受寵信的怯薛長，往往可以直接出任三品以上官，有的甚至是一品大員。[143]如中統四年（一二六三）博兒赤線真拜中書右丞相，至元二年安童由宿衛官任中書右丞相，至元十二年（一二七五）玉昔鐵木兒由博兒赤任御史大夫。[144]中書省右丞相為正一品，御史大夫當時為從二品。其他由怯薛宿衛直接授官的還有：木華黎後裔碩德、博爾忽後裔月赤察兒、速古兒赤亦力撒合、速古兒赤昂阿禿、賽典赤次子忽辛、高智耀子高睿、博兒赤鐵哥、札剌兒氏唆都、燕只吉台氏徹里、哈剌赤伯帖木兒、必闍赤長昔班、畏吾兒人亦黑迷失、蔑兒乞氏闊闊、康里人禿忽魯、博兒赤闊里吉思、答剌罕哈剌哈孫、康里人阿沙不花、女真人謁只里、董文炳之子董士元、長直近侍賀仁傑等。

安童由怯薛長直接擔任中書省右丞相，起初是漢人侍從崔斌在赴上都途中向忽必烈當面舉薦，忽必烈聽罷默然良久，未置可否。崔斌覺得自己根腳「猥鄙」，難以說服忽必烈。於是，他徵得忽必烈同意，立馬對隨行眾怯薛近臣高聲說：「有旨問安童為相，可否？」眾怯薛近臣歡然高呼萬歲。忽必烈遂根據怯薛近臣的輿情，很快任命安童為右丞相。[145]可見，怯薛長直接任相，主要憑其根腳家世和皇帝的信任，偶爾也和怯薛近臣的意願輿情有關。

擔任朝廷官職後，上述怯薛人員的怯薛宿衛身分始終不變。尤其是在京官員，白日赴所在衙門處理政務，夜間仍需要按照原有的番直順序，宿衛服侍皇帝。忽必烈病危之際，不僅在京的宿衛大臣、中書省平章不忽木入侍病榻，擔任福建行省平章的怯薛近侍徹里也特意馳還京師，入侍醫藥。[146] 而當中書右丞相安童等罷職後，仍然可以繼續掌管原屬怯薛歹或負責怯薛中的執事。[147] 在這個意義上說，怯薛人員任職朝廷官署，只是暫時的，其在怯薛中的執事服侍，才是長期或終身的。就蒙古人而言，似乎後者更被看重。

由於上述人員上的交流溝通，怯薛充當了培養文武官員的學校和忽必烈控制官僚機構的良好工具。一般官僚對怯薛組織，也就傾慕多於嫉妒了。

三、創設侍衛親軍及鎮戍軍制

在重組萬人怯薛的同時，忽必烈著手創設了以漢族兵員為主的侍衛親軍。

中統元年（一二六〇）最初建立的是武衛軍。當時，姚樞等向忽必烈獻策：「漢軍除守禦南邊，可選進勇富強三萬，燕京東西分屯置營，以壯神都。」[148] 此策既可暫時彌補萬人怯薛尚未恢復的缺陷，又能加強幽燕一帶的防務，抵禦阿里不哥的南下。忽必烈當然樂意接受。

第一批徵集來京師宿衛的漢軍就有六千五百人，[149] 後來增加到三萬人左右。這批軍隊主要來自真定史天澤、藁城董文炳、東平嚴忠濟、濟南張榮、順天張柔等漢世侯麾下。而且仿金朝禁軍舊制，也稱為武衛軍。這應是元侍衛親軍的早期形態。

忽必烈還以「親軍非文炳難任」的諭旨，任命藁城董文炳及李伯祐為侍衛親軍的兩名都指揮使。[150]

平定李璮之亂後，其益都舊部兵士經過改編，部分也被補充進武衛軍。武衛軍的兵員主要來自漢軍，所沿用參照的也是宋、金中央禁軍制度。武衛軍的設置，是忽必烈效仿漢法，從軍事上以內馭外，更好的控制漢軍諸萬戶的措施之一。

至元元年（一二六四）十月，忽必烈很快將武衛軍改組為左、右翼侍衛親軍，還把徵調範圍進一步擴大到遼東、遼西女真、高麗、契丹等部族或遺民，總人數超過四萬。[151]用意明顯是讓上述兵員和中原漢世侯麾下所抽兵互相牽制，以便朝廷的控制。

至元八年（一二七一）七月，左、右翼侍衛親軍又擴建為左、中、右三衛。蒙古忙兀部勳貴博羅歡被委任為右衛親軍都指揮使，在大都時專門統轄右衛，扈從上都時，則兼總左、中、右三衛。[152]而後，兵士民族成分又增入少量蒙古人、阿速人、欽察人及南宋降軍。

武衛軍擴充為左、中、右三衛，意味著侍衛親軍已初具規模。

至元十六年（一二七九）以後，侍衛親軍的規模和結構逐漸擴大，形成了以漢人、南人為主的五衛和色目人、蒙古人單獨組建的衛軍兩大集團。

至元十六年，忽必烈在原有的左、中、右三衛基礎上下令增置前、後衛軍，合為五衛軍。新抽調的兵員主要是江淮行省所屬二萬新附軍精銳、部分征宋北歸漢軍以及鞏昌汪總帥麾下一千兵卒。[153]此外，大批阿速人也被編入前、後二衛軍。前、後、左、右、中五衛象徵著五方，其人數最多，與唐代的天子「六軍」有某些類似之處。

色目及蒙古衛軍的單獨組建，始於至元十八年（一二八一）。主要含唐兀衛、欽察衛和蒙古侍衛親軍等。

唐兀衛的兵員為西夏人，原先，西夏遺民組成的唐兀軍或河西軍大多隸屬於蒙古軍。至元十八年（一二八一）元廷設置唐兀衛親軍都指揮使司，總領阿沙、阿束所屬河西軍三千人。[154]唐兀衛由此產生。

設置欽察衛的直接原因是土土哈的顯赫軍功。蒙古西征之際，一批突厥族系的欽察人被脅裹擄掠東來。其中土土哈等欽察人隨從蒙古軍征戰有功，特別是馳騁北邊與蒙古叛王作戰，為捍衛忽必烈政權屢建殊勳。至元二十三年（一二八六）三月，在特許土土哈收集欽察族人充其部伍的基礎上，忽必烈下令組建欽察衛親軍都指揮使司。[155]欽察衛之立，是對土土哈的賞賜和回報，同時也使忽必烈擁有了一支英勇善戰的色目衛軍。

平宋以後，部分蒙古軍自江南北撤，另組成蒙古侍衛軍。至元十七年（一二八〇）八月，蒙古侍衛總管府被改編為蒙古侍衛親軍都指揮使司。[156]於是，侍衛親軍行列也有了蒙古衛軍。

貴赤，本來是由怯薛中善跑步者組成。至元十三年（一二七六）忽必烈詔蕩析離居及僧道、漏籍諸色不當差者萬餘人充任貴赤，讓康里氏明安統領。明安率領貴赤軍團每歲扈從出入，至元二十一年（一二八四）又奉命北征。至元二十四年（一二八七），正式設立貴赤親軍都指揮使司，明安擔任達魯花赤。[157]

以上前、後、左、右、中五衛親軍、唐兀衛、欽察衛、蒙古侍衛親軍及貴赤親軍共同組成了忽必烈時期的侍衛親軍。它雖然也屬於中央宿衛軍，但在兵員構成、管理、番直、軍事職能等方面，與怯薛差異明顯，而和漢地傳統的禁衛軍類似。

按照朝廷規定，侍衛親軍的兵士選自漢軍、新附軍精銳，也包括原先附籍於蒙古軍的部分色目人及蒙古人。其中，漢人、南人的比例大體在六十六%以上。

侍衛親軍的管理，糅蒙古、金朝舊制於一體，諸衛長官仿金制設都指揮使和副都指揮使，其下實行蒙古軍制，設千戶、百戶、十戶，其上又隸屬於樞密院。平時，侍衛親軍兵士與其他軍戶一樣，也實行相關的贍養地、貼軍戶等制度，同時需要提供車馬裝具等。158

侍衛親軍的番直，基本沿襲唐宋禁軍的輪番「踐更」制度，迄至元二十二年（一二八五）二月，還形成了固定的規則：以十人為率，七人三人，分為二番，十月放七人回家備資裝，正月復役；正月放其餘三人回家備資裝，四月復役，周而復始，輪番更直休息。159這與四大怯薛三日一輪直的方式，頗異其趣。

與怯薛專門負責皇帝宮城、斡耳朵防衛不同的是，侍衛親軍除了守衛大都、上都外，又需鎮戍朝廷直轄區「腹裡」，還要以中央常備精銳部隊奉命赴邊地征戰。160

多數侍衛親軍還陸續建立了比較完善的軍營、訓練、屯田、戍守等管理制度。如右衛侍衛親軍在都指揮使王慶瑞的主持下，創建威武營於大都南郊，起廬舍，畫井邑，規為屯田。又立訓練之用的「整暇堂」，長技之習的「神鋒翼」，函矢之藏的「犀利局」。其他諸衛軍爭相效仿。一次，忽必烈派近侍夜間伺察右衛侍衛親軍的警衛情況，卻被巡邏兵卒所執。近侍說明其身分及任務，以求解脫。兵卒曰「軍中惟知將軍令，不知其他」。近侍回宮向忽必烈奏報。忽必烈特意賞賜王慶瑞黑貂裘，以示旌表嘉獎。161

忽必烈在中央宿衛軍中，既重建蒙古國式的怯薛，又創設漢地式的侍衛親軍，同樣維持了蒙、漢二元並存的格局。從數量上看，上述侍衛親軍合計已達八萬左右，幾乎相當於怯薛人數的七、八倍。成宗朝以後，衛軍擴展到三十餘個，人數就更多了。這種情況下，儘管怯薛的內廷宿衛服侍功能始終無法替代，但侍衛親軍的中央常備精銳部隊角色越來越突出，其軍事地位和作用也越來越重要。

中央宿衛軍之外，忽必烈又根據政治軍事的需要，增設了鎮戍軍及其相關制度。

蒙古國時期，成吉思汗所創立的千戶、萬戶是軍隊的基本組織形式。蒙古成年男子「上馬則備戰鬥，下馬則屯聚牧養」。[162]千戶、萬戶分駐於朝廷指定的牧地，實際上相當於兼有軍事、行政雙重職能的地方軍政組織。尤其是統轄數十個千戶的左、右翼萬戶，地方軍政組織的色彩更為顯著。由於大規模的對外征服，蒙古千戶成員頻繁赴外地征戍，蒙古統治者不斷從草原諸千戶中抽取部分蒙古軍士，組成混編的蒙古軍和探馬赤軍。

元朝建立後，忽必烈基本沒有改變蒙古諸千戶分屯漠北草原兼治軍事、行政的體制，只是撤銷了千戶之上的左、右翼萬戶長，蒙古諸千戶轉而直隸朝廷，由朝廷派遣的樞密院官和總兵宗王負責管理。

忽必烈還著手重新收集組建了五部探馬赤軍。中統三年（一二六二），原五部探馬赤軍將領石高山通過平章塔察兒入見忽必烈，上奏：「在昔太祖皇帝所集按察兒、孛羅、窟里台、孛羅海拔都、闊闊不花五部探馬赤軍，金亡之後，散居牧地，多有入民籍者。國家土宇未一，宜加招集，以備驅策。」忽必烈正為如何盡可能多地利用蒙古國原有軍隊而犯愁。聽罷石高山的奏報，非常喜悅，稱讚道：「聞卿此言，猶寐而覺。」馬上下令諸路官府重新招集。登記入籍冊後，即讓石高山佩銀符統領。這支五部探馬赤軍相繼參加平宋、和林屯戍、征乃顏等作戰，屢建軍功，後來又改組為蒙古侍衛親軍，劃歸東宮。[163]

平定南宋和統一全國後，忽必烈著手建立了鎮戍軍體系，以適應大規模軍事征服結束後穩定控制廣大新征服區域的需要。

鎮戍軍包括蒙古軍、探馬赤軍，漢軍、新附軍四種成分。鎮戍的布局和管理方式大體是：「河洛、山東據天下腹心，則以蒙古軍、探馬赤軍列大府以屯之。淮江以南，地盡南海，則名藩列郡，又各以漢軍及新附等軍戍焉。」

首先，忽必烈把參與平宋的奧魯赤四萬戶等蒙古軍、探馬赤軍，自江南調回中原，先後於至元二十一年（一二八四）和至元二十四年（一二八七）組建山東河北蒙古軍都萬戶府、河南淮北蒙古軍都萬戶府等，以鎮戍軍的形式長期駐屯在山東、河南、河北一帶。而且逐漸與草原蒙古諸千戶脫離了統屬關係，直接歸朝廷樞密院管轄。以後，陝西、四川也設置了此類都萬戶府，統轄鎮戍於當地的蒙古軍和探馬赤軍。

元朝時期的漢軍是由降蒙的金軍、投附蒙古政權的北方地主武裝以及中原簽兵等組成的。忽必烈把這類漢軍部署在淮河以南的原南宋統治區，充當鎮戍軍。漢軍大都隨同蒙古軍參與平定南宋的戰爭，同樣以萬戶、千戶形式編組，他們在原南宋統治區也屬於北人占領軍。所不同的是，這些漢軍隸屬於各行省或行樞密院，其軍士家屬奧魯在北方原籍，需要施行「歲時踐更」和輪番應役。此制度在全國的推行，始於至元二十六年（一二八九）左右尚書省左丞、商議樞密院事李庭的提議。李庭奏言：「今漢軍之力，困於北征，若依江南軍，每歲二八放散，以次番上，甚便。」忽必烈批准了他的奏議，讓樞密院著為軍令。164

由南宋降兵組建的新附軍，則被分散編組在漢軍等鎮戍各翼中，聽從蒙古、漢軍將領的號令指揮，執行鎮戍、屯田等任務。165

另外，漠北、河西、遼陽等地也部署了較多的蒙古軍、侍衛親軍、色目軍，作為鎮戍邊地和抵禦叛王的軍事力量。

註釋

1《秋澗集》卷八〇〈中堂事記〉；《元文類》卷二二〈上都華嚴寺碑〉。

2《嘉靖篙城縣誌》卷八〈篙城令董文炳遺愛碑〉；《牧庵集》卷一九〈參知政事賈公神道碑〉；《元史》卷一六九〈謝仲溫傳〉。

3《史集》余大鈞、周建奇譯本，第二卷，頁二九六，北京商務印書館，一九八六年。

4 陳高華、史衛民《元上都》頁二七，吉林教育出版社，一九八八年。

5《元史》卷五〈世祖紀二〉。

6《史集》余大鈞、周建奇譯本，第二卷，頁三三五，北京商務印書館，一九八六年。

7《道園學古錄》卷一〇〈跋大安閣圖〉；《秋澗集》卷五三〈總管陳公去思碑銘〉。

8《近光集》卷一〈次韻王師魯待制史院題壁二首〉，〈扈從上京宮學記事絕句二十首〉。

9 楊允孚《灤京雜詠》。

10《元史》卷一二七〈伯顏傳〉，卷一三二〈帖木兒不花傳〉。

11《元史》卷一八〇〈耶律希亮傳〉。

12《元史》卷一三四〈和尚傳〉，卷一六五〈楊賽因不花傳〉。

13《南台備要》〈行台復移杭州〉，《永樂大典》卷二六一〇。

14《元史》卷一六八〈許國禎傳〉。

15《秋澗集》卷八一〈中堂事記〉中統二年五月八日；《元史》卷七〈世祖紀四〉。

16《史集》余大鈞、周建奇譯本，第二卷，頁三三五，北京商務印書館，一九八六年。

17《增訂湖山類稿》卷三〈萬安殿夜直〉頁八七，中華書局，一九八四年。

18《析津志輯佚》云：「（昔）剌斡耳朵者，即世祖皇帝之行在。」《元史》卷一八四〈崔敬傳〉說：「今失剌斡耳朵思，乃先皇所以備宴遊。」

19《馬哥孛羅遊記》張星烺譯本，頁一二五，商務印書館，一九三六年；《史集》余大鈞、周建奇譯本，第二卷，頁三三五，北京商務印書館，一九八六年。

20《元史》卷六〈世祖紀六〉至元四年五月，五年正月；

21《清容居士集》卷二五〈華嚴寺碑〉。

22《清容居士集》卷二五〈華嚴寺碑〉；參閱陳高華、史衛民《元上都》，頁一九五—二〇四，吉林教育出版社，一九八八年。

22《陵川集》卷一四。

23《秋澗集》卷一五〈開平夏日言懷〉；《元朝名臣事略》卷七〈平章廉文正王〉。

24《永樂大典》卷七七〇二，中華書局，一九八六年影印本，第四冊，頁三五七八。

25《鄭思肖集》〈大義略敘〉，頁一八〇，上海古籍出版社，一九九一年。

26《元史》卷五〈世祖紀二〉。

27《可閒老人集》第二卷〈輦下曲〉。

28《元史》卷八〈世祖紀五〉。

29《元史》卷九〈世祖紀六〉；《元史》卷一四〈世祖紀十一〉。

30《元史》卷二〇五〈阿合馬傳〉，卷一三〈世祖紀十〉，卷一六〈世祖紀十三〉。

31《秋澗集》卷八一〈中堂事記〉中；《馬哥孛羅遊記》張星烺譯本，頁一二六，商務印書館，一九三六年。

32《元史》卷九〈世祖紀六〉；《錢塘遺事》卷九引〈祈請使行程記〉。

33《元朝名臣事略》卷七〈平章廉文正王〉；《元文類》卷六五〈平章政事廉文正王神道碑〉。

34、38、45《南村輟耕錄》卷二一〈宮闕制度〉。

35《元史》卷一一九〈木華黎傳〉。

36《元史》卷五〈世祖紀二〉。

37《元史》卷一五七〈劉秉忠傳〉，卷一四七〈張柔傳〉；《滋溪文稿》卷二二〈趙文昭公行狀〉；《道園學古錄》卷二三〈大都城隍廟碑〉。

39《元史》卷七七〈祭祀志六〉；《析津志輯佚》〈歲紀〉。

40《張光弼詩集》卷三〈輦下曲〉。

41《元史》卷一三〈世祖紀十〉。

42《元史》卷一六二〈高興傳〉。

43《馬哥孛羅遊記》張星烺譯本，頁一七三，商務印書館。

44《草木子》卷四上〈談藪篇〉；另柯九思《草堂雅集》卷一〈宮詞〉詩句略有出入。

46《元史》卷一六〇〈王思廉傳〉，卷一二二〈博羅歡傳〉。

47《馬哥孛羅遊記》張星烺譯本，頁一五六，商務印書館；《南村輟耕錄》卷一〈萬歲山〉。

48《馬哥孛羅遊記》張星烺譯本，頁一五八，商務印書館。

49《常山貞石志》卷一七，閻復〈王公神道碑銘〉。

50 《史集》余大鈞、周建奇譯本，第二卷，頁三三四，北京商務印書館，一九八六年。

51 《農田餘話》卷一；參閱陳學霖〈元大都城建造傳說探源〉，《漢學研究》第五卷第一期，一九八七年。

52、58 《可閒老人集》第二卷〈輦下曲〉。

53 《析津志輯佚．古蹟》；《元典章》卷五七〈刑部十九．禁夜〉。

54 《道園學古錄》卷五〈遊長春宮詩序〉，卷八〈唐山詩〉。

55 《元史》卷七四〈祭祀志三〉。

56 《元史》卷二〇三〈方技．田忠良傳〉。

57 《元史》卷七四〈祭祀志三〉，卷九〈世祖紀六〉至元十三年九月，卷七〈世祖紀四〉至元七年十月己丑，八年九月丙子。

59 《元史》卷七五〈祭祀志四〉；《析津志輯佚》〈祀廟〉；《秋澗集》卷四四〈雜著〉。

60 《成吉思汗的繼承者》周良霄譯注本，頁三二八，天津古籍出版社，一九九二年；周伯琦《扈從集》；《純白齋類稿》第二卷〈題是京紀行詩後〉。

61 《元史》卷一二〈世祖紀九〉。

62 《秋澗集》卷八一〈中堂事記〉（中）；《元文類》卷六五〈平章政事廉文正公神道碑〉；《永樂大典》卷一九四一七〈站赤〉；《元史》卷一一二〈宰相年表〉，卷二〇五〈阿合馬傳〉，卷一二〈世祖紀九〉。

63 《永樂大典》卷一九四一七〈站赤二〉頁七〇〇〇。

64 《南台備要》〈行台移江州〉；《永樂大典》卷二六一〇，卷一九四一七〈站赤二〉。

65 《元史》卷一六〈世祖紀十三〉至元二十八年二月癸未。

66 《南村輟耕錄》卷一〈萬歲山〉；《秋澗集》卷二三〈奉和寅甫學士九日迎鑾北口高韻〉。

67 《元史》卷二〇三〈方技．田忠良傳〉，卷一一〈世祖紀八〉，卷一二〈世祖紀九〉，卷一三〈世祖紀十〉，卷一三〇〈不忽木傳〉。

68 《元史》卷一六七〈王惲傳〉。

69 陳高華、史衛民《元上都》，頁五九，吉林教育出版社，一九八八年；史衛民《元代社會生活史》，頁三六二，中國社會科學出版社，一九九六年。

70 《馬哥孛羅遊記》張星烺譯本，頁一八四，商務印書館，一九三六年。

71 《增訂湖山類稿》卷三，頁七三、八〇，中華書局，一九八四年。

72 《元史》卷七九〈輿服志二〉；《牧庵集》卷一九〈資德大夫雲南行省右丞李公神道碑〉。

73《道園學古錄》卷一三〈賀丞相神道碑〉，卷一八〈賀丞相墓誌銘〉；《可閒老人集》第二卷〈輦下曲〉；《元史》卷一七九〈賀勝傳〉，卷一六七〈劉好禮傳〉；《史集》余大鈞、周建奇譯本第二卷，頁三五二，北京商務印書館，一九八六年。

74《元史》卷九〈世祖紀六〉。

75《秋澗集》卷六〈飛豹行〉。

76《元朝秘史》第二百六十九節。

77《元朝名臣事略》卷七〈丞相史忠武王〉。

78《元史》卷一二〇〈察罕傳〉；《秋澗集》卷八一〈中堂事記〉（中）。

79《秋澗集》卷八一〈中堂事記〉（中）。

80《元史》卷一三四〈唐仁祖傳〉。

81《蒙古秘史》校勘本，第二百二十六節，內蒙古人民出版社，一九八〇年。

82《元史》卷一一九〈木華黎傳〉，卷一二五〈鐵哥傳〉，卷一二八〈阿朮傳〉，卷一三二〈杭忽思傳〉、〈帖木兒不花傳〉。

83《元朝名臣事略》卷四〈丞相順德忠獻王〉；《元史》卷一二〇〈察罕傳〉。

84《秋澗集》卷八一〈中堂事記〉（中）又載：不花祖父為成吉思汗時勳臣，其父為蒙哥朝萬戶長也孫禿花。

85《元史》卷九九〈兵志二·宿衛〉，卷九五〈食貨志三〉。

86《馬哥孛羅遊記》張星烺譯本，頁一六七，商務印書館，一九三六年。

87《元史》卷一三〇〈完澤傳〉。

88《元史》卷一三四〈闊里吉思傳〉、〈小雲石脫忽憐傳〉，卷一二二〈塔海傳〉；《金華集》卷二四〈宣徽使太保定國忠亮公神道碑〉。

89《元朝名臣事略》卷三〈太師廣平貞憲王〉。

90《元史》卷一二五〈鐵哥傳〉。

91《道園類稿》卷四二〈立只理威忠惠公神道碑〉；《元史》卷一二〇〈察罕傳〉。

92《元史》卷一二三〈也蒲甘卜傳〉。

93《元文類》卷五九〈平章政事徐國公神道碑〉；另，《元史》卷一七三〈崔彧傳〉，卷二〇五〈桑哥傳〉或作徹里，或作闍里，實為一人。

94《元朝名臣事略》卷七〈左丞張忠宣公〉，卷一四〈內翰董忠穆公〉。

95《元史》卷一三四〈昔班傳〉。

96《元史》卷一五三〈高宣傳〉。

97《元史》卷一四九〈移剌元臣傳〉，卷一五〇〈耶律阿海傳〉。

98 《元史》卷一三四〈斡羅思傳〉。

99 《元史》卷一八〇〈耶律希亮傳〉。

100 《通制條格》卷二八〈監臨營利〉。

101 《元史》卷一三四〈小雲石脫忽憐傳〉；《史集》余大鈞、周建奇譯本，第二卷，頁三五一，北京商務印書館，一九八五年；參閱片山共夫：〈元朝必闍赤雜考〉，《モンゴル研究》十七號，一九八六年。

102 《元史》卷八〈世祖紀五〉。

103 《元朝名臣事略》卷三〈樞密句容武毅王〉。

104 《元史》卷一三一〈伯帖木兒傳〉。

105 《秋澗集》卷八二〈中堂事記〉下。

106 《元史》卷一三二〈拔都兒傳〉，卷一三五〈失剌拔都兒傳〉。

107 《元史》卷一三五〈徹里傳〉。

108 《可閒老人集》第二卷〈輦下曲〉。

109 《元史》卷一三五〈明安傳〉；《馬可波羅行記》馮承鈞譯本，頁二二八，上海書店出版社，二〇〇〇年；《大元馬政記》，國學文庫本。《元史》卷一三六〈阿沙不花傳〉云，至元二十四年（一二八七）忽必烈親征叛王乃顏，近侍阿沙不花以千戶率昔寶赤之眾扈從。所以，《大元馬政記》中的阿失不花與康里人阿沙不花，估計是同一人。阿沙不花應該是世祖朝後期昔寶赤長之一。

110 《元史》卷一一九〈木華黎傳〉。

111 《牧庵集》卷一五〈董文忠神道碑〉，卷一七〈賀仁傑神道碑〉。

112 《可閒老人集》第二卷。

113 《元史》卷一三二〈杭忽思傳〉，卷一三四〈小雲石脫忽憐傳〉。

114 《元史》卷一六九〈賈昔剌傳〉。

115 《元朝名臣事略》卷三〈太師淇陽忠武王〉。

116 《元史》卷一三六〈阿沙不花傳〉。

117 《元史》卷一二五〈鐵哥傳〉。

118 《元史》卷一三四〈昔班傳〉。

119 《元史》卷一二〇〈察罕傳〉。

120 《元史》卷一三四〈斡羅思傳〉。

121 《松雪齋集》卷七〈平章軍國重事康里公碑〉；《牧庵集》卷一五〈董文忠神道碑〉；《元史》卷一六七〈張立道傳〉。

122 《秘書監志》卷七〈司屬〉。

123 《道園學古錄》卷一八〈賀勝墓誌銘〉。

124 《元史》卷一一九〈木華黎傳〉。

125 《牧庵集》卷一五〈董文忠神道碑〉；《秋澗集》卷八一〈中堂事記〉（中）。

126 《元史》卷一六九〈賈昔剌傳〉。

127 《元朝名臣事略》卷一一〈參政商文定公〉。

128 《危太樸續集》第二卷〈耶律公神道碑〉。

129 《元朝名臣事略》卷四〈平章魯國文貞公〉。

130 《金華集》卷二四〈定國忠亮公神道碑〉。

131 《元史》卷一六〇〈王思廉傳〉；《元朝名臣事略》卷七〈左丞張忠宣公〉。

132 《元史》卷一三〇〈阿里渾薩里傳〉，卷一二五〈鐵哥傳〉；《牧庵集》卷一七〈平章政事賀公神道碑〉。

133 《元朝名臣事略》卷一〈丞相東平忠憲王〉。

134 《牧庵集》卷一五〈董文忠神道碑〉。

135 《元史》卷五〈世祖紀二〉中統四年八月甲子，至元元年八月乙巳；《元朝名臣事略》卷七〈平章廉文正王〉。

136 《危太樸續集》第二卷〈耶律公神道碑〉。

137 《元文類》卷二四〈丞相東平忠憲王碑〉。

138 《道園學古錄》卷一八〈賀勝墓誌銘〉；《牧庵集》卷一四〈平章政事徐國公神道碑〉；《松雪齋集》卷七〈平章軍國重事康里公碑〉；《僑吳集》卷一二〈岳鉉第二行狀〉。

139 陳慶英譯本，頁一八二，西藏人民出版社，一九八六年。

140 《元史》卷一六八〈秦長卿傳〉。

141 《元史》卷二〇五〈阿合馬傳〉，卷一六八〈秦長卿傳〉。

142 《元史》卷一二五〈鐵哥傳〉。

143 〔日〕片山共夫：〈怯薛と元朝官僚制〉，《史學雜誌》第八九卷十二號，一九八〇年十二月。

144 《元史》卷一三〇〈完澤傳〉；《元朝名臣事略》卷一〈丞相東平忠憲王〉，卷三〈太師廣平貞憲王〉。

145 《元史》卷一七三〈崔斌傳〉。

146 《元朝名臣事略》卷四〈平章魯國文貞公〉、〈平章武寧正憲王〉。

147 《元朝名臣事略》卷一〈丞相東平忠憲王〉。

148 《牧庵集》卷一五〈中書左丞姚公神道碑〉。

149 《道園學古錄》卷二〇〈董文用行狀〉；《元史》卷四〈世祖紀一〉中統元年四月。

150 《元史》卷一五六〈董文炳傳〉。

151 《元史》卷五〈世祖紀二〉，卷六〈世祖紀三〉，卷九九〈兵志二．宿衛〉。

152 《元史》卷七〈世祖紀四〉，卷一二一〈博羅歡傳〉。

153《元史》卷一〇〈世祖紀七〉，卷九九〈兵志二·宿衛〉。

154《元史》卷九八〈兵志一·兵制〉，卷九九〈兵志二·宿衛〉。

155《元史》卷一四〈世祖紀十一〉。

156《元史》卷一二三〈抄兒傳〉、〈怯怯里傳〉，卷一一〈世祖紀八〉。

157《元史》卷一三五〈明安傳〉。

158《元史》卷一七〈世祖紀十四〉。

159《元史》卷一三〈世祖紀十〉。

160以上參閱史衛民〈元代侍衛親軍建置沿革考述〉，《元史論叢》第四輯，中華書局，一九九二年。

161《元史》卷一五一〈王慶瑞傳〉；《靜軒集》卷五〈故榮祿大夫平章政事王公神道碑〉。

162〈經世大典·序錄·軍制〉，《元文類》卷四一。

163《元史》卷一六六〈石高山傳〉。

164《元史》卷一六二〈李庭傳〉。

165《元史》卷八六〈百官志二〉，卷九九〈兵志二·鎮戍〉。

第十一章　親貴享封邑　皇子總重兵

宗王兀魯思的演化與限制

如前所述，忽必烈是在一批蒙古諸王的擁戴支持下奪取和鞏固汗位的。複雜的政治形勢致使忽必烈的宗藩投下政策一開始就帶有兩面性：既要加強皇帝中央集權，削弱藩權，又注意保護宗王投下的特權利益，以換取長期的擁戴支持。隨著時勢的發展，皇權與藩權的衝突愈顯嚴重。為了加強中央集權政治，忽必烈必然要執行由溫和到強硬的宗藩政策。對蒙古分封制進行整頓改革，將其限制在不危害中央集權的範圍內，遂成為忽必烈面臨的一項重要任務。

蒙元分封的原始形態，就是成吉思汗開始的宗王兀魯思分封。

大約在一二〇七年—一二一四年之間，成吉思汗把三十餘個千戶的草原部民和阿爾泰山、大興安嶺一帶的牧地，封授給諸子諸弟，形成了所謂西道、東道諸王兀魯思。兀魯思一詞，是蒙古語「人眾」、「國家」的意思。稱其為宗王兀魯思，是因為受封諸王對所封部民和領地，擁有相當大的支配權，酷似較獨立的封國。

這種分封，在成吉思汗以降發生了較大的變化。總的變化軌跡是：窩闊台、貴由、蒙哥時期，與對外軍事征服和皇位爭奪相聯繫，宗王兀魯思大多有所擴張；忽必烈時期，由於蒙古帝國的分裂等複雜原因，元朝控制範圍以外和以內的宗王兀魯思，走上了反差較大的兩條道路：基本獨立和削弱萎縮。
先看趨於基本獨立的朮赤、察合台、窩闊台、旭烈兀等宗王兀魯思。
朮赤是成吉思汗的長子。他雖然未能繼承汗位，但《蒙古秘史》說，朮赤受封九千戶，在諸子中所封千戶最多。還獲得了從也兒的石河基本領地出發，向西將欽察草原等被征服區域一律併入自己領地的權力。隨著軍事征服的勝利，朮赤兀魯思不斷向西擴張。由於地處遙遠等緣故，成吉思汗晚年，就發生朮赤不按時覲見父汗、不堅決執行父汗命令等情況。可見，自成吉思汗始，朮赤兀魯思已帶有一定的離心傾向。
朮赤死後，次子拔都嗣位。他奉窩闊台汗之命，率領長子西征，進一步實際控制了以欽察草原為中心的大片領土。在貴由以降的汗位更迭中，拔都反對貴由及其子孫，支持拖雷長子蒙哥。結果，先是幾乎造成朮赤兀魯思與貴由汗之間的兵戎相見，蒙哥汗即位後，又特許拔都在自己幅員遼闊的兀魯思行使更大的權力，以作為報償。這樣，拔都嗣有的朮赤兀魯思率先成為大蒙古國內擴張最快，領土最大，權力較獨立的宗藩之國。阿里不哥之亂和忽必烈建立元王朝以後，大汗對朮赤兀魯思更是鞭長莫及，其獨立性隨之越來越嚴重。
由於竭力扶持窩闊台取得汗位，窩闊台時期的察合台開始在自己的兀魯思內享有無限的權力。窩闊台甚至派長子貴由充當察合台的侍從。儘管如此，此時，察合台兀魯思與大汗在河中的直轄區是涇渭分明的。察合台的權力基本上限於所封兀魯思的草原地帶。當察合台本人擅自侵占河中行尚書省部分轄地時，也曾受到窩闊台汗的指責。
阿里不哥在漠北蒙古本土稱汗時，察合台孫阿魯忽曾被委任為察合台兀魯思的新君主。不久，因為爭奪財賦收入，阿魯忽又與阿里不哥反目，轉而歸附忽必烈，以此換來了忽必烈對其完全控制從阿爾泰山到阿母河區域的正式批准。一二六九年，新任兀魯思君主八剌與海都在塔剌思聚會，結盟反叛元廷，察合台兀魯思遂基本脫離元朝廷控制，成為另一個相對獨立的宗藩之國。

一二二九年，窩闊台即汗位，入主蒙古本土，在和林建立了國都和統治中心。他把自己葉迷里一帶的原封地賜給長子貴由。又強行將拖雷系統轄的遜都思、雪你惕三千戶撥賜次子闊端，讓其駐牧西涼，全權負責川陝甘寧青藏一帶的攻略征伐。後來，闊端的基本領地擴大到原唐兀惕二十四城。這些新擴充的領地雖然不全是草原千戶民駐牧，但「人地割界」，專制一方，顯然不是食邑。在某種意義上，由此構成了以西涼府為中心的闊端兀魯思。而後，其他窩闊台後王的領地也有向南擴張的勢頭。

好景不常，蒙哥汗登極，窩闊台孫失列門、腦忽等在爭奪汗位中敗北。翌年，蒙哥汗在懲處失列門、腦忽的同時，又分遷窩闊台子孫：六子合丹居別失八里，七子蔑里居也兒的石河，合失子海都居海押立，哈剌察兒子脫脫居葉密立，闊端子蒙哥都的領地也奉命西移。這樣，原先由貴由繼承的窩闊台兀魯思就被肢解和分割了。例外的是，因闊端與蒙哥汗保持友好關係，其所屬軍隊未被剝奪。旋因忽必烈受封京兆分地，闊端兀魯思的領域逐漸龜縮到西涼府一帶的狹小範圍內了。元朝建立後，闊端兀魯思由其子只必帖木兒繼承，權力進一步削弱。塔剌思會議，特別是昔里吉叛亂後，海都乘機不斷收集西逃的蒙古部眾，把人數甚多的蒙古貴族及部屬匯聚自己麾下。於是，窩闊台兀魯思在海都的旗幟下得以復興，並且構成了與第五任大汗忽必烈公開對抗的軸心。

起初，旭烈兀是作為蒙哥汗胞弟，統率從諸王及各千戶抽調的軍隊奉命征服伊朗、伊拉克、敘利亞等地的。不久，他實際控制了上述被征服地區，勢力很大。忽必烈與阿里不哥爭奪汗位時，雙方都希望得到旭烈兀的支持。旭烈兀最終支持了忽必烈，並由此從新任大汗處獲得了自阿母河

（只渾河）到密昔兒（埃及）之境的正式統治權。從此，旭烈兀及其繼承者自稱伊利汗，在上述區域組建了另一個較獨立的藩國。

再說逐步削弱萎縮的東道諸王及拖雷等宗王兀魯思。

以斡赤斤．鐵木哥為首的東道諸王，曾經是東蒙古地區的支配力量。在成吉思汗西征和窩闊台死後，斡赤斤先是奉命監國，後因圖謀不軌被殺。但斡赤斤等三王兀魯思並沒有停止向東擴張。到塔察兒國王在位時，斡赤斤兀魯思的統治範圍已達到了黑山南北的廣大地區。

忽必烈即位，塔察兒等因翊戴新汗和抗擊阿里不哥有功，長期受到尊崇優待。同時，東道諸王在遼陽、高麗一帶的擴張活動，又不斷被朝廷所限制。忽必烈後期終於爆發了乃顏之亂，叛亂平息後，忽必烈剝奪了乃顏等叛王的蒙古軍隊及其他部眾，又設東路蒙古軍上萬戶府長期鎮戍該地。東道諸王兀魯思的疆域範圍基本上退縮回原封地。其若干後裔雖仍享封與其他宗支諸王相近的王爵，實力地位卻大大減弱了。

忽必烈對阿里不哥襲領的拖雷兀魯思也做了若干調整。

拖雷夫婦死後，幼子阿里不哥襲有其父兀魯思。蒙哥汗諸子和旭烈兀的禹兒惕及部眾，也大致在拖雷兀魯思範圍內。阿里不哥爭位失敗，死於漠南。忽必烈遂命令阿里不哥諸子藥木忽兒、滅里帖木兒等繼承其父的牧地和斡耳朵。

而後，元廷派伯八為萬戶鎮守其地，並設置了益蘭州等五部斷事官。最先擔任斷事官的是漢族官僚劉好禮。劉精通蒙古語，赴任前充永興府達魯花赤等職。到任後，遷中原工匠於該地，與辦舟船水運和器物陶冶。其同僚還欲榷鹽酒以佐官府經費。就是說，五部斷事官在當地委實代表朝廷臨民理政了。是時，阿里不哥諸子仍留駐欠欠州、乞兒吉思領地。元廷採取此項其他諸王兀魯思未嘗見過的非常措施，無非是要通過斷事官較直接地控制監視阿里不哥兀魯思。

昔里吉叛亂爆發，劉好禮等被俘，阿里不哥諸子部眾大多從叛。元廷在該地的統治直到至元三十年（一二九三）土土哈收復乞兒吉思五部才得以恢復。

五部斷事官的設置，是忽必烈以拖雷嫡子和大汗雙重身分，對阿里不哥襲領兀魯思的設官臨民權的部分剝奪。誠然，因為諸王叛亂戰爭在漠北較長時間的持續，無論是阿里不哥和蒙哥系宗王，抑或元朝廷在當地的支配，都受到很大的衝擊和干擾。[1]

五戶絲食邑制的發展與改造

在窩闊台創立五戶絲食邑制的丙申分封中，宗王受封最多，還有貴戚駙馬和其他勳臣受封。雖然朝廷制度規定五戶絲食邑分封「賦為二等」，治權歸有司，由中央和諸王投下分享其利益，但是，蒙古國時期五戶絲制並沒有徹底實行。投下封君在漢地食邑或自立課稅等官，各徵其民，或層層封授食邑民，承制封拜食邑官吏。

忽必烈對五戶絲食邑制的發展與改造，主要表現為江南戶鈔的推行、中原食邑置路州等。

至元十八年（一二八一），忽必烈在剛剛征服的江南地區進行了新的食邑分封。

此次分封中，宗王共受封七九九，二七九戶。規模之大，超過了窩闊台丙申分封。其中，成吉思汗子弟、窩闊台諸子受封略多於中原食邑封戶，拖雷諸子較中原封戶增加近三分之一。忽必烈諸子則只封嫡不封庶。受封的僅有太子真金、安西王忙哥剌和北平王那木罕。而太子真金的封戶（一〇五，〇〇〇戶）幾乎等於忙哥剌、那木罕的二倍。其他庶子如闊闊出、奧魯赤、愛牙赤、脫歡、忽哥赤、忽都帖木兒均未享封。

所封宗王江南食邑的分布，既仿中原五戶絲食邑分封，又略有變動。概括地說，東道諸王哈撒兒、哈赤溫、斡赤斤及答里真後王食邑大致分布在東邊的江浙行省及江西行省東部建昌路、南豐州一帶。西道諸王朮赤、察合台、窩闊台子闊端、合丹的食邑分布於西邊的湖廣行省一帶。拖雷系阿里不哥、木哥、撥綽和忽必烈三嫡子食邑則在江西行省及湖廣行省東部。這種封授格局顯然是拖雷系繼續充當蒙元帝國中央核心部分的象徵和表現。

后妃斡耳朵受封，主要是成吉思汗斡耳朵和忽必烈第二斡耳朵。成吉思汗斡耳朵的受封地都在江西行省贛州路，第一、二、三斡耳朵封戶相近，第四斡耳朵不知何故失載。忽必烈四斡耳朵中惟察必皇后等所掌第二斡耳朵此次受封，這可能和察必皇后至元十八年逝世有關。

貴戚駙馬受封的只限於弘吉剌、汪古、亦乞列思三部，其他未能染指。

勳臣的受封主要是木華黎國王、帶孫郡王、畏答兒、朮赤台郡王、八答子、和斜溫、孛羅台、合丹大息、也速兀兒、帖柳兀禿、忽都虎、阿兒思蘭等較大投下。忽必烈四怯薛及昔寶赤、八剌哈赤、阿塔赤、必闍赤、貴赤、厥列赤、八兒赤等執事也在至元二十一年（一二八四）左右首次獲得了數量不等的封戶。

在封戶方位上，元廷雖然盡可能地把左、右翼千戶那顏的封戶，相對集中於同一路分，但整個功臣江南食邑分封已談不上模仿漠北左、右翼千戶分列東西的格局了。

忽必烈還在增加五戶絲稅額為五戶二斤，改投下征索為中書省統一關支的基礎上，對新封授的江南食邑一概實行戶鈔制。

戶鈔制始於至元二十年（一二八三）。其先，諸王勳貴雖受封江南食邑，但因江南科差未定，暫時未給付各投下賦稅收益。到至元二十年，忽必烈才下令從江南食邑稅糧中折糧納鈔，每一萬戶納鈔百錠，「申解」中書省統一關支。[2]中統鈔一錠為五十貫（兩），一貫（兩）合一千文。一百錠即合五千貫（兩），平均每戶輸納數即五錢（或五百貫文）。據說，這個數額大致相當於中原五戶絲戶的平均負擔。[3]由於戶鈔從地稅田糧中折納，那些封戶中的無地者，似乎就不負擔投下戶鈔了。

忽必烈對部分宗王中原食邑的改封或調整也值得注意。

其一，至元三年（一二六六）朝廷以原史天澤衛州五城分地，改賜蒙哥汗子玉龍答失。[4]這樣，蒙哥汗後王也在中原擁有了五戶絲食邑。

其二是對窩闊台系宗王南京（汴梁）一帶食邑所作的調整。

據《元史・食貨志三》蒙哥汗七年（一二五七）曾將原汴梁路在城戶分撥窩闊台諸子合丹、滅里、合失、闊出。所謂「汴梁路」，即金南京直轄地，原領歸德府和延、許、鄭、鈞、睢、蔡等二十州。所謂「在城戶」，可能是當地實有的漢族農耕民。如此，蒙哥汗七年原金南京直轄區的上述府州民戶大多封授窩闊台系四親王了。

至元二年（一二六五）忽必烈下令進行調整。具體做法是，「分四親王南京屬州，鄭州隸合丹，鈞州隸明里，睢州隸孛羅赤，蔡州隸海都」。四親王雖然各自得到了鄭州、鈞州、睢州、蔡州等處一千至五千餘戶的食邑，但四州以外的原南京所轄府州卻統統「復還朝廷」了。[5]這實在是一種眾建諸侯而削奪其力的妙策。

至元初罷黜漢世侯不久，忽必烈即在中原漢地著手調整與投下五戶絲食邑相關的路州建置。

其做法大致是，在元漢世侯轄區內，以較重要的諸王勳貴為單位，採取分設、新立、改置及維持原狀等方式，眾建路及直隸州，劃一食邑，盡可能使擁有較多封戶的諸王貴族獨占一路一州，或在該路占主導地位，盡可能減少同一路（州）內數投下封君領民紛雜交織的現象。

具體情況大致是，嚴實東平路轄區被分為濟寧、東昌、東平三路和高唐、冠州等七個直隸州，而般陽路、彰德路、衛輝路、廣平路、順德路、懷孟路、河南府路等，又是從某些路州中割劃、合併而來的新路（州）。益都路、濟南路、真定路、大名路、河間路等又屬於路的名稱未變，實際轄區則因投下封民所在發生劃割改屬等變動的「改置」路。

上述依投下食邑所在置路州的做法，既是對投下封君的懷柔，也有利於朝廷加強對投下食邑的管轄。

此舉使投下封君的中原五戶絲封民集團多半獲得了路或直隸州一級的較獨立行政建置。按照慣例，新設置的路總管府「言可以專達，事可以專決」。[6]即使是投下直隸州，也可以享受路一級直接向中書省或行省稟報請示的權力。[7]在五戶絲徵集、達魯花赤委派及其品秩等方面，也給投下封君及部屬帶來諸多便利。還可以減少多個投下封君同居一路時彼此間的摩擦。故不失為對投下封君的優撫。

另一方面，由於食邑置路州與投下食邑封民集團併入所隸州城的措施同步而行，[8]於是，原先某些「一道細分」各自為政的投下總管府等，也可以併入所在路總管府，[9]納入國家的官僚體系。有學者認為，路總管府的設立，意味著國家機關對諸王介入食邑的私人權力的一種吸收。[10]此說很有見地。投下食邑路州在行政上均直隸中書省或行省，投下食邑達魯花赤自然也可以與朝廷中書省保持較多的隸屬關係了。這對朝廷加強對投下食邑的管轄也是有裨益的。

另，對兀魯思領地和五戶絲食邑以外的投下私屬，忽必烈根據不同情況予以區別對待：諸王駙馬位下的私屬，多以總管府、都總管府及萬戶府等形式進行編制，仍維持其自行設官、獨立管轄的特權；一般功臣投下私屬，或籍還朝廷，或改造為五戶絲食邑戶。[11]

王爵印章封授的制度化

蒙古國時期，宗王多不講究漢地式的封爵禮儀，不追求頭銜，而且遵循成吉思汗不許宗王帶榮號頭銜的祖訓，「位號無稱，惟視印章，以為輕重」。[12]印章鐫文一般直書與大汗的兄弟子侄等親緣關係。王號爵名較早在木華黎、按陳、鎮國等功臣貴戚頭上出現。不用說，這是來自漢地封爵的影響和滲透。與此同時，按只台、木華黎、怯台受賜金印，按陳賜銀印的等級差別隨之產生了。這可以稱為以印章視諸王封君等級制度的濫觴。當然，此時的印章等級制度還很不完善，仍有個別宗王與大汗一樣使用「玉寶」，而且一開始就是蒙古原有的賜印章慣例與漢地「國王」、「郡王」等位號的偶然拼合。

諸王六等印章封爵制度，大約是在忽必烈朝確立的。

中統初，忽必烈命令中書省官員「討論古今諸侯王印制」，[13]將上述蒙古諸王印章等級慣例與宋遼金王爵等級制度相糅合，規定了一套新的印章等級制度。

關於此制的基本條文，未見朝廷宣告頒布。然而，人們注意到前四汗時期諸王印章大抵只分金印、銀印，而未出現《元史．諸王表》中的六個等級。相反，終忽必烈朝所封諸王印章卻囊括了金印獸紐、金印螭紐、金印駝紐、金鍍銀印駝紐、金鍍銀印龜紐、銀印龜紐六個等級。因此，諸王六等印章封爵制最遲在忽必烈朝確立的說法，大體不錯。

忽必烈是根據血緣親疏嫡庶身分的宗法原則和對元廷的恭順抗逆等，分授不同等級的印章王爵的。

忽必烈一朝，共封印章王爵三十七位（包括晉封）。其中，忽必烈子孫約占三分之一。而且，除內屬國高麗王外，惟忽必烈的兩名嫡子、一名嫡長孫、一名嫡曾孫得賜第一等金印獸紐。由於金印獸紐王號中的國邑僅一字，後來還因之形成了「非親王不得加一字之封」的定制。[14]第二等、第三等印章，除封賜忽必烈兩名嫡子、兩名庶子外，還給授擁戴忽必烈時立有殊勳的東道諸王移相哥、爪都和皇侄昔里吉、玉龍答失、昌童等。當然，在近親、擁戴者獲得高等印章王爵的同時，忽必烈也注意了對各宗支首領人物的封授。例如，闊列堅後王兀魯帶、拜答寒、闊端孫也速不花、禾忽子禿魯、阿只吉弟帖木兒不花等，都在第三、第四、第五等中占有自己的位置。至於第六等印章，當時主要是封授駙馬郡王的，也雜有少量宗王。

忽必烈朝對一般功臣（尤其是漢族功臣），只封國公，不封王爵。如張柔封蔡國公，董俊封趙國公，張榮封濟南公。這既是受漢地非同姓者不王傾向的影響，也表明漢族功臣所受待遇不能與「國人」同日而語。

在所封三十七位王爵中，大部分授爵賜印者被加上漢地式的國邑王號。所加國邑王號，或取春秋以後大諸侯國名，如燕王、秦王、梁王、晉王；或依中原封邑路州名，如濟南王、河間王、廣寧王、濟寧郡王；或依出鎮屯戍方位，如安西王、北安王、鎮南王、西平王、雲南王、南平王、鎮東王等。三者依據各異，但在效法漢地傳統王爵名稱方面又是相同的。此外，仍有少數宗王駙馬惟授印章，未加國邑王號。包括移相哥、也速不花、玉龍答失等持二、三等印章者。

忽必烈還改革蒙古國時期宗王印文印質與皇帝至上原則不適合的部分。至元二十四年（一二八七）十月，尚書省平章桑哥奏言：諸王勝納合兒印文為「皇侄貴宗之寶」，非人臣所宜用，應根據其食邑改為「濟南王印」。忽必烈立即予以批准。[15]「皇侄貴宗之寶」的印文，直書與大汗的親屬關係，主要表示皇族中的叔侄輩分和長幼，很難反映大汗與宗王的君臣關係。而且，它所表示的上述輩分長幼，只適用於成吉思汗和按只台的關係。時過境遷，反而使新汗與宗王間的關係變得模糊不清了。忽必烈本來比成吉思汗曾孫輩的勝納合兒輩分高，但因後者持有「皇侄貴宗之寶」，儼然成吉思汗親侄，無形中在家族輩分方面反居忽必烈之上。忽必烈將其印章改為「濟南王印」後，勝納合兒在名分上就隨之成為偏守一隅的藩王了。由於新印文明書「ＸＸ王」，宗王與皇帝的君臣名分也顯而易見。

在此以前，元廷還趁封皇侄昌童為永寧王的機會，改木哥大王原持「玉寶」為金印。[16]這樣，宗王印章遂一律改用金銀印，而不再持有大汗玉璽式的玉質印章了。

凡獲印章王號，「位次裡委付來的」，稱「大大王」。未獲印章王號者，則稱「小大王」。「大大王」有權享受系帶祗候扈從等禮遇。[17]通常，每一宗王駙馬支系，忽必烈只封有印章王號者一人，作為該位下的家長和首領。至元二十四年（一二八七），安西王阿難答和其弟按檀不花各襲其父的安西王印和秦王印，後者即被元廷收回。[18]可見，忽必烈朝不允許一藩二印的現象存在。

皇子宗王出鎮總兵

早在蒙哥汗初年，忽必烈和旭烈兀就曾以皇弟身分奉命代表大汗總督漠南、波斯，且與燕京、阿母河等處行尚書省分理軍民。皇弟諸王總督方面軍事，對蒙廷的軍事征伐，對確保拖雷系在黃金家族中的統治地位，對蒙廷有效的控制漠南等三大直轄區，均發揮了一定作用。而且，它又是忽必烈朝宗王出鎮制度的先聲。

元朝建立以後，忽必烈政權與西北叛王的軍事對抗日益加劇，南方被征服地區的反抗又連綿起伏。針對上述嚴峻形勢，忽必烈接受漢族臣僚郝經、劉好禮、王惲等建議，相繼封諸皇子為王，出鎮西北、西南一帶。這就是皇子北平王那木罕、皇子寧遠王闊闊出及皇孫甘麻剌、鐵穆耳出鎮漠北，皇子安西王忙哥剌鎮京兆，皇子西平王奧魯赤鎮吐蕃，皇子雲南王忽哥赤鎮雲南，皇子愛牙赤、宗王阿只吉、朮伯鎮河西。皇子鎮南王脫歡先總兵征交趾，兵敗受貶，遂由鄂州移鎮揚州。以上皇子及宗王的出鎮，從漠北—西北—西南—江淮，構成了一個半圓形的軍事防禦線，以藩屏朝廷。

馬可波羅曾說：

> 他（忽必烈）四位正妻生的兒子中，有七個是大省或大國的君主。他們一齊把他們的領域統治的很好。他們都像很聰明很賢良的人。19

馬可波羅說的七皇子分鎮「大省或大國」，非常準確。前述那木罕、忙哥剌、奧魯赤、忽哥赤、愛牙赤、脫歡、闊闊出，恰恰是七人。只是前述七皇子並非都是正妻所生，這一點馬可波羅所言稍有誤差。

這些鎮邊的皇子及宗王，大多領受與該地方位相應的王號印章，如安西王、北平王、西平王、雲南王、鎮南王等。起初他們或設王相府總攬軍民，或以王府官兼行六部，具有較強的獨立性。特別是安西王忙哥剌、北平王那木罕均係皇嫡子，他倆的許可權和轄地範圍，又明顯超過其他庶出皇子。可見，忽必烈朝初期的皇子封藩，對蒙古宗王兀魯思分封的形式和內容，多所沿襲。其直接用意卻主要是代表朝廷鎮戍一方，以對抗西北叛王和鎮遏南方民眾。

然而，元廷中央集權政治與宗藩分封舊制本身就是矛盾的。幾年後，在藩皇子連續發生嚴重問題。至元八年（一二七一），雲南王忽哥赤被都元帥寶合丁等毒殺。不久，北平王那木罕在阿里麻里前線被俘。安西王忙哥剌死後，其王妃等又擅殺王相趙炳。[20] 這些事件意味著皇子封藩並未收到控馭邊徼和藩屏朝廷的預期效果，反而給中央集權政治帶來一些麻煩。至元十三年（一二七六）以後，忽必烈從鞏固中央集權的目標出發，對包括皇子在內的諸王普遍削奪事權，主要措施有：遍置行省兼轄投下分地，肢解東道諸王兀魯思和只必帖木兒兀魯思領民，立都萬戶府編組各投下簽起的軍隊等。[21]

經過削奪事權，皇子安西王等的各種權益發生了顯著的變化。

史書記載，安西王忙哥剌封藩關中的轄地有兩部分：一是他從乃父忽必烈處繼承的京兆分地，亦即京兆路八州十二縣；二是他「教令之加」的今陝西、四川、甘肅、寧夏等地。前者是他的分地，後者歸他控御而非其賜土。但由於忙哥剌出鎮之初中興行省（甘肅行省前身）、川陝行省即被廢罷，故安西王忙哥剌在其控御區內獲得了「承制」治軍、命官、司法、徵稅等多方面權力。這種情況下，安西王忙哥剌控御的秦蜀夏隴，與他屬下的京兆分地雖然有名分之別，但權力所及，幾同封土。

至元十七年（一二八〇年，忙哥剌死後第二年），忽必烈下令廢罷了安西王相府，恢復了陝西、四川、甘肅三行省。[22]

至元二十年（一二八三）左右，朝廷又以治書侍御史杜思敬擔任安西路（京兆路）總管，原四川行省左右司郎中呂惑先後調任順慶路同知和華州知州。[23]表明安西王控禦區的各級官員此時已陸續由朝廷委派的流官擔任。《史集》也說：成宗鐵穆耳初年，安西王鎮戍區內「合罕朝臣擔任課稅長官，他們按照朝廷命令，供應安西王之需」。[24]

世祖末到成宗初，朝廷又閱實安西三道軍籍，並設陝西蒙古軍都萬戶府轄制陝甘蒙古軍。[25]還建立了陝西等路諸站總管府，管理境內站赤。[26]

所以，成宗鐵穆耳說：「賦稅軍站，皆朝廷所司」，「置王相府，惟行王傅事。」[27]經至元中期的普遍削藩，安西王等出鎮皇子的權力已大大削弱了。

北平王、寧遠王、雲南王等也發生了類似的變化。如北平王、寧遠王位下部分軍隊被編入軍籍。[28]曾以王府官兼行六部的雲南王鎮戍區，至元十一年（一二七四）起改由行省兼領軍民，宗王斷事官參議行省事，政事一聽行省平章賽典赤所為。[29]儘管削藩對各鎮戍區的影響強弱不同，但至元十七年左右忽必烈諸皇子鎮戍區陸續恢復或設置了行中書省並由其管理軍事行政庶務，卻是不爭的事實。

忽必烈所確立的宗王出鎮，是蒙古分封制適應加強中央集權和內外軍事鎮戍等需要，較多融會漢地官僚政治成分而發展變化來的。如果說蒙古宗室分封曾經是封地屬民領有、治理權和王位世襲三者的有機統一，那麼，忽必烈朝開始的宗王出鎮恰表現出如下三個基本特徵：其一，宗王駕臨鎮戍區，代表皇帝執行軍事鎮戍等權力和任務，鎮戍區及百姓為宗王控御而非其所有；其二，宗王在鎮戍區的主要許可權是鎮戍征伐，監督軍政，同時賦稅軍站庶務實權多被行省等官執掌，「鎮之以親王，使重臣治其事」，[30]就是這個意思。其三，部分世襲罔替，部分臨時指派，世襲非世襲兼行，是出鎮宗王的委任慣例。

忽必烈諸皇子受封出鎮總兵中，較顯赫和較有代表性的應屬安西王忙哥剌。

忙哥剌最初見於正史的記錄，大抵是至元四年（一二六七）三月與真金、那木罕、忽哥赤三皇子一併受賜白銀三萬兩，平均每人七千兩以上，數目可觀。

至元九年（一二七二）十月封安西王，賜第二等螭紐金印，以忽必烈藩府食邑京兆路及開成路為分地，駐兵六盤山。[31]

明年，置安西王相府，以樞密副使商挺、參知政事李德輝為王相。商、李二人都是忽必烈藩邸舊臣。其中，李德輝是應忙哥剌的請求而委任的。赴任前，忽必烈囑咐商挺：「王年少，河迤西盡以委卿。」

王相商挺到任後，曾向忙哥剌進獻十策：睦親鄰、安人心、敬民時、備不虞、厚民生、一事權、清心源、謹自治、固本根、察下情。忙哥剌或許只能懂得所獻十策的大概要領，他還是置酒款待商挺，表示嘉納。另一名王相李德輝則視察涇水附近的營牧故地，利用數千頃荒地，舉辦屯田，招募貧民二千家，官給耕牛、種子和田具，起廬舍，修溝渠，每歲收入最多可得粟麥十萬石，芻藁一百萬束。[32]

翌年，忙哥剌進封秦王，賜第一等金印獸紐，成為皇子中繼燕王真金之後另一位封一字王的。後又改王相府銅印為銀印。

在長安城外滻水之西，忙哥剌建造起方圓四十里的兵營，「毳殿中峙，衛士環列」，車帳相連，包原絡野，外豎牙門，十分威嚴。[33] 忽必烈特意命令京兆路總管兼府尹趙炳在以上兵營的基礎上替忙哥剌建造宮室。

關於忙哥剌在京兆的王宮，馬可波羅饒有興趣地記錄道：

騎馬走八天後，我們到京兆府大城。這城實在是大而好看，是京兆府國的都城……但現在這地君主名忙哥剌，是大可汗之子。他父親把這國封給他，命他做這國的王……城外有忙哥剌王的宮，宮很華麗。我就要告訴你們了，宮在一個大平原上。到處有川河湖沼源泉。宮的前面有一很厚很高的牆，周圍五邁耳。建築極佳，並設的銃眼。牆裡有許多野獸飛禽，牆圍之中央即王宮。宮很大並很華麗，比這再好的是沒有了。宮裡有許多偉壯的殿，同美麗的房屋。到處皆油漆繪畫，用金葉、蔚藍和無數的大理石來裝飾。忙哥剌治國賢明，公平無私，人民很愛戴他。宮的四周有兵駐防。野禽野獸給他們許多娛樂。[34]

考古資料進一步說明，安西王宮城在今西安城東北約三公里，東距滻河約二公里。宮城為長方形，周長二千二百八十二公尺，城有東、西、南三門，南門為正門，寬度相當於東門、西門的二倍。城的四角呈半圓形，可能有角樓之類的建築。宮城中央是規模宏大的夯土台基，上面散落著大量磚瓦和琉璃瓦，這顯然是宮殿遺址。[35]

忙哥剌受封初期，忽必烈賦予他的權力是很大的。他的教令可以施行於隴、涼、蜀、羌等廣闊地域，這些地區的諸王、地方官及少數族首領，都要服從其號令，向其進貢。軍旅振治、爵賞予奪和刑罰寬猛，可以承制行事；其餘商賈之征、農畝之賦、山澤之產和鹽鐵榷稅，可以不入有司，全歸安西王支配。又改長安為安西路，六盤山為開成路，夏駐六盤山，冬駐京兆。此二路賦稅，皆聽王相府使用。不足部分，由朝廷補充供給，朝廷每年負擔數甚至多達一百三十萬貫。[36]至元十二年（一二七五）三月，忽必烈一次就賞賜安西王忙哥剌幣帛八千匹，絲萬斤。[37]據初步研究，上述地區屬安西王忙哥剌節制的軍隊大約有十萬左右。[38]來自這些地區的賦稅和朝廷賞賜，估計主要用於供養此十萬軍隊。

在元軍最後攻略四川的軍事行動中，安西王及其所轄軍隊發揮了一定的作用。

至元十三年（一二七六），安西王忙哥剌派遣使者把戍守嘉定城的管軍萬戶劉恩從前線召回六盤山，問劉：「江南已平，四川未下奈何？」劉恩回答：「若以重臣之不徇私者奉詔督責之，則半年可下矣。」忙哥剌採用劉恩的意見，立即派劉恩和王府僚朮兒赤乘驛站進京奏聞，忽必烈深以為然。於是，命令丞相不花等行樞密院於西川，統一指揮四川的戰事。到至元十五年（一二七八），終於迫使重慶和夔州二城宋軍歸降。

另外，至元十三年十一月安西王所部軍在四川前線攻克萬州。[39]南宋已亡，重慶及合州仍拒守不降。元廷委任安西王相李德輝兼任西川樞密院副使。除督運軍糧外，李德輝在招諭合州守將王立投降，減少殺戮和最終平定四川方面，出力頗多。[40]

南宋滅亡後，安西王軍事使命的重心，又很快轉向防禦西北叛王。至元十四年（一二七七）諸王昔里吉叛亂並鏖軍東擾漠北，忙哥剌曾率兵北征，從側翼配合元軍對昔里吉叛軍攻防。至元十六年（一二七九）元廷調四川蒙古軍七千、新附軍三千隸安西王忙哥剌，[41]也是為了加強北線的防禦。

在忙哥剌北征期間，屯駐在六盤山的宗王土魯乘機叛亂。新任安西王相趙炳及別速帶、汪惟正率安西王兵、汪總帥兵等前往討伐，生擒土魯。忙哥剌返回後，排宴慶賀，重賞趙炳、汪惟正等，安西王妃特意為汪惟正之母縫製珠絡帽衣以賞汪惟正軍功。[42]

安西王忙哥剌還喜納忠言，善於撫治部民。

封藩之初，有的王府官吏兵卒橫暴擾民，京兆路總管趙炳請求忙哥剌繩之以法。忙哥剌命令：「後若犯者，勿復啟，請若自處之。」於是，豪猾畏懼斂跡，民眾以安。

忽必烈曾頒聖旨以河東解州鹽賦給安西王府經費。但解州鹽賦逋負甚多，歲久累積二十餘萬緡，官府追理，僅獲三分之一，民不堪命。趙炳秘密啟稟忙哥剌：十年之逋欠，責償於一日，誰能承受！與其橫斂病民，不如惠澤加於民。忙哥剌採納了他的意見，立即下令免掉了追徵。而後，忽必烈命令以京兆路一年賦稅充當安西王北征軍費，忙哥剌又接受趙炳的建議，予以寬貸，得到關中百姓的歡迎。

忙哥剌曾命令：「關中事有不便者，可悉更張之」，另一位王相李德輝即著手簡約侍衛以裁浮費，去不急土木以舒民力，升秩留用關輔賢士。

難怪馬可波羅也說：「忙哥剌治國賢明，公平無私，人民很愛戴他。」[43]

至元十五年（一二七八）一月，忙哥剌逝世。不久，又發生了王相趙炳被殺事件。此事引起忽必烈的震怒。

趙炳，惠州灤陽（今河北遷西西北）人，少年入侍忽必烈藩邸，初任撫州長官，中統元年（一二六〇）任北京等路宣撫副使，歷任中書省斷事官、樞密院斷事官、濟南路總管、遼東提刑按察使、京兆路總管等職。趙炳素來「執法忠君」，剛直不阿，忽必烈對他的評價是「炳用法太峻，然非徇情者」。

至元十四年（一二七七）趙炳擔任安西王相不久，即與轉運使郭琮及郎中郭叔雲發生矛盾。忙哥剌死後，忽必烈在便殿召見趙炳，撫慰道：「卿去數載，衰白若此，關中事煩可知已。」又問及民間利病，趙炳奏告轉運使郭琮及郎中郭叔雲竊弄威柄，恣為不法。忽必烈聽罷，立刻起身說：「聞卿斯言，使老者增健。」隨即賞賜宮廷馬奶酒。還給趙炳升秩中奉大夫，命他掌管陝西四川課程屯田事，偕使者數人乘驛前往按問郭琮及郭叔雲等。

沒料到，郭琮攛掇安西王妃以令旨逮繫趙炳及其妻室兒子，囚禁於平涼北崆峒山。趙炳子趙仁榮向忽必烈投訴，忽必烈立即命令兩名近侍乘驛西去解救趙炳。郭琮用酒灌醉兩名奉使的近侍，先派人把趙炳毒死在崆峒山獄中。

忽必烈聞訊，撫髀歎息道：「失我良臣！」於是，下令將郭琮、郭叔雲及王相、商挺等一百餘人押至京師，親加審訊。最後，殺掉了郭琮和郭叔雲。

忽必烈對安西王府及王相擅自殺害趙炳，大為惱火，一度把王相、商挺逮捕下獄，還憤憤地說：「商孟卿，老書生，可與諸儒讞其罪。」吏部尚書青陽夢炎請求以議勳補其過，忽必烈則指斥其同類相助。後來，忽必烈又向符寶郎、近侍董文忠詢問事情真相，得悉「殺人之謀，商孟卿不預」，才釋放了商挺。不過，忽必烈還降下聖旨：商孟卿不可完全無罪釋放，須籍沒其家產。[44]

忽必烈還高度重視忙哥剌死後的王位繼承。忙哥剌死後，安西王妃讓王相、商挺奏請以王子阿難答嗣王位。忽必烈回答：「年少，祖宗之訓未習，卿姑行王相府事。」直到至元二十四年（一二八七）十一月忽必烈才正式頒詔阿難答承襲安西王，同時又因丞相桑哥一藩不得持二印的奏言，收回阿難答弟按攤不花所持秦王印，又罷其位下王傅。[45]

由於前述一系列改革，嗣安西王阿難答就不再有乃父昔日的赫然權勢了。

出鎮各地的皇子還有北平王那木罕、寧遠王闊闊出、雲南王忽哥赤、西平王奧魯赤、鎮南王脫歡等。他們的情況分別在第十二章第二節、第八章第四節、第五節、第十三章第二節有所敘述，茲不贅。

註釋

1 參閱拙作《元代分封制度研究》第二章，天津古籍出版社，一九九二年。

2 《元史》卷九五〈食貨志三·歲賜〉；《元典章》卷二四〈戶部·投下稅·投下稅糧許折鈔〉。

3 《元史》卷一二〈世祖紀九〉至元二十年正月。

4 《衛輝府志》卷四五，王公孺〈衛輝路廟學興建記〉，乾隆五十三年本。

5 《元史》卷六〈世祖紀三〉至元二年閏五月丁卯，卷九五〈食貨志三·歲賜〉。

6 《新纂雲南通志》卷九三，歐陽玄〈升姚安路記〉。

7 《元典章》卷四二〈刑部四·殺親屬·打死男婦〉。

8 《元史》卷六〈世祖紀三〉至元二年閏五月丁卯。

9 《元史》卷一五〈世祖紀十二〉至元二十五年四月辛酉。

10 海老澤哲雄〈元代食邑制度的成立〉，《歷史教育》第九卷七號，一九六一年。

11 參閱拙作《元代分封制度研究》第四章，天津古籍出版社，一九九二年。

12 《元史》卷一〇八〈諸王表〉。

13 《秋澗集》卷八一〈中堂事記〉（中）中統二年五月九日。

14 《元史》卷一三六〈哈剌哈孫傳〉。

15 《元史》卷一四〈世祖紀十一〉。

16 《秋澗集》卷八一〈中堂事記〉（中）中統二年五月九日。

17《元典章》卷二九〈禮部二・服色・校尉帶〉。

18《元史》卷一四〈世祖紀十一〉至元二十四年十一月丁酉。

19《馬哥孛羅遊記》張星烺譯本，頁一五一，商務印書館，一九三六年。

20《元朝名臣事略》卷一一〈參政商文定公〉。

21參閱拙稿〈忽必烈削弱宗藩加強中央集權〉，《南開大學學報》一九八五年三期。

22《元史》卷八〈世祖紀五〉至元十年三月癸酉、四月辛丑，卷一一〈世祖紀八〉至元十七年六月丁丑、七月己酉，卷九一〈百官志七〉行中書省。

23《元史》卷一五一〈杜豐傳〉，卷一六七〈呂惑傳〉。

24俄譯本第二卷，頁二〇九。

25《元史》卷一六〈世祖紀十三〉至元二十七年十二月甲申、至元二十八年九月戊午，卷一九〈成宗紀二〉大德二年十月壬戌。

26《元史》卷一四〈世祖紀十一〉至元二十三年六月丁巳。

27《元史》卷一九〈成宗紀二〉元貞二年正月丙戌。

28《通制條格》第二卷〈以籍為定〉大德三年六月初十樞密院奏。

29《元史》卷一二五〈賽典赤・贍思丁傳〉。

30《道園學古錄》卷五〈送文子方之雲南序〉。

31《元史》卷六〈世祖紀三〉，卷七〈世祖紀四〉。

32《元朝名臣事略》卷一一〈左丞李忠宣公〉、〈參政商文定公〉。

33《牧庵集》卷一〇〈延釐寺碑〉。

34《元史》卷一六三〈趙炳傳〉；張星烺《馬哥孛羅遊記》，頁二二五，商務印書館。

35馬得志〈西安元代安西王府勘查記〉，《考古》一九六〇年第五期。

36《牧庵集》卷一〇〈延釐寺碑〉。

37《元史》卷八〈世祖紀五〉。

38王宗維《元代安西王及其與伊斯蘭教的關係》，頁七五，蘭州大學出版社，一九九三年。

39《元史》卷九〈世祖紀六〉。

40《元朝名臣事略》卷一一〈左丞李忠宣公〉。

41《元史》卷九九〈兵志二・鎮戍〉。

42《元史》卷一六三〈趙炳傳〉，卷一五五〈汪惟正傳〉，卷一三五〈月舉連赤海牙傳〉。

43《元史》卷一六三〈趙炳傳〉，卷一五九〈商挺傳〉；《元朝名臣事略》卷一一〈左丞李忠宣公〉；張星烺《馬哥孛羅遊記》，頁二二五，商務印書館。

44《元史》卷一六三〈趙炳傳〉，卷一五九〈商挺傳〉；《元朝名臣事略》卷一一〈參政商文定公〉。

45《元史》卷一四〈世祖紀十一〉，卷一五九〈商挺傳〉，卷二〇五〈桑哥傳〉。

第十二章　蕭牆叛王禍　朔漠御駕征

海都稱雄西北與塔剌思會議

一、海都舉兵

海都是窩闊台嫡孫、合失之子。據說，幼年的海都是在成吉思汗的帳殿（斡耳朵）裡長大的。[1] 蒙哥汗即位時，海都沒有參與失烈門等人反對蒙哥的謀叛活動。在蒙哥汗對窩闊台子孫分割給授本兀魯思領地之際，海都也曾得到海押立一帶的分地。但他對窩闊台系失去汗位始終耿耿於懷，曾經長期拘留蒙哥汗派遣的使者石天麟，不予放還。[2]

蒙哥汗死後，忽必烈與阿里不哥兩兄弟因爭奪汗位同室操戈。海都看到了重整編旗鼓的機會，於是很快加入阿里不哥陣營，支持阿里不哥攫取汗位，與忽必烈對抗。

最初，海都的勢力並不大，所糾集的部眾僅僅二、三千人。而當阿里不哥麾兵擊敗察合台兀魯思君主阿魯忽和窩闊台兀魯思君主禾忽之際，窩闊台兀魯思內部發生變化，海都趁機取代禾忽做了該兀魯思君主。

阿里不哥兵敗南歸後，海都依然不肯臣服，不肯聽從大汗忽必烈的號令。儘管忽必烈對海都十分寬厚。即汗位之初，忽必烈也曾賞賜海都白銀八百三十三兩，文綺五十匹，與只必帖木兒待遇相同。至元二年（一二六五）閏五月，忽必烈又將汴梁路屬州蔡州分撥給海都為五戶絲食邑。

還一度賜予海都若干金銀牌符。[3]

忽必烈曾派遣使者召海都和他的親族出席忽里台貴族會議。忽必烈讓使者傳達說：「其他宗王們全都在這裡，你們為何遲遲不來？我衷心希望當面會晤，我們一起把一切事情都商議好後，你們將獲得各種恩典返回去。」海都連續三年拒絕赴會，托詞為：「我們的牲畜瘦了，等養肥之後，我就遵命前來。」他還利用路途遙遠和元軍征伐南宋，擴張自己的地盤和軍隊，繼續與忽必烈為敵。[4]

海都看到，窩闊台兀魯思在阿母河一帶的直接競爭對手是察合台兀魯思，主要打擊對象又是察合台兀魯思背後的新大汗忽必烈。

據說，忽必烈即汗位後，曾派一支軍隊前往阿母河岸控制這一地區的交通線，還派使臣到不花剌城清查戶口。[5]察合台兀魯思的君主阿魯忽、八剌又因支持大汗忽必烈而獲得了東自阿爾泰山、西到阿母河的防守權，並容許在該地擴張領地和實力。恰在這時，朮赤兀魯思和察合台兀魯思為爭奪訛打剌等地發生嚴重衝突。於是，海都果斷決定和朮赤兀魯思結成聯盟，合力對付察合台兀魯思及其背後的大汗忽必烈。對海都而言，這也是在大汗忽必烈無力西顧和成吉思汗諸子兀魯思並立西域的複雜情勢下，壯大自己的最好辦法。

一二六四年，察合台兀魯思君主阿魯忽去世，木八剌沙繼任兀魯思君主。忽必烈又派遣察合台系的另一位宗王八剌回來與木八剌沙共同執掌兀魯思。八剌憑藉長期供職於忽必烈處所取得的信任和自己的權謀，發動兵變，廢黜了木八剌沙，自己登上了君主寶座。然後遵照忽必烈汗的旨意，率兵攻打海都。

雙方在忽闌河（今錫爾河）畔作戰，海都先失利，後獲得朮赤兀魯思新君主蒙哥帖木兒所遣別兒哥察兒五萬軍隊的援助，大敗八剌，迫使其向西退回阿母河以北的地區。6

二、塔剌思反元聯盟

海都在軍事上取得勝利的情勢下，預感到八剌必定要在河中最富庶的撒麻耳干和不花剌二城大肆搜刮，籌集軍資。而這二城的居民當時分屬於朮赤系和拖雷系，察合台系和窩闊台系都沒有領屬民份額。為防止八剌造成強行獨霸河中撒麻耳干和不花剌二城利益的事實，海都積極宣導與八剌議和。他的意見得到朮赤系宗王和窩闊台後王欽察等人的支持。欽察還自告奮勇，充當說服八剌的使者。

八剌鑑於自己的領地勢力範圍狹小和兵敗後的不利形勢，果然接受海都的意見，而將忽必烈汗命令他與海都對抗的旨意完全拋在腦後。

一二六九年春，海都、八剌和朮赤兀魯思君主蒙哥帖木兒的代表別兒哥察兒三方在塔剌思草原舉行了八天聚會。這就是有名的塔剌思會議。

這次聚會議定：三方的軍隊遠離阿母河以北的農耕區，移駐於草原或山區；三方分享阿母河以北地區（河中地區）的賦稅，八剌享有三分之二，海都和蒙哥帖木兒享有其餘三分之一；與會三方諸王還盟誓約定互不再戰。7

塔剌思會議是一次沒有大汗忽必烈參加和同意的西北諸王瓜分河中的行動，重新劃分了海都、八剌和蒙哥帖木兒三方在中亞的勢力範圍，排擠或否定了大汗在該地區的實際權威和利益。這次會議意味著蒙古帝國事實上分裂為若干相對獨立的小汗國，而忽必烈汗則開始被他們視作黃金家族的總代表和名義上的共主。

可以說，海都應是這次會議的最大贏家，他不僅成功地把和朮赤後王的聯盟擴大到察合台系，而且讓與會三方諸王一致將矛頭對準了拖雷系及忽必烈。這樣，海都在西北諸王與忽必烈對抗陣營中的領袖地位得以確立，為今後海都成為河中、突厥斯坦的霸主，成為忽必烈大汗最有力的挑戰者鋪平了道路。[8]

針對這種情況，忽必烈云：「朕以宗室之情，惟當懷之以德，其擇謹密足任大事者往使焉。」經過朝臣舉薦和忽必烈親自召見揀選，選定朮赤位下王府宿衛鐵連為大汗使者，多次派遣鐵連出使朮赤兀魯思君主蒙哥帖木兒處，傳達忽必烈的諭旨，希望取得他的支持。但是效果並不理想。蒙哥帖木兒雖作過：「祖宗有訓，叛者人得誅之。如通好不從，舉師以行天罰，我即外應掩襲，剿絕不難矣」[9]之類的許諾，但只是表面上順從的搪塞之辭，並沒有真正放棄與海都結盟的立場。海都「兵繁而銳」[10]和忽必烈汗在阿母河一帶失控的局面，遲遲未能改變。

大約在塔剌思會議以後，海都等西北藩王曾派遣使者質問忽必烈：「本朝舊俗與漢法異，今留漢地，建都邑城郭，儀文制度，遵用漢法，其故何如？」忽必烈也曾選派西夏人高智耀予以「報聘」答覆，不幸的是，高智耀臨行前突然病逝於上都，「報聘」之行未果。[11]上述質問，進一步顯示出海都為代表的西北藩王與忽必烈在政治法度上的分道揚鑣。

昔里吉叛亂

一、那木罕總兵阿力麻里

海都與元朝方面的軍事衝突，是從至元五年（一二六八）開始的。當時，海都率兵自阿力麻里東攻依附於蒙哥之子玉龍答失的納鄰部，忽必烈則派遣皇子北平王那木罕帶領左右翼諸王前往北庭征討，擊退了那裡的海都軍隊。海都所部遠遁二千餘里。[12]

至元八年（一二七一），北平王那木罕所率大軍占據阿力麻里，並在那裡設置了對付海都的前線統帥部。

為了加強元軍在這一地區的軍事實力，忽必烈不斷向駐於阿力麻里的那木罕處運送軍馬等給養。至元十二年（一二七五）春，又命令中書省右丞相安童以行中書省、樞密院事，輔佐那木罕總兵阿力麻里。[13]

那木罕是忽必烈嫡幼子，察必皇后所生。他在諸皇子中地位較高，頗受忽必烈器重。早在至元三年（一二六六）六月，那木罕已受封北平王，賜第二等金印螭紐。就印章等級而言，那木罕僅次於其兄長燕王真金，而與另一位兄長安西王忙哥剌（忙哥剌當時未封秦王）相同。

依照蒙古幼子守灶習俗，那木罕的出鎮地被安排在漠北，負責「統領太祖四大斡耳朵及軍馬、達達國土」，[14]所肩負的出鎮總兵使命應該是諸皇子中最重要的。相應地，至元初年那木罕屢屢受賜的白銀、馬匹、牛、羊等，也動輒巨萬，為數甚夥。[15]忽必烈甚至一度想以那木罕為皇位繼承人。足見那木罕在忽必烈諸皇子中的顯赫地位。

當時，那木罕所率領的軍隊包含了左右翼諸王和眾多蒙古那顏，如蒙哥汗之子昔里吉、蒙哥汗之孫撒里蠻、阿里不哥之子玉木忽兒和明里帖木兒、歲哥都（拖雷庶子）之子脫黑帖木兒、撥綽（拖雷庶子）之孫牙忽都、斡赤斤之孫察剌忽、闊列堅之孫兀魯台等，蒙古那顏則以安童為長。那木罕及其兄弟闊闊出所統轄的忽必烈家族屬民則組成中軍。這些「諸王蕃衛之兵」，陣容強大，兵員豐富而充足，軍事實力較海都方面占絕對優勢。

在大軍西征之前，忽必烈先派朮赤投下官、平陽馬步站達魯花赤鐵連使於海都。後又派必闍赤長、宗正府札魯忽赤昔班到海都處傳達忽必烈的諭旨，命海都罷兵而設置驛站準備朝覲。海都看到元軍來勢洶洶，不好正面硬抗，只得口頭答應退軍置驛。《元史》等史料也留有至元十一年（一二七四）左右元朝方面在斡端、鴨兒看、沙州北一線設置十五個驛站的記載。16

安童丞相的軍隊已先行襲擊窩闊台後裔禾忽所部軍，盡獲其輜重。海都欲西逃以避元軍，臨行前，他對昔班說：我殺掉你並不難，念我父曾受書於你，姑且放你回去，以安童襲擊事奏聞忽必烈汗，不是我的罪過。昔班回京後如實奏聞，忽必烈稱讚昔班所奏的真實性。

第二年，昔班再次奉使海都，宣諭海都臣服入覲，且有：「苟不從我，爾能敵諸王蕃衛之兵乎」等語。海都此時已通過支持八剌之子篤哇為君主，基本控制了察合台兀魯思，勢力很大。但懾於元朝方面大兵壓境，只好用「畏死不敢」等辭敷衍。17

二、昔里吉等合謀兵變

出乎意料的是，由於安童分配給養不均和拖雷系宗王內部糾紛，居然在阿力麻里前線發生了昔里吉叛亂。

至元十二年（一二七五）夏，在一次河濱度夏的行獵中，歲哥都之子脫黑帖木兒和蒙哥汗之子昔里吉偶然相遇。他們密謀商議：忽必烈汗使我們和我們的父親受了多少侮辱，我們把那木罕和安童抓起來交給敵方吧！脫黑帖木兒還許諾事成之後擁戴昔里吉為大汗。他們還派人誘脅撥綽之孫牙忽都，未得逞。

翌年，軍將八魯渾等率兵叛逃，牙忽都奉那木罕之命攔截。昔里吉和脫黑帖木兒趁勢在一天夜裡突然發動兵變，拘捕元軍的統帥那木罕和他的兄弟闊闊出，送至朮赤兀魯思君主蒙哥帖木兒處。又拘捕安童丞相，送至海都處。

他們遣使對蒙哥帖木兒和海都說：「你們有大德於我們（按，海都等在阿里不哥與忽必烈爭奪汗位時支持前者），我們對此未忘，現將企圖攻打你們的忽必烈合罕的宗王和異密們送交給你們；咱們不要互相算計，要聯合起來打退敵人。」忙哥帖木兒和海都的答覆是：「我們很感謝你們，我們正希望你們這樣做，請留駐於原地，因為那裡水草很好。」[18]

這就是有名的昔里吉叛亂。

這次叛亂，來的十分突然，頃刻間使忽必烈在阿力麻里前線進攻海都的「諸王蓄衛之兵」土崩瓦解，「一軍皆沒」。[19]而且，多數蒙古諸王和士兵在昔里吉和脫黑帖木兒的率領下，倒向了海都等西北叛王陣營。

因為昔里吉、脫黑帖木兒等反叛者人多勢眾，情況複雜，他們和蒙哥帖木兒、海都的利益也未必完全一致，所以，海都只接納了被俘的安童，且授予官職。[20]他沒有把昔里吉等收攏過來，合兵一處，而是與其建立起一個反對忽必烈的政治和軍事聯盟。

海都等讓昔里吉叛軍「留駐於原地」的策略也是很奸猾的。這就等於讓昔里吉叛軍充當反對忽必烈政權的先鋒。而海都則可以退居二線，乘機鞏固在中亞的地盤和勢力，還可以坐觀拖雷後裔自相殘殺，兩敗俱傷，以收漁人之利。後來的事態發展證明：海都的策略是成功的。就結果而言，大部分都如願以償。

三、東犯和林及失敗

昔里吉和脫黑帖木兒反叛以後，大肆散布他們已和海都、忙哥帖木兒結盟併合兵攻打元朝軍隊的輿論，以壯聲勢。

至元十四年（一二七七），他們率兵東來，襲擊乞兒吉思地區，元軍方面的萬戶伯八戰死於謙州。[21]不久，昔里吉叛軍逼近和林，掠取祖宗大斡耳朵，震動漠北。

更嚴重的是，弘吉剌部只兒瓦台舉兵響應。只兒瓦台是弘吉剌部駙馬、萬戶斡羅陳之弟，他的反叛不僅裹脅並殺害兄長斡羅陳，還一度圍攻弘吉剌部夏營地應昌府，忽必烈之女囊加真公主也被圍困。

應昌處於上都與漠北之間的帖里干驛道上，距上都約二百里，是上都的北邊門戶和漠南、漠北間的軍需轉運站。只兒瓦台在應昌策應叛亂，對元廷統治中心上都和大都無疑構成了嚴重的軍事政治威脅。

二月，忽必烈命令中書省右丞別乞里迷失率領蒙古軍、漢軍等迅速北上援救，全力打擊這支來自忽必烈麾下蒙古軍團內部的叛變。諸王徹徹都、兀魯兀部脫歡、忙兀部博羅歡、札剌亦兒部脫歡、欽察人土土哈和苫徹拔都兒、阿速千戶玉哇失及伯答兒、中衛親軍總管移剌元臣、高麗人洪茶丘等均率兵參加了平定只兒瓦台的軍事行動。足見，只兒瓦台與昔里吉的裡應外合，對元朝廷威脅甚大，忽必烈為之深惡痛絕，幾乎是傾全力迅速平息。

事後，忽必烈下令：「賞甕吉剌所部力戰軍，人五十兩，死事者人百兩，給其家。」[22]此次受賞賜者，人均白銀量頗多，表明忽必烈甚為重視只兒瓦台叛亂中弘吉剌部眾的背向，所以，給予忠於元廷的弘吉剌部眾特殊的眷顧和酬答。

此後三、四年，應囊加真公主的請求，忽必烈命令後衛侍衛親軍副指揮使移剌元臣率所部長期鎮守應昌城，以備不虞。[23]

忽必烈又將平宋主帥伯顏緊急調往漠北，率大軍在禿兀剌河、斡耳寒河一帶擊敗脫黑帖木兒、玉木忽兒的軍隊，昔里吉等率眾西逃。元軍追還了被掠的祖宗大斡耳朵和那木罕所部屬民。[24]在元軍將領別乞里迷失等強有力攻勢下，昔里吉和脫黑帖木兒於至元十五年（一二七八）初率軍逃往也兒的失河，襲擊了那裡的八鄰部屬地。

忽必烈覺察到，在征討叛王時蒙古軍因親族關係往往作戰不利，於是，他一方面較多投入土土哈等欽察兵員，一方面特意命令漢軍都元帥劉國傑和左衛親軍都指揮使賈忙古歹率領左、中、右三衛侍衛親軍精兵萬人戍守漠北，臨行，忽必烈囑咐劉國傑說：「征者不力，以其族屬懷顧望爾。卿號陳力，朕視卿如子，當如朕躬行。」且頒賜給劉國傑「山南安知山北事，不用命者，先斬後聞」的詔諭。同年十月，劉國傑等所率軍隊在和林之南的亦都山建起了一座名曰「宣威軍」的城堡，以為戍守的要塞。[25]隨著大批漢軍及色目軍調來戍守，元朝方面重新控制了漠北地區的局勢。

至元十六年（一二七九）和十七年（一二八〇），脫黑帖木兒、昔里吉等連續兩次率兵東來侵擾杭海山與和林一帶。

元軍將領別乞里迷失及劉國傑在謙州和按台山以西邀擊叛王軍隊，將對方打敗。劉國傑甚至率軍逼近也兒的石河，襲擊叛軍營地，給昔里吉以很大打擊。[26]

而後，昔里吉和脫黑帖木兒發生內訌。

脫黑帖木兒在謙州附近戰敗，輜重被元軍所掠。脫黑帖木兒向昔里吉求援，企圖奪回輜重，卻遭到拒絕。脫黑帖木兒對昔里吉怨恨不已，便慫恿蒙哥汗之孫撒里蠻自立為新汗，並一度迫使昔里吉表示臣服。

阿里不哥長子玉木忽兒拒不承認撒里蠻的汗位，率軍與脫黑帖木兒對陣。脫黑帖木兒所部陣前倒戈，脫黑帖木兒本人最終被昔里吉和玉木忽兒殺掉。

於是，昔里吉得以恢復其汗位。撒里蠻的軍隊被奪去，本人也要被押解到朮赤後王火你赤處。幸而得到其部眾的解救，撒里蠻重整旗鼓，一度擊敗昔里吉和玉木忽兒。

頻繁的內訌，大大削弱了拖雷系叛王的勢力，除了阿里不哥之子明里帖木兒投奔海都外，昔里吉和撒里蠻均因窮愁潦倒，先後於至元十九年（一二八二）左右南下歸附了忽必烈汗。撒里蠻受到忽必烈的優遇，獲賜軍隊和牧地。昔里吉則被謫居在一座南方的小島上。[27]

昔里吉叛亂是繼阿里不哥之亂以後拖雷系宗王發動的另一次對抗忽必烈政權的反叛。

與前述阿里不哥之亂不同的是，前者是蒙哥汗突然去世的情況下兩名皇弟圍繞汗位的角逐，而且又是以忽必烈勝利並完全控制漠北蒙古腹地告終的。昔里吉叛亂則發生在忽必烈擔任大汗十六年之後，叛亂中昔里吉和撒里蠻先後稱汗，且與蒙哥帖木兒、海都主動勾結，公然向忽必烈的汗位挑戰，故在全體蒙古人中消極影響更重。

這次叛亂爆發在皇子北平王那木罕及丞相安童為首的元軍阿力麻里前線大本營，而且將他們所統率的「諸王蕃衛之兵」全部葬送。其結果不僅令元朝方面對海都的西線軍事攻勢毀於一旦，而且使嶺北蒙古腹地陷入了歷時六年的叛王侵擾洗劫的災難，攪亂了忽必烈汗對漠北的直接控制，漠北蒙古諸大千戶從此陷入了動盪和混亂。

這次叛亂的確讓海都如願以償。昔里吉等拖雷系宗王扮演了進攻忽必烈政權和禍亂蒙古腹地的急先鋒，消耗了忽必烈和拖雷系其他宗王的大量軍事力量。對剛剛取得平定南宋戰爭勝利的忽必烈，可以說是迎頭一擊。這次叛亂結束後，昔里吉和撒里蠻雖然先後南下歸附，但阿里不哥幼子明里帖木兒率領眾多原屬拖雷家族的蒙古軍隊穩定地投靠於海都麾下，大大增強了海都等西北叛王的勢力。

若干年後，被海都和朮赤後王拘留的北平王那木罕、闊闊出及安童，相繼遣送回元廷。噩夢般的昔里吉叛亂總算結束。但它給忽必烈帶來的打擊和創傷又是難以平復的。

還有一段插曲：安童被拘留於叛王海都處時，曾接受海都委任的官職。安童返回元廷，有人向忽必烈報告此情況。忽必烈大為震怒。幸而護送安童、那木罕東歸的石天麟以「海都實親王，非敵也」等語，替安童辯解，忽必烈才漸漸平息了怒火。[28]

昔里吉叛亂的結束，只算是北邊蒙古叛亂暫時告一段落，更大規模的由海都充當主角的叛亂還在後面。難怪忽必烈對此次叛亂的始作俑者昔里吉耿耿於懷。昔里吉南下歸降後，忽必烈一直拒不接見，聽任這位皇侄死於謫居的南方海島。[29]

海都爭奪漠北與元廷的軍事防禦

一、和林激戰

昔里吉之亂以後，元廷方面已無力對海都採取主動積極的攻勢。

前述鐵連奉使歸來曾向忽必烈獻計：「海都兵繁而銳，不宜速戰，來則堅壘待之，去則勿追，自守既固，則無虞矣。」忽必烈深以為然。還特意發布敕令：將海都賜給鐵連的皮服，全飾以金，以為朝會之禮服。[30]

忽必烈朝中葉以後對海都的軍事策略，大抵是依鐵連的意見，以防禦為主。這與其說是忽必烈從諫如流，毋寧說是他迫於當時海都實力轉強且爭雄漠北的形勢不得已的策略。此外，皇子那木罕被釋放南歸後，其北平王號也改為北安王。由「平」到「安」的一字之改，也能披露忽必烈在漠北「攻」、「防」策略的轉換變動。

至元二十四年（一二八七）東道諸王乃顏反叛時，曾與海都聯絡，雙方約定東、西夾攻元朝軍隊。第二年六月，海都派大將暗伯、著暖越按台山，進犯葉里干腦兒（今蒙古西部艾里克湖），被元朝方面的管軍元帥阿里帶擊退。[31]

至元二十六年（一二八九）海都糾集玉木忽兒和明里帖木兒大舉進犯漠北，先攻占西部的吉兒吉思，又攻至杭海嶺與和林一帶，皇孫甘麻剌率兵迎擊，遭圍困，後在土土哈救援下勉強突圍。北安王那木罕下令和林軍民棄城南撤，宣慰使怯伯等臨陣降敵。由於形勢危急，七月，忽必烈率軍親征，收復了和林。[32]

關於元軍和海都在和林一帶的激烈戰鬥，馬可波羅說：

海都大王徵集大軍，有無數馬兵。他知道在哈喇和林地方有大可汗的兒子那木罕和長老約翰的兒子佐治。這兩位大臣也有大隊馬兵歸他們統轄……海都大王既徵集他所有的兵力以後，率領他的全軍，離開他的國，出發打仗。他們騎著馬前行，一天又一天……於是一直走到哈喇和林，那兩位大臣帶著大軍駐紮的地方。那兩位大臣，大可汗的兒子和長老約翰的兒子，聽到海都帶領大軍來到他們的國裡，預備和他們開戰，他們並不驚異。反而表示他們的大膽勇武，他們謹慎預備。他們和他們的軍士合起來共有六萬多人。他當他們全預備好了，出發前進去抵抗敵人……他們騎馬前進，一直到離海都尚有十邁耳路程的地方，把營壘駐紮又好又妥當。你們必須知道，海都大王帶著他的大隊人馬，也駐紮在這同一個平原上面。兩面皆休息，盡力的為未來的戰事預備……大可汗的兒子和長老約翰的兒子到後第三天清早時候，雙方皆帶上武器。盡力預備好。越好越妙。雙方皆沒有什麼特別占便宜地方。因為雙方各有六萬人，皆備足武器如弓、箭、刀、錘、矛、盾牌等。每方分作六隊，每隊有一萬馬兵，皆有好的統帶官。兩方皆在戰場排好陣伍，預備好了。只等待鑼鼓聲……鑼鼓聲一起，他們就不再耽擱，即刻前進攻打敵人。互相廝殺，取弓張弩，空中箭飛如雨。許多人馬皆受傷倒斃了。兩邊喊叫呼號的聲音極高，就是天上打雷也聽不到了……只要他們有箭，那些未受傷和仍舊健康的兵士，不停的放射……所有的箭皆放射以後，他們把那些弓藏在筒裡，拿起他們的刀和錘矛互相砍殺。用這些刀錘他們起始用重力打擊，最兇惡最可怖的廝殺開始了。有的用盡全身的氣力去砍殺，有的受到這重砍，把手和臂砍落了。有許多人倒在地上死了……海都大王做事實在十分勇敢。假如沒有他在場，他的軍隊不僅一次要從戰場逃走，被打敗了。但他出戰如此勇敢，盡力撫慰他的兵士，使他們振奮，勇武拒敵。在那一方面，大可汗的兒子和長老約翰的孫子，也是戰得極勇。在這徒手搏戰當中，他們顯出他們的勇武……夕陽已經下落，多少人臥在地上死了。到那時不得已，仗事只得停止。他們離開戰場，各方皆回到自己的帳幕裡，人人皆精疲力倦……第二天早晨，海都大王接到警報，大可汗另派一支大軍，內有無數兵士，來攻打他和逮捕他。他自己說道，這事與我不利，不可再留的了。天一亮，他穿上甲冑，率領所有他的兵士，跨上馬身，出發回到自己國中去了。大可汗的兒子和長老約翰的孫子看見海都大王和所有他的兵卒皆已離開，他們不去追他們，因為皆已精疲力倦……」[33]

馬可波羅所言「長老約翰的孫子」佐治，實為信仰聶斯脫里教的汪古部駙馬闊里吉思。[34]這一時期，闊里吉思恰在漠北作戰。漢文史書《樞密句容武毅王事略》等處亦云杭海嶺之役中元軍稍卻，皇孫甘麻剌被圍，土土哈鏖戰掩護有功，甚至受到海都的讚歎。親赴北邊的忽必烈特意召見土土哈撫慰道：「昔太祖與其臣之同患難者飲班朱尼河水以記功，今日之事何愧昔人，卿其勉之。」[35]可見，馬可波羅描述的此戰役激烈狀況大多屬實，可以和漢文史書記述互相補充。

由於海都越來越頻繁的進犯和侵擾，損害了忽必烈對漠北的統治秩序和部眾的正常生活。對此，忽必烈當然是氣憤已極。忽必烈說：假如海都不是他的侄子，那就可以毫無顧忌把他處於極刑了。[36]也是同樣的原因，當忽必烈得悉安童曾經接受海都的官爵時，勃然大怒，後經石天麟以宗親並非仇敵等語從旁勸解，才算了事。[37]

二、強化漠北軍事防禦體系

海都的侵擾，似乎成了忽必烈晚年的一樁難以了卻的心腹之患。為此，忽必烈逐步完善了漠北的軍事防禦體制。

其內容主要是皇太子撫軍，那木罕和甘麻剌、鐵穆耳二皇孫的總兵，樞密院遣官與和林宣慰司的設置等，試圖從宗王總兵與重臣輔佐相結合，漢軍、色目軍團的較多屯戍，和林、稱海東西二鎮戍區互為犄角之勢等層面，實施對海都等西北叛王長期而有效的軍事防禦。

至元十八年（一二八一），忽必烈命令皇太子真金赴漠北巡視軍事，且以樞密院同知伯顏從行。這次皇太子巡視，依漢地禮制特稱「撫軍」，自二月到十月，歷時八個月，[38]並非長期總兵。但因為北平王那木罕被拘於蒙哥帖木兒處，真金此行也寓有代表忽必烈汗出鎮漠北蒙古腹地的意義。皇太子「撫軍」，僅次於忽必烈汗親征，在北平王拘留叛王處的情勢下，此舉充分顯示了大汗對漠北軍事防禦的極大重視。

這次巡視或「撫軍」，恰在至元十八年二月真金生母察必皇后病逝後不久。忽必烈之所以讓真金此時離京師赴漠北，也是形勢所迫。臨行，忽必烈特意囑咐真金：「伯顏才兼將相，忠於所事，故俾從汝，不可以常人遇之。」真金恪守父親的旨意，每與伯顏議事，尊禮有加。忽必烈明白：真金的軍事才能有限，「撫軍」很大程度上是象徵性的。他的巡視或「撫軍」，離不開伯顏的輔佐。

至元二十一年（一二八四），那木罕被釋放回朝，改封北安王，駐於和林北的帖木兒河，依然負責總領漠北軍事。又增設北安王傅，掌管軍需和本位下諸事。[39]當時皇子闊闊出、東道諸王勝納合兒、也不干及牙忽都等，均在北安王麾下。

至元二十三年（一二八六）忽必烈又派遣皇長孫甘麻剌協同北安王鎮北邊。[40]

北安王的改封和還鎮，意味著皇子宗王代表大汗總領漠北的恢復。

至元二十九年（一二九二）那木罕逝世，忽必烈特地將時已封梁王鎮雲南的甘麻剌調回漠北，改封晉王，「統領太祖四大斡耳朵及軍馬、達達國土。」[41]

翌年六月，甘麻剌之弟鐵穆耳受皇太子寶，「撫軍於北邊。」[42]於是，漠北開始有了二皇孫同鎮。

此時的甘麻剌、鐵穆耳兄弟同鎮，在戰區和職司上是有所側重或分工的。一方面，甘麻剌、鐵穆耳大體以杭海嶺為界，分別負責和林、稱海東西兩個戰區的軍事活動。另一方面，甘麻剌、鐵穆耳又有守土和總兵的側重。鐵穆耳主要是統率「屯列」於稱海一帶的防禦海都的大軍，甘麻剌則重在「鎮護」四大斡耳朵和漠北蒙古諸部。這種二宗王同鎮的局面，一直被沿用到元中葉海都、篤哇叛亂結束以後。它既可使兩個防區互相策應和牽制，防止一軍戰敗造成全線潰退，又能利用諸王之間的矛盾，盡可能避免以往宗王軍團陣前倒戈等現象。可見，忽必烈晚年對漠北軍事防禦的部署更為成熟了。

樞密院遣官，可以上溯到至元十二年（一二七五）春右丞相安童以行中書省、樞密院事輔佐北平王鎮北邊。

至元十四年（一二七七）昔里吉等率兵進犯漠北，同知樞密院事伯顏首先受忽必烈派遣，統兵抵禦。伯顏還京後，別乞里迷失繼為同知樞密院事，主持軍務，且有行樞密院之稱。[43]

至元二十六年（一二八九）二月，海都大舉進犯，忽必烈命伯顏為知樞密院事，鎮和林，統率漠北諸軍。史稱和林置知院，始於伯顏。

至元二十九年（一二九二），御史大夫玉昔帖木兒又代伯顏為知院以統北兵。

迄世祖朝末，樞密院所遣官一直是漠北最高軍事官員。伯顏和玉昔帖木兒皆為忽必烈時期的著名將領，伯顏為平南宋最高統帥，玉昔帖木兒在平定乃顏之亂中戰功顯赫。兩人在以知樞密院事總領北軍之際，對所在軍隊的實際指揮權甚至要多於甘麻剌兄弟。閻復〈玉昔帖木兒勳德碑〉：「宗藩帥鉞，一切秉命於公」，[44]一語破的。這既有漢軍、色目軍隊數量上超過諸王軍隊的背景，也是忽必烈看重伯顏和玉昔帖木兒的軍事才能而委以重任的緣故。

有的廷臣埋怨伯顏對海都守禦為主而功勞不顯，其實是片面之詞。阿撒忽禿嶺戰役中，「伯顏先登陷陣，諸軍望風爭奮」，擊敗明里鐵木兒叛軍，自不待言。即使是後來與海都交兵，接連七日且戰且退，也是在避其鋒芒和誘敵深入。最終大敗敵兵，殺虜幾絕，惟海都脫走，即證明伯顏的軍事指揮無可挑剔。南歸之前，伯顏所言：戒酒色，嚴紀律，恩德不可偏廢，冬夏營駐，循舊為便等，也是皇孫鐵穆耳欣然採用的良策。[45]

忽必烈在皇子宗王出鎮總兵的同時，又任用有傑出軍事才能的樞密院官具體掌管軍務。這也是忽必烈後期漠北對海都的軍事防禦逐漸擺脫被動的原因之一。

和林宣慰司最早見於至元二十年（一二八三），擔任該司官員的有答木丁（可能是宣慰使）、宣慰副使劉哈剌八都魯。三年後，劉哈剌八都魯升同知，翌年升宣慰使。至元二十五年（一二八八）又與怯伯同為宣慰使。

此時的和林宣慰司，主要負責漠北的軍屯、錢穀出納和軍需供給，也兼管所在民戶。

忽必烈對和林宣慰司官員的選用十分重視。當尚書省擬奏怯伯為宣慰使時，忽必烈諭旨：「錢穀非怯伯所知，哈剌斡脫赤（劉哈剌八都魯初賜名）可使也。」不久，怯伯在海都進攻和林時叛變投敵。忽必烈得悉，深有感慨地說：「譬諸畜犬，得美食而忘其主，怯伯是也。雖未得食而不忘其主，此人（劉哈剌八都魯）是也。」[46]足見，忽必烈識別忠奸良莠的能力是相當強的。

和林宣慰司是元廷在漠北設置的第一所以掌管財賦軍需為主的漢地式官府，較有力地支持了整個漠北的軍事防禦。

乃顏叛亂與忽必烈親征

一、來自東道諸王的反叛

至元二十四年（一二八七），正當忽必烈對海都侵擾備感憂慮時，又爆發了東道諸王乃顏為首的大規模叛亂，從而使忽必烈在黃金家族和蒙古諸部的統治地位又面臨著新的嚴峻挑戰。

乃顏是成吉思汗幼弟鐵木哥斡赤斤的後裔，塔察兒國王之孫。成吉思汗建國後，曾將怯綠連河以東至哈剌溫山（大興安嶺）的蒙古東部封授給四個兄弟：哈撒兒、哈赤溫（本人早逝，實際受封是其子按只台）、鐵木哥斡赤斤、別里古台。其中幼弟鐵木哥斡赤斤受封千戶最多，一直充當東道諸王之長。

在忽必烈與母弟阿里不哥爭奪汗位時，塔察兒等東道四藩王都是忽必烈政權的強有力支持者。忽必烈朝前期，東道諸王備受尊崇，在各類賞賜、封國及食邑內權力等方面，均享受許多優待。

然而，隨著忽必烈仿效漢法加強中央集權，他和東道諸王的矛盾也與日俱增。

至元十一年（一二七四）春，忽必烈命令原中書省平章廉希憲與頭輦哥國王一併行省於遼東。臨行前，忽必烈特意囑咐廉希憲：「遼霫戶不數萬，政以諸王國壻分地所在，居者行者，聯絡旁午，明者見往知來，察微燭著，塔察兒諸王，素知卿能，命卿往者，識朕此意。」忽必烈的用意很明白，就是讓資深宰臣廉希憲代表朝廷鎮撫和監視東道諸王。

當塔察兒大王使者抵達，頭輦哥國王站立以聽令旨時，廉希憲竟敢以「大臣無為王起者」為由，安坐如故。[47] 顯然是與忽必烈的上述囑託有關。

至元二十年（一二八三）前後，元廷與東道諸王爭奪遼東地區控制權的鬥爭愈演愈烈。忽必烈曾擔心當地的宣慰司秩卑望輕，一度將宣慰司升格為東京等處行中書省。

至元二十二年（一二八五）元廷籌備再征日本，強行徵發遼東女真故地的百姓及諸投下民建造船隻，忽必烈還特別降旨徵調乃顏、勝納合兒等部鷹房、採金戶充役。[48]這無疑又加劇了與東道諸王的利益衝突。

叛亂發生以前，忽必烈已經接到遼東道宣慰使塔出等有關鐵木哥斡赤斤後裔乃顏謀叛的密報，事先做了必要的準備。不久，廢罷宣慰司，改立遼陽行省，命令原宣慰使亦力撒合任行省參政，負責為征討大軍運送軍糧。[49]

至元二十四年（一二八七）二月，乃顏派遣使者向漠北節制軍馬的宗王闊里鐵木兒徵調東道兵，忽必烈宣諭闊里鐵木兒不得隨便撥付。[50]

同月，忽必烈又特意派剛剛從西北前線回京的樞密院同知伯顏赴乃顏處探聽虛實。伯顏攜帶了許多衣裘進入乃顏境內，沿途頻頻贈與驛站管理人員。抵達後，乃顏設宴款待。席間，伯顏闡明大義，乃顏佯作應承，暗中圖謀拘捕伯顏。伯顏覺察，乘酒酣與隨從分三路逃出，驛站管理人員因為得到衣裘贈與，爭先提供健壯的驛馬。伯顏順利擺脫追騎，逃離其境，馳還京師，向忽必烈稟白了真實情況。[51]

至元二十四年四月，乃顏公然反叛，宣布不再做大汗的臣屬，並且遣使與西北叛王海都聯絡，雙方約定從東、西兩方面夾攻忽必烈，以奪取大汗的領土和汗位。[52]夥同乃顏叛亂的有：哈撒兒後王勢都兒、火魯哈孫，哈赤溫後王勝納合兒、合丹等。

由於叛王乃顏距離和林及上都較近，又來自原先支持者陣營，忽必烈聞訊後，極為重視，立即採取一些緊急措施。

在遼東方面，忽必烈先下令轉運糧食賑濟女真、水達達部饑荒，減免二部是年賦稅，防止其捲入乃顏叛亂。又遣使者傳旨諭北京等處宣慰司：禁止與乃顏所部往來。同時命令遼東道宣慰使塔出率領當地軍兵一萬，與皇子愛牙赤一同禦敵。[53]

在漠北方面，忽必烈派遣近侍阿沙不花說服諸王納牙勿與乃顏連兵反叛，瓦解叛王的暗中勾結。[54]又急速命令北安王那木罕為首的漠北戍軍抽調兵馬，部署在乃顏與海都之間的要塞關口上，切斷二者的聯繫。當時，勝納合兒隨從北安王戍守漠北西部。樞密副使、欽察軍將土土哈說服主將朵兒朵海，拒絕出席勝納合兒的宴請，又截獲了乃顏通謀勝納合兒的秘密使者，奏報朝廷。忽必烈遂命勝納合兒自西道入朝。闊列堅後王也不干舉兵東去，與乃顏反叛應和。北安王那木罕命土土哈等率兵急行軍七晝夜，渡土剌河，在孛怯嶺將也不干擊敗。[55]

這就粉碎了乃顏企圖以漠北部分諸王為內應，與海都東、西配合，攻取蒙古根本之地的戰略計畫。

二、象輿東征

忽必烈不顧年老力衰和關節疼痛，毅然決定親征乃顏。他甚至發誓說：「假若他不能得勝而去處死那兩個不忠的叛逆，他將不要再戴皇冠或去保守他的領土了。」

忽必烈用了二十二天的時間迅速調集了大都、上都附近的大批軍隊（馬可波羅說，數量達四十六萬），隨同他親征。而且都是秘密進行，除了「御前會議」人員以外，竟沒有人知道調集兵馬的工作。[56]這些軍隊包括：五投下蒙古軍團和漢軍諸衛軍等。

忽必烈調集的首先是忙兀、兀魯兀、札剌兒、弘吉剌、亦乞列思五投下軍團。

忙兀部博羅歡主動向忽必烈請纓東征，忽必烈賞賜他介冑弓矢鞍勒，命他率領「五諸侯兵以行」。[57]這裡的「五諸侯兵」，即五投下軍團。除忙兀部軍外，弘吉剌部萬戶帖木兒率所部脫憐千戶、不只兒等征乃顏屢立戰功，兀魯兀部的慶童帶病隨軍征戰，亦乞列思部脫別台、忽憐、札剌兒部碩德等也在出征之列。[58]

按照博羅歡的說法，五投下的領地與民戶，略多於乃顏等東道諸王，「惟徵五諸侯兵」，足可以對付乃顏。此言雖有些過頭，但五投下軍團充任征乃顏的主力之一，是毋庸置疑的。

翌年三月，亦乞列思、兀魯兀、札剌亦兒等部探馬赤軍又奉命自懿州東征。[59]此探馬赤軍是由上述五投下所抽調兵士混編的軍團，顯然和五投下軍有著密切的聯繫。

其次是諸衛漢軍及怯薛軍團。

元初，漢軍組成的侍衛親軍主要是左、右、中三衛，至元十六年（一二七九），又選平宋漢軍精銳等增置前、後二衛，合為五衛侍衛親軍。

啟程征乃顏前夕，忽必烈對蒙古將校與叛軍率多親昵，軍陣前立馬相向對話，往往釋兵仗不戰，逡巡退卻等狀況，深感不安。於是，他接受南人官僚葉李及伯顏的建議，命董士選和李庭統率「諸衛漢軍，從帝親征」。

此「諸衛漢軍」，有的場合又稱作「漢人諸軍」。當時在上都和大都附近駐戍的「漢人諸軍」，大抵是五衛侍衛親軍。所以，「諸衛漢軍」和「漢人諸軍」，名異而實同。包括前衛在內的五衛侍衛親軍，估計都抽調精銳參與了從征乃顏。這也符合侍衛親軍「掌宿衛扈從……國有大事，則調度之」的職司。[60]

誠然，此時的「諸衛漢軍」及將領並不一定都是漢人，阿速人玉哇失就以前衛親軍都指揮使率所部阿速軍充任征乃顏的先鋒。[61]

怯薛宿衛士扈從忽必烈親征的卻不乏見。如木華黎後裔脫脫以「直宿衛」，率家奴數十人從征；阿沙不花以千戶率昔寶赤之眾從行。[62]至元二十四年（一二八七）七月十六日，忽必烈車駕抵達合剌合河之際所頒的聖旨，仍然標有「安童怯薛第一日」的字樣。[63]表明四怯薛是依照舊例扈從忽必烈親征乃顏的。

此外，哈撒兒後裔八不沙及按只吉台後裔也只里等個別東道宗王，站在忽必烈政權一邊。八不沙所部軍隊還在王府司馬孛蘭奚率領下隨同忽必烈親征。孛蘭奚本人「躍馬陷陣，斬其旗，所向披靡」，受到忽必烈黃金五十兩等賞賜。[64]

出發前，忽必烈曾讓靳德進、岳鉉等占星術士替他「揆度日時，占候風雲」，預卜此戰的勝負吉凶，得到吉利預言後，方才發兵。[65]與乃祖成吉思汗一樣，忽必烈對占星家甚為迷信。元初，劉秉忠之所以受到忽必烈特殊信任，很大程度上是因為他占卜推步等方面的技能。岳鉉就是劉秉忠舉薦給忽必烈的。忽必烈讓占星家預卜征乃顏戰爭勝負，完全符合忽必烈迷信占星術的習慣。

為了給元軍運輸軍糧，忽必烈曾命令運糧萬戶羅璧從海道向遼陽運送糧食。運糧舟船經渤海，入錦州小凌河，抵達廣寧十寨，保證了軍隊糧食供應。[66]

五月十二日忽必烈從上都出發，途經應昌，麾師東北方向的乃顏領地。御史大夫玉昔帖木兒奉命總領蒙古軍先行。六月三日至撒兒都魯，與叛軍激戰，又進軍哈剌河，十三日攻占乃顏腹地失剌斡耳朵。

關於忽必烈與乃顏軍隊的激戰，《馬哥孛羅遊記》作了一番繪聲繪色的描述：

大可汗率領全隊人馬前進，經過二十天，到達一個大平原，乃顏和他的四十萬騎軍已經在那裡駐紮了……大可汗在四個象背上所負的小樓中，站在小山上，左右圍以弓弩手。旌旗飄揚在他上面，旗上有日月形象，高插空中，所以各方面都能看見。這四隻象都蓋以極厚的熟牛皮，牛皮上面又蓋著絲和金製的布。他的軍隊排列成三十隊。每一隊有一萬人，全都帶著弓箭。大可汗分自己的兵力為三組，兩翼展開極長……在每隊前面，有五百帶弓和短矛的步兵……每當騎兵衝鋒時，那步兵就跳到靠他最近的馬的臀上，坐在騎兵的後面，兩人共同前進。當馬停止時，他們跳下馬來，用他們的長矛去戮殺敵人的馬……大汗確然如此排列他的人馬成為許多分隊，去包圍乃顏的營塞，要和他去決鬥……以後人就可以看見和聽到許多樂器聲音作起來了（特別是那二弦的樂器，有最愉快的聲音）也能聽到許多喇叭的吹聲，和許多的高唱。因為你們必須知道韃靼人的風俗如此。當他們已經擺布和排列成隊伍，在去打仗以前，他們一定要等待領袖的鑵鼓聲……當雙方都預備充足後，大可汗的鑵鼓開始發出聲來了。先在右翼，後到左翼。鑵鼓的聲音開始發作，所有阻滯即刻停止，他們用弓箭、長矛、鎚矛和長槍（後者是很少的），衝上前去廝殺。但是步兵都有強弩和許多其他的武器……這戰爭開始，是非常殘暴和兇猛。現在就可以看見箭的飛射，空中全充滿了，好似雨的下降。現在又可以看到騎士和馬倒在地上死了……奮勇戰鬥從早到午……最後，大汗得勝了。當乃顏和他的戰士，看見自己方面將不能再久支持了，於是他們開始逃遁。但是這也不能幫助他們什麼。因為乃顏已被捉了。所有他的達官和臣民帶著所有武器，全來投降大汗了。67

以上與乃顏軍隊激戰的許多情節，幾乎和漢文及波斯文史籍如出一轍。

如忽必烈乘象輿親征，前揭〈岳鉉第二行狀〉云，忽必烈汗「親御象輿以督戰，意其望見車駕必就降」。沒料到「乃顏悉力攻象輿」。拉施特《史集》也說：「他（忽必烈）儘管關節酸痛，年老力衰，仍然坐在象背的轎子裡出發了。」

如忽必烈立於小山之上，《元史》卷一一九〈脫脫傳〉載：「至元二十四年，（脫脫）從征乃顏，帝駐蹕於山巔，旌旗蔽野。」拉施特《史集》又說：「當接近了合罕軍隊潰逃的地方以後，載著轎子的象被趕到一個山丘頂上。」

如陣前飛箭如雨，〈岳鉉第二行狀〉云：「鋒既交，兩陣矢急射，幾蔽天。」《元史·董士選傳》也說：「乃顏軍飛矢及乘輿前。」王惲亦有「矗紛任使前，萬矢飛攙槍」的詩句。

如戰爭殘酷和陣亡甚多，王惲詩又云：「僵屍四十里，流血原野腥。」[68]

稍有差異的是，漢文史書說，元軍先後在撒兒都魯、失剌斡耳朵及不里古都伯塔哈山等處與乃顏叛軍交戰三次，馬可波羅似乎是把這三次戰鬥合併在一起記述了。

在這三次戰鬥中，忽必烈親臨戰陣並經受風險的是撒兒都魯遭遇戰。在撒兒都魯與叛軍黃海最先遭遇交戰的是都萬戶闍里鐵木兒所部。忽必烈乘象輿隨而進至該地，一則是因為忽必烈年老力衰且患足疾騎馬困難，二則也寓有以大汗象輿親臨督戰和威懾敵軍的意思。

誰料突然遇到叛軍將領塔不台六萬軍士猛烈攻擊，投入兵士數超過了元軍。叛軍不僅未被震懾，反而偏偏重點攻擊大汗象輿，他們射來的箭支甚至直抵忽必烈象輿前。博羅歡所率的五投下蒙古軍在兩軍陣前一度有潰逃的跡象。[69]由於情況危急，忽必烈不得不將象輿趕至一小山丘上，後來又改乘馬匹。幸而依賴漢軍將士奮力以步卒和射士抵禦，才遏止了敵軍的攻勢。夜幕降臨，元軍以兵車環繞為營衛，嚴加防守。

半夜，李庭率壯士十人，持火炮突襲敵陣，叛軍驚恐，混亂中自相殘殺。此時，洪茶丘所率三千高麗漢軍又裂裳帛為旗幟，斷馬尾為旄飾，掩映林木，張設疑兵，叛軍見其狀，以為是官兵大至，潰敗而去。70

在這次親征中，大汗的怯薛近侍也披掛上陣，拚死奮戰。木華黎後裔、撒蠻之子脫脫以宿衛士隨從忽必烈征乃顏，兩軍列陣，未等鑼鼓敲響，即率家奴數十人疾馳陣中，攻擊敵軍，所向披靡。忽必烈在象輿中望見此狀，大加讚賞。又特意遣使者慰勞，且召脫脫回還，囑咐道：「卿勿輕進，此寇易擒也。」忽必烈看到脫脫所持刀已折斷，馬也中箭，頗有感慨地對近臣們說：「撒蠻不幸早死，脫脫幼，朕撫而教之，常恐其不立，今能如此，撒蠻可謂有子矣。」於是，親自解下自己的佩刀及所乘馬匹，賞賜給脫脫。71

乃顏自失刺斡耳朵撤出後，向東逃至不里古都伯塔哈山。玉昔帖木兒率領蒙古軍和李庭等漢軍合兵並進，乘勝追擊，在那裡展開了另一場激戰。阿速人玉哇失所率前衛侍衛親軍充當先鋒，陷陣力戰，在後續部隊的支援下，大敗叛軍。乃顏逃逸，最後在失列門林被元軍擒獲。72

忽必烈聽到乃顏被擒的消息，立即下令將他處死。其方式依然遵循蒙古人處死貴族的傳統，即「很緊的被捆紮在地毯裡，放在地上亂滾和到處擊打，然後死去」，「不允許皇帝宗系的血灑在地上，或叫太陽或空氣看見。」73

忽必烈取勝班師回到上都，隨同親征的僉樞密院事洪君祥，類次編輯出征期間的車駕起居，撰為《東征錄》。74

而後，哈赤溫後裔哈丹等乃顏餘黨仍然在大興安嶺東西兩側率眾與元軍頑抗，殃及嫩江、黑龍江、遼河和高麗地區。忽必烈派遣皇孫鐵穆耳和御史大夫玉昔帖木兒率軍征討，經歷近四年的征戰，最後平息了這場叛亂的餘燼。

王惲賦詩記錄了這場忽必烈親征乃顏的戰爭：

東藩擅艮隅，地曠物滿盈。
漫川計畜獸，蕩海驅群鯨。
盛極理必衰，彼狡何所懲。
養虺得返噬，其能遁天刑。
遠接強弩末，近訹乳臭嬰。
一朝投袂起，氈裘擁矛矜。
天意蓋有在，聚而剿其萌。
莽蜂有螫毒，大駕須徂征。
寅年夏五月，海甸觀其兵。
憑軾望兩際，其勢非不勍。
橫空雲作陣，裹抱如長城。
囂紛任使前，萬矢飛攙搶。
我師靜而俟，銜枚聽鼙聲。
夜半機石發，萬火隨雷轟。
少須短兵接，天地為震驚。
前徒即倒戈，潰敗如山崩。
臣牢最愾敵，奮擊不留行。

卯烏溫都間，天日為晝冥。
僵屍四十里，流血原野腥。
長驅抵牙帳，巢穴已自傾。
彼狡不自縛，鼠竄逃餘生。
太傅方窮追，適與叛卒迎。
選鋒不信宿，逆頸繫長纓。
死棄木鑾河，其妻同一泓。
彼狡何所惜，重念先王貞。
擇彼順祝者，其歸順吾氓。
萬落脅罔治，無畏爾來寧。
三師固無敵，況復多算並。
君王自神武，豈惟廟社靈。[75]

忽必烈還對參與叛亂的乃顏部眾及領地進行了嚴肅處理。

首先是瓜分其民。大多乃顏部眾被沒入國家版籍，有些被強行遷徙江南充軍。

其次是肢解其地。忽必烈特意從西北遷來兀速、憨哈納思、乞里吉思三部屯駐於乃顏故地，親自賜名肇州，立宣慰司管轄。忽必烈還親自囑咐首任宣慰使劉哈剌八都魯說：「自此而北，乃顏故地曰阿八剌忽者，產魚，吾今立城，而以兀速、憨哈納思、乞里吉思三部人居之，名其城曰肇州。汝往為宣慰使。」[76]

儘管沒有參與叛亂的乃顏親族成員乃蠻帶等繼續受到優待，但昔日龐大的東道諸王兀魯思已不復存在了。

據馬可波羅記載，乃顏叛軍的軍旗上綴有基督十字架徽記，他的軍隊中有大量基督徒。[77]這也是完全可能的。蒙元時期，蒙古諸部中克烈、乃蠻、汪古等部族信仰聶思脫里教的很多。而成吉思汗之侄按只吉歹所封三千戶中即有相當數量的乃蠻人。[78]乃顏軍隊中的基督教信仰，很可能是由他們傳播開來的。

註釋

1《史集》余大鈞、周建奇譯本，第二卷，頁一三，北京商務印書館，一九八五年。

2《元史》卷一五三〈石天麟傳〉。

3《元史》卷四〈世祖紀一〉，卷六〈世祖紀三〉，卷八〈世祖紀五〉至元十二年正月己亥。

4《史集》余大鈞、周建奇譯本，第二卷，頁一四、三一二，北京商務印書館，一九八五年。

5 參閱劉迎勝〈元朝與察合台汗國的關係〉，《元史論叢》第三輯，中華書局，一九八六年。

6《史集》余大鈞、周建奇譯本，第二卷，頁一四、一八〇，北京商務印書館，一九八五年。

7《史集》余大鈞、周建奇譯本，第三卷，頁一一〇，北京商務印書館，一九八五年。

8 參閱劉迎勝〈論塔剌思會議〉，《元史論叢》第四輯，中華書局，一九九二年。

9、10《元史》卷一三四〈鐵連傳〉

11《元史》卷一二五〈高智耀傳〉。關於西北藩王遣使質問一事，一般認為是一二六九年塔剌思會議後海都等諸王之所為。筆者看到，〈高智耀傳〉將此事的時間繫於高智耀擔任西夏中興等路提刑按察使之後。《秋澗集》卷八六〈彈西夏中興路按察使高智耀不當狀〉亦云，至元五年（一二六八）王惲任監察御史後彈劾過西夏中興路按察使高智耀。另，高智耀早年曾被窩闊台汗以「河西故家子孫之賢者」召見，後又謁見皇子闊端於西涼。揆以時間先後抑或高智耀與窩闊台系諸王的密切關係，西北藩王質問一事是塔剌思會議後海都等諸王所為之說，都是有道理的。

12 《元史》卷六三〈地理志六〉；《史集》余大鈞、周建奇譯本，第二卷，頁三一二，北京商務印書館，一九八五年。

13 《元史》卷七〈世祖紀四〉至元九年十二月戊午；《元文類》卷二四〈丞相東平忠憲王碑〉。

14 《元史》卷二九〈泰定帝紀一〉。

15 《元史》卷六〈世祖紀三〉至元四年三月己亥，卷七〈世祖紀四〉至元七年六月丁亥、至元九年十二月戊午。

16 《元史》卷一三四〈昔班傳〉，卷八〈世祖紀五〉至元十一年正月。

17 《元史》卷一三四〈昔班傳〉，〈鐵連傳〉。

18 《史集》余大鈞、周建奇譯本，第二卷，頁三一三，北京商務印書館，一九八五年；《元史》卷一一七〈牙忽都傳〉，卷二〇三〈田忠良傳〉。

19 《元史》卷一五〈世祖紀十二〉至元二十五年十二月丁巳。

20 《元史》卷一五三〈石天麟傳〉。

21 《元史》卷一九三〈伯八傳〉。

22 《元史》卷一〇〈世祖紀七〉至元十六年七月壬午。

23 《元史》卷一二〇〈朮赤台傳〉，卷一二一〈博羅歡傳〉，卷一三三〈脫歡傳〉，卷一二三〈苫徹拔都兒傳〉，卷一二八〈土土哈傳〉，卷一三二〈玉哇失傳〉，卷一三五〈阿答赤傳〉，卷一四九〈移剌捏兒傳〉，卷一五四〈洪福源傳〉。

24 《元朝名臣事略》卷二〈丞相淮南忠武王〉，卷三〈樞密句容武毅王〉。

25 《金華集》卷二五〈劉國傑神道碑〉；《至正集》卷四八〈劉平章神道碑〉；《元史》卷一六二〈劉國傑傳〉；堀江雅明：〈ホタシンニテール碑と宣威軍城址〉，《東洋史苑》三十、三十一合併號，一九八八年。

26 《金華集》卷二五〈劉國傑神道碑〉。

27 《史集》余大鈞、周建奇譯本，第二卷，頁三一三，北京商務印書館，一九八五年。

28《勤齋集》卷三〈元故特授大司徒石公神道碑〉。

29《史集》余大鈞、周建奇譯本，第二卷，頁三一七，北京商務印書館，一九八五年。

30《元史》卷一三四〈鐵連傳〉。

31《元史》卷一五〈世祖紀十二〉。

32《元朝名臣事略》卷三〈樞密句容武毅王〉；《元史》卷一六九〈劉哈剌八都魯傳〉，卷一五〈世祖紀十二〉。

33《馬哥孛羅遊記》張星烺譯本，頁四六五，商務印書館，一九三六年。

34 參閱楊志玖師〈馬可波羅與長老約翰〉，載《馬可波羅在中國》，頁一六七，南開大學出版社，一九九九年。

35《元朝名臣事略》卷三；《元文類》卷二六〈句容郡王世績碑〉。

36《馬哥孛羅遊記》張星烺譯本，頁四六九，商務印書館，一九三六年。

37《元史》卷一五三〈石天麟傳〉。

38《元朝名臣事略》卷二〈丞相淮安忠武王〉；《元史》卷一一〈世祖紀八〉，卷一二七〈伯顏傳〉。

39《元史》卷一三〈世祖紀十〉至元二十一年閏五月癸巳，卷一四〈世祖紀十一〉至元二十四年十二月甲子。

40《秋澗集》卷四三〈范君和林詩序〉。

41《元史》卷一一五〈顯宗傳〉。

42《元史》卷一八〈成宗紀一〉。

43《元史》卷一六五〈孔元傳〉。

44《元朝名臣事略》卷三〈太師廣平貞憲王〉。

45《元朝名臣事略》卷二〈丞相淮安忠武王〉；《元史》卷一二七〈伯顏傳〉。

46《元史》卷一六九〈劉哈剌八都魯傳〉。

47《元朝名臣事略》卷七〈平章廉文正王〉。

48《元史》卷一三〈世祖紀十〉至元二十二年十月丁卯。

49《元史》卷一三三〈塔出傳〉，卷一二〇〈亦力撒合傳〉。

50《元史》卷一四〈世祖紀十一〉至元二十四年二月戊午。

51《元朝名臣事略》卷二〈丞相淮安忠武王〉。

52《馬哥孛羅遊記》張星烺譯本，頁一三三，商務印書館，一九三六年。

53《元史》卷一三三〈塔出傳〉，卷一二〇〈立智理威傳〉。

54《元史》卷一三六〈阿沙不花傳〉。

55《馬哥孛羅遊記》張星烺譯本，頁一三五，商務印書館，一九三六年；《元朝名臣事略》卷三〈樞密句容武毅王〉。

56《史集》余大鈞、周建奇譯本，第二卷，頁三五二，北京商務印書館，一九八五年；《馬哥孛羅遊記》張星烺譯本，頁一三五，商務印書館，一九三六年。

57《元文類》卷五九〈平章政事蒙古公神道碑〉。

58《元史》卷一一八〈特薛禪傳〉、〈孛秃傳〉，卷一二〇〈朮赤台傳〉，卷一一九〈木華黎傳〉。

59《元史》卷一五〈世祖紀十二〉。

60《元史》卷一七三〈葉李傳〉，卷一二七〈伯顏傳〉，卷一五六〈董文炳傳〉；卷一六二〈李庭傳〉，卷九一〈兵志二〉。

61《元史》卷一三二〈玉哇失傳〉。

62《元史》卷一一九〈木華黎傳〉，卷一三六〈阿沙不花傳〉。

63《元典章》卷三〇〈禮部・祭祀・禁祭星〉。

64《元史》卷一三三〈孛蘭奚傳〉。

65《松雪齋集》卷九〈故昭文館大學士資德大夫遙受中書右丞商議通政院事領太史院事靳公墓誌銘〉；《僑吳集》卷一二〈元故昭文館大學士榮祿大夫知秘書監岳鉉第二行狀〉。

66《元史》卷一六六〈羅璧傳〉。

67《馬哥孛羅遊記》張星烺譯本，頁一三七，商務印書館，一九三六年。

68《秋澗集》卷五〈東征詩〉。

69《元文類》卷五九〈平章政事蒙古公神道碑〉。

70《元史》卷一五四〈洪福源傳〉。

71《元史》卷一一九〈木華黎傳〉。

72《元史》卷一三二〈玉哇失傳〉。

73《馬哥孛羅遊記》張星烺譯本，頁一四〇，商務印書館，一九三六年。

74《元史》卷一五四〈洪福源傳〉。

75《秋澗集》卷五〈東征詩〉。

76《史集》余大鈞、周建奇譯本，第二卷，頁三五二，北京商務印書館，一九八五年；《元史》卷一四〈世祖紀十一〉至元二十四年八月己巳，卷一五〈世祖紀十二〉至元二十六年四月丁丑，卷一六九〈劉哈剌八都魯傳〉。

77《馬哥孛羅遊記》張星烺譯本，頁一三九，商務印書館，一九三六年。

78《史集》余大鈞、周建奇譯本，第一卷第二分冊，頁三八〇，北京商務印書館，一九八五年。

第十三章　揚威伐海外　黷武喪舟師

兩侵日本

一、遣使宣諭

平定南宋以後，忽必烈仿效祖父成吉思汗征服擴張業績，又把中國以外的東亞、南亞當作新的征伐目標。如日本、占城、安南、緬國、爪哇、高麗等。

忽必烈的意圖很清楚：朮赤兀魯思、察合台兀魯思、窩闊台兀魯思、旭烈兀兀魯思雄踞西北，元帝國不必要、也不可能朝那個方向直接擴張征服。惟有南亞、東亞，尚有超越祖宗征服功業的空間餘地。更重要的是，海外征伐及鼓勵海外貿易的政策，給蒙元帝國已有游牧國家與農耕國家混合體帶來海洋國家性質，從而使蒙元帝國的發展步入的第二階段，即成為橫跨歐亞、包括陸地海洋的前所未有的世界大帝國。忽必烈也就可以稱為蒙元帝國的第二位創業者。[1] 所以，忽必烈非常固執地實施了針對上述國家及地區的海外用兵征伐。不過，海外軍事征服的結局並不令忽必烈滿意，半數是以損兵折將而告終。

忽必烈得悉有關日本的情況，大約是至元初開始的。

至元二年（一二六五），高麗人趙彝向忽必烈獻策：漢唐以來日本通使中國，可擇使者出使日本，令其來朝。趙彝的意見，正迎合了忽必烈征服世界和萬國來朝的心理。

第二年八月，忽必烈委任兵部侍郎黑的佩虎符，充國信使，禮部侍郎殷弘充副使，持國書出使日本。這次奉使因為高麗護送官的勸止而未能進入日本國境。

不過，從黑的所持國書中「冀自今以往，通問結好，以相親睦……不相通好，豈一家之理哉，以至用兵，夫孰所好，王其圖之」，[2]可以窺見忽必烈對日本既有來朝通好的期盼，又有乃祖式的加兵征服威脅。從而為後來用兵日本埋藏了殺機。

關於忽必烈對日本發生興趣的緣由，馬可波羅說是聽到日本擁有無數黃金等財富。[3]此說僅見於《馬哥孛羅遊記》，漢文史籍未言這類事。馬可波羅本人沒去過日本，他的說法只能算道聽途說，而且很可能出於商人自身的嗜好，有意無意地加以誇張渲染。從上述國書的內容看，不論有關日本富庶的描繪真實與否，也未必是忽必烈對日本發生興趣的主要原因。

至元四年（一二六七）六月，忽必烈再次遣黑的等出使，委託高麗王護送導引。高麗王派遣潘阜代蒙古使臣傳達國書，被日方拘留六月，無功而返。

翌年九月，黑的和殷弘親自持國書抵達對馬島，日方拒不接納，捕獲塔二郎、彌二郎二人回朝覆命。

至元六年（一二六九）六月，忽必烈派高麗官員送還塔二郎等，且帶去了中書省給日本國的書信。日方依然不予理睬。

至元七年（一二七〇），忽必烈藩邸舊臣、高麗經略使趙良弼見數名赴日使臣不得要領而還，自告奮勇，請求奉使日本。忽必烈開始念其年邁，不同意他出使。趙良弼堅決請求，忽必烈才予批准。於是，趙良弼授職秘書監，充國信使以行。或許是擔心這位老臣的人身安全，忽必烈下令調撥兵士三千作隨從。趙良弼推辭不要，只帶書狀官二十四人前往。

船隻抵達金津島（又作絕景島），日人望見使者的舟船，欲攜兵刃來攻，趙良弼下船登岸，說明出使來意，遂被金津島守官延引入太宰府之西的守護所。然而，仍以兵卒包圍房屋，還有意熄滅燈燭，大聲鼓譟，兵刃交舉，排垣破戶，焚其鄰舍，百般恫嚇。

天明，日本太宰府官布置兵卒，占據四周山地，追問趙良弼來日的情況。又脅迫索取國書，大加詬責，隨意詰難。趙良弼堅持：國書當俟見日本國王時致達。在對方再三逼迫下，趙良弼錄國書副本交付，才算了事。

而後，日本方面申稱，以前高麗屢言元軍欲來征討，豈期皇帝好生惡殺，遣使送國書。希望先派人隨貴國使者歸國回報。趙良弼無法見到日本國主，只好讓書狀官吳鐸等攜其使共二十六人至大都請求覲見忽必烈。趙良弼則被送至對馬島。

忽必烈懷疑：日本方面的使者不是國主所派，可能是守護所的欺詐。於是，命令翰林學士承旨和禮霍孫向漢族儒臣姚樞、許衡諮詢。姚樞、許衡的回答都是：誠如聖算。此輩探聽我方強弱，不宜聽其入見。忽必烈從其計而行，沒有接見日方使者。

至元十年（一二七三）五月，趙良弼得以釋放回朝。忽必烈仔細詢問出使及滯留原因，稱讚道：「卿可謂不辱君命矣。」

後來，忽必烈曾三次向趙良弼徵詢對日本用兵的意見。趙良弼說：「臣居日本歲餘，睹其民俗，狠勇嗜殺，不知有父子之親、上下之禮。其地多山水，無耕桑之利，得其人不可役，得其地不加富。況舟師渡海，海風無期，禍害莫測。是謂以有用之民力，填無窮之巨壑也，臣謂勿擊便。」[4]

然而，忽必烈並沒有接受趙良弼的勸諫。至元十一年（一二七四）和至元十八年（一二八一），忽必烈接連發動了兩次渡海侵日本的軍事行動。

二、舟師十萬毀颶風

至元十一年（一二七四）三月，忽必烈命令鳳州經略使忻都、高麗軍民總管洪茶丘率領屯田軍、女真軍及水軍等一萬五千人，乘大小船隻九百艘，渡海征日本。年初，洪茶丘已奉命在高麗等處監造征日戰船。八月，忻都、洪茶丘等被任命為東征正、副都元帥。

十月，元軍攻入日本對馬、一歧等島嶼，與當地守軍激戰，取得一定進展。因指揮作戰不夠統一和箭矢缺乏，元軍在擄掠該地後即主動撤退回國。[5]

這次征日，時間不太恰當，元朝方面正傾全國之力，進行攻滅南宋的戰爭。投入軍隊不可能太多，或許算是忽必烈對日征戰的首次嘗試。

至元十七年（一二八〇）二月，忽必烈獲悉：五年前派出的使臣禮部侍郎杜世忠等被日方殺害。忻都、洪茶丘請求立即率兵討伐。可能是因為當時北邊昔里吉叛軍連續侵擾和林，大臣廷議後決定暫緩用兵。

五月，忽必烈召范文虎回京商議征日本事。而後，發兵十萬命范文虎統領，改而使用江南新附軍作為征日的主要軍事力量。

至元十八年（一二八一）正月，根據忽必烈的旨意，組建征日本行省，阿剌罕、高麗國王王睶為右丞相和左丞相，范文虎、忻都、洪茶丘並為右丞，李庭為左丞，張禧為參政。

出征前夕，元廷重新給授了新附軍軍官元佩虎符。范文虎提出兩條請求：一是增加漢軍萬人，二是撥馬匹二千給禿失忽思軍及回回炮匠。忽必烈同意前者，否定後者，還駁斥道：戰船安用馬匹。

忽必烈又把阿剌罕、范文虎、囊加帶召至京師，親加訓喻：「朕聞漢人言，取人家國，欲得百姓土地，若盡殺百姓，徒得地何用。又有一事，朕實憂之，恐卿輩不和耳。假若彼國人至，與卿輩有所議，當同心協謀，如出一口答之。」

於是，元軍分為兩路，忻都、洪茶丘率兵四萬，由高麗金州合浦渡海，阿剌罕、范文虎率江南兵十萬由慶元、定海等處渡海。六月，阿剌罕生病不能行，阿塔海代其總兵。

忽必烈還以「此間不悉彼中事宜」為由，命令元軍統帥自行機動處理一切軍務。

七月，兩路軍隊先後抵達日本鷹島、平戶島一帶，但行省官商議如何進攻太宰府等問題時爭論不一，彼此不和，果然發生了忽必烈臨行前諄諄叮囑和最不願意看到的情況。由於爭論，元軍在鷹島、平戶島一帶「逗留不進」，接近一月，一直未作積極的軍事攻勢。

八月一日夜間，颶風大作，波濤如山。為防止海浪顛簸，元軍艦船大多捆綁在一起。誰料此時艦船在颶風襲擊下相互震撼撞擊，破壞很大，軍士因舟壞紛紛墜海溺死。只有張禧等部事先築壘平戶島，隔五十步停泊戰艦，以避風濤觸擊，才保全了船隻。

五日，范文虎等諸將欲各自選擇堅好艦船逃歸。參政張禧起初提出異議：「士卒溺死者半，其脫死者，皆壯士也。曷不乘其無回顧心，因糧於敵，以進戰。」范文虎卻以「還朝問罪，我輩當之」為由，不予採納。

於是，范文虎等諸將乘船逃歸，十餘萬軍士被遺棄在原地，群龍無首，很快被日本軍隊擊潰，蒙古人、高麗人及漢人統統被殺，江南新附軍士多被擄為奴隸。[6]

忽必烈動用十四萬軍隊所發動的第二次侵日，就因颶風襲擊而慘敗告終。日本方面對這場挽救其國家命運的颶風，甚為崇拜，特稱之為「神風」。

在忽必烈的海外征伐中，兩次侵日是用兵最多、失敗最慘的。兩年後，忽必烈仍然不甘心，一度命令阿塔海等募兵造船，準備三征日本。此舉引起喪失十餘萬子弟、深受征日禍害的江南民眾的不滿和騷動。福建建寧黃華率眾十萬造反，就發生在二次侵日之後。御史中丞崔彧、淮西宣慰使昂吉兒等朝臣也奏言征日本不便。

至元二十一年（一二八四）忽必烈因日本尚佛，特命令江西行省參政王積翁偕補陀寺僧如智再使日本，被不願赴日的同行人所殺。

至元二十三年（一二八六）正月，鑑於「日本孤遠島嶼，重困民力」，忽必烈最終降旨：「日本未嘗相侵，今交趾犯邊，宜置日本，專事交趾。」[7]於此，渡海征日本的軍事行動，總算基本結束。

有學者認為，忽必烈以新附軍為主力遠征日本，幾乎全軍覆滅，達到了不殺降而降人自消的目的。[8]從前述范文虎執意堅持遺棄十萬兵卒的主張看，此說法不無道理。然而，它只是忽必烈征日本動機中諸複雜因素之一，並非全部或主要原因。忽必烈征日本，的確是一箭雙雕，既要征服東瀛，又希望新附軍能留戍日本諸島，以解決十餘萬新附軍廩養或遣散等難題。這兩個目標缺一不可。

據說，范文虎等諸將回京師後皆因遺棄兵士逃歸而獲罪，惟有反對撤退的行省參知政事張禧僥倖免罪。忽必烈還因征日本喪師無功而大怒，一度要全部罷免參與征戰的大小將校。[9]說明忽必烈本人還是非常希望征日本取得勝利。誠然，在取勝的同時新附軍長期屯戍日本或大量傷亡，那也是忽必烈十分愜意的。如今新附軍為主的十餘萬軍隊寸功未得，即全軍覆滅，對忽必烈的聲譽無疑是一個損害。這一點，忽必烈不可能不予顧及。所以，似乎不能把征日本當作對新附軍的單純消耗。

屢征安南

一、唆都攻占城

在征伐安南以前，忽必烈曾派兵征討安南之南的占城。

早在至元十六年（一二七九）十二月，忽必烈特意召福建行省左丞唆都回京議論詔諭海外南夷諸國事。占城因地處海路衝要而被當作首先征服的目標。

隨後，忽必烈派兵部侍郎教化的、總管孟慶元等出使占城，諭其國王入朝。次年二月，占城國王遣使貢方物，奉表歸附。

至元十八年（一二八一）十月，忽必烈封占城國主失里咱牙信合八剌麻合迭瓦為占城郡王。又立占城行省，以唆都為右丞，劉深為左丞，也黑迷失為參知政事，企圖對其地實施直接統治，並作為經營南海的基地。忽必烈還決定次年正月對海外諸番正式開始軍事征服行動，命令占城郡王為參與征伐的元軍萬人提供軍糧。

占城國王之子補的掌管國政，依仗海道不便，不肯屈服於元朝。元朝派往暹國、馬八兒等國的使臣何子志等途經占城，都被他扣留拘禁。

於是，忽必烈下令唆都等率兵征占城。臨行前，忽必烈叮囑道：「老王無罪，逆命者乃其子與一蠻人耳。苟獲此二人，當依曹彬故事，百姓不戮一人。」

十一月，占城行省唆都率軍自廣州浮海至占城港，依海岸屯駐。占城方面築起方圓二十里的木城及行宮，國王親率重兵屯戍，架立一百餘門回回炮，拒絕元軍七次諭降，負嵎頑抗。

至元十九年（一二八二）正月十五，唆都命令戰船出發，從北、東、南三面攻擊敵方木城，與占城兵萬餘激戰，城破，殺敵數千。國王殺所囚元使者，棄城逃入山中。唆都繼續攻占大州。占城王遣使赴大都奉表請降，表示願意歲貢方物。唆都則命令所部軍士建造木城，闢田以耕，積蓄糧食十五萬以供軍。

兩年後，鎮南王率大軍征安南，唆都奉命撤離占城，北上與征安南的元軍會合，對占城用兵才告一段落。[10]自此，占城國一直臣服元朝，元軍征伐爪哇及對南海諸國的使節往來，都是以占城為中轉站的。

二、強令安南內屬

安南，古名交趾。蒙古用兵安南，是從蒙哥汗七年（一二五七）開始的。

忽必烈自大理北返後，大帥兀良合台留鎮大理。是年十一月，兀良合台率兵至安南以北，先派遣兩名使者前往招諭，被安南國主陳日煚拘留入獄。翌年初，兀良合台與其子阿朮攻入安南，占領都城升龍，陳日煚逃竄。蒙古軍在其國停留九日，因氣候鬱熱匆匆撤回。

其年，陳日煚子光昺繼位，主動派人到雲南持方物謁見兀良合台，兀良合台奏稟蒙哥汗及鎮守雲南的宗王不花，遂遣使命其納款內附。

中統元年（一二六〇）十二月忽必烈即汗位伊始，特派禮部郎中孟甲、禮部員外郎李文俊為南諭正、副使，赴安南持詔宣諭，允許其「衣冠典禮風俗一依本國舊制，已戒邊將不得擅興兵甲，侵爾疆埸，亂爾人民」。

中統二年（一二六一），忽必烈封光昺為安南國王。繼而確定三年一貢，貢品包括儒士、醫人、陰陽卜筮、工匠各三人，以及蘇合油、光香、金、銀、朱砂、沉香、檀香、犀角、玳瑁、珍珠、象牙等。又以訥速丁為該國達魯花赤。當安南來使覲見時，忽必烈也回賜玉帶、金繒、藥餌、鞍轡等。此種貢納的物品部分，仍帶有傳統的朝貢貿易色彩。對索取儒士、醫人、陰陽卜筮、工匠等蒙古式的野蠻要求，安南方面則婉辭拒絕。

不久，忽必烈下詔諭以內屬國六事：一，君長親朝；二，子弟入質；三，編民數；四，出軍役；五，輸納稅賦；六，仍置達魯花赤統治之。又強索安南國內的回回商賈和巨象。對上述六事，安南多半拒不執行，且不肯拜跪受詔書。雙方對此一直爭執不休，或許是因為元朝方面忙於對南宋的戰爭，一段時間內沒有對安南的抗拒態度深加追究。

至元十四年（一二七七），陳光昺死去，其子日烜由其國人自立為王。此時南宋已經平定，忽必烈對與元帝國江南版圖毗鄰的安南轉而採取強硬政策。

次年，忽必烈遣使者嚴厲責備陳日烜：「不請命而自立」，不執行「六事」，不親來朝見。又警告：「汝若弗朝，則修爾城，整爾軍，以待我師。」日烜仍然以道路艱難，不習乘騎為由，婉言推託。

至元十六年（一二七九），忽必烈再次遣使傳達更為嚴厲的警告：「若果不能自覲，則積金以代其身，兩珠以代其目，副以賢士、方技、子女、工匠各二，以代其土民。不然，修爾城池以待……。」

兩年後，忽必烈又設置安南宣慰司，任命孛顏帖木兒為宣慰使都元帥，柴椿、忽哥兒為副使，欲強行對該地實施直接統治。同時冊立來京師朝覲的日烜叔陳遺愛為國王，取代日烜，作為元朝的傀儡和代言人。又命令柴椿率領一千新附軍護送陳遺愛至安南國境。陳遺愛回國後很快被日烜廢為庶人，又遭暗害。11

忽必烈上述政治解決安南問題的計畫失敗，訴諸武力不可避免。

三、鎮南王兩征安南及失敗

至元二十一年（一二八四）六月，忽必烈封皇子脫歡為鎮南王，賜塗金銀印，[12]駐鄂州。脫歡是忽必烈第九子，[13]巴牙兀真哈敦所生。在這以前，荊湖、占城二行省已合二為一，號為荊湖占城行省，也設在鄂州。這樣，鎮南王與荊湖占城行省共同組建的征伐安南的軍事統帥部遂告成立。

當年十二月，鎮南王脫歡與右丞寬徹、左丞李恒、萬戶李邦憲、劉世英、忙古帶等率領大軍攻入安南，分六道以進。先期攻入占城的唆都所部，也奉鎮南王的命令北上與大軍會合。

安南興道王陳國峻在萬劫一帶阻擊，被元軍擊潰。至元二十二年（一二八五）正月，安南國王陳日烜親率十萬軍隊在排灘與元軍激戰，被元帥烏馬兒等擊敗，退守瀘江。

鎮南王率大軍入都城升龍，在其宮廷舉行宴會，獻俘授馘。

元軍分兵攻取諸地，安南方面則改變策略，避開元軍鋒芒，聚集兵力和戰船，分屯要地，與元軍持久周旋。又利用氣候水土等條件，陷元軍於困境。元軍屢屢發動攻勢，一度追擊至清化等地，甚至在三峙幾乎擒獲陳日烜。日烜弟陳益稷等被迫歸降。

然而，安南軍雖然屢次戰敗潰散，卻增兵轉多。蒙古軍馬難以施展其技能長處，死傷也不少。尤其是五月氣候炎熱，暴雨疫情大作，元軍處境更加困難。

鎮南王聽取諸將的意見，決定撤軍北還。途中，連續遭安南軍隊尾追堵截，為翼護鎮南王安全出境，左丞李恒殿後，且戰且退，左膝中毒箭身亡。唆都及所部事先沒有接到班師的命令，得知大軍撤退，倉皇北撤，也在歸途中戰死。[14]

第一次征安南就以失敗而告終。

至元二十四年（一二八七），忽必烈決定再征安南。他下詔調集江淮、江西、湖廣三行省的蒙古軍、漢軍、新附軍七萬人，雲南兵六千人，海南島四州黎兵一萬五千人，總計九萬餘人。又設置征交趾行尚書省，以蒙古軍主力將領奧魯赤為平章政事，程鵬飛為右丞，烏馬兒、樊楫為參知政事，總領兵馬，一併受鎮南王節制。

忽必烈還特意將平章奧魯赤召至上都，慰諭說：「昔木華黎等戮力王室，榮名迄今不朽，卿能勉之，豈不並美於前人乎！」又宣諭鎮南王脫歡：「毋縱軍士焚掠，毋以交趾小國而易之。」

十一月，元軍分東道、西道、海道三路攻入安南。

這次征討，元軍仍未能占什麼便宜。當鎮南王率軍攻至都城升龍時，陳日烜故伎重演，主動率眾棄城撤往海上。鎮南王麾兵追擊，未見其蹤影。元軍運糧萬戶張文虎所押糧船在綠水洋一帶遭到安南兵襲擊，未能將軍糧運抵前線。

針對元軍多北人，春夏之交，瘴疫發作，戰鬥力銳減等弱點，陳日烜派宗室興寧王陳嵩屢次來約降，以麻痹元軍，拖延時日。待元軍疲憊乏糧，又派遣敢死之士夜間劫擊元軍兵營，搞得鎮南王惱羞成怒，一度想焚燒其城。

此時，諸蠻復叛，元軍內部疫情又起，所據關隘皆失守。鎮南王脫歡哀歎：「地熱水濕，糧匱兵疲。」

至元二十五年（一二八八）二月，鎮南王脫歡下令撤兵。自陸路撤退的元軍，在內傍關遭到安南重兵伏擊。三月，鎮南王急忙改由單巳縣和盝州撤退，間道以出。右丞來阿八赤率步兵騎兵，先行開路，且戰且行，每天作戰數十回合。來阿八赤本人中毒箭身亡。參知政事樊楫等所率舟師，也在白藤江受到截擊，因潮退舟阻，樊楫被俘殺。[15]

第二次征安南又告失敗。

忽必烈對兩次征安南失敗和皇子鎮南王脫歡的無能，非常惱火。他曾經下令：不許脫歡再與他見面。

按照忽必烈起初的設想，鎮南王脫歡的鎮戍區，應包括湖廣行省和安南、占城等廣闊區域，這從鎮南王的王號和《史集》中脫歡在交趾「作了整整一個星期的王」的說法，[16]就看得十分清楚。兩次征安南失敗後，脫歡的鎮戍區調至淮南江北，鎮所先遷汴梁，後徙揚州。[17]此後，脫歡本人確實沒有再得到覲見乃父的機會，也沒有被委以總兵作戰的重任。

鎮南王第二次兵敗撤回後，陳日烜立即派人貢獻金人以謝罪。忽必烈又先後三次遣使臣敦促陳日烜及嗣其王位者親自來朝，仍沒有結果。對陳日烜及嗣其王位者，忽必烈一直不承認其國王的名分，一直稱其為世子。而且，忽必烈還在至元二十三年（一二八六）春，冊封北上歸降的陳日烜弟陳益稷為安南國王，兩次想把他護送回國。

至元三十年（一二九三），晚年多病的忽必烈，依然企圖發動第三次征安南的軍事行動。他曾對北上覲見的湖廣行省右丞劉國傑說：「此事猶癢在心，豈諸人爬搔所及。」於是任命英勇善戰的劉國傑為湖廣安南行省平章政事，與宗王亦吉里帶同征安南。又以江西行樞密院副使徹里蠻為右丞。中書省奏准調集五萬六千餘軍士從征。

後來因為忽必烈病逝，第三次征安南才算作罷。[18]

兩征安南，是忽必烈海外征伐的重要組成部分。本來安南已經表示臣服，只是忽必烈堅持安南國王必須履行包括親自朝見等內容的內屬國六事，才釀成元朝對安南的大規模用兵。由於出征將士難以適應安南的氣候地理條件和當地軍民頑強抵抗，元軍的失敗不可避免。忽必烈發動的兩次征安南，繼征日本之後，同樣留下了失敗的記錄。

南攻緬國

十一—十三世紀，緬國為蒲甘王朝所統治。其居民是白衣金齒（傣族），與東北方大理的騰越、永昌二府相同。至元八年（一二七一），大理、鄯闡等路宣慰使都元帥府派遣使者乞帶脫因去緬國，招諭其主內附。至元十年（一二七三）二月，忽必烈正式派遣勘馬剌失里和國信使乞帶脫因、副使小云失持詔出使緬國，諭其王能謹事大之禮，派子弟或貴近臣僚來朝。但未見成效，使者也被殺掉。

至元九年（一二七二）雲南行省上奏：緬國王沒有歸降之心，所派使者一去不返，必須征討。忽必烈審時度勢，作出決策：暫且緩期，待重慶等地平定，然後有事緬國。

元朝方面與緬國的兵戎相見，是從雲南行省將帥和緬軍局部性戰爭開始的。

至元十四年（一二七七）三月，緬人怨恨阿禾歸附元朝，以騎兵、步卒、象軍四、五萬進攻阿禾，並且要在騰越、永昌之間建立寨子。當時大理路總管信苴日、蒙古軍千戶忽都及總把脫羅脫孩奉命征討永昌之西的騰越、蒲、驃、阿昌、金齒等未附部落，駐軍南甸。接到阿禾的告急，信苴日、忽都迅速率軍前往救援，以少勝多，擊敗了緬軍。

十月，雲南諸路宣慰使都元帥納速剌丁奉行省之令，率蒙古、爨、僰等軍三千八百餘進攻緬國江頭城一帶，招降其東北境三百餘寨，三萬五千餘戶。

關於這場戰爭，馬可波羅曾作了繪聲繪色的描述，其內容與漢文史籍記載大抵相同，情節又甚為詳贍。馬可波羅說：

韃靼軍隊的元帥探聽確實緬王率領大軍來打他，他很覺得不安，因為他自己只有一萬二千馬兵。但他實在是一個極勇敢的人，並且是一個很好的首領。他的名字叫做納速剌丁。他布置兵士……來到永昌平原歇下。等待敵人來攻打他們。他們這樣做可以表現出他們是很聰明，統帥指揮是很得宜，因為平原邊有一大森林，樹木叢深……緬王同他的人馬略事休息後，拔營再出發。他們前進至永昌平原。韃靼人一齊在那裡預備好，等待他們。當他們到了那個平原，距敵人尚有一邁耳的時候，國王把他的象排列成陣。象背負有樓寨，寨內皆有戰士，全副武裝。他次乃很巧的和很小心的布置他的馬兵同步兵……於是和他全體軍隊出發攻打敵人……韃靼軍馬望見象，皆驚惶萬狀，騎在馬背上的兵士無論如何不能驅之向敵。雖費盡氣力，仍向後退。緬國王同他的兵士，帶領著象，依然前進……當韃靼人見到他們的馬既如此之驚惶，他們就一齊下馬，把馬牽引到樹林裡面，綁在樹上。次乃取來他們的弓，拉起來，向象射出許多箭。射出之多，講起來實在驚人。象皆被慘傷……大多數的象皆照我所說的，中箭受傷了。牠們轉過身向緬王自己的兵士奔逃，其勢甚猛，幾如天地倒塌一樣，一直到了樹林，方才停住。象向樹林裡面奔竄，把背上的樓寨碰壞，打碎一切的東西……韃靼人望見象如此回轉他們尾巴，他們不肯稍稽片時，即刻跳上馬身，攻打緬王和他的兵士。他們開始用箭互射，其慘虐可怖，至此為極。緬王同他的兵士奮勇抵抗，保衛自己。他們把箭全射完了，又拿起刀鎚矛，互相砍擊……韃靼人無疑的占了勝勢。打了一點鐘，緬王和他的兵士已實在有不少的人在那一天被殺了……假如再支撐下去，就要全被殺了。因此不復留戀，快快逃命。

這場戰役，還獲得二百多隻象等戰利品，為忽必烈汗豢養大象提供了數量可觀的來源。[19]

至元十七年（一二八〇）二月，雲南行省平章政事賽典赤逝世不久，剛剛升任行省左丞的賽典赤長子納速剌丁上奏：四川已平定，征討緬國時機成熟，應遵照先前聖旨，增兵征討緬國。忽必烈詢問朝中大臣朵魯朵海，朵魯朵海回答：「陛下初命發合剌章及四川與阿里海牙麾下士卒六萬人征緬，今納速剌丁止欲得萬人。」忽必烈聽罷，表示讚賞。於是，命令樞密院修繕兵甲武備，選拔出師將士。五月，詔發四川軍一萬人，由藥剌海統領，與納速剌丁等同征緬國。至元十九年（一二八二）二月，忽必烈又降詔發思州、播州、敘州及亦奚不薛諸蠻等處士卒征緬國。這些均是大規模征伐的必要準備。

至元二十年（一二八三）九月，宗王相吾答兒、雲南行省右丞太卜、參知政事也罕的斤率兵自中慶出發，征討緬國。十月，大軍至南甸後，兵分三路，右丞太卜由羅必甸進軍，參知政事也罕的斤取道阿昔江，宗王相吾答兒從驃甸直抵其國，攻破江頭城，擊殺萬餘人。又命令都元帥袁世安領兵戍守其地，然後遣使者持江頭城一帶的輿地圖進獻朝廷。

翌年初，元軍繼續攻至太公城，降服附近寨堡十二處。緬王十分恐懼，一面自都城蒲甘南逃到勃升，一面遣高僧信弟達巴茂克北上說服忽必烈停止進攻緬國都城。[20]這樣一來，果然暫時中止了元軍進一步的南下攻勢。

至元二十三年（一二八六）二月，忽必烈下令組成緬中行省，畏兀兒貴族後裔雪雪的斤為左丞相，阿台董阿為參知政事，兀都迷失為僉行省事，專門負責征討緬國。行省統兵進入緬國後，駐於其北部的太公城。十月，又以禿滿帶為征緬都元帥，張萬為副都元帥，也先鐵木兒為征緬招討司達魯花赤，千戶張成為征緬招討使，督造戰船，率領六千兵卒參與征緬。雲南行省也奉雲南王令旨撥軍一千，自中慶出發，與征緬行省會合。

在調兵遣將的同時，忽必烈還派遣鎮西平緬宣撫司達魯花赤兼招討使怯烈為招緬使赴緬國宣諭其降附。

次年，緬王被其庶子不速速古里毒殺，緬國內大亂。雲南王也先帖木兒利用這個機會，會合諸王兵馬，攻取緬國都城蒲甘。此役元朝方面雖然損失七千餘兵士，但緬國終於被征服，並開始歲貢方物。還在蒲甘設置邦牙宣慰司。而後，緬王子的立普哇拿阿迪提牙襲王位，正式向元朝廷臣服進貢。[21]

馬可波羅說，元軍攻占緬國都城蒲甘後，忽必烈所派的一些將領向大汗奏報：緬王去世前曾建造鍍金佛塔、鍍銀佛塔各一座，上面包有一指厚的黃金或白銀，如何美麗，如何值錢。假如大汗想要，他們可以把塔打碎，把金銀送給他。忽必烈的答覆是：他不願意把這兩座塔打破，但願仍如以前造塔的緬王所吩咐，使塔照舊站在那裡。馬可波羅還講了忽必烈如此答覆的兩條理由：一是忽必烈曉得緬王造這兩座塔是為他靈魂好處和死後有人紀念他；二是韃靼人沒有要死人用物作貢品的習俗。[22]

從南亞、東南亞佛教國家率以黃金鍍佛塔和蒙古人的有關風俗看，馬可波羅的說法大體是真實的。

跨海征爪哇

爪哇是十三世紀的南海強國。平定南宋之後，忽必烈多次派遣使者詔諭爪哇國王入朝。爪哇方面也曾派使者進獻金佛塔。[23]若干年後，元朝使者孟琪被爪哇王黥面的偶然事件，導致忽必烈派兵跨海征爪哇。

至元二十九年（一二九二）二月，忽必烈詔史弼、亦黑迷失、高興並為福建行省平章，率福建、江西、湖廣三行省兵二萬，遠征爪哇。

忽必烈對這次征伐十分重視，曾經叮囑來京陛辭的亦黑迷失說：「卿等至爪哇，明告其國軍民，朝廷初與爪哇通使往來交好，後刺詔使孟右丞之面，以此進討。」三名平章各有分工，史弼為首席長官，負責軍事，亦黑迷失、高興為副貳，分別負責海道水軍和步兵。屬下設左、右兩個都元帥府和四個征行上萬戶。

忽必烈甚至有令元軍長期駐屯爪哇的意圖，他特意對亦黑迷失說：「汝等至爪哇，當遣使來報。汝等留彼，其餘小國即當自服，可遣招徠。彼若納款，皆汝等之力也。」除了準備五千艘海船外，又給糧一年，頒降鈔四萬錠、金虎符十個、金符四十個、銀符一百個、金衣緞匹一百端，用於軍功犒賞。高興等還獲得玉帶、錦衣、甲冑、弓矢和大都良田千畝等賞賜。

十二月，元軍自泉州啟程。翌年二月，抵達爪哇北岸。亦黑迷失先領官軍五百餘前往招諭。

史弼所率大軍分兵上岸，駐兵伐木，造小舟以入，水陸並進。

此時，爪哇國王哈只葛達那加剌已被相鄰葛郎國主哈只葛當所殺，爪哇國王之婿土罕必闍耶與葛郎國軍交戰，沒有取勝。聽到元軍在爪哇登陸，遣使攜爪哇國圖籍戶口迎降，且向元軍求救。

史弼輕信土罕必闍耶之言，遂與諸將率軍三路進擊葛郎國軍，兩次大敗其軍，迫使葛郎國主哈只葛當投降。

四月二日，土罕必闍耶佯稱欲歸故地修改降表和取所藏珍寶入朝，史弼、亦黑迷失再次輕信其言，許其回去，派萬戶担只不丁等領兵二百護送。不料，土罕必闍耶途中殺死萬戶担只不丁等，背叛逃去。不久，糾集部眾，夾道攻擊班師之元軍。

史弼率軍且戰且退，殺哈只葛當父子，行三百里，慌忙至海岸登船，航海六十八日，歸泉州，損失兵卒三千餘。

回國後，史弼、亦黑迷失雖然以所獲降人和金銀犀象等物進獻，但忽必烈仍然追究他倆輕信放縱土罕必闍耶及亡失較多的罪過，處以杖十七下，籍沒家資三分之一的懲罰。高興則因未參與放縱土罕必闍耶，受到五十兩黃金的賞賜。[24]

對高麗的占領和統治

一、扶植新國王

由於地理接近的緣故，從窩闊台到蒙哥汗，曾先後四次派兵進入高麗，並開始在該地駐屯軍隊，強迫子弟入質。高麗王不得不遷都江華島。

忽必烈建元朝以後，改而採用軍事攻略和政治懷柔相結合的政策，進一步加強了對高麗的統治。

忽必烈與高麗王室的政治聯繫，始於蒙哥汗後期。一二五九年，高麗王世子王倎奉蒙哥汗聖旨赴四川前線朝見。中途聞蒙哥汗死訊，改道東來。忽必烈自鄂州北上，王倎迎謁於汴梁，又隨從至開平。

中統元年（一二六〇）三月，忽必烈即汗位伊始，高麗國王逝世的消息傳來，藩邸舊臣趙良弼和廉希憲不約而同地向忽必烈獻策：高麗國世子王倎入朝蒙哥汗未果，留二年不遣。今其父已死，若立王倎，遣送回國，必定感恩戴德，一心內附，這樣可以不煩兵戎而得一國。忽必烈對王倎主動迎謁和隨從北上，頗有好感，欣然接受以上建議，改而以國王禮節館舍接待王倎，顧遇有加。然後，派兵護送王倎回國即王位。

忽必烈還頒發了赦免高麗國境內的制書，宣布令王倎「完復舊疆，安爾田疇，保爾室家」，「世子其王」，「永為東藩」；「中外枝黨，官吏軍民，聖旨到日已前，或有首謀內亂，屢拒王師，已降附而還叛」，「罪無輕重，咸赦除之」。

六月，王倎派其子永安公王僖等入賀新大汗即位，忽必烈又授予王倎封冊、虎符和高麗國王印。並應王倎的請求，詔令撤回駐屯高麗境內的蒙古軍隊，歸還被擄及逃離國境的高麗百姓。[25]

中統二年（一二六一）王倎入朝，不久改名王禃。此後頻繁派世子或使臣奉表入朝。次年，忽必烈又向高麗王頒賜曆書，歲以為常，高麗國開始同時使用元朝和本國兩種紀年。

同年十月，忽必烈詔諭高麗王禃實施「籍編民，出師旅，輸糧餉，助軍儲」等內屬國有關條款。

王禃以其百姓久經喪亂為由，上表乞求暫緩實行。忽必烈對其優容寬大，一一允許。

中統五年（一二六四），忽必烈以阿里不哥南下歸附和改年號至元，派遣必闍赤古巳獨征王禃入朝，參加上都諸王貴族大臣忽里台聚會。王禃秉命以內屬國元首入朝與會，給忽必烈召集的此次忽里台聚會增添了一份對外征服的業績。

至元五年（一二六八年），忽必烈對高麗王禃遲遲不去水就陸、自江華島遷回舊都，對王禃不踐約履行成吉思汗所定內屬國六條中的助軍、輸糧、籍戶、置達魯花赤等，甚為不滿，專門遣北京路總管于也孫脫和禮部郎中孟甲持詔質問王禃。

忽必烈還親自對高麗國使臣李藏用訓喻道：「回諭爾主，速以軍數實奏，將遣人督之。今出軍，爾等必疑將出何地，或欲南宋，或欲日本。爾主當造舟一千艘，能涉大海可載四千石者。」當李藏用言其兵疫多死，徒有虛數，「人民殘少，恐不及期」等困難時，忽必烈的答覆是：「死者有之，生者亦有之。」足見，忽必烈對高麗助軍造船的要求，十分堅決。在後來征日本的軍事行動中，高麗確實提供了海船等方面的多種支援。

二、嗣國王尚公主

至元六年（一二六九）六月，高麗國權臣林衍策動政變，立王禃弟安慶公淐取代王禃。世子王愖向忽必烈奏訴本國臣下擅廢立事。忽必烈曾經在王淐入朝時當面責備他欺負兄長王禃。聽了世子的奏報，忽必烈覺得王淐對先前的訓喻置若罔聞，自然非常惱火。他立即命令使臣斡朵思不花、李諤等至高麗國詳問此事，條具以聞。二使臣轉達權國王淐的奏表詭稱，國王禃遘疾，令弟淐權國事。忽必烈當然不相信，他應世子王愖的請求，封其為特進、上柱國，率兵三千赴其國難。

十月，忽必烈命令兵部侍郎黑的、淄萊路總管府判官徐世雄召王禃、王淐、林衍十二月同詣闕下，面陳真情，聽其曲直。又命令札剌亦兒部國王頭輦哥率兵壓高麗境，三人若逾期不至，即進兵剿戮，窮治首惡。管軍萬戶宋仲義和王綧、洪茶丘所部三千高麗軍，奉命參與了此次征討。

十一月，懾於元朝方面的政治軍事壓力，王淐、林衍被迫恢復了王禃的王位，十二月，王禃親自入朝。

至元七年（一二七〇）二月，王禃求見燕王真金，忽必烈詔曰：「汝一國主也，見朕足矣。」還就王禃朝見班序向其解釋道：「汝內附在後，故班諸王下。我太祖時亦都護先附，即令齒諸王上，阿思蘭後附，故班其下，卿宜知之。」

忽必烈派東京行省頭輦哥國王和平章趙良弼率兵護送王禃回國，又以脫朵兒為其國達魯花赤，鎮撫其境。還強制高麗君臣自江華島遷出，復歸王京。另外，洪茶丘奉命率兵往鳳州一帶立屯田總管府，長期戍守。

在高麗臣民自江華島遷回舊都過程中，發生分裂。此時權臣林衍已死，其子惟茂襲掌國政，旋被擁護遷回舊都的侍郎洪文系等所殺。林衍黨羽裴仲孫率守衛江華島的親近部隊叛亂，另立宗室承化侯溫為王，逃竄珍島。

至元八年（一二七一）五月，忽必烈命令經略使忻都、與史樞、洪茶丘進討珍島，大敗叛軍，殺承化侯溫。[26]林衍餘黨基本被肅清。

忽必烈制止高麗權臣擅廢立獲得成功，王禃作為高麗國君和元朝代理人的地位隨之得以鞏固。此後，高麗王王禃屢次派世子愖入朝，還主動向忽必烈為其子請婚。忽必烈起初未允其請，拖至至元十一年（一二七四）五月，見到高麗國內基本穩定，王禃父子對元朝的忠誠也無可挑剔，才最終批准將皇女忽都魯揭里迷失下嫁世子愖。

七月，高麗國王王禃逝世。忽必烈命世子愖襲為國王，又詔諭高麗國臣民：「國王王禃存日，屢言世子愖可為繼嗣。今令愖襲爵為王。凡在所屬，並聽節制。」

高麗國遵照元朝廷的命令，整頓境內已設置的驛站。李益、黑的、石抹天衢等相繼任正、副達魯花赤，

至元十五年（一二七八），忽必烈應高麗王愖的請求，廢罷了上述達魯花赤設置。又以帶方侯王澂率衣冠子弟二十人入為質子，還在高麗簽軍五千六百人助征日本。

至元十四年（一二七七）正月，高麗國一度發生大臣金方慶的陰謀叛亂，但很快被國王和忻都、洪茶丘為首的東征元帥府捕捉治罪，平息下去。[27]其餘反元叛亂逐漸銷聲匿跡。

以王愖尚忽必烈之女和嗣高麗國王為開端，元朝和高麗國長期結成了政治聯姻關係。王愖及日後國王尚蒙古公主者，一律授號「駙馬高麗國王」，憑藉駙馬身分加強了在元朝和國內的權勢，並享有宗廟、設官、司法、軍事、徵稅等方面的部分主權。蒙古公主在高麗國也頻繁參與國政，地位和權力頗顯。

元麗聯姻以後，高麗國基本杜絕了反元事件，與元朝廷的關係更為密切。[28]忽必烈嫻熟地運用了乃祖軍事征服和聯姻的兩手策略，最終將高麗國改造為由元朝嚴密控制、貫徹六條規則較徹底的「內屬國」。這稱的上是忽必烈在對外征服方面成功的一筆。

儘管忽必烈親自締結了高麗國王尚蒙古公主的政治聯姻關係，但他對高麗國仍然抱著成見和蔑視態度。據說忽必烈曾「誓不與高麗共事」。還立下「賤高麗女子，不以入宮」的「世祖皇帝家法」。[29]

忽必烈控制高麗的另一巧妙之處是，善於利用高麗王之外的其他歸附元朝的力量。

王綧早在窩闊台汗時以高麗王子入質，忽必烈命其擔任高麗新附軍民總管，佩虎符，統領元朝境內的高麗歸附人戶。王綧先奉命征李璮，接著奉命簽領部民一千三百戶隨木華黎後裔頭輦哥國王入高麗境平定林衍擅廢立之亂。[30]其子阿剌帖木兒、闊闊帖木兒、兀愛中的二人先後襲王綧總管等職，從上述三子改用蒙古名字和始終效忠元朝，或征戍高麗，或渡海征日，或從征乃顏等實際活動看，忽必烈重用王綧的政策收效很大。

另一名早期歸附蒙古的高麗人洪福源，蒙哥汗時因王綧譖言被殺。忽必烈即位後，第三子洪茶丘申明其父的冤情，忽必烈很快命令他襲父官職，與王綧同掌高麗歸附人戶，相繼擔任東征右副都元帥和都元帥，[31]成為忽必烈征討和鎮遏高麗中的又一員忠實幹將。

至元六年（一二六九）十一月，高麗西北面兵馬使官吏崔坦以反對林衍擅廢立為名，殺西京留守等官，西部五十餘城歸附元朝。忽必烈立即降詔支持，下令把慈悲嶺以西的地區改為東寧府，直接內屬朝廷，特派忙哥都為安撫使，率兵鎮戍其地。直到至元二十七年（一二九〇），東寧府撤銷，該地才回歸高麗。[32]

利用高麗王以外的其他歸附力量，對分化瓦解反元勢力，對消除高麗王室的離心傾向，也能發揮一定的積極作用。

* * *

對忽必烈的海外征伐，元人趙天麟批評道：

竊見數年以來，北征閱牆之叛，東伐俘海之國，近又大舉南征，鞭策未嘗停，戎轞未嘗解……勝之不足以喜，得之不足以治。33

忽必烈對日本、安南、緬國、爪哇、高麗海外諸國的征伐和占領，半數沒有達到預期的效果，有些還損失慘重。這類征伐，暴露了忽必烈黷武海外、揚威海外的強烈欲望和野心，這對成吉思汗後繼者來說，倒可以理解。就結局而言，這類征伐的地點多數是炎熱的南方或距大陸遙遠的海島，蒙古鐵騎無法發揮其優勢和長處，歸附蒙古的漢軍、新附軍也不適宜或不願意海外征戰。黷武海外之失敗，不可避免。

註釋

1 杉山正明《游牧民から見た世界史》，日本日經ビジネス人文庫，二〇〇三年。

2 《元史》卷二〇八〈日本傳〉。

3 《馬哥孛羅遊記》張星烺譯本，頁三四五，商務印書館，一九三六年。

4 《元史》卷一五九〈趙良弼傳〉，卷二〇八〈日本傳〉；《元朝名臣事略》卷一一〈樞密趙文正公〉。

5 《元史》卷八〈世祖紀五〉，卷一五四〈洪福源傳〉，卷二〇八〈外夷一〉。關於征日軍士數量，〈洪福源傳〉作二萬。

6 《元史》卷一一〈世祖紀八〉，卷一五四〈洪福源傳〉，卷一六二〈李庭傳〉，卷一六五〈張禧傳〉，卷二〇八〈日本傳〉；《桐江續集》卷三二〈孔瑞卿東征集序〉。

7 《元史》卷一四〈世祖紀十一〉，卷一三二〈昂吉兒傳〉，卷二〇八〈日本傳〉。

8 韓儒林《元朝史》前言，人民出版社，一九八六年。

9 《元史》卷一六二〈劉國傑傳〉，卷一六五〈張禧傳〉。

10 《元史》卷二一〇〈占城傳〉，卷一一〈世祖紀八〉，卷一二九〈唆都傳〉。

11《元史》卷二〇九〈安南傳〉，卷一一〈世祖紀八〉至元十八年十月；《安南志略》卷一三，頁三一二，中華書局，一九九五年。

12關於鎮南王脫歡的王爵印章等級，《新元史．世祖諸子傳》依據《元史．諸王表》的籠統記載，斷言：「脫歡……至元二十一年六月封鎮南王，賜螭紐金印。」此說有誤。《元史．世祖紀》至元二十一年六月甲寅條明言：「賜塗金銀印。」在世祖朝確立的六等印章王爵制度中，「塗金銀印」應屬第四等或第五等，而非第二等的金印螭紐。至元二十一年以後，也未見鎮南王脫歡改賜印章和提升等級的史料記載。《元史．諸王表》第二等的金印螭紐欄內有關鎮南王脫歡的記錄，並不準確。因為該欄中除脫歡外，尚有其子孫老章、脫不花、帖木兒不花、孛羅不花，故《元史．諸王表》記載的鎮南王位居第二等金印螭紐，很可能是文宗天曆二年十二月嗣鎮南王帖木兒不花改封第二等金印螭紐宣讓王時的一併提升所致。另，《元史．諸王表》中，脫歡次子、威順王寬徹普化在第二等金印螭紐和第四等金鍍銀印駝紐二欄，均有其名，只是第二等金印螭紐欄中其封授時間失載。筆者拙見，第四等金鍍銀印駝紐是寬徹普化泰定三年始封的情況，第二等金印螭紐則可能是天曆二年十二月與帖木兒不花一併改封提升的結果。換言之，鎮南王和威順王的王爵印章等級，很可能都是天曆二年十二月與帖木兒不花一併改封提升為第二等的，鎮南王脫歡在位期間僅屬「塗金銀印」的第四等或第五等。

13《史集》言脫歡為第十一子。參見余大鈞、周建奇譯本，第二卷，頁二八五，北京商務印書館，一九八五年。今從《元史．宗室世系表》。

14《元史》卷二〇九〈安南傳〉，卷一三〈世祖紀十〉，卷一二九〈唆都傳〉、〈李恒傳〉；《安南志略》卷一三，頁八七，中華書局，一九九五年。

15《元史》卷二〇九〈安南傳〉，卷一三〈世祖紀十〉，卷一四〈世祖紀十一〉，卷一二九〈來阿八赤傳〉，卷一三一〈奧魯赤傳〉，卷一六六〈樊楫傳〉；《安南志略》卷一三，頁九〇，中華書局，一九九五年。

16《史集》余大鈞、周建奇譯本，第二卷，頁三三七，北京商務印書館，一九八六年。

17《元史》卷一四〈世祖紀十一〉至元二十四年閏二月乙酉，卷一六〈世祖紀十三〉至元二十八年二月丙戌。

18《元史》卷二〇九〈安南傳〉；《至正集》卷四八〈劉

國傑神道碑〉；《安南志略》卷一三，頁九二，中華書局，一九九五年。

19《馬哥孛羅遊記》張星烺譯本，頁二五二，商務印書館，一九三六年。

20《元史》卷二一〇〈緬傳〉，卷一四〈世祖紀十一〉；《中外關係史譯叢》第一輯〈信弟達巴茂克信弟達巴茂克碑銘〉，上海譯文出版社，一九八四年。

21《元史》卷二一〇〈緬傳〉，卷一四〈世祖紀十一〉；《南詔野史》下卷，段忠條。

22《馬哥孛羅遊記》張星烺譯本，頁二五八，商務印書館，一九三六年。

23《元史》卷一一〈世祖紀八〉至元十八年十一月壬午。

24《元史》卷二一〇〈爪哇傳〉，卷一六二〈史弼傳〉、〈高興傳〉，卷一三一〈亦黑迷失傳〉。

25《元史》卷四〈世祖紀一〉，卷二〇八〈高麗傳〉，卷一二六〈廉希憲傳〉；《元朝名臣事略》卷一一〈樞密趙文正公〉。

26《元史》卷六〈世祖紀三〉，卷七〈世祖紀四〉，卷二〇八〈高麗傳〉，卷一五四〈洪福源傳〉。

27《元史》卷八〈世祖紀五〉；卷二〇八〈高麗傳〉。

28《牧庵集》卷三〈高麗沈王詩序〉。

29《庚申外史》頁一二；《元史》卷四一〈順帝紀四〉。

30《元史》卷一六六〈王綧傳〉。

31《元史》卷一五四〈洪福源傳〉。

32《元史》卷二〇八〈高麗傳〉。

33《太平金鏡策》卷八〈辨至公〉。

第十四章　站赤通天下　貨舶渡大洋

站赤與急遞鋪

一、完善和推廣站赤制度

蒙元的站赤制度是窩闊台汗所創立。起初設立站赤，是為解決使臣長途馳騁和搬運貨物的困難，以適應蒙古帝國廣袤疆域內交通聯絡的需要。當時只是粗略規定了管站者、馬夫、所用馬牛、車輛、飲食分例、持牌面文字用驛等，[1]故算作站赤的初具規模。

忽必烈的貢獻在於，迅速健全完善了站赤制度，並且將其推廣到元帝國大一統的國度。

正如馬可波羅所說：

> 驛站是每二十五邁耳，或三十邁耳設置一個，皆設在沿著所有通到各省的重要道路上……欽差大臣就經毫無路途、山道崎嶇、全無房屋旅館可住的地方，大可汗在那裡也建築驛站、宮殿。別的東西如馬和馬具等，也皆設備，一如他站。在這些地方各站距離略微長些。有的相距三十五邁耳，更有相距四十多邁耳者。大可汗也移民到那裡住，並叫他們耕種，作站中所需的事務。[2]

據《元史・兵志四》的統計，中書省直轄區腹里驛站一百九十八處，河南行省驛站一百七十九處，遼陽行省驛站一百二十處，江浙行省驛站二百六十二處，江西行省驛站一百五十四處，湖廣行省驛站一百七十三處，陝西行省驛站八十一處，四川行省驛站一百三十二處，雲南行省驛站七十八處，甘肅行省脫脫禾孫馬站六處。這些驛站多半是忽必烈統一南北前後設置的。

首先，忽必烈基於原有規則，進一步明確了往來使臣的祗應分例。

中統四年（一二六三）三月中書省議定：乘驛使臣於換馬處分例，正使支付粥食及解渴酒，隨從只給粥。住宿停頓處，正使支付白米一升，麵一斤，酒一升，油鹽雜支鈔十文，隨從白米一升，麵一斤。冬季（十月一日開始，正月三十日結束）一行人員每日開支炭五斤。持皇帝聖旨、諸王令旨及省部文字辦理公事乘長行馬者，其中一、二名為長的，支付住宿停頓分例，每日白米一升，麵一斤，油鹽雜用鈔十文。隨從只給粥飯。其馬料供給十月開始，三月三十日終止，每匹馬一日草十二斤，料五升。投呈公文的曳剌、解子等差役人員，依照部擬有關條例在宿頓處審查支付。至元二十一年（一二八四）四月，又對使臣分例略作增加。[3]

接著，忽必烈參考漢軍軍戶的有關制度，制定了站戶的簽起，服役及優待條例。

中統四年五月雲州設置站戶之際，開始確定從中上戶內選充的制度，馬站戶出馬一匹，牛站戶出牛二隻。所選拔的站戶，不問親自應役抑或驅口應役，每戶取二丁，連同家屬於立站處安置。次年八月，忽必烈又以詔書決定：站戶貧富不等，每戶限四頃免除稅糧，四頃以外，另行交納稅糧。至元二十年（一二八三）七月，下令免除站戶和雇和買及一切雜泛差役。[4]

忽必烈完善站赤的第三件事，即增設江南新征服區域的驛站。

至元十七年（一二八〇）二月，忽必烈下詔：江淮諸路增置水站，持海青牌的急使和涉及軍事者，方能使用。至元二十五年（一二八八）二月，針對江南實際情況，規定所在站戶以稅糧七十石出馬一匹為基準，或者十石以下八、九戶共出馬一匹，或者二、三十石之上兩、三戶共出馬一匹，並免一切雜泛差役。合戶出馬一匹不得超過十戶，獨戶出馬一匹的稅糧不得逾百石。[5]

馬可波羅所云：「這些城市用他們所應付大可汗的貢稅來餵養馬匹。譬如有人應當徵納稅額夠養一個半馬的用處，他就被命令去照這數目捐助靠他最近的驛站此項費用。」[6]這似乎是對江南依稅糧數出馬新制的自我理解和詮釋。

於是，元朝的站赤網路也被推廣到整個江南，還變通北方的四頃地免稅舊制，改而依稅糧數來確定站戶的應役負擔。

忽必烈在站赤方面所做的第四件事，即健全各級官署。

元朝廷管理站赤的機構，最初是至元七年（一二七〇）所立的諸站都統領使司。至元十三年（一二七六）正月，改為通政院。至元二十九年（一二九二），忽必烈又命通政院派官四名，赴江南四省整頓站赤。[7]

路州縣則從站戶應役人員中選取頭目等官，具體管轄所在驛站。至元十一年（一二七四）十月，又命令各地站赤頭目直隸路總管府，站戶家屬則由原籍州縣管理。後來，進一步確認路府州縣達魯花赤長官依照軍戶例，兼管站戶家屬奧魯，非奉通政院明文，不得擅科差役。又命脫脫禾孫專門於關津要路檢查盤問使臣乘驛牌面文書。

乘驛憑據的改進，也是忽必烈的貢獻之一。

元初乘驛憑據分為三種：畏吾兒蒙古字給驛璽書、中書省札子、海青牌。

畏吾兒蒙古字給驛璽書始於中統三年（一二六二）三月。大約在中書省建立不久，元廷依官府級別和事務繁簡，頒發數量有差的中書省鋪馬札子。例如諸路總管府和各道按察司統一頒給中書省鋪馬札子三道。中書省鋪馬札子起先用畏兀兒蒙古文，因各處站赤未能盡識，至元八年（一二七一）正月中書省議定改為墨印馬匹數目，加蓋省印，以為札子憑據。[8]

元初驛站用牌符之一海青牌，又稱海青符。至元十四年（一二七七）九月，一度改制為鑌鐵海青圓符。此牌為圓形，因牌面上鑄有海東青鷹的圖樣而得名。馬可波羅稱其為「大鷹牌子」，[9]非常符合它的形體特徵。

海青牌主要用於使者馳驛通報緊急軍情，如中統三年（一二六二）平定李璮之亂期間，元廷特意下令「燕京至濟南置海青驛凡八所」，「晉山至望雲立海青驛」，[10]專供持海青牌使者馳報軍情。海青牌頒給統領大軍的將帥，供其派遣急使使用。一般達官不能享受此種權力。懸帶海青牌的使者可享用取便道，隨時更換馬匹和供給食糧等待遇。還常常發生「於過往客旅莊農百姓人等處奪要，拽車牽船，騎坐頭匹」。據說，負責傳達緊急命令的「海青使臣，一晝夜或行八站、九站，遇站則易馬。騎馬之人用杪木夾鐵拄腰，食不敢飽，飽則嘔出心肺，使臣走至馬死，則有賞」。[11]按每站九十里計算，其一晝夜可行七、八百里。與明清八百里快馬使者類似，稱得上是乘驛走馬最快的使臣。

忽必烈改進乘驛憑據，包括海青牌改為金、銀字圓牌，中書省鋪馬札子改為皇帝鋪馬聖旨，以及諸王令旨用驛的廢止。

至元七年（一二七〇），元廷開始將原海青牌上的海青圖樣改鑄為八思巴蒙古字。忽必烈曾親自頒發改用八思巴蒙古字牌面的聖旨，並下令依數倒換。[12]新式金、銀字圓牌正式啟用於至元十五年（一二七八）。到至元十八年（一二八一）仍有參用海青牌的零星記載。[13]

更換後的圓牌，形體大小一致，又按等級分作金字、素金字、銀字三種，且有邊欄台級字樣和平級字樣的區別。朝廷軍情大事奉聖旨所派使者佩金字圓牌，諸王使者用素金字圓牌，官長因軍情大事所遣使者佩銀字圓牌。佩圓牌者仍可優先用驛，可使用特殊驛站。出征將帥及部分行省有時特定頒給圓牌若干。如至元二十三年（一二八六）四月福建、東京二行省各給圓牌二面，河南行省給圓牌二面，奧魯赤出師交趾特給圓牌四面；至元三十年（一二九三）八月，忽必烈命劉國傑為安南行省平章率兵五萬再征交趾，特給圓牌三面。[14]

改用皇帝鋪馬聖旨作為乘驛憑據，大約始於至元十九年（一二八二）。當年四月，忽必烈下令：「今後您省家休與鋪馬文字者，這裡與聖旨者。」於是，忽必烈即以詔令形式頒給當時的揚州、鄂州、泉州、隆興、占城、安西、四川、西夏、甘州九行省鋪馬聖旨各五道。同年十月，又視情況對四川等五行省的鋪馬聖旨予以適當增加。

忽必烈如此變動的原因主要是，中書省鋪馬劄子頒發及控制不夠嚴格，各地官員及使臣濫用乘驛情況嚴重，包括江南行省、行御史台、按察司、宣慰司、各路總管府諸衙門也競相擅自給發鋪馬札子。忽必烈改用皇帝鋪馬聖旨作為乘驛憑據，也含有禁止上述衙門擅自給發鋪馬札子的內容。[15]不過，至元十九年的改動並不徹底，在以後的一段時間內，忽必烈仍然允許中書省鋪馬劄子與皇帝鋪馬聖旨交參使用。直到至元二十七年（一二九〇）以後，中書省鋪馬札子的使用才逐漸稀少，鋪馬聖旨遂成為圓牌以外最為常用的乘驛憑據。[16]

忽必烈即位初期曾明確規定諸王以令旨入站使用鋪馬頭口的權力，各地官府若不能及時應付，要予以追究。後來，忽必烈對諸王令旨起用驛馬採取了逐步限制乃至最終廢止取消策略。至元七年（一二七〇）開始禁止口傳諸王令旨用驛。至元二十年（一二八三）以後又要求諸王用驛令旨須先送中書省等官署審批，得到准許文字，方可按某種定額使用驛站。[17]至元二十八年

（一二九一）七月，元廷又命令雲南行省拘收雲南王用驛令旨，[18]這應是廢止諸王令旨起用鋪馬權力的端倪。此項政策到成宗、仁宗朝，終於得到徹底貫徹。

元人稱：

欽惟聖朝一統天下，龍節虎符之分遣，鑾陌駿奔之貢奉，四方萬里，使節往來，可計日而至者，驛馬之力也。於是四方往來之使，止則有館舍，頓則有供帳，饑則有飲食，而梯航畢達，海宇會同。[19]

站赤的普遍設置，構成了以大都為中心的稠密交通網，有利於元廷對廣袤疆域的政治軍事控制，也有利於國內外商業貿易及文化交流。尤其是乘驛憑據的改進，對於扭轉地方各自為政的傾向和強化朝廷號令的集中統一，無疑具有特殊意義。在站赤通天下的進程中，忽必烈應是窩闊台汗之後又一位做出重大貢獻的人物。

二、創立急遞鋪

除站赤以外，忽必烈自中統元年（一二六〇）開始設立急遞鋪，用於軍政重要公文的傳遞。馬可波羅記述道：

在驛站中間，每隔三邁耳路程有一個村莊。莊上大約有四十家，住者皆是跑道的人，也是替大可汗送信的……他們穿著寬帶子，周圍掛著鈴鐺。當他們在路上跑時候，很遠就可以聽到了。他們常常用充足的速度飛跑，只跑三邁耳。在三邁耳終點，另有一個信差很遠聽見鈴聲時候，預備好站著，等待跑到的人。這個信差跑到，那個就拿著他所帶來的東西，並得到書記官的一張條子，然後就開始飛跑。以後他也跑三邁耳……照這樣用跑道的人，大可汗在一晝夜間，能得十天路程以外各地方的消息……在每三邁耳驛站上，有一個委派的書記去記錄信差到的日期鐘點和別個出發的日期同鐘點。所有各站皆是這樣做。並且也有委派的人每月到這些站上去查看，有無跑道不力的人。如有不勤力的人就加以懲罰。[20]

馬可波羅所說基本屬實。最初，急遞鋪僅設在燕京與開平府、開平府與京兆府之間，而後根據需要逐漸推行到全國。通常每十里，或十五里、二十五里設一鋪。每鋪鋪丁五人，於各州縣所轄民戶及漏籍戶內簽起，須要本戶少壯善跑人力正身應役，不許雇人領替。鋪丁自備夾板、鈴攀、纓槍、軟絹包袱各一，油絹三尺，蓑衣一領，回曆一本。當值鋪丁腰繫革帶，懸帶鈴鐺，挾雨衣，背負文書以行。若道路狹窄，沿途車馬行人聞鈴聲必須躲避路旁。鈴聲傳至下一鋪，鋪丁即提前準備迎接。鋪鋪相接，疾遞而行，按規定一晝夜行程四百里，夜晚持火炬照明。

轉遞公文時，有嚴格的交接和檢查制度。各處縣官在每個急遞鋪都放置文簿一道，隨時記錄轉遞文書、到鋪時間及當值轉遞人姓名。還要求轉遞人取下鋪押字交接時刻回鋪。各路總管府以正官一員每季度親自提點，各州縣則命末職正官一員上、下半月照刷文簿，查驗滯遲。如有違犯，鋪丁鋪司，痛行斷罪，提點官查驗官也要視情節輕重予以笞責、罰俸等處分。

由於諸色官府競相使用急遞鋪，引起鋪丁負擔過重等弊病，元廷還開始限制入遞公文的類目及所屬官衙。如中統年間允許中書省下發公文及宣慰司、轉運司、各路總管府申稟公文及沿邊軍情等入遞；至元八年（一二七一）又規定各路重量十斤以下帳冊可入遞，各衙門綵貨、鈔數、弓箭、軍器、茶墨等物品不得入遞；至元二十年（一二八三）以後又准許功德使司及釋教總攝所公文入遞。21

這樣，急遞鋪體制在忽必烈時期基本建立起來了。

開闢海運

一、一日糧船到直沽

忽必烈定都幽燕和統一中國以後，把各地的錢糧財賦藉水道等運往京師，成為至關國計民生的大事。在忽必烈的支持下，元朝廷開創了從江浙閩沿海到渤海直沽（今天津）口岸的海上糧食運輸。

海運，儘管是沿海岸線的長途跨海運輸，也需要依賴於造船技術的進步，依賴於航海知識和航道的發展。這兩個條件因南宋航海業的迅速繁榮已經基本具備。而平定南宋後東南富庶地區盡入版圖，北邊對蒙古叛王的戰爭連續不斷，統治者對江南財富的貪婪需求等等，又使海運從偶然性運貨活動演進為元代東南漕運的主要形式。《元史・食貨志一》載：「元都於燕，去江南極遠，而百司庶府之繁，衛士編民之眾，無不仰給於江南。」也是在說這種政治經濟需求。

最初的海上運貨，始於至元十三年（一二七六）伯顏平南宋，入臨安，欲運宋室帑藏圖籍北上。當時李庭芝、姜才死守揚州，運河水道受阻，伯顏特命張瑄、朱清等自崇明州由海道運載入大都。

張瑄、朱清原是南宋崇明一帶的著名海盜，曾乘舟抄掠海上，後泛海北上降元，非常熟悉長江口到渤海灣的航道，因此，順利完成了首航運輸帑藏圖籍的任務。張瑄、朱清還隨從伯顏丞相入見忽必烈，以功授金符和千戶官職。

而後五、六年間，忽必烈曾經接受南宋降官王積翁「如今江南糧多，若運至京師，米價自賤」的奏議，極為重視南糧北運，但海運並沒有正式開始，東南財賦依然使用運河水道轉漕北上。因為運河數百年失修，舊的運河轉輸弊病頗多，河道狹窄而水淺，大船無法航行。船行五十里，就得築堰蓄水。又需要過長江、淮河，溯泗水而上，沿途險峻處不少。從東阿到茌平三百里地段，仍需車推輦運。當時的運河轉輸，艱難而糜費巨額，成為朝廷甚為棘手的難題。

至元十九年（一二八二）張瑄、朱清建議：試行海路運輸東南錢糧財賦。丞相伯顏追憶當年海道成功運送南宋圖籍事，認為海運可行。於是，上奏忽必烈。

忽必烈對海運之議很重視，立即予以批准，命令上海管軍總管羅璧與張瑄、朱清等，造平底海船六十艘，運江南糧食四萬六千餘石，由海道至京師。

羅璧、張瑄、朱清三人組織的船隊從揚州載糧，出長江，沿海岸北上。因首次航行，未能適應和利用季風及潮汐，中途受阻，只好在山東劉家島過冬。第二年三月才抵達直沽。[22]

首次海運雖然糧數無多，但畢竟為朝廷開闢了一條新的漕運路線，意義非凡。十二月，忽必烈論功行賞，授朱清運糧萬戶，張瑄子張文虎為千戶，忙兀歹為萬戶府達魯花赤，羅璧也升任管軍萬戶，仍兼管海道運糧。[23]

二、海運的改進與擴展

至元十九年（一二八二）以後，海運得到迅速擴展和完善。

首先，運糧數不斷增加。

至元十九年運糧僅四萬二千一百七十二石，至元二十一年（一二八四）增至二十七萬五千六百一十石，至元二十二年（一二八五）九萬七百七十一石，至元二十三年（一二八六）四十三萬三千九百五石，至元二十四年（一二八七）二十九萬五百四十六石，至元二十五年（一二八八）三十九萬七千六百五十五石，至元二十六年（一二八九）九十一萬九千九百四十三石，至元二十七年（一二九〇）又增至一百五十一萬三千八百五十六石，至元二十八年（一二九一）一百二十八萬一千六百一十五石，至元二十九年（一二九二）一百三十六萬一千五百一十三石，至元三十年（一二九三）八十八萬七千五百九十一石。元後期每年運糧甚至高達三百萬石以上。

其次是航線改進。

初期的航路，從平江路劉家港入海，經揚州路海門縣黃連沙頭，由萬里長灘進入大洋，沿著海岸山嶴行駛，先抵淮安路鹽城縣，經西海州、海寧州東海縣、密州、膠州地界，進靈山洋向東北，繞過膠東半島的成山，入渤海灣，進界河口，最後抵楊村。這條航路不僅路程長達一萬三千三百五十里，而且沿途多淺灘，十分險惡。

至元二十九年（一二九二），朱清等又開闢新航線，自劉家港直接入大洋，經撐腳沙、沙嘴、三沙、洋子江、扁擔沙、大洪，又過萬里長灘，跨青水洋和黑水洋，抵膠東半島的成山，又經劉島、芝罘、沙門等島，越渤海，入界河口，抵達楊村。

次年，千戶殷明略又開闢新海道，自劉家港出發，由崇明洲三沙直接入大洋，東經黑水洋，抵膠東半島的成山，西經劉家島和沙門島，入界河口，抵楊村。

後一條航線，離開海岸線，在近海洋面行駛，線路較直，不再受淺灘的困擾。如果掌握好季風時日，從浙西到京師只需要十天左右。

海運能夠十分便捷地轉輸來東南財賦，元廷自然重視有加。

至元二十四年（一二八七）因海運糧數增長近十倍，元廷設置行泉府司，「專掌海運」，加強對海運的管理。又增置兩個萬戶府，連同四年前所設，共計四萬戶府，即都漕運海船上萬戶府、平江等處運糧萬戶府、孛蘭奚等海道運糧萬戶府、l徽徽都等海道運糧萬戶府。當時，行泉府司所轄海船多達一萬五千艘。[24]行泉府司設置後，海運主要是由江淮行省左丞（後升平章）沙不丁掌管。

至元二十八年（一二九一）沙不丁因桑哥之敗而免官，行泉府司隨之撤銷。忽必烈又採納朱清、張瑄的奏請，將行泉府司下轄四萬戶府合併為兩個都漕運萬戶府，命朱清、張瑄加驃騎衛上將軍，分別以江東道宣慰使和淮東道宣慰使兼領二萬戶府事。此舉意味著元代海運管理機構的基本定型，也是朱清、張瑄專領海運和權勢極度膨脹的開始。

此外，元廷還於至元二十五年（一二八八）在河西務設都漕運使司掌管接運海道糧事，負責把南來的糧食物資運赴大都官倉。

海運所使用的船隻，來源多樣，或官府製造，或收集沿海民船，或繳獲南宋戰船，或征日本等轉用船。水手開始多為軍士，後來大量改用民丁。運糧由官府按石數支付腳價，至元二十一年（一二八四）定腳價為每石中統鈔八兩五錢，而後遞減為六兩五錢。又實行配給船戶口糧和免除其雜泛差役等優待。[25]腳價和口糧的支付，滿足了船戶水手的基本生活需求，使海運得以長期維持和發展。

海運的開闢，迅速便捷地為京師運送了大批糧食物資，又大大減省運輸費用，給官府帶來莫大的利益。正如丘濬所云：「河漕視陸運之費，省什三四；海運視陸運之費，省什七八。」[26]另一方面，海運為南北貿易和物資交流，提供了更為便利的途徑。

元人詩曰：

「一日糧船到直沽，吳罌越布滿街衢。」

「今年卻趁直沽船，黑洋大海波連天；
順風半月到閩海，只與七州通買賣。」[27]

作為大元皇帝忽必烈，他所看重的主要是南糧北運。晚年，忽必烈曾囑咐右丞相完澤：「朱、張有大勳勞，朕寄股肱，卿其卒保護之。」[28]忽必烈的這番囑咐，表明朱清、張瑄所開闢的海運對京師糧食供給的巨大作用，也披露了忽必烈本人有功必賞的用人之道。元末張昱有詩為證：「國初海運自朱張，百萬樓船渡大洋。有訓不教忘險阻，御廚先飯進黃粱。」[29]

遺憾的是，由海運起家，「貴富為江南望」的朱清、張瑄，成宗大德七年（一三〇三）以謀逆反叛的罪名，被逮繫京師。最後，朱清自殺，張瑄及其子張文虎等俱斬首棄市。忽必烈保護朱張的囑咐，居然因統治階層的傾軋成了一紙空文。

忽必烈還在至元十八年（一二八一）和至元二十六年（一二八九）先後兩次冊封東南海之神媽祖林默娘為「護國明著天妃」和「顯祐明著天妃」。冊封詔文特別提及「惟爾有神，保護海道，舟師漕運，恃神為命」；「祥光映風浪之區，護歲漕而克有濟」。[30]忽必烈未必完全懂得天妃的寓意，但蒙古人素來有多神崇拜的習俗，冊封天妃，不足為怪。而保祐海運及海外貿易，又是忽必烈兩次冊封天妃的直接而務實的動因。

鼓勵海外貿易

一、招徠蕃商與「官本船」貿易

元代的海外貿易，始於至元十四年（一二七七）。

當時南宋政權剛剛滅亡，東南沿海江浙、福建一帶先後被元軍占領。特別是擅蕃舶之利三十年的泉州招撫蒲壽庚，至元十三年（一二七六）十一月殺趙宋宗室三千餘而投降，隨而將所掌海外貿易奉獻給元朝。於是，元朝方面得以迅速在泉州設立第一個市舶司，命令閩廣大都督忙兀台管領。接著，又在慶元、上海、澉浦增設三市舶司，命令福建安撫使楊發管領。[31]

至元十五年（一二七八）八月，忽必烈詔福建行省官唆都、蒲壽庚通過蕃舶向東南諸蕃國傳達：「誠能來朝，朕將寵禮之。其往來互市，各從所欲。」[32]

對海外貿易，忽必烈一開始就採取寬容和積極支持的態度，這應該是難能可貴的。市舶貿易就在忽必烈的支持下發軔起步了。

最初，泉州等市舶司大體參照南宋舊制，每年招集舶商，赴南洋蕃邦博易珠寶翠玉香料等物，次年回帆，依舊例抽解，然後聽其貨賣。按照南宋舊例，瀕海商人以船販運買賣國內土貨也要按照海外蕃貨實行「雙抽」，徵收雙重稅錢。

至元十七年（一二八〇）二月，上海市舶司招船提控王楠上言批評土貨依蕃貨例雙抽太重，商旅受困，主張國內販運土貨依數量實行單抽。朝廷聽從了王楠的建議，開始區別國內土貨和海外蕃貨，分別實行單抽和雙抽稅制。[33]

至元二十年（一二八三）六月，元廷正式規定市舶抽分條例，細貨取十分之一，粗貨取十五分之一。在此前後，對市舶司用銅錢交易海外黃金珠寶，朝廷積極予以支持；對舶商以金銀交易海外香木，則下令明確禁止。[34]

馬可波羅在談到泉州市舶司稅收時說：

> 大可汗由這城和商埠收得極大的稅額。因為你們要曉得，所有由印度來的船，要付百分之十的稅，就是他所載的貨物，寶石和珍珠的價值的十分之一。此外輕貨各船皆取百分之三十作運費。胡椒要取百分之四十四。沉香木、檀香木以及其他笨重貨物，皆要取百分之四十。因為要付稅錢和運費兩樣，所以商人們必須拿出他們所載貨物之半。[35]

出身於威尼斯商人的馬可波羅，對泉州市舶司稅收特別留意，所記稅額也特別細緻，這完全合乎商人的職業習慣。他的記述中，明顯提到的「雙抽」制和粗貨、細貨之別，可與漢文史料相得益彰，珠聯璧合。

忽必烈朝的另一項重要舉措是盧世榮主持的「官本船」貿易。

至元二十一年（一二八四）十一月，忽必烈任用盧世榮為中書右丞，全權負責掌管財政。翌年正月實施的「官本船」貿易，也是盧世榮聚斂財富，增加財政收入諸項方略的組成部分。

其內容主要是：

（一）在泉州、杭州設立市舶轉運司，統一掌管原四市舶司事務，實行官府造船舶出資本，募人渡海入蕃，貿易諸貨的新制度。據說，當時朝廷一次提供資金中統鈔十萬錠。所得利益，官取七分，商取三分。

（二）禁止權勢之家以私錢入蕃貿易，違者治罪，籍沒其家產之半。

（三）蕃商就官船買賣交易，官船可代表政府依例抽稅。[36]

盧世榮所推行的「官本船」貿易，基於官營招商的模式，目的是抑制和打擊權勢之家，企圖把被蒙古貴族代理人斡脫商控制海外貿易的局面扭轉過來，為朝廷占據海外貿易的大部分利益。

抑制斡脫商的政策，並非盧世榮所肇始。在盧世榮受重用和擔任中書省右丞以前的至元二十一年（一二八四）四月，右丞相和禮霍孫就廢罷了掌管斡脫事務的泉府司。儘管盧世榮與和禮霍孫在理財富國等問題上政見不同，但出於增加朝廷財政收入的考慮，盧世榮仍然在「官本船」措施內繼續沿用了和禮霍孫抑制斡脫商的政策。

不幸的是，官本船貿易和盧世榮理財一樣短命。此項措施剛剛出台五個月，即遭到攻擊和否定。至元二十二年（一二八五）六月，幾乎與盧世榮受到以御史台監察官彈劾的同時，隨從忽必烈巡幸上都的中書省官員針對盧世榮禁止從事官本船以外的海外貿易的做法，奏請改弦易轍，允許商人從事市舶貿易，官府依舊例向他們徵稅抽分。這項奏議得到忽必烈批准。八月，忽必烈返回大都，隨即正式宣布廢罷有關民間從事海外貿易的禁令。掌管斡脫事務的泉府司也重新被恢復。[37]於是，盧世榮的「官本船」貿易壽終正寢，朝廷又恢復了舶商下蕃貿易、官府徵稅抽分的舊制。

二、整頓與繁榮市舶貿易

盧世榮被殺後，吐蕃人桑哥理財柄國。他的黨羽沙不丁較長時間內把持了東南沿海的市舶貿易大權。

沙不丁是回回人，起先，他與另一名回回人烏馬兒在江淮行省負責管轄泉府司和市舶司。至元二十四年（一二八七）七月，沙不丁被桑哥提拔為行省左丞，繼續掌管泉府、市舶二司事務。迄至元二十六年（一二八九），沙不丁已升任江淮行省平章，全面負責錢穀財政，包括海運、市舶等。

由於史料零散，沙不丁掌管市舶貿易的具體業績，目前僅能見到另增杭州、溫州二市舶司和至元二十六年正月向朝廷上貢前歲市舶稅收所得「珠四百斤，金三千四百兩」。[38]儘管杭州、溫州二市舶司設置時間不長，忽必烈對沙不丁上貢珠寶黃金的答覆也只是「詔貯之以待貧乏者」，但沙不丁被特許以三百戍兵充當護衛以及在江浙行省立德政碑等事[39]說明，忽必烈對他是非常賞識和器重的。這當然和沙不丁借市舶貿易為朝廷獲取巨額財利有關係。至元二十七年（一二九〇）馬可波羅隨同伊里汗國阿魯渾大王位下使臣自泉州離開中國前夕，就是由擔任江淮行省平章的沙不丁負責辦理支付分例口糧事宜的。[40]

至元二十八年（一二九一）桑哥被殺，桑哥在江浙行省的爪牙黨羽烏馬兒、納速剌丁滅里、忻都、王巨濟等皆坐罪棄市。沙不丁卻例外地得到豁免。據說，中書省宰相極力庇護沙不丁。理由是：國家出財資助舶商前往南海貿易寶貨，獲利以億萬計。若沙不丁被黜被殺，舶商必定大多逃逸。這不無道理，忽必烈也信以為真。所以，當監察御史上言批評獨免沙不丁欠妥時，忽必烈仍然堅持姑且釋放沙不丁。後來，近侍董士選以失民心和得財貨孰重，勸諫忽必烈。忽必烈略有震動和省悟，立即獎賞董士選白銀五千兩，並任命他為江淮行省左丞，可沙不丁獨受豁免和繼續負責市舶貿易的決定始終沒有改變。[41]次年正月，中書省奏請改善泉州貢賦及外國使臣北上大都的驛站時，忽必烈仍然詔命向沙不丁詢問有關情況。[42]

忽必烈晚年，著手進行了對市舶貿易的較認真整頓。

事情的緣起是：至元三十年（一二九三）四月前後，南人官員燕公楠和前南宋狀元留夢炎相繼上奏江淮行省長官忙兀台及沙不丁為牟取暴利，強行實施高比率抽解，造成蕃商卻步、朝廷收入減少等弊端。

忽必烈得悉後，非常重視，親自過問，還以聖旨命令中書省與留夢炎及熟悉南宋市舶貿易人等商量議定合理則例。中書省遵旨行事，迅速出台整頓市舶貿易的二十三條則法。內容主要有：取消上海、澉浦、溫州、廣東、杭州、慶元等市舶司正常抽分外的三十取一的稅課，一律實行泉州式粗貨、細貨原定額抽分；將溫州市舶司併入慶元，杭州市舶司併入所在稅務；禁止金銀銅鐵男女人口私販入蕃；行省、行泉府司、市舶司官員每年回帆之時，必須先期抵達，依例封堵，以次抽分，違期及走透作弊者治罪。

二十三條則法奠定了元朝政府管理海外貿易基本框架，使元代的市舶貿易在繼承南宋舊制的基礎上走向成熟，保證了市舶貿易的正常進行。

與南宋市舶條例相比，至元三十年（一二九三）二十三條則法的特殊之處在於：首次允許官吏權豪合法從事海外貿易，同時又嚴格要求其完納舶稅。[43]這顯然是對盧世榮「官本船」政策的後退，也是元廷正視官豪勢要競相涉足海外貿易的現實而做的比較實惠的變通。

還需要強調的是，上述二十三條則法的前五條，都是忽必烈親自接受奏聞並以聖旨批准的。足見忽必烈對海外貿易管理的高度重視。誠然，此番重視，又與海外貿易能給朝廷帶來豐厚的稅收及珠寶貢納分不開。

忽必烈時期以泉州為中心的海外貿易出現了空前繁榮。有學者推算至元二十六年（一二八九）沙不丁上繳朝廷的「市舶司歲輸珠四百斤，金三千四百兩」，僅黃金一項，相當於當時朝廷歲入黃金總數的六分之一，若加上四百斤珠寶，其市舶收入總數超過了南宋。44

由泉州港離華的馬可波羅，驚喜地記述道：

這裡是海港，所有印度的船皆來到這裡。載著極值錢的商品，許多項貴重的寶石和許多又大又美麗的珍珠。它也是四鄰蠻子國商人所群聚的一個商埠。一言以蔽之，在這個商埠，商品寶石、珍珠的貿易之盛，的確是可驚的……假如有一隻載胡椒的船去到亞歷山大港或到奉基督教諸國之別地者，比例起來，必有一百隻船來到這刺桐港。因為你們要曉得，據商業量額上說起來，這是世界上兩大港之一。45

元朝中葉的江南名儒吳澄也留下了類似的描述：

泉，七閩之都會也。蕃貨遠物，異寶奇玩之所源藪，殊方別域，富商巨賈之所窟宅，號為天下最。46

馬可波羅和吳澄，一個是來華的威尼斯商賈，一個是江南一代儒學宗師，誰曾料，他倆對泉州的描繪居然一唱一和，驚人地相似！

註釋

1《蒙古秘史》第二八〇節、第二八一節；《元史》卷一〇一〈兵志四．站赤〉。

2《馬哥孛羅遊記》張星烺譯本，頁一九七，商務印書館，一九三六年。

3《元史》卷一〇一〈兵志四．站赤〉；《元典章》卷三六〈兵部三．長行馬〉。

4《元史》卷五〈世祖紀二〉，卷一〇一〈兵志四．站赤〉。

5《元史》卷一五〈世祖紀十二〉，卷一〇一〈兵志四．站赤〉。

6《馬哥孛羅遊記》張星烺譯本，頁二〇一，商務印書館，一九三六年。

7《元史》卷一〇一〈兵志四．站赤〉；《元典章》卷三六〈兵部三．脫脫禾孫〉。

8《經世大典．站赤》至元八年正月二十五日；《永樂大典》卷一九四一七；《元史》卷一〇一〈兵志四．站赤〉。

9《元史》卷九〈世祖紀六〉；《馬哥孛羅遊記》張星烺譯本，頁二〇一，商務印書館，一九三六年。

10《元史》卷五〈世祖紀二〉。

11《元典章》卷三六〈兵部三．驛站．使臣．禁使臣條畫〉。

12《元典章》卷二九〈禮部二．牌面．改換海青牌面〉。

13箭內亙：〈元朝牌符考〉，《蒙古史研究》，刀江書院，一九三〇年；《中國歷史大辭典》（遼夏金元分冊），陳得芝撰「海青牌」條。

14《元史》卷一〇一〈兵志四．站赤〉。

15《元典章》卷三六〈兵部三．驛站．給驛〉，〈給降鋪馬札子〉，〈諸衙門不得給鋪馬札子〉；《元史》卷一〇一〈兵志四．站赤〉。

16《元典章》卷三六〈兵部三．驛站．給驛〉，〈省台出給站船差札〉；《元史》卷一〇一〈兵志四．站赤〉。

17《經世大典．站赤》，中統二年二月，至元二十九年十二月二十二日，《永樂大典》卷一九四一六，卷一九四一九；《元史》卷七〈世祖紀四〉至元七年五月丙辰；《成憲綱要》至元二十年十月，《永樂大典》卷一九四二五；《元典章》卷九〈吏部三．投下．大小勾當體例〉。

18《經世大典．站赤》，《永樂大典》卷一九四一九。

19《析津志輯佚．大都東西館馬步站》；《元史》卷一〇一《兵志四．站赤》。

20《馬哥孛羅遊記》張星烺譯本，頁一九九，商務印書館，一九三六年。

21《元史》卷一〇一〈兵志四．急遞鋪兵〉；《元典章》卷三七〈兵部四．遞鋪〉。

22《經世大典．漕運》，《永樂大典》卷一五九四九；《元史》卷九三〈食貨志一〉，卷一六六〈羅璧傳〉；《輟耕錄》卷五〈朱張〉。

23《經世大典．漕運》，《永樂大典》卷一五九四九；《元史》卷一二〈世祖紀九〉，卷一六六〈羅璧傳〉。

24《經世大典．漕運》，《永樂大典》卷一五九四九；《元史》卷一五〈世祖紀十二〉至元二十六年二月丙寅。

25《經世大典．漕運》，《永樂大典》卷一五九四九；《元史》卷九三〈食貨志一〉。

26《大學衍義補》卷三四〈漕輓之宜〉下。

27張翥《蛻庵集》卷五〈讀瀛海喜其絕句清遠因口號數詩示九成皆實意也〉；黃鎮成《秋聲集》卷一〈直沽客〉。

28王逢《梧溪集》卷四〈張孝子〉。

29《可閒老人集》卷二〈輦下曲〉。

30危素《元海運志》；《經世大典．漕運》，《永樂大典》卷一五九五〇。

31《宋史》卷四七〈瀛國公紀〉；《元史》卷九四〈食貨志二．市舶〉。

32《元史》卷一〇〈世祖紀七〉。

33《元典章》卷二二〈戶部八．市舶．泉福物貨單抽分〉。

34《元史》卷一二〈世祖紀九〉；卷九四〈食貨志二．市舶〉。

35《馬哥孛羅遊記》張星烺譯本，頁三三七，商務印書館，一九三六年。

36《元史》卷九四〈食貨志二．市舶〉，卷二〇五〈盧世榮傳〉；《元典章》卷二二〈戶部八．市舶．合併市舶轉運司〉。

37《元史》卷一三〈世祖紀十〉；《元典章》卷二二〈戶部八．市舶．合併市舶轉運司〉。

38《元史》卷二〇五〈桑哥傳〉，卷一五〈世祖紀十二〉至元二十六年九月；《元典章》卷二二〈戶部八．市舶．市舶則法二十三條〉。

39《元史》卷一五〈世祖紀十二〉至元二十六年九月；《南村輟耕錄》卷二三〈爐鳴〉。

40楊志玖師〈關於馬可波羅離華的一段漢文記載〉，《元史三論》，人民出版社，一九八五年。

41《吳文正公集》卷三二〈董忠宣公神道碑〉；《元史》

卷一六〈世祖紀十三〉至元二十八年十一月。

42《經世大典·站赤》，《永樂大典》卷一九四一九，卷一九四二三。

43《元典章》卷二二〈戶部八·市舶·市舶則法二十三條〉。

44陳高華、吳泰《宋元時期的海外貿易》，頁一八七，天津人民出版社，一九八一年；高榮盛《元代海外貿易研究》，頁二七四，四川人民出版社，一九九八年。

45《馬哥孛羅遊記》張星烺譯本，頁三三六，商務印書館，一九三六年。

46《吳文正公集》卷一六〈送姜曼卿赴泉州路錄事序〉。

第十五章　倚守敬巧工　用札氏西技

郭守敬巧思辦水利

郭守敬，字若思，順德路（舊稱邢州）邢台縣人，自幼不喜歡嬉鬧遊戲，志趣操行特殊。他的祖父郭榮，號鴛水翁，通曉五經，對數學和水利很有研究。金末蒙古兵南下，邢台一帶同樣遭受戰亂劫難。天文、陰陽、術數及佛道皆通的州人劉秉忠最先北上歸附蒙古。一二四七年，劉秉忠居父喪南返，與張文謙、張易、王恂等相聚在邢州西紫金山，結伴而學，研討學問。

郭榮和劉秉忠是情投意合的摯友，深知這是個難得的機會，就讓孫兒郭守敬上紫金山跟隨劉秉忠學習。除劉秉忠外，王恂是造詣很深的數學家，張文謙、張易也是有作為之人。紫金山的這段學習經歷雖然不算長，郭守敬學到的天文、數學等方面的知識，卻是大量和有裨益的。

青少年時代的郭守敬，已嶄露頭角。他開始動手試做一些天文儀器模型，因陋就簡，模仿書上的一幅插圖，用竹篾紮成測天的渾儀，又把竹製渾儀放在一個手工堆砌的土台上，進行簡單的天文觀測。

邢州城北潦水、達活泉、野狐泉三河，兵亂之後，河堤失修，洪水沖潰堤堰，殃及北郭。達活泉上的一座石橋也被泥水所淤沒，無跡可尋。邢州安撫使張耕、劉肅等決定疏浚水道和修復橋梁。郭守敬參加了這項水利工程，負責設計規劃等技術性工作。首先是分劃溝渠，將三河勒回各自的水道，又修復填補壩堰決口；接著挖掘出淤沒三十餘年的石橋，稍加修理，繼續使用。整個工程僅用四十天，四百餘工，收到了河水暢流，交通便利的良好成效。

著名文人元好問特撰〈邢州新石橋記〉一文，以識其事。文中特別提到「里人郭生立準計工」的角色和作用。[1]「郭生」就是指郭守敬。這項工程顯示了郭守敬年輕有為的傑出才幹，也使他在邢州一帶小有名氣。當時，郭守敬年僅二十歲。

中統元年（一二六〇），忽必烈即皇帝位。張文謙被任命為十道宣撫使之一的大名等路宣撫使，管轄道內行政財政，並監督所在漢世侯。張文謙很瞭解郭守敬的才幹，召郭到自己身旁充當助手。

郭守敬辦理公務之餘，還做了許多河道水利的勘探調查工作。他又在原先依據石印本《蓮花漏圖》探究其原理的基礎上，召集大名匠人大為鼓鑄，製成後來在靈台使用的「寶山漏」，以計時刻。

中統三年（一二六二）回朝繼續擔任中書省左丞的張文謙，以「習知水利且巧思絕人」，向忽必烈舉薦郭守敬。忽必烈在上都開平便殿親自召見。郭守敬當即面陳關於水利興修的六項建議，主張疏浚大都和黃河以北的幾條河流，築堤建閘，通航灌溉。具體內容是：

其一，大都舊漕河東至通州，如果引玉泉水行舟，每年可以節省雇車錢六萬緡。通州以南，從蘭榆河口徑直開引一條水道，由蒙村跳梁務到楊村還本河，能夠避免途中灘淺、風浪、轉運等困難。

其二，順德路達活泉引入城中，分作三渠，流出城東，可灌溉田地。

其三，順德路澧河東至古任城，偏離故道，淹沒良田一千三百餘頃，若將此水開通成河，那裡的土地可以耕種。此河自小王村經滹沱河，併入御河，可以通行大船。

其四，在磁州東北滏水、漳水匯合處，引一條河渠由滏陽、邯鄲、洺州、永年，下經雞澤，合入澧河，沿岸可灌溉田地三千餘頃。

其五，懷州孟州的沁水雖已澆灌，尚有漏堰餘水，若讓它與東面的丹河餘水匯合，再向東流經武陟縣北，併入御河，沿岸亦可灌溉田地二千餘頃。

其六，黃河自孟州西開引一小渠，經由新、舊孟州中間，順著黃河舊岸，下到溫縣南還入黃河，沿岸亦可灌溉田地二千餘頃。

由於郭守敬掌握了大量的探勘資料，所提建議具體而有說服力。忽必烈每聽罷一條，都要大加讚賞。還說：「當務者，此人真不為素餐矣！」

於是，忽必烈任命郭守敬為提舉諸路河渠。翌年，又加授銀符，升任副河渠使。從此，忽必烈將興辦水利交給郭守敬全面負責。

至元元年（一二六四），郭守敬隨同張文謙行省西夏，修復瀕河諸渠。

原西夏境內的河套地區，古渠頗多。如唐來渠，長四百里，漢延渠，長二百五十里。又有正渠十條，長各二百里。還有大小支渠六十八條。總計可灌溉田地九萬餘頃。由於蒙古與西夏的長期戰爭，廢壞淤淺的居多。郭守敬在張文謙的支援下，花了近三個月的時間，重新更換建立牐堰，修復舊有的水道，使廢壞水渠全部得到恢復並發揮其效益。為了感謝郭守敬修復舊渠的功績，當地百姓特意在渠上為他立起了生祠。[2]

郭守敬興辦的另一項水利工程是開挖通惠河。

自忽必烈確立上都、大都兩都制後，兩都臣民的生活消費均依賴南方漕運來的糧食等物資。無論海運和大運河漕運，北上水路終點只是到大都以東的通州，而非大都。從通州到大都的五十里路程，則需要陸運。陸地輦運馬馱，每年總運量高達數十萬石，耗費巨大，成本甚高。而且，秋季霖雨，道路泥濘，驢馬牲畜倒死者不可勝計。隨著大都城的繁華和人口增長，城市官民用水水源也顯得供不應求。

早在中統三年（一二六二），郭守敬即在給忽必烈的六項水利工程建議中首先提到引清河上源水，經甕山泊和高梁河，入運河的計畫。不久，他又提議在金人所開渾河修分水河，以減少泥沙淤積。但是，由於地勢梯度落差較大和水資源有限，大都到通州陸運改水運的難題遲遲沒有得到解決。

至元二十八年（一二九一），郭守敬利用到上都奏報灤河、渾河溯流開闢漕運勘察情況的機會，及時向忽必烈提出了開鑿大都到通州間運河的新方案。主要內容是，在開鑿清河上源水道的基礎上，進一步擴充水源，另引昌平縣白浮泉水，向西轉南，經甕山泊自西水門入大都城，迂迴匯入積水潭，再向東轉南，出南水門，最後合入通州運河。全長一百六十四里，沿途每十里置一河閘，共計七閘，閘前一里左右置斗門，互相配合，用以過船止水。

忽必烈聽了郭守敬的設計，非常高興，諭旨：「當速行之。」還特地設立都水監，讓郭守敬兼領其事。

開工之日，忽必烈又命令丞相以下官員統統親操畚箕鐵鍬參加勞動，以為垂範，並一律聽從郭守敬的指揮。整個工程自至元二十九年春到三十年秋，歷時一年半。共調集包括怯薛宿衛士在內的軍民二萬餘人，計工二百八十五萬個。完工之時，忽必烈特地賜名「通惠河」。

通惠河工程中最值得稱道的是，白浮堰自昌平到甕山泊迂迴線路的巧妙選擇。由於白浮泉源頭海拔約六十公尺，比大都西北角及沙河、清河谷地均高出十公尺以上，假如引白浮泉徑直向南，泉水勢必沿兩河谷地東流而下，無法進入運河。即使架渡槽，所引用的水流也只限於白浮泉一泉，遠不能解決新運河的水量問題。郭守敬採用先向西轉南，入大都城後再向東轉南的路線，既可保持河道較小的水位落差，又能沿途匯集大都西郊諸多山泉水源，為新運河注入豐富水量。

通惠河修成後，結束了自通州到大都的官糧陸運，南來的運糧船及其他商用船舶一直可以駛進大都城內的積水潭。同時，增大了積水潭的水源和儲水量，充裕優化了元大都城的水供給，為明清北京城的繼續發展提供了用水保證。

至元三十年（一二九三）九月初一，七十九歲高齡的忽必烈自上都返回大都。此時的忽必烈已是風燭殘年，體弱多病，這也是他最後一次自上都南返大都。當他見到積水潭一帶舳艫蔽天，桅檣如林，通惠河的開鑿的確解決了從通州到大都城內的轉運難題，龍顏大喜，一次就重賞郭守敬寶鈔達一萬二千五百貫。

觀天術精湛　《授時曆》流芳

曆法，本來是依據日月星辰的運行而推算年月日時的記法。它不僅影響人們的生活起居和農耕節令，也直接關係到王朝的正朔和正統，向來為統治者所重視。

遼、金和元初使用的曆法，與唐宋二朝大不相同。唐朝先後使用的主要是《麟德曆》和《大衍曆》，兩宋共改曆十六次，較有代表性的曆法有應天、乾元、儀天三曆。遼、金和元初則沿用六、七百年前劉宋祖沖之編制的《大明曆》。《大明曆》雖然在當時成就很高，但因時間久遠，誤差越來越大。

一二二〇年，成吉思汗西征駐蹕尋斯干城，按照《大明曆》，該年五月十五日子夜月食，但初更時分（八、九點）月食已發生。按常規，微月始見於初三，但該年二月初一和五月初一，均有微月出現在西南天際。可見，《大明曆》比實際時辰已大大滯後。

隨從西征的耶律楚材認為，《大明曆》必須放棄，還特地修訂《庚午元曆》，上奏成吉思汗，以糾正其偏差。遺憾的是，當時西征戰事正酣，成吉思汗未暇頒行新曆。[3] 窩闊台時期，耶律楚材吸收西域曆法的長處，「自算、自印造、自頒行」新曆書，流行於北方部分地區，號稱「麻答把曆」。[4]

至元十三年（一二七六）元軍平定南宋，南北歸於一統。原用《大明曆》誤差甚大，南宋末的《成天曆》等又不可能使用，元帝國君臨華夏南北，迫切需要制定一部更為精確的朔閏曆法。

忽必烈頓時想起劉秉忠在世時修訂新曆法的建議，於是，委派王恂為太史令，郭守敬為同知太史院事，共同負責修曆事，又讓御史中丞張文謙改任昭文館大學士領太史院，與僉樞密院事張易一起負責主領。他們四人均為當年金蓮川幕府劉秉忠為首的邢州術數家群成員。此外，應王恂的舉薦，驛召許衡赴京參議修定新曆。

郭守敬、王恂、許衡根據自己的特長，各有側重和分工。王恂負責推算，許衡明曆法之理，郭守敬偏重儀器製造和天象觀測。

郭守敬首先倡言：修曆之本，在於測驗，測驗之器，莫先儀表。如今的司天渾儀，是北宋皇祐年間汴京所造，誤差頗大，難以使用。

至元十六年（一二七九），郭守敬又製成儀表式樣，向忽必烈奏報。在忽必烈駕前，郭守敬逐個介紹解釋儀表的構造和功能，周密詳細，引人入勝。忽必烈聽得很感興趣，從早晨到傍晚，竟毫無倦意。

在忽必烈的支持下，郭守敬創制了「簡儀」、「高表」、「候極儀」、「渾天象」、「玲瓏儀」、「仰儀」、「立運儀」、「政理儀」、「景符」、「窺几」、「日月食儀」、「星晷定時儀」等十二種新儀器。還創制了供觀測人員外出使用的四種可攜式儀器——正方案、丸表、懸正儀、座正儀，以及與儀表相互參考使用的「仰規復矩圖」、「異方渾蓋圖」、「日出入永短圖」等。

這裡，扼要介紹幾種比較重要和有特色的儀器。

「簡儀」，是郭守敬發明的最重要的天文儀器。他簡化了部分圓環裝置，改造渾儀的外、中、內三層同心結構，克服了七、八個圓環互相交錯而遮蔽部分空間的缺陷。又將傳統的窺管由正方形空心立柱管改作窺衡加立耳的裝置，既便於使用，又容易加工。還把渾儀上的圓周刻度精確到十分之一度或三十六分之一刻，將讀數精度大大提高了一步。郭守敬所改進的赤道裝置在現代天文望遠鏡中得到了廣泛運用。其刻度細密的觀測儀錶，到十八世紀的英國才開始使用。

元人姚燧稱讚簡儀：「法簡而中，用密不窮，歷校古陳，未與侔功。」[5] 簡儀構造簡單合理，使用起來精密無比，在世界範圍內都是前無古人的。

仰儀是一台銅製的俯視天象的儀器，形狀像一口仰天放著的銅鍋。直徑一丈二尺，深六尺。鍋口上邊刻著東南西北四方位。鍋內面刻著與觀測地緯度相應的赤道座標。鍋口面上用一橫一豎交叉的竿子架起一塊小板，板上鑿一個正對鍋底中心的小孔。太陽光透過小孔，在鍋面上映出圓形的倒像。人們從仰儀底部的這個倒像，就可以讀出太陽的實際座標來。發生日食時，人們也可以從上述倒像的相應虧缺，看出日食的時刻和方位等。

元人姚燧對仰儀也稱讚有加：「視日漏光，何度在也」；「一儀即揆，何不悖也」；「將窺天睽，造物愛也。」[6]

高表、景符和窺几，是通過測影確定節氣時刻的三種儀器。

古代測量節氣日影的儀器，為圭表。表是垂直立於地面的竿子或銅柱。每天正午，太陽當頭，表影投落在圭面南北方向的長短，就可以測到夏至、冬至等節氣的所在。當太陽行至最北而位置最高時，竿影最短，即為夏至。當太陽行至最南而位置最低時，竿影最長，即為冬至。然而，以往的圭表，長度僅八尺，表影較短，難免誤差。郭守敬將表的高度增加到四十尺，相當於原來的五倍，故稱高表，這樣，表影的測量誤差，隨之縮小了五分之四。

針對舊圭表的表影邊緣模糊不清，容易影響測量準確性的缺陷，郭守敬又製成與高表配合使用的儀器——景符。景符的構造是，一個座架斜撐一塊寬二寸、長四寸的小銅板，銅板中心開一圓孔。由於郭守敬所製的高表頂部三十六尺處另加四尺高的二龍抬橫梁，運用針孔成像的原理，當太陽、橫梁和景符上的圓孔在一條直線時，在太陽像中可以看到一條細黑線。從表足到這條細黑線的距離，就是高表的準確影長了。借助景符，陽光漫射帶來的表影模糊的難題，迎刃而解。

鑑於舊圭表不能觀測光線較弱的星星和月亮的影子，郭守敬特意增製了窺几。窺几是一張長六尺、寬二尺、高四尺的長方桌。桌面上開一道長四尺、寬二寸的縫，縫兩旁刻著尺、寸、分的刻度。把窺几放在圭面上，人蹲在几下面，利用桌面長縫，適當集中星月的光線，觀測其影長。

高表、景符和窺几的配合運用，使觀測太陽等星球的竿影更為準確和方便。元人楊桓讚譽三種儀器說：

表高之法，先哲匪憚，其巔影虛，取的是患。表梁上陳，景符下依，符竅得梁，景辰精微。揆月有方，窺几是映。几限容光，圭表交應。器術之密，推步之精，歷古於今，斯畢其能。[7]

郭守敬在創制天文觀測儀器方面確實達到了巧奪天工和爐火純青的地步。

在此基礎上，郭守敬又組織實施了規模浩大的天文觀測。他向忽必烈上奏說：唐玄宗朝僧一行和南宮說實測子午線時，設立測景站十三處。如今我朝的疆域比唐朝遼闊，若不派人遠方測驗，日月交食分數時刻不同，晝夜長短不同，日月星辰去天高下不同，修新曆的數據未必準確。即目測驗人員少，可以先期在南北邊地樹表測影。忽必烈很快批准了郭守敬的計畫。

於是，設置十四名監候官，分道而出，到達指定地點，執行觀測天象的任務，東至高麗，西極滇池，南逾瓊州，北盡鐵勒。還在全國分設二十七個觀測站，同時實施觀測工作。包括南海、衡岳、岳台、和林、鐵勒、北海、上都、北京、益都、登州、高麗、西京、太原、安西府、興元、成都、西涼州、東平、大名、南京、陽城、揚州、鄂州、吉州、雷州、瓊州。[8] 這是世界天文史上罕見的一次大規模觀測。它積累了上述各地的緯度、夏至日影長和晝夜長短等豐富數據，為新曆編制的順利完成和準確性做了很好的技術準備。

然後，郭守敬和王恂會同來自南、北方掌管天文曆數的官員陳鼎臣、鄧元麟、毛鵬翼、劉巨淵、王素、岳鉉、高敬等，參考累代曆法，反覆核定日月星辰消息運行的變化，參酌同異，精密計算，取得準確的資料，至元十七年（一二八〇）冬，終於編成了新曆。採用「敬受民時」的意思，忽必烈賜名《授時曆》。翌年，頒行天下。

《授時曆》是當時世界範圍內最優秀的曆法之一。它依據實地觀測，取得了多項重大創造和革新：

一是廢除了傳統的上元積年，改以至元十八年（一二八一）冬至為主要起算點，推算其他天文週期曆元與該起算點的差距，形成一個天文常數系統。

二是最先採用萬分為日法，定出一個回歸年數值為三百六十五·二四二五日。又進一步提出回歸年每百年減少萬分之一的新說。

三是發明三次差內插法，解決了前人有關日、月等非均速天體運動計算的難題。

四是創立弧矢割圓術，將球面上的弧線段化為弦、矢等直線線段來計算，運用了與現代球面三角學公式相一致的思路。

《授時曆》是王恂、郭守敬、許衡、楊恭懿等一批著名學者分工協作和集體智慧的結晶。就編制新曆的前期工作而言，郭守敬的貢獻，主要偏重於創制先進儀器和組織大規模天象觀測。至元十七年《授時曆》頒布後，王恂、許衡、楊恭懿或病逝，或辭官返鄉，只留下郭守敬一人繼續完成整理全部文稿的工作。因此，一般認為郭守敬對《授時曆》的問世，貢獻最大。

郭守敬又結合《授時曆》的編制，開展了一系列卓越的測量天體的研究工作。

其一，黃赤交角測定。在古代，地球赤道面延伸與天球相交的大圓，稱作「天赤道」或「赤道」。地球公轉軌道平面與天球相交的大圓，稱作「黃道」。黃道與赤道的交角，即黃赤交角。郭守敬通過觀測太陽一年中去極度的數據，進而測定黃赤交角為二十三度九十分三十秒。這個測定結果，非常先進和精確，比歐洲的類似成果早了三個世紀。

其二，二十八宿距度測定。二十八宿是指黃道赤道帶的二十八組恒星，它是古代確定日、月、五星位置和運動的相對標誌。從一組的標誌星到下一組標誌星的赤道度數（兩星間的赤經差），稱為這一宿的距度。郭守敬開展了中國歷史上第六次二十八宿距度測定，而且精確度最高，較北宋提高了一倍，其誤差僅是〇．〇七五度。

其三，星表的測定。所謂星表，是指恆星的位置座標、星等諸數據的紀錄。據研究，郭守敬所編《新測二十八舍雜坐諸星入宿去極》和《新測無名諸星》，不僅測定記錄了前人已錄的全部一千四百六十四顆恆星，還測定了前人未定名的近一千顆恆星，使人類有史以來的恆星紀錄達到了二千五百顆。

郭守敬創造性的科學工作，代表了元帝國在中世紀世界上的科技領先地位。尤其是他在天文學上的傑出貢獻，使之進入世界文化名人行列，令中華民族及整個人類引以為驕傲。

札馬魯丁的科技活動

札馬魯丁，又譯作札馬剌丁，波斯大不里士附近的馬拉加城人。早在忽必烈即大汗位之前，札馬魯丁就以「回回為星學者」應征東來，成為忽必烈王府的一名回回技藝侍臣。[9] 中統初，忽必烈政權忙於和阿里不哥方面的作戰，札馬魯丁一度被派去收購徵集糧食，[10] 以滿足前線兵馬軍需供應。

至元四年（一二六七），札馬魯丁開始了他的科技活動，陸續把西域天文曆法的一些成就帶入元帝國。

札馬魯丁在華期間最有意義的工作是製造了七件西域天文儀器。

一曰咱禿哈剌吉，漢譯混天儀。這架儀器為銅製，設一個與地面平行的單環，上刻周天度數，畫十二辰位。側立與平環垂直交於其子午線的雙環，半入地下。內有第二組較小的雙環，上亦刻周天度數，且參差相交，與地平面成三十六度以為南極北極，可以旋轉，以象徵天體太陽運行軌道。另有第三環、第四環固定於第二組環上，與南北極成二十四度，亦可以旋轉。三組可旋轉的環子，均綴有小方銅片，上有竅孔，以代窺管仰觀天體。據研究，這是一種源自古希臘托勒密式黃道渾天儀的仿製品。

二曰咱禿朔八台，漢譯測驗周天星之器。酷似古希臘托勒密發明的觀察天體的長尺。外周圍圓牆，東面開門，中部有小台，台上豎立七尺五寸高的銅表，上部設機軸，懸五尺五寸長的銅尺，另加兩根五尺五寸的窺管，下部置刻有度數的橫尺。銅尺和窺管，都可以上下左右轉動，靈活地觀察和測量。

三曰魯哈麻亦渺凹只，漢譯春秋分晷影堂。形狀像座兩間大的房屋，屋脊開東西向的橫縫，讓日光斜射入屋內。屋中有南高北低的台，台面上放刻有一百八十度的銅半環，一條六尺長的銅尺，一頭固定在銅半環的圓心上，另一頭在銅半環上移動，側望屋脊縫射入的日光，以確定春分、秋分的時刻。

四曰魯哈麻亦木思塔余，漢譯冬夏至晷影堂。形狀像座五間大的房屋，屋內地面有二丈二尺的深坎，屋脊開南北向縫，以直通日光。隨屋脊縫立一牆壁，附壁懸掛一條一丈六寸的銅尺，壁上又畫半圓規環，銅尺在其上往來轉動，觀測屋脊日光，以確定冬至夏至的時刻。

五曰苦來亦撒麻，漢譯渾天圖，實際是一種不能轉動窺測的渾天儀。其構造為銅製小球，腹內斜刻日道交環度數，其上又刻二十八星宿。球外平置銅單環，上刻周天度數和十二辰位。又側立二單環，分別固定在平環的子午線和卯酉線處，其中一個以銅釘象徵南北極。

六曰苦來亦阿兒子，漢譯地理志，實際是地球儀。構造為木製圓球，球面七分為水，呈綠色，三分為土地，呈白色。其上添江河湖海和山脈。另畫小方形網格，表示幅員廣袤和道里遠近。這是第一次將西方經緯度和地球的概念介紹給中國。它糾正了「天圓地方」的傳統誤解，使中國人開始認識到大地為球形。

七曰兀速都剌不，漢譯定晝夜時刻之器。構造為銅製大星盤，盤面刻十二辰位和晝夜時刻。一根銅條的中心固定在盤心，可以繞盤心旋轉。銅條兩端各屈起帶孔的銅片，兩孔可對望，白天觀日影，夜間窺星辰，以確定時刻。[11]

至元八年（一二七一）忽必烈在上都設立回回司天台，任命札馬魯丁為「提點」，後又兼任秘書監長官。他所製造的七件西域天文儀器，就放置在回回司天台內。這七件天文儀器，在構造和功能上基本反映了歐洲的先進水準，開闊了忽必烈和郭守敬等的眼界。郭守敬在所製簡儀和立運儀中改傳統的觀測裝置「窺管」為窺衡（銅條兩端立起帶孔的銅片），估計是受了札馬魯丁的啟發和影響。

元人張昱詩曰：

> 儀台鐵表冠龍尺，上刻橫文晷度真。
> 中國失傳求遠裔，猶於回紇見斯文。[12]

時至元末，札馬魯丁所造回回天文儀表仍然在使用，而且確實給中國的天文發展帶來了西域的新資訊、新技術。

札馬魯丁的另一項重要科技工作，是編制《萬年曆》。《萬年曆》俗稱《回回曆》，該曆書同樣是至元四年（一二六七）進呈給忽必烈，僅在回回人等有限範圍內頒行和使用。[13]

元代信仰伊斯蘭教的回回人遍布各地，他們一直保持伊斯蘭教的宗教祭儀等風俗習慣。查詢伊斯蘭教的宗教節日，《萬年曆》是必不可少的。至元九年（一二七二）七月忽必烈發布「禁私鬻回回曆」的命令，[14]又披露《萬年曆》在回回人範圍內使用頗廣，一些人為貪圖便宜甚至私下購買私商盜印的曆書。有關《萬年曆》的具體資料未曾留下，詳細內容不得而知。但元文宗天曆元年（一三二八）朝廷印製發行的此類回回曆仍有五千二百五十七冊。明代在頒行《大統曆》的同時，依然參用回回曆。[15]

耶律楚材云：「西域曆，五星密於中國。」[16]札馬魯丁編制《萬年曆》並在回回人族群範圍內頒行，傳入了西域曆法的精華，大大豐富了元人對西方曆法的認識。

此外，札馬魯丁還在忽必烈的支持下主持編纂了《元一統志》。

事情是由至元二十三年（一二八六）三月七日擔任秘書監長官的札馬魯丁的一段上奏引起的。關於這段上奏，文獻記載有兩種「版本」。

許有壬《大一統志序》所載札馬魯丁的奏言是：

> 今尺地一民，盡入版籍，宜為書以明一統。

《秘書監志》卷四所載其上奏又曰：

在先漢兒田地些小有來，那地裡的文書冊子四、五十冊有來。如今日頭出來處、日頭沒處都是咱每的，有的圖子也有者，那遠的他每怎生般理會的？回回圖子我根底有，都總做一個圖子呵，怎生？

不難看出，兩個「版本」的大概意思是一致的，都主張適應元統一後的版圖疆域變化，組織編纂全國一統志，並繪製與之配套的地圖。所不同的是，前者採用漢語文言文，典雅而簡略；後者則是當時官方公文中常見的漢語硬譯文體，敘述生硬卻具體詳細，明確展現出將漢地已有地圖與西域地圖融會於一體的宏大藍圖。忽必烈以「編類地理圖書」的聖旨，欣然批准了札馬魯丁的計畫，命令他和秘書監少卿虞應龍等負責此項工作。

札馬魯丁積極督促各地「隨處城子」將所在地圖文書送繳秘書監，約請翰林院、兵部選派郎中等官共同協調，又奏請將秘書監官衙由舊城遷入大都新城。

忽必烈對秘書監官衙原在舊城致使官吏來往不便，耽誤「勾當」的情況，甚為重視，特意命令予以及時調換，妥善解決。對札馬魯丁請求徵調提拔的山東陳儼、江南虞應龍、京兆蕭維斗等精通地理之學的「秀才」，忽必烈也頒布「教來者」的聖旨，大開綠燈。

至元二十八年（一二九一）初稿完成，計七百五十五卷，名曰《大一統志》。成宗大德七年（一三〇三）又補充雲南、甘肅、遼陽等行省材料，增修至一千三百卷。

《大元一統志》超越前人的貢獻主要有二：

第一，它以地圖為本，圖文並茂，「備載天下路府州縣古今建置沿革及山川、土產、風俗、里至、宦績、人物」，既繪製成圖，又附與地圖內容相關的文字敘述，[17]各地分圖之外，又有全國地理總圖。

第二，包含廣袤，四極之遠，混而一之。既有漢唐以來的原有疆域，又收錄欽察汗國、伊利汗國、察合台汗國等西域版圖。其首次以《一統志》為名，不僅名實相符，而且直接影響到明清兩代。

這些成就，又是與兩個人的名字聯繫在一起：札馬魯丁和忽必烈。忽必烈的成功業績之一，就是支持郭守敬和札馬魯丁等實施了天文水利等方面一系列世界領先的偉大創造。

正如馬可波羅記載，忽必烈在大都城配備了一大批專業人員，為他們從事天文曆法的觀測研究提供了良好的條件。

在基督教徒、回回教徒和契丹人中，汗八里城裡有五千星相家和卜卦者。每年大可汗供給他們衣食……他們常常在城中練習他們的技藝。他們有自己的觀象儀，上面寫著行星的符號、鐘點和全年的幾種方位。每年這些基督教徒、回回教徒和契丹人的星相家，分成各派，在這觀象儀中考察全年的行程和性質，就是每月的行程。他們能夠看出和考察出來，每月在這年行程中將產生什麼大概情形。這種觀察是按照星和星宿自然的行程和位置，和依照他們各種不同的情形。例如他們看見某月將用雷暴雨和暴風雨標表，另一個月用地震，再一個月用電火和暴雨，又有用疾病瘟疫，又有用戰爭和無限的失和等等，標記每月。他們說這些事情是依照自然的趨勢和實事的演進而產生。但是上帝的威力能夠使這種事情減少或增多。此外，他們製成許多小本書，將按照每月把全年所遇寫在裡面。這種小書叫做『大龜年』。並且責給希望要知道全年大事的人，一格羅梭錢一本。那些推算出來能和實事相近的人，就被認為藝術最完善的專家，接受最大的尊榮。18

馬可波羅雖然未能舉出郭守敬和札馬魯丁的名字，但漢文史書可以印證郭守敬和札馬魯丁就是「這些基督教徒、回回教徒和契丹人的星相家」的佼佼者。

讀完這一系列傑出的科技創造事蹟，人們不免會對身為蒙元大汗的忽必烈竟然如此熱心和全力支持郭守敬、札馬魯丁的科技活動，感到驚訝。

的確，在馬背上長大的忽必烈，粗獷樸實，文化素質比較低，這樣做似乎難以理解。但粗獷樸實容易使忽必烈對外界的美好事物充滿了好奇、興趣和強烈追求，也不會像漢族皇帝那樣對工巧技藝持有傳統偏見。聯想起蒙古人對天的虔誠和崇拜，忽必烈對天文科技予以特殊關注，也是合乎邏輯的。忽必烈鼓勵科學技藝之士去試驗、去創新，也鼓勵郭守敬的中國天文曆法和札馬魯丁的西域天文曆法長期並存，自由發展。後一點，又是忽必烈的可貴之處和魅力所在。

還有一點值得注意，忽必烈所實現的南北大一統，也為郭守敬和札馬魯丁的傑出科研活動營造了良好的客觀環境。試想，如果沒有元統一後安定和平的條件，郭守敬怎可能從事天文儀器製造和通惠河等大規模的水利工程？如果沒有元統一，全國二十七處天文觀測又怎可能舉行？如果沒有元統一，札馬魯丁又怎可能把西域先進天文曆法成就傳入中土並通過上述七件天文儀器和《萬年曆》展現於東方？在這個意義上，忽必烈的確扮演了郭守敬和札馬魯丁兩位科技巨匠身後不可缺少的支持者和保護神的角色。

註釋

1《元文類》卷五〇〈知太史院事郭公行狀〉；《元好問全集》卷三三。
2、8《元文類》卷五〇〈知太史院事郭公行狀〉。
3《湛然居士集》卷八〈進征西庚午元曆表〉。
4《黑韃事略》；《輟耕錄》卷九〈麻答把曆〉。
5《元文類》卷一七〈簡儀銘〉。
6《元文類》卷一七〈仰儀銘〉。
7《元文類》卷一七〈高表銘〉。
9《元史》卷九〇〈百官志六〉。
10《元史》卷九六〈食貨志四．市糴〉。
11《元史》卷四八〈天文志一〉。
12《可閒老人集》卷二〈輦下曲〉。
13《元史》卷五二〈曆志一〉。
14《元史》卷七〈世祖紀四〉。
15《元史》卷九四〈食貨志二．額外課〉；《明史》卷三一〈曆志一〉。
16《輟耕錄》卷九〈麻答把曆〉。
17《至正集》卷三五〈大一統志序〉；《秘書監志》卷四〈纂修〉。
18《馬哥孛羅遊記》張星烺譯本，頁二一〇，商務印書館，一九三六年。

第十六章　學儒重致用　崇教告天神

忽必烈與儒學

一、早期學儒用儒

金元鼎革，戰亂連年，在蒙古鐵騎的強有力攻擊下，大批儒士顛沛流離，或者葬身溝壑，或者淪為驅奴，儒士及他們所載承的中原傳統文化遭到了很大的摧殘。

以耶律楚材為代表的少數漢族儒人，曾以其理財、卜筮、醫術等技藝贏得了成吉思汗、窩闊台汗的信任。他們利用充任蒙古大汗侍從的便利，向蒙古統治者竭力宣傳儒學的意義和功用，還說服蒙廷實行「戊戌選士」，解脫了部分儒士的奴籍，使儒士繼僧道之後開始享有了一定的優待。還在一二二二年左右建起了燕京夫子廟。元末張昱詩曰：

> 太祖雄姿自聖神，一時睿斷出天真。
> 要將儒釋同尊奉，宣諭黃金塑聖人。[1]

但是，蒙古四大汗時期最高統治者對儒學、儒士的接受和認同程度仍極為有限。蒙哥汗曾說：「孔、老之教，治世少用，不達性命，惟說現世，只可稱為賢人。」佛教則可以「窮盡生死善惡之本，深達幽明性命之道，千變萬化，神聖無方」。[2]在蒙哥汗看來，儒學在釋、道、儒三教中遠不及前二者哲理神聖和貫穿今生來世，也難以收到祈天祝福的效益。

總的來說，蒙古四大汗時期，儒學的地位被貶低，絕大多數儒士沒有受到應有的重視和任用。如第二章所述，忽必烈是第一位主動接觸和學習漢地儒學的蒙古貴族。一二五二年北方名士元好問、張德輝欲尊其為「儒教大宗師」，忽必烈愉快地接受下來。[3]在此前後，忽必烈的金蓮川幕府中也曾彙集了一批漢族儒士。這些儒士學術志趣不盡相同，但無不殫精竭慮地向忽必烈獻上儒學治國之道。王鶚進講《孝經》、《尚書》、《易經》和古今之變、齊家治國的道理。趙璧把《大學衍義》譯為蒙語，在騎馬時為忽必烈陳說。竇默則首論三綱五常，還引起了忽必烈「人道之端，無大於此」的共鳴。[4]忽必烈先後任命名儒許衡為京兆儒學教授，張德輝為提舉真定路學校，又根據張德輝的請求，頒降令旨讓地方官府嚴格執行蠲免儒戶兵賦的條例。[5]忽必烈藩邸分地京兆和代答剌罕管轄的邢州，實際上主要是以儒士和儒術來治理的。忽必烈還接受高智耀「以儒為驅，古無有也。陛下方以古道為治，宜除之，以風厲天下」的建議，命令高循行州縣，釋放四川和淮河一帶被擄為奴的儒士數千人。[6]

儒學和儒士為忽必烈提供了來自漢地王朝的非常豐富的政治經驗，提供了直接治理漢地的基本藍圖和有效方略。這對忽必烈成為少數民族君主中統一南北和以漢法治漢地的第一人，無疑具有非常重要的意義。

聖代崇儒意非輕，征車相望半儒生。[7]

忽必烈即汗位後的最初一兩年，較多藩邸儒士被委以重任，擔任了中書省宰執和宣撫使等。譬如中書省平章趙璧，右丞廉希憲，左丞張文謙，燕京路宣撫使李德輝，副使徐世隆，益都濟南等路宣撫使宋子貞，副使王磐，北京等路宣撫使楊果，平陽太原路宣撫使張德輝，真定等路宣撫使劉肅，東平路宣撫使姚樞等。[8]他們占當時中書省正副宰相的一半，占十路正、副宣撫使的五分之二強。

尤其可貴的是，忽必烈還特意命令皇子真金從名儒姚樞、竇默受《孝經》，講授完畢，忽必烈十分高興地賜食招待姚、竇二人。至元八年（一二七一）又降旨新任國子祭酒許衡教蒙古生四人，後增至七人。這幾名蒙古生又都是忽必烈親自揀選出來的。堅童、太答、禿魯及康里人不忽木均在受業行列。忽必烈曾親自觀賞他們所書字，親自試驗所學成效，對優良者予以嘉獎。忽必烈還特意囑咐許衡用心輔導怯薛長、中書省右丞相安童。

對忽必烈的這種安排，元人蘇天爵稱頌道：

> 世祖聖明天縱，深知儒術之大，思有以變化其人而用之，以為學成於下，而後進於上，或疏遠未即自達，莫若先取侍御貴近之特異者使受教焉，則效用立見。[9]

蘇天爵語，不無阿諛奉承之嫌，但反映的情況多數是真實的。無論忽必烈是否有意，若干年以後，真金、不忽木、安童等均得到不同程度的儒化，並成為朝廷中儒士的政治代表或支持者。比起持有「儒家何如巫醫」和「不蹈襲他國所為」[10]偏見的蒙哥汗，忽必烈對儒學治國齊家之道似乎情有獨鍾。忽必烈曾經說：「孔子言三綱五常。人能自治，而後能治人；能齊家，而後能治國。」[11]由於較早受到儒術的影響，忽必烈對孔子的學說也能夠言其要領，娓娓道來了。

然而，這只是事情的一個方面。應該承認和正視，忽必烈對儒學始終沒有完全信奉和尊崇，而僅僅是有選擇地學習和吸收。

二、鄙夷空言義理，強調經世致用

忽必烈十分強調儒學的應用性。

當廉希憲讀《孟子》懷書進見，闡揚性善義利之說時，忽必烈譽其為廉孟子。而當至元七年（一二七〇）廉希憲因忤旨罷相賦閒。忽必烈詢問廉居家何為，左右回答：讀書。忽必烈當即批評道：「讀書固朕所教，讀之不肯見用，何多讀為？」[12]可見，忽必烈對學儒讀經，基本要求是能為其治國經世所用。能用則受稱道，不能用則受批評。

在身旁的幾名儒臣中，張文謙、姚樞、趙璧、廉希憲四人治國經世之才稍顯，能為忽必烈解決一些實際問題，相對而言，他們四人還能受到一定的重用。

忽必烈對北方理學領袖許衡的態度則遜色得多。一次，忽必烈直率地批評許衡：

> 竇漢卿獨言王以道（文統），當時汝何為不言？豈孔子教法使汝若是耶？汝不遵循孔子教法自若是耶？往者不咎，今後勿爾也。是云是，非云非，可者行，不可者勿行。我今召汝無他，省中事前雖命汝，汝意猶未悉，今面命汝。人皆譽汝，想有其實。汝的名分，其斟酌在我。國事所以無失，百姓所以得安，其謀謨在汝。謂汝年老未為老，謂你年小不為小，正當黽勉從事，毋負汝平生所學。[13]

宋元時期儒學的主流已發展為理學，許衡就是北方理學宗師。儘管許衡在漢族儒臣心目中是學術領袖和旗幟，儘管至元初許衡也曾上疏論及立國規模，中書大要，為君難，農桑學校，慎微等五事，但他空言性理較多，替忽必烈解決朝政實際問題頗少。有些說法本來就比較冗長深奧，又需要借助翻譯為中介，忽必烈很難聽懂，更談不上接受。即使忽必烈自擇高明翻譯，也難免發生言不逮意或語意不倫等情況。[14]對許衡這套不講實用的理學說教，忽必烈自然不喜歡。忽必烈指責許衡未直言王文統問題，指責他年富力強而屢次推辭所委任的官職，指責他負盛名而不務實，不是沒有道理。

儒學只是忽必烈所接觸的漢地文化的重要組成部分，並非全部。他接觸漢地文化還包括傳統官制、王霸之術、陰陽曆數、道教及漢地佛教等。無論忽必烈的藩邸舊臣，抑或即位以後招羅的文臣，實際不只是純粹的儒士，還有不少擅長王霸之術、陰陽曆數、詩賦文辭、管理財賦，或者佛、道、儒兼通者。這些人員都在忽必烈面前競相施展自己的才能，爭取忽必烈的青睞或注意。忽必烈對這類人的重視和賞識往往不在純粹的儒士之下。試舉例如下：

劉秉忠學貫儒、佛、道，尤精通曉音律、算數、推步和仰觀占候，還嫺熟治國之術。忽必烈稱讚他「事朕三十餘年，小心慎密，不避險難，事有可否，言無隱情。又，其陰陽術數之精，占有知來，若合符契」。他與忽必烈「情好日密，話必夜闌，如魚得水，如虎在山」，[15]又是一般儒士難望其項背的。

金末狀元王鶚「以文章魁海內」，「一時學者翕然咸師尊之」。忽必烈對他格外優待，每每賜座，呼狀元而不名。雖然他也曾給忽必烈進講修身齊家治國平天下之道，但忽必烈最看重的卻是他的華麗文章。包括《中統建元詔》在內的許多大誥命和大典冊，無一不是出於王鶚之手。[16]

第九章所述原南宋太學生葉李因率同舍生八十三人伏闕上書抨擊賈似道繆司台鼎，病民誤國，忽必烈聞其奏章，拊掌稱歎，愛其剛直，大加褒揚。特命侍御史程鉅夫招至京師，賜坐賜宴，允許五日一次入宮議事，很快提拔為尚書省右丞，賜賚甚多，成為忽必烈後期地位最高，最受寵信的南人官員。[17]

忽必烈對人才的衡量尺度，除了為己所用外，就是對奇異傑出技能的喜好。這種喜好並不以儒學為界限，儒學也罷，其他也罷，只要屬於奇異傑出技能，忽必烈就一概抱著極大興趣和熱忱去關注，去重視。出於這種喜好，忽必烈的心目中自然不會獨尊儒學，自然不會完全信奉儒學。

儒學和儒士不能滿足忽必烈黷武嗜利的需要，有時反而成為障礙，這也是他對儒學不十分信賴、熱衷的重要原因。

在每次大的軍事征伐前夕，儒士們多半會基於仁義、仁愛理念，跳出來反對忽必烈的作戰計畫。

如忽必烈率兵渡江攻鄂州之際，郝經上書說：「彼無釁可乘，未見其利。惟修德以應天心，發政以慰人望，簡賢以尊將相，惇族以壯基圖……興文治，飭武事，育英材，恤疲氓，以培植元氣。藏器於身，俟機而動，則宋可圖矣。」[18]郝經的意思不外是，以文治德政為本，停兵以待，不必急於攻宋。這種明顯違背蒙哥汗三路圍攻南宋計畫的意見，自然不會被忽必烈採納。

又如襄陽攻克後，忽必烈準備興師渡江滅亡南宋。許衡卻以為不可，還強調「惟當修德以致賓服，若以力取，必戕兩國之生靈」。[19]如此近於迂腐的意見，符合許衡理學家的性格，但對急欲平定江南、建功立業的忽必烈來說，又是萬萬不能接受的。

再如至元十九年（一二八二）忽必烈將要大舉渡海征日本，王磐諫止說：「日本島夷小國，海道險遠，勝之則不武，不勝則損威，不伐為便。」當時發兵日期已定，忽必烈對這類說三道四，甚是震怒。他斥責王磐說：「此在吾國法，言者不赦，汝有它心而然耶？」王磐辯解說：「臣以八十之年，又無子息，有他心欲何為耶！」方消除了忽必烈的疑心和不滿。[20]

清人趙翼批評忽必烈嗜利黷武。實際上忽必烈的嗜利和黷武，往往密不可分，軍事征伐必須有巨額軍費的支持，為了順利進行軍事征伐，忽必烈勢必重用理財之臣，以搜斂財富。此外，諸王歲賜和官吏俸祿，也依賴充足的財賦支援。而儒臣不僅對軍事征伐持消極態度，對忽必烈重用的理財官員也一概反對。中統初，王文統以中書省平章掌管財政，為忽必烈政權籌辦了較充裕的錢穀經費，一度頗受忽必烈的重用。儒臣許衡、姚樞極言治亂休戚，必以義為本。竇默甚至在忽必烈面前直接斥責王文統「此人學術不正，久居相位，必禍天下」，還當即舉薦許衡可以為宰相。[21]許衡、竇默等顯然把他們和王文統的分歧，當作傳統的義、利之爭的繼續。殊不知王文統協助忽必烈理財助國，成績顯著，功大於過。忽必烈對許、竇、姚三人一味崇義斥利的意見，並不贊同。所以，三人均被逐出政府樞要，改任國子祭酒、大司農、翰林侍講學士等閒職。王文統被殺後，忽必烈使用回回人阿合馬理財。尤其是在阿合馬升任中書省平章、忽必烈對他更加倚重的情況下，儒臣和阿合馬的衝突也日益尖銳。由於忽必烈的偏袒，儒臣指責批評阿合馬的種種努力均告失敗。如張文謙屢次在忽必烈面前極論阿合馬害政，卻因阿合馬嫉恨被迫辭去御史中丞之職。許衡奏劾阿合馬專權無上，蠹國害民，又反對阿合馬以其子掌兵柄，指出，父典民與財，子又典兵，乃反側之道。誰料忽必烈將此言轉告了阿合馬。許衡為避禍，主動辭掉中書省左丞。另一名儒臣廉希憲也因多次與阿合馬抗衡，被排擠至北京和江陵行省。[22]

儒臣們諱言財利，無以副忽必烈裕國足民的願望，對理財懵然無知，迂腐僵化，也是忽必烈疏遠他們的背景之一。許衡曾在《楮幣札子》內指責紙幣「制法無義，則古先聖王知其為天下害必不可行也」。至元十二年（一二七五）二月在議論江南新征服地區上是否廢交子會子改行中統鈔時，姚樞認為：「江南交會不行，必致小民失所」，徒單公履又云：「伯顏已嘗榜諭交會不換，今亟行之，失信於民。」忽必烈的裁決是：姚樞、徒單公履「不識事機」，應當依照阿合馬的提議，迅速更換宋交會了。[23]南宋滅亡在即，廢交子會子，不僅可以避免當地貨幣因政權更迭發生混亂，而且有利於完成大統一。姚樞等頑固地阻止此事，難怪忽必烈批評他「不識事機」。

元人孔齊說：「世祖能大一統天下者，用真儒也。用真儒以得天下，而不用真儒以治天下。」[24]

孔齊的話，不是沒有根據。忽必烈對儒學、儒士的態度，又受到李璮之亂和阿合馬被殺事件的影響而前後變化較大。李璮之亂發生以前，儘管王文統對儒臣有所壓制，但張文謙、廉希憲等繼續留任中書省等樞要機構，忽必烈與許衡、姚樞、竇默等儒臣的關係仍比較近密。李璮之亂爆發後，忽必烈對漢官有所疑懼，開始重用阿合馬等回回人理財，並以其牽制漢官。阿合馬擅權柄國近二十年，在他被殺前夕，儒臣全部被排擠出中書省，許、姚、竇等著名儒臣老死過半，七零八落。阿合馬被殺後，忽必烈對漢官的疑懼進一步加深，儒臣亦在此列。後來，雖然有太子真金、右丞相安童、近侍不忽木等受儒學影響較深的非漢族人員繼續活躍在政治舞台上，但至元二十二年（一二八五）左右忽必烈身旁漢官已寥若晨星，朝廷大臣中的儒臣集團實際已不復存在了。

為此，王惲不勝感慨地說：「國朝自中統元年已來，鴻儒碩德濟之為用者多矣。如張、趙、姚、商、楊、許、王之倫，蓋嘗忝處朝端，謀王體而斷國論矣……今則曰：彼無所用，不足以有為矣。是豈智於中統之初，愚於至元之後哉？」[25]

三、熱心儒學教育與拒絕科舉

忽必烈較熱心地舉辦儒學教育和拒絕科舉的複雜態度，也頗有意思。

蒙古貴族南下攻金初期，與漢地儒學隔膜甚深，對儒士殺戮頗多，毀於戰亂的州縣學校不計其數。苟且保全性命的儒士，也多半難逃被擄為奴或百無一用的遭際。自耶律楚材獲得成吉思汗父子的信任後，儒學和儒士的處境開始略有轉機，燕京國子學和各地的官辦、民辦儒學逐漸有所恢復。在歷任蒙古大汗中，忽必烈應是較熱心地舉辦朝廷和地方儒學教育的第一人。

除了前述張德輝說服忽必烈重新興辦真定廟學和許衡奉命提舉京兆學校外，另一位重要謀臣劉秉忠就曾向身為藩王的忽必烈獻策：「古者庠序學校未嘗廢，今郡縣雖有學，並非官置。宜從舊制，修建三學，設教授，開選擇才，以經義為上，詞賦論策次之。」[26]這條建議儘管因忽必烈總領漢南軍國重事使命的中斷，暫時未見明顯成效，可對忽必烈即汗位以後興辦儒學教育影響很大，世祖朝中央和地方的官辦儒學大抵是循著劉氏的說法舉行的。

忽必烈熱心舉辦儒學教育，概括地說含有以下三方面：

其一，興建正規的國子學。

蒙古占領燕京後，燕京行台官王檝新建了夫子廟學。窩闊台五年（一二三三），蒙廷在燕京夫子廟的基礎上設立國學。[27]然而，此「夫子廟學」嚴格地說只是王檝運用職權建立的燕京地方儒學，此「國學」也只是蒙廷舉辦的蒙古貴冑學習漢語的學校，二者均非正規的「國子學」。

至元六年（一二六九）七月，應張文謙、竇默奏請，忽必烈正式設置了國子學，任命許衡為第一任國子祭酒，選拔貴冑子弟入學受業。至元二十四年（一二八七）閏二月，又增設國子監，掌國子學之教令。[28]

國子學和國子監的正式設立，使元朝廷開始有了儒學最高學府，而與其他漢地王朝沒有兩樣了。

其二，地方官辦儒學的普遍設置。

中統二年（一二六一）八月，忽必烈聽取翰林學士承旨王鶚的意見，特詔各路設立提舉學校官，選博學老儒王萬慶、敬鉉等三十人充任，訓誨在學諸生，作成人才，以備選用。[29]這意味著北部中國地方官辦儒學的全面恢復和重建，一定程度上改變了蒙古統治者不重視儒學文治的偏向。平定江南後，南宋原有的地方官學大體被沿襲下來，還於至元二十四年（一二八七）設立江淮十一道儒學提舉司，專掌儒學教育。[30]成宗初，江南儒學提舉司進一步改為各行省只設一個。可以毫不過分地說全國範圍的地方官辦儒學的普遍設置，基本上是在忽必烈朝完成的。

其三，儒學教官的制度化。

儒學教官大抵始於宋代。忽必烈實現南北統一後，中央和地方各級教官的制度化得以確立。即國子學設祭酒、司業、博士、助教，各道（後改行省）設儒學提舉司正、副提舉，路學設教授、學正、學錄，散府學和上、中州學設教授，下州學設學正，縣學設教諭。[31]至元二十一年（一二八四）還專門頒布了《教官格例》，作為管理教官的辦法。[32]

儒學教官的普遍設置，客觀上與元代諸色戶計職業分類體制相對應，忽必烈將其制度化，一定程度上也為儒學教育發展提供了比較好的條件。

與熱心儒學教育形成較大反差的是，忽必烈對科舉卻很不積極。忽必烈即汗位初，曾召許衡於上都，詢問科舉如何？許衡回答：「不能」。忽必烈贊和說：「卿所言務實，科舉虛誕，朕所不取。」[33]據說，至元十一年（一二七四）忽必烈曾讓朝臣討論過科舉行廢問題，而且擬定了比較具體的條目程式，但一直沒有實施。[34]

忽必烈拒絕科舉的態度，既受漢地厭惡金宋文士溺於場屋奔競、惟務詩賦空文的輿情影響，也與他固守選官領域內蒙古貴族的特權利益有關。

早在金蓮川藩府時期，讀經窮理的理學家群和熱中詩賦的金源文學群，在興趣理念等方面就是有裂痕的。元朝建立後，這兩個群體雖然在恢復科舉上多半抱贊成態度，但在試經義抑或試詩賦問題上又分歧很大。忽必烈對科舉取士並不感興趣，或許他意識到科舉考試是漢人士大夫的「專利」，於維護蒙古貴族特權不利。所以，他有意無意地利用這兩個群體的分歧，阻止開科舉士。

當徒單公履建言試詩賦開科舉時，忽必烈特意詔命姚樞、竇默、楊恭懿等雜議，楊恭懿等立即指責「日為賦詩空文」的弊端，忽必烈馬上表示贊同，並作為拒絕科舉的依據。[35]

當徒單公履得悉忽必烈尊崇佛門中的教宗（指天台、法相、華嚴等宗）而壓抑禪宗，乘機進言：儒人亦有教、禪之別，主張以詩賦科舉取士的，類似佛門中的教；道學則類似佛門中的禪。忽必烈聽罷，果然對喜好經學和性理之學的姚樞、許衡大發雷霆，甚至命令他們和一位中書省左丞「廷辯」。恰巧近侍董文忠從外面進來，忽必烈竟質問道：「汝日誦《四書》，亦道學者」。董文忠連忙解釋：「陛下每言，士不治經究心孔孟之道，而為賦詩，何關修身，何益治國！由是海內之士，稍知從事實學。臣今所誦，皆孔孟言，烏知所謂道學哉。而俗儒守亡國餘習，求售己能，欲錮其說，恐非陛下上建皇極，下修人紀之賴也。」經過忽必烈親近宿衛董文忠這番解釋，忽必烈才算停止了對理學家姚樞、許衡的指責和申斥。

忽必烈對儒士中的讀經之士和熱中詩賦者，態度並不一樣，但標準只有一個，那就是實用。他曾經對藩邸舊臣趙良弼說：「高麗小國，匠人棋人皆勝漢人，至於儒人通經書，學孔孟，漢人只是課賦吟詩，將何用？」[36] 忽必烈這裡說的漢人，顯然是指原金朝統治下熱中詩賦的北方漢人文士。忽必烈厭惡「只是課賦吟詩」，是因為他們於治國修身無用。徒單公履借佛門教、禪之別，一度攻擊理學家奏效而引起忽必烈對姚樞、許衡的不滿，也是因為他們空言性理，諱談兵賦。

很明顯，忽必烈既重儒士又嫌其迂闊的複雜心理，說來也簡單，就是儒士儒學不能完全滿足其「為我所用」的政治需要。

在忽必烈較熱心地舉辦儒學教育和拒絕科舉的複雜政策下，居然出現了「九儒十丐」的奇怪情況，這又作何解釋呢？

「九儒十丐」的說法，出自南宋遺民鄭思肖〈大義略敘〉。原文曰：

韃法，一官，二吏，三僧，四道，五醫，六工，七獵，八民，九儒，十丐，各有所統轄。僧為僧官統僧，道士為道官統道士。

首先，鄭思肖所云自「官」到「丐」的排序，大抵是元朝職業戶計的分野，當時的戶計名色，的確包含了官、吏、僧、道、醫、工、獵、民、儒等類別，而且是各立官署，自治其人。所缺漏的主要是「軍」。上述排序中的「九儒十丐」，只是鄭思肖按職業戶計的臚列，並非官方的正規等級制度，因此，不能全面反映忽必烈時期儒士的實際地位。

第二，忽必烈時期的儒士，雖然能享受儒戶定籍、免除差役、選拔充當教官及儒吏等待遇，但唐宋以來儒士賴以仕進登龍的科舉遲遲未開，大多數儒士「學而優則仕」的門徑被堵死。而在地方教官中，惟教授有資品（從八品、正九品），學正、學錄、教諭、山長等均屬無資品的流外職，其薪俸每月僅在米三石，鈔三兩以下。[37] 更有甚者，多數下層教官升遷極慢，進入流品的機會渺茫，不免有「熱選盡教眾人做，冷官要耐五更寒」之類的哀歎牢騷。就仕進只限於中下層教官及吏員的大多數儒士來說，其地位確實是比較低的。儒士雖然未必卑下到第九位，但比僧、道肯定是低的。汪元量「釋氏掀天官府，道家隨世功名。俗子執鞭亦貴，書生無用分明」的詩句，[38]並非無根之說。

道教的境遇

一、開平辯論全真教敗北

大蒙古國時期，北方道教主要是全真教、太一教、真大教。尤其是全真教宣揚道、佛、儒三家兼而修之，教主丘處機又較早投靠成吉思汗，因而成為北方最有勢力的道教教派。元人張昱詩曰：

運際昌期不偶然，外臣豪傑得神仙。
一言不殺感天聽，教主長春億萬年。[39]

隨之，以全真教為首的道教一度取得了高於佛教、儒學的優勢地位。

然而，全真教勢力膨脹，網羅不法之徒，侵壓佛教及儒學，引起朝廷的猜忌。蒙哥汗五年（一二五五）八月，河南少林寺長老福裕藉阿里不哥赴和林告全真教的狀，他指責是：「道士欺謾朝廷遼遠，倚著錢財壯盛，廣買臣下，恃方凶愎，占奪佛寺，損毀佛像，打碎石塔。」蒙哥汗斷定道士理屈，責成斷事官和來自克什米爾的那摩國師負責全真教退還所占佛寺。這應是蒙古統治者偏袒佛教和全真教失勢的開始。

據說，那摩國師執行退還任務時，全真教臨時首領張志敬拖延支吾，不肯遵旨交付。那摩國師偕張去德興府覲見忽必烈。忽必烈大怒，命令劉侍中、活者思毆打詬罵張志敬，張被打得頭面流血。40

在此前後，忽必烈為保護儒士利益，曾兩次以今旨強制全真教馮志亨歸還所占儒士夫子廟及學田，且命令馮志亨等道士今後不許再行爭奪。41

足見，忽必烈積極參與了蒙古上層適當限制全真教勢力的最初活動，在這個問題上，忽必烈和同胞兄弟蒙哥、阿里不哥的態度，如出一轍。

一二五八年蒙哥汗南征前夕，頒詔舉行佛、道二教辯論。依照蒙哥的旨意，辯論由解兵柄賦閒的忽必烈主持，地點是開平忽必烈藩府「大閣之下」。

參加辯論的有佛、道二教代表各十七人。僧人代表有吐蕃薩思迦派領袖八思巴、前述那摩國師以及漢地、大理、河西等處的名僧，忽必烈的親近侍臣劉秉忠也在僧人代表之列。道教的代表是全真教新任掌教張志敬等。藩邸儒士姚樞、竇默、廉希憲、張文謙等也出席辯論，協助忽必烈證其是非。與會人員總數多達七百人以上。

這次辯論與福裕在和林指斥道教、要求退還侵占寺院不同，其核心是《老子化胡經》的真偽。僧人全力揭露《化胡經》的虛偽荒誕，道士則抗論狡辯，節節敗退。在最後關頭，忽必烈也親自參與並最終裁定。

當道士們將《老子傳》、《化胡經》等史書呈獻忽必烈面前，忽必烈詰問：「此是何人之書？」道士回答：「此是漢地自古已來有名皇帝集成底史記，古今為憑。」

忽必烈又問：「自古皇帝惟漢地出耶？他處亦有耶？」道士答覆：「他國亦有。」

忽必烈問：「他國皇帝與漢地皇帝都一般麼？」道士回答：「一般。」

忽必烈又說：「既是一般，他國皇帝言語，漢地皇帝言語，都一般中用麼？」回答：「都中使用。」

忽必烈說：「既中使用，老子他處不曾行化，而這史記文字主張老子化胡，不是說謊文字？那這般史記都合燒了，不可憑信。」

八思巴乘機說，西天史書裡沒有老子化胡成佛的記載。於是問道士可曾聞知西天史書裡化胡成佛的說法。道士回答：「不曾聞得。」

忽必烈十分惱怒地說：「偏這史記汝不曾聞得，漢地史記爾偏聞得！」

辯論結束時，夕陽西下，閣內昏暗，忽必烈宣告道教辯論失敗。姚樞譯語斥道教曰：「守隅曲士，難論大方。」[42]道士樊志應等十七人被迫詣龍光寺削髮為僧，焚燒道經四十五部，歸還佛寺及產業二百三十七區。[43]

道教辯論敗北，一方面是《老子化胡經》的確是偽造，公平論爭時無法占上風；另一方面是當時蒙古業已入主中原多年，漢地僅為蒙古帝國的一部分，蒙古帝國內多種民族和多種文化兼容並存，蒙古為統治民族，故不容許漢地文化為上，不容許強調漢地民族意識。忽必烈不惜直接介入和道士的辯論，堅持「他國皇帝」與「漢地皇帝」君臨天下及其「言語」的同等有效性，公開反對道士出於漢族本位的以華化夷論。這就註定了道教無可挽回的失敗。

一二五八年的辯論結束不久，忽必烈奉命率軍南下攻鄂州。接著，又是蒙哥汗猝死釣魚山和忽必烈、阿里不哥兄弟爭奪汗位，忽必烈一時無暇顧及開平辯論決議的徹底落實。所以，到至元十七年（一二八〇）佛、道二教的衝突再起，又導致了至元十八年（一二八一）的第二次佛、道大辯論。

二、至元十八年再焚道藏偽經雜書

至元十七年二月，忽必烈再次下令道士焚燒道藏偽經及刻版。誰料四月又發生了長春宮全真教為和僧人爭奪觀院，聚集五百名道士，持棍棒毆打僧人，自焚廩舍，謀害僧錄廣淵的事件。中書省直接處理此案，辯白了道士的誣告，甘志泉、王志真等款伏認罪。忽必烈詔遣樞密副使孛羅及諸大臣覆按相關罪犯，全無異詞。於是，處死肇事首犯甘志泉、王志真，其餘十人割了耳朵鼻子，流放充軍。[44]

至元十八年（一二八一）九月，鑑於道士私自匿藏偽經版本，忽必烈命令樞密副使孛羅與前中書左丞張文謙、秘書監焦友直、功德使司脫因小演赤、釋教總統合台薩哩、太常卿忽都于思、中書省客省使都魯以及在京的僧錄司所屬教、禪諸僧，詣長春宮無極殿會同正一教天師張宗演、全真教掌教祁志誠、真大道教掌教李德和、杜福春等道教徒眾，翻閱道家經卷數千帙，考證真偽，耗時近二十日。

功德使司脫因小演赤等將結果奏聞忽必烈，以誑惑愚俗，鑿空架虛，罔有根據，詆毀釋教，妄自尊崇為辭，請求焚毀老子《道德經》二篇以外的其他道家經書。據說，官員們分揀道藏時，檢出馬湘詩一首：「樹連滄海水連雲，昔有殷周李老君。人說是非皆不定，五千言外更無文。」此詩奏上，提供了《道德經》外其他道家經書皆偽的有力證據。

忽必烈龍顏大悅，指示說：「道家經文傳訛踵謬，非一日矣。若遽焚之，其徒未必心服。彼言水火不能焚溺，可姑以是端試之。俟其不驗，焚之未晚也。」又命令樞密副使孛羅、司徒和禮霍孫等論張宗演、祁志誠、李德和、杜福春，讓他們各推擇一人，佩符入火，自試其術。張、祁、李、杜四人連忙上奏：「此皆誕妄之說，臣等入火，必為灰燼。實不敢試，但乞焚玄道藏，庶幾澡雪臣等。」

忽必烈批准了他們的上奏，詔諭天下：「道家諸經，可留道德二篇，其餘文字及版本化圖，一切焚毀。隱匿者罪之。民間刊布諸子醫藥等書，不在禁限。今後道家者流，其一遵老子之法。如嗜佛者，削髮為僧。不願為僧者，聽其為民。」

十月二十日，忽必烈聚百官於憫忠寺，焚燒道藏偽經雜書。又派遣使者督促地方諸路遵照詔令行事。當時，忽必烈聖旨禁斷並焚毀的道教偽經，計有《化胡經》、《出塞經》、《南斗經》等三十九種。[45]據說，邱處機十九位弟子之一宋德方在平陽路印刷的大型道教文獻《道藏》，此次也被連同刻版，一併焚燒，[46]道教文獻因而損失巨大。

在辯論開始以前，忽必烈曾詢問：「勝負如何賞罰？」道士說：「義墮者斬首。」忽必烈諭旨：「不然，義墮者削髮為僧。」辯論敗北後，確實有部分道士被迫落髮為僧，忽必烈還賜給進入佛門的原道士張志幕七寶數珠，命其每日課誦。[47]

至元十八年（一二八一）忽必烈在大都再次掀起的佛道辯論，是蒙哥汗八年（一二五八）那場辯論的繼續。與前一次相比，這場辯論嚴格地說已不再是辯論。忽必烈及朝廷官署袒護佛教和壓制道教的政策傾向，一開始就非常明顯。這當然和忽必烈本人此時已皈依喇嘛教且受帝師戒有關係。尤其是忽必烈巧施智謀，親自設計令道教諸派首領入火自試其術的計畫，致使道士們的詭術很快敗露，被迫同意焚燒偽經而換取自己的生路。說明忽必烈對壓制道教想得很深很細，力求畢其功於一役，使道士們心服口服地就範。

經過忽必烈至元十八年（一二八一）的佛道辯論和焚燒偽經，盛極一時的道教（主要是全真教）由此一蹶不振，終於跌至佛教之下。

摧折最厲的當然是全真教，據說，大都長春宮被禁止醮祠長達十餘載。直到忽必烈晚年頒布「凡金籙科範不涉釋言者，在所聽為」的詔令，[48]才算撤銷了對長春宮醮祠的禁令。

對道教此番所受的打擊，南人鄭思肖亦云：「北地長春宮道士與番僧有仇，番僧化韃主曰，道經是偽作謊語，蒙哥時道士鬥佛法不勝，髡為僧，今宜焚其經。韃主果焚南北州郡《道藏經》，惟許留老子《道德經》，幾滅道士，髡為僧。胡俗妖怪，慘酷如是。」[49]

三、世祖朝後期的道教諸派

道教雖然遭受很大打擊，但道教諸派並不像鄭思肖所說的幾乎到了滅絕的地步。即使在至元十八年以後，忽必烈對道教的正一、太一、真大及全真諸派，仍然採取了一定的保護措施。忽必烈本人也和這些教派長期保持著這樣那樣的溝通或聯繫。

正一道教與忽必烈的交往，早在其三十五代天師張可大時期業已開始。至元十三年（一二七六）南宋剛剛滅亡之際，忽必烈主動派使者召世居信州（今江西上饒）龍虎山的三十六代天師、張可大子張宗演入京。張宗演抵京時，忽必烈命令朝廷官員出城迎接慰勞，待以客禮。

忽必烈頗有感慨地對張宗演說：「昔歲己未，朕次鄂渚，嘗遣王一清往訪尋卿父（張可大）。卿父使報朕：後二十年天下當混一。神仙之言，驗於今矣。」於是，倍加寵渥張宗演，讓其入座，賞賜筵宴，又特賜玉芙蓉冠和組金無縫衣，命令他佩銀印，主領江南道教。

至元十八年道教遭受焚經厄運時，張宗演通過真金太子在忽必烈駕前說情，總算得以允許保存正一道教「不當焚者」，其醮祈禁祝，也許可不廢。忽必烈還躬自觀看正一教祖傳玉印、寶劍，讚歎良久：「朝代更易，已不知其幾，而天師劍印傳子若孫尚至今日，其果有神明之相矣乎！」

張宗演死後，忽必烈又命其子張與棣嗣為三十七代正一天師，繼續掌管江南道教。50

元人張昱詩曰：

龍虎山中有道家，上清劍履絢青霞。
依時進謁椶毛殿，坐賜金瓶數十茶。51

張宗演的門人張留孫與忽必烈的關係最為密切。

至元十三年（一二七六），張留孫隨從其師張宗演入覲大都，被忽必烈看中，遂留侍闕下。一次，忽必烈親自在帳殿內祭祀，皇太子真金陪祀，突然狂風暴雨驟起，眾人甚為驚駭恐懼，張留孫一番禱告，居然令風雨立止。

又一次，忽必烈偕察必皇后出巡漠北日月山，察必皇后突然病重，亟召張留孫禱告。而後，察必皇后夢到一位朱衣白髯者，由隨從甲士引導，乘朱輦白獸行於草間。張留孫為其解釋說：引導輦獸的甲士，是臣所佩法籙中的將吏；朱衣白髯者，是漢代正一道教鼻祖張道陵天師；行於草間，意味著春天。皇后殿下的病，一到春天就會痊癒！察必皇后命人取來張留孫所奉祖師畫像觀看，果然是夢中所見的。忽必烈和察必皇后非常喜悅，立刻任命張留孫為天師，張留孫固辭不敢接受。於是，賜號上卿，又賜予尚方太府所鑄寶劍。鐫文曰：「大元賜張上卿。」

忽必烈還下令上都、大都皆築崇真宮，由張留孫居住，專掌醮祠之事。至元十五年（一二七八），又授張留孫玄教宗師，賜銀印，並讓他掌管淮東、淮西、荊襄等處道教。張留孫之父也被特授信州路治中，後又升為江東道宣慰司同知。

忽必烈還連年命令張留孫奉使各地或代祀山嶽河瀆。他曾對張留孫說：「天子當禮五嶽，而朕年高不能往。每遣近臣忠信而識察者分道祠嶽瀆后土。戒之曰：『神明之使，馬不至喘汗，則善矣。』」歸來後，忽必烈又仔細詢問「其所聞見人物道里、風俗善美、歲事豐凶、州縣得失」，以全面瞭解平素接觸不到的「疏遠之跡」。並且稱讚張留孫：「敬慎通敏，誰如卿者！」

此外，上都壽寧宮也屬於正一道教，至元十八年（一二八一）八月忽必烈焚毀道藏偽經前夕，壽寧宮依然為巡幸上都的忽必烈設醮祠。張留孫曾利用常侍左右之便，講述貴清淨無為的黃老之道，試圖勸諫忽必烈在天下安定的形勢下實行與民休生養息政策。

忽必烈晚年欲以東宮舊臣完澤為丞相，命令張留孫卜筮，卦辭是「同人」之「豫」。張留孫進而解釋說：「同人」的意思，「柔得位而應於乾，君臣之合也；『豫』，利建侯，命相之事也。何吉如之，願陛下勿疑。」忽必烈依其卜筮，最終命完澤為丞相。

據說，皇曾孫海山、愛育黎拔力八達二人的名字雖係蒙古語，但起初又是張留孫奉旨以漢語選定，然後譯為蒙古語的。忽必烈病危彌留之際，還對真金妃闊闊真說：「張上卿，朕舊臣，必能善事太子（鐵穆耳）。」[52]

忽必烈對正一道教例外垂青，超過了其他道教各派。這不僅是因為當年張可大有利於忽必烈混一南北的那段預言，還在於正一道教教義的某些內容為其所喜好。正一道教不重修持，最重符籙，崇拜神仙，畫符念咒，祈福禳災，而與雜糅儒釋、宣導修真養性的全真道教，有較大差別。尤其是卜筮預言等技藝，和蒙古原始的薩滿教不無類似處，這在忽必烈看來也是較為有用的。前述張留孫奉忽必烈旨意，卜筮任命完澤為相吉否，最能說明問題。

太一道教與忽必烈的過從交往，也能追溯到藩邸時期。藩邸舊臣劉秉忠兼通儒、佛、道，所通之道，即祀太一六丁之神的太一道教。太一道教掌門蕭公弼一度被藩王忽必烈召至和林。應蕭公弼的舉薦，忽必烈命令其弟子李居壽襲掌太一道教。

忽必烈接替塔察兒率軍渡江攻鄂州，途經淇州（今河南淇縣），應李居壽的邀請，巡視其所居萬壽宮。中統元年（一二六〇）正月，忽必烈自鄂州北歸，又命令李居壽在淇州萬壽宮設黃籙靜醮，祭奠「江淮戰歿一切非命者」。

同年九月，已經登上皇帝位的忽必烈，又將李居壽召至燕京，親自告諭李修祈祓金籙醮，又賜號「太一演化貞常真人」。後來屢次命令李居壽在上都、大都大安閣等處建醮祈福。

至元十一年（一二七四）夏，劉秉忠在上都逝世。忽必烈命令在上都南屏山和大都西山分別建太一宮，讓李居壽居住並管領祠事，以繼承劉秉忠之「秘術」。太一宮全稱太一廣福萬壽宮，每年官給道眾粟帛有差。《析津志》還把劉秉忠稱為太一宮的第一代宗師，李居壽為第二代宗師。

忽必烈對李居壽頗為寵愛，至元十三年（一二七六）賜號太一掌教宗師。所賜如玉尊像、寶劍、安車、龍杖、金銀器皿，不勝枚舉。還得以留宿宮禁，參與庭議。李居壽還能借奉命祠醮五晝夜和奏赤條於上天的機會，向忽必烈獻策：「皇太子春秋鼎盛，宜參預國政。」忽必烈居然欣喜接受，隨即命真金太子監國參決庶政。[53]

另外，真大道教的孫德福被忽必烈委任為該教掌教，賜銅印，後改賜銀印。

對前述全真道教勢力膨脹，欺壓佛儒，甚至影響蒙古統治者的權威，忽必烈當然不滿意。但對其正常的祈福禳災，忽必烈不僅支持，也比較熱心。一二五八年開平辯論結束兩、三年，剛即皇帝位不久的忽必烈，就命令在上都長春宮作清醮三晝夜，為民祈福，還讓王鶚撰寫了禱告之辭。[54]即使全真道教的第四代掌教祁志誠，依然可以繼續在雲州一帶活動，而且道譽甚著。連丞相安童罷相後是否復出，也要向祁真人問計。安童丞相在位，「以清靜忠厚為主」，或受他的一定影響。[55]

馬可波羅說：

還有，我也要告訴你們的，就是又有先生教派。依照他們的習尚，這些人嚴行禁酒節食，遵守一種苦生活……他們的全生任何東西不吃，只吃做小麥麵粉時候留下來的麩子……還要每年裡齋戒多少天數……別教的和尚叫這些嚴行節食的人是邪教徒……因為他們所奉的偶像同別教完全不同的，兩派教規也大不相同。世界上不論什麼東西不能引誘先生派徒娶妻……他們穿的是大麻布做於黑色和黃色衣服……他們睡在席上、木頭格子上。[56]

馬可波羅所言，顯然是指戒酒、色、財、氣，以苦修奇行著稱的全真道教。[57]他不僅談到全真道教「苦生活」的特徵，又言及與佛教的對立衝突，故不失為佛道辯論以後全真道教雖失勢卻得以繼續生存的域外佐證。

忽必烈的道教政策已如上述。這並不排除忽必烈對個別道士的青睞和眷顧。

如中統二年（一二六一）六月忽必烈降聖旨給曾事拖雷夫婦多年的真定玉華宮護持王道婦，稱其是「我家祈福之地，朝夕焚誦，用報我皇考妣罔極之恩」，「常教告天，與皇家子孫祝延福壽」，「毋容他人妄相侵奪，毋以差役相毒」，明確給予與一般僧道有別的優厚待遇。[58]

再如至元二十六年（一二八九），忽必烈命令御史中丞崔彧從江浙行省湖州路請來了「異人」道士莫月鼎，在上都禱雨。果然靈驗，「雷應聲而發」，「雨立至」。忽必烈大悅，重賞以內府金繒，還欲讓他掌管道教事。薩都剌賦詩頌揚說：

田叟病憐篙稼，仙卿力干豐年。
怒召魁罡霎至，萬里雲霄肅然。
靈雨溥沾原野，神龍倏返天閽。
瞠啟道人雙目，吸乾濁醪數尊。[59]

忽必烈對個別道士的優待並非無條件的。玉華宮護持王道婦在中原食邑真定侍奉拖雷夫婦多年，莫月鼎是因為奉旨禱雨有功。前者是與拖雷家族的舊情，後者又是忽必烈最看重的僧侶法師的特殊技能。沒有這些條件，兩位道教人士享受特別的青睞和眷顧，似乎不可能。

順便說說，崇天象和喜占卜，是忽必烈一生的重要癖好。對擅長此術的道士和陰陽術士，忽必烈格外青睞。

前述一二五九年忽必烈派侍臣王一清去龍虎山造訪正一道教三十五代張天師。張天師「後二十年天下當混一」卜知天意的預言，似乎有幾分偶合，卻無疑增加了忽必烈對天象和占卜的信賴喜好。

忽必烈使用提拔將帥，也頗相信相士之言。例如，中統四年（一二六三）蒙古答祿乃蠻氏別的因副萬戶入覲。忽必烈暗中讓相士突然從背後摸其肋骨，別的因十分沉著，沒有動。忽必烈起初稱讚其為「壯士」。後來，相士說：「其人肋大，非極貴之相。」忽必烈愕然，即日改命別的因為壽、穎二州屯田府達魯花赤，[60]棄兵務農，明顯含有貶謫之意。

至元二十年（一二八三）忽必烈欲第三次征日本，命擅長術數的著作郎張康「以太一推之」，張康上奏：「南國甫定，民力未蘇，且今年太一無算，舉兵不利。」而後，忽必烈果然下令罷征日本。史稱，此次諫止征日本，淮西宣慰使昂吉兒的作用不小。對頗信天象的忽必烈，張康的上述推算也不可忽視。

田忠良是忽必烈頗為信賴的陰陽術士之一，因劉秉忠的舉薦而被忽必烈所用。初次見面，忽必烈觀察其「狀貌步趨」，即稱讚說：「是雖以陰陽家進，必將為國用。」忽必烈曾命田忠良「試占」自己近日的心事，田果然推測到：「當是一名僧病耳。」忽必烈大喜，立即讓人送田忠良於司天台，經劉秉忠考核，正式以詔令任命其司天台官職。

不久，忽必烈詢問田忠良：「朕用兵江南，困於襄樊，累年不決，奈何？」田忠良回答：「在酉年也。」後來，元軍果真在至元十年（一二七三）癸酉歲二月攻占了襄樊。

至元十一年（一二七四），阿里海牙奏請率十萬軍隊渡江平宋，朝臣議論紛紜，多有反對意見。忽必烈一時不好定奪，密問田忠良：「汝試筮之，濟否？」田忠良答覆：「濟。」若干日後，忽必烈又問田：「今拜一大將取江南，朕心已定，果何人耶？」田忠良答曰：伯顏。恰與忽必烈所擬人選完全吻合。[61]

田忠良的術數占筮，很大程度上是憑藉對事情外在跡象的綜合推斷，也帶有某種巧合與偶然。但忽必烈對田忠良的占筮術數技能，頗感神秘，深信不疑。

劉秉忠親自選定的太史屬官靳德進，尤其精通於星曆之學，「占筮有徵」，「所言休咎輒應」，每歲隨車駕巡幸兩都，或以天象規諫忽必烈，多所裨益。靳德進曾從忽必烈親征叛王乃顏，「揆度日時，占候風雲，刻期制勝。」忽必烈還採納他的意見，括取天下陰陽術士，創設諸路陰陽教授，由官府嚴格控制各地陰陽學校，訓導後學，禁止以妖言惑眾，禁止不法術士與諸王權貴交通。[62]

忽必烈晚年「春秋已高，海內已定，每嚴畏天象以自警」，對太史司天等官甚為重視，這些官員上奏，可以「非時以聞」。一次，天市垣內帝座星座出現彗星，忽必烈感到憂懼，連夜召見大臣詢問「銷天變之道」。63

忽必烈對天象和溝通天人之際奧秘的占筮活動，格外重視，可以追溯到蒙古草原民對天的極度崇拜。在當時的歷史條件下，即使是文化素質較高的漢族王朝皇帝，類似的信奉喜好，也司空見慣。值得一提的是，在忽必烈上述崇天象和好占卜的活動中，幾乎沒有見到蒙古傳統的「通天巫」薩滿的身影，更多地是漢地陰陽術士及道士的表演。說明忽必烈崇天象和好占卜，並沒有停留和局限於蒙古薩滿原始宗教的範疇，而是大量吸收了來自漢地等先進民族的較高層次的東西。

釋氏掀天官府

一、海雲與那摩的啟蒙

忽必烈與佛僧的接觸，始於海雲法師。

海雲，禪宗僧人，俗名宋印簡，山西嵐谷寧遠（今山西五寨北）人。早在成吉思汗時期，他就與蒙古上層建立了較密切的聯繫，曾被成吉思汗稱為「小長老」，衣糧所需由官府供給，還奉命考試北方僧徒。

乃馬真皇后元年（一二四二），忽必烈召海雲法師到漠北自己的帳中，詢問佛法大意。海雲法師宣講人天因果之教，又以各種佛法要點，開其心地。

忽必烈問：「佛法中有安天下之法否？」海雲法師答曰：「包含法界，子育四生，其事大備於佛法境中。」

忽必烈接著問：「三教何教為尊？何法最勝？何人為上？」海雲法師回答：「諸聖之中，吾佛最勝。諸法之中，佛法最真。居人之中，惟僧無詐。故三教中佛教居其上。」

忽必烈聽罷，甚為高興，先後賞賜以珠襖金錦無縫大衣、珠笠等珍品。還一再想把海雲留在漠北，結果只留下他的侍從，號稱佛、道、儒皆通的劉秉忠。

真金太子誕生，忽必烈請海雲法師摩頂立名，海雲曰：「世間最尊貴，無越於真金。」於是得名真金。

蒙哥汗七年（一二五七），海雲法師圓寂，忽必烈降令旨建塔於燕京大慶壽寺之側，諡為佛日圓明大師。後來，忽必烈曾對太子真金說：「海雲是汝師，居住金田，宜加崇飾。」於是，大慶壽寺很快得到「鼎新」修葺。64

忽必烈從海雲法師處學到的，或許只是佛法的啟蒙知識。可以看出，忽必烈已經在儒、佛、道三教中初步比較其優劣高下，並試圖尋求其中的安天下之術。從賞賜物看，此時的忽必烈雖然談不上皈依，但在海雲法師影響下以佛為尊的意念似乎已開始形成。

與忽必烈交往較密切第二位僧人是那摩國師。那摩是克什米爾人，窩闊台時東來歸附蒙古，受到窩闊台汗、貴由汗的禮遇。蒙哥汗尊那摩為國師，賜玉印，命他總領天下釋教。在蒙古國時期的兩次佛道論爭中，那摩國師對蒙廷抑制全真道教和扶持佛法，竭盡全力，功勞不小。

阿藍答兒鉤考前後，忽必烈和汗兄蒙哥間的關係因某些大臣進讒言，一度比較緊張。當時，那摩國師曾出面勸導忽必烈理應對蒙哥汗多加敬慎，遂使兄弟二人和好友愛如初。對他的這番善意，忽必烈始終未能忘懷。即汗位後，儘管那摩國師已經逝世，忽必烈仍特意將那摩之侄鐵哥召入宿衛，委以掌餐膳湯藥的博兒赤重任，以報答當年的那摩國師。65

《馬哥孛羅遊記》也提到來自怯失迷兒部族「拜偶像」的佛教徒，大概馬可波羅在華期間對那摩國師的上述事蹟仍有耳聞，或者是與其族人親屬有所接觸。

元一和尚是與忽必烈接觸較多的另一位僧人。元一先在四川出家為僧，遠遊西天求佛，東歸朝見忽必烈。

忽必烈問道：「西天佛有麼？」元一回答：「當今東土生民主，何異西天悉達多。」

忽必烈又問：「孔老徒眾何以至少？如來徒眾何以至多？」元一答覆：「富嫌千口少，貧恨一身多。」

忽必烈再問：「和尚遠涉世緣麼？」元一奏云：「不知法故犯，知法了應無。」

忽必烈還特意把元一所獻西天玉石佛像置於萬（歲）山供養，又把所獻貝葉經貯於七寶函，嚴加信仰。所獻如來佛衣缽，也被忽必烈當作寶物收藏，以鎮府庫。66

二、尊帝師與皈依藏傳佛教

對忽必烈影響最大並促使他皈依藏傳佛教的，無疑是八思巴。

八思巴是藏傳佛教薩迦派首領薩迦班智達的侄子，生於一二三五年，年齡比忽必烈小二十歲。他原來的名字是羅追堅贊，八思巴則是他的後用名，本為藏語的「聖者」的音譯。因他自幼聰明穎慧，三歲能念誦蓮華經，八歲能講述佛本生經，故被人們尊稱為八思巴（「聖者」）。八思巴十歲時出家於拉薩大昭寺，伯父薩迦班智達親自為他授沙彌戒。

一二四六年，八思巴隨從伯父薩迦班智達到達涼州，謁見窩闊台汗之子闊端大王，並奉闊端大王的命令繼續學習佛法。

一二五三年夏，忽必烈遠征大理途經六盤山，派專人去涼州迎請薩迦班智達，薩迦班智達以年老多病辭謝，其侄八思巴應邀隨闊端之子蒙哥都前來六盤山與忽必烈會見。忽必烈非常高興，也甚是喜歡這位薩迦派年輕僧人。於是他贈給蒙哥都一百名蒙古騎兵，而讓八思巴留在自己身邊。

忽必烈征服大理北返時，八思巴主動趕到忒刺去會見他。這使忽必烈深深感到八思巴對他個人的忠誠。同時，八思巴的博學，也令忽必烈欽佩和折服。一次，忽必烈向八思巴詢問吐蕃的歷史，八思巴講述了自松贊干布以下的事蹟。忽必烈起初將信將疑，派人查對漢文史書，結果與八思巴所言毫無二致。於是，忽必烈對他更加信任。

一二五四年忽必烈和他的正妻察必及子女已開始以宗教禮節禮拜八思巴。忽必烈還賜給八思巴「優禮僧人令旨」，表示自己和察必已皈依藏傳佛教，並尊八思巴為上師，特別強調對八思巴及薩迦派所在後藏地區寺院僧人的政治保護。這就意味著忽必烈與八思巴初步結成了施主與福田的關係。[67]

《佛祖歷代通載》云：「世祖皇帝潛龍時，出征西國，好生為任，迷徑遇僧，開途受記。由是光宅天下，統御萬邦，大弘密乘，尊隆三寶。」[68]講的就是這段皈依藏傳佛教的過程。

一二五五年，八思巴在河州（今甘肅臨夏）受扎巴僧哥等高僧的比丘戒，正式成了喇嘛僧人。然後，追隨忽必烈抵達開平藩府。

一二五八年，八思巴在開平參與了前述佛道辯論，而且表現活躍，對忽必烈公開袒護佛教和佛教壓倒道教，發揮了不小的作用。當道士們攜帶大量史書進入辯論會場，企圖以史書諸多說法為依據僥倖取勝時，八思巴協助忽必烈揭穿了道士們的一系列偽說。

八思巴首先發問：「此是何書？」道士答：「前代帝王之書。」忽必烈插話：「汝今持論教法，何用攀援前代帝王？」

八思巴云：「我天竺亦有此書，汝聞之乎？」道士回答：「未也。」

八思巴言：「我為汝說，天竺頻婆羅王贊佛偈曰：天上天下無如佛，十方世界亦無比。世間所有我盡見，一切無有如佛者。當其說是語時，老子安在？」道士無言以對。

八思巴繼續說：「汝史記有化胡之說否？」道士答曰：「無。」

八思巴又問：「老子所傳何經？」道士答：「道德經。」繼續問：「此外更有何經？」回答：「無。」

八思巴接著問：「道德經中有化胡事否？」回答：「無。」

八思巴最後雄辯地總結：「史記中既無，道德經中又無，其為偽妄明矣！」道士理屈詞窮，敗下陣來。69

開平辯論中佛僧獲勝和八思巴的出色表演，無疑加深了忽必烈對佛教（尤其是吐蕃喇嘛教）及八思巴個人的崇信，為日後藏傳佛教成為元朝國教和八思巴登上帝師之位做了很好的準備。

中統元年（一二六〇）忽必烈即汗位，立刻尊八思巴為國師，「授以玉印，任中原法主，統天下教門。」70此時，八思巴的國師尊號及職司，大抵與那摩國師相同。但「任中原法主，統天下教門」的詞句，已包含了藏傳佛教及八思巴凌駕於漢地佛教之上的意思。

至元七年（一二七〇），忽必烈又加封八思巴為「普天之下，大地之上，西天佛子，化身佛陀，創制文字，護持國政，精通五明班智達八思巴帝師」，又號大寶法王，還將西夏甲郭王舊玉印改制為六稜玉印，賜予八思巴。[71]

八思巴的重要貢獻之一是，奉忽必烈之命，創制蒙古新字，俗稱八思巴字或「國字」。

成吉思汗建國後，使用的是塔塔統阿以畏兀兒字書寫蒙古語的畏兀兒體蒙古文。被征服區域則仍使用漢文和波斯文等。忽必烈對借用畏兀兒字而成的畏兀兒體蒙古文不太滿意，非常希望能夠創制一種代表大元帝國的新文字。

經過一段努力，八思巴果真創造了一種新文字。八思巴字參照藏文設計出四十一個拼音字母，主要以諧聲為宗，藉「韻關之法」和「語韻之法」，匯成新蒙古語千餘條。還可以音譯漢文、波斯文等其他文字，比起畏兀兒體蒙古文，又有拼音準確等優點。在當時來說，確實是對元朝多民族統一國家內「順言達事」和語言交流的一種便利。

至元六年（一二六九），忽必烈以詔書將八思巴字頒行天下，要求「凡有璽書頒降者，並用蒙古新字」。[72]

忽必烈對推廣八思巴字，可謂非常熱心，不遺餘力。

至元六年七月，他下令設立諸路蒙古字學，翌年四月又設路蒙古字學教授，專門負責八思巴字的教學訓練。至元八年（一二七一），又以聖旨條畫完善有關制度：增設諸王位下及蒙古千戶處蒙古字學教授，特意規定各路蒙古字學生徒二十五—三十人的數額及免除差役的優待，中書省、御史台、樞密院等衙門奏目和行移公文事目均須用八思巴字標寫，印信和鋪馬札子也一概用八思巴字。「上則王言制命，綸綍渙汗，符章篆刻，下而官府案牘之防閑，絲縷斗升之出納，政刑兵戎之調發，悉用其字書。」各衙門亦令熟悉八思巴字人員充當必闍赤，隨朝怯薛中當值的必闍赤限一百日內學會八思巴字。[73]

平定南宋後，忽必烈又進一步把蒙古字學推廣到江南地區，江南各路仿北方設蒙古字學教授，江浙、江西、湖廣等行省又各設蒙古提舉學校官二員。[74]

直到世祖朝後期，忽必烈仍然不斷重申和強調：各處文書必須廣泛使用八思巴字，各路和各按察司官員要負責監督實施，各路教授、各衙門必闍赤和翰林院須具體負責八思巴字教學。[75]

元人張昱詩曰：

> 八克思巴釋之雄，字出天人慚妙工。
> 龍沙髣髴鬼夜哭，蒙古盡歸文法中。[76]

南宋遺民鄭思肖曾無可奈何地說：「願充虜吏，皆習蒙古書，南人率習其字，括以四十八字母，凡平、上、去、入聲，同一音之字，並通以一字攝，一字十數用。」[77]鄭思肖是站在攻擊元政權的立場上發此議論的。但他也不得不承認八思巴蒙古字在江南流傳頗廣的事實。

八思巴字的創制和推廣，是忽必烈在文化上的一大建樹，而這一建樹又是八思巴以帝師身分輔助忽必烈完成的。忽必烈是八思巴字的宣導者和推行者，八思巴則是這一新文字的具體創制者。

八思巴還為忽必烈和察必皇后舉行了灌頂的神秘宗教儀式。

灌頂為密宗（包括藏傳佛教）所獨有，凡皈依入門者，須由師父以水灌灑頭頂。薩迦派的灌頂，特稱為吉祥金剛喜灌頂。

接受灌頂的，首先是察必皇后。灌頂後，察必皇后對此密法十分信仰。依照帝師八思巴的指點，察必皇后取下自己最珍愛之物——陪嫁所攜的耳環大珍珠，雙手奉獻。察必皇后又勸說忽必烈接受灌頂。

當忽必烈主動向八思巴提出灌頂請求時，八思巴要求他遵守上師坐上手、以身體禮拜、悉聽上師之教，不違上師意願等法誓。經雙方妥協，忽必烈只答應：聽法或人少時，上師坐上手；皇子駙馬官員百姓聚會時，皇帝坐上手；吐蕃之事悉聽上師之教，不與上師商量不下詔書，其餘大小事上師不必過問。八思巴則僅授其近事修灌頂三次。作為對灌頂的回報和供養，忽必烈第一次奉獻給八思巴吐蕃十三萬戶，第二次奉獻吐蕃三區，第三次依照八思巴法旨，廢除了漢地以人填河的野蠻做法。

灌頂，象徵著忽必烈和察必完全皈依了藏傳佛教，而且與八思巴間建起了「師尊與弟子」的宗教關係。由於這種關係和忽必烈的大元皇帝權威有所衝突，雙方分別作了妥協和讓步。由此，藏傳佛教「掀天官府」的赫然權勢及帝師「皇天之下，一人之上」的地位，初步確定下來。[78]

皈依藏傳佛教之後，忽必烈信奉十分虔誠。他曾經命令僧人以黃金為泥，繕寫《大藏經》一部，貯以七寶琺瑯函，希冀流傳萬世。史載，此次寫經耗費黃金三千二百四十四兩。又命令印製《大藏經》三十六部，遣使分賜外邦他國。

據說，當時皇宮大內皆以真言梵字廣加裝飾，以示坐臥住行不離佛法。忽必烈本人處理國家大事之餘，常常「持數珠而課誦」。

忽必烈多次頒布聖旨，保護天下寺院僧徒的利益，免除僧徒的「田產二稅」等一切差發，令他們專心佛事。一位宰臣進奏：欲以天下僧尼一例同民。忽必烈詰問道：「民籍若干？府庫若干？」宰臣回答：「不知。」忽必烈斥責道：「輔相治道，固宜用心。此乃不理，而急於飡菜餕餡之僧人。」結果，忽必烈命令該宰臣修補寺院，以示懲罰。

後來，權相阿合馬也曾上奏：「天下僧尼頗多混濫，精通佛法，可允為僧。無知無聞，宜令例俗。」國師膽巴奏曰：「多人祝壽好，多人生怒好。」忽必烈最終也以「多人祝壽好」否定了阿合馬揀汰僧尼的提議。[79]

據藏文史書記載，忽必烈多次向八思巴諮詢有關朝廷政事的意見。

一次，忽必烈問：「從前在成吉思汗收服廣大國土之時和我整治安定國土之時出過大力氣的蒙古軍士們，如今財用不足，可有什麼辦法增加他們的財物？」八思巴回答：「陛下可出御庫中的錢財，點查軍士及怯薛之數目，賞賜給足夠數年衣食生活之物品。」忽必烈依其計行事，賞賜之物品果然足夠使用。

又一次，忽必烈詢問：「現今財用不足，蒙古地方的南面，有叫做蠻子的國王，其治下百姓富庶。我朝若派兵攻取，依靠佛法的氣力，能否攻克？」八思巴答覆：「現今陛下身前尚無能建此功業之人，故不宜驟行，我將訪查之。」不久，他極力舉薦伯顏擔任平定南宋的統帥，被忽必烈採納，最終成就了南北統一的大業。

八思巴還特意命令尼泊爾工匠阿尼哥在大都以南的涿州修建一座神殿，殿內塑有面朝南宋方向的密宗護法神摩可葛剌的神像，還親自為神像開光。又命膽巴國師前往該神殿修法，保佑元軍平定南宋成功。[80]

與漢地儒學說教相比，八思巴以佛法輔助忽必烈，既帶神秘，又替其實際功業服務。難怪忽必烈對他崇敬信賴有加。

關於八思巴引入漢地的藏傳佛教和摩可葛剌佛，鄭思肖云：「供佛則宰殺牛馬，刺血塗佛唇，為佛喜歡。齋僧則僧婦僧子俱來，皆僧形僧服，人家招僧誦經，必盛設酒肉，恣饜飫歸，為有功德。幽州建鎮國寺，附穹廬側，有佛母殿，黃金鑄佛，裸形中立，目矚邪僻，側塑妖女，裸形斜目，指視金佛之形。旁別塑佛與妖女裸合，種種淫狀，環列梁壁間。兩廊塑妖僧，或啞活小兒，或啞活大蛇，種種邪怪。後又塑一僧，青面裸形，右手擎一裸血小兒，赤雙足，踏一裸形婦人，頸環小兒枯髏數枚，名曰『摩睺羅佛』。」[81]

鄭氏本人雖然沒有北赴大都親睹所謂「鎮國寺」、「佛母殿」和「摩睺羅佛」，但上述藏傳佛教寺院佛像與漢地佛刹有很大差別，容易為百姓傳言其狀。所述摩睺羅佛形象，元人張昱詩可為證：「北方九眼大黑殺，幻影梵名紇剌麻。頭戴髑髏踏魔女，用人以祭盛中華。」[82]所述喇嘛娶妻生子和飲酒食肉狀，也基本屬實。格魯派以前的喇嘛僧，的確可以娶妻生子和飲酒食肉。《佛祖歷代通載》可以為證。[83]

吐蕃喇嘛僧的娶妻生子和飲酒食肉行徑，很容易引起漢地吏民較大反感。在這方面，喇嘛僧們也供認不諱。忽必烈曾詢問喇嘛淵總統：「還有眷屬無？」淵總統云：「終日不曾離。」又問：「還餐酒肉無？」淵總統回答：「缽盂常染腥膻味。」忽必烈絲毫沒有責備這位喇嘛僧，反而稱讚他「好老實人」。[84]

作為帝師，八思巴還有義務為忽必烈及皇后、皇子講經說法，祈福祝壽，廣做佛事，佑國護民。八思巴曾向太子真金講解佛學教義，後來彙集成有名的《彰所知論》一書。

至元六年（一二六九）十二月，八思巴奉忽必烈的旨意，率喇嘛僧人在太廟作佛事七晝夜。[85]太廟祭祀列祖列宗，本為漢地王朝的禮制，且有一整套完整的規則。以喇嘛僧作佛事薦於太廟，亙古未有，實為忽必烈和八思巴二人所「新創」。在漢人看來，這似乎是對傳統太廟禮制的一種褻瀆。對忽必烈來說，則是將漢地太廟祭祀禮制和喇嘛作佛事相混合而為我所用的嘗試，既然二者都可為我祈祝福祉，混而用之，又有何妨？在太廟祭祀等事上，八思巴的確充任了忽必烈挑戰漢地禮法的幫手。

翌年，八思巴還開始在大都大明殿御座之上設置白傘蓋，並舉行迎送傘蓋的「遊皇城」儀式。傘蓋用白色素雅的錦緞製成，又以泥金書梵字於傘上，意為「鎮伏邪魔，護安國剎」。

後來，還形成年年照例舉行的「世祖之故典」。每年二月十五日都要舉行大明殿啟建白傘蓋佛事。

十四日，帝師率領喇嘛僧五百，先在大明殿建佛事，十五日，恭請傘蓋於御座，奉置寶輿之上。諸儀衛隊仗列於殿前，諸色官民社直和寺院壇僧眾相向列於宮城南牆崇天門外，導引迎接傘蓋出宮。到達慶壽寺後，以素食餐迎送隊伍，餐罷起行，從西宮門外牆太液池南岸，北上入宮城北牆厚載門，經宮城東牆東華門內，過中部的延春門而西，忽必烈和皇后、嬪妃、公主則登臨玉德殿門外搭建的金脊吾殿彩樓上觀覽。待儀仗社直隊伍將傘蓋送回大明殿，重新恭敬置於御座之上。此時，帝師率喇嘛僧眾再次作佛事，到十六日才停止。

由於這種儀式動用數千名官兵僧俗充任諸色儀仗社直，迎引傘蓋，周遊皇城之內，故有「遊皇城」之稱。其用意在於為芸芸眾生「祓除不祥，導迎福祉」。據說，此種儀式在皇帝夏季巡幸上都時也要照例舉行。元人賦詩志其事：

> 白傘帝師尊帝釋，皇城望日遊宮室。聖主后妃宸覽畢。勞宣力，金銀緞匹君恩錫。

城西迎佛，是僅次於「遊皇城」的另一種大都城藏傳佛教「年例故事」。

每年二月初八，城西高梁河畔鎮國寺恭迎帝坐金牌和寺之大佛，在城外遊行。富民佩帶珠玉狗馬器物，俳優交雜子女百戲炫鬻以為樂。萬人怯薛和諸侍衛親軍，皇宮貴人設幕觀摩，廬帳蔽野。蒙古諸王、怯薛近侍和貴族大臣，身穿鑲嵌珠寶的衣服，馳馬過市，盛氣不少讓。平常西鎮國寺兩廊布滿買賣店鋪，南方北方，甚至川蜀兩廣的精美貨物，琳琅滿目。此時更是江南富商，海內珍奇，無不湊集。時人估計官府為此事一日花費巨萬，民間的花費也與其相當。是時桑哥柄政，他曾以帝師八思巴的譯員出身而得到忽必烈的寵幸，由於桑哥的效力，城西迎佛辦得甚為華麗奢侈。有的負責承辦織造的官吏還「並緣為貪虐」，受到監察御史的糾彈。[86]

此外，忽必烈應八思巴的請求，在崇天門之右置金輪一個，支撐金輪的鐵柱高數丈，下有鐵索四條繫之。此種設置的意思是：金轉輪王統制四海。[87]大明殿置白傘蓋、遊皇城、城西迎佛以及崇天門右置金輪等，給忽必烈皇宮陳設儀制和大都、上都官民歲時習俗，深深地打下了藏傳佛教的印痕。

帝師喇嘛們為忽必烈和皇室做佛事，往往能獲得巨額賞賜，耗費大量錢財。八思巴為忽必烈灌頂後，忽必烈曾賞賜他黃金、珍珠袈裟、經典、大氅、僧帽、靴子、坐墊、黃金寶座、傘蓋、盤、碗、駱駝、騾子、全副金鞍等。[88]一次，忽必烈問八思巴：「施食至少，何能普濟無量幽冥？」八思巴回答：「佛法真言力，猶如飲馬珠。」據統計，忽必烈一朝，醮祠佛事次數，合計已達一百零二次。有些喇嘛佛事坐靜還在皇宮大殿或寢殿舉行。[89]

《馬哥孛羅遊記》也說：

我還要告訴你們，當他們的偶像菩薩祭日來到時候，這些比丘僧走到大可汗面前，向他說道，『老爺，某某菩薩的祭日要來到了。』同時他們指出菩薩的名字，再說道，『陛下知道，這菩薩好做壞事，能使天氣變壞，加損害於我們所有的東西，牲口、收穫之類。我們供獻他一點祭品，那就可以免除災殃了。因為這個原故，我們求陛下給我們黑面羊若干，香若干……使得我們能對我們的菩薩舉行大敬禮、大祭祀，叫他保佑我們人口、牛羊平安，收穫豐盈』……他們既得到所要的東西以後，向菩薩偶像用歌唱筵宴舉行大禮拜。他們用好的香來焚燒，香味極佳。再把肉煮熟，放在菩薩面前……[90]

馬可波羅所云雖然未必完全準確，但所述詳細而合乎情理，頗有參考價值。

忽必烈還在帝師喇嘛們的慫恿下修建了一批藏傳佛教寺廟。

一次，忽必烈問八思巴：「修寺建塔有何功德？」八思巴答曰：「福蔭大千。」忽必烈聽其言而行。

至元七年（一二七〇）在大都城西高梁河畔建起了大護國仁王寺。史稱，大護國仁王寺興建之初，膽巴即擔任仁王寺的住持，負責普度僧員。[91]大護國仁王寺很可能是漢地最早的藏傳佛教寺院之一。

一日，忽必烈云：「栴檀瑞像，現世佛寶，當建大剎安奉，庶一切人俱得瞻禮。」於是至元九年（一二七二）開始在大都平則門內建大聖壽萬安寺。還命令從所選寺址的中心地向東南西北四個方向各射一箭，定為大聖壽萬安寺界至。當監修官奏報欲在寺院兩廊塑造佛像的計畫時，忽必烈諭旨指示：「不須塑泥佛，只教活佛住。」

至元十一年（一二七四），仿照護國仁王寺形制，在上都建造了大乾元寺。

至元十三年（一二七六）又在涿州建起了前述護國寺。

史稱，護國仁王寺、大乾元寺和涿州護國寺形制相同，[92]故都是藏傳佛教寺廟無疑。

此外，又有西鎮國寺，位於大都城西平則門外三里處。這是察必皇后施捨功德之寺，察必皇后曾奉忽必烈之命，親自前往西鎮國寺進香，很可能也屬於藏傳佛教寺廟。

前述大護國仁王寺和大聖壽萬安寺，曾設總管府、都總管府及規運提點所管理，忽必烈逝世週年之際，大聖壽萬安寺還舉行「飯僧七萬」的施捨。[93]可見這兩個寺院規模之大。

馬可波羅也說：

他們有很大的寺院廟宇，有幾個大如小城市，有二千多個僧人，皆是照他們教規修度，衣服比較別的人民高雅一點……祭祀各神，用最大典禮，為各處所未聞的。歌唱燈燭，奢靡無比，為各處所未見的。[94]

馬可波羅所言猶如小城市且「奢靡無比」的大寺院，可能就是指大護國仁王寺、大聖壽萬安寺之類。

在建造藏傳佛教寺院及塑像方面，受忽必烈寵愛的工匠阿尼哥，功勞頗大。

阿尼哥是尼泊爾王室後裔，自幼擅長畫塑和鑄像。中統元年（一二六〇），十七歲的阿尼哥奉命赴吐蕃建黃金塔，擔任八十人之長，督造塔之役。帝師八思巴奇其才，為他祝髮，收為弟子，並向忽必烈舉薦。

忽必烈遣使召阿尼哥東來大都，端詳良久，問道：「汝來大邦，得無怖耶?」阿尼哥回答：「聖人子視萬方，子至父前，何怖之有?」又問：「汝何所習?」阿尼哥答覆：「臣以心為師，粗知繪塐鑄鏤。」忽必烈聽罷大喜，先讓他修補王檝出使南宋帶回的針灸銅像，而後又令建造護國仁王寺、大乾元寺、涿州護國寺、大聖壽萬安寺以及城南寺、興教寺等。

阿尼哥將「西天梵相」的造像技藝傳入中國，雕塑繪織，鑄造鏤刻，或「莊嚴無上」，或「玉塔陵空」，絕藝無雙，神思妙合。他還為忽必烈創製七寶鑌鐵法輪，用作車駕行幸的前導。大聖壽萬安寺梅檀佛像建造完工，忽必烈親臨出席其安置儀式，還命令帝師及喇嘛僧作佛事坐靜二十會。[95]

對阿尼哥的建寺塑像功業，忽必烈也大加恩賞，至元十五年（一二七八）詔其還俗，授光祿大夫、大司徒，兼領將作院，印信品秩與丞相同，又賜京畿良田一萬五千畝。還特遣使者攜黃金五百兩，乘驛站將其妻自尼泊爾接來。

忽必烈逝世後，阿尼哥在自己的府邸舉辦水陸大會四十九日，為忽必烈超度亡靈。又親自用彩錦繪織忽必烈和察必皇后御容，奉安於大護國仁王寺和大聖壽萬安寺別殿。[96]這樣一來，大護國仁王寺和大聖壽萬安寺等藏傳佛教寺院就開始成了忽必烈等帝后的祭祀影堂所在（後又稱神御殿）。由此，忽必烈為首的蒙元皇室與藏傳佛教生前死後的「施主與福田」關係，變得更為牢固了。

還有一些喇嘛僧人往往憑藉咒語法術，取得忽必烈的信賴。

如來自吐蕃朵思麻的膽巴國師被八思巴推薦給忽必烈後，留侍御前。一次，懷孟路遭嚴重旱災，膽巴奉忽必烈之命禱告求雨，於是很快下起雨來。又曾經念咒語變食物於水池內，果真奇花異果、上尊美酒接連湧出水面。忽必烈看罷，甚為驚喜。[97]

馬可波羅也有類似的描述：

那些比丘——就是我方才講的巧於魔術的人——做出極大的一件怪事，我就要告訴你們了。大可汗坐在他的大廳裡，靠著桌子邊。桌子高八骨尺，距離幾個裝滿酒、奶和別種飲料

> 的杯子不下十步之遠。杯子皆放在大廳中央。我所講的那些魔術家，又叫做比丘，用他們的技術同邪咒，叫裝滿飲料的杯子各自舉起，離開地面，來到大可汗面前，毫沒有人碰到他們。大可汗喝完，各杯子仍舊回到老地方。這是當著一萬人面前做的，的的確確毫無謊的。[98]

不能否認，膽巴等喇嘛法術咒語的奇妙功力，也是導致忽必烈對藏傳佛教感興趣並信奉皈依的重要原因。

八思巴死後，亦憐真、答耳麻八剌剌吉塔、亦攝思連真、乞剌斯八斡節兒等相繼擔任忽必烈的帝師。忽必烈感到他與帝師、國師之間的語言障礙，妨礙了雙方的交流，於是特意命令通曉天竺教和諸國語言的畏吾兒人迦魯納答思隨國師學習藏傳佛教法及吐蕃語言。學成後，忽必烈又命令他以畏吾兒體蒙古文譯寫吐蕃等經論，雕版印刷，分賜諸王大臣。[99]此舉對忽必烈子孫和蒙古貴族官僚皈依篤信藏傳佛教，影響深遠。

三、依違於禪、教諸派之間

忽必烈時期的漢地佛教，仍然主要是禪、教、律三大派系。禪宗內部尤以曹洞宗和臨濟宗兩家勢力最大，流傳最廣。在皈依藏傳佛教前後，忽必烈與曹洞宗、臨濟宗的關係也比較密切。

一二五八年夏，曹洞宗首領少林寺長老福裕向忽必烈告全真道教的狀，聲稱李志常詐傳蒙哥汗聖旨，拒不交還所霸占的三十七處寺院。忽必烈立即命令燕京斷事官布只兒強制將三十七處寺院交還少林寺長老福裕。[100]這是忽必烈與曹洞宗的較早聯繫。

北方臨濟宗首領海雲印簡與忽必烈的早期接觸，已如前述。據說，海雲印簡死後葬於大慶壽寺西南隅。忽必烈修建大都時，城牆基礎恰好經過海雲印簡及其弟子可庵的骨塔，按照常規，應當遷徙骨塔以保持城牆的直線走向。忽必烈卻特意下令：「海雲高僧，築城圍之，貴僧之德，千古不磨。」讓城牆走向以曲線繞開海雲等骨塔。足見，忽必烈對海雲及臨濟宗尊崇眷顧之深。元中葉大慶壽寺被稱為「天下第一禪剎」，又號「海雲禪寺」，海雲傳人被稱為「臨濟正宗」，[101]和忽必烈的護持重視是分不開的。

另外，中統二年（一二六一）和至元三十年（一二九三）忽必烈降聖旨保護的林州寶嚴禪寺、趙州栢林禪寺，[102]都是明顯的禪宗寺院。忽必烈即汗位之初所修上都大龍光華嚴寺，為傳承菩提達摩之學者居之，也應屬於禪宗。大龍光華嚴寺到元末並無新的修葺和發展，連元順帝也提出疑問：「創建於世祖踐祚之初，何以久而猶有所未備？」對此，中書省平章太平的答覆是「其役所費鉅而財用弗繼耳」。[103]此說基本正確。估計與世祖忽必烈轉而崇尚藏傳佛教的政策不會沒有關係。

對漢地禪、教等教義及分歧，忽必烈也比較關心。

在禪、教二派中，忽必烈雖然比較喜歡禪宗，但對教僧也時有扶助。平定南宋以後，忽必烈發現江南教僧勢力弱，流傳有限。於是，挑選三十名教僧到原南宋轄境說法布道，使該地教僧有所復興。

至元二十五年（一二八八）正月，忽必烈召江南禪、教等派法師北上大都，問以佛法。忽必烈先是提出：「講何經」，「禪何以為宗」，「再舉一遍」等問題，接著命令禪、教二派互相論辯，又宣諭：「莫看面皮」，「但說不要怕，又非奸偷屠販之事。」此次辯論的結果在《佛祖歷代通載》的記載中，似乎是「無輸贏」。但另一些史料說，由於江淮釋教都總統楊璉真加偏向教僧，忽必烈曾降旨「升教居禪之右」。

忽必烈還對教僧仙林說：「俺也知爾是上乘法，但得法底人，入水不溺，入火不燒，於熱油鍋中教坐，汝還敢麼？」嚇得仙林連忙說「不敢」。[104] 除了教義高下優劣的評價外，忽必烈更注意的是「入水不溺，入火不燒」之類的神秘法術。在這方面，漢地禪、教等宗比起藏傳佛教就相形見絀了。

再說與佛教相關的僧官。在以總制院（後改宣政院）統轄全國佛教的體制下，忽必烈又設行宣政院、僧錄司、僧正司等僧官管理漢地的寺院和僧徒。行宣政院為從二品衙門，專門掌管「江南諸省地面僧寺、功德、詞訟等事」，「俾其徒歲課梵典，守持戒律，以祝願睿算萬年」。至元二十八年（一二九一）置於建康，三十年徙至杭州。[105]

忽必烈時期名聲最大、劣跡最多的僧官，莫過於楊璉真加。

楊璉真加，唐兀人，依仗其八思巴門徒出身，至元十四年（一二七七）擔任江南釋教都總統，掌管江南佛教。他在任期間，「怙勢恣睢，日新月盛，氣焰熏灼，延於四方，為害不可勝言」，其惡行劣跡主要有三：

其一，戕殺平民四人，攘奪盜取財物，計金一千七百兩、銀六千八百兩、玉帶九、玉器大小一百一十一、雜寶貝一百五十二、大珠五十兩、鈔一十一萬六千二百錠、田一萬三千畝。

其二，縱佛寺影占編民為佃戶五十餘萬，私庇二萬三千戶平民不輸公賦。

其三，重賄權相桑哥並與其相勾結，毀南宋宮室，改建為佛寺五所、佛塔一座，挖掘南宋諸帝在杭州、紹興的陵墓等一百零一所。[106]

尤其是掘宋帝陵墓，在民間引起普遍憤恨和不滿。但由於強調掘得金銀建佛寺替皇帝太子祈福和築佛塔鎮壓趙宋之運等宗教或政治意圖，此舉卻得到忽必烈的縱容和支持。[107]前述至元二十五年（一二八八）正月江南禪、教等派僧人北上大都，聽忽必烈問法，也是由楊璉真加率領的。

桑哥被殺前後，楊璉真加盜用官物等事，也曾受到追究，其家財一度被沒收。中書省和御史台官員曾請求殺掉楊璉真加，以平民憤。忽必烈卻未予批准，還命令把沒收的人口、土田歸還楊璉真加。一年後，忽必烈甚至任命楊璉真加之子暗普出任江浙行省左丞。不久，因江南民眾對楊璉真加怨恨難平，忽必烈不得不罷免了暗普的行省左丞職務。[108]

由於忽必烈本人皈依藏傳佛教，自忽必烈朝開始，佛教尤其是喇嘛教在朝廷上下取得了「掀天官府」的權勢。當時不僅佛教「宮室制度，咸如帝王居」，「甍棟連接，簷宇翬飛，金碧炫耀，亙古莫及」，喇嘛僧人恃勢為非作歹，也引起了較大的民憤。元人趙天麟批評說：「今天下僧道極多……遞生驕恣，自相誇尚，男眾或服綾錦之衣，女流或極綺羅之飾，或遊於酒壚茶肆之中，或迷於妓舍優場之畔，與常俗而競利，營產業以無厭，育子孫於僧舍，擁妻妾於道舍，甚至晝執鐘磬，夜從寇盜，傷人之命，火人入室。如此等事，未可勝言。」[109]趙天麟所言，大抵反映了喇嘛僧人橫行天下的情形。

伊斯蘭教和基督教的傳播

成吉思汗及其子孫的屢次西征，改變了西域世界的面貌，大批穆斯林及基督教徒隨而東來。雖然忽必烈本人皈依了藏傳佛教，但仍然對伊斯蘭教和基督教持尊重和兼容並蓄的政策，馬可波羅說忽必烈常常出席伊斯蘭教和基督教的宗教節日或儀式，[110]他和朝廷上下的伊斯蘭教徒和基督教徒，都保持著比較密切的關係。所以，原先在中國土地上勢力頗小的伊斯蘭教和基督教，忽必烈時期得到了前所未有的發展。

早在成吉思汗西征前後，以札八兒火者、阿散等為先導，部分回回人參與成吉思汗創業活動，或替其經營商業，回回人與蒙古統治集團結成了合作或不成文的同盟聯繫。蒙古國時期，回回人牙剌瓦赤、奧都剌合蠻、法提瑪、答失蠻・哈只不等都曾經是政治舞台上十分活躍的人物。[111]

忽必烈在李璮之亂後，繼承了蒙古國前四汗的上述政策，長期重用回回大臣理財，回回人的勢力及其信仰的伊斯蘭教，又在喇嘛教、道教、基督教諸教林立的複雜形勢下依然有較大發展。如中統年間大都路即有回回人戶二千九百五十三戶，其中多半是「富商大賈、勢要兼併之家」，平素「興販營運，百色侵奪民利，並無分毫差役」。[112]拉施特和馬可波羅都說，自賽典赤在押赤（今昆明）建立雲南行省，該地的穆斯林人戶甚多。[113]賽典赤在擔任陝西行省平章之際，還在京兆路修建了兩座較大的回回禮拜寺。[114]據楊志玖師統計，忽必烈一朝，擔任中書省正副宰相的回回人先後有禡禡、賽典赤・贍思丁、阿合馬、阿里、阿里伯、寶合丁、麥朮丁、別都魯丁、忻都、伯顏等十人。行省正副長官的回回人也多達二十八人。權相阿合馬任職柄國甚至長達二十年。忽必烈朝也算得上回回人勢力最盛的時期之一。[115]

斡脫商，是回回人壟斷的官商經營。從事斡脫營運的回回人，以皇帝、后妃、皇太子、諸王的商業代理人出現，從領主諸王處貸與白銀等為本錢，經營高利貸或奢侈品販運。這又是蒙古貴族與回回人在經濟上某種「聯盟」關係的表現。

忽必烈朝，以回回人為主體的斡脫商經營得到了長期保護，而且設置了斡脫總管府和泉府司，加以較正規的管理。

斡脫總管府設立於至元四年（一二六七），泉府司設立於至元十七年（一二八〇），後幾經廢置，最終又合而為一。斡脫總管府和泉府司的創立，都發生在回回人權相阿合馬當政時期。所以，這兩個官署的設置，乃是忽必烈政權保護回回人斡脫商經營，又對其加強管理的特殊措施。[116]

忽必烈之孫、嗣安西王阿難答皈依伊斯蘭教，是忽必烈朝皇室宗教信仰發生局部變化的一件大事，也可以算是伊斯蘭教在元朝版圖內傳播的了不起的勝利。

如前所述，大約在至元初年忽必烈已信奉藏傳佛教。皇子忙哥剌自幼奉父皇之命學儒，但從他的名字來自梵文幸福之義的情節[117]看，他應該隨父親忽必烈、母親察必皇后信奉了藏傳佛教。這種情況在其他皇子範圍內似乎沒有例外。

然而，根據拉施特《史集》記載，忙哥剌長子阿難答卻在忽必烈家族中第一個改而信奉伊斯蘭教。《史集》說：

因為阿難答的父親忙哥剌的子女長不大，所以阿難答被託付給一個名為蔑黑帖兒·哈散·阿黑塔赤的突厥斯坦伊斯蘭教徒，讓這個人撫養〔他〕。這個人的妻子名祖來哈，把他奶大，因此木速蠻的信仰在他心中已經鞏固起來，不可動搖，他背誦過《古蘭經》，並且用大食文書寫得很好。他經常把〔自己的〕時間消磨於履行戒律和祈禱上，同時，他還使依附於他的十五萬蒙古軍隊的大部分皈依了伊斯蘭教。[118]

對《史集》上述說法，多數學者持贊同態度。[119]王宗維認為不確，他的依據主要有三條：第一，阿難答子月魯鐵木兒和女兒兀剌真都是佛教徒；第二，成宗初阿難答修建的「延釐寺」屬佛寺；

第三，服侍阿難答多年的王府官畏兀兒人月兒思蠻等是佛教徒。[120]

筆者的看法是，王宗維所舉阿難答子月魯鐵木兒和女兒兀剌真屬佛教徒的證據只限於前者文宗朝與喇嘛國師、畏兀兒僧人的勾結和後者下嫁畏兀兒嗣亦都護紐林的斤，尚有一定的或然性。即便月魯鐵木兒和兀剌真屬佛教徒是事實，這在忽必烈家族均信奉藏傳佛教，惟皇孫阿難答改信伊斯蘭教的特殊情況下，也不值得大驚小怪。因為阿難答剛剛背離忽必烈家族的藏傳佛教信仰之際，其子女與他發生信仰分歧，不是沒有可能的。

由於整個忽必烈家族都崇尚藏傳佛教，已皈依伊斯蘭教的阿難答，也不見得完全排斥藏傳佛教，他修建佛教「延釐寺」，紀念其祖父忽必烈和祖母察必皇后，也合乎常理。

至於服侍阿難答多年的王府官畏兀兒人月兒思蠻等是佛教徒，千真萬確。月兒思蠻還曾「兼領僧人」。然而，我們在王宗維引用的《元史》卷一二四〈哈剌亦哈赤北魯傳〉中看到，成宗初阿難答是以「若終老死王府，非所以盡其才，願以歸陛下用之」等理由，遣使將月兒思蠻父子送回朝廷的。這一舉動很像是已對佛教厭倦者之所為。倘若阿難答仍然信仰佛教，他何以捨得將「服勤二十餘年」又「兼領僧人」的王府老臣月兒思蠻，送還朝廷呢？

無獨有偶，另一名畏兀兒佛教徒大乘都曾被忽必烈選作皇孫阿難答的「良師」，阿難答繼承安西王爵位出鎮時，又「載師自隨」。二十年後，這位「良師」大乘都也以「吾思見至尊」為由，經阿難答批准，「自平涼歸京師」。[121]後者歸京師與月兒思蠻父子被送回朝廷，幾乎同時，說明二者原因相同，也非偶然，都可能是阿難答厭倦佛教和改宗伊斯蘭教所致。

鑑於此，筆者認為，王宗維所列舉的三種證據，不足以否定拉施特有關阿難答皈依伊斯蘭教的記載。儘管拉施特有些誇大其詞（如阿難答麾下十五萬蒙古軍大部分皈依了伊斯蘭教），但所述阿難答在忽必烈子孫中第一個改而信奉伊斯蘭教，大抵符合事實。

或許由於忽必烈的母親唆魯和帖尼所在的克烈部信奉聶思脫里教（景教，又稱也里可溫），唆魯和帖尼本人也是聶思脫里教的追隨者和信奉者，忽必烈對基督教似乎保持著某種親和性。這就為忽必烈時期基督教在元王朝的傳播提供了一些有利條件。

當時，在原唐兀地區，在汪古部居地，在大都，在江南的鎮江、杭州、泉州等城，都有聶思脫里教和天主教的活動。汪古部駙馬、高唐王闊里吉思，今譯作喬治，顯然用的是基督教徒的名字。

元朝廷還在至元二十六年（一二八九）二月設立從二品的官署崇福司，專門管理全國的聶思脫里教的傳教禮拜等事。而後，各地又設置數十個也里可溫掌教司。基督教教士和其他宗教同樣，也享有蠲免差發等優待。[122]

忽必烈朝的基督教傳播中，擔任鎮江路副達魯花赤的馬薛里吉思和擔任崇福使的愛薛，最為活躍與顯赫。

馬薛里吉思，撒麻兒干人，祖父可里吉思，父親滅里。外祖父撒必是當地名醫，成吉思汗西征至其故土，因替皇子拖雷治病有功，受命充當「舍里八赤」，專為皇家煎製名曰「舍里八」的香果蜂蜜混成飲料。至元五年（一二六八），忽必烈命令馬薛里吉思馳驛東來，入充「舍里八赤」，特賜金牌以專其職。後來，他多次被派往雲南、福建、江浙等地，煎製舍里八飲料。

至元十四年（一二七七），馬薛里吉思被任命為鎮江路總管府副達魯花赤，受宣命懷遠大將軍，佩金虎符。

他在任五年，以弘揚傳播基督教為己任，「連興土木之役」，修建了七所基督教堂「十字寺」，即鎮江鐵甕門舍宅建大興國寺，西津豎土山建雲山寺和聚明山寺，丹徒縣開沙建四瀆安寺，登雲門外黃山建高安寺，大興國寺側建甘泉寺，杭州薦橋門建大普興寺。

馬可波羅說：

> 自從耶穌降生後一千二百七十八年……有一位聶斯脫里派基督教徒，名叫馬薛里吉斯，奉大可汗的命，來到這裡做長官三年。這位馬薛里吉斯叫人造這兩所十字寺。從那時候起，這地有基督教徒的十字寺。而以前則沒有十字寺，也沒有基督教徒。[123]

馬可波羅所見到的鎮江兩所聶思脫里教十字寺，很可能是建造較早的大興國寺和雲山寺。七所中的後幾所則可能是後來馬薛里吉思「休官」免職期間建造的。

在鎮江地區基督教和十字寺從無到有的過程中，馬薛里吉思的功不可沒。

馬薛里吉思還積極籌集教堂田產，以供教堂和傳教之需。這些田產包括朝廷完澤丞相撥與的江南官田三十頃，另設法置買浙西民田三十四頃，數額相當可觀。修建七所十字寺時，據說能做到「秋毫無擾於民」，恐怕是獲益於上述田土的經濟支持。此外，馬薛里吉思又在西津豎土山雲山寺和聚明山寺之間開闢了聶思脫里教徒的墓地，集中埋葬其教民。

馬薛里吉思信奉和傳播聶思脫里教，非常虔誠。鎮江路儒學教授梁相稱讚他「雖登榮顯，持教尤謹，常有志於推廣教法」，「家之人口受戒者，悉為也里可溫」，「闡揚妙義，安奉經文」，「且敕子孫流水住持」。還把基督教的象徵十字架，「取像於人」，明懸於在房屋，繪製在殿堂牆壁上，戴在頭上，佩掛在胸前。這的確給從未接觸過基督文明的鎮江人帶來了幾分新奇和神秘。

馬薛里吉思還注意把傳教活動與為忽必烈等蒙古統治者祈求福祉聯繫起來，以取得官方的支持。如他所修建的七所十字寺即用的是替忽必烈、真金、唆魯和帖尼太后祈福的名義。這種做法無論是真是假，效果還是不錯的。儒學教授梁相出於儒士的境界和理解，稱讚他「忠君愛國，無以自見，而見之以寺耳」，還特意為他撰寫《大興國寺記》，以志其功德。中書省右丞相完澤也為他出於「好心」、完全靠一己之力興建七座十字寺的行動所感動，特地奏聞忽必烈頒發璽書聖旨給予庇護和支持，又撥與江南官田三十頃歸其支配。[124]

世祖末成宗初，馬薛里吉思曾直接向朝廷主管也里可溫事務的崇福使愛薛彙報，請他轉奏免除其教堂官民田稅糧的要求。此事因涉及國家通行制度，中書省擔心其他寺院援引為例，故而沒有批准。[125]此時，馬薛里吉思已離開路總管府副達魯花赤官職多年，他僅是以鎮江地區也里可溫的身分，和朝廷交涉周旋，以爭取更多的特權和優惠。

由於鎮江地處東南佛教中心地帶，佛教廟宇，觸目皆是，勢力根深蒂固。馬薛里吉思興建十字寺和傳播聶思脫里教，實際上是在當地原有宗教的夾縫中進行的。所以，難免觸犯佛寺的利益，引起宗教間的一些糾紛。

二十年後，鎮江路僧眾在宣政院、功德使司的支持下，掀起一股譴責馬薛里吉思擅作十字寺的浪潮。翰林學士潘昂霄撰文指斥：「至元十六年，也里可溫馬薛里吉思者，綰監郡符，勢張甚。掇危峰秀絕之所，屋其顛，祠彼教。」又控告其侵占金山寺地產。最終由仁宗皇帝下達璽書，遣官拆毀雲山和聚明山兩座十字寺，將其地歸還金山寺，並改造為佛門的金山下院般若院。[126]

愛薛是西域弗林（今敘利亞）人，精通西域諸國語言，擅長星曆醫藥。起初因貴由汗身旁的一位聶思脫里教教友列邊阿達的舉薦，充任貴由汗的侍從，以敢言直諫著稱。中統年間，轉而充任忽必烈的怯薛近侍，奉命掌管西域星曆、醫藥二司事。從此成為忽必烈身旁的基督徒親近侍從。

《史集》稱愛薛為怯里馬赤，[127] 觀其精通西域諸國語言的特長，愛薛很可能是忽必烈怯薛中的一員負責翻譯的怯里馬赤。

當時，忽必烈已開始皈依藏傳佛教，朝野上下，佛教勢力最大。道教作為漢地本土宗教，根基深，信徒多。伊斯蘭教也因忽必烈重用回回大臣理財和斡脫商經營，勢力頗盛。愛薛的聰明之處在於，他利用近侍的便利，巧妙地從維護國家社稷和百姓利益的角度，勸阻忽必烈過分倚重縱容上述宗教的偏向。結果，既抑制了佛教、道教和伊斯蘭教的膨脹，贏得了忽必烈的信任，又為基督教的發展爭取到一定的空間。可謂一石三鳥。

中統三年（一二六二）春，忽必烈聽從喇嘛僧的建議，下令燕京二月初八舉行大規模的佛事，臨街樓宇裝飾五彩流蘇，調集教坊歌舞聲樂百伎，使用皇帝的車駕儀仗，迎導喇嘛僧的法事隊伍。這是喇嘛僧「遊皇城」定制以前少見的大型法事，也是藏傳佛教取得壓倒其他宗教優勢的先聲。

愛薛當然不願看到這種局面。於是，他向忽必烈進言：「方今高麗新附，李璮復叛淮海之壖，刁門達旦，天下疲弊，瘡痍未瘳，糜此無用之費，非所以為社稷計也。」忽必烈聽罷，欣然採納了他的意見。

同年二月十六日，忽必烈駕幸燕京長春宮，還想在那裡留宿過夜。長春宮是全真道教的「大本營」。此時，經一二五八年的上都佛道辯論，全真道教雖然敗下陣來，但它畢竟是金元之際北方最盛的宗教，畢竟是當年受到成吉思汗褒獎為「神仙」所在的宗教，倘若忽必烈果真留宿長春宮，或許會導致全真道教的東山再起。

可能是想到這種背景，愛薛急忙趕往長春宮勸諫說：「國家調度方急，兵困民罷，陛下能安此乎？」忽必烈正在用餐，聞之愕然，撫摩著他的後背讚歎道：「非卿不聞斯言。」說罷，立即回宮。

愛薛在忽必烈時期已成為最受大汗寵幸的基督教徒近臣之一。據說，在一次慶賀上都新涼亭落成宴會上，忽必烈當著諸王大臣的面，把愛薛抱在自己雙膝上，親昵地用口水啐他的脖頸，又用左手挽起他的長鬍鬚，右手將酒強灌入他口中。還對身旁的皇太子真金說：「有臣如此，朕何憂焉？」

在帳殿內舉行的宴飲中，包括大汗在內的蒙古權貴都可以開懷狂飲，不甚講究禮儀，這當然是有元一代受草原舊俗影響的宮廷慣例。但是在這類場合像愛薛般受到大汗親昵待遇的，也是鳳毛麟角。

不久，愛薛奉命與孛羅丞相出使伊利汗國阿魯渾大王處，孛羅丞相留仕於伊利汗國，愛薛卻歷盡艱險，輾轉兩年，回朝覆命。忽必烈因此大為感慨，說：「孛羅生吾土，食吾祿，而安於彼；愛薛生於彼，家於彼，而忠於我，相去何遠耶！」

由於愛薛的忠誠和忽必烈的寵幸，愛薛獲得了不論大汗進餐和睡眠，隨時上奏的權力。他的官爵和政治地位也是當時基督教徒中最高的。至元五年（一二六八）兼廣惠司，至元二十四年（一二八七）擢秘書監，至元二十六年（一二八九）領崇福使，掌管全國也里可溫教事務。至元三十一年（一二九四）又加從二品的翰林學士承旨，兼修國史。成宗以後授平章政事，封秦國公。逝世後又被追封為拂林忠獻王。[128]尤其是追封王爵，當時在蒙古勳臣中也不多見。

基督教和伊斯蘭教的衝突一直十分激烈，忽必烈時期也不例外。

拉施特《史集》記載：忽必烈時期基督教徒在宗教上對待穆斯林極不寬容，蓄意謀害他們。一位基督教徒曾向忽必烈告密說，《古蘭經》有這樣一段話：「要無例外地把一切多神教徒都殺掉。」忽必烈對此很生氣，一度下令處死固執此說的穆斯林長者別哈丁·別海。後經回回人宰相阿合馬勸諫和另一位回回人毛拉哈米答丁解釋，將忽必烈巧妙排除在「多神教徒」之外，才平息了忽必烈的憤怒，保住了別哈丁·別海的性命。

至元十六年（一二七九）十二月，從北邊八里灰運來海東青名鷹向大汗進貢的回回人，沿途拒絕食用別人宰殺的羊，給百姓帶來一定的騷擾。忽必烈得悉後，十分惱怒，特降聖旨云：

> 成吉思皇帝降生，日出至沒，盡收諸國，各依風俗，這許多諸色民內，惟有回回人每為言俺不吃蒙古之食上，為天護助，俺收撫了您也，您是俺奴僕，卻不吃俺的茶飯，怎生……便教吃。若抹殺羊呵，有罪過者。

按照穆斯林習俗，宰羊使用斷喉法，即「抹殺羊」。蒙古人宰羊，使用破腹殺法。穆斯林嚴守其俗，拒不食用其他方式所宰羊，說來也符合「各依風俗」的法度。忽必烈卻以「奴隨主便」的原則，禁止穆斯林固守其「抹殺羊」方式。還用從良、獎賞沒收財產等措施，鼓勵其奴婢等告密。[129]這件事《元史》、《元典章》和波斯文《史集》均有詳細記述。可見，事情鬧得很大。

在這次懲罰穆斯林的活動中，愛薛也起了推波助瀾的作用。《史集》帶著幾分憤怒記載道：

> 當時的一些惡毒、卑鄙和下流的〔人〕之中，有基督教徒愛薛怯里馬赤、伊賓·馬阿里和拜答黑，他們抓住〔這道〕命令，取得了一道處死在〔自己〕家中〔以斷喉〕法宰羊者的詔敕。以此藉口，奪取了人們很多財富。他們引誘木速蠻（穆斯林之別稱）的奴隸們〔說〕：誰告發了自己的主人，我們就解放他。他們為了自己的解放，便誣陷主人，控告〔他們〕犯

了罪。愛薛怯里馬赤和他該死的下屬們，甚至達到了使木速蠻在一連四年中不能舉行自己的兒子的割禮的地步。

從《元典章》等所載〈禁回回抹殺羊做速納〉的嚴厲措施看，《史集》的說法大抵屬實。此事發生在回回人宰相阿合馬柄國時期。對此樁壓制回回人的政策，連權傾朝野的阿合馬都無能為力，足見其執行之堅定不移。出於宗教衝突，愛薛站在忽必烈一邊，竭力禁止回回人抹殺羊。同樣道理，來自回回人對他的憤怒和咒罵，也十分強烈。

此樁壓制回回人的政策，實施長達七、八年。直到桑哥當上丞相，回回商賈們拿出大筆錢財向他行賄。桑哥才以穆斯林商人全體離境、穆斯林諸國商人不來貿易、關稅收入不足、珍貴貨物匱乏等為理由，上奏忽必烈，這樣才終止了有關回回人抹殺羊的禁令。[130]

在基督教徒朝廷大臣中，除了愛薛，還有一位答失蠻。此人來自蒙古克烈部。其父孛羅歡是蒙哥汗時期頗有權勢的大臣，因黨附阿里不哥和反對忽必烈被殺。答失蠻繼續受到忽必烈的重用，長期擔任大汗第一怯薛必闍赤，掌管斡脫總管府和泉府司，兼戶部尚書和內八府宰相。拉施特稱他是與安童、月赤察兒、完澤等齊名的重要大臣。

答失蠻雖然是也里可溫世家，但因他長期掌管斡脫總管府，與回回人交往頗多，所以，他並沒有像愛薛那樣對回回人殘酷打擊。相反，有時還替回回人說話。至元二十二年（一二八五）八月，一度被中書省右丞相和禮霍孫廢罷的泉府司，又經答失蠻奏請得以恢復。在前述穆斯林因《古蘭經》殺多神教徒語而受忽必烈怪罪的事件中，答失蠻也曾和阿合馬一起從旁為穆斯林開脫。[131]

據馬可波羅記載，忽必烈認為基督教是十二分的真正和善良。他曾委派馬可波羅的父親和叔叔奉使羅馬教廷，請求教皇派遣一百名深諳教規的傳教士東來傳教布道，從教理宣揚方面取得對其他宗教的壓倒優勢。並請他倆順便帶回少許耶路撒冷耶穌墓上長明燈裡的聖油來。

馬可波羅還說，東道諸王乃顏叛亂中其麾下軍隊的旗幟綴有十字架等標誌，諸王乃顏叛軍中也有相當數量的基督教徒。平定乃顏之亂後，許多穆斯林、佛教僧人、猶太教徒不約而同地嘲笑和譏諷基督教徒，說他們的上帝十字架如何去輔助叛王乃顏。忽必烈聽到後，主動為基督徒解釋，庇護他們，又痛責那些在大汗面前嘲笑十字架的人。他還召集朝廷的基督教徒，安慰他們說：

> 假若你們上帝的十字架沒有輔助乃顏，那裡面有一個很好的原因來解釋他。因為十字架是好的，所以只能作好而正直的事。乃顏是一位不忠的叛逆，他違反君主，所以他所經閱的報應是最公平的。你們上帝的十字架並沒有幫他去反抗公理，是做得很對的。十字架在這裡做得一件好事，他不能去做別的，只有做好的事。

如果馬可波羅所言屬實，忽必烈對基督教應該是親和性很強的。或者可以說，除去他所皈依的藏傳佛教，基督教在其心目中應該是優於其他宗教的。

馬哥孛羅遊記還提到，他們遊歷福州城時發現，當地居住著少許信仰古老基督教的教徒，從其三位祖先處獲得並世代傳承教義，卻不曉得自己屬於基督教。經馬可波羅等反覆曉諭，方派代表赴元朝廷請求官方承認其屬於基督教徒。此事奏報朝廷後，引起勢力最大的佛僧人士的非議。僧人們堅持認為這批居民應屬佛教徒，雙方一度在忽必烈駕前發生激烈爭吵。忽必烈發怒了，他命令爭論的人退朝。單獨召見這批福州居民的代表，聽取其意見，讓其自己選擇宗教歸屬。最後，根據其意願，下達聖旨，肯定其歸屬於基督教。馬可波羅又說，此類新發現並得到確認的基督教徒，江南各地多達七十餘萬戶。[132]

馬可波羅的上述說法，雖然得不到漢文史料的全面印證，難免有缺乏可靠性之嫌。但與此相關的蛛絲馬跡仍依稀可見。

《元典章》大德八年（一三〇四）的一件公文說，溫州路一帶的也里可溫掌教司曾經招收民戶，充本教戶計，以致侵奪道教人戶。還稱：「江南自前至今……別無也里可溫教門。」[133]另，元朝專門管轄也里可溫教事務的崇福司和七十二所也里可溫掌教司，應大多設立於忽必烈時期，[134]江南地區官方承認的也里可溫戶計從無到有，也應該發生在忽必烈時期。由是觀之，馬可波羅有關福州及江南七十餘萬戶也里可溫被大汗忽必烈確認而得以享受相應特權的記述，當不是無根之說。

忽必烈的宗教傾向，的確發生了其先輩所沒有的戲劇性變化，但他畢竟無法完全脫離成吉思汗子孫的烙印和賴以生息的草原文明。他雖然皈依藏傳佛教，但仍然保留著祖父成吉思汗平等對待所有宗教和崇拜上天的遺風。

忽必烈曾說：「這四位聖人，是全世界所崇拜和所尊敬的。基督徒說他們的上帝是耶穌基督，回回教徒說是摩訶末，猶太人說是摩西，偶像教徒說是釋迦牟尼……我崇拜和敬愛所有他們四位聖人。因此也尊敬天上那一個最有權威，最真正的，並祈禱他來輔助我。」[135]

忽必烈似乎在崇敬四大宗教聖人和崇拜「騰格里」上天之間找到一種和諧，也似乎在皈依藏傳佛教和尊重其他宗教之間找到一種平衡。換句話說，忽必烈在皈依藏傳佛教的同時，沒有排斥伊斯蘭教、基督教、道教和儒學。這種政策十分重要。它使忽必烈時期的宗教避免了惟藏傳佛教獨尊的封閉性和排他性，保持了兼容並蓄的開放性和多元性。

註釋

1《可閒老人集》卷二〈輦下曲〉。
2《至元辨偽錄》卷二。
3《元朝名臣事略》卷一〇〈宣慰張公〉。
4《元史》卷一六〇〈王鶚傳〉，卷一五九〈趙璧傳〉；《元朝名臣事略》卷八〈內翰竇文正公〉。
5《元朝名臣事略》卷八〈左丞許文正公〉，卷一〇〈宣慰張公〉。
6《元史》卷一二五〈高智耀傳〉。
7《秋澗集》卷一五〈送王子初總管奉詔北上〉。
8《元史》卷四〈世祖紀一〉中統元年。
9《元史》卷一一五〈裕宗傳〉，卷一三〇〈不忽木傳〉；《元朝名臣事略》卷一〈丞相東平忠憲王〉，卷八〈左丞許文正公〉。
10《元史》卷一二五〈高智耀傳〉，卷三〈憲宗紀〉。
11《元史》卷一三四〈朵羅台傳〉。
12《元朝名臣事略》卷七〈平章廉文正王〉。
13《元朝名臣事略》卷八〈左丞許文正公〉。
14《元朝名臣事略》卷八〈左丞許文正公〉。
15《藏春詩集》卷六附錄，〈祭文〉，〈故光祿大夫贈太傅儀同三司文貞劉公神道碑〉。
16《元朝名臣事略》卷一二〈內翰王文康公〉。
17《元史》卷一七三〈葉李傳〉。
18《元朝名臣事略》卷一五〈國信使郝文忠公〉。
19《元朝名臣事略》卷八〈左丞許文正公〉；《許文正公遺書》卷末〈許衡神道碑〉。
20《元朝名臣事略》卷一二〈內翰王文忠公〉。
21《元朝名臣事略》卷八〈左丞許文正公〉；《元史》卷一五八〈竇默傳〉。
22《元朝名臣事略》卷七〈左丞張忠宣公〉、〈平章廉文正王〉，卷八〈左丞許文正公〉；《元史》卷一五七〈張文謙傳〉。
23《元史》卷二〇五〈阿合馬傳〉。
24《至正直記》卷三〈世祖一統〉。
25《秋澗集》卷四六〈儒用篇〉。
26《元史》卷一五七〈劉秉忠傳〉；陳高華〈元代的地方官學〉釋「三學」為金朝地方的府學、節鎮學、州學（《元史論叢》第五輯，中國社會科學出版社，一九九三年）。今從陳先生說。

27《元史》卷八一〈選舉志〉，卷一五三〈王檝傳〉；《析津志輯佚‧學校》頁一九七，北京古籍出版社，一九八三年。

28《元史》卷六〈世祖紀三〉，卷一五七〈張文謙傳〉，卷一四〈世祖紀十一〉。

29《秋澗集》卷八二〈中堂事記〉；《廟學典禮》卷一〈設提舉學校官〉。

30《廟學典禮》卷二〈左丞葉李奏立太學設提舉司及路教遷轉格例儒戶免差〉；《元典章》卷三一〈禮部四‧儒學〉、〈立儒學提舉司〉。

31《元典章》卷九〈吏部三‧教官〉〈正錄教諭直學〉。

32《廟學典禮》卷二〈學官格例〉。

33《元朝名臣事略》卷八〈左丞許文正公〉。

34《滋溪文稿》卷三〈陝西鄉貢進士題名記〉；《元史》卷八一〈選舉志一‧科目〉。

35《元朝名臣事略》卷一三〈太史楊文康公〉。

36《元朝名臣事略》卷一四〈樞密董正獻公〉，卷一一〈樞密趙文正公〉。

37《廟學典禮》卷二〈學官職俸〉。

38《增訂湖山類稿》卷三〈自笑〉。

39《可閒老人集》卷二〈輦下曲〉。

40、42 祥邁《至元辯偽錄》卷三。

41《析津志輯佚‧學校》。

43《佛祖歷代通載》卷三三，王磐等撰〈聖旨焚毀諸路偽道藏經之碑〉。

44《元史》卷一一〈世祖紀八〉；《通制條格》卷二九〈寺觀僧道數目〉；《佛祖歷代通載》卷三三，王磐等撰〈聖旨焚毀諸路偽道藏經之碑〉。

45《佛祖歷代通載》卷三三〈聖旨焚毀諸路偽道臧經之碑〉，卷三四，卷三五，頁四一二，江蘇廣陵古籍刻印社，一九九三年。

46《道藏》十九冊，頁五四〇；《道家金石略》頁五四七。

47《佛祖歷代通載》，卷三五，頁四一一，江蘇廣陵古籍刻印社，一九九三年。

48《牧庵集》卷一一〈長春宮碑〉。

49〈大義略敘〉，《鄭思肖集》，頁一八四，上海古籍出版社，一九九一年。

50《道園學古錄》卷五〇〈張宗師墓誌銘〉；《元史》卷二〇二〈釋老傳〉。

51《可閒老人集》卷二〈輦下曲〉。

52《元史》卷二〇二〈釋老傳〉，卷一〇〈世祖紀七〉，卷一一〈世祖紀八〉；《道園學古錄》卷二五〈河圖仙壇之碑〉；《清容居士集》卷三四〈玄教大宗師張公家傳〉。

53《元史》卷二〇二〈釋老傳〉；《危太樸集》卷八〈送郭真人還玉笥山序〉；《秋澗集》卷四七〈太一五祖演化貞常真人行狀〉；《析津志輯佚．寺觀》頁九四，北京古籍出版社，一九八三年。

54《秋澗集》卷八一〈中堂事記〉（中），中統二年四月十五日。

55《元史》卷二〇二〈釋老傳〉。

56《馬哥孛羅遊記》張星烺譯本，頁一三〇，商務印書館，一九三六年。

57《金石萃編未刻稿》卷上，王利用〈元馬宗師道行碑〉。

58《秋澗集》卷八二〈中堂事記〉（下），中統二年七月二十三日。

59《雁門集》卷一〈浙河莫術者禱雨驗甚二首〉。

60《金華集》卷二八〈答祿乃蠻氏先塋碑〉。

61《元史》卷二〇三〈田忠良傳〉。

62《松雪齋集》卷九〈故昭文館大學士靳公墓誌銘〉；《元史》卷二〇三〈方技傳〉。

63《道園學古錄》卷一八〈賀丞相墓誌銘〉；《元史》卷一三〇〈不忽木傳〉。

64《佛祖歷代通載》卷三二、三五，頁三七九、四一〇、四一二，江蘇廣陵古籍刻印社，一九九三年。

65《元史》卷一二五〈鐵哥傳〉。

66《佛祖歷代通載》卷三五，頁四〇八、四〇九、四一〇，江蘇廣陵古籍刻印社，一九九三年。

67《紅史》頁四三，西藏人民出版社，一九八八年；《漢藏史集》，頁二〇二，西藏人民出版社，一九八六年；參閱王輔仁、陳慶英《蒙藏關係史略》，頁二六，中國社會科學出版社，一九八五年。按，《史略》將忽必烈「優禮僧人文書」譯作「詔書」，欠妥。此時忽必烈仍為藩王，改譯作「令旨」更恰當些。

68《佛祖歷代通載》卷三五，頁四〇八，江蘇廣陵古籍刻印社，一九九三年。

69〈聖旨焚毀諸路偽道藏經碑〉，《歷代佛祖通載》卷三三。

70王磐〈八思巴行狀〉，《歷代佛祖通載》卷三三。

71王磐〈八思巴行狀〉，《歷代佛祖通載》卷三三；參閱王輔仁、陳慶英《蒙藏關係史略》頁三五，中國社會科學出版社，一九八五年。

72《元史》卷二〇二〈釋老傳〉。

73《元史》卷六〈世祖紀三〉，卷七〈世祖紀四〉；《元典章》卷三一〈禮部四〉，〈學校·蒙古學·蒙古學校〉；《羽庭集》卷五〈送浙西憲府譯史徐子信序〉。

74《元史》卷一一〈世祖紀八〉至元十八年十月。

75《通制條格》卷五〈蒙古字學〉。

76《可閒老人集》卷二〈輦下曲〉。

77《鄭思肖集》頁一八八，上海古籍出版社，一九九一年。

78《漢藏史集》頁一七〇，西藏人民出版社，一九八六年；參閱王輔仁、陳慶英《蒙藏關係史略》頁三五，中國社會科學出版社，一九八五年。

79《元史》卷一六〈世祖紀十三〉至元二十七年六月庚辰；《佛祖歷代通載》卷三五，頁四一〇、四一三、四一四，江蘇廣陵古籍刻印社，一九九三年；蔡美彪《元代白話碑集錄》，〈一二六一年林縣寶嚴寺聖旨碑〉，科學出版社，一九五五年。

80《漢藏史集》頁一七一，西藏人民出版社，一九八六年。

81《鄭思肖集，大義略敘》頁一八三，上海古籍出版社，一九九一年。

82《可閒老人集》卷二〈輦下曲〉。

83《佛祖歷代通載》卷三五，頁四一〇，江蘇廣陵古籍刻印社，一九九三年。

84《佛祖歷代通載》卷三五，頁四一〇，江蘇廣陵古籍刻印社，一九九三年。

85《元史》卷六〈世祖紀三〉。

86《道園學古錄》卷四〈僉燕南河北道廉訪司事趙公神道碑〉；《析津志輯佚·歲記》，北京古籍出版社，一九八三年。

87《元史》卷七七〈祭祀志六〉；《析津志輯佚·歲記》，北京古籍出版社，一九八三年。

88參閱王輔仁、陳慶英《蒙藏關係史略》頁三四，中國社會科學出版社，一九八五年。

89《佛祖歷代通載》卷三二、三五，頁四〇八、四一〇，江蘇廣陵古籍刻印社，一九九三年；《析津志輯佚·歲記》，北京古籍出版社，一九八三年；《元史》卷二〇二〈釋老傳〉，卷一四〈世祖紀十一〉至元二十四年是歲，卷十五〈世祖紀十二〉至元二十五年十二月。

90《馬哥孛羅遊記》張星烺譯本，頁一二九，商務印書館，一九三六年。

91《歷代佛祖通載》卷三二。

92《雪樓集》卷七〈涼國敏慧公神道碑〉；《佛祖歷代通載》卷三五，頁四〇八、四一一，江蘇廣陵古籍刻印社，一九九三年。

93《佛祖歷代通載》卷三五，頁四〇八、四一〇，江蘇廣陵古籍刻印社，一九九三年；《元史》卷一八〈成宗紀一〉元貞元年正月壬戌。

94《馬哥孛羅遊記》張星烺譯本，頁一二九，商務印書館，一九三六年。

95《元史》卷一五〈世祖紀十二〉至元二十六年。

96關於忽必烈御容影堂所在，《雪樓集》卷七〈涼國敏慧公神道碑〉載：「世祖上賓……又追寫世祖順聖二御容織幀，奉安於仁王、萬安之別殿。」《元史》卷七八〈祭祀志四〉則云：「影堂所在：世祖帝后大聖壽萬安寺，裕宗帝后亦在焉。」筆者拙見，御容影堂很可能先在大護國仁王寺，後移至大聖壽萬安寺。

97《元史》卷二〇二〈釋老傳〉。

98《馬哥孛羅遊記》張星烺譯本，頁一二八，商務印書館，一九三六年。

99《元史》卷一三四〈迦魯納答思傳〉。

100蔡美彪《元代白話碑集錄》附錄一，〈一二五八年忽必烈令旨〉，科學出版社，一九五五年。

101《元一統志》卷一〈中書省·大都路·古跡〉；《松雪齋集》卷九〈臨濟正宗之碑〉；《佛祖歷代通載》卷三五，頁四一〇，江蘇廣陵古籍刻印社，一九九三年。

102蔡美彪《元代白話碑集錄》，〈一二六一年林縣寶嚴寺聖旨碑〉，〈一二九三年趙州栢林寺聖旨碑〉，科學出版社，一九五五年。

103《金華集》卷八〈上都大華嚴寺碑〉。

104《佛祖歷代通載》卷三四、三五，頁四一一，江蘇廣陵古籍刻印社，一九九三年；《羽庭集》卷五〈送大璞圯上人序〉。

105《至正金陵新志》卷六上〈本朝統屬官制〉；《存復齋集》卷四〈行宣政院副使送行詩序〉。

106《元史》卷二〇二〈釋老傳〉，卷一五〈世祖紀十二〉至元二十五年二月丙寅，卷二〇〈成宗紀三〉大德三年七月庚辰。

107《元史》卷一三〈世祖紀十〉至元二十一年九月丙申，二十二年正月庚辰。

108《元史》卷一六〈世祖紀十三〉至元二十八年五月戊戌，十月己丑，卷一七〈世祖紀十四〉至元二十九年三月壬戌，至元三十年二月己丑，五月丙寅。

109《經世大典·序錄·僧寺》；《元文類》卷四二；《太平金鏡策》卷五〈汰僧道〉。

110《馬哥孛羅遊記》張星烺譯本，頁一四二，商務印書館，一九三六年。

111 楊志玖〈回回人與元代政治〉（二），《回族研究》一九九三年四期。
112 《秋澗集》卷八八〈烏台筆補·為在都回回戶不納差稅事狀〉。
113 《史集》余大鈞、周建奇譯本，第二卷，頁三三三；張星烺譯《馬哥孛羅遊記》，頁二四〇—二四一，商務印書館，一九三六年。
114 楊志玖〈回回人的東來與分布〉，《回族研究》一九九三年二期。
115 楊志玖〈元代回回人的政治地位〉，《歷史研究》一九八四年三期。
116 修曉波〈元朝斡脫政策探考〉，《中國社會科學院研究生院學報》一九九四年三期。
117 《多桑蒙古史》馮承鈞譯本，上冊，頁三三一，上海書店出版社，二〇〇一年。
118 《史集》余大鈞、周建奇譯本，第二卷，頁三七九。
119 余振貴《中國歷代政權與伊斯蘭教》，頁九九，寧夏人民出版社，一九九六年；白壽彝《中國通史》第八卷（上），頁六二一，上海人民出版社，一九九七年。
120 《元代安西王及其與伊斯蘭教的關係》，蘭州大學出版社，一九九三年。
121 《雪樓集》卷八〈秦國先墓碑〉。碑中雖未明言大乘都是佛教徒，但從其原為畏兀兒「國中貴臣」，替忽必烈「誦說經典」及次子大悲都任職宣政院提點所達魯花赤等情節看，大乘都屬佛教徒無疑。
122 《元史》卷八九〈百官志五〉；參閱周良霄〈元和元以前的中國基督教〉，《元史論叢》第一輯，中華書局，一九八二年。
123 《馬哥孛羅遊記》張星烺譯本，頁二九七，商務印書館，一九三六年。
124 《至順鎮江志》卷九〈僧寺〉；參閱劉迎勝〈關於馬薛里吉思〉，《元史論叢》第八輯，江西教育出版社，二〇〇一年。
125 《通制條格》卷二九〈僧道·商稅地稅〉。
126 《至順鎮江志》卷九〈僧寺〉。
127 《史集》余大鈞、周建奇譯本，卷二，頁三四七。
128 《元史》卷一三四〈愛薛傳〉；《雪樓集》卷五〈拂林忠獻王神道碑〉。
129 《元史》卷一〇〈世祖紀七〉；《元典章》卷五七〈刑部十九·禁宰殺·禁回回抹殺羊做速納〉。
130 《史集》余大鈞、周建奇譯本，卷二，頁三四七。
131 《牧庵集》卷一三〈皇元高昌忠惠王神道碑〉；參閱楊

志玖師〈元代的幾個答失蠻〉，《元史三論》，人民出版社，一九八五年。
132《馬哥孛羅遊記》張星烺譯本，頁八、一四一、一四三、三三五，商務印書館，一九三六年。
133《元典章》卷三三〈禮部六・也里可溫教・禁也里可溫攙先祝贊〉。
134《元史》卷八九〈百官志五〉。
135《馬哥孛羅遊記》張星烺譯本，頁一四三，商務印書館，一九三六年。

第十七章　暮年多事秋　朝堂風雨驟

從和禮霍孫主政到盧世榮理財

一、和禮霍孫以儒治國及失敗

至元十九年（一二八二），忽必烈度過了他六十八歲的生日。光陰荏苒，暮年已向在位二十三年的元帝國皇帝悄然走來。

剛剛經歷昔里吉之亂和殺阿合馬暴動的忽必烈，又迎來朝堂之上更為激烈的風雨和衝突。

阿合馬被殺後，忽必烈自至元十九年四月委任和禮霍孫為中書省右丞相，主持朝政。和禮霍孫是蒙古貴冑，宿衛大臣，原任蒙古翰林學士承旨。

和禮霍孫主持朝政期間，主要做了三件事：

一是懲治阿合馬黨羽。和禮霍孫「置黑簿以籍阿合馬黨人之名」，凡入該簿冊者，永不敘用。至元十九年四月五月罷斥的阿合馬黨羽就多達七百一十四人。[1] 幾乎與此同時，和禮霍孫曾會同中書省、御史台、樞密院等官，核查阿合馬所管財賦，繼而派人鉤考戶部主要庫藏萬億庫以及各鹽運司、財賦府、茶場都轉運司等「出納之數」。[2]

二是裁減冗官。在精簡中書省七百餘員濫官的同時，和禮霍孫又經忽必烈詔令批准，廢罷阿合馬所濫設官署一百七十一所。被廢罷的較高級官署有：剛剛設立半年的司徒府、農政院、掌管幹脫事務的泉府司、江南諸行省治所在的四道宣慰司等。對阿合馬「海選」造成的江南冗濫官，和禮霍孫也堅決予以取締。還廢罷諸鹽司，改以諸運司管轄鹽政。又罷各地金銀冶煉官署，以其事歸於路總管府。[3]

三是重用儒士和奏開科舉。和禮霍孫任用一批儒臣進入政府。如張雄飛任中書省參知政事，何瑋、楊恭懿參議中書省事，徐琰、董文用等也被委以中書省左司郎中等職。不久，和禮霍孫又奏請忽必烈開科取士。[4]

在漢族儒臣許衡、姚樞、竇默等與阿合馬抗爭失敗並相繼謝世後，和禮霍孫代表受漢法浸潤影響較深的部分蒙古官宦，試圖以上述措施，繼續老一代儒臣未竟的漢法改革。

和禮霍孫的所作所為，得到太子真金的全力支持。他任右丞相之初，太子真金即加勉勵：「阿合馬死於盜手，汝任中書，誠有便國利民者，毋憚更張。苟或沮撓，我當力持之。」太子真金還對擔任中書省參議和左司郎中的何瑋、徐琰說：「汝等學孔子之道，今始得行，宜盡平生所學，力行之。」[5]

但是，忽必烈對和禮霍孫雅重儒術而「諱言財利事」感到不滿，也對動搖蒙古貴族入仕特權的科舉之議十分惱火。

就在和禮霍孫奏請重開科舉一個月後，忽必烈解除了他的丞相職務，改而命令盧世榮入相理財。這就意味著忽必烈強行終止了和禮霍孫和真金的漢法改革，重新把朝政拉回以「理財」為中心的軌道。

二、盧世榮「立法治財」

盧世榮是大名路（今河北大名）人，阿合馬柄國時，曾以財賄踏入仕途，擔任過江西榷茶使，後獲罪去職。

盧世榮受忽必烈重用，雖說事出偶然，也有不可逆轉的背景。和禮霍孫主政兩年，「諱言財利」，朝廷財政出現較嚴重的問題。由於平定南宋和對付北邊叛王的戰爭，耗費了大量財富，元朝初年發行的中統鈔隨之急劇貶值，朝廷印鈔數理應增加，但至元二十年、二十一年朝廷印鈔數僅六十一萬六百二十錠和六十二萬九千九百四錠，比至元十三年到十九年的年平均印鈔數反而減少將近一半。[6]而當時忽必烈為雪征日慘敗之恥，急於籌備第三次跨海征日本，對安南和緬國的用兵，規模也越來越大。朝廷財政入不敷出，根本無法滿足忽必烈黷武海外的政治軍事需要。

當掌管佛教的總制院使桑哥舉薦盧世榮有才術，「能救鈔法，增課額，上可裕國，下不損民」，「能使天下賦入倍其舊十」時，忽必烈立即召見盧世榮本人，聽取盧的奏言應對，感到滿意。至元二十一年（一二八四）十一月十八日，忽必烈特意安排盧世榮與和禮霍孫為首的中書省官員的御前辯論。辯論的中心內容是中書省應當做的事情。和禮霍孫等雖然「守正不撓」，盧世榮的理財富國之論卻受到忽必烈的賞識和支持，最終占了上風。

當日，右丞相和禮霍孫、右丞麥朮丁、參政張雄飛和溫迪罕皆被罷黜。從北邊回朝不久安童被任命為中書省右丞相，盧世榮任中書右丞，史樞為左丞，不魯迷失海牙、撒的迷失為參政，拜降為參議。

據說，後四人皆是盧世榮所舉薦。安童雖然是成吉思汗四功臣之一木華黎後裔和至元前期的右丞相，但被叛王海都拘禁近十年，忽必烈對他的親寵已非昔比。此時的中書省，實際由盧世榮所控制。

首先，盧世榮重新糾集阿合馬原先使用的一些理財官吏，作為其理財「班底」和基本力量。剛上任不久，盧世榮就上奏忽必烈：「天下能規運錢穀者，向日皆在阿合馬之門，今籍錄以為汙濫，此豈可盡廢。臣欲擇其通才可用者，然懼有言臣用罪人。」忽必烈爽快答覆：「何必言此，可用者用之。」

盧世榮得到皇帝的讚許，於是將和禮霍孫罷斥的阿合馬理財黨羽、前河間路轉運使張弘剛、撒都丁、孫桓，重新用為河間、山東等路都轉運鹽使，掌管了河北、山東一帶的財賦大權。其他被重新擢用的阿合馬舊有屬官甚眾。一次，盧世榮推薦宣德和王好禮為浙西道宣慰使，忽必烈先說：「宣德，人多言其惡。」盧世榮辯解道：「彼入狀中書，能歲辦鈔七十五萬錠，是以令往。」忽必烈聽罷，居然批准了盧的推薦。[7]

盧世榮先後設置相當多的理財官署。如常平鹽局、市舶都轉運司、上都等路群牧都轉運司、諸路常平鹽鐵坑冶都轉運司等。當盧世榮奏立規運所時，忽必烈詢問：此官署職司如何？盧世榮答曰：「規劃錢穀者。」忽必烈聽罷，欣然應允。至元二十二年（一二八五）二月又設五品的規運所，專門經營錢穀，由擅長商賈的官吏及「白身人」擔任。

盧世榮還竭力保護理財錢穀官，曾明令禁止各種官司不得擅自追迫管理稅課的官吏，按察司不得檢核其文卷。若有膽敢阻撓者，開具其姓名上聞。

至元二十二年二月，盧世榮又特意確定各行省專領課程的官員，即江浙行省參政馮珪，湖廣行省右丞要束木、參政潘傑，江西行省左丞伯顏、參政楊居寬、僉省陳文福。還命令真定、濟南、太原、甘肅、江西、江淮、湖廣等處宣慰司兼都轉運司，以治所在課程。諸道監察官提刑按察司一度也被改為提刑轉運司，兼管各路錢穀，其刑名事上御史台，錢穀由戶部申中書省。

盧世榮這樣做的目的，就是要在健全錢穀官諸司局官署的同時，將行省、宣慰司、按察司等主要官府也納入以理財為中心的軌道，恢復昔日阿合馬柄國時理財官的赫然權勢。

盧世榮還不失時機地培植親信和私黨。前述馮珪、潘傑即為阿合馬黨人，要束木又是盧世榮的舉薦者桑哥的妻黨，此時都被安插為江南諸省掌管財賦的官員。盧世榮的姻親牛某，經盧世榮的副手不魯迷失海牙的推薦，由提舉升任浙西轉運副使。

其次，盧世榮致力於整治鈔法。

這也是忽必烈在盧上任當日敕令交給的一項任務。前面提到和禮霍孫主政時的財政問題之一，就是中統鈔急劇貶值，朝廷印鈔數反而比至元十三年到十九年減少將近一半，正常流通受到影響。盧世榮迅速行動，一方面，重新規定金銀與紙鈔的比價，允許民間買賣金銀，以減輕中統鈔貶值且數少的弊端。另一方面，他順應中統鈔貶值的大勢，立即將至元二十二年的印鈔發行量增加到二百四萬三千八十錠，相當於至元二十一年的三倍多。

盧世榮還別出心裁，以中統鈔貶值為由，關閉回易庫，既不許昏爛之鈔流通，也不許倒換。官吏不嚴格執行的，也要治罪。又倡言依漢唐故事，括前代銅錢而鑄造新銅錢且織造綾券，與鈔參用。此意見上奏，忽必烈回答是：「便益之事，當速行之。」於是，至元二十二年二月降詔拘收天下銅錢，強制推行其方略。8

再次，盧世榮費力最多的仍然是舉辦官營或官商聯營的工商業，以榷賣和官府壟斷直接獲取大量財富。

上任月餘，盧世榮就在忽必烈駕前誇下海口：「臣言天下歲課鈔九十三萬二千六百錠之外，臣更經畫，不取於民，裁抑權勢所侵，可增三百萬錠。初未行下，而中外已非議，臣請與台院面議上前行之。」忽必烈說「不必如此，卿但言之」，明確表示支持。

為達到增課三百萬錠的目標，盧世榮採取了三項措施：

其一，整頓鹽鐵榷賣。他代表中書省奏言，國家榷賣食鹽，原售價每引中統鈔十五兩，未嘗多取。如今權豪富商持引鹽囤積居奇，流通中賣至每引八十兩，京師竟高達每引一百二十兩。擬議以二百萬引給鹽商，一百萬引散給諸路，設立常平鹽局，商賈哄抬鹽價時，官局出售儲鹽，既可平抑鹽價，又能增加收入。這顯然是在官榷商賣、官商分占鹽利的體制下再為官府搶奪一部分鹽利。忽必烈當然樂得接受。又主張禁民間採礦冶鐵，官府立冶鐵爐鼓鑄鐵器以鬻賣獲厚利。

其二，改進酒、醋、竹等課稅。盧世榮上奏：京師富豪釀酒牟取巨利，繳納稅課卻往往拖延，理應禁止民間釀酒，實行官釀官賣。大都釀酒每天用米一千石，天下諸路每日釀酒用米也應當在二千石。今諸路僅言日用米三百六十石，其奸欺道隱如此。已責各官增舊課二十倍，不如數完成者，重治其罪。忽必烈一概允其奏而行。於是，諸路酒課數額亦比照大都之例，用米一石，課取中統鈔十兩。對上都酒課，盧世榮則根據實際情況特准實行優惠辦法：酒戶自具工本，官司拘賣，每石只收鈔五兩。懷孟等路竹貨官府榷賣課程數額較少，盧世榮遂改為民間自由買賣而有司收稅。對鄉村農戶及上都醋課，盧世榮又下令免除。[9]或許也是數量偏少的緣故。

其三，實行「官本船」制，謀求巨額市舶之利。如前述，平定南宋以後，元朝廷十分重視海外貿易。大體參照南宋舊制，立泉州等市舶司，每年招集舶商，赴南洋博易，回帆時，依南宋舊例抽解，然後聽其貨賣。細貨取十分之一，粗貨取十五分之一。此外輕貨另收取一定運費，謂之

「雙抽」。此時盧世榮實施「官本船」貿易，在泉州、杭州設立市舶轉運司，官府出資本，造船募商，渡海貿易諸貨。據說，朝廷一次提供資金中統鈔十萬錠，所得利益，官取七分，商取三分。官船也可代表政府依例抽取蕃商就官船交易的稅收。又禁止權勢之家以私錢入蕃貿易，違者治罪，籍沒其家產之半。[10]盧世榮基於官營招商的模式，目的是抑制和打擊權勢之家，為朝廷占據海外貿易的大部分利益。

此外，盧世榮還搞了增加課稅的其他種種名堂。一次，他建言：各處都會設立野麥、木植、瓷器、桑棗、煤炭、匹段、青果、油坊諸牙行，以市易司管理諸牙儈人，依據商賈貨物，徵收四十分之一的課稅，所得四成歸牙儈，六成給官吏俸；宜於上都、隆興等路，以官錢買幣帛易牛羊於北方，選蒙古人放牧，收其皮毛筋角酥酪等物，官取其八，二與牧者。忽必烈答覆：「汝先言數事皆善，固當速行，此事亦善，祖宗時亦欲行之而不果，朕當思之。」顯而易見，忽必烈對盧世榮的這兩條建議的可行性，是有所保留的。

盧世榮以斂財為己任，招來不少怨恨，為釋怨邀譽，他向忽必烈進奏如下九事，並以詔書頒告天下：一是免民間包銀三年，二是官吏俸錢免民間代納，三是免大都地稅，四是官府收贖江淮貧民所鬻妻子為良民，五是免逃逸復業者差稅，六是免鄉村民戶造醋之課，七是減免江南私家田租一分，八是增添內外官吏俸五分，九是定百官考課升擢之法。

以上九條中，大幅度增加百官俸祿，是盧世榮理財的較重要政績。元朝的官吏俸祿雖然早在至元三年（一二六六）已經開始發放，但很長一段時間管民官及錢穀官的俸祿是從百姓差發俸鈔中支出的，故有民間代納官吏俸錢的說法。至元二十二年（一二八五）二月盧世榮以「設官頒俸，本以為民，近年諸物增價，俸祿不能養廉，以致侵漁百姓，公私俱不便益」為由，奏請並經忽必烈批准，將「內外官吏俸給，以十分為率，添支五分」，增加了五十%。在此基礎上，還把百官俸祿依各品分為上中下三等，視職事繁簡輕重，事大者依上等，事小者依中等。自從一品六錠、五錠至從九品三十五兩，共計三十八等。11

這次調整不僅使官吏品秩俸祿更為秩序化，而且減輕了物價上漲和官俸偏低、不正規的弊病，可以稱得上是元代官階俸祿制度的一個進步。

有一個誤說需要糾正。《漢藏史集》說：

桑哥丞相仿照以前漢地實行的一種舊法，對內外各級衙署的官員們發給飲食及衣著所需的俸錢……直到如今，官員們有固定的俸錢，猶思桑哥丞相的恩德。12

如此看來，官吏俸祿的增加和固定化，實際上是由盧世榮推行的。桑哥在背後也可能有出謀劃策的動作。正如後文所說，桑哥入相，發行至元鈔，改善了國家財政狀況，對盧世榮制定的官吏俸祿制度發揮了重要的保證和繼續落實作用。這或許是《漢藏史集》把官吏俸祿固定化一概歸功於桑哥的原因。

在盧世榮掌管財政期間，忽必烈對他是極為信任的。表明此時忽必烈高度重視理財，也披露了他豪爽耿直和用人不疑的品格。

盧世榮上任不足十日，御史中丞崔彧奏言：盧世榮不可為宰相。

崔彧是阿合馬被殺後受忽必烈擢用的漢族官員之一，蒙古名為拜帖木兒。他負才氣，剛直敢言。至元十九年（一二八二）崔彧始任集賢侍讀學士，上奏：阿合馬黨羽阿里子阿散不可襲其職，另一黨羽郝禎應剖棺戮屍。忽必烈立即予以批准。還好言安撫崔彧：「已敕中書，凡阿合馬所用，皆罷之，窮治黨與，纖悉無遺。事竟之時，朕與汝別有言也。」足見，忽必烈對他的親近與器重。然而，此時崔彧攻擊盧世榮的言辭，卻讓忽必烈大為惱怒。崔彧竟因此受到逮繫按問和罷官的懲罰。[13]

此番一棄一取表明，在忽必烈用人的天平上，理財官盧世榮的分量似乎遠遠重於御史中丞崔彧。

盧世榮曾以理財「多為人所怨，後必有譖臣者」，向忽必烈訴苦。忽必烈的回答是：「汝無防朕，飲食起居間可自為防。疾足之犬，狐不愛焉，主人豈不愛之。汝之所行，朕自愛也，彼奸偽者則不愛耳。汝之職分既定，其無以一二人從行，亦當謹衛門戶。」還特意宣諭右丞相安童給盧增派隨從。忽必烈對他的眷顧倚重，可見一斑。

或許是倚勢恃寵心理的作用，盧世榮當權期間肆無忌憚，十分跋扈，甚至不把右丞相安童放在眼裡。他事先不稟白丞相安童，擅支中統鈔二十萬錠，擅升六部為二品；不與樞密院議論，調動江南三行省兵一萬二千人置濟州，委漕運使陳柔為萬戶管領，又命沙全代萬戶寧玉戍浙西吳江。左司郎中周戭議論政事稍有不合，盧世榮即羅織廢格詔旨的罪名，上奏杖周郎中一百，然後殺掉。盧世榮氣焰因而更為囂張，臣僚震懾，氣氛凛凛。

對包括台察官在內的不同政見者，盧世榮也採取了壓制打擊的態度。

前面提到，御史中丞崔彧首先因反對盧世榮入相而被罷免，盧世榮與台察官間的裂痕隨之愈來愈嚴重。至元二十二年（一二八五）正月盧世榮提議並以中書省的名義上奏，欲廢罷江南行御史台，還想把御史大夫玉昔帖木兒自御史台調開，轉任中書省左丞相。玉昔帖木兒是成吉思汗四功臣之一博爾朮的後裔，襲爵萬戶，與安童一樣，同屬當時最顯赫的蒙古勳貴大臣。盧世榮欲將其調離御史台，顯然是欲削弱御史台的勢力。

對此，忽必烈十分慎重，答覆道：「玉昔帖木兒朕當思之……罷行御史台者，當如所奏。」二月，御史台官兩次上奏，表示抗議：「中書省請罷行台，改按察司為提刑轉運司，俾兼錢穀。臣等竊惟：初置行台時，朝廷老臣集議，以為有益，今無所損，不可輒罷。且按察司兼轉運，則糾彈之職廢。」忽必烈則云：「世榮以為如何？」大臣奏曰：「欲罷之耳。」於是，忽必烈裁定：「其依世榮言。」

儘管忽必烈不同意玉昔帖木兒調離御史台，但對盧世榮廢罷行台及按察司兼轉運的主張，又是全力支持的。這當然也是盧世榮打擊壓制台察官得逞於一時的主要原因。

三、盧世榮被殺

盧世榮的理財，觸犯了很多權貴的利益，又因專橫跋扈、打擊台察，引起了台察官和漢法派官僚的強烈不滿。

盧世榮上任之初，禮部尚書董文用曾委婉地指責他「立法治財」的弱點：「此財取諸右丞家耶？將取諸民？取諸右丞家，則不敢知；若取諸民，則有說矣。牧羊者，歲常兩翦其毛，今牧人日翦其毛而獻之，則主者固樂其得毛之多矣。然而，毛無以避寒熱，即死且盡，毛又可得哉？民財亦有限，取之以時，猶懼其傷殘也，今盡刻剝無遺毫，猶有百姓乎？」盧世榮無言以對。

太子真金對以理財邀功僥倖得寵的盧世榮，也持類似的嚴厲批評態度，曾說：「財非天降，安得歲取贏乎。恐生民膏血，竭於此也。豈惟害民，實國之大蠹。」[14]

一般台察官和漢法派官僚開始因御史中丞崔彧被罷職問罪，敢怒不敢言，一旦機會來臨，他們對盧世榮的反擊就激烈展開。

右丞相安童協助台察官恢復江南行御史台，是台察官與漢法派官僚聯合反擊盧世榮的先聲。

至元二十二年（一二八五）二月，忽必烈啟程北赴上都，在文武百官前往大都城北大口給皇帝送行之際，忽必烈突然向中書省官發問：「行御史台何故罷之？」安童趁勢奏言：「江南盜賊屢起，行御史台鎮遏居多，臣以為不可罷。然與江浙行省並在杭州，地甚遠僻，徙之江州，居江浙、湖南、江西三省之中為便。」[15]

忽必烈當初支持盧世榮廢罷江南行御史台，主要是出於對盧世榮理財的充分信任，似乎沒有細想廢罷行台的原因或利弊。安童則不去正面理論廢罷原委，又抓住行台鎮遏功能這一至關江南統治的要害以及江浙行省與行台同居一城的不便，提出行台遷至江西行省江州的折衷方案，終於使忽必烈批准恢復了江南行御史台。江南行御史台的恢復，是對盧世榮第一個有分量的打擊，也是安童等中書省大臣與台察官成功的聯合行動，意味著盧世榮開始走向頹勢。

四月，監察御史陳天祥上疏彈劾盧世榮奸惡，彈文大略曰：

> 盧世榮素無文藝，亦無武功，惟以商販所獲之貲，趨附權臣，營求入仕，輿賦輦賄，輸送權門，所獻不充，又別立欠少文券銀一千錠，由白身擢江西榷茶轉運使。於其任，專務貪饕，所犯贓私，動以萬計。其隱秘者固難悉舉，惟發露者乃可明言，凡其掊取於人，及所盜官物，略計：鈔以錠計者二萬五千一百一十九，金以錠計者二十五，銀以錠計者一百六十八，茶以引計者一萬二千四百五十有八，馬以匹計者十五，玉器七事，其餘繁雜物件稱是。已經追納及未納見追者，人所共知。

今竟不悔前非，狂悖愈甚，以苛刻為自安之策，以誅求為干進之門，既懷無厭之心，廣畜攘掊之計，而又身當要路，手握重權，雖位在丞相之下，朝省大政，實得專之……

今世榮欲以一歲之期，將致十年之積；危萬民之命，易一世之榮；廣邀增羨之功，不恤顛連之患，期錙銖之誅取，誘上下之交征。視民如仇，為國斂怨。果欲不為國家之遠慮，惟取速效於目前，肆意誅求，何所不得。然其生財之本既已不存，斂財之方復何所賴？將見民間由此凋耗，天下由此空虛，安危利害之機，殆有不可勝言者。

計其任事以來，百有餘日，驗其事蹟，備有顯明。今取其所行與所言而已不相副者，略舉數端：始言能令鈔法如舊，鈔今愈虛；始言能令百物自賤，物今愈貴；始言課程增添三百萬錠，不取於民而辦，今卻迫協諸路官司增數包認；始言能令民快樂，凡今所為，無非敗法擾民者。若不早有更張，須其自敗，正猶蠹雖除去，木病亦深，始嫌曲突徙薪，終見焦頭爛額，事至於此，救將何及？

臣亦知阿附權要則榮寵可期，違忤重臣則禍患難測；緘默自固，亦豈不能！正以事在國家，關係不淺，憂深慮切，不得無言。16

陳天祥的這份彈文，分作三部分，前為揭露盧世榮入相以前貪贓穢行，樁樁件件，言之鑿鑿；中為抨擊其廣增羨、取錙銖、害國害民的理財思想；後為指責其不履行承諾，所行非所言，實屬欺詐。忽必烈本來對盧世榮瞭解無多，在苦於無人理財的情況下，匆匆接受桑哥的舉薦而用盧，很大程度上看重的是盧世榮信誓旦旦的斂財承諾。對盧世榮雖然充分信任，全力支持，但始終有「試驗」性質。如今陳天祥指責盧不履行承諾，可謂切中要害。

彈文由扈從上都的御史大夫玉昔帖木兒轉奏忽必烈。忽必烈聽罷震動甚大。當日，就派遣唆都八都兒、禿剌帖木兒等南還大都，命令安童召集諸司官吏、老臣、儒士等同盧世榮一起聽陳天祥彈文。又命令陳天祥與盧世榮同赴上都，在忽必烈駕前當面對質。

抵達上都當日，忽必烈自內宮傳旨：將盧世榮綁縛宮門之外。對盧世榮的聲討問罪很快進入高潮。

先是御史中丞阿剌帖木兒、郭佑、侍御史白禿剌帖木兒、中書省參政撒的迷失等奉命鞫問盧世榮，得其所承認的擅支鈔、擅調兵等罪狀十條奏上。

翰林學士趙孟傳等斥責：

世榮初以財賦自任，當時人情不敢預料，將謂別有方術，可以增益國用。及今觀之，不過御史之言。更張之機，正在今日。若復恣其所行，為害非細。

盧世榮的上司安童也說：

世榮昔奏，能不取於民歲辦鈔三百萬錠，令鈔復實，諸物悉賤，民得休息，數月即有成效。今已四閱月，所行不符所言，錢穀出者多於所入，引用憸人，紊亂選法。

他們所言與陳天祥的彈文大同小異，算得上眾口一詞。

接著，御史中丞阿剌帖木兒、陳天祥與盧世榮對質於忽必烈駕前，陳天祥再次闡述彈劾之辭及餘言未盡者，忽必烈連連稱善。還遣近臣諭說陳天祥：

汝盡乃職為朕，朕其忍以言罪汝，言出禍隨，詎必云爾也。

盧世榮則一一款伏。忽必烈派遣近侍忽都帶兒傳旨中書省：命右丞相安童與諸老臣議論盧世榮所行，應廢罷的廢罷，應更張的更張，所用之人確實無罪的，由忽必烈親自裁決處理。盧世榮也被正式逮捕下獄。

十一月乙未，忽必烈問另一位近侍忽剌出：「汝於盧世榮有何言？」忽剌出說：「近漢人新居中書者，言世榮款伏，罪無遺者，獄已竟矣，猶日養之，徒廢廩食。」忽必烈覺得言之有理，於是降旨誅盧世榮，割其肉以餵鷹隼獵獸。[17]

上任不足半年的宰相盧世榮，就這樣以事敗被殺的結局匆匆退出了舞台。

盧世榮被殺後，中書省做了重大調整，比較清廉的回回人麥朮丁擔任了中書省右丞，參與鞫問盧世榮的御史中丞郭佑及楊居寬被委任為參知政事，安童仍然是右丞相。當年十月，參議帖木兒升任參知政事，位在郭佑之上。忽必烈還特地命令說：「自今之事，皆責於汝。」翌年三月，中書省官員又重新分工，右丞麥朮丁與參政郭佑並領錢穀，參政楊居寬典銓選。[18]

忽必烈對帖木兒的提拔，很有意思。

帖木兒，又名也速帶兒，蒙古兀良哈氏，阿朮從弟。平定南宋後，擔任淮東道宣慰使。一次，他奉江淮行省之命入京進奏邊事。因其粗知文墨，能夠在忽必烈駕前「誦其文而釋以譯語，音吐明暢，辭旨精切」，引起忽必烈注意，於是命令他在殿中縱橫來回走動，仔細予以觀察，下令提拔。開始，中書省只讓帖木兒擔任參議，忽必烈責問道：「朕初以為卿同列，置之僚佐何耶？」右丞相安童改而奏曰：「帖木兒蒙古人，而於漢人語言無所不通，久淹下位，宜升用之。」帖木兒最終被提拔為中書省參知政事。[19]

足見，忽必烈對懂得漢文的蒙古官員甚為器重，在忽必烈看來，這些人充任宰執，協助忽必烈治理國家是十分必要的。

如果說和禮霍孫執政兩年是漢法儒臣派官僚在十年受壓抑後的短暫復興，那麼至元二十二年（一二八五）四月到至元二十四年（一二八七）閏二月又似乎是上述復興的重演。在這不到兩年的時間內，中書省主要官員大體屬於漢法儒臣派，他們與阿合馬餘黨的衝突一直沒有停止。

安童為首的新中書省組建後，很快糾正了盧世榮當權時的一些弊政。如改六部依舊為三品，減商稅，罷牙行，省市舶司入轉運司等。忽必烈對他們一度寄予厚望，曾對右丞相安童說：「朕左右復無漢人，可否皆自朕決。汝當盡心善治百姓，無使重困致亂，以為朕羞。」

但在新宰執上任不滿半年之際，阿合馬餘黨答吉古阿散等聲稱「海內財穀，省院台內外監守里魁什長率有欺蠹」，奏請實施大規模的鉤考。忽必烈批准了這一計畫，還委派脫里察安、答吉古阿散等專門「考核中書省」，特地另設官署，賜三品官印。鉤考的辦法是拘收內外百司吏案，清查積年錢穀，相當峻刻，脫里察安、答吉古阿散等糾結阿合馬原來的爪牙黨羽，搞得「省臣御史掾吏民庶罹井陷日眾，人情危駭」。又「私聚群不逞之徒」到御史台尋釁鬧事。甚至連忽必烈賞賜原中書省參政張雄飛的金銀等，也矯旨追回。

鉤考主要針對前任宰相所掌錢穀，對現任宰相也有妨害，因此受到新任中書省參政郭佑等人堅決抵制。郭佑先是以「別置司屬，與省部敵，干擾政務」為由，撤銷其專設官署，併入中書省內；後又「以自平江南，十年之間，凡錢糧事，八經理算」為辭，奏明忽必烈，罷止了針對中書省的鉤考。20

據說，答吉古阿散等另有叵測居心，那就是借檢核百司案牘之機，揭發南台御史奏請忽必烈禪位於真金太子的表章，以打擊真金、安童為首的漢法儒臣派集團。後因玉昔帖木兒、安童搶先劾奏答吉古阿散「受人金」等奸贓罪，答吉古阿散及其黨人蔡仲英、李蹊坐罪被殺。[21]足見，圍繞鉤考錢穀，漢法儒臣派官僚與阿合馬餘黨間的鬥爭，仍相當激烈。

在安童為首的新中書省執政期間，內廷官答失蠻奏准復立泉府司，頗引人注目。泉府司始立於阿合馬當權的至元十七年（一二八〇）。它是由斡脫總管府提升來的。二者的職司基本相同，均掌管皇帝、諸王位下金銀假貸出納及其商業代理人斡脫事務。和禮霍孫執政時一度廢掉泉府司。[22]至元二十二年（一二八五）八月，內廷官答失蠻上奏忽必烈，重新恢復了泉府司。答失蠻為蒙古克烈部人，蒙哥汗必闍赤長孛羅歡之子。史稱，答失蠻「自幼事世祖」，後又兼管斡脫總管府和至元十七年設立的泉府司，[23]其內廷官的身分昭然若揭。

事情的複雜性又在於，盧世榮雖然使用回回人理財較多，卻以「官本船貿易」禁止權貴及斡脫霸占市舶之利。他與和禮霍孫在政策方略上大異其趣，但在抑制權貴斡脫規運方面又是異曲同工的。答失蠻恢復泉府司設置，應該說是代表了自和禮霍孫執政即受抑制的蒙古權貴和回回斡脫商的利益。

桑哥專擅國政

一、桑哥登場

至元二十四年（一二八七）閏二月，安童為首的新中書省執政告一段落，權臣桑哥開始把持朝政。這一變動，又是以總制院使桑哥奉特旨擬定中書省宰相人選和麥朮丁等中書省官員理財失敗為前奏的。

前述盧世榮入相掌管財政，就是因桑哥的舉薦。至元二十三年（一二八六）七月壬午，桑哥居然草擬中書省官員候選名單奏上。桑哥雖然任職總制院使，但肯定不會有擅自擬定中書省官員的權力。此次草擬，事先得到忽必烈的特旨。對這份候選名單，忽必烈答覆道：「右丞相安童，右丞麥朮丁，參知政事郭佑、楊居寬，並仍前職。以鐵木耳為左丞。其左丞相甕吉剌帶、平章政事阿必失合、忽都魯皆別議。」

需要說明的是，桑哥所擬候選名單具體有哪些人，史書記載不詳。很可能忽必烈所保留的安童、麥朮丁、郭佑、楊居寬、鐵木耳五人，應是以桑哥的擬定名單為藍本的。「廷中有所建置，人才進退，桑哥咸與聞焉。」桑哥所持有的如此特權，有元一代幾乎是獨一無二，可見他入相前夕已得到的信任和親寵。

忽必烈除了裁定原中書省官員留五去三的方案，還命令中書省選拔可以代替被裁者的人選奏告皇帝。[24]這些無疑是桑哥出任宰相及另立尚書省的契機。

朝廷財政的入不敷出和麥朮丁等理財的無能，也頗值得注意。

至元二十四年初，皇子鎮南王第一次率兵征交趾無功而返，忽必烈欲積極籌備第二次征伐；對緬國的用兵又正值高潮。東道諸王乃顏舉兵反叛在即，元廷方面已有所防備。這些大規模的軍事行動，無疑需要充足的財政支援。恰在此時，京師大都發生饑荒，朝廷不得不用官倉儲米低價糶貧民以賑濟。

但是，朝廷的財政狀況並不樂觀。二月，中書省官員上奏說：「自正旦至二月中旬費鈔五十萬錠，臣等兼總財賦，自今侍臣奏請賜賚，乞令臣等預議。」忽必烈也說：「此朕所常慮。」[25]

個半月內耗費中統鈔五十萬錠，估計主要是用於賞賜和龐大的軍費開支。

中書省官員中主管財政的是回回人右丞麥朮丁。此人早在和禮霍孫執政時就擔任右丞，本人也比較廉潔，但他兩度入相理財並未曾見其有顯著成績。此時，不僅右丞麥朮丁等感到無奈、焦急，忽必烈也為朝廷財政的入不敷出及理財大臣無能而深感憂慮。這或許是桑哥登台把持朝政的財政方面的背景。

二、尚書省獨攬大權

至元二十四年（一二八七）閏二月，在大都近郊打獵的忽必烈，召集麥朮丁、鐵木耳、楊居寬與集賢院大學士阿魯渾撒里及南人官僚葉李、程鉅夫、趙孟頫議論鈔法。麥朮丁將議論的結果上奏：「自制國用使司改尚書省，頗有成效，今仍分兩省為便。」[26]這就意味著麥朮丁等承認自己理財失敗而被迫把財政大權交給桑哥為首的尚書省。

桑哥是吐蕃噶洛部落人，通曉蒙古、漢、畏兀兒、藏多種語言，起初充任帝師八思巴的譯史和侍從官速古兒赤。桑哥隨八思巴來京並多次被派遣到忽必烈駕前奏事，受到忽必烈的注意和喜歡，特召為大汗近臣。至元十一年（一二七四）左右桑哥擔任總制院使，負責管理佛教，兼治吐蕃之事。桑哥其人狡黠豪橫，辦事幹練，好言財利，尤其是後者，頗為忽必烈器重。

據《漢藏史集》記載，任職總制院官的桑哥曾奉旨率領十萬大軍進入吐蕃平定本欽貢噶桑布叛亂，在烏思藏等處留兵鎮戍，並整頓當地站赤，做了一些有益於吐蕃安定發展的事情。

和禮霍孫當政時，中書省命令李留判買賣食油，桑哥主動請求承擔此事。右丞相和禮霍孫認為，這不是桑哥的本職公務。桑哥不服，甚至與和禮霍孫毆打起來。還說：「與其漢人侵盜，曷若與僧寺及官府營利息乎？」和禮霍孫只好撥給桑哥食油一萬斤。後來，桑哥果然以其所運營的利潤上繳中書省。和禮霍孫不無感慨地說：「我初不悟此也。」忽必烈聽到這件事情，越發看重桑哥的理財能力，決定委以朝廷財政庶務等重任。[27]

桑哥把持朝政，是從重新設立尚書省開始的。至元二十四年（一二八七）閏二月，忽必烈頒詔，在中書省之外，另設尚書省，兩省各設官六員。尚書省以桑哥、鐵木兒為平章政事，阿魯渾撒里為右丞，葉李為左丞，馬紹為參知政事。數日後，戶部尚書忻都增補為參政。又詔告天下，以六部改屬尚書省，稱尚書六部，改行中書省為行尚書省。

十月，桑哥理財初見成效，忽必烈對他寵信眷顧有加，決定給桑哥為首的尚書省人員加官晉爵。

忽必烈遣使宣諭翰林院諸臣：「以丞相領尚書省，漢唐有此制否？」翰林院官回答：「有之。」第二日，尚書省左丞葉李將翰林院集賢院諸臣的意見奏上，又說：「前省官不能行者，平章桑哥能之，宜為右丞相。」忽必烈很快批准其奏言，以桑哥為尚書省右丞相，兼總制院使，領功德使司事，進階金紫光祿大夫，品秩與安童相同。桑哥又奏准，鐵木兒升為第一平章政事，右丞阿魯渾撒里升為平章政事，左丞葉李升為右丞，參知政事馬紹升為左丞。

至元二十五年（一二八八）十一月，桑哥又以總制院所統吐蕃諸宣慰司，軍民財穀，事體甚重，宜有以崇異為由，奏准改為宣政院，秩從一品，用三台銀印。忽必烈進而問所用何人，桑哥對答：「臣與脫因。」於是，忽必烈任命桑哥為開府儀同三司、尚書省右丞相，兼宣政院使，領功德使司事。[28]此時，他本人的品秩為正一品第一，位在安童之上。

桑哥為首的尚書省所做的第一件事是「更定鈔法」和改行至元鈔。

至元二十四年三月，在桑哥、葉李等人倡導下，頒行至元寶鈔於天下，自二貫至五文，凡十一等，與中統鈔通行。以至元寶鈔一貫文當中統寶鈔五貫文，子母相權，新者無冗，舊者無廢。又模仿中統初制度，隨路設立官庫，貿易金銀，平準鈔法。每花銀一兩，入庫其價至元鈔二貫，出庫二貫五分；赤金一兩，入庫其價至元鈔二十貫，出庫二十貫五百文。

還重申「偽造鈔者處死」等禁令，對告發者則賞鈔五錠並賞犯人家產。

頒行大面值的至元寶鈔與中統鈔一併流通，新鈔印製量又相當至元二十三年（一二八六）中統舊鈔印數的二倍半，[29]這就適應了當時中統鈔貶值的實際，有利於正常流通及穩定物價。重要的還在於，新鈔法沿用盧世榮允許民間買賣金銀的辦法，正式規定金銀與至元鈔的交易比率及手續費，准許在諸路官庫進行交易，從而使鈔本金銀在官庫交易中得到較為穩定和充足的儲備量，有益於提高新鈔的信譽。這應是桑哥鈔法改革的成功之處。

為盡快推行至元鈔，四月，應參政忻都的奏請，頒發新鈔十一萬六百錠、銀一千五百九十三錠、金一百兩，交付江南各行省與民互市。後又設立江南四行省交鈔提舉司和陝西寶鈔提舉司。從至元二十五年（一二八八）正月開始，桑哥還實行停止印製中統鈔和毀中統鈔版的政策，此年到世祖朝末，朝廷就只印至元鈔了。對民間流通的中統鈔，則採取逐步收回的辦法。先實行天下鹽課中統鈔、至元鈔相半輸官，後又依據桑哥的提議，改行賦稅並輸至元鈔，商販持有的中統鈔可易為至元鈔流通。

忽必烈對至元新鈔的成功發行和流通，十分重視與欣喜。他特意召來桑哥叮囑道：「朕以葉李言，更至元鈔，所用者法，所貴者信，汝無以楮視之，其本不可失，汝宜識之。」[30]桑哥推行至元鈔，同樣是果敢堅決，不遺餘力。至元鈔法在江南地區滯澀不行，桑哥特派遣尚書劉宣與兵部郎中趙孟頫馳驛至江南問行省丞相慢令之罪，左右司及諸路官可以逕自笞責。前信州三務提舉杜璠言：「至元鈔公私非便。」桑哥憤怒地說：「杜璠何人，敢沮吾鈔法耶！」欲治杜以重罪。幸好尚書省參政馬紹竭力勸阻，杜璠才得免罪罰。[31]

鉤考錢穀，是桑哥把持朝政期間的另一項重要政策。

早在忽必烈即位初，鉤考錢穀業已開始。阿合馬專權之際，鉤考錢穀愈演愈烈。桑哥則將鉤考錢穀推至登峰造極的地步。

首先是奉旨對中書省的鉤考。至元二十四年（一二八七）閏二月尚書省重新設立和桑哥擔任平章政事之時，中書省和尚書省二省並立。以安童為首的中書省官，蒙、漢儒臣較多，如參知政事楊居寬、郭佑等。桑哥為首的尚書省則承阿合馬之餘緒，幾乎是清一色的言利派。桑哥等鉤考檢核中書省，除了清查追徵錢穀外，還旨在打擊安童等漢法儒臣派官僚，架空中書省，將朝廷政務大權奪歸尚書省所有。

由於新設立的尚書省職司偏重於代中書省理財，鉤考中書省原掌錢穀，似乎像是公務交割，師出有名。荒唐的是，桑哥「奉旨檢核中書省事」時，是把阿合馬擔任領左右部、制國用使以來「所逋錢粟，並歸中書，舉誣中書失徵」，「凡校出虧欠鈔四千七百七十錠，昏鈔一千三百四十五錠。」[32]以此為把柄，進而誣陷殺害了參知政事郭佑和楊居寬。

郭佑和楊居寬均是太子真金提拔的儒臣。郭佑擔任御史中丞時曾奏劾誅殺桑哥舉薦的盧世榮，任中書省參政後，又上奏停罷答吉古阿散鉤考。為此，桑哥自然對郭佑和楊居寬銜恨在心。[33]

桑哥給郭佑所加的罪名是「多所逋負，尸位不言，以疾為托……力不能及，何不告之蒙古大臣」。楊居寬以「實掌銓選，錢穀非所事」為辭，自我辯白，卻被誣以「既典選事，果無黜陟失當」

之類的莫須有罪狀。還命令左右毆打凌辱，逼迫二人款伏。中書省參議伯降等也因「鉤考違悞耗失等事」獲罪。

忽必烈聽罷有關中書省逋負虧欠的報告，甚是氣憤，命令安童與桑哥共議其罪，還宣諭說：「毋令麥朮丁等他日得以脅問誣服為辭，此輩固狡獪人也。」最終，殺掉了郭佑和楊居寬。

桑哥以鉤考中書省虧欠，誣陷郭佑和楊居寬致死，引起了一些漢族儒臣的憤懣。御史台吏員王良弼和前江寧縣達魯花赤吳德等為郭佑和楊居寬鳴不平，聲稱：「尚書鉤校中書，不遺餘力，他日我曹得發尚書奸利，其誅籍無難。」桑哥聞訊，竟以「此曹誹謗，不誅無以懲後」為由，殺害王、吳二人。[34]

桑哥鉤考中書省，不僅在於追徵錢穀，更重要的是打擊以安童為首的中書省官員，進而奪取其原有的主要權力。早在忽必烈決意設立尚書省之際，安童曾苦苦進諫：「臣力不能回天，乞不用桑葛，別相賢者，猶不至虐民誤國。」此意見未被忽必烈採納，反倒增加了桑哥對中書省的仇視。郭佑和楊居寬被殺後，中書省僅留下安童及麥朮丁等二、三名官員，權威大傷。原先，中書省設於大都鳳池坊北，桑哥奏准將其遷至皇城大內前。此時權勢炙手可熱的尚書省，設於大內前五雲坊東。[35]桑哥把員數大為減少的中書省遷至尚書省附近，顯然是企圖把中書省當作尚書省的附庸。

至元二十六年（一二八九）閏十月，業已實際掌握朝廷內外官吏銓選大權的桑哥，覺得形式上頒布宣敕的中書省，仍然礙手礙腳，因此奏准忽必烈，將中書省頒布宣敕之權，奪歸尚書省。[36]這樣一來，安童為首的中書省幾乎成了沒有實權的傀儡。

桑哥還把鉤考推廣到中書省以外的其他朝廷衙門，「凡倉庫諸司，無不鉤考」，「毫分縷析，入倉庫者，無不破產」。

鉤考所用官吏起初多從「六部」「摘委」，後「復以為不專」，遂仿答吉古阿散，「乃置徵理司」，「秩正三品，專治合追財穀」，命甘肅行省參政禿烈羊呵等充徵理使。[37]另外，對中書省所掌中統鈔本及所屬籌辦軍需的應昌和糴所，對「錢粟損失頗多」的上都留守司，桑哥也派官予以鉤考檢核，甚至採用召二名留守官員「廷辯」方式追究其罪責。留守賀仁傑、忽剌忽耳爭相承擔責任，請求罪罰。忽必烈念他倆「爭引咎歸己」的風格，特命置而不問。甘肅行省僉省趙仁榮及益都淄萊淘金總管府總管明里等，就是因鉤考獲罪被桑哥罷官的。[38]對鉤考錢穀有能的王巨濟等，又特意賞鈔五百錠，激勵其繼續以搜括聚斂為功。大都路總管府判官蕭儀曾經擔任桑哥的掾史，以受賄坐罪，忽必烈免其死而令流放淘金，桑哥則以蕭儀鉤考萬億庫「有追錢之能」，奏請改為「解職杖遣」的處分。[39]

桑哥鉤考，還擴展到諸行省及所屬路州。至元二十五年（一二八八）十月由桑哥奏准，朝廷向江淮、江西、福建、四川、甘肅、陝西等六行省各遣官二員專事鉤考，所遣官包括參政忻都、戶部尚書王巨濟、參議尚書省事阿散、山東西道提刑按察使何祖榮、札魯忽赤禿忽魯、泉府司卿李佑、奉御吉丁、監察御史戎益、僉樞密院事崔彧、尚書省斷事官燕真、刑部尚書安祐、監察御史伯顏等十二人，「特給印章」，配備兵衛，以增其聲威。[40]湖廣行省因其平章要束木本係桑哥姻黨，又是鉤考起家，特許自行檢核。

鉤考以「理逋負，復欺隱」，「覆核奸贓」為主要內容。桑哥所言：「外省欺盜必多」，大體也是指地方官所掌賦稅積年逋欠及徵收過程中的「奸贓」、「侵牟」之類。

具體做法不外是置局稽查籍冊，強制追徵逋負，清查官吏奸贓，「敲榜遍於郡縣」。[41]如湖廣行省在桑哥親信要束木的主持下，「大徵諸道官吏，無慮數千。」還命荊湖北道宣慰司同知孫顯「主計局」，長時間地拘留受檢核的各路計吏。[42] 被派往江浙行省的中書省右丞忻都和行省左丞相忙兀台對桑哥的「理算錢穀」政策「奉行尤力」，「實以無義肆虐厲民，望其家財，往往妻子寒饑困辱，有不忍言者。」

各地具體負責者對此類鉤考的態度是否積極，效果大不相同。據說，江東道宣慰司同知陳思濟奉行省檄「分理浙東」鉤考事，以「瀕海民貧而獷，必激變」為理由，「得寢其行」，且「繩督吏卒多行還付」。前江淮行省員外郎李衎「分江浙省」，「稽核郡縣錢穀」，「人不以為苛」。而江東道官吏則「承意竣剝，獄犴尤甚」。[43]

除七行省外，中書省直轄的腹里路州也在罹難之列。胡祗遹說：至元二十七年（一二九〇）「奸臣橫暴，分遣惡黨，禍毒天下，以追徵逋欠為名，所至兇殘百至。雖漢唐酷吏之不為者，盡其毒螫，死者相望。有司股栗屏息而不敢言，亦反有助惡為奸以肥其家者。彰德例受其害。」達魯花赤揚珠台「抗直不從，哀訴於上，一郡獲免」。[44] 彰德路是忽必烈母弟、伊利汗國君旭烈兀的位下食邑。其達魯花赤揚珠台之所以敢於「抗直不從」，忽必烈之所以特許中止彰德路鉤考，或出於對皇弟的格外眷顧，其他路州則不能獲此殊遇。

鉤考既查帳籍，又「繫為條約」，強令官吏自首。凡向百姓索取或冒支官糧的，都要強制償還。[45]

追徵逋負，「立期送官」，應該說是逐級進行的。朝廷所遣官或行省追徵於路及直隸州，路及直隸州追徵於屬州和縣，最後又追及民眾。於是，「榜掠號哭之聲相聞，民至嫗田屋，嫁妻女，或赴水自戕；死無定責，責償親戚鄰里」；「追繫收坐，岸獄充牣」。據說，被逼死者多達數百人。

鉤考中對地方官奸贓侵牟，懲辦很嚴。甚而威逼「官吏受嘗受所治民財及酒食饋遺」。某總管被逼「標草老婢，令鬻得值」，以輸其贓。後來，竟依此項輸贓情節，免其官職。「督責之使，日十餘輩，燕犒迎送不少違。其恃勢須索者，無少敢逆其言。」[46]由於稽查地方官的使臣本身就不見得清廉，追贓過程中，他們又恃勢勒索，貪贓枉法，胡作非為，這種情況下的鉤考理算，自然談不上「清濁虛實」。[47]

附帶說一下，至元二十五年（一二八八）鉤考還對路府州縣的羨餘金帛，進行了一次檢括。《道園學古錄》卷一四〈知昭州秦公神道碑〉云：「至元二十五年，用事者急聚斂，遣使天下，大括金玉珠貨器物贏餘，苛酷吏請盡辟知名清強吏以任。公（秦仲）雖居閒，猶被迫遣治徽廣德之會。是時公府之出納，無容復有餘羨，此直以無義而取之耳。而操竊郡縣危甚。」碑中所言「急聚斂」之「用事者」，即權相桑哥。「大括」即大肆搜求，字面上與鉤考有異。估計「大括」當是鉤考錢穀的組成部分。揆以秦仲被派往江浙行省徽州路、廣德路及「操竊郡縣危甚」之語，「大括」應以路州為單位派專官舉行。

鉤考錢穀中對路府州縣羨餘財賦的大檢括，還披露了桑哥控制路府州縣支用財賦的一項強硬政策，即路府州縣所掌財賦收支，必須遵循朝廷的規定，除留一定數量的官府經費外，務必將大部分金帛錢穀解送朝廷，一律不准私留「餘羨」，不准背著朝廷留存可供機動支用的財賦。至元二十五年鉤考錢穀中的「大括金玉珠貨器物贏餘」，就是從這項政策出發，而對私自留用「餘羨」的路府州縣所進行的一次懲治和財物沒收。

桑哥的鉤考，遍及全國，逋欠和贓錢，已經徵集的達數百萬，尚未徵到的有數千萬，為數巨額，確實暫時給國庫增添了一筆可觀的收入。然而，鉤考在民間引起很大的騷動，甚至有富戶被逼入山林，率眾拒捕，黃河淮河之間群盜多達數萬的情形。[48]

隨著鉤考日益峻刻，反對鉤考的意見也相繼出現。江南行御史台侍御史程鉅夫公開指責桑哥之流鉤考「剝害生民」，還因此被桑哥羈留京師，幾遭毒手。尚書省官阿魯渾撒里、何榮祖等也由於社會效果消極而出面請求停罷鉤考。[49]阿魯渾撒里聽從集賢院直學士趙孟頫的勸告，曾把至元二十七年（一二九〇）大寧路一帶「地陷黑砂，水湧出，死傷者數萬人」的特大地震與鉤考相附會，督促篤信天象和占筮之術的忽必烈下決心降詔停止鉤考，以弭天變。

忽必烈特意詢問右司郎中梁德珪：「今歲刑部報囚徒何煩多？」梁德珪回答：「囚非犯刑罪，特以徵索羅織，無所從納，故悉為囚在獄中。」忽必烈大為感悟，於是降詔赦免天下逋負。

據說，桑哥聽罷停止鉤考的詔書，居然惱怒地「搖手以為不可，且謂必非上意」。經宣讀詔書的趙孟頫藉「凡錢糧未徵者，皆無用虛數」，「他日言事者倘謂尚書省界失陷錢糧數千萬，丞相何以自解」之辭，反覆曉諭，桑哥才勉強接受。[50]

桑哥的鉤考，美其名曰：以所徵補國家財用，「未嘗斂及百姓」。但是正如桑哥本人所說，時至至元二十六年（一二八九）因「倉庫可徵者少，而盜者亦鮮」，鉤考對國家財政的補充作用越來越小，很難單用鉤考解決每年百萬餘錠的財政赤字。所以，從至元二十六年閏十月開始，桑哥奏請忽必烈批准，改而實行赤裸裸增加課稅的辦法。即鹽課每引由中統鈔三十貫增至一錠；茶課每引由中統鈔五貫增至十貫；酒醋課，江南增加十萬錠，內地增加五萬錠；原先只輸半賦的十八萬協濟戶，現也改為納全賦。此外，桑哥又大增天下商稅，腹里為二十萬錠，江南為二十五萬錠。[51]一度又想增山東鹽課及稅糧。桑哥還曾引導三十名路總管入見忽必烈，欲以辦集財賦多寡為殿最。後因忽必烈念及可能導致民力困竭，才作罷。[52]

桑哥頗善於規運小利，以補充國用，也藉此博得忽必烈的歡心。萬億庫原藏舊牌條七千餘條，桑哥說，歲月長久，牌條會腐爛，應該移作他用。朝廷賞賜察合台後王朮伯白銀二萬五千兩，幣帛一萬匹，官府雇驢運載以往。桑哥則建言「不若以驢載玉而回」。忽必烈甚為讚許。

至元二十五年（一二八八）四月，桑哥曾提議，扈從皇帝的怯薛宿衛種地極多，應依軍戶站戶之例，除四頃田免稅外，驗地徵稅糧。十二月，又上奏：享有分地的封君權貴，例以貧乏為辭，濫請賜與，理當限制對他們的賞賜。忽必烈欣然接受。[53]這些撙節財用的做法，對飽受軍費、賞賜、佛事等浩繁開支壓力的忽必烈來說，當然是正中下懷。

桑哥當權之際，恰逢東道諸王乃顏發動叛亂。與忽必烈調整宗藩政策同步，桑哥對包括皇子在內的蒙古宗王採取了較強硬的抑制措施。

至元二十四年（一二八七）十月，桑哥上奏：「北安王相府無印，而安西王相獨有印，實非事例，乞收之。諸王勝納合兒印文曰：『皇侄貴宗之寶』，實非人臣所宜用，因其分地改為『濟南王印』為宜。」忽必烈立即批准了他的奏言。

當年十一月，桑哥又奏：「先是皇子忙哥剌封安西王，統河西、土番、四川諸處，置王相府，後封秦王，綰二金印。今嗣王安難答仍襲安西王印，弟按攤不花別用秦王印，其下復以王傅印行，一藩而二王，恐於制非宜。」安難答和按攤不花雖然是皇嫡孫，忽必烈接受桑哥的建議，同樣不允許一藩持有二王二印。即日，忽必烈以詔令形式命安難答嗣為安西王，僅設王傅，按攤不花所用秦王印上繳，其王傅撤罷。不久，秦王典藏司及其印信也被撤罷。[54]

此外，朮赤大王位下食邑原先依宗支細分為若干投下而各治其民的情況，也改而統一歸屬平陽路總管府。[55]

在這個意義上，桑哥倒是充當了忽必烈削弱宗藩的得力幹將。

三、大汗蔭庇下的專橫肆虐

桑哥憑藉理財之能及其獲取的寵信，很快上升為類似阿合馬的另一位權臣。元人或曰：桑哥「貪暴殘忍，又十倍於阿合馬」。[56]此言帶有貶斥之義，不一定客觀，但桑哥的赫然權勢和專橫跋扈，比起阿合馬的確是有過之而無不及。

桑哥擔任丞相後，每日鐘初鳴，即坐於尚書省聽事，六部官遲到者要受笞責。包括忽必烈非常器重的江南才子、兵部郎中趙孟頫也被斷事官拉去受笞。[57]

一次，桑哥發現工部所轄織工進展緩慢，怒斥曰：「誤國家歲用。」急忙派驛騎追回出使雲中的工部尚書唐仁祖，命令屬吏拘押唐仁祖前去督促工匠。還警告唐：「違期必致汝於法」，逼迫唐仁祖和眾工匠晝夜加倍勞作，終於在限期前全部辦集。[58]

對行省丞相、宣慰司及路府州縣官，桑哥也往往以「稽緩誤事」和「慢令之罪」，派遣使臣施以笞責之罰。

桑哥如此行事，除了提高行政效率外，更重要的是在於增強自己一人之下、萬人之上的權勢。忽必烈對此種做法，幾乎是全力支持的。當桑哥奏報真定宣慰使速哥和南京宣慰使答失蠻，「皆勳賢舊臣子」，難以自行責罰時，忽必烈即以敕令罷免了二人的官職。它如甘肅行省參政鐵木哥、江西行省平章忽都鐵木兒均是桑哥斥為不職而被罷免。兵部尚書忽都答兒不勤於職守，桑哥竟先行毆擊罷斥，然後才奏報皇帝。忽必烈的答覆是：「若此等不罷，汝事何由得行也。」

桑哥對所屬六部官員如此，對尚書省佐貳同僚也常常盛氣凌人，不可一世。宗王海都叛亂，漢北蒙古部民南歸者七十餘萬，散居雲州、朔州一帶。桑哥建議把他們遷徙到內地就食，尚書省左丞馬紹以為不可。桑哥怒曰：「馬左丞愛惜漢人，欲令餓死此輩耶？」桑哥此言無形中給馬左丞加上了親漢人而疏蒙古人的罪名。在業已推行四等民種族壓迫政策之際，此類罪名非同小可，完全可以使馬左丞受罰被遣。幸虧馬紹以「言有異同，丞相何以怒為」辯解，他提出的「計口給羊馬之資，俾還本土」，又為忽必烈所採納，方避免了不測。[59] 馬紹是桑哥一手提拔起來的宰執，對馬紹尚且如此，對他人就更專橫了。

至元二十六年（一二八九），桑哥黨羽唆使大都民史吉等請求為桑哥立德政碑以頌其德。忽必烈對桑哥寵幸正隆，於是答覆說：「民欲立則立之，仍以告桑哥，使其喜也。」忽必烈又特意命令擅長草擬詔令文稿的翰林學士閻復為桑哥捉筆撰寫碑文，碑名曰「桑哥輔政碑」，又名「王公輔政之碑」，豎立於尚書省官衙前。又建碑亭覆蓋其上，碑亭的牆也被塗成紅色。[60]

忽必烈還特旨允許怯薛禿魯花散班護衛及侍衛親軍一百人充任桑哥的導從。又准許他每天視察內帑諸庫可以乘坐小輿。忽必烈特別以「聽人言之，汝乘之可也」等語，消除桑哥乘坐小輿的顧慮。[61] 忽必烈的寵愛支持，無疑助長了桑哥的赫然權勢和氣焰。

桑哥得勢當權以後，接受賄賂，賣官鬻爵，劣跡昭彰。如至元二十七年（一二九〇）斡羅思、呂國瑞入賄桑哥及要束木，得任羅甸宣慰使。河間運使張庸，獻官婢事桑哥，得以久居漕司，盜竊官鈔三千一百錠。大都高貲富戶也因賄賂桑哥，受其庇護，逃避徭役。桑哥妻弟八吉由擔任燕南宣慰使，也受賄積贓頗多。另外，桑哥還收受回回官員別哈丁、沙迪左丞、烏馬兒、納速剌丁、忻都左丞等大筆錢財，勸說忽必烈廢止回回人以斷喉法宰羊的禁令。[62] 史書記載：桑哥「以刑爵為貨而販之，咸走其門，入貴價以買所欲。貴價入，則當刑者脫，求爵者得，不四年，紀綱大紊，人心駭愕。」[63]這些雖然是歷數桑哥罪狀的言辭，難免有貶斥或誇張成分，但有關桑哥操刑賞大權而進行權錢交易的描述，應該是比較逼真和可信的。

桑哥的專權與跋扈，又表現在他對以御史台為首的台察官的壓制打擊。

至元五年（一二六八）設立的御史台，其地位權勢可與中書省及樞密院相匹敵。御史台的監察職能，也使它往往成為權臣柄國的制約力量。與阿合馬類似，桑哥的專權與跋扈，同樣伴隨著和御史台官員的較量、鬥爭。

《漢藏史集》說，桑哥擔任總制院使不久，因在大都帝師所居花園內德欽殿旁建造一座向上師求法的佛堂，受到御史台懲治，被囚禁入獄。後經帝師八思巴出面說情和忽必烈降旨干預，才獲釋放。[64]足見，桑哥自出山伊始，就和御史台生嫌積怨。

如前述，桑哥剛剛擔任尚書省平章兩月餘，就以誹謗尚書省政事的罪名，殺掉了御史台吏王良弼。這算得上是對台察官的第一次成功的報復。

至元二十五年（一二八八）二月，桑哥又慫恿忽必烈降詔申飭御史台監察御史、提刑按察司不舉職者。[65]一年後，桑哥又上奏：「近委省臣檢責左右司文簿，凡經監察御史稽照者，遺逸尚多。自今當令監察御史即省部稽照，書姓名於卷末，苟有遺逸，易於歸罪。仍命侍御史堅童視之，失者連坐。」忽必烈立即予以批准。

上述令監察御史赴省部檢查文簿的辦法，表面上像是強化監察，實質上是打擊台察官。其一，是把監察御史陷入檢查省部文簿的繁重工作中，容易使之巨細不分；其二，以書名「歸罪」及連坐，將監察御史等置於受懲治的境地。果然，此辦法實行不久，桑哥即笞責監察御史四人。監察御史赴省部檢查文簿時，備受冷落，掾史也敢與其抗禮，台察官的權威綱紀受到很大損害。[66]

江南行御史台設立十年，一直和朝廷御史台保持垂直隸屬，而與行省不相統攝，也無文移聯繫。這本來是監察官獨立行使其職能的需要。桑哥竟以「往復稽留誤事」為由，奏准仿御史台和中書省之例，強令行台書呈移文各行省。此舉不僅切斷了行御史台和朝廷御史台的直接聯繫，也使行御史台受制於行省。第八章所述江南行御史台中丞劉宣被江浙行省丞相忙兀台誣陷迫害致死，就發生在桑哥借文移呈行省令行御史台受制於行省的變動之後。

桑哥還引用成吉思汗「凡臨官事者互相覺察」的旨意，奏准：「按察司文案，宜從各路民官檢覈，遞相糾舉。」這就等於剝奪了按察司作為監察官的特殊權威。幾乎與此同時，桑哥還縱容支持其姻黨要束木廢罷了負責監治湖廣地區的江南湖北道提刑按察司。[67] 江南行御史台監察御史周祚彈劾行尚書省官，桑哥即誣以他罪，將其流放憨答孫，妻子家貲也被籍沒入官。[68] 這些行徑，嚴重破壞了江南行御史台和按察司的正常監察職能。

桑哥還把壓制打擊的矛頭直接對準了御史台官員。

他先是派人暗示御史中丞董文用「讚己功於上（忽必烈）前」，又親自恫嚇董文用：「百司皆具食丞相府，獨御史台未具食丞相府。」董文用不僅不予理睬，還每日與桑哥辯論，不為屈服，公開批評桑哥：「御史台所以救政事之不及，丞相當助之，不當抑之也。御史台不得行，則民無所赴愬，無所赴愬而政日亂，將不止台事不行也。」進而具奏彈劾桑哥「急法苛斂」等奸狀。桑哥對董文用違忤己意懷恨在心，百端摭拾詆毀，又在忽必烈面前反覆誣告說：「在朝惟董中丞戇傲不聽令，沮撓尚書省，請痛治其罪。」忽必烈回答：「彼御史職也，何罪！且董某端謹，朕所素知，汝善視之。」因為董文用是藩邸近侍，忽必烈對他格外眷顧，不允許桑哥肆意傷害。儘管如此，董文用不久還是被調離御史台，改任大司農。[69]

桑哥還一度想把御史大夫玉昔帖木兒貶謫江南，降任僉江西等處行尚書省事。[70]可見其氣焰之囂張。

至元二十六年（一二八九）江南行御史台侍御史程鉅夫入朝上章彈劾桑哥：「今權奸用事，立尚書省鉤考錢穀，以割剝生民為務，所委任者，率皆貪饕邀利之人，江南盜賊竊發，良以此也。」桑哥大怒，對程鉅夫打擊報復更是殘酷無情。他將程鉅夫扣押在京師，六次奏請殺害。桑哥又懷疑御史台都事王約與程鉅夫互為表裡，也企圖加害王約。只是因為忽必烈始終未予批准，加害程、王的計畫才沒有得逞。[71]

四、桑哥失勢被殺

桑哥卓有成效的聚斂理財、鐵腕政治及專橫跋扈，雖然得到了忽必烈較牢固的青睞與寵信，但也引起了眾多官僚貴族的強烈怨憤和反對。反對桑哥的臣僚主要含有兩部分人，一是漢法儒臣派官員，二是受到某些限制或傷害的蒙古權貴及怯薛宿衛。

這兩部分人中，漢法儒臣派官員反對桑哥由來已久，幾乎是和桑哥入相掌權同時開始的。康里人不忽木阻止桑哥誣殺楊居寬、郭佑未果而被桑哥深深嫉恨，桑哥甚至視之為「他日籍我家者」。[72]從政治文化志趣上看，不忽木等大體屬於漢法儒臣派官員。前述與桑哥的對立爭鬥的安童、王良弼、吳德、董文用、程鉅夫、王約等，也在此類。

蒙古權貴及怯薛宿衛反對桑哥稍晚，大約是在至元二十六年（一二八九）以後。

如淮西江北道提刑按察使、欽察人千奴北上入朝，見忽必烈於大都郊外柳林，極陳桑哥「秉政擅權，勢焰熏灼」罪狀，忽必烈聽罷臉色變得十分難看。[73]千奴雖然不是蒙古勳舊，可他是由御史大夫玉昔帖木兒舉薦而襲父職的。他奏劾桑哥，或許與玉昔帖木兒的意見多少有些關係。

至元二十八年（一二九一）春，長期任忽必烈怯薛速古兒赤的蒙古燕只吉台氏徹里，隨忽必烈在柳林田獵，奏劾桑哥奸貪誤國害民狀，辭語激烈，「極數桑哥之惡」，百倍於賈似道，不亟誅之，必亂天下。忽必烈大怒，怪他詆毀大臣，有失禮體，命左右掌擊其臉頰，打得徹里血湧口鼻，委頓於地。少頃，呼而問之，徹里所對如初，且竭力辯解說：「臣與桑哥無仇，所以力數其罪而不顧身者，正為國家計耳。苟畏聖怒而不復言，則奸臣何由而除，民害何由而息！且使陛下有拒諫之名，臣竊懼焉。」[74]

蒙古勳舊博爾忽後裔、怯薛長之一月赤察兒也奮然「口伐大奸，發其蒙蔽」。[75]另一名近侍根腳的上都留守賀仁傑以及也里審班、也先帖木兒等也相繼在忽必烈駕前揭露桑哥的「奸欺」。

忽必烈心有所動，三次派人將出使外地的近侍不忽木召回，詢問眾人所言虛實。不忽木對答：「桑哥壅蔽聰明，紊亂政事，有言者即誣以他罪而殺之。今百姓失業，盜賊蜂起，召亂在旦夕，非亟誅之，恐為陛下憂。」忽必烈看到桑哥奸惡已犯眾怒，又從親近侍從處核實了事情真相，於是在至元二十八年（一二九一）正月先罷免了桑哥的官職。

二月巡幸上都前夕，忽必烈又面諭御史大夫玉昔帖木兒：「屢聞桑哥沮抑台綱，杜言者之口；又嘗捶撻御史，其所罪者何事，當與辨之。」玉昔帖木兒依照忽必烈的旨意，會同中書省、尚書省，在大都和城外大口舉行了連續兩日的辯論。

起初，桑哥等拿出御史李渠已照刷文卷，讓侍御史杜思敬等勘驗，往復四次，桑哥才辭屈。第二日，尚書省官再次舉出前浙西道按察使只必受贓千錠，曾檄御史台追還其贓，二年不報等事，攻擊御史台。杜思敬駁斥說：「文之次等，盡在卷中，今尚書省拆卷持對，其弊可見。」速古兒赤徹里抱著案卷到忽必烈駕前上奏說：「用朱印封紙縫者，防欺弊也。若輩為宰相，乃拆卷破印與人辯，是教吏為奸，當治其罪。」杜思敬和徹里抓住了尚書省官「拆卷破印」的短處，使其對御史台的攻擊歸於失敗，並得到忽必烈的肯定。

十日後，忽必烈派近侍徹里率怯薛三百前往抄桑哥家，抄得的金寶充棟溢宇，其他物品計算價值也相當於皇宮內帑的一半。[76]

忽必烈看到被搬來的兩箱珍珠和貴重物品，質問桑哥：「你有這麼多珍珠，我向你要兩三顆珍珠，你卻不給！」桑哥慚愧地說：「大食達官貴人可以作證，這都是他們給我的。他們每個人都是某個地區的長官。」[77]忽必烈聽罷，甚為惱怒，他沒有想到自己寵信的桑哥對他並不很忠誠。三月，忽必烈下令仆倒桑哥輔政碑，並將桑哥逮捕下獄。七月，桑哥伏誅。[78]

關於桑哥受蒙古權貴及怯薛宿衛奏劾並被殺的經過，《漢藏史集》恰恰可以和上述記載相互印證。該書云：

> 由於桑哥丞相具有智慧，財用充足，使許多蒙古人忌恨難忍。又由於他不虛耗國庫錢財，對怯薛們加以限制，怯薛們就傳出丞相貪污了錢財的話，並在皇帝回京的路上由怯薛們向皇帝控告。皇帝說：「對怯薛如何壓制，朕知之，與桑哥何干？你們受人賄賂，跟在別人後面，僅聽說桑哥有財寶，就找他的罪名，這怎麼行！」拒絕了他們的控告。各怯薛長又鼓動怯薛們再次向皇帝控告，皇帝為設法平息這一事端，對桑哥說：「你與月呂魯二人，應設法和解。」桑哥領旨，陳設盛宴宴請月呂魯，還獻上自己的帽子、衣服、腰帶，請求結成安答。月呂魯回答：「對帽子、衣服、腰帶，我並不那麼想要，此宴乃皇上所賜，故已享之。」

說畢離去。眾怯薛受怯薛長及月呂魯諾顏的鼓動，又以以前的罪名向皇帝控告桑哥。皇帝說：「怎麼能只看他富有就定他的罪呢，國家的財富也不都是我的。既然你們這樣（非要告倒他），我親自來審訊。」皇帝將以前由於信用和愛惜桑哥而替他隱瞞下來的只有皇帝自己知道的罪過揭露出來，皇帝說：「桑哥，我派你從上都去大都時，在斡耳朵遷移的路上，一棵大樹底下，有我乘涼時坐的坐位，你坐了。從大都給我送來的果子箱，你把封蠟開了，吃了送給我嘗鮮的果子。你沒有罪嗎？另外，我身體易出汗，衣服容易髒，洗後再穿就窄小了，所以漢人織匠為我織了無縫的衣服，獻給我兩件，你手裡卻有三件，甚至超過了我，這不是你的罪過嗎？」[79]

所謂忌恨桑哥的「許多蒙古人」，就是指前述徹里、月赤察兒、玉昔帖木兒（月呂魯）、也里審班、也先帖木兒等。如前所述，桑哥曾經想把玉昔帖木兒排擠往江西行省，故他與桑哥的積怨較深。從忽必烈指示桑哥主動與玉昔帖木兒和解看，玉昔帖木兒應當是「許多蒙古人」中的領袖。這與他勳舊後裔和御史大夫職位都是相吻合的。在奏劾桑哥的諸多人員中，速古兒赤徹里、不忽木、月赤察兒、玉昔帖木兒、安童、董文用等均是怯薛根腳者。月赤察兒和安童，又是至元二十四年（一二八七）左右的兩名怯薛長。怯薛「太官屬」、原尚書省平章也速答兒也曾秘密稟報桑哥奸狀，慫恿月赤察兒出面奏劾。[80]而且，這些人的奏劾多集中在至元二十八年（一二九一）春。所以，「眾怯薛受怯薛長及月呂魯諾顏的鼓動，又以以前的罪名向皇帝控告桑哥」，是確鑿無疑的。

與漢法儒臣派官僚尚仁義斥聚斂相比較，這些蒙古權貴及怯薛宿衛主要指責桑哥奸貪誤國害民，實際上是出於對桑哥限制、損害其利益的怨憤。可見，桑哥的垮台和被殺，是漢法儒臣派官員、蒙古權貴及怯薛宿衛，出自不同的理念或利益，交替彈劾抨擊的結果。以安童為首的漢法儒臣派官員反對桑哥，雖自始至終而又顯得軟弱無力；以玉昔帖木兒為首的蒙古權貴及怯薛宿衛所發揮的作用卻是至關重要的。

總的來說，桑哥是個有爭議的複雜人物。他理財變鈔，鉤考錢穀，殫精竭慮，有力地支撐了世祖朝後期的財政。他又以鐵腕手段輔助忽必烈整頓各級官府及宗藩秩序，在平定叛亂和治理吐蕃中也頗有建樹。同時，桑哥貪贓受賄，惡聲狼藉。史書稱他「以刑、爵為貨」，殆非虛言。他「秉政擅權，勢焰熏灼」，又招來漢法儒臣派官員、蒙古權貴及怯薛宿衛等諸多怨憤和反對。忽必烈對桑哥可以說十分器重和賞識。至元二十八年春對桑哥的處理，起初只是罷職問罪，而且大抵是迫於來自蒙古權貴及怯薛宿衛的壓力，當時的忽必烈，內心十分痛苦和無奈。桑哥家被抄，其受賄窩藏巨額珍寶而不上供，令忽必烈大為惱火，這也是忽必烈對桑哥的看法急轉而下、最終於七月殺掉桑哥的直接原因。

桑哥被殺前後，其黨羽也迅速得到追究與懲辦。尚書省於當年五月被廢罷。桑哥弟、鞏昌宣慰使答麻剌答思懼誅自殺。妻弟、燕南宣慰使八吉由因受賄罪伏誅。姻親、湖廣行省平章要束木也被抄家，並械致湖廣行省就戮。桑哥在江浙行省的同黨爪牙納速剌丁滅里以盜取官民鈔一十三萬錠，忻都以追理逋負迫殺五百二十人，王巨濟與忻都同惡，統統被忽必烈派遣的使臣徹里等按問後棄市。沙不丁、楊璉真加等均被治罪。[81]

對尚書省其他官員，忽必烈進行了嚴肅慎重的甄別處理。平章阿魯渾薩理先因連坐被抄家，忽必烈質問阿魯渾薩理：「桑哥為政如此，卿何故無一言？」阿魯渾薩理以「陛下方信任桑哥甚，彼所忌獨臣，臣數言不行」等辭辯解。忽必烈驗以桑哥臨刑的供詞，諒解了阿魯渾薩理，特命罷其相而歸還家產。尚書省右丞何榮祖因反對桑哥鉤考錢穀而被留用為中書省右丞。左丞馬紹反對桑哥增稅，其行賄籍冊又無馬紹之名。忽必烈降旨曰：「馬左丞忠潔可尚，其復舊職。」仍令他擔任中書省左丞。另一名右丞葉李則罷相南還。[82]

本著忽必烈「死者勿論，其存者罰不可恕也」的旨意，「桑哥黨與」、揚州路達魯花赤唆羅兀思被罷官。曾為桑哥撰寫〈輔政碑〉的翰林院官閻復，也被免職。文士馮子振等還要進而追究「詞臣撰碑引諭失當」等罪。最後，忽必烈諭旨：「詞臣何罪！使以譽桑哥為罪，則在廷諸臣，誰不譽之！朕亦嘗譽之矣。」才算停止了濫追詞臣罪過。[83]

忽必烈知道，桑哥的最後垮台，主要是由於皇帝最親近的怯薛侍從聯手發難和攻擊，反映了眾多怯薛人員對皇帝所寵幸的權臣桑哥強烈不滿。事後，忽必烈因勢利導，重賞奏劾桑哥的怯薛人員。忽必烈親自褒獎曰：「月赤察兒口伐大奸，發其蒙蔽。」又以籍沒桑哥的黃金四百兩、白銀三千五百兩及水田、水磑、別墅等，賞其「清強」。率先揭發桑哥的速古兒赤徹里也進拜御史中丞。不久，奏劾桑哥的領導者、御史大夫玉昔帖木兒，又加官錄軍國重事、知樞密院事，「位望之崇，廷臣無出其右。」[84]這不僅是論功行賞，也是在修復受到桑哥專權影響的皇帝與怯薛間的關係。

另一方面，對專司言事和糾彈的御史台在揭發桑哥中無所事事，忽必烈非常憤怒。他責備道：「桑哥為惡，始終四年，其奸贓暴著非一，汝台臣難云不知。」主持御史台日常事務的御史中丞趙國輔回答：「知之。」忽必烈又說：「知而不劾，自當何罪？」侍御史杜思敬等答覆：「奪官追俸，惟上所裁。」其實，桑哥專權之際，台察官屢受其摧折，多數情況下忽必烈又是縱容和支持桑哥的。所以，此時指責御史台「知而不劾」，並不合情理。

但聖命難違，御史台總得承擔責任。數日後，御史大夫玉昔帖木兒建議：「台臣久任者當斥罷，新者存之。」[85]被罷免的可能有御史中丞趙國輔、侍御史杜思敬等。杜思敬任治書侍御史和侍御史多年，至元二十八年（一二九一）轉任中書省參政。御史中丞趙國輔據說是桑哥黨人，曾經對趙世延等五名監察御史彈劾桑哥的本章，「抑不以聞」，還向桑哥告密，致使四名監察御史免職。[86]「知而不劾」的罪名，對趙國輔來說倒是恰當的。

此外，反對桑哥最強烈的徹里和崔彧二人，當年被任命為新的御史中丞。

完澤、不忽木為相

桑哥被殺後，忽必烈於至元二十八年（一二九一）五月廢罷尚書省，重新組建中書省，以總攬朝廷庶政。任命完澤為右丞相，不忽木、麥朮丁為平章政事，何祖榮為右丞，馬紹為左丞，賀勝、高翥為參知政事。

對桑哥之後用何人為丞相，忽必烈曾經舉棋不定。

最初，忽必烈曾想以近侍、康里人不忽木為丞相。他曾對不忽木說：「朕過聽桑哥，致天下不安，今雖悔之，已無及矣。朕識卿幼時，使卿從學，政欲備今日之用，勿多讓也。」不忽木是藩邸舊臣衛士燕真第二子，少年時奉旨受學於王恂和許衡，通曉儒術，後一直擔任忽必烈近侍。忽必烈在桑哥被殺、找不到其他傑出人才之際，欲使用不忽木，也可以理解。因為不忽木至少滿足兩個條件：一是兼通蒙古、漢地及西域等文化，具有良好的素養和一定的行政經驗；二是為忽必烈充分信任。不忽木堅決推辭，理由是：朝廷勳舊、年齡和官爵在臣之右者尚眾，如今不次用臣，無以服眾。

於是，忽必烈又讓不忽木和賀仁傑推薦他人。不忽木和賀仁傑回答：當年籍沒阿合馬家，其賄賂近臣的賬籍獨無完澤之名；完澤曾言桑哥為相，必敗國事。所以，太子詹事完澤可以勝任。還找來正一道教宗師張留孫用《周易》卜筮用完澤為相之事，所得「同人之豫」，張留孫解釋道：「同人，柔得位而應乎乾，君臣之合也。豫，利建侯命相之事也，願陛下勿疑。」

忽必烈依然對不忽木說：「然非卿無以任吾事」，最後安排完澤為右丞相，不忽木為平章政事，賀仁傑為參知政事。

忽必烈在位最後三年，實際上是完澤與不忽木當政。

不忽木與桑哥相左的政治傾向比較明顯。忽必烈欲用盧世榮時，曾垂詢於不忽木，不忽木堅決反對，忽必烈當時很不高興，事後竟對不忽木說：「朕愧德於卿。」桑哥對不忽木深為嫉恨，曾指著不忽木對其妻說：「他日籍我家者此人也。」87

對王恂和許衡以儒術教導出來的不忽木得以入相，漢人官僚自然感到十分欣喜。王惲詩曰：

黑頭便插侍中貂，滹水春風憶共僚。
學術自初希聖哲，羽毛今果見雲霄。
心存經濟開公道，天予精神一本朝。88

不忽木本人的政治態度，自然會影響到至元二十八年以後的朝廷政策。

完澤和不忽木當政後，首先是重新起用受桑哥壓抑迫害的官員。

如因反對盧世榮而被罷免的原御史中丞崔彧，被提升為中書省右丞；為被誣陷流放的行台監察御史周祚平反，給還其妻室兒女；曾因桑哥專恣不肯仕的別都兒丁，出任中書省左丞。胡祗遹、姚燧、王惲、雷膺、陳天祥、楊恭懿、高道、程鉅夫、陳儼、趙居信等十人，也以「昔任詞垣風憲，時望所屬」，被召回京師。[89]

另一項重要舉措是永遠停止鉤考錢穀。

桑哥被殺後，鉤考錢穀並沒有完全結束。先是脫脫、塔剌海、張忽辛三人於至元二十八年三月奉命追究江淮釋教總攝楊璉真加等所盜用官物。不久，塔剌海等請求徵考中書省錢穀逋欠，一度來勢洶洶，有的中書省官員欲入奏皇帝予以制止。不忽木認為：沒有必要。急躁容易引起忽必烈猜疑，反而會有所庇護。可以坐觀其敗。果然，未滿旬月，塔剌海、張忽辛等即以鉤考時受賄被誅。

同年十二月，玉昔帖木兒為首的御史台上奏：「鉤考錢穀，自中統初至今餘三十年，更阿合馬、桑哥當國，設法已極，而其餘黨公取賄賂，民不堪命，不如罷之。」三日後，忽必烈降詔：「罷鉤考錢穀，應昔年逋負錢穀文卷，聚置一室，非朕命而視之者有罪。」還特意派遣使者將此詔書「布告中外」。[90] 於此，忽必烈朝以財賦追徵和清查為主要內容的鉤考錢穀，終告結束。

同時還積極整頓台察，強化監察機構。在桑哥罷相十餘日後，忽必烈即詔曰：「行御史台勿聽行省節度。」以恢復監察機構的獨立性，糾正桑哥壓制監察官的偏向。同月，又詔改諸道提刑按察司為肅政廉訪司，加強其權力及官員設置。又重新恢復了一度被桑哥姻黨要束木廢罷的江南湖北道憲司。[91]

肅政廉訪司新設伊始，也曾受到一些非難。上都留守木八剌沙上奏忽必烈：極言廉訪司不便，應廢罷，又舉河東山西道廉訪副使受賄一千五十錠，以動搖忽必烈的決策。忽必烈責備新任御史中丞崔彧，崔彧託病不答。不忽木當面斥責崔彧不直言，接著，上奏說：「設廉副受賕，罪止其身，天下憲司，何與而盡去之。」這樣才打消了忽必烈再次撤罷廉訪司的意圖。

此外，不忽木等又特別注意在桑哥急斂暴徵之後的輕徭薄賦和休生養息。

麥朮丁奏請復立尚書省，專領戶、工、刑三部，不忽木當庭駁斥道：「阿黑馬嘗以領部分中書戶、工敗，為制國用使又敗，為尚書省又敗，則並歸中書，終以奸贓狼戾，以取誅籍。後桑哥立尚書省，盡奪六部，其威虐貪墨益極，亦就梟夷。既廢復置，將效尤兩人耶！」於是，麥朮丁之議，遭到否定。麥朮丁本人不久也丟掉了平章官職。

對增收江南包銀的意見，不忽木又追溯其源流，極陳江南賦稅已重，再增包銀，民將不堪，最終制止了增包銀之議。

有人提議大都蒙古人應與漢人相間居處，以制不虞。不忽木批評說：大都新民遷來不久，未嘗寧居，若再變更，必致失業，此乃奸人貪圖貨易之利而編造的不實之言。不忽木還特意繪製大都蒙古人貴宦第宅與民居犬牙相制的圖形，進奏忽必烈，以制止此事。

右丞相完澤是蒙古怯薛大臣線真之子。他長期擔任太子東宮長官，並兼管東宮衛兵。他做事小心縝密，真金太子對他甚為器重，曾經稱讚他：「親善遠惡，君之急務。善人如完澤者，群臣中豈易得哉。」真金死後，完澤曾兩次隨皇孫鐵穆耳征戍北邊。

但是，忽必烈對完澤並不十分信任。有人揭發完澤徇私，忽必烈召來不忽木詢問。不忽木替完澤辯護，並建議當面對質，以究真偽。忽必烈依其言而行，對質結果，揭發者屈服，忽必烈大怒，命令左右批打其面頰，而後驅逐之。[92]

如果忽必烈在位三十五年中的元初五年、阿合馬專權二十年算作前兩個階段，自至元十九年到忽必烈逝世的後十餘年，似乎可以視為第三階段，亦即忽必烈七十歲到八十歲的暮年時期。

這後十年間，忽必烈雖然已完成南北統一的任務，但他沒有志得意滿和停滯不前。與北邊海都、乃顏等叛王的戰爭，海外用兵征伐，鎮壓江南民眾反抗，喇嘛僧做佛事和蒙古諸王的賞賜等等，都是暮年時期忽必烈不得不應付的大事。為此，忽必烈依然需要斂財大臣為其辦理財政，籌集經費。於是，在和禮霍孫等無法勝任理財的情況下，忽必烈先後重用盧世榮「立法治財」，桑哥實施「至元鈔」、鉤考等理財。盧、桑二人，特別是桑哥，理財成效頗顯，卻又恃寵專橫肆虐，得罪蒙古勳貴怯薛、漢族儒臣等多方面人士。在這些人的激烈反對下，忽必烈不得不殺掉了盧世榮和桑哥。在這段時期，忽必烈藩邸漢族儒臣老死身亡，一個個在政壇上消逝。漢法儒臣派的政治代表，改由受他們影響薰陶而發生一定儒化的真金太子、安童丞相及不忽木等擔任。他們和盧世榮、桑哥激烈爭鬥和交替掌權。忽必烈暮年的朝堂之上依然是腥風血雨，不得安寧。由於忽必烈身旁漢人精英匱乏，導致改而重用葉李、趙孟頫等南人名士的奇怪現象。可見，忽必烈暮年確實是多事之秋，朝堂之上充滿了戲劇性的事變、衝突，年逾古稀的忽必烈仍然以一位出色政治家的雄才大略，左右著朝廷大局，仍然在按照自己的理念和意志，繼續治理和支配著龐大的元帝國。

註釋

1《元史》卷一二〈世祖紀九〉至元十九年五月己未，九月壬申。

2《元史》卷一二〈世祖紀九〉至元十九年四月辛卯，五月己巳。

3《元史》卷一二〈世祖紀九〉至元十九年五月戊辰，六月甲午、癸丑，十二月癸卯，卷一三〈世祖紀十〉至元二十二年八月己未。

4《元史》卷一二〈世祖紀九〉至元十九年五月癸未，卷一三〈世祖紀十〉至元二十一年十月丁卯，卷一一五〈裕宗傳〉。

5《元史》卷一一五〈裕宗傳〉。

6、8《元史》卷九三〈食貨志一·鈔法〉。

7《元史》卷一三〈世祖紀十〉；卷二〇五〈盧世榮傳〉；《元朝名臣事略》卷四〈平章魯國文貞公〉。

9《元史》卷九四〈食貨志二〉。

10《元史》卷九四〈食貨志二·市舶〉，卷二〇五〈盧世榮傳〉；《元典章》卷二二〈戶部八·市舶·合併市舶轉運司〉。

11《元典章》卷一五〈戶部一·祿廩〉，〈官吏添支俸給〉；《元史》卷九六〈食貨志四·俸秩〉。

12《漢藏史集》陳慶英譯本，頁一八二，西藏人民出版社，一九八六年。

13《元史》卷二〇五〈盧世榮傳〉，卷一七三〈崔彧傳〉。

14《元朝名臣事略》卷一四〈內翰董忠穆公〉；《元史》卷一一五〈裕宗傳〉。

15《元史》卷一三〈世祖紀七〉；〈南台備要·行台移江州〉，《憲台通紀》王曉欣點校本，頁一六四，浙江古籍出版社，二〇〇二年。

16《元史》卷一六八〈陳天祥傳〉。

17《元史》卷一三〈世祖紀十〉；卷二〇五〈盧世榮傳〉；《歸田類稿》卷一〇〈資德大夫中書右丞陳公神道碑〉。

18《元史》卷一三〈世祖紀十〉；卷一四〈世祖紀十一〉。

19《金華集》卷二五〈江浙行中書省平章政事贈太傅安慶武襄王神道碑〉。

20《元史》卷一三〈世祖紀十〉；卷一六三〈張雄飛傳〉；《元文類》卷六八〈平章政事致仕尚公神道碑〉。

21《元史》卷一三〈世祖紀十〉，卷一七〇〈尚文傳〉。

22《元史》卷一一〈世祖紀八〉至元十七年十一月乙巳，卷一三〈世祖紀十〉至元二十一年四月乙酉。

23《牧庵集》卷一三〈皇元高昌忠惠王神道碑銘並序〉。

24《元史》卷一四〈世祖紀十一〉，卷二〇五〈桑哥傳〉。

25、26《元史》卷一四〈世祖紀十一〉。

27《元史》卷二〇五〈桑哥傳〉；《漢藏史集》陳慶英譯本，頁一七九、一八〇，西藏人民出版社，一九八六年。

28《元史》卷二〇五〈桑哥傳〉，卷一四〈世祖紀十一〉。

29《元史》卷九三〈食貨志一・鈔法〉；《元典章》卷二〇〈戶部六・鈔法・行用至元鈔法〉。

30《元史》卷一四〈世祖紀十一〉至元二十四年四月甲申、八月乙丑、十月乙酉，卷一五〈世祖紀十二〉至元二十五年正月辛卯、至元二十六年閏十月庚辰，卷九三〈食貨志一・鈔法〉，卷二〇五〈桑哥傳〉。

31《松雪齋集》附錄〈大元故翰林學士承旨趙公行狀〉；《元史》卷一七三〈馬紹傳〉。

32《牧庵集》卷一四〈平章政事徐國公神道碑〉；《元史》卷二〇五〈桑哥傳〉。

33《元史》卷一一五〈裕宗傳〉，卷一七八〈王約傳〉。

34《元史》卷二〇五〈桑哥傳〉。

35《元史》卷一四〈世祖紀十一〉至元二十四年十月甲子；《析津志輯佚・朝堂公宇》。

36《元史》卷一五〈世祖紀十二〉至元二十六年閏十月乙酉；卷二〇五〈桑哥傳〉。

37《元史》卷一五〈世祖紀十二〉至元二十五年九月癸卯，卷二〇五〈桑哥傳〉。

38《元史》卷一五〈世祖紀十二〉至元二十五年四月辛酉，五月乙未，卷一六九〈賀仁傑傳〉，卷二〇五〈桑哥傳〉；《牧庵集》卷一七〈光祿大夫平章事賀公神道碑〉。

39《元史》卷一六〈世祖紀十三〉至元二十七年六月庚辰；卷一五〈世祖紀十二〉至元二十六年二月丙寅。

40《元史》卷一五〈世祖紀十二〉，卷二〇五〈桑哥傳〉。

41《中庵集》卷一六〈故昭文館大學士大司農郭公神道碑〉，〈故肅政廉訪司經歷趙君神道碑〉；《牧庵集》卷二四〈少中大夫孫公神道碑〉；《元史》卷二〇五〈桑哥傳〉。

42《牧庵集》卷二四〈少中大夫孫公神道碑〉。

43《道園類稿》卷四一〈陳文肅公神道碑〉；《滋溪文稿》卷一〇〈故集賢大學士李文肅公神道碑〉。

44《紫山集》卷一五〈懷遠大將軍彰德路達魯花赤揚珠台

公去思碑〉。

45 《牧庵集》卷一四〈徽州路總管府達嚕噶齊虎公神道碑〉。

46 《牧庵集》卷二八〈中奉大夫荊湖北道宣慰使趙公墓誌銘〉，卷一四〈平章政事徐公神道碑〉。

47 《中庵集》卷一六〈故昭文館大學士大司農郭公神道碑〉。

48 《松雪齋集・大元故翰林學士承旨趙公行狀》。

49 《雪樓集・元故翰林學士承旨光祿大夫知制誥程公行狀》；《元史》卷一三〇〈阿魯渾撒里傳〉，卷一六八〈何榮祖傳〉。

50 《清容居士集》卷三二〈梁德珪行狀〉；《松雪齋集・大元故翰林學士承旨趙公行狀》。

51 《元史》卷九四〈食貨志二〉，卷二〇五〈桑哥傳〉。

52 《元史》卷一七三〈馬紹傳〉。

53 《元史》卷一五〈世祖紀十二〉。

54 《元史》卷一四〈世祖紀十一〉，卷一六〈世祖紀十三〉至元二十七年五月乙巳。

55 《元史》卷一五〈世祖紀十二〉至元二十五年四月辛酉。

56 《南村輟耕錄》卷二二〈數識〉。

57 《松雪齋集》附錄〈大元故翰林學士承旨趙公行狀〉。

58 《元史》卷一三四〈唐仁祖傳〉。

59 《元史》卷一七三〈馬紹傳〉。

60 《元史》卷二〇五〈桑哥傳〉，卷一六〇〈閻復傳〉。

61 《元史》卷一五〈世祖紀十二〉至元二十六年七月丙戌，卷二〇五〈桑哥傳〉。

62 《元史》卷六一〈地理志四〉普定路條，卷一七三〈崔彧傳〉，卷一六〈世祖紀十三〉至元二十八年三月己亥；《史集》余大鈞、周建奇譯本，第二卷，頁三四八，北京商務印書館，一九八五年。

63 《元史》卷二〇五〈桑哥傳〉。

64 《漢藏史集》陳慶英譯本，頁一七九，西藏人民出版社，一九八六年。

65 《元史》卷一五〈世祖紀十二〉。

66 《元史》卷一五〈世祖紀十二〉至元二十六年三月庚辰，卷二〇五〈桑哥傳〉。

67 〈立鄂州肅政廉訪司〉，《憲台通紀》王曉欣點校本，頁三三，浙江古籍出版社，二〇〇二年。

68 《元史》卷一六〈世祖紀十三〉至元二十八年七月戊申。

69 《道園學古錄》卷二〇〈翰林學士承旨董公行狀〉。

70 《元史》卷一五〈世祖紀十二〉至元二十六年四月甲戌。

71 《元史》卷一七二〈程鉅夫傳〉，卷一七八〈王約傳〉。

72《元史》卷一三〇〈不忽木傳〉。

73《元史》卷一三四〈千奴傳〉。

74《元史》卷一三〇〈徹里傳〉；《元文類》卷五九〈平章政事徐國公神道碑〉；《松雪齋集》附錄〈大元故翰林學士承旨趙公行狀〉。

75《元朝名臣事略》卷三〈太師淇陽忠武王〉。

76《元史》卷二〇五〈桑哥傳〉；《元文類》卷五九〈平章政事徐國公神道碑〉。

77《史集》余大鈞、周建奇譯本，第二卷，頁三四九，北京商務印書館，一九八五年。

78《元史》卷二〇五〈桑哥傳〉；卷一六〈世祖紀十三〉，卷一七〈世祖紀十四〉。

79《漢藏文集》陳慶英譯本，頁一八三，西藏人民出版社，一九八六年。

80《元朝名臣事略》卷三〈太師淇陽忠武王〉。

81《元史》卷二〇五〈桑哥傳〉，卷一六〈世祖紀十三〉；《元文類》卷五九〈平章政事徐國公神道碑〉。

82《元史》卷一三〇〈阿魯渾薩理傳〉，卷一六八〈何榮祖傳〉，卷一七三〈馬紹傳〉、〈葉李傳〉。

83《元史》卷一六〈世祖紀十三〉至元二十八年二月丙子，卷一七〈世祖紀十四〉至元二十九年二月丁亥，五月丁未。

84《元朝名臣事略》卷三〈太師淇陽忠武王〉，〈太師廣平貞憲王〉；《元文類》卷五九〈平章政事徐國公神道碑〉。

85《元史》卷二〇五〈桑哥傳〉。

86《元史》卷一五一〈杜豐傳〉，卷一八〇〈趙世延傳〉。

87《元史》卷一三〇〈不忽木傳〉；《元朝名臣事略》卷四〈平章魯國文貞公〉；《元文類》卷五三〈上都留守賀公墓誌銘〉；《道園學古錄》卷五〈張宗師墓誌銘〉。

88《秋澗集》卷二一〈壽右平章不忽木〉。

89《元史》卷一六〈世祖紀十三〉至元二十八年三月壬戌、七月戊申、十二月癸未，卷一七〈世祖紀十四〉至元二十九年三月壬寅。

90《元史》卷一六〈世祖紀十三〉至元二十八年五月戊戌，十月癸酉，十二月；《元朝名臣事略》卷四〈平章魯國文貞公〉。

91《元史》卷一六〈世祖紀十三〉至元二十八年二月癸酉，丙戌；〈立鄂州肅政廉訪司〉，《憲台通紀》王曉欣點校本，頁三三，浙江古籍出版社，二〇〇二年。

92《元朝名臣事略》卷四〈平章魯國文貞公〉；《元史》卷一三〇〈不忽木傳〉、〈完澤傳〉。

第十八章　後宮子孫眾　皇位傳承難

后妃與皇子

一、察必皇后及其他后妃

察必皇后出身於弘吉剌氏，他的父親是該部有名的首領按陳。按陳的妹妹孛兒帖，嫁給了成吉思汗，被尊為光獻翼聖皇后，也就是朮赤、察合台、窩闊台、拖雷四皇子的母親。按陳本人於一二二五年賜號國舅。窩闊台汗曾降聖旨說「生女世以為后，生男世尚公主，每歲四時孟月，聽讀所賜旨，世世不絕」，由此，弘吉剌部成了蒙古諸部中與黃金家族世代聯姻的主要姻親部族。[1]察必嫁給忽必烈，可謂親上加親，家世愈貴。

察必容貌秀麗，稟賦嫻雅，頗得忽必烈喜愛。[2]她聰明敏捷，曉達事機，在忽必烈即汗位前後，還能左右匡正，給予忽必烈有力的支持和幫助。

一二五九年陰曆十一月，蒙哥猝死釣魚山，忽必烈遠在渡江攻鄂州前線。拖雷嫡幼子阿里不哥圖謀在漠北自立為大汗，暗中派阿藍答兒乘驛傳抽取兵丁，已行至距離開平一百里的草原地帶。察必得悉，派使者責問：「發兵大事，太祖皇帝曾孫真金在此，何故不令知之？」阿藍答兒語塞不能答。[3]

隨後，察必派遣脫歡、愛莫干二人急馳趕到鄂州軍中向忽必烈密報：阿里不哥派脫里赤和阿藍答兒從漠南蒙古軍、漢軍中抽調括取兵丁，其原因不明，那支軍隊我們交不交給他們呢？還帶來察必王妃的一段隱語：「大魚的頭被砍斷了，在小魚中除了你和阿里不哥以外，還剩有誰呢？你回來好不好？」忽必烈聞訊，頗為震驚，於是，果敢決定與宋軍議和北返，先解決汗位歸屬問題。[4]

在汗位誰屬的關鍵時刻，察必留守輔佐之功不可沒。成宗追謚冊文中說：「曩事潛龍之邸，及乘虎變之秋，鄂渚班師，洞識事機之會；上都踐祚，居多輔佐之謀。」就是指謂這段故事。

中統初，察必被立為皇后。於是，她更注意運用自己的地位，輔弼忽必烈處理好朝政。一天，四怯薛官奏請割大都近郊土地以供怯薛宿衛牧馬，忽必烈已經予以批准，還把所分割土地圖形呈上。察必皇后到忽必烈面前，欲勸諫，先是裝著責備太保劉秉忠說：「汝漢人聰明者，言則帝聽，汝何為不諫。向初到定都時，若以地牧馬則可，今軍站分業已定，奪之可乎？」忽必烈知道是說給他聽的，沉默了一會兒，下令停止割地牧馬。

忽必烈北征阿里不哥之際，察必皇后留守燕京。當時，包括姚樞在內的藩邸舊臣，大多外出擔任十道宣撫使。察必皇后特意遣使者把出任東平宣撫使的姚樞，召回燕京。她曾對姚樞說：「兒輩幼時汝授之書，何久留彼？」還讓姚樞幫助謀劃「宮闈諸事」之疑難。[5]

至元十年（一二七三）三月，察必皇后正式受冊寶，上尊號為貞懿昭聖順天睿文光應皇后。

有趣的是，在忽必烈吸收漢法的同時，察必皇后也部分接受了漢文化。忽必烈讓漢人文臣王思廉進讀《資治通鑑》，讀至唐太宗有殺魏徵語和長孫皇后進諫事，忽必烈特意令內官把王思廉引到察必皇后房內，講述這段故事。察必皇后有所領悟，稱讚道：「是誠有益於宸衷。爾宜擇善言進講，慎勿以瀆辭煩上聽也。」[6]

受忽必烈的影響，察必皇后還注意節儉，保持蒙古草原婦女勤勞本分，自己動手，縫製衣物。一次，察必皇后從掌管朝廷金銀緞匹出納的太府監支用了繒帛表裡各一。忽必烈知曉後，責備道：「此軍國所需，非私家物，后何可得支？」察必接受批評，開始率領宮女親自做紡織縫紉等工作，收集許多舊弓弦，緝捻為線，織成衣服，其堅韌細密，可與綾綺媲美。宣徽院所管羊前肢皮，棄而不用，察必搜取來縫合成地毯。

蒙古人所戴帽子，沒有帽檐，俗稱胡帽。忽必烈嫌它不能遮擋太陽光，察必即依忽必烈的意見，增加前帽檐，忽必烈大喜，於是命令定為帽子的樣式。又縫製一種衣服，前有裳而無衽，後邊長度相當於前邊的一倍，沒有衣領和衣袖，綴以兩排褡襻，以便騎射，名之曰比甲，當時人們爭相仿效。估計今天我們穿用的馬甲，就是由此演變而來的。

察必對南宋亡國之君趙㬎及皇太后，也表達了深切的憐憫和同情。

至元十三年（一二七六）南宋滅亡，幼主趙㬎朝忽必烈於上都開平。忽必烈大宴群臣，與宴眾臣甚為歡樂。惟獨察必皇后鬱鬱不樂。此刻，她想到的是「自古無千歲之國，毋使吾子孫及此則幸矣」。當她應召觀看和選取從臨安繳獲來的南宋府庫珍寶時，略看一眼，即刻離去。還感歎道：「宋人貯蓄以遺其子孫，子孫不能守，而歸於我，我何忍取一物耶！」察必皇后居安思危，以南宋三百年基業毀於一旦為殷鑑，其遠見卓識，不讓鬚眉，也給忽必烈以難得的警示。

被擄北上的南宋全太后抵達大都，不習北方風土，察必三次奏請忽必烈允許她返回江南。在這個問題上，忽必烈批評了察必，他說：「爾婦人無遠慮，若使之南還，或浮言一動，既廢其家，非所以愛之也。」忽必烈的說法，不無道理。依當時形勢，全太后返回臨安，只能被反元力量所利用，徒召禍害。察必聽罷忽必烈的意見，不再提放其南歸，越發厚待全太后。[7]汪元量《湖州歌》

之八十七曰：「三殿加餐強自寬，內家日日問平安。大元皇后來相探，特賜絲紬二百單。」[8]正是察必皇后善待全太后等的寫實。

察必皇后晚年所表現的這些憐憫弱者的情緒，與蒙古草原民崇尚強勢英雄的傳統，稍異其趣。這或許和她皈依藏傳佛教有關。藏文史料說，察必皇后曾請帝師八思巴為她舉行了灌頂的神秘宗教儀式，灌頂後，察必皇后對此密法十分信仰。又勸說忽必烈接受灌頂。位於大都城西平側門外三里處的西鎮國寺，乃是察必皇后施捨功德之寺。察必皇后曾奉忽必烈之命，親自前往西鎮國寺進香。[9]

至元十八年（一二八一）二月，察必皇后在大都逝世。成宗朝追謚為昭睿順聖皇后。

南必皇后也是弘吉剌氏。她是納陳那顏之孫仙童之女，也是察必的侄女。至元二十年（一二八三）正月，納為皇后，繼守察必原先的斡耳朵。拉施特《史集》說，察必哈敦死後一年，忽必烈把南必哈敦引進察必的禹兒惕和帳殿，因為她是察必哈敦的侄女。[10]《元史》卷一〇六〈后妃表〉，也將南必列在世祖第二斡耳朵察必皇后之後。南必生一子，名字為鐵蔑赤。

《元史·后妃傳一》說，南必「繼守正宮」。「正宮」是漢語皇后之宮的意思，元史撰者用「正宮」一詞來描述表達南必的情況，不十分確切。按照蒙古習俗，大汗的后妃，只依所居斡耳朵排列，並無「正宮」的概念。再者，蒙元皇后名號的使用，也比較寬泛，大抵四大斡耳朵之主，均稱皇后。第一斡耳朵之主也非察必，而是帖古倫大皇后。所以，言南必繼續掌管察必原先的斡耳朵，是比較準確的。

忽必烈晚年，南必頗參預朝政。因忽必烈年事已高，宰相大臣往往難以朝見，若有政事，經常通過南必奏聞。忽必烈死後，南必皇后也參加了擁立成宗的上都忽里台貴族會議。[11]

忽必烈的其他后妃還有，第一斡耳朵帖古倫大皇后，第三斡耳朵塔剌海皇后、奴罕皇后，第四斡耳朵伯要兀真皇后、闊闊倫皇后。伯要兀真皇后，伯牙兀剔部人孛剌黑臣的女兒，亦即鎮南王脫歡之母。察必皇后和南必皇后則屬於第二斡耳朵。又有八八罕妃子、撒不忽妃子和泰定三年奉詔守忽必烈斡耳朵的速哥答里皇后。

馬可波羅亦云：

> 他（忽必烈）有四個妻子。這四個妻他都認為正室，他們全叫做皇后，再加以各人特殊的名字。他們每一個都有自己的宮。每一宮至少也有三百最美麗和嫻雅的宮女。他們也有許多太監來做侍僕，和許多其他男女僕人。因此每一個皇后都有一萬人在她的宮中。

馬可波羅所說的四皇后和四宮，就是指前述帖古倫大皇后、察必皇后、塔剌海皇后、伯要兀真皇后及其所屬的四大斡耳朵宮帳。由於馬可波羅畢竟不是元廷重要官員，他未能詳細記住察必以外的其他三位皇后的名字。

此外，拉施特《史集》還列出雲南王忽哥赤和西平王奧魯赤的母親、來自朵兒邊部落的朵兒別真，皇子愛牙赤和闊闊出的母親、來自許慎部落的許慎真。又說，忽必烈早年曾娶蔑兒乞剔部落君主脫黑台別乞的侄女忽魯黑臣，她的年齡長於其他哈敦，所生子名叫忽里帶。後來，她被忽必烈廢黜。[12]

二、諸皇子的教育及婚姻

忽必烈諸皇子，見於記載的有十二個。依照蒙古「子以母貴」的習俗，十二皇子亦有嫡庶之別。察必皇后所生嫡子有四人：朵兒只、真金、忙哥剌、那木罕。其他后妃所生庶子八人：忽哥赤、愛牙赤、奧魯赤、闊闊出、脫歡、忽都魯帖木兒、忽里帶、鐵蔑赤。

馬可波羅稱讚道：

他們（忽必烈諸皇子）在軍中全是很好很勇敢的人。他們每一個都是很高貴的官員。[13]

忽必烈比較重視皇子的教育。早在藩王時期，忽必烈即命令名儒姚樞教授真金《孝經》，講授完畢，又準備飯食以饗姚樞。姚樞隨從忽必烈南征大理，改而讓儒士竇默繼續教真金。臨行，忽必烈賞賜玉帶鉤給竇默，還特意囑咐：「此金內府物也，汝老人，佩服為宜。且太子見之，與見朕無異，庶幾知所敬畏。」

而後，忽必烈命令王府「主文書，講說帳中」的漢人侍從董文用給那木罕、忽哥赤教授儒家經書。至元元年（一二六四）八月，忽必烈又委任李槃為皇子忙哥剌說書官，高道為那木罕說書官。

至元二十七年（一二九〇）應太子妃闊闊真的請求，忽必烈又命令已擔任翰林學士承旨的董文用為皇孫鐵穆耳等講授儒學經書，董文用在講授儒學經書要旨的同時，還附入國朝故事，「丁寧譬喻，反覆開悟」，受到皇孫的禮遇和尊重。[14]

至元二十六年（一二八九），皇孫答剌麻八剌出鎮其父分邑懷孟州，忽必烈親自選擇東宮老成練達的舊臣王倚輔導護送。陛辭之際，忽必烈打量觀察王倚好久，對侍臣說：「倚，修潔人也，左右皇孫，得人矣。」王倚陪侍皇孫答剌麻八剌南下途經趙州，從卒有損壞民眾桑棗的，杖之以懲戒。王倚還奉命回大都奏報，忽必烈聽了非常喜悅。[15]

由於忽必烈悉心安排，忽必烈諸皇子及皇孫都不同程度地學習和接受了漢文化。

除了漢文化，忽必烈也注意對皇子皇孫的佛學教育。他曾先詢問皇孫阿難答：「遺爾良師，爾願學否？」後又詔命在御前「誦說經典」的畏吾兒人近侍大乘都為阿難答之師。後來，阿難答嗣為安西王離京出鎮，察必皇后為阿難答奏請忽必烈「願載師自隨」。忽必烈起初的意見是：「大乘都我所須也，餘人則可。」察必皇后進一步勸說道：「大乘都學業甚精，聰明方正，俾往訓導數年，諸子有成。」於是，忽必烈批准大乘都隨阿難答出鎮。16

或許是忽必烈皈依藏傳佛教的緣故，帝師八思巴對諸皇子及皇孫的影響，也比較大。

八思巴異母弟異希迥乃很早就擔任皇子忽哥赤的宗教老師，至元九年（一二七二）五月八思巴在臨洮特為忽哥赤撰寫《授皇子忽哥赤口訣》。

同年四月，八思巴寫詩一百零八頌，贈皇子北平王那木罕。至元十一年（一二七四）九月，八思巴又為北平王那木罕寫造「十萬般若頌」作贊語。

次年十二月，八思巴又寫詩向西平王奧魯赤祝賀藏曆陽火鼠年新年；至元十三年（一二七六）九月，特為奧魯赤子鐵木兒不花寫《授王子鐵木兒不花教誡——月亮之光》。

至元十二年（一二七五）八月，八思巴為皇子安西王忙哥剌寫《皇子忙哥剌父母造廣、中、略三種般若及華嚴經的說明》；次年七月，又為忙哥剌寫《授皇子忙哥剌之教誡——吉祥串珠》。

至元十二年十一月，八思巴寫詩贈太子真金，又為真金寫《彰所知論》；翌年正月在《為造佛經所題之贊語》中，八思巴祈禱祝願真金太子、闊闊真妃、及皇孫甘麻剌、答剌麻八剌、鐵穆耳、皇孫女古洛格迪等「世間陽壽長如江河，榮華富貴滿如大海，權勢煊赫猶如天界之王」；至元十五年（一二七八）十月八思巴應太子妃闊闊真的請求，在薩迦寺為她寫《尊勝度母壇城前灌頂儀軌》，又為真金太子所造金汁書寫佛經題贊語。

同年六月，八思巴為皇曾孫迭里哥兒不花寫《授王子迭里哥兒不花之教誡》。

蒙哥汗九年（一二五九）五月，八思巴為皇孫答剌麻八剌寫《密宗行部所說無量壽佛修行法》，七月又專為疾病纏身的答剌麻八剌做法事禳災。[17]

此外，至元二十一年（一二八四）皇孫甘麻剌出資修大都天慶寺。[18] 西平王奧魯赤和公主虎都台又師事河西顯密圓融大師。[19]

因為忽必烈和察必皇后皈依佛門和八思巴授教戒、贈詩、祈禱等活動，皇子真金、忙哥剌、那木罕、忽哥赤、奧魯赤及其子孫大多數也成了藏傳佛教的信徒。

忽必烈對諸皇子也比較嚴格。一次，雲南王忽哥赤從一個村莊多取了一些野禽。忽必烈知道後，一怒之下，打了他七十棍，把他的臀部打得皮肉模糊。[20] 真金太子生病，忽必烈親往探視，看到床上陳設織錦臥褥，大發雷霆，責備太子妃闊闊真說：「我嘗以汝為賢，何乃若此耶？」闊闊真連忙跪倒在地，以真金生病防濕氣為辭辯解，並立即撤去織錦臥褥。[21]

忽必烈子孫的婚姻狀況，也頗有意思。

由於窩闊台汗一二三七年頒布聖旨：「弘吉剌氏生女世以為后，生男世尚公主。」忽必烈子孫和蒙古弘吉剌部上層的聯姻最為頻繁。忽必烈本人先後以弘吉剌氏按陳之女察必、按陳孫脫憐之女帖古倫、納陳孫仙童之女南必為皇后，可以說是很好的先導和垂範。

而後，忽必烈子孫娶弘吉剌氏的有：真金太子娶伯藍也怯赤（又名闊闊真），皇孫甘麻剌娶普顏怯里迷失，答剌麻八剌娶答己，鐵穆耳娶斡羅陳之女失憐答里等。忽必烈女兒和孫女下嫁弘吉剌氏駙馬的有：忽必烈女囊家真公主先嫁納陳之子斡羅陳，繼適斡羅陳弟帖木兒，再適帖木兒弟蠻子台；真金太子女南阿不剌嫁蠻子台等。[22]

忽必烈子孫與汪古部的聯姻，同樣是世代延續。如忽必烈孫甘麻剌娶愛不花之女必札匣為王妃，另一個皇孫、安西王忙哥剌子按攤不花則娶愛不花次女葉里彎為王妃，忽必烈季女月烈下嫁愛不花，真金太子女忽答迭迷失下嫁闊里吉思。23

其他聯姻事例還有：忽必烈女兀魯真下嫁亦乞列思部不花，安西王忙哥剌女奴兀倫公主下嫁亦乞列思部鎖郎哈，忽必烈女忽都魯堅迷失下嫁高麗國王愖，忽必烈孫女下嫁斡亦剌部禿滿答兒等。24

基於族外婚原則的世代聯姻，始於成吉思汗時代。它相繼造就了與黃金家族保持世代聯姻關係的弘吉剌、汪古、亦乞列思、斡亦剌等四個在蒙古諸部中地位頗高的姻親部落。可以看到，上述四大姻親部落部族，到忽必烈時期已大致縮小至弘吉剌、汪古二部。亦乞列思、斡亦剌二部雖然仍有數例，可已缺乏連續性，尤其是忽必烈家族與此二部族已很難說是世代聯姻。而高麗國王愖尚忽必烈女忽都魯堅迷失，又開了忽必烈家族公主下嫁高麗的先例，由此蒙元皇室增加了一個新的姻族，而且與高昌亦都護類似，也來自被征服的內屬國。

此時的世代聯姻關係，還導致一些近親結婚的消極現象。就忽必烈家族而言，不難舉出近親聯姻的事例。如弘吉剌部斡羅陳尚忽必烈女囊家真公主，而斡羅陳之女失憐答里又成了鐵穆耳的妻子。聯姻範圍變窄和某些近親婚姻，勢必帶來皇室人口品質的下降。成宗所立皇太子德壽夭亡和元後期多數皇帝壽命不長，或許與此有某種因果聯繫。

另外，忽必烈女囊家真公主的兩次改嫁和被前夫之弟收繼，說明入元以後貴為皇女公主的忽必烈家族女性成員，並不講究漢地式的貞節觀念，依然按照蒙古草原古老的收繼婚俗處理自身婚配。

忽必烈本人對子孫的婚配，也比較關心。據說，真金太子妃闊闊真就是由忽必烈親為擇定。

一次，忽必烈外出田獵，途中口渴，行至一座蒙古牧民氈房，見一名少女正在緝駝茸，於是向她索要馬奶酒。少女回答：「馬湩有之，但我父母諸兄皆不在，我女子難以與汝。」忽必烈聞此言欲離去，少女又說：「我獨居此，汝自來自去，於理不宜。我父母即歸，姑待之。」須臾，其父母果然歸來，拿出馬奶酒讓忽必烈喝個痛快。事後忽必烈感歎道：「得此等女子為人家婦，豈不美耶！」

不久，忽必烈與大臣們商議替真金太子選妃，提出幾個人選，忽必烈都沒有應允。一位老臣回憶起忽必烈對那位少女的讚譽之言，又得知她尚未許嫁，於是向忽必烈推薦此少女。忽必烈非常欣喜，終於納此女為太子妃。她就是弘吉剌氏闊闊真，又名伯藍也怯赤。此外，忽必烈曾把漢族侍女郭氏賜給皇孫答剌麻八剌為妻，郭氏後來生子名阿木哥。25

真金太子之立

一、漢族儒臣議論「定國本」

自成吉思汗建國以來，汗位繼承始終缺乏固定的制度。「忽里台」貴族會議推舉，大汗生前指定，各宗室支系的軍事政治實力等因素，都在發揮作用。蒙古草原家產分配習俗中長子優先與幼子守家的衝突，日益增長的汗權與「忽里台」貴族政治權力的衝突，各宗室支系之間的利益矛盾，均會在汗位繼承問題上交織彙集或爆發。每當汗位交替的時候，經常出現汗位爭奪危機和政局的動盪。從窩闊台汗到貴由汗，從貴由汗到蒙哥汗，從蒙哥汗到忽必烈汗，此類汗位爭奪愈演愈烈，甚而引發了軍事對抗，乃至蒙古帝國的分裂。

忽必烈建立元朝以後，在一批漢族儒臣的輔佐下，把「定國本」和解決汗位繼承問題，當作行漢法的組成部分，積極開展了這方面的探索與改革。所謂「定國本」，就是用漢地傳統的嫡長子繼承制度，預立太子，改變蒙古國汗位繼承的混亂狀況。

中統元年（一二六〇），忽必烈政權建立不滿一月，藩邸謀臣之一郝經在其所奏上的《便宜新政》十六條中第一次提出了「定儲貳以塞亂階」。他說：

> 國家數朝，代立之際，皆仰推戴，故近世以來，幾致於亂，不早定儲貳之失也。若儲貳早定，上下無所覬覦，則一日莫敢爭者。且使朝夕視膳，或出而撫軍，守而監國，練達政事，此盛事也。[26]

郝經既總結了前四汗時期汗位繼承因推戴而啟亂階的經驗教訓，又闡述預立儲貳的積極功用，總的思路是，用預立皇儲的漢法成熟制度去解決蒙古國汗位繼承危機頻起的矛盾。郝經的論說雖然簡潔而精闢，可此時的當務之急是建立元帝國的國號、年號、機構等基本統治體制以及軍事上對付漠北阿里不哥。所以，郝經的這條議論並沒有引起忽必烈的較大重視，即使在郝經本人十六條《便宜新政》中，它也被排在末尾，遠不及「嚴備禦」、「定都邑」、「置省部」諸條，重要而迫切。

至元四年（一二六七），另一名重要漢族儒臣姚樞在評論中統以來政務時，提出了八點新建議，「建儲副以重祚」被列在第二。[27]

翌年，衛輝路總管陳祐上《三本書》，「一曰太子國本，建立之計宜早」；「二曰中書政本，責成之任宜專；三日人才治本，選舉之方宜審。」

陳祐的貢獻在於，他把預立太子當作國本，置於首位。這比前述二人都進步了許多。還以「聖代隆興，不崇儲貳，故授受之際，天下憂危」；「建皇儲於春宮，隆帝基於聖代，俾入監國事，出撫戎政，絕覬覦之心，壹中外之望，則民心不搖，邦本自固矣」等語，[28]進一步闡發郝經和姚樞的論說。

需要注意的是，以上建言和議論，多是以漢文奏疏形式呈獻給忽必烈的。這對一位不懂漢語的蒙古皇帝來說，的確不太方便，很大程度上妨礙了忽必烈對上述建議內容的理解。郝經、姚樞和陳祐上奏後，未見忽必烈的任何明顯反映。究其原因，除了史料記載佚失因素外，或許存在語言障礙的問題。比較起來，張雄飛的上奏恰恰彌補了以上不足。

張雄飛，瑯琊臨沂人，幼年被蒙古軍俘擄北上，後流落霍州、潞州、趙城、關陝等地，輾轉入燕京，漸漸學會蒙古語及其他語言。至元初，由廉希憲舉薦，覲見忽必烈，授官同知平陽路轉運司事。不久，處士羅英再次向忽必烈舉薦張雄飛「真公輔器」。忽必烈特命驛召張雄飛進京，詢問如今國事所急。張雄飛回答：

> 太子天下本，願早定以係民心。閭閻小人有升斗之儲，尚知付託，天下至大，社稷至重，不早建儲貳，非至計也。向使先帝知此，陛下能有今日乎？

或許是張雄飛談起了忽必烈親身經歷的汗位爭奪，或許是張雄飛用蒙古語講的繪聲繪色，這番話果然打動了忽必烈。原先躺著的忽必烈，聽罷張雄飛此言，矍然起身，久久稱善。[29]於是，忽必烈下決心預立太子。

二、冊立真金與那木罕的憤懣

真金是忽必烈第二子，察必皇后所生。因長子朵兒只早年病逝，真金實際相當於嫡長子。

真金的少年時代，是在忽必烈總領漠南和嘗試以漢法治漢地中度過的。他從十歲起，就按照忽必烈的命令，跟隨藩邸著名儒士姚樞讀《孝經》，每日以三綱五常先哲格言薰陶性情。一二五三年，姚樞隨忽必烈遠征大理，另一位名儒竇默接替姚樞充任真金的老師。臨行前，忽必烈賞賜竇默玉帶鉤。此時忽必烈尚是藩王，故是以二十餘年後的冊封之太子名號尊稱真金。儘管有這點小小的出入，但並未掩飾藩王時期的忽必烈對嫡子真金儒學教育的重視。劉秉忠的學生王恂，此時也被忽必烈任命為伴讀，長期輔導真金。

一二五九年忽必烈率兵南征鄂州之際，真金隨其母察必留守開平。當時，阿里不哥圖謀在漠北自立為大汗。其黨羽脫里赤括兵於漠南諸州，阿藍答兒發兵於漠北諸部，乘傳行至距開平僅百餘里處。察必哈敦派人質問阿藍答兒：「發兵大事，太祖皇帝曾孫真金在此，何故不令知之？」阿藍答兒被問的無言以對。[30]後來，忽必烈在鄂州城下與賈似道議和北歸，謀臣郝經即提議：召真金鎮燕京，與阿里不哥所委派的燕京斷事官脫里赤相抗衡。[31]雖然當時真金年僅十七歲，但他在很大程度上已能代表忽必烈支系，在成吉思汗黃金家族具有舉足輕重的地位。

忽必烈即汗位後，真金於中統二年（一二六一）十二月受封燕王，守中書令，樞密院設立，又兼判樞密院事。真金是忽必烈諸皇子中第一個封王爵者，按照後來確定的元朝王爵制度，燕王屬於第一等金印獸紐「一字王」，其王號又隱含著國邑在燕地。所以，在與真金關係密切的漢族儒臣看來，由於封爵和充任中書省、樞密院長官，真金已接近儲君的地位。誠然，忽必烈未必完全懂得這些寓意。

也是在中統二年，王恂升任贊善，掌管燕王府庶政。忽必烈敕命中書省、樞密院大臣：凡有諮稟，必須讓王恂與聞。還璽書命令：王恂悉意調護真金的起居出入和飲食衣服，不准許不正當之人得侍左右。

忽必烈正式冊立燕王真金為皇太子，是在至元十年（一二七三）二月。冊文說：

> 咨爾皇太子真金，仰惟太祖皇帝遺訓，嫡子中有克嗣繼統者，豫選定之。是用立太宗英文皇帝，以紹隆丕構。自時厥後，為不顯立冢嫡，遂起爭端。朕上遵祖宗宏規，下協昆弟僉同之意，即從燕邸，即立爾為皇太子，積有日矣。比者，儒臣敷奏，國家定立儲嗣，宜有冊命，此典禮也。今遣攝太尉、左丞相伯顏持節授爾玉冊金寶。於戲！聖武燕謀，爾其承奉。昆弟宗親，爾其和協。使仁孝顯於躬行，抑可不負所托矣。尚其戒哉，勿替朕命。

這篇冊文，雖然不是出自忽必烈手筆，但從文辭簡潔，內容全面，含義深刻等情節看，大體是根據他本人的思路和旨意而擬寫的。冊文避而不談原本主要參照中原王朝立太子傳統的真相，而是巧妙地追溯成吉思汗生前擇賢預定繼承人的祖制遺訓，並沉痛總結不定冢嫡而起爭端的教訓。儘管有蓄意掩蓋蒙古草原繼承法與貴族會議推戴舊俗既有作用的部分，但所述符合蒙古國汗位繼承的基本史實，有較強的說服力，體現了忽必烈對舊有汗位繼承方式的「祖述變通」和銳意改革。這樣，忽必烈就從成吉思汗祖制遺訓中，為自己冊立真金太子找到了一定的合法依據，同時也擺脫了蒙古草原繼承法與貴族會議推戴舊俗的糾纏。

忽必烈在挑戰汗位繼承舊俗和預立太子方面取得了成功。這也是他實行漢法的重要組成部分。不過，李璮之亂使忽必烈對漢族臣僚已心存疑懼，對漢法制度也不完全相信。忽必烈或許清楚：

漢人儒臣對冊立真金太子之事，眾口一詞，竭盡全力，其目的是用漢法改造忽必烈政權，建立漢法指導下的蒙漢聯合統治。忽必烈用其策而立太子，主要是為傳子傳孫和穩定統治。二者雖然在穩定鞏固忽必烈政權上可以取得一致，但動機用意是有差別的。所以，在冊文中，忽必烈有意淡化漢人儒臣竭力推動立太子的角色，僅以冊命典禮出於「儒臣敷奏」等言辭，多少披露了漢人儒臣居中的作用。如此處理，既可以減少蒙古守舊貴族的不滿，又能夠保持自己不完全隨和漢人儒臣的某種獨立性。這或許是忽必烈自鳴得意的地方。

然而，冊文中也有不符實之處。那就是所謂立真金太子「下協昆弟僉同之意」。事實上，忽必烈立真金之前，未見他與諸皇子商議的記載，應主要屬於乾綱獨斷。對真金立為太子，皇幼子那木罕又持反對態度。

拉施特《史集》說：

> 合罕在數年之前，當海都的軍隊還未〔擄〕去那木罕之時，曾無意中說出了由他繼承大位，這個熱望〔一直〕都存在他心中。但後來，合罕注意到真金很聰明能幹時，就很喜歡他。當脫脫蒙哥〔已經〕把那木罕送回來之後，合罕命令立真金為合罕。那木罕難過起來，他說道：「他〔真金〕繼位後，將怎樣稱呼你呢？」合罕生了氣，把他大罵一頓，從自己身邊趕開，並說道：「不許再來見我！」他〔那木罕〕過了幾天就死了。[32]

上述記載中，真金被立為合罕說，不確。把真金立為太子的時間說成是那木罕南歸以後，也是錯誤的。前一個錯誤，或許是口述元朝歷史的孛羅丞相等蒙古人因不曉太子含義而將他與合罕混淆所致。從記載中看，將二者混淆的，也包括那木罕。儘管如此，那木罕被海都擄去以前，忽必烈一度屬意那木罕為繼承人，倒是很有可能的。因為那木罕身為嫡幼子，又率大軍鎮守漠北，這在三名皇嫡子中絕無僅有，完全可以和燕王真金相匹敵。如果拉施特上述說法是事實，那麼，在預立皇儲問題上，真金與其幼弟那木罕之間曾經發生過不小的爭執。由於忽必烈改變主意，立真金為太子，那木罕最終在爭執中敗北，受父皇訓斥後憤懣而亡。不過，那木罕的死亡時間，晚於太子真金病逝，大約在至元二十九年（一二九二）。《史集》說忽必烈訓斥數日後那木罕即死去，不確。

《馬哥孛羅遊記》也曾談到真金被立為太子及太子東宮宮殿建築。書中說：

> 我也將詳細告訴你們，靠近他的宮殿，大可汗又別建一宮。和他自己的一切完全相似。他造這宮給他的太子和未來的君主。因為這理，他把他的宮造成和自己的形式同大小皆一樣，圍牆也周圍一樣長……太子成吉思〔真金〕住在那裡，我上面已經講過他了。他是大可汗的承嗣人。大可汗死後就要君臨人民的他保守和仿效大可汗一切的習慣和態度。曾經命定，大可汗死後，他就即刻為天下主了。他已經得有帝王的印璽和圖章，但是他沒有大可汗那樣獨斷和完全的權柄。[33]

《南村輟耕錄》卷二一〈宮闕制度〉云，真金太子東宮的中心建築為光天殿，七間，東西九十八尺，深五十五尺，高七十尺，規模稍小於大明殿和延春閣。外有柱廊，後有寢殿，東有壽昌殿，西有嘉禧殿，周圍廊屋一百七十二間。西北還有鹿頂殿和香殿。主要殿閣也都是重簷藻井，文石甃地，重陛朱闌等等，應有盡有。以上漢文史料記載與馬可波羅對真金太子東宮描述，基本一致。

真金被立為太子後，當年九月，應劉秉忠等提議，設置東宮宮師府，詹事以下官屬三十八員。至元十九年（一二八二）十月，又設詹事院，以完澤為右詹事，賽陽為左詹事。[34]後來東宮官職越來越完備。左、右詹事以下，副詹事、詹事丞、院判、宮臣賓客、左右諭德、左右贊善、家丞、長史、校書郎、中庶子、中允等。

侍衛親軍都指揮使王慶端和張九思曾任詹事丞，王恂、劉因、夾谷之奇擔任過左右贊善，李謙、夾谷之奇擔任過左右諭德，伯必擔任過中庶子，宋衜曾任太子賓客，耶律有尚曾任長史，王倚曾任家丞。

真金死後，朝廷大臣曾議論廢罷詹事院。詹事丞張九思以宗社所繫和輔導皇孫為理由，據理而爭，故得以依然保留。直到至元三十一年（一二九四）正月，侍衛親軍都指揮使王慶端仍兼任詹事。留任詹事院職務的，還有詹事張九思、太子家令阿散罕、院判官僕散壽等。[35]

真金太子東宮還設立了附屬的侍衛親軍。這支侍衛親軍包括兩部分：

一是至元十六年（一二七九）七月忽必烈新抽取侍衛親軍一萬人，劃歸東宮，設置的侍衛親軍都指揮司。至元十六年，原右衛親軍副都指揮使王慶端，升任侍衛親軍都指揮使，十九年又以本職兼東宮詹事丞。王慶端所任就是至元十六年始立的第一支萬人東宮侍衛軍都指揮使。至元三十一年（一二九四）正月，王慶端繼續擔任此侍衛親軍都指揮使並兼詹事。成宗即位，此侍衛軍改屬皇太后闊闊真，且易名為隆福宮左都威衛使司，王慶端仍留任左都威衛使。

王慶端到任不久，曾為該侍衛軍選大都之南「近郊隙地」，建造了含有廬舍、井邑、「閱武之堂」、「函矢之局」等等的威武營。還舉辦屯田，「歲入豐羡，屯峙山積」。且在真金太子的干預下，以餘糧數萬付有司佐經費。[36]

二是由五投下探馬赤軍改組的蒙古侍衛親軍都指揮使司。五投下探馬赤軍，是從札剌亦兒、弘吉剌、亦乞列思、忙兀、兀魯兀五蒙古部落抽調混編的軍隊，專門用作打先鋒及戰後鎮戍。金朝滅亡和至元十六年（一二七九）曾經兩次廢罷其軍，放回各部落應役。至元十九年（一二八二）重新組建為五投下探馬赤軍。至元二十一年（一二八四）劃歸東宮，明年改稱蒙古侍衛親軍都指揮使司。至元三十一年（一二九四），成宗即位後，改屬皇太后，隨而易名隆福宮右都威衛使司。[37]

擁有由蒙古軍和漢軍組成的兩支侍衛親軍，無疑增加了太子東宮在朝廷中的權勢。

真金太子還和其他皇子一樣，享封食邑、歲賜等。其食邑主要是至元十八年（一二八一）受封的江西行省龍興路十萬五千戶，收取江南戶鈔四千二百錠。所封戶數超過安西王、北平王等嫡皇子近五分之四。歲賜則與安西王、北平王相同，都是緞一千匹，絹一千匹。又有位下四怯薛同年所封江西行省端州路上高縣八千戶，計戶鈔三百三十錠。[38]

此外，窩闊台朝遼陽人高宣曾將三峰山之戰降附的二千餘戶呈獻拖雷，置打捕鷹房都總管府，高宣任都總管，世襲統領。其孫高諒先充真金位下掌管印章的符寶郎，又奉命承襲打捕鷹房都總管。真金特意囑咐大汗怯薛符寶郎董文忠：「汝為我奏請，以諒所管民隸我，庶得諒盡力為我用。」忽必烈批准了此項奏請，二千餘戶打捕鷹房戶隨之歸屬於真金位下。[39]

三、真金太子崇尚儒術與忽必烈猜疑

真金崇尚儒術，起先是王恂、白棟朝夕不出東宮，親密無間，李謙、宋衜常侍帷幄，尤加諮詢。後又遵照真金「是數人者，盡為我致之，宜自近者始」的令旨，陸續徵召京兆楊恭懿、易州何瑋、東平徐琰、馬紹、潞州楊仁風以及楊居寬、郭佑等，在東宮宮師府和詹事院等官屬周圍，招徠、聚集了一個不大不小的漢人儒臣群體。

忽必烈朝前期，真金受王恂的影響頗大。王恂之學，尤精於算術，曾因劉秉忠之勸，再研性理。真金曾以算術問王恂，王恂回答：「算數，六藝之一耳。定國家，安人民，乃大事也。」平常，他引導真金學習探索的主要是三綱五常之旨，歷代治亂興亡之道。尤其是對接近耳目的遼金史事，更注意區別善惡，論著得失。王恂曾奉命向真金講授許衡所輯的唐、虞以來嘉言善政編。

真金在其身旁的漢族儒臣的影響下，逐步儒化。

至元七年（一二七〇）秋，真金奉詔巡撫漠北稱海。其間，真金對隨行的諸王扎剌忽、撒里蠻及從官伯顏、王恂等言：「吾屬適有茲暇，宜各悉乃心，慎言所守，俾吾聞之。」撒里蠻說：「太祖有訓，欲治身，先治心；欲責人，先責己。」扎剌忽說：「我祖有訓：長者梢，深者底。蓋言貴有始終，長必極其杪，深必究其底，不可中輟也。」伯顏說：「皇上有訓：欺罔盜竊，人之至惡。一為欺罔，則後雖出善言，人終弗信。一為盜竊，則事雖未覺，心常惴惴，若捕者將至。」王恂說：「臣聞許衡嘗言：人心猶印板然，板本不差，雖摹千萬紙，皆不差；本既差矣，摹之於紙，無不差者。」真金則說：「皇上有訓：毋持大心，大心一持，事即隳敗。吾觀孔子之語，即與聖訓合也。」[40]

扎剌忽、撒里蠻及伯顏所云，大抵是蒙古草原的哲理格言。真金不僅深表贊同王恂的說法，他本人所說與王恂同樣，也貫穿著孔孟儒學理念。可見，時至至元七年，真金受儒學的薰染，已不算淺。

至元十九年（一二八二）十月十二日，曾擔任翰林待制的文臣王惲，攜帶自己撰寫的《承華事略》，赴太子東宮呈獻給真金。《承華事略》共六卷，二十篇。篇目為：廣孝、立愛、端本、進學、擇術、謹習、聽政、達聰、撫軍、崇儒、親賢、去邪、納誨、幾諫、從諫、推恩、尚儉、戒逸、知賢、審官。從內容上看，顯然是專門為皇太子所纂集，也可以稱得上皇太子監國所用的儒家小百科。

負責引見的是工部尚書兼詹事丞張九思。當時已接近中午，真金正在東宮西部射圃射箭。事先，真金曾兩次命令近侍催促王惲入宮。

真金詢問：秦始皇如何？王惲答：所行過分暴戾。真金親自閱覽，讀至漢成帝不絕馳道，唐肅宗改服絳紗為朱明服，甚為喜悅。又說：「我若遇是禮，亦當如是。」後來，索性中止射箭，繼續詢問其餘各篇主要內容，稱讚其書弘益良多，令諸皇孫傳觀。最後，還賜酒慰勞王惲。

王惲賦詩以紀其詳：

射殿風清巳午間，曳裾挾策拜隆顏。
首詢帝子龍樓召，喜輟犀弓偃月彎。
葵藿盡酬承日志，簡編不負半生閒。
滿樽春露沾恩處，光動西池玉荀班。41

迄真金監國前後，他已經能夠翻閱漢文儒學書籍，對漢唐君臣施政得失和禮法遺事，也可以津津樂道，評頭論足了。當然，王惲等漢族文臣運用儒家文化對真金太子的刻意薰染和教化影響，也是竭盡全力、煞費苦心的。

白棟，字彥隆，河東陽曲人，許衡的弟子，受許衡舉薦擔任國子學伴讀和助教。又充任真金太子侍講，曾為真金講「鄭伯克段于鄢」，真金稱讚道：「是非空言，意固有在也。」後升任監察御史，彈劾阿合馬陰賊不法諸事，因而一度受阿合馬的報復和誣陷。42

李謙，字受益，東平東阿人。博學強記，擅長辭賦，與徐世隆、孟祺、閻復齊名，且居四人之首。初為東平府儒學教授，升萬戶府經歷。受王磐薦，召為應奉翰林文字，負責草擬制誥。至元十八年（一二八一）升為翰林直學士，以太子左諭德侍真金於東宮。書陳十事，一曰正心，二曰睦親，三曰崇儉，四曰幾諫，五曰戢兵，六曰親賢，七曰尚文，八曰定律，九曰正名，十曰革弊。忽必烈對他深加器重，賞賜坐便殿。有次與群臣一起飲酒，忽必烈對李謙說：「聞卿不飲，然能為朕強飲乎？」特賜葡萄酒一鍾，還叮囑道：「此極醉人，恐汝不勝。」後見李謙醉倒，即命令三名近侍將他扶掖出宮。43

宋衜，字弘道，潞州長子人。初入趙璧幕僚，中統三年（一二六二）始任翰林修撰，至元十三年（一二七六）升太常少卿。十八年升秘書監。真金太子以耆德之士召見，應對詳明優雅，大愜睿旨，此後屢蒙召見垂詢，侍講經幄，開諭為多。太子位下江西行省龍興路分地需要選取守令，真金特命宋衜全權銓舉。前述何瑋、徐琰、馬紹、楊仁風、楊居寬、郭佑等儒士，均由宋衜向真金太子舉薦。可見信任之篤。至元二十年（一二八三）設立詹事院，宋衜首任太子賓客。每逢宴飲接見，真金總是優容相待，多所賜賚。44

楊恭懿，字元甫，京兆奉元人。力學強記，書無不讀，尤精於《易》、《禮》、《春秋》，擅長卜筮推算。最初與許衡同被忽必烈召聘，屢召不起。至元十一年（一二七四），真金太子給中書省下達教令：「汝如漢惠聘四皓者，其聘以來。」安童丞相命令郎中張元智書寫並傳達太子的上述令旨，楊恭懿方應聘來京師，相繼參與編制《授時曆》和議論開科取士等，官至集賢學士，兼太史院事。八年後辭歸。楊恭懿是忽必烈召聘未果，真金太子特意以教令徵召成功的一位名士。至元二十年（一二八三），真金再次以太子賓客召，或許是因為年邁，楊恭懿此後長期留在故里，直到世祖末逝世。[45]

何瑋，字仲韞，易縣人。何伯祥之子。初襲父職，知易州。後從伯顏丞相平定南宋，累官行戶部尚書、兩淮都轉運使。阿合馬專權時，謝病歸家。至元十八年（一二八一），真金太子召其復出，提拔為參議中書省事，遷中書省參知政事和御史中丞，武宗朝，仕至河南行省平章政事，進入極少數漢人行省平章之列。[46]

徐琰，字子方，東平人。元好問佐嚴實校試東平諸生，徐琰與李謙、孟祺、閻復四人同預其選，名揚中州。[47]後來官至南台御史中丞、江浙行省參政和翰林學士承旨。真金召聘和提攜徐琰，也算得上是慧眼獨具。

馬紹，字子卿，濟州金鄉人。上黨張播的門徒。初因平章張啟元薦舉，以儒士充左右司都事。歷任單州知州、山東東西道僉按察司事、和州路同知等。至元十九年（一二八二），忽必烈撥江西龍興路為真金太子位下分地，食邑戶達十萬五千戶，計收戶鈔四千二百錠。[48]真金對左右侍臣說：「安得治民如邢州張耕者乎！誠使之往治，俾江南諸郡取法，民必安集。」於是，委派宋衜精心選拔署命龍興路守長。馬紹因宋衜之薦，被任命為龍興路總管。世祖後期升任尚書省參政和左丞，是桑哥柄國之際極少數「忠潔可尚」的漢人宰執。[49]

王倚，字輔臣，大都宛平人。讀書務躬行，不專事章句。劉秉忠薦為東宮官，服勤守恪，遂見信任。初任工部尚書，行本位下隨路民匠都總管，統掌地廣事繁的湯沐分邑。至元二十一年（一二八四），任家丞，兼儲用司，掌貨物錢財出納。真金監國臨決庶政後，凡時政所急，民瘼所繫，王倚知無不言。50

楊仁風，字文卿，潞州襄垣人。受真金徵召入京，累官至行省參政、宣慰使。

楊居寬，字子裕，東昌莘縣人。他與郭佑，同為宋衜向真金舉薦的儒士，被真金太子所提拔。如前所述，盧世榮被殺後，楊居寬與郭佑同時擔任中書省參政，協助右丞相安童掌管財政和銓選。不久，被桑哥誣陷殺害。

上述儒臣對真金太子的影響是非常大的。或者可以說，由於這些漢族儒臣在東宮長期宣傳儒家文化，促使真金太子成為忽必烈子孫中最早儒化的重要人物。尤其是忽必烈對漢法產生厭倦或倒退情緒後，真金太子充任了繼續漢法改革的支持者。

贊善王恂逝世，真金深表震驚和哀悼，特意賻鈔二千五百緡。他曾對左右侍臣說：「王贊善當言必言，未嘗顧惜，隨事規正，良多裨補，今鮮有其匹也。」

何瑋擔任中書省參議，徐琰任左司郎中，奉命入見，真金太子告諭他們說：「汝等學孔子之道，今始得行，宜盡平生之學，力行之。」顯然是勉勵他們利用所任官職，弘揚儒術，治理天下。

真金還一度把練達官政的衛輝路總管董文用及關中名士楊恭懿置於中書省中。真金注意對儒臣特加敬禮，通常賞賜臣下飲酒，臣下必須下拜跪飲，真金賞賜董文用飲酒則特免此禮。51

真金十分重視國子學最高層次的儒學教育，曾說：「吾聞金章宗時，有司論太學生廩費太多，章宗謂養出一范文正公，所償顧其少哉。其言甚善。」至元二十年（一二八三），根據近侍不忽木的建議，真金費了很大氣力，把北方著名理學家劉因自保定征辟來京，任命劉出任東宮右贊善大夫。不久，命令劉因代替王恂，專領國子學，教授近侍子弟。而讓先前以東宮僚友典教國子學的李謙、宋衜、李楝等繼續備諮訪。劉因因病請求去官離職，真金又命令東宮長史耶律有尚出任國子司業，主持國子學。[52]

東宮中庶子伯必以其子阿八赤謁見，真金諭令阿八赤入學，伯必即讓其子進入蒙古字學。過了一年，阿八赤再次謁見，真金問他讀何書，阿八赤回答：讀蒙古書。真金糾正道：「我命汝學漢人文字耳，其亟入胄監。」在重視儒學和作育人才方面，真金比起漢族皇儲似乎並不遜色。

在義與利的問題上，真金大抵是遵循儒家重義理而輕財利的原則來處理的。

江西行省以歲課羨餘鈔四十七萬緡貢獻東宮。因太子分地在江西省治所，江西行省官此舉似乎也不無道理。真金卻憤怒地指責道：「朝廷令汝等安治百姓，百姓安，錢糧何患不足，百姓不安，錢糧雖多，安能自奉乎。」結果一概推卻掉了。

阿合馬同僚阿里提議管民官兼運司，每年附帶輸羊三百隻。真金認為其超越例條，罷止其議。江西行省參政劉思敬派其弟思恭獻新附民一百六十戶，真金追問所獻民戶從何而來，思恭答道，其兄征重慶時所俘獲。真金皺著眉頭說：「歸語汝兄，此屬宜隨所在放遣為民，毋重失民心。」烏蒙宣撫司進獻馬匹，連續兩年如額進獻。真金也以路途遙遠，容易給百姓帶來較重負擔為由，告戒停止進獻。[53]

注意愛惜民力和重視贏得民心，是儒家學說的一項基本信條。真金對此可謂心領神會，忠實奉行。

阿合馬專權之際，真金厭惡他「奸惡」，「未嘗少假顏色」。拉施特《史集》在談到真金太子與阿合馬的關係時說：

漢人異密們由於嫉妒而仇視。真金也對他沒有好感，甚至有一次用弓打他的頭，把他的臉打破了。當他到了合罕處，〔合罕〕就問道：「你的臉怎麼啦？」他回答道：「被馬踢了。」〔正好〕真金在場，他就生氣地說：「你說得無恥，〔這是〕真金打的。」還有一次，他〔甚至〕當著合罕的面狠狠地用拳頭打了他。阿合馬一直都怕他。54

阿合馬害怕真金，說來也有緣由。因阿合馬係察必皇后的陪嫁媵人或奴僕，所以也應該是忽必烈和真金的奴僕。為了牢固地取寵於忽必烈，阿合馬必須嚴格恪守對忽必烈父子的主僕名分及隸屬關係。在第二代主人真金面前，阿合馬自然要表現得誠惶誠恐和唯唯諾諾。

對受阿合馬排擠的一些漢法派儒臣，真金不斷予以支持。一些漢法派儒臣也呼籲真金痛下決心，在翦除阿合馬奸黨中，發揮更積極的作用。

崔斌出任江淮行省左丞後不久，受阿合馬誣陷遇害。真金太子在東宮聽到崔斌即將被殺的消息時，正在用膳，惻然放下手中的筷子，急忙派遣使者前去制止。遺憾的是，為時已晚，最終未救下崔斌。55

至元十六年（一二七九），朝廷議論模仿唐三省制，設立門下省。忽必烈一度欲令廉希憲擔任門下省長官侍中。剛剛監國聽政的真金太子也派人對廉希憲說：「上命公領門下省，勿難群小。」

適值營繕東宮，工部官員欲移植廉希憲府邸的數株牡丹，以取媚於太子，遭到廉希憲拒絕。這並沒有影響真金對廉希憲的信賴。廉希憲病重之際，真金太子派遣東宮侍臣前往問候，並聽取治理國家的方略。廉希憲答覆說：

君天下者二道，用君子則治，用小人則亂。臣病雖劇，委之於天。所甚憂者，大奸專柄，群邪蜂附，誤國害民，病之大者。殿下宜開聖意，急為屏除。不然，日以沉痼，不可藥矣。56

廉希憲的心願，既深重又急迫，那就是希望真金說服忽必烈，早日除掉阿合馬。在與阿合馬反覆鬥爭、未能獲勝的情況下，廉希憲只能寄希望於真金太子了。

真金沒有辜負廉希憲等儒臣的期望，他雖然沒能說服父皇忽必烈除掉阿合馬，但反對阿合馬的政治態度是十分鮮明的。王著、高和尚刺殺阿合馬之所以能成功，重要原因之一就在於他們利用阿合馬惟獨害怕真金的心理，冒充太子真金而哄騙阿合馬出迎。

事後，王著、高和尚等被殺，阿合馬黨羽也受到新任中書省丞相和禮霍孫的嚴厲懲處。和禮霍孫任相之初，真金又勸勉道：「阿合馬死於盜手，汝入中書，誠有便國利民者，毋憚更張。苟或阻撓，我當力持之。」

對盧世榮的搜刮理財，真金也深為不滿，持嚴厲批判態度。他曾說：「財非天降，安得歲取贏乎。恐生民膏血，竭於此也。豈惟害民，實國之大蠹。」57

在如何對待理財富國以及理財大臣等問題上，真金的確同乃父忽必烈存在不小的分歧。

至元十六年（一二七九）忽必烈在太一道教主李居壽和近侍、符寶郎董文忠等的慫恿下，正式批准真金太子監國。

十月，忽必烈命太一道掌教宗師李居壽祠醮五晝夜和奏赤條於上天。事畢，李居壽向忽必烈獻策：「皇太子春秋鼎盛，宜參預國政。」忽必烈欣喜答覆：不久將實行。58

近侍、符寶郎董文忠自萬壽宮祝釐所歸來，也奏言：陛下先前命令燕王真金兼中書令、樞密使，只去過一次中書省。後來冊封真金皇太子，曾多次讓他明署軍國事。然而，十餘年來，真金「終守謙抑」。其原因並非沒有奉領明文詔書，也在於朝廷處之未極其道。遇政事，先奏請陛下裁決，而後啟白太子。這種情況下，真金身為陛下的臣與子，惟有沉默避任，絕對不敢就皇帝制敕發表可否意見。不如讓有司先啟太子，而後奏聞陛下。若有未安，斷以制敕，這樣就能做的理順而分不逾。

聽了董文忠的這番話，忽必烈立即召集中書省、樞密院、御史台大臣近百人，面諭道：「自今庶務，聽皇太子臨決而後入聞。」[59]由此開始了長達六年的真金太子監國臨決庶政。

事後，忽必烈還對真金說：「董八（文忠），崇立國本者，其勿忘之。」

史稱，真金監國，明於聽斷，凡是四方州郡科斂、輓漕、造作、和市，關係到百姓休戚的，接受啟白，即日奏請皇帝罷止。[60]

真金太子監國是漢法儒臣派官員的一個勝利。它雖然是由太一道教主李居壽和近侍、符寶郎董文忠出面上奏促成的，但背後支持力量主要是漢法儒臣派官僚群體。

由於許衡、姚樞、竇默等代表人物相繼逝世，忽必烈朝中後期漢法儒臣派官員幾乎沒有什麼主帥級人物。真金太子監國，至少使朝廷有了一位可以為漢法派儒臣官員撐腰的政治代表，以便與權臣阿合馬及盧世榮相抗衡。因為忽必烈中後期，漢法儒臣派官員在朝廷中書省等樞要衙門勢力較弱，僅有安童、和禮霍孫等短暫掌權，而阿合馬及盧世榮背後的支持者則是忽必烈。

真金監國雖然給漢法儒臣派官員帶來了一定的高層支持，但並不意味著他們能借助真金的力量得以在朝廷占據上風。隨著政治理念和政策傾向差異的加深，真金太子與忽必烈之間的分歧或裂痕也在擴大。

至元二十二年（一二八五），江南行御史台監察御史上封事說：忽必烈「春秋高，宜禪位於皇太子，皇后不宜預外事」。[61]

當時，忽必烈年屆七十，身體不太好，仍然龍驤虎視，壯心不已。無論是對北邊叛王，還是日本、安南、緬國、爪哇，忽必烈都想繼續幹一番征服偉業。南台御史提出的禪位意見，顯然迂腐而不合時宜，既增加忽必烈對台察官等漢法派的反感，又容易引發忽必烈與真金父子間圍繞皇位的利害衝突。

另，至元十八年（一二八一）察必皇后逝世後，其侄女南必繼為皇后，守第二斡耳朵。南必乘忽必烈年事已高，頗預朝政，宰相很難直接朝見忽必烈，往往通過南必皇后上奏政事。[62] 南台御史有關「皇后不宜預外事」的批評，一則有悖於蒙古汗國皇后較多過問朝政的傳統，二則得罪忽必烈身旁的南必皇后。

御史台官員接到此奏章後，覺得非同小可，於是秘密扣壓下來，未予轉奏。阿合馬黨羽答即古阿散等得知此消息，借鉤考朝廷諸司錢穀之名，欲拘收內外百司案牘，特別是御史台案牘，以揭發南台御史的奏章。御史台專司案牘的首領官都事尚文，執意扣留這份奏章，不肯交付答即古阿散輩。

答即古阿散隨即將此情況報告忽必烈，忽必烈命令宗正府官員薛徹干赴御史台索取。尚文感到事情緊急，立即稟報御史大夫玉昔帖木兒：這是上危太子，下陷大臣，流毒天下民眾的陰毒計謀。答即古阿散乃阿合馬餘黨，贓罪狼藉，應搶先揭露他，以戳穿其陰謀。

御史大夫玉昔帖木兒急忙與中書省安童丞相商議，入宮主動奏明事情原委。忽必烈聽罷，為之震怒，質問玉昔帖木兒和安童：「汝等無罪耶？」安童丞相進奏曰：「臣等無所逃罪，但此輩名載刑書，此舉動搖人心，宜選重臣為之長，庶靖紛擾。」安童這番上奏，使忽必烈怒氣稍解，終於批准了玉昔帖木兒和安童的上奏。結果，答即古阿散及其黨羽以奸贓罪處死，南台御史的禪位奏章之事，也就不了了之。

遺憾的是，體弱多病的真金太子，聽到父皇震怒的消息，更是恐懼不安。不久，即謝世，年僅四十三歲。[63]

耶律鑄賦詩悼念真金太子：

象輅長歸不再朝，痛心監撫事徒勞。
一生威德乾坤重，萬古英名日月高。
蘭殿好風誰領略，桂宮愁雨自蕭騷。
如何龍武樓中月，空照丹霞舊佩刀。[64]

真金之死，的確是漢法儒臣派官員在與答即古阿散及其黨羽較量中付出的代價，對漢法儒臣派官員的打擊十分沉重。寄託於真金的較徹底的漢法改革希望，隨而破滅。漢法儒臣派官員在朝廷高層喪失了最後的支持力量。耶律鑄之流的悲哀失望，可以理解。而後，桑哥的專權跋扈和漢法儒臣派官員所受的壓制，均超過阿合馬當政時期，或許與真金的謝世有關。

皇孫甘麻剌封晉王與鐵穆耳總兵

真金太子逝世後，忽必烈四位嫡子中惟存幼子北安王那木罕。但那木罕長期被叛王海都拘留，又因與真金爭儲而頂撞忽必烈，忽必烈命其永不得朝見。這樣，那木罕自然被排除在皇位繼承之外。有資格繼承皇位，惟有真金的兩個兒子甘麻剌和鐵穆耳。

一、甘麻剌封晉王鎮守漠北

甘麻剌是真金長子，闊闊真所生。自幼由祖母察必皇后撫育，日侍忽必烈，未嘗離左右。

至元二十三年（一二八六），甘麻剌奉命出鎮漠北，曾統率一支數量可觀的軍隊，包括「近侍」、「饔人」眾部曲、土土哈所部欽察衛軍、八丹所領昔寶赤（鷹房）萬戶等。65

甘麻剌此次出鎮，大體是在阿勒台山、杭海嶺一帶活動。此處也是其父真金太子至元七年（一二七〇）「巡撫」之地。由於至元二十一年（一二八四）那木罕改封北安王後駐地在和林以北帖木兒河（塔密兒河），所以，在至元二十三年到至元二十六年的相當長的時間內，北安王那木罕與皇孫甘麻剌是分鎮漠北東、西兩地（和林、稱海）。那木罕偏重於守護太祖四大斡耳朵、統領漠北各大千戶及控馭防範東道諸王，甘麻剌的使命則重在統率稱海一帶的元軍，且直接與叛王海都作戰。

甘麻剌屯兵阿勒台山時，會大雪，下令烹製肉糜，親自嘗過後遍賜麾下部眾。還告戒近侍太不花說：「朝廷以藩屏寄我，事有不逮，正在汝輩輔助。其或依勢作威，不用我命，輕者論遣，大者奏聞耳，宜各慎之，使百姓安業，主上無北顧之憂，則予與卿等亦樂處於此，乃所以報國家也。」這番訓誡，表明了甘麻剌對部屬的節制統轄許可權，其「朝廷以藩屏寄我」之語，或許就是指擔負漠北西部防禦海都的軍事使命。

至元二十六年（一二八九），叛王海都率兵大舉東犯，甘麻剌所部與海都在杭海嶺一帶展開激戰。由於海都的軍隊搶先占據險要地形，元朝軍隊作戰失利，惟有土土哈率領的欽察軍勇往直前，與敵鏖戰，掩護主帥甘麻剌突圍而出。甘麻剌在杭海嶺戰敗後，元軍全線潰退，和林一度被海都攻占。

當年七月，忽必烈親征，收復和林。又改命伯顏以知樞密院事鎮和林。[66]甘麻剌則奉旨率部曲南撤至大都附近的柳林休整。《元史·顯宗傳》「世祖以其居邊日久，特命獵於柳林之地」等語，乃是有意掩飾甘麻剌在漠北戰績欠佳、被迫撤離原鎮戍地的一套遁詞。

至元二十七年（一二九〇）冬，忽必烈正式將甘麻剌調離漠北，封其為梁王，賜以金印，出鎮雲南。直到那木罕死去，甘麻剌才於至元二十九年（一二九二）由梁王改封晉王，代替那木罕「統領太祖四大斡耳朵及軍馬、達達國土」。

甘麻剌重返漠北後的使命具有如下特徵：

第一，沿襲北安王那木罕舊例，晉王甘麻剌是以整個蒙古本土為鎮戍或監護對象。作為成吉思汗產業的（後來又被拖雷家族繼承的）蒙古中央兀魯思四大斡耳朵，都被置於晉王的統領之下。王惲「皇孫晉王於其地建藩開府，鎮護諸部」的說法，實際上是描述至元二十九年甘麻剌二次出鎮漠北使命的。嚴格地說，此次出鎮才稱得上封藩，而不再限於至元二十六年（一二八九）以前的臨時總兵。

第二，晉王甘麻剌封藩後，其母弟鐵穆耳及寧遠王闊闊出總兵稱海，正式形成了和林、稱海二宗王東、西並鎮的局面。晉王在履行監護「達達國土」使命的同時，總兵權較北安王有所縮小。

第三，忽必烈後期，元廷在漠北設置行樞密院，晉王封藩與行樞密院之間，也存在權力分配和互相監督牽制的關係。

第四，按照忽必烈時期的朝廷制度，晉王王爵印章為一等金印獸紐，較北安王高一等，也是其父真金、叔父秦王忙哥剌及本人先封梁王外，僅有的四個一字王封爵之一，最為尊貴。元廷還專門為晉王設立規格較高的內史府，以示優待。《元史·顯宗傳》載，晉王甘麻剌封藩不久，「中書省臣言於世祖曰：『諸王皆置傅，今晉王守太祖肇基之地，視諸王宜有加，請置內史。』世祖從之，遂以北安王傅禿歸、梁王傅木八剌沙、雲南行省平章賽陽並為內史。」

內史之官，源於秦漢。秦漢的內史，有兩種：一是掌治京師的，一是負責諸王國政務的。因元代「太祖肇基之地」的漠北，亦即蒙古國京畿所在，現又由宗王統領，中書省官以「內史」名晉王傅，似兼取秦漢內史官上述二職事含義。表明晉王內史府一開始就與一般諸王藩府有些差別。從三名內史的構成看，原梁王、北安王二藩府官和雲南行省官各占有一席，雲南行省平章賽陽還曾經充任其父真金的東宮官左詹事。由此可以看出，元廷對晉王內史府的重視。

甘麻剌性情仁厚，小心謹慎，不妄言，言語直率而無隱瞞。平素信奉佛教，御下有恩，管束部眾頗嚴。在柳林休整期間，甘麻剌擔心廩膳分配不均，命令左右近臣掌管，分給隨從兵士。又特意訓誡部眾：汝等飲食既足，若復侵漁百姓，那將是自取罪譴，不要後悔。部眾俯首聽命，當地百姓賴以安寧。後北返上都覲見忽必烈，忽必烈親自慰勞道：「汝在柳林，民不知擾，朕實嘉焉。」一赴雲南途中，隨從兵卒馬駝不下千百計，經中山、懷孟等地，未曾橫取於民眾。[67] 這些對他日後爭奪皇位也帶來一定影響。

二、鐵穆耳持皇太子寶總兵稱海

鐵穆耳是真金太子第三子，生於至元二年（一二六五）九月庚子，其母也是闊闊真。

鐵穆耳登上政治舞台，是從平定乃顏之亂開始的。忽必烈親征乃顏獲勝南返，乃顏餘黨哈丹禿魯干重新發動叛亂，攻略騷擾州郡。至元二十五年（一二八八）四月，忽必烈詔命年僅二十四歲的皇孫鐵穆耳統率諸軍討伐。原先隨從忽必烈征乃顏的御史大夫玉昔帖木兒、欽察衛都指揮使土土哈及諸王乃蠻帶等，或奉旨在鐵穆耳麾下，或與其協同作戰。

鐵穆耳率軍追擊叛王餘黨於哈剌溫山，誅叛王兀塔海，收降其部眾。

是時，順從元廷的哈赤溫後王也只里為叛王火魯哈孫所攻，遣使告急。鐵穆耳又率土土哈等移師救援，在兀魯灰河之地（今內蒙古東烏珠穆沁旗）擊敗叛王火魯哈孫。

接著，又乘勝追擊叛王哈丹，渡貴烈河（今洮河上游支流歸流河）等二河，元軍勢如破竹，攻殺敵眾。時已隆冬，鐵穆耳及御史大夫玉昔帖木兒不聽駐兵待春天再進攻的意見，倍道兼行，越黑龍江，突然直擣哈丹巢穴，殺戮殆盡，夷平其城郭，鎮撫其遺民。

於是，遼東之地徹底平定。平哈丹有功的玉昔帖木兒加爵太傅、開府儀同三司。土土哈也被忽必烈賜予諸王也只里妹塔倫為妻。[68]

率軍平定叛王哈丹禿魯干並迅速取得勝利，是鐵穆耳步入政治舞台的第一次出色表演。此次平叛戰爭，使初出茅廬的鐵穆耳經受了鍛煉，結交了一些重要將領，故在他的人生旅途上具有重要意義。

至元三十年（一二九三）六月，忽必烈命令鐵穆耳總兵漠北，以知樞密院事玉昔帖木兒輔佐以行。

鐵穆耳此次總兵漠北，與至元二十六年（一二八九）以後叛王海都的頻繁進犯北邊有關。自甘麻剌在杭海嶺戰敗，忽必烈親征且收復和林，元廷本來把北邊的軍事防務交給平定南宋的統帥伯顏。伯顏的新職務是首任和林知樞密院事，全權負責對付海都的防禦和作戰。其間，元軍雖然幾次攻至阿勒台一帶，但多數情況居守勢，戰爭也多在和林、杭海嶺附近進行。有人奏劾伯顏：久居北邊，與海都通好，因仍保守，無尺寸之獲。忽必烈頗信此言，所以讓鐵穆耳偕玉昔帖木兒，取代伯顏總兵北邊。

在玉昔帖木兒行至大營三驛之地，海都軍隊再次東來進犯。伯顏派人阻止玉昔帖木兒繼續前進，擊退海都後，方召玉昔帖木兒來大營，交付印信而去。

當時，鐵穆耳對卸任的統帥伯顏，依然頗為尊重。他舉酒為伯顏餞行，還詢問道：「公去，將何以教我？」伯顏舉著杯中酒說：「可慎者，此與女色耳。軍中固當嚴紀律，而恩德不可偏廢。冬夏營駐，循舊為便。」鐵穆耳居然全部採納。[69]

伯顏告戒鐵穆耳慎對酒色，也是有的放矢的。拉施特《史集》說，鐵穆耳是一個酒鬼，忽必烈曾想方設法規勸和責備他，都無濟於事。甚至杖責他三次，還派護衛監視和阻止他酗酒。直到鐵穆耳即大汗位，才自動改掉了酗酒的嗜好。[70]看來伯顏的告戒，是有些效果的。

至元三十年（一二九三）鐵穆耳總兵漠北的一個特殊之處，是持有其父真金所用的皇太子寶。鐵穆耳赴北邊之初，忽必烈並未授予此印章。皇太子寶是赴北邊後不久授予的。《元史》玉昔帖木兒本傳及相關碑銘，均言此皇太子寶是因玉昔帖木兒奏請而賜予。實際情況與此說略有出入。

拉施特《史集》載：

〔鐵穆耳〕合罕的母親闊闊真召了他（回回人伯顏）去，說道：「因為你獲得了這樣一些獎賞，並且合罕又把國事委託給了你，請你去問一問：真金的寶座被封存九年了，你對此有何吩咐？」而當時，〔鐵穆耳〕合罕正在征討海都和都哇的軍隊。伯顏平章把這話稟過了〔合罕〕。合罕由於過分高興，從病床上起來，召來異密們說道：「你們說這個撒兒塔兀勒是個壞人，然而他卻出於憐憫作了有關臣民的報告，他談到了寶座和大位，他關心到了我的子女。為的是在我身後他們之間不致發生紛爭！」於是他又一次獎賞了伯顏平章，並以其祖父崇高的名字賽典赤來稱呼他……說道：「現在就騎馬去把我那率軍向海都方面出征的孫子鐵穆耳叫回來吧，把他扶上他父親的寶座，舉行三天宴會，授予他帝位，然後讓他在三天之後出征，到軍隊裡去。」賽典赤奉旨出發，把鐵穆耳合罕從途中召回來，在開平府城中，扶他登上了真金的寶座。三天之後，〔鐵穆耳〕合罕到軍隊裡去，賽典赤便回來見合罕了。71

漢文史料方面，《元史》卷一百五十一《王忱傳》云，真金死後，山北遼東道提刑按察司副使王忱通過中書省平章不忽木向忽必烈進奏：「陛下春秋高，當早建儲嗣。」《元史》卷一三〇〈阿魯渾薩理傳〉又說：「初，裕宗即世，世祖欲定皇太子，未知所立，以問阿魯渾薩理，即以成宗為對，且言成宗仁孝恭儉宜立，於是大計乃決。成宗及裕宗皇后皆莫之知也。數召阿魯渾薩理不往，成宗撫軍北邊，帝遣阿魯渾薩理奉皇太子寶於成宗，乃一至其邸。」

以上波斯文、漢文史料告訴我們：鐵穆耳是至元三十年取代伯顏丞相負責北邊抵禦叛王海都的元軍統帥。這個角色和位置，與兄長甘麻剌「統領太祖四大斡耳朵及軍馬、達達國土」的使命比較，幾乎是同等重要的。皇太子寶是鐵穆耳赴漠北途中臨時召回上都授予的。奉命召回鐵穆耳的是著名回回政治家賽典赤·贍思丁之孫伯顏平章。此人取了一個與前述知樞密院事伯顏相同的名字。勸說忽必烈讓鐵穆耳承嗣其父太子印章的，還有大汗近侍阿魯渾薩理。六月二十二日，奉命將「皇太子寶」送到鐵穆耳府邸的，也是阿魯渾薩理。即使玉昔帖木兒也曾有類似奏請，因其遠在漠北，所發揮的作用未必直接。

持有了「皇太子寶」，實際上等於預先獲得了其父真金太子式的儲君地位。這樣，鐵穆耳比起兄長甘麻剌，在同樣出鎮漠北以外，又多出一項重要的政治資本。

鐵穆耳嗣汗位

一、三大臣受遺詔

至元三十年（一二九三）十二月，忽必烈病重。

至元三十一年（一二九四）正月初一，通常都要舉行的元旦朝賀，因忽必烈病重而被取消。正月十二日，知樞密院事伯顏自大同應召回大都。十九日，忽必烈病危。

二十二日夜，元王朝的創建者忽必烈，在大都紫檀殿闔然長逝。在位三十五年，享年八十歲。

忽必烈的遺體，先是依照蒙古習俗，殮殯於蕭牆之帳殿，二十四日晨，忽必烈的靈柩出大都建德門。在近郊北苑祭奠祖先完畢，文武百官號啕哭泣，與靈車告別。靈車繼續北上，埋葬於成吉思汗等四大汗在漠北的陵地起輦谷。[72]

同年五月，忽必烈被尊謚為聖德神功文武皇帝，廟號世祖，蒙古語尊稱日薛禪皇帝。

忽必烈逝世後，還沿襲成吉思汗四大斡耳朵舊俗，保留了若干被稱為「禾失房子」的后妃宮帳。成宗大德五年（一三〇一），又特設正三品的長信寺，長期負責對上述世祖皇帝斡耳朵祭奠和位下私屬怯憐口的管理。[73]

八思巴弟子阿尼哥還為忽必烈舉辦水陸大會四十九日，超度亡靈。又親自用彩錦繪織忽必烈和察必皇后御容，奉安於大護國仁王寺和大聖壽萬安寺別殿。[74]大護國仁王寺和大聖壽萬安寺等藏傳佛教寺院隨之成了忽必烈帝后的祭祀影堂所在，後來又稱神御殿。

在忽必烈病危和彌留之際，曾將御史大夫玉昔帖木兒、知樞密院事伯顏及中書省平章不忽木召至禁中，並受遺詔。此三人，族屬身分稍異，但都是忽必烈最信任的大臣。

玉昔帖木兒是成吉思汗四勳臣博爾朮的後裔，久任御史大夫，平定乃顏哈丹之亂有功，又以樞密院長官輔佐皇孫鐵穆耳總兵北邊。

知樞密院事伯顏曾是平定南宋的統帥和第一功臣，雖然不久前被忽必烈自漠北軍隊統帥的官職上調回，可依然是朝廷中一位顯耀大臣。

康里人不忽木並非蒙古大臣，但以近侍兼平章政事，忽必烈晚年最受寵信。忽必烈病重期間，不忽木突破「非國人勳舊不得入臥內」的「故事」，以近侍日視醫藥，不離左右。這又是其他大臣不能比擬的。

當時，中書省右丞相是完澤，論朝廷官爵名分地位，完澤應該最高。完澤看到禁中受遺詔的是另外三位大臣，偏偏沒有自己，特意趕到忽必烈臥病的紫檀殿前，卻被禁止入內，心裡很是不平。於是，他問伯顏等三人：「我年位俱在不忽木上，國有大議而不預，何耶？」伯顏回答：「使丞相有不忽木識慮，何至使吾屬如是之勞哉！」此番話搞得完澤更為尷尬。

其實還有一個背景，伯顏沒有提到；完澤雖然貴為右丞相，但他原先只是太子東宮詹事長和怯薛長，並非忽必烈親近怯薛，他沒有通籍禁中的特權。忽必烈對他的熟悉信賴，也遠不及三位受遺詔的大臣。

玉昔帖木兒等三人所受遺詔的內容為何，起初秘而不宣。真金妃闊闊真有幾分不安，急忙召三位大臣詢問。玉昔帖木兒回答：「臣受顧命，太后但觀臣等為之。臣若誤國，即甘伏誅，宗社大事，非宮中所當預知也。」[75]不讓闊闊真等后妃過多參預「顧命」等事，很可能是忽必烈臨終時的特意安排。玉昔帖木兒的以上答覆，總算讓真金妃闊闊真比較放心了。

在忽必烈逝世到鐵穆耳即汗位的三個月內，三位「顧命」大臣，還得以過問朝廷重大政務。如負責維持大都城治安秩序的兵馬使，請求日將落鳴暮鐘，日出鳴晨鐘，美其名曰：防止變亂發生。「顧命」大臣之一伯顏斥責兵馬使的主意是人為製造緊張空氣，命令一切如常。中書省宰執提議誅殺盜竊內府銀者，理由是：趁皇帝駕崩偷盜而僥倖求赦免。伯顏則又以「盜何時無，今以誰命誅人」，否定了宰執擅誅殺的意見。其他像忽必烈靈車出殯發引、升袝宗廟、請謚南郊等，則由另一位顧命大臣不忽木操辦。[76]

二、進獻傳國玉璽

至元三十一年（一二九四）正月初二，亦即忽必烈逝世前夕，御史中丞崔彧正在怯薛宿衛當直。因為崔彧的出身根腳是怯薛宿衛，故其擔任朝廷台憲大臣後仍有義務番直宮內。這也是元朝的固定制度。

負責翻譯的御史台通事闊闊朮，前來宿衛處向崔彧報告說：成吉思汗四勳臣之一木華黎玄孫、前通政院同知頓德，本人死後，財產散失，家計窘迫至極。妻子脫脫真身患痼疾，幼兒僅九歲，無奈拿出家中收藏的珍玉一塊，托他變賣，以給日用所需。闊闊朮是蒙古人，只認識珍玉是印章，不曉得上面的文字，因此來報告崔彧。

崔彧聽罷又是驚奇，又是疑惑。回到宅邸取出來觀察，只見玉印顏色青綠混合而玄黑，光彩射人。以古黍尺計算，大約四寸見方，厚度不足十二寸。印紐為盤螭，佈滿印背的四方邊緣。印紐上端中央有一直徑二分的通孔。印面上刻有篆字八個，筆畫流暢，位置勻稱，皆呈蟲鳥魚龍之狀。辨別其大概，近似於命字壽字等。崔彧大為驚駭，連忙召來監察御史楊桓仔細辨認。

楊桓，兗州人，自幼警悟，博覽群書，尤其精於篆籀之學。楊桓解讀為「受命於天，既壽永昌」，進而斷定是前朝之傳國玉璽。

崔彧認為，傳國玉璽在這時候出現，實乃昌運之兆。於是，小心翼翼地將玉印擦拭乾淨，用白帕覆蓋。

忽必烈逝世後八日，崔彧立即偕同監察御史楊桓和通事闊闊朮，直趨東宮。通過侍衛親軍都指揮使、太子詹事王慶端和太子家令阿散罕及詹事院判官僕散壽引導，拜謁真金太子妃闊闊真。

闊闊真孝順謹慎，又極為聰明能幹。入宮後，她善於侍奉父皇忽必烈和皇后察必，忽必烈稱讚她為賢德媳婦。侍奉皇后察必，不離左右，甚至廁所用紙，也要親自以臉擦揉，令其柔軟而進上。[77]

拉施特說，忽必烈逝世到鐵穆耳即位的時間內，真金太子妃闊闊真「主持了一切重要國事」。[78]當時，南必皇后尚在，闊闊真不太可能名正言順地掌管朝政，但因東宮詹事院長官完澤兩年前擔任中書省右丞相，闊闊真通過完澤實際控制大部分權力倒是可能的。

崔彧等拜謁闊闊真，算是目標準確。

崔彧稟告闊闊真說：此乃古代傳國玉璽，秦朝以和氏璧所造。而後，據有天下者相沿以此璽為寶，來君臨萬國。前代遺失此璽已久。如今正值大汗晏駕，諸大臣共同議論迎請皇太孫鐵穆耳龍飛，此璽不尋求而自現，這是上天昭示的瑞應。應該儘早送達於皇太孫行殿，以符靈貺。

真金太子妃闊闊真欣然採納了崔彧的意見。隨即，下令賞賜收藏玉璽的碩德家屬寶鈔二千五百貫，崔彧、楊桓及闊闊朮三人也因辨別和進獻玉璽而獲賜衣緞等。

當日，中書省右丞相完澤率集賢院、翰林院侍從諸臣到東宮祝賀。闊闊真命令拿出玉璽，讓群臣一一觀看。翰林學士董文用等上前云：這是神物，若非皇太妃、皇太孫聖感，何以顯現於此。而後，丞相以下官員依次向闊闊真祝福。於是，內外稱道慶賀，皆曰天命有歸。

第二天，闊闊真派遣中書左丞兼詹事丞張九思和詹事院判官僕散壽，召鐵穆耳南歸，以親為付授。[79]

在此以前，也是忽必烈逝世第五天，儒臣徐毅給闊闊真上書中也主張：「四海不可一日無君。大行皇帝奄棄天下，已五日矣。苟非早定大策，萬一或啟奸覦，變生不測，實可寒心。皇孫撫軍朔漠，先帝既授以皇太子寶，聖意可知。伏願明諭宗藩大臣，協謀推戴，遣使舉迎，歸正大統。」[80]

為進一步製造輿論，楊桓還專門撰寫文章，列舉蒙元諸帝的天命功德：太祖成吉思汗為天下除禍定亂，受天命而為天下主；忽必烈汗功包海嶽，輿地所記，悉主悉臣；真金太子天賜仁慈之德，上慰君親之悅，下繫億萬之望；皇太妃闊闊真聰明淑懿，母儀崇嚴，皇孫翼翼，訓導端嚴；皇太孫鐵穆耳英謀獨斷，大肖祖宗，皇天授命，誕膺龍飛，以正九五之位。又追述傳國玉璽的千餘年經歷始末，宣傳其再現於世的瑞應意義。楊桓歸納了瑞應之兆的三個表現：昔日真金太子封為燕王，皇太孫鐵穆耳係燕王之子，將主神器，而神寶出於燕，適與前事相符。此瑞應徵兆之一。

寶璽之出，正當皇元聖天子六合一統之時，忽必烈汗晏駕不久，可以見到上天意在恰為繼統新君而設。此瑞應徵兆之二。寶璽之出，適正月三十日，有終而復始之象，可以見到先聖皇帝御世太平之功既成，讓繼統新君復其始。此瑞應徵兆之三。81

進獻傳國玉璽，應該是崔彧、楊桓等漢人官僚主動為鐵穆耳繼承皇位製造的一種政治輿論。所進獻的傳國玉璽或許是真的，或許是秦以後偽造的贗品。因為實物已無，《輟耕錄》等相關記載又寥寥數語，如今難考其詳，只能將玉璽真假問題暫時擱置。

木華黎後裔碩德變賣家藏玉印，本來不是什麼大事情。崔彧、楊桓等之所以斷定玉印為傳國玉璽，又以瑞應徵兆及時呈獻闊闊真，就是希望皇位早日傳給真金之子鐵穆耳。曾經相當於漢法儒臣派官員領袖的真金太子，當年的確令漢人官僚對未來蒙古皇帝徹底漢化充滿了熱烈的嚮往和憧憬。真金的不幸早逝，使他們希望破滅。崔彧、楊桓等自然會將昔日對真金的熱望轉移到其子鐵穆耳身上。

至於闊闊真及右丞相完澤，之所以對崔彧、楊桓等所獻玉印感興趣，雖然不排除蒙古人酷信卜筮瑞應天命等因素，但主要還是他們也需要利用傳國玉璽的瑞應之說，達到扶持鐵穆耳登皇位的政治目的。考慮到崔彧多年充任御史大夫玉昔帖木兒的副貳，或許他從玉昔帖木兒處已探聽到忽必烈令鐵穆耳繼承皇位的遺詔意向。如果後者符實，崔彧、楊桓等進獻傳國玉璽之舉，又明顯是和玉昔帖木兒等三顧命大臣扶助鐵穆耳繼承皇位的比較巧妙的內外配合。

三、上都「忽里台會議」定策

在真金死後的八年多時間內，忽必烈遲遲沒有再立皇儲，直到至元三十年（一二九三）才把皇太子寶授予鐵穆耳。忽必烈如此處理真金死後的皇位繼承問題，是有原因的。正如人們所熟知的，忽必烈在至元中後期政治上的保守傾向有所加重，表現在皇位繼承上也有倒退的跡象，即沒有及時冊立鐵穆耳為新太子。

事情似乎並不那麼簡單。除了政治上不能堅持漢法外，有兩個因素也應該注意：

一是真金死後，皇幼子北安王那木罕仍鎮北邊，如前所述，忽必烈曾經許諾過那木罕繼承皇位之事，後來才改而決定立其兄真金為太子。此時拋開那木罕，再立真金之子，阻力重重，忽必烈很難操作。

二是皇孫甘麻剌和鐵穆耳，並不能讓忽必烈感到十分滿意。

甘麻剌生性懦弱，在漠北抵禦海都作戰中屢屢失敗，日後很難有大的作為。忽必烈一度不得不將他封為梁王，調至雲南。

鐵穆耳平定哈丹禿魯干功勳卓著，比其兄更有能力和膽識。正如馬可波羅所云：「這鐵木耳是一個很聰明和勇敢的人。他已經多次在戰陣中很清楚的表現他自己的才能了。」但鐵穆耳也有弱點，他是個嗜酒如命的酒鬼，忽必烈多次教育他，都不知悔改。拉施特說：

鐵穆耳合罕是一個酒鬼，無論合罕怎樣規勸和責備他，都沒有用。以至到了〔合罕〕用棍子打過他三次並派一些護衛盯著他，讓他們不給他酒喝的地步。有一個綽號里咱的學者，不花剌人，經常在他身邊……並經常和鐵穆耳合罕偷偷地喝酒，因此合罕對他生了氣，但無論費多大力氣，都未能把他和鐵穆耳合罕隔離開……因為衛士和暗探妨礙〔他們〕喝酒，所以里咱就讓他去洗澡並對澡堂管理人員說，要他偷偷地用酒代替水灌到水道中，通過管子放進浴池內，他們便喝到了酒。這件事被看守人知道了，報告了合罕。合罕就下令強迫他和里咱分開……並在路上暗中把他（指里咱）殺掉了。[82]

如此看來，忽必烈對甘麻剌、鐵穆耳兄弟並不十分滿意，只是在至元二十九年（一二九二）左右那木罕逝世後，忽必烈已沒有再多的選擇餘地。只能在甘麻剌、鐵穆耳兄弟中選擇其一。當然忽必烈選擇鐵穆耳，還是正確的，他畢竟比其兄甘麻剌才幹出眾。據拉施特說，鐵穆耳即汗位後，就改掉了酗酒的毛病。這是需要非凡毅力的。

忽必烈授予鐵穆耳皇太子寶，並將以鐵穆耳為汗位繼承人的遺詔留給三位顧命大臣：御史大夫玉昔帖木兒、知樞密院事伯顏及平章不忽木。由於沒有正式冊立鐵穆耳為新太子或皇太孫，鐵穆耳正式登上皇位，必須履行忽里台貴族會議的古老程序。

實際上，忽必烈安排這樣的皇位繼承方式，是以蒙古舊俗為主、又雜糅漢地太子位號印章。從漢法的角度，如此行事是比冊立真金太子倒退了。但它又比較符合當時的實際，經過努力，也可以行得通，可以按忽必烈的意志順利傳位給鐵穆耳。冊立真金為太子，畢竟是蒙元帝國的第一次，來自漠北蒙古方面的阻力很大。即使真金不逝世，而以皇太子繼承皇位，也很難說不需要忽里台貴族會議定策。

鐵穆耳是至元三十一年（一二九四）四月初二，應召自漠北返回上都的。在此前後，其兄長甘麻剌也回到了上都。

接著，在上都舉行了忽里台貴族會議，專門議論決定皇位繼承問題。出席這次忽里台會議的有：忽必烈庶子寧遠王闊闊出、鎮南王脫歡、皇孫甘麻剌、鐵穆耳、忙哥剌之子、嗣安西王阿難答、西平王奧魯赤之子鐵木兒不花、知樞密院事伯顏、御史大夫玉昔帖木兒、右丞相完澤、月赤察兒、土土哈、答失蠻、哈剌哈孫答剌罕、平章不忽木等，還有南必皇后、闊闊真等。

在忽里台會議上，由於忽必烈四名嫡子均已逝世，庶子寧遠王闊闊出和鎮南王脫歡地位較低，缺乏角逐皇位的實力，鎮南王脫歡還因兩征安南損兵折將，被忽必烈罰以永遠不得覲見。而在諸皇孫中，真金的兩個兒子晉王甘麻剌和鐵穆耳，最為顯赫。甘麻剌在諸皇孫中首封一等王爵（金印獸紐）梁王和晉王，又代替北安王那木罕統領成吉思汗四大斡耳朵及軍馬、達達國土。鐵穆耳則奉命總兵漠北，掌管著元朝方面在漠北的大部分軍隊，又持有忽必烈授予的皇太子寶。甘麻剌和鐵穆耳，都是成吉思汗的嫡系子孫，又都在守衛著蒙古本土，按照蒙古習俗，他倆最有資格角逐皇位。這場皇位爭奪，實際上是在真金的兩個兒子晉王甘麻剌和鐵穆耳之間展開。

《元史·伯顏傳》所云：「親王有違言」，就是晉王甘麻剌欲和其弟鐵穆耳爭位的意思。然而，皇太子妃闊闊真和三名「顧命」大臣，都站在鐵穆耳一邊，這就使甘麻剌很快處於十分不利的地位。

拉施特云：

在鐵穆耳合罕與長他幾歲的〔兄長〕甘麻剌之間在帝位繼承上發生了爭執。極為聰明能幹的闊闊真哈敦對他們說道：「薛禪合罕，即忽必烈合罕曾經吩咐，讓那精通成吉思汗必里克（指寶訓）的人登位，現在就讓你們每人來講他的必里克，讓在場的達官貴人們看看，誰更為精通必里克。」因為鐵穆耳合罕極有口才，是一個〔好的〕講述者，所以他以美妙的聲音很好地講述了必里克，而甘麻剌，則由於他稍患口吃和沒有完善地掌握詞令，無力與他爭辯。全體一致宣稱，鐵穆耳合罕精通必里克，他較漂亮地講述了〔必里克〕，他應取得皇冠和寶座。83

以精通成吉思汗寶訓來考核皇位繼承候選人，看來比較公正。問題是闊闊真明明知道鐵穆耳能言善辯和甘麻剌訥於言辭，偏偏以講述成吉思汗寶訓來讓與會眾人評定雄雌優劣，顯然她是在有意袒護鐵穆耳。由於闊闊真提議的如此「考核」，忽里台貴族會議的輿論倒向了鐵穆耳。可見，在忽里台會議上闊闊真擁戴鐵穆耳的作用是非常大的。

闊闊真在皇位傳承問題上的厚此薄彼，是有背景的。《元史．顯宗傳》雖然說，甘麻剌也是闊闊真所生，但同書〈后妃傳二〉又明言：闊闊真僅生答剌麻八剌和鐵穆耳二子。有人據此懷疑甘麻剌是闊闊真所親生，[84]不是沒有道理。史書還說，甘麻剌自幼一直由忽必烈夫婦撫養，即使《元史．顯宗傳》所言甘麻剌係闊闊真所生符實，也可以斷定甘麻剌與母親闊闊真的親密程度遠不及鐵穆耳。

在鐵穆耳占據上風的過程中，伯顏、玉昔帖木兒等「顧命」大臣的作用，也至關重要。伯顏、玉昔帖木兒二人軟硬兼施，配合的十分默契。

當甘麻剌有「違言」異議時，伯顏手握寶劍立於宮殿台階上，陳述祖宗寶訓，宣揚顧命，闡明忽必烈所以立鐵穆耳的旨意，而且辭色俱厲，致使甘麻剌雙腿顫抖，被迫趨殿下拜。

玉昔帖木兒則起身對甘麻剌說：「宮車遠駕，已逾三月，神器不可久虛，宗祧不可乏主。疇昔儲闈符璽，既有所歸，王為宗盟之長，奚俟而弗言？」甘麻剌聽罷他的話，立刻說：「皇帝踐祚，願北面事之。」

甘麻剌一表示屈服，與會宗親大臣就取得完全一致，於是，依照忽里台慣例，合辭擁戴鐵穆耳繼承皇位。據說，上都忽里台定策以前，形勢複雜，人心惶惶，隨時都可能發生變亂，定策之後，「易天下之岌岌為泰山之安」。難怪玉昔帖木兒感慨地說：「大事已定，吾死且無憾。」[85]

如果說闊闊真在忽里台的作用，重在以考核精通寶訓，讓與會其他宗親大臣達成共識，那麼，伯顏、玉昔帖木兒等「顧命」大臣的作用，又主要是傳達忽必烈的遺詔，說服或迫使甘麻剌屈服就範。他們傳達遺詔，也帶有忽必烈指定繼承人和嗣君的意思。伯顏、玉昔帖木兒根腳貴重，都擔任朝廷重要官職，南征北戰，功勳卓著，在宗親大臣中很有權威，由他們傳達忽必烈遺詔，容易控制局面，具有很大的威懾力。二人在受遺詔顧命以前，都與鐵穆耳有較密切的交往，從二人的言行看，他們都是竭盡全力，忠實奉行忽必烈立鐵穆耳的旨意。如果沒有三大臣的傳達遺詔及威懾作用，皇長孫甘麻剌肯定不會屈從於以講述寶訓決定皇位誰屬的結果。應該承認，伯顏、玉昔帖木兒等「顧命」大臣的實際作用效果，似乎應在闊闊真之上。

四月十四日，鐵穆耳在上都大安閣登上皇位。這就是元成宗。

鐵穆耳即位後，立即任命了以右丞相完澤為首的中書省宰相，尊闊闊真為皇太后。兄長甘麻剌獲賜忽必烈的一整份財產，仍然負責統領太祖大斡耳朵及軍馬、達達國土；安西王阿難答繼續統管關中陝西等地，寧遠王闊闊出奉命總兵於稱海，鎮南王脫歡繼續鎮戍揚州。伯顏被加爵太傅，玉昔帖木兒則進為太師。[86]

新太后闊闊真還特命派近侍潔實彌爾護送晉王甘麻剌歸藩，且以祖宗「弘模遠範」、古今「善行美德」，開導甘麻剌安心守藩，以彌補兄弟爭位的嫌隙。事後，成宗鐵穆耳還稱讚潔實彌爾：「汝善處吾兄弟之間。」[87]

於此，忽必烈身後的皇位繼承事宜，總算告一段落。

註釋

1 《元史》卷一一四〈后妃傳一〉，卷一一八〈特薛禪傳〉。

2 《史集》余大鈞、周建奇譯本，第二卷，頁二八二，北京商務印書館，一九八六年。

3 《元史》卷四〈世祖紀一〉。

4 《史集》余大鈞、周建奇譯本，第二卷，頁二九〇，北京商務印書館，一九八六年。

5 《元文類》卷六〇〈中書左丞姚公神道碑〉。

6 《元史》卷一六〇〈王思廉傳〉。

7 《元史》卷一一四〈后妃傳一〉。

8 《增訂湖山類稿》卷二。

9 《漢藏史集》陳慶英譯本，頁一七〇，西藏人民出版社，一九八六年；《佛祖歷代通載》卷三五，頁四〇八、四一〇，江蘇廣陵古籍刻印社，一九九三年；參閱王輔仁、陳慶英《蒙藏關係史略》頁三四，中國社會科學出版社，一九八五年。

10 《史集》余大鈞、周建奇譯本，第二卷，頁二八七，北京商務印書館，一九八五年。

11 《元史》卷一一四〈后妃傳一〉；《史集》余大鈞、周建奇譯本，第二卷，頁三七六，北京商務印書館，一九八五年。

12 《元史》卷一〇六〈后妃表〉；《馬哥孛羅遊記》張星烺譯本，頁一四八，商務印書館，一九三六年；《史集》余大鈞、周建奇譯本，第二卷，頁二八四、二八五，北京商務印書館，一九八五年。

13 《馬哥孛羅遊記》張星烺譯本，頁一五一，商務印書館，一九三六年。

14 《元史》卷一一五〈裕宗傳〉，卷五〈世祖紀二〉；《元朝名臣事略》卷八〈內翰竇文正公〉，卷一四〈內翰董忠穆公〉。

15 《元史》卷一一五〈順宗傳〉，卷一七六〈王倚傳〉。

16 《雪樓集》卷八〈秦國先墓碑〉。

17 參閱陳慶英：《雪域聖僧——帝師八思巴傳》，中國藏學出版社，二〇〇二年。

18 《秋澗集》卷五七〈大元國大都創建天慶寺碑銘〉。

19 《金華集》卷一三〈壽光寺記〉。

20 《史集》余大鈞、周建奇譯本，第二卷，頁二八四，北京商務印書館，一九八五年。

21 《元史》卷一一六〈后妃傳〉。

22 《元史》卷一一八〈特薛禪傳〉，卷一一六〈后妃傳二〉，卷一〇九〈諸公主表〉。
23 《元史》卷一〇九〈諸公主表〉；《元文類》卷二三〈駙馬高唐忠獻王碑〉；參閱周清澍〈汪古部與成吉思汗家族世代通婚關係〉，《文史》第十二輯，中華書局，一九八一年。
24 《元史》卷一〇九〈諸公主表〉，卷一一八〈孛禿傳〉。
25 《元史》卷一一六〈后妃傳二〉。
26 《陵川集》卷三二。
27 《元文類》卷六〇〈中書左丞姚文獻公神道碑〉。
28 《元文類》卷一四。
29 《元史》卷一六三〈張雄飛傳〉。
30 《元史》卷四〈世祖紀一〉。
31 《陵川集》卷三二〈班師議〉。
32 《史集》余大鈞、周建奇譯本，第二卷，頁三五二，北京商務印書館，一九八六年。
33 《馬哥孛羅遊記》張星烺譯本，頁一五七，商務印書館，一九三六年。
34 《元史》卷一一五〈裕宗傳〉，卷一三〇〈完澤傳〉，卷八〈世祖紀五〉，卷一二〈世祖紀九〉。
35 《元史》卷一一五〈裕宗傳〉，卷一六九〈張九思傳〉；《南村輟耕錄》卷二六〈傳國璽〉。
36 《元史》卷一〇〈世祖紀七〉，卷九九〈兵志二·宿衛〉；《南村輟耕錄》卷二六〈傳國璽〉；《靜軒集》卷五〈故榮祿大夫平章政事神道碑銘〉。
37 《元史》卷九九〈兵志二·宿衛〉。
38 《元史》卷九五〈食貨志三〉。
39 《元史》卷一五三〈高宣傳〉。
40 《元史》卷一一五〈裕宗傳〉，卷一六四〈王恂傳〉；《元朝名臣事略》卷九〈太史王文肅公〉。
41 《秋澗集》卷二三〈西池幸遇詩〉，卷七八〈承華事略〉；《元史》卷一六七〈王惲傳〉。
42 《牧庵集》卷二六〈河南道勸農副使白公墓碣〉。
43 《元史》卷一六〇〈李謙傳〉。
44 《元史》卷一七八〈宋衜傳〉。
45 《牧庵集》卷一八〈領太史院事楊公神道碑〉。
46 《雪樓集》卷八〈梁國何文正公神道碑〉。
47 《元史》卷一六〇〈閻復傳〉。
48 《元史》卷九五〈食貨志三〉。
49 《元史》卷一七三〈馬紹傳〉。
50 《元史》卷一七六〈王倚傳〉。
51 《元朝名臣事略》卷一四〈內翰董忠穆公〉。

52《元史》卷一一五〈裕宗傳〉，卷一七一〈劉因傳〉。
53《元史》卷一一五〈裕宗傳〉。
54《史集》余大鈞、周建奇譯本，第二卷，頁三四〇，北京商務印書館，一九八五年。
55《元史》卷一七三〈崔斌傳〉。
56《元文類》卷六五〈平章政事廉文正王神道碑〉。
57《元史》卷一一五〈裕宗傳〉。
58《元史》卷二〇二〈釋老傳〉，卷一〇〈世祖紀七〉；《危太樸集》卷八〈送郭真人還玉笥山序〉。
59《牧庵集》卷一五〈董文忠神道碑〉；《元朝名臣事略》卷一四〈樞密董正獻公〉。關於真金太子監國問題，《瓦撒夫書》有不同的說法。該書云：「忽必烈欲使其子參決朝政，諸臣言父在子執大權，非舊例，且背成吉思汗法令，乃止。惟令諸臣共立文約，約在可汗死後奉真金即帝位。」參閱《多桑蒙古史》馮承鈞譯本，上冊，頁三一五，上海書店出版社，二〇〇一年。太子監國參決朝政，乃漢地王朝典制。一般蒙古人很難理解這項制度的真實內涵。《瓦撒夫書》的以上說法，與拉施特《史集》中那木罕所云「他真金繼位後，將怎樣稱呼你呢？」內容大體是一致的。然而，從漢文記載看，「太子監國」的確實施過。以上兩種反面記述，只能反映了蒙古人對「太子監國」的難以理解。
60《元史》卷一一五〈裕宗傳〉，卷一四八〈董文忠傳〉。
61《菊潭集》卷二〈平章政事致仕尚公神道碑〉。
62《元史》卷一一四〈后妃傳一〉。
63《菊潭集》卷二〈平章政事致仕尚公神道碑〉；《元史》卷一一五〈裕宗傳〉，卷一七〇〈尚文傳〉。
64《雙溪醉隱集》卷四〈挽皇太子詞〉。
65《秋澗集》卷四三〈總管范君和林遠行圖詩序〉；《元史》卷一一五〈顯宗傳〉，卷一二八〈土土哈傳〉，卷一三四〈小雲石脫忽憐傳〉。
66《元史》卷一一五〈顯宗傳〉，卷一二八〈土土哈傳〉，卷一二七〈伯顏傳〉，卷一五〈世祖紀十二〉。
67《元史》卷一一五〈顯宗傳〉。
68《元史》卷一二〈世祖紀十二〉；《元朝名臣事略》卷三〈太師廣平貞憲王〉；《元文類》卷二六〈句容郡王世績碑〉。
69《元史》卷一二七〈伯顏傳〉。
70、71《史集》余大鈞、周建奇譯本，卷二，頁三五五，北京商務印書館，一九八六年。
72《元史》卷一七〈世祖紀十四〉；《秋澗集》卷一三〈大行皇帝挽辭八首〉。

73《元史》卷九〇〈百官志六〉。
74關於忽必烈御容影堂所在，《雪樓集》卷七〈涼國敏慧公神道碑〉載：「世祖上賓……又追寫世祖順聖二御容織禎，奉安於仁王、萬安之別殿。」《元史》卷七八〈祭祀志四〉則云：「影堂所在：世祖帝后大聖壽萬安寺，裕宗帝后亦在焉。」筆者拙見，御容影堂很可能先在大護國仁王寺，後移至大聖壽萬安寺。
75《元史》卷一七〈世祖紀十四〉，卷一三〇〈不忽木傳〉。
76《元朝名臣事略》卷二〈丞相淮安忠武王〉；《元史》卷一三〇〈不忽木傳〉。
77《元史》卷一一六〈后妃傳二〉。
78《史集》余大鈞、周建奇譯本，第二卷，頁三七五，北京商務印書館，一九八五年。
79《元史》卷一七三〈崔彧傳〉，卷一六四〈楊桓傳〉；《南村輟耕錄》卷二六〈傳國璽〉。
80《金華集》卷二七〈徐毅神道碑〉。
81《南村輟耕錄》卷二六〈傳國璽〉。
82《馬哥孛羅遊記》張星烺譯本，頁一五一，商務印書館，一九三六年；《史集》余大鈞、周建奇譯本，第二卷，頁三五五，北京商務印書館，一九八六年。
83《史集》余大鈞、周建奇譯本，第二卷，頁三七六，北京商務印書館，一九八六年。
84周良霄：〈蒙古選汗儀與元朝的皇位繼承問題〉，《元史論叢》第三輯，中華書局，一九八六年。
85《元朝名臣事略》卷二〈丞相淮南忠武王〉，卷三〈太師廣平貞憲王〉；《牧庵集》卷一一〈蒲慶寺碑〉。
86《史集》余大鈞、周建奇譯本，第二卷，頁三七六，北京商務印書館，一九八六年；《元史》卷一八〈成宗紀一〉。
87《吳文正集》卷三二〈大元榮祿大夫宣政院使齊國文忠公神道碑〉。

第十九章　蒙漢雜糅夢　功過紛紜說

在五千年文明的長河中，許多著名帝王，如秦始皇、漢高祖、漢武帝、魏孝文帝、隋文帝、唐太宗、宋太祖、成吉思汗、明太祖、清康熙帝、雍正帝、乾隆帝等等，他們在時代舞台上叱吒風雲，各領風騷，以顯赫功業樹起了一座座豐碑，無論對當時還是對後世，均產生了不可磨滅的影響。

忽必烈完全可以和上述帝王相媲美，也應該進入千古名帝行列。

先讓我們回顧七百年來有關忽必烈的議論和評價。

忽必烈去世不久，翰林學士王惲曾撰〈大行皇帝挽辭八首〉，予以追述和悼念：

灤水龍飛日，長楊羽獵時。
天顏凡五見，兩淚遽雙垂。
化日中天赫，陰靈萬國馳。
何由知帝力，耕鑿樂雍熙。
晏駕纔經宿，幨車出建門。
千官分兩淚，六馭迅龍奔。
雲氣蒼梧遠，天山禹穴昏。

依光瞻日月，頌德象乾坤。
威破群雄膽，恩藏四海心。
聲明三五盛，垂拱九重深。
國論多儒斷，天機入睿臨。
小臣剺面血，無路灑松林。
聖神由廣運，纂述到無加。
禹甸逾輪廣，殷邦極靖嘉。
尊臨三紀久，遽陟九天遐。
白首金鑾舊，長號自倍嗟。
端月辰臨酉，淵衷弗寤興。
紫垣逢彗學，杞國駭天崩。
法從嗟何及，朝臣痛不勝。
聖靈知在上，春草認封陵。
去歲回鑾輅，旌麾擁萬靈。
今春辭畫翣，弓劍閟泉扃。
黼裳虛瓊島，雲龍慘帝庭。
詞臣思補報，淚濕簡編青。

論治方堯禹，求賢到釣耕。
民區無二上，廟算有奇兵。
萬寓風煙靜，中天日月明。
小臣思頌德，終了是強名。

帝系三宗上，麟經一統尊。
火盤承正據，虎落入雄吞。
窮蹙南交獸，奔騰北海鯤。
不教擒一索，遺恨付皇孫。[1]

王惲的八首五言律詩，每首都有較豐富的內涵，大體包羅了忽必烈一生的諸多重要事蹟。第一、二、五、六首是回憶登皇位到晏駕三十五年間作者的五次面君及突然去世，群臣護送靈車出城等情景。第三首記述忽必烈善用儒臣之謀，恩威並施，垂拱九重。第四首記述忽必烈廣拓疆域，君臨大漠南北三十餘年。第七首記述忽必烈效法堯禹，求賢若渴，善待民眾，平定天下。第八首記述忽必烈混一南北，承襲中原王朝正統，但征交趾和平海都叛亂未竟，只能交付皇孫鐵穆耳完成。王惲的詩不無阿諛奉承和溢美之詞，表達了部分北方文士對忽必烈的效忠愛戴與認同，故也算是對忽必烈的最早評價。

馬可波羅回國後，在其《遊記》中稱讚說：

告訴你們治理全韃靼人各王中的最大的王……這最大的王就是大可汗，他的名字叫忽必烈……在臣民、土地、錢財各方面來說，在現世或是以前，自從我們的始祖亞當直到現今，大可汗是一個最有勢力的人了……他是現在活的，也是從來沒有的，一位大皇帝……忽必烈承嗣著成吉思汗直系皇統，因為全韃靼人的君主必須屬於那個宗系……他得到這個君位是用著他自己的豪氣、勇敢和智慧……在他為君主之先，他差不多參加了每次戰爭。他是一位勇敢的兵士和優良的領袖……大可汗，是一個最智慧，在各方面看起來，都是一個有天才的人。他是各民族和全國的最好君主。他是一個最賢明的人，韃靼民族從來所未有的。[2]

馬可波羅來自歐洲威尼斯，對中國史和蒙古史所知不太多，他只是從來華親身見聞中得出忽必烈權威顯赫、最具勇敢、智慧、賢明、天才等認識，而且是比較準確和符合實際的。

波斯史家瓦撒夫說：

自我國（波斯）境達於蒙古帝國之中心，有福皇帝公道可汗駐在之處。路程相距雖有一年之遠，其豐功偉績傳之於外，至達於吾人所居之地，其制度法律，其智慧深沉銳敏，其判斷賢明，其治績之可驚羨，據可信之證人，如著名商賈、博學、旅人之言，皆優於迄今所見的偉人之上。僅舉其一種功業一段才能例之，已足使歷史中之諸名人黯淡無色。若羅馬之諸凱撒，波斯之諸庫薩和，支那之諸帝王，阿勒壁之諸開勒，耶門之諸脫拔思、印度之諸羅闍，薩珊、不牙兩朝之君主，塞勒柱克朝之諸算端，皆不足道也。[3]

瓦撒夫的評價，把忽必烈列為世界級偉人和千古一帝，為其歌功頌德，大體反映了波斯伊利汗國方面對忽必烈的態度。因為取材於元帝國西去人員的傳聞，其誇張失實之處在所難免。

明初《元史》纂修者則云：

> 世祖度量弘廣，知人善任使，信用儒術，用能以夏變夷，立經陳紀，所以為一代之制者，規模宏遠矣。

《元史》纂修者對忽必烈功業的評價稍低於成吉思汗，又著重講忽必烈「信用儒術」和「以夏變夷」，其堅持漢文化本位的局限性，顯而易見。

清初薩囊徹辰《蒙古源流》又說：忽必烈「治理大國之眾，平定四方之邦，四隅無苦，八方無擾，致天下以井然，俾眾庶均安康矣」。[4]

這是蒙古族史家對忽必烈較早的評說。該書雖然肯定其「治理」、「平定」之功，但對忽必烈的敘述遠比成吉思汗簡略，讚美之辭，也遜色得多。

清人趙翼則說：

> 元世祖混一天下，定官制，立紀綱，兼能聽劉秉忠、姚樞、許衡等之言，留意治道，固屬開國英主。然其嗜利黷武之心則根於天性，終其身未嘗稍變。[5]

趙翼在稱讚忽必烈「混一天下」、「留意治道」、「開國英主」的同時，又批評他「嗜利黷武」，而且是對忽必烈較早的深刻批評。

忽必烈究竟是怎樣的一位帝王呢？他的為政用人情況如何？他比起成吉思汗等前四汗，比起秦皇漢武和唐宗宋祖，又有什麼超然的功業和貢獻呢？他對十三、十四世紀的中國及亞洲的歷史作用又如何？

這裡，我們分為不嗜殺、輕刑等惠政，知人善任使，締造元帝國功業三方面，對忽必烈進行總體評價。

不嗜殺、輕刑等惠政

一般地說，人們往往是把游牧軍事征服與野蠻殘酷聯繫在一起的。在蒙古四大汗時期，這種看法是正確的。

作為成吉思汗嫡孫的忽必烈，不愧是一位成功的軍事征服者。如前所述，藩王時期，忽必烈本人親自遠征大理，將雲南率先置於蒙古帝國的版圖之內。繼為大汗和建立元帝國後，他又主持實施渡江平定南宋和對安南、爪哇、緬國、日本等海外諸國的遠征，創建了可以和乃祖成吉思汗相媲美的軍事征服功業。另一方面，忽必烈在漢人儒臣的影響下，效仿北宋曹彬，無論是遠征大理，還是渡江攻鄂州，平定南宋，跨海征日本等，始終奉行不嗜殺的原則。從屠城擄掠到不嗜殺的過渡，忽必烈確實經歷了了不起的文明進步與提升。這無疑是在改變蒙古征服者的傳統理念和形象。具體事例，詳見第三章第二節、第七章、第十三章。茲不贅。

誰曾料，作為蒙古征服者的忽必烈，不僅在戰爭中不嗜殺，君臨元帝國之際，還做出包括「輕典」、節儉、濟貧、置惠民藥局、植樹、禁賭等內容的一系列嘉惠庶民的政績。

在刑法方面，忽必烈實行「輕典」和慎刑政策。

忽必烈在沿用漢地王朝傳統的笞、杖、徒、流、死五刑制度的同時，又對笞、杖二刑作大膽的修訂：「曰天饒他一下，地饒他一下，我饒他一下，自是合笞五十，只笞四十七；合杖一百十，只杖一百七。」[6]結果，從笞刑十下到杖刑一百一十下，統統被減少了三下。

對此，馬可波羅也有如出一轍的記載：「假如有人偷小東西，不需要處死的，那就用棍子打他七下，或十七下，或二十七下，或三十七下，或四十七下，以至一百零七下。」[7]

忽必烈又效法唐太宗李世民的死刑復奏，曾告戒史天澤等大臣：「朕或怒，有罪者使汝殺，汝勿殺，必遲回一二日乃復奏。」[8]他還對降元南人將領管如德說：「朕治天下，重惜人命，凡有罪者，必令面對再四，果實也而後罪之。非如宋權奸擅權，書片紙數字即殺人也。」[9]復奏或對質後定罪行刑，自然可以避免部分錯殺和枉死。

至元八年（一二七二），陝西行省官員也速迭兒建議：比因饑饉，盜賊茲橫，若不顯戮一二，無以示懲。忽必烈則聽取中書省的意見，未予批准，依然堅持「強、竊均死，恐非所宜，罪至死者，宜仍舊待報」的制度。至元十年（一二七四），全國上奏朝廷待報的死囚五十人，忽必烈讓中書省從其中揀出由鬥毆殺人的十三例，詔命減死從軍。[10]忽必烈在死刑的判決上，慎重及從寬的原則始終沒有改變。

忽必烈還善於接受臣下的正確意見，隨時糾正執法量刑的某些偏差。

一段時期內盜賊數量增多。忽必烈一度降詔：犯盜賊罪者，皆殺無赦。搞的各處牢獄內囚犯人滿為患。符寶郎董文忠上奏：殺人取貨與竊取一錢，均為死罪，殘酷莫甚，恐乖陛下好生之德。忽必烈立即以敕令革除了上述條款。

有人控告漢人毆傷蒙古人及太府監屬吏盧甲盜剪官布，忽必烈大怒，下令殺之以懲戒眾人。董文忠又奏言：刑曹對於死罪囚犯，已有服辭，猶必詳讞，這次豈能因為有人一句控告，就加以重刑。應該交付有司審閱查實，以待朝廷的處理命令。忽必烈果然派人核查清楚確係誣告，降詔免除了被告人的處分。忽必烈還因之對身旁的侍臣說：「方朕怒時，卿曹皆不敢言。非董文忠開悟朕心，則殺二無辜之人，必取議中外矣。」於是，賞賜董文忠黃金酒尊，以褒獎其忠直。[11]

某年冬季，太廟祭祀，有司丟失黃幔，後來雖然找到，已甚汙弊。忽必烈大怒，曰：「大不敬，當斬。」中書省右丞趙璧卻云：「法止杖斷流遠。」結果，犯罪者得以不死。[12]一次圍獵中，獵人亦不刺金射兔，誤射死名駝。忽必烈大怒，下令誅亦不刺金。博兒赤鐵哥進言：「殺人償畜，刑太重。」忽必烈聽罷，吃驚地說：「誤耶，史官必書。」迅速下令釋放亦不刺金。[13]忽必烈對史家直書法外行刑有所顧忌，故能夠以個人喜怒服從刑律。

至元九年（一二七二），忽必烈得知天下牢獄關押囚犯越來越多，於是命令諸路死罪以下的犯人全部暫時縱放回家，預定秋七月歸京師受刑。屆時囚犯全部歸京，忽必烈又惻然憐憫，決定赦免其罪。忽必烈找來一些文臣起草戒諭天下的詔旨，都因為不能宣達聖意而無法稱旨。最後，翰林學士王磐奉命草擬釋囚詔旨進讀，忽必烈非常滿意，稱讚道：「此朕心也，欲言而不能形之於口，卿能為朕言之。」[14]這似乎也是在仿效唐太宗。

元末葉子奇所言：「天下死囚，審讞已定，亦不加刑，皆老死於囹圄。」[15]估計就是實施忽必烈至元九年詔旨的結果。如果這種推測可以成立，上述忽必烈詔旨不僅帶來至元九年全國囚犯的一次大赦，還導致了元中後期死囚長年不加刑而老死獄中。

至元十二年（一二七五）元軍大舉進攻南宋之際，藩邸舊臣姚樞上奏：「南方官府以情破法，鞭背文面，或盛行竹絡投諸江中。」忽必烈立即下令：「鞭背鯨面及諸濫刑，宜急除之。」後來，禁止鞭背，還與「禁斷王侍郎繩索」、禁止跪甕芒碎瓦等法外酷刑，一併列入了朝廷刑律。[16]此舉使元帝國的刑罰趨於減輕放寬，對消除南宋的刑罰弊端和樹立新王朝的寬仁形象，也有積極意義。

一日，忽必烈聞知江南一道觀內仍設有南宋皇帝的土木遺像，於是對身旁的石天麟說：「僧當致之大辟，何如？」石天麟解釋道，金代大同寺院中一直保存有趙宋帝后祠像。忽必烈瞭解到此番情況，就沒有再去追究道觀當事人的罪責。[17]忽必烈在使用死刑方面還是能夠傾聽忠告和以史為鑑的。

刑部侍郎趙炳處理一樁攜妓登龍舟案件，按之以法，不久，該人死亡。其子到忽必烈駕前告御狀，為父親伸冤。忽必烈降詔責備趙炳。趙炳卻堅持說：「臣執法尊君，職當為也。」忽必烈聽罷大怒，命令他出宮。事後，忽必烈並沒有懲罰趙炳，還對身旁的侍臣說：「炳用法太峻，然非循情者。」[18]輕刑慎刑與執法如山，的確有些不太和諧。忽必烈主張輕刑，又能夠對臣下秉公執法的行為，抱理解態度，這是需要很大度量和勇氣的。

在位三十五年間，遇到大臣受鞫受罰甚至犯罪被殺等情況，忽必烈多半比較慎重，盡可能多問多讞，弄清犯罪事實，盡可能做到處罰得當，避免誤罰誤殺。

中統四年（一二六三），阿里不哥南下歸降，其黨羽一千餘人被拘捕，「將置之法」。忽必烈詢問陪侍的怯薛官安童：「朕欲置此屬於死地，何如？」安童回答：「人各為其主，陛下甫定大難，遽以私憾殺人，將何以懷服未附。」忽必烈極為讚賞安童的意見，最終僅殺其中為首者十人。[19]

至元初，有人控告丞相史天澤子侄布列中外，威權太盛，久將難制。忽必烈先是降詔罷免史天澤的丞相官職，令其等待審問。平章廉希憲上奏說：「知天澤者，陛下也。粵自潛藩，多經任使，將兵牧民，悉著治效，以其可屬大任，故使丞茲相位。小人一旦有言，陛下察其心跡，果有跋扈不臣者乎？今日信臣，故臣得預此旨，他日一人訟臣，臣亦入疑矣。臣等承乏政府，上之疑信若是，何敢自保。天澤既罷，亦當罷臣。」廉希憲援引諸多事實替史天澤開脫，說明他的無辜和清白，甚至把自己的去留也連帶進來。結果，忽必烈慎重考慮一天後，接受廉希憲的意見，撤銷了讓史天澤接受「對訟」審查的命令。[20]

至元十六年（一二七九）安西王相商挺因另一名王相趙炳被殺案牽連下獄，忽必烈甚為震怒，曾下令：「商孟卿老書生，可與諸儒讞其獄罪。」後來，忽必烈親自向符寶郎董文忠等核實商挺在趙炳被殺案中的責任，最終給予籍沒家資而釋放商挺的處分。[21]

忽必烈又擅長運用「廷對」、「廷辯」等方式，解決高、中級官員的有關獄訟。河北河南道提刑按察司副使王忱彈劾罷免鎮南帥唐兀台，唐兀台交結朝廷大臣，向忽必烈誣告王忱，一度把王忱逮繫至京師。「廷對」之際，王忱得以面陳真相，忽必烈大悟，下令唐兀台抵誣告之罪。[22]又如王文統與李璮勾結謀反案，伯顏被誣私藏南宋玉桃盞案，盧世榮奸惡被劾案，桑哥奸贓被劾案等，都是經過多次審讞和「廷對」、「廷辯」，才作出或殺或釋等處置的。

在追究阿合馬黨羽過程中，忽必烈一度將中書省參政咱喜魯丁和左右司員外郎劉正等逮繫至御前，進行此類「廷對」、「廷辯」。忽必烈問：「汝等皆黨於阿合馬，能無罪乎？」劉正回答：「臣未嘗阿附，惟法是從。」後來的數日，其他阿合馬奸黨多伏誅，劉正一直被械繫，最後，忽必烈諭旨：「劉正衣白衣行炭穴十年，可謂廉潔者。」於是，劉正被釋放回家。

至元二十八年（一二九一），已升為中書省參議的劉正，因處理湖南馬宣慰庶子爭蔭而誣其兄匿藏南宋官府黃金等案件，受到控告。忽必烈召劉正詰問：「匿金事在右司，爭蔭事在左司，參議乃幕長，寢右而舉左，寧無私乎？」劉正再次申辯明白，最終解除了忽必烈的懷疑。[23]

忽必烈之所以「輕典」和慎刑，似乎有兩個原因：一是他的寬仁理念，二是藏傳佛教作佛事影響。忽必烈曾說：「天下事如圓枘方鑿，能少寬之，無往不可。」[24]忽必烈此番話雖然引自「老臣」言，但他本人已深信不疑，故可反映其寬仁理念。至元九年（一二七二）忽必烈已皈依藏傳佛教，當時，八思巴為首的喇嘛在宮廷內外屢興佛事，「每歲必因好事奏釋輕重囚徒，以為福利。」[25]後者對忽必烈的影響想必不算小。

忽必烈的尚節儉，也是非常突出的。

忽必烈曾批評察必皇后支用太府監繒帛，促使察必親率宮人用舊弓弦編織為衣，取羊臑皮縫為地毯。又批評太子妃闊闊真使用織金臥褥。可見他節儉成性，對皇室親屬和貴為后妃者也嚴格要求，禁止她們奢侈揮霍。

王惲說：忽必烈「躬先儉素，思復淳風，如輕紵衣而貴紬繒，去金飾而樸鞍履，至衣服等物銷織鍍砑之類，一切禁止」，[26]殆非虛言。

忽必烈特意把成吉思汗所居地的青草一株，移植在大都大明殿前丹墀內，號曰「誓儉草」，目的是讓子孫後代「知勤儉之節」，「思太祖創業艱難」。[27]

忽必烈又將所用皮裘舊帶藏於上都大安閣一篋箱中，並訓諭道：「藏此以遺子孫，使見吾樸儉，可為華侈之戒。」

對忽必烈的上述做法，武宗時朝臣們也有不同評價。侍奉過忽必烈的宦官李邦寧表示贊同，某宗王則言：「世祖雖神聖，然嗇於財。」[28]此宗王的抱怨不是沒有道理。在慷慨賞賜宗王方面，忽必烈遠不及窩闊台汗、貴由汗、蒙哥汗和武宗海山。那些習慣於享受濫賜優遇的蒙古諸王，自然會感到忽必烈對他們的賞賜有限而「嗇於財」。

救濟貧困、舉辦惠民藥局、道旁植樹和禁止賭博，也屬於忽必烈的惠政。

救濟貧困，雖然是漢地王朝的傳統政策之一，但在忽必烈在位期間發揮得相當出色。

忽必烈即汗位初的中統元年（一二六〇），就詔告有司以糧食賑濟鰥寡孤獨廢疾之人。至元八年（一二七一），命令各路設置濟眾院收留此類人員，並供給糧食柴薪。至元十九年（一二八二）

改名養濟院。此外，對遭受水旱疫癘災害的民眾，官府常常調錢糧賑給。如至元三年（一二六六）以糧三萬石賑濟南饑民，以課銀一百五十錠賑甘州貧民。

又有常平倉、義倉儲糧賑濟。常平倉和義倉均設於至元六年（一二六九）。常平倉模仿漢唐舊制，豐年米賤，官府增價糴購；歉年米貴，官府減價糶售。義倉，每社置一倉，社長掌管，豐年每丁納粟五斗，驅丁納粟二斗，災年就便供給社眾。至元二十一年（一二八四）新城縣水災和至元二十九年（一二九二）饑荒，即是使用義倉儲糧賑濟的。[29]

馬可波羅也說：

當大可汗看見五穀豐富和低賤時，他命人聚集和儲藏多量的五穀。在各省有大的房子，專為儲藏五穀而建造。他叫人很細心的看視這穀，使在三四年內不致腐爛。自然的，他所貯藏的有各種穀，和小麥、大麥、黍米、稷等等。他貯藏極多。所以每當一種穀缺乏和饑饉時候，大可汗就去乞助這些貯藏……譬如小麥，市價賣出，每斗值一貝桑忒，他賣四斗值一貝桑忒，他施捨出去多量的穀，所以全體皆能夠得到一些……我將再告訴你們他如何給汗八里城窮人許多施捨物的。你們必須知道，他有一張單子，記著汗八里城中許多可尊敬和高貴家族。他們因運氣不好，陷入窮苦悲境，不能做工和缺乏食物。在這些家中可以有六個、八個、十個、或更多或較少的人口。大可汗給那些人家麥子和別種五穀，使他們可以有全年的生計。這樣人家是非常之多。相當時候來到，這些人家向官吏請求恩施。這些官吏奉命，施捨皇帝的各種財物。他們住一個宮裡，宮是專門劃出為他們用的。請求人以後填在一張紙上，說明他們上年接受多少恩施，始足維持生計，使來年也按照這數目再給他們。大可汗也供給他們衣服……如有人來到大可汗宮中要飯，是不會被拒絕的。所有來者皆得到施捨物。專管這事的官吏，沒有一天不施出三萬多碟的米或稷或粟。30

馬可波羅所說的「宮」，估計就是養濟院。其他大體也能夠與上述漢文賑濟記載相印證。馬可波羅還指出，蒙古原本沒有向窮人施捨的習慣。忽必烈此種行為，是受了僧人慈悲說教的影響。

設惠民藥局，可追溯到窩闊台汗時期。中統二年（一二六一），忽必烈命令王祐正式開局，官給鈔本，月營子錢，預備藥物，以良醫掌管，為貧民治病。後來，各路普遍設立惠民局，且與醫戶戶計相配套，成為另一件嘉惠百姓的仁慈事。31

關於道旁植樹，至元九年（一二七二）二月，忽必烈頒布聖旨命令從大都到各地隨路州縣官府和民眾在城郭周圍、道路旁邊種植榆樹、槐樹。還規定：官府所種植的樹木歸民家使用，官府負有保護成材的責任。32

馬可波羅也有類似的記錄：

大可汗命在大道兩旁栽植樹木，每株相距有兩步遠。這路是欽差、商人和人民所通行的。這些樹實在都是很高很大，可以從很遠的地方看得見。大可汗這樣做，所以人們能夠看得清道途，不致走錯路了。你們就在沙漠路旁邊，也能找到這些樹。這樹使商人和遠行人覺得很大的舒適。33

馬可波羅把種樹之事講的如此詳細，或許是因為他曾經在這樣的道路上往返行走，親身感受道路旁邊栽樹的諸多益處。

關於禁止賭博，至元二十三年（一二八六）二月，忽必烈頒布聖旨：「禁約諸人不得賭撲錢物……如有違犯之人，許諸人捉拿到官，將犯人流去迤北田地裡種田者。」後來，浙西道按察司審理平江路常熟縣姚千六賭博案，淮西江北道按察司審理黃梅縣王佯兒賭博案等，均遵照這道聖旨行事。[34]

無獨有偶，馬可波羅也記述了忽必烈禁止賭博：

當今在位的大可汗禁止一切賭博和欺騙。這些事情在這些人群中比世界上任何地方的人多風行些。為要斷絕他們這種的習慣，他常對他們說：「我已經用我的兵力克服你們。你們的一切全是我的。如果你們賭博，你們就是拿我的財產來做孤注一擲的輸贏了。」然而他並不從他們拿走什麼東西。[35]

忽必烈似乎懂得，一位君臨天下的帝王，除了轟轟烈烈的政治作為以外，諸如輕刑、節儉、賑濟、醫藥、植樹之類的惠民善行，也不可或缺。這也是爭取子民愛戴之心的必要手段。後者或多或少受到儒家、釋氏的影響和滲透。忽必烈的輕刑等惠政，帶來了元朝相對安定的社會局面，有利於經濟文化的恢復發展。元末葉子奇說：「元朝自世祖混一之後，天下治平者六、七十年，輕刑薄賦，兵革罕用，生者有養，死者有葬，行旅萬里，宿泊如家。誠所謂盛也矣。」[36]葉氏的說法，應該是基本屬實的。

知人善任使

史稱：「世祖皇帝盡得天下之豪傑而用之，以成大勳，建大業。」[37]忽必烈之所以能成就其大統一和有效治理的非凡功業，一個重要原因即是善於網羅任用並駕御一批優秀人才。在這方面，忽必烈表現了較為寬廣的胸襟，敏銳的洞察能力和出色的領導駕馭藝術。

一、巧掌用人尺度

元人虞集云：「世祖之於用人，審訓之，慎察之，而後信任之。」[38]事實大致如此。

前述南人程鉅夫隨其叔父原南宋建昌通判程飛卿降元，先以質子入京師，授管軍千戶。一日，忽必烈召見，問賈似道何許人。程鉅夫逐條應對，甚為詳悉。忽必烈聽罷欣喜，給予筆札命他書寫。程鉅夫書寫二十餘幅以進呈。忽必烈大為驚奇，得知程現任千戶軍職，就對近臣說：「朕觀此人相貌，已應顯貴；聽其言論，誠聰明有識者也。可置之翰林。」於是，程鉅夫轉任應奉翰林文字，後升翰林修撰、江南行御史台侍御史，成為南人任台察高級官員的第一人。[39]

重名士，重才能。

前述程鉅夫奉旨赴江南搜求賢士，忽必烈素聞葉李等二人之名，臨行前密諭必致此二人北上。後趙孟頫、葉李果然成為忽必烈最重用的兩位南人官員。

忽必烈不喜歡科舉，曾經批評「科舉虛誕，朕所不取」，[40]但對宋、金末代科舉登第的狀元卻格外青睞賞識。王鶚是金正大甲申詞賦第一甲第一名，藩王時期的忽必烈即派趙璧和許國禎延請王鶚至漠北，「賜之坐，呼狀元而不名」。建立元朝後，又委任王鶚為翰林學士承旨，用其文章魁海內的特長，掌管誥命典冊十餘年。[41]李俊民中金承安進士第一，忽必烈在藩邸，曾「以安車召之，延訪無虛日」。[42]南宋淳祐四年第一甲第一名進士留夢炎，忽必烈也讓他擔任翰林院長官翰林學士承旨（從二品），[43]與葉李、趙孟頫同為忽必烈最器重的三位江南文臣。另一名咸淳十年狀元王龍澤，又經留夢炎的徵召，擔任了江南行御史台監察御史。[44]

至元二十二年（一二八五），應阿魯渾撒理的奏請，忽必烈設立集賢院，掌管學校和徵求召集儒士、道教、陰陽術士等。凡上述領域的名士應詔來京師者，一概由集賢院接待，「飲食供帳，皆喜過望。」即使不能稱旨任用，也要賞賜後遣送回家。一位負責錢財供給的宣徽院官員，對此不滿，故意大量陳設所給廩餼於皇宮前，讓忽必烈看。忽必烈得悉，惱怒地說：「汝欲使朕見而損之乎？十倍此以待天下士，猶恐不至，況欲損之，誰肯至者。」隨後，又接受阿魯渾撒理的意見，對國子監博士弟子員優加廩餼。[45]可見，忽必烈為搜羅天下精英名士，為我所用，是頗為大方，毫不吝嗇。

對臣下的某些專長，忽必烈往往稱讚不已。

不忽木與某大臣廷辯激烈，忽必烈稱讚他「吐辭鋒出，人有不能及嬰者。」[46]湖廣行省理問虎都鐵木祿入奏本省軍事，敷陳辯白有旨趣，忽必烈讚譽他：「辭簡意明，令人樂於聽受。」[47]

高麗洪福源之子洪君祥，率所部參與築萬歲山和開通州運河，忽必烈親諭之曰：「爾守志忠勤，朕所知也。」後應召幫助忽必烈閱覽江南、海東輿地圖及地理險易，奏對詳明，忽必烈很高興，賞賜他巨觥飲酒。還稱讚道：「是兒，遠大器也。」[48]

監察御史姚天福「每廷折權臣」，不畏強悍，忽必烈賜號曰「巴兒思」，義為老虎。[49]

南人降元將領管如德隨從圍獵，遇到一條河流，馬匹無法跨越，管如德脫掉衣服泅渡而過。

忽必烈十分欣賞，由此稱管如德「拔都」勇士。50

此外，忽必烈稱譽閻復：「有才如此，何可不用！」稱譽劉肅：「卿耆年宿德，飽諳政事，宜立範模，使後人易於遵守。」讚譽商挺：「卿等古名將也，臨機制變，不遺朕憂。」51這和嫉妒臣下才能的隋煬帝相比，確實是明智的多。

重家世，重故舊。

忽必烈對家世根腳相當重視，但他並不是一味看重根腳出身的高貴。他較為注重的是：與黃金家族，特別是與忽必烈政權的故舊聯繫。

畏吾兒人孟速思早年事拖雷夫婦，奉命管理分邑歲賦。後為忽必烈藩邸之臣，日見親用。曾竭力勸說忽必烈早即大汗位，又奉命監護傾向於阿里不哥的燕京斷事官不只兒。忽必烈一度欲以他和安童並為丞相，對他的評價是：「賢哉孟速思，求之彼族，誠為罕也。」52

藩邸漢族儒臣中竇默應召北來較早，「誠結主知」，直言無隱。忽必烈對他最為信任，曾對侍臣說：「朕訪求賢士幾三十年，惟得李狀元（俊民）、竇漢卿二人。」當竇默年屆八十，忽必烈居然恭默瞻仰，拱手於天，禱告說：「此輩賢士，安得請於上帝，減去數年，留朕左右，同治天下。」53

李德輝早事忽必烈藩邸，歷任燕京宣撫使、右三部尚書、北京行省參政、安西王相等，有人誣告他收受馬匹千餘。忽必烈答覆說：「是人朕素知，雖一羊不妄受，寧有是事！」54忽必烈為李德輝的開脫，是否正確，暫且不論。這裡「朕素知」之語，很是重要。表明忽必烈對他所熟悉、深知的藩邸舊臣的高度信任。

世祖朝末，樞密院論平定江東軍功，知樞密院事玉昔帖木兒等以為張弘範子張珪年少，授職僉行樞密院事足矣。忽必烈卻駁斥道：「不然。是家為國家踣金蹙宋，盡死者三世矣。漢人賜號拔都者，惟真定史天澤與其家耳。史徒持文墨議論，孰與其家功多而可靳此耶？」最終超授張珪江淮等處行樞密院副使。55

類似情況還有藁城董氏董文炳及渾源孫公亮。

忽必烈南征大理時，文炳率四十六人從征，遂入為藩邸侍臣。歷任侍衛親軍都指揮使、山東經略使、參知政事、中書左丞等。忽必烈曾公開說：「文炳吾舊臣，忠勤朕所素知。」又稱：「朕心文炳所知，文炳心朕所知。」56

孫公亮之父以甲匠早附蒙古，公亮本人生於漠北，通曉譯語，襲父職為諸路甲匠總管，亦使用父賜名也可兀蘭。忽必烈南攻鄂州之際，已得到孫公亮提供的優質鎧甲。忽必烈親征昔木土，公亮又出私財製甲冑六十襲獻上。至元五年（一二六八）創建御史台，孫公亮被任命為監察御史。忽必烈特意宣諭大夫塔察兒：「他人則未之識，如也可兀蘭，朕熟其忠廉，宜與汝共事。」57

畏兀兒人布魯海牙，其子孫仕進者數多，有人奏請適當減汰。忽必烈卻說：「布魯海牙功多，子孫亦朕所知，非當汝預。」58 忽必烈所看重的，不僅是布魯海牙很早充拖雷家臣，更在於其子廉希憲等早入金蓮川藩邸而為忽必烈親近侍臣的知遇從屬關係。

賞功有序，酬勞適當，是忽必烈用人的另一個良好辦法。

漢軍萬戶李庭平宋戰爭中出生入死，功勳卓著，又奉命押送宋主北赴京師。宮廷舉行盛大宴會之際，忽必烈特意讓他坐於左手諸王之下，百官之上，賞金百錠，金絲、珍珠衣各一襲。還宣諭說：「劉整在時，不曾令坐於此，為汝有功，故加以殊禮，汝子孫宜謹志之勿忘。」59

至元三十年（一二九三），淮安路總管梁曾兩次奉使安南，不辱使命，回京奏報與安南國王交涉事。忽必烈大喜，按照蒙古草原風俗，解下自己的衣服賞賜梁曾，又令梁坐在地上，無須跪著。中書省右丞阿里對梁享受的優遇，不太滿意。忽必烈憤怒地說：「梁曾兩使外國，以口舌息兵戈，爾何敢爾！」當日，一位親王自和林返京，忽必烈命令侍從酌酒，先賜梁曾，再賜親王。忽必烈特意向親王解釋：「汝所辦汝事，梁曾所辦，吾與汝之事，汝勿以為後也。」[60]

參知政事張雄飛剛直廉潔，是大臣中未曾接受權臣阿合馬賄賂的佼佼者。忽必烈特意召至便殿，對張說：「若卿，可謂真廉者矣。聞卿貧甚，今特賜卿銀二千五百兩、鈔二千五百貫。」張雄飛拜謝準備退出，又詔加賜黃金五十兩及金酒器若干。[61]

蒙古札剌亦兒部百家奴，在平定南宋的戰爭中身先士卒，屢立戰功。忽必烈聽罷統帥伯顏的奏報，高興地說：「此人之名，朕心不忘，兵還時大用之，朕不食言也。今且以良家女及銀碗一賜之，以為左驗。」[62]

忽必烈還善於在維護朝廷基本制度的前提下，適當給予效忠元王朝的官僚勳臣一定的優待和報償。例如，張弘範在崖山之戰後凱旋而歸，請求恢復對其父張柔舊部亳州萬戶統領權，忽必烈頒詔批准。不料其他將帥蜂起攀比，樞密院等官府不得不擬議：平宋漢軍諸將官至行省級的，允許恢復統領原屬舊部。忽必烈深知，若照此實行，罷黜漢世侯的成果，就會前功盡棄。於是，果斷決定：「許自擇，欲將去相，欲相去將。」依然堅持漢人將領的軍民分任原則。遵循忽必烈的旨意，史天澤之子史格已擔任湖廣行省右丞，樞密院遂奏請改以張溫管領鄧州舊軍萬戶。忽必烈得悉，居然說：「太尉一軍，豈可代以他人？宜問其子格，可誰授者。」結果，破例令史氏仍掌鄧州舊軍萬戶，史格死後，正式授嗣子史燿鄧州舊軍萬戶。[63]

忽必烈在對有功官員予以賞賜的同時，又特別注意關心其家事和健康，故令臣下感銘在心。

至元十五年（一二七八）夏，中書省左丞董文炳患病，請求解除宰相機務。忽必烈詔曰：「大都暑熾，非病者所宜，卿可來此，故當愈。」董文炳抵達上都後，又提出效力北邊。忽必烈答覆：「卿固忠孝，是不足行也。」八月天壽節皇宮舉行宴會，忽必烈讓董文炳上坐，還向宗室大臣宣諭：「董文炳，功臣也，理當坐是。」當董文炳病情復發時，忽必烈特意敕令御醫每日前往診視。[64]

石天麟受海都拘留二十八年，後陪同皇子北安王那木罕返回元廷，忽必烈為他的忠直感到欣慰，賞賚甚厚，一度想委以中書省左丞。看到石天麟年屆七十餘，體力衰憊，忽必烈就把自己所用金龍頭杖賞賜他。還對他說：「卿年老，出入宮掖，杖此可也。」[65]

忽必烈對有功於王室者的後代也能給予悉心眷顧和優待。

蒙古乃蠻氏月里麻思奉使南宋被因禁長沙飛虎寨三十六年而亡，忽必烈深加悼念，免除其家差役，特賜其子忽都哈思「答剌罕」之號。蒙古徹兀台氏桑忽答兒為叛王禾忽所殺，忽必烈聞而憐之，賜其兄麥里「答剌罕」。[66]「答剌罕」，突厥語義為「自在」，是成吉思汗授予若干特殊功臣的封號。受封者世世享有九次犯罪不罰，自由選擇牧地，俘獲及獵物盡為己有等特權。忽必烈時期受封答剌罕者，仍可享有免除賦役，官府供給其家人口糧等優遇。

湖北道宣慰使鄭鼎討伐蘄、黃二州叛亂，舟覆溺死。其子鄭制宜襲為太原、平陽萬戶。征叛王乃顏時，忽必烈特別囑咐：「而父歿王事，毋使在行陣」。此種安排雖因鄭制宜本人的一再請求而稍作改變，但忽必烈對待功臣遺屬的確格外眷顧，頗有人情味。

不拘疏遠，惟才是舉。

在重家世和重故舊的同時，忽必烈對疏遠乃至敵對陣營的人才，也能積極搜羅，惟才是舉，為我所用。

蒙古克烈氏忙哥撒兒是蒙哥汗大斷事官，因黨附阿里不哥論罪伏誅。對其諸子，忽必烈並沒有歧視，而能以拖雷家族舊臣繼續委任比較重要的官職。忙哥撒兒長子也先不花初充怯薛必闍赤長，後升燕王真金王傅。忽必烈曾特地囑咐真金：「也先不花，吾舊臣子孫，端方明信，閒習典故，爾每事問之，必不使爾為不善也。」真金太子死後，也先不花改任雲南行省平章。次子木八剌、答失蠻、不花帖木耳也分別擔任御史台中丞、四川行省平章等職。[67]

在平宋戰爭中，忽必烈任用自伊利汗國奉使朝廷的伯顏為統帥，任用曾隨同親征雲南的阿朮為副統帥。忽必烈如此惟才不惟親，是依據伯顏「將二十萬，如將一人」和「阿朮才勇善戰，而士頗不附」的實際情況，[68]而作出的不論親疏、才能為上的抉擇。

按照忽必烈制定的種族四等級政策，漢人和南人不許執把弓矢兵器。在執行此政策過程中，忽必烈也能有所變通。他曾對鞏昌便宜都總帥汪德臣之子汪惟和說：「汝家不與它漢人比，弓矢不汝禁也，任汝執之。」[69]忽必烈之所以把汪氏「不與它漢人比」，既因為汪氏在族源上和汪古部有瓜葛，也是汪氏較早歸附蒙古和屢建殊勳使然。

重實用，斥空言

這也是忽必烈用人時所奉行的原則之一。有關這方面的情形，第十六章第一節已作描述。這裡，稍加補充忽必烈對漢族儒臣「以老避事」的態度。

至元三年（一二六六），忽必烈批評許衡：「謂汝年老，未為老；謂汝年小，不為小。正當黽勉從事，毋負汝平生所學。」二十七年後，年屆耄耋之歲的忽必烈又評論道：「漢人每以老避事，國人則不然。目明身健，即為不老。」[70]漢地王朝因科舉取士，官員數多，年老致仕退休，成為歷朝固定制度。蒙元帝國全然不顧及官員的這些因素。在忽必烈看來，「目明身健，即為不老」，就是有用之材，就可以為國家效力。可見，在年老有用與否的問題上，忽必烈仍然恪守實用為上的原則。

忽必烈對忠義臣節看的很重，對忠誠於君主之人，格外賞識。

契丹後裔王珣自一二一五年歸附木華黎以來，與其子王榮祖在遼東、高麗一帶鎮戍征戰，屢建戰功。中統元年（一二六〇）夏，北京等路征行萬戶王榮祖前來朝見，忽必烈特意撫慰說：「卿父子勤勞於國，誠節如一。」[71]

而對一二五八年在四川前線投降蒙哥的南宋將領楊大淵，忽必烈中統元年也頒降手詔曰：「尚厲忠貞之節，共成康乂之功。」[72]

至元十二年（一二七五），剛剛降元的南人將領管如德北上入覲，忽必烈聽到管如德事父至孝，於是笑著對管說：「是孝於父者，必忠於我矣。」[73]

至元二十六年（一二八九）叛王海都率兵東掠漠北和林，兩名和林宣慰使怯伯和劉哈剌八都魯採取了截然不同的態度。怯伯背叛朝廷，投降海都。劉哈剌八都魯歷盡艱難，脫身歸報朝廷。忽必烈對劉哈剌八都魯的歸來，甚是驚喜，賞賜他中統鈔五千貫，隨同南歸的將士也受到獎賞。忽必烈還對侍臣說：「譬諸畜犬，得美食而棄其主，怯伯是也。雖未得食而不忘其主，此人是也。」又下令將其名字由劉哈剌斡脫赤改為察罕斡脫赤。[74]

或許出於直率，忽必烈往往稱讚蒙哥汗時塞咥旃暗中以官物助己的才能。近臣不忽木反駁道：「是所謂為人臣懷二心者。今有以內府財物私結親王，陛下以為若何？」忽必烈聽罷，連忙揮手說：「卿止，朕失言。」[75]表明忽必烈虛懷若谷，十分注意吸取臣下有關臣節的正確意見。

在評論葉李和留夢炎這兩位南人官僚時，忽必烈曾云：「夢炎在宋狀元及第，位至丞相，賈似道懷諼誤國，罔上不道，夢炎徒依阿取容，曾無一言，以悟主聽。李，布衣之士，乃能伏闕門上書，請斬似道。是李賢於夢炎明矣。」後又命令趙孟頫書寫「往事已非那可說，且將忠直報皇元」等詩句，以譏刺留夢炎。[76]從褒葉貶留的態度看，忽必烈的忠義臣節觀念十分濃厚，即使對亡宋降元官僚，也以此觀念評定其賢否高下。

有人說忽必烈寵用王文統、阿合馬、盧世榮、桑哥等，表現了他重實用輕品德的用人原則。[77]此說有些道理，但不太全面。忽必烈重實用，毋庸置疑，其用人還是講究道德的。忽必烈對忠義臣節看的很重，不就是講道德嗎？

二、用人所長　特許便宜

根據時勢需要和個人特長，適時使用各類人才，是忽必烈任用宰相等重臣時堅持的一條基本原則。

如前所述，中統年間，忽必烈政權面臨的主要任務是：構建元帝國統治的基本框架，對付並戰勝來自阿里不哥的挑戰。此時忽必烈任用的宰相班底，以右丞相史天澤為首，包括平章王文統、廉希憲、左丞張文謙及謀臣劉秉忠等核心人物。其中主持政務和理財的是平章王文統。

至元元年（一二六四）到十九年（一二八二），元朝廷的主要任務實施罷黜漢世侯，實施大規模的平宋戰爭及抵禦海都等西北叛王，忽必烈使用回回人阿合馬為宰相，把持中書省大權近二十年，極力斂取巨額財富，為以上艱巨任務提供有力的物資支援。同時，在蒙古、色目、漢人、南人諸族群矛盾錯綜複雜的情況下，阿合馬因其察必皇后陪嫁媵人和藩邸舊臣的特殊身分，自然也是忽必烈最可信賴的。

至元二十年（一二八三）到三十一年（一二九四），元朝廷既要對付海都、乃顏等叛亂，又忙於征伐日本、安南、爪哇等。這十一年間，忽必烈任用的宰相，變動較為頻繁，先是蒙古大臣和禮霍孫主政，接著是盧世榮理財，很快又換為桑哥柄國，最後三年是完澤和不忽木接任丞相、平章。但是，這批宰相的中心工作與阿合馬當政時並無根本變化，依舊是斂取巨額財富，以支持抵禦叛王和征伐海外的戰爭。

忽必烈曾經說：「夫宰相者，明天道，察地理，盡人事。兼此三者，乃為稱職……回回人中，阿合馬才任宰相。」[78]從忽必烈任用宰相的實踐看，他講的宰相稱職三條件，其實可以歸結為一，那就是斂取巨額財富，為其窮兵黷武的內外戰爭服務。阿合馬能勝此任，所以「回回人中，阿合馬才任宰相」。王文統、盧世榮、桑哥等在某段時期受到忽必烈寵幸，也是同樣的原因。

忽必烈寵用以上以理財見長的宰相，與他的功利目標是分不開的。自忽必烈登上蒙古第五任大汗和大元皇帝的寶座，與阿里不哥、海都、昔里吉、乃顏等叛王的戰爭，平定南宋的統一戰爭以及對安南、日本、爪哇、緬國的征服戰爭等，接踵而來。有些是忽必烈主動發起的，有些則是被迫舉行的。要取得這些戰爭的勝利，要建立和祖輩父兄們相媲美的偉大功業，忽必烈必須「嗜利黷武」。於是，任用王文統、阿合馬、盧世榮、桑哥等，幫助他斂取巨額財富，為其窮兵黷武的內外戰爭服務，也必不可少。在這個問題上不必過分責備忽必烈。歷史上建有拓邊統一等豐功偉業的秦皇漢武，哪一個身旁沒有聚斂之臣為他提供巨大的財富支援。或者可以說，任用王文統、阿合馬、盧世榮、桑哥等為宰相，不是什麼嚴重的過錯，而是忽必烈在成就其功業過程中迫不得已的選擇，或者算是忽必烈審時度勢，適當使用各類人才的可圈可點之處。

誠然，斂取巨額財富的另一個直接後果，無疑是加重民眾的負擔。忽必烈本人也清楚地知道：

「財賦辦集，非民力困竭必不能。」[79]這也是阿合馬、盧世榮、桑哥等理財專權引起朝野怨恨而被斥為奸臣的重要原因。

忽必烈還特別善於適時調用某些重臣獨當一面，解決軍政難題，而且運用恰當，往往收到非常好的效果。

中統初，忽必烈派性格剛強、敢作敢當的藩邸舊臣廉希憲，和商挺一起前往關中，主持對付渾都海、阿藍答兒的關隴戰事。廉、商二人對關隴情況熟悉，對昔日阿藍答兒鉤考遭受的屈辱壓抑記憶猶新，多謀善斷，獨立辦事能力強，且得到忽必烈充分信任。所以，能夠在敵我兵力眾寡懸殊的形勢下，聚集和擴大我方軍隊的局部優勢，果斷攻擊，最終取得了勝利。

至元十一年（一二七四）春，忽必烈又把廉希憲派往遼陽任北京行省平章，命他「見往知來，察微燭著」，監督遼陽一帶的諸王駙馬。而當右丞相安童奏請廉希憲行省河西時，忽必烈竟說：「河西諸王列地，希憲執法於朕意無所曲從，豈聽宗王語者。」忽必烈對藩邸舊臣廉希憲的性情瞭如指掌，元政權當時對東道、河西宗王的政策也有強硬、懷柔之別。忽必烈命令廉希憲行省遼陽而不同意其行省河西，可謂人盡其才，恰到好處。

至元十一年底，伯顏率大軍渡江成功，占領鄂州。負責經營荊湖的阿里海牙奏請朝廷派一重臣坐鎮江陵，遏制長江上游的宋軍，並為鄂州一線的元軍提供戰略支援。忽必烈接到奏報，連夜召見廉希憲，囑咐道：「荊南入我版籍，使新附者感恩忘苦，未來者懷化效順，宋知我朝有臣如此，亦足降其心也……今以大事托卿，卿當不辭。」還給予廉希憲承制版授三品以下官的權力。廉希憲欣然受命，兼程上任，不出兩年，果然把江陵治理得政化大行，聲及四遠，不僅為荊湖地區的軍事經略提供了戰略支援，也樹立起了元朝統治江南的樣板。[80]

隨著平宋戰爭的結束和昔里吉等蒙古叛王頻繁進犯漠北和林腹地，忽必烈在漠北的調兵遣將，也頗為得法。針對多數蒙古大千戶軍隊陷入動盪和混亂，難以穩定依賴的非常情況，忽必烈採取了調動漢軍將領李庭、劉國傑北上和果斷起用欽察軍將土土哈的有效措施。

南宋滅亡不久，忽必烈迅速委任平宋戰爭的兩員虎將李庭和劉國傑為漢軍都元帥，連同左、右、中三衛侍衛親軍調往漠北戰場。忽必烈勉勵李庭說：「汝在江南，多出死力，男兒立功，要在西北上也。今有違我太祖成憲者，汝其往征之。」

起用欽察軍將土土哈，事出偶然。至元十五年（一二七八）調集大批軍隊北征時，僅讓土土哈率欽察驍騎千人從行。在此次與叛王的作戰中，土土哈追擊逾阿爾泰山，殊死力戰。忽必烈發現這位來自欽察的戰將肯為漠北戰事效死，特意召至御榻前，親加慰勞和犒賞。忽必烈破例把土土哈奪回的祖宗大帳賞賜給他，曾對他諭示：「祖宗武帳，非人臣所得御，以卿能歸之，故以授卿。」還特命土土哈收集原隸屬於諸王和官府的欽察族人，專門組建欽察衛軍，作為一支部族精銳軍團，北上抵禦海都。[81]

而後，忽必烈又根據戰事的需要，把平定南宋的正、副統帥伯顏和阿朮，調往漠北坐鎮指揮。在發覺伯顏在漠北作戰保守，「無尺寸之獲」的弱點後，忽必烈又果斷以御史大夫玉昔帖木兒接替伯顏。[82]玉昔帖木兒是成吉思汗所封右手萬戶博爾朮之孫，在漠北蒙古地區舊部較多，威望頗高，讓他取代伯顏統領漠北元軍，的確是一著好棋。

其他像賽典赤・贍思丁行省雲南，相威首任江南行御史台大夫等，同樣是善於使用某些重臣獨當一面的成功範例。

特許便宜，用人不疑。

忽必烈還允許臣下在緊急情況下臨機應變，便宜行事。中統元年（一二六〇），忽必烈命令廉希憲、商挺宣撫川陝，對付阿里不哥陣營的渾都海等。當時屯駐成都的密力火者握有重兵，廉希憲與商挺擔心他發動兵變，派遣劉黑馬乘驛前往矯稱新大汗忽必烈旨意，殺掉了密力火者。而後，密力火者之子赴朝廷告狀。忽必烈宣諭道：「茲朕命也，其勿復言。」[83]忽必烈清楚地知道，在關隴鏖戰敵強我弱的情況下，廉希憲、商挺為主動掌握必要的軍隊而採取一些非常措施，是十分合理的。所以，親自出面替他們開脫，避免了許多麻煩。

刑部尚書不忽木奉命往大同鞫問河東山西道按察使貸官錢而強令所部州縣輸羊馬案，入境後發現當地鬧饑荒，於是先發倉廩賑災而後治獄。有人控告不忽木違制擅發倉廩之罪。忽必烈竟然說：「出使之臣，身見歲惡，須請而發，民殍死矣！何罪？」[84]

至元十四年（一二七七）忽必烈親征漠北，中書左丞董文炳請纓北上，忽必烈卻囑咐董：「所亟召卿，意不在此。豎子盜兵，朕自撫定。山以南，國之根本也，盡以托卿，卒有不虞，便宜處置以聞。中書省、樞密院事無大小，諮卿而行。已敕主者，卿其勉之。」[85]董文炳是忽必烈所信任的藩邸舊臣，此時將大都留守的便宜處置權交付董文炳，是必要和適宜的。

至元十五年（一二七八）漢軍都元帥劉國傑與指揮使賈某奉命率左、右、中三衛侍衛親軍一萬人赴漠北抵禦叛王海都。臨行，忽必烈囑咐劉國傑：「朕不識賈指揮何如人，邊事一付於汝。」又說：「山南安知山北事！不用命者，先斬後奏。」至元三十年（一二九三）忽必烈欲再次征討交趾，命劉國傑為湖廣安南行省平章率軍前往。劉國傑請求與一宗王同時前往。忽必烈以一蛇兩首，難以行動為喻，不予批准。後來勉強同意劉國傑為主帥，宗王亦吉列台任監軍。忽必烈又特為降詔宣諭：「凡號令進退賞罰，一決於公，宗王受成而已。」[86]忽必烈懂得，任用統帥率兵作戰，克敵制勝，必須用而不疑，放手讓統帥在前線獨立行使權力。忽必烈如此行事，可謂通曉事體、豁達大度。

又如至元二十七年（一二九〇）忽必烈欲派遣宿衛出身的北京路總管張立道再次出使安南。張立道請求以重臣一人位其上。忽必烈答覆：「卿朕腹心臣，使一人居卿上，必敗卿謀。」張立道果然比較順利地履行了使命。[87] 忽必烈清楚地知道，在皇子鎮南王等屢征安南均告失敗的形勢下，奉使安南，事情重大，與對方談判甚為複雜和困難。任用不專，很可能節外生枝。忽必烈如此安排，是比較明智的。

三、樂於納諫　擇善而從

忽必烈樂於納諫，能夠聽取各種不同意見，常常頒降求言之詔：「其言可採，優加旌擢；如不可採，亦無罪責。」[88] 因而往往可以集中臣僚智慧，隨時糾正錯誤。這既是忽必烈保持政治清明和決策基本正確的「法寶」，又是他寬闊胸懷、豁達性情的顯現。

從藩王時代起，忽必烈就喜歡模仿唐太宗李世民，模仿的重要內容之一就是納諫。忽必烈懂得「以一身臨四海，統萬機，一或逸弛，則民受其殃」的「為君之難」，[89] 他似乎能把納諫和集中臣下智慧，當作克服君臨天下之難的辦法之一。他曾對臣下說：「朕欲求如唐魏徵者，有其人乎？」「朕於廷臣有憨直忠言，未嘗不悅而受之；違忤者，亦未嘗加罪。蓋欲養忠直，而退諛佞也。」[90]

忽必烈如是說，也大體如是做。忽必烈飲用馬奶酒過量，患足疾，王府醫生許國禎所進藥味苦，忽必烈推卻不肯服用。許國禎說：「古人有言：良藥苦口利於病，忠言逆耳利於行。」不久，忽必烈足疾再次發作，悔恨交集，終於接受許醫師的良藥和忠言，還特意賞賜許七寶馬鞍。[91]

至元初，有人控告西川軍帥欽察罪惡，忽必烈敕令中書省火速派使者殺掉欽察。次日，平章廉希憲復奏，忽必烈一度以遲緩誤事發怒。廉希憲進一步奏言：「欽察大帥，以一人之言被誅，西川必駭，逮之至此，與訟者庭對，暴其罪於天下可也。」忽必烈採納廉希憲的建議，派遣有能力的官員按問此事，終於查明所告不實。[92]

至元二年（一二六五），大名路一帶發生大水災，漂沒百姓廬舍，租稅無從交出。路總管張弘範擅自免除了百姓的稅收。朝廷以為，張總管專擅行事有罪。張弘範請求進京覲見忽必烈，上奏說：「臣以為朝廷儲小倉，不若儲之大倉。」忽必烈云：「何說也？」張弘範回答：「今歲水潦不收，而必責民輸，倉庫雖實，而民死亡殆盡，明年租將安出？曷若活其民，使不致逃亡，則歲有恆收，非陛下大倉庫乎！」忽必烈最後裁定：「知體，其勿問。」[93]忽必烈聽罷張弘範的辯白和諫言，居然贊同其擅自免除災民租稅的做法。這也是擇善而從吧！

御史台建立後，一度設立兩名大夫為長官，監察御史姚天福向忽必烈進言：「古稱一蛇九尾，首動尾隨；一蛇二首，不能寸進。今台綱不張，有一蛇二首之患。陛下不急拯之，久則紊不可理。」忽必烈依其言而行，裁減了一位御史大夫。後來，姚天福又藉御史大夫玉昔鐵木兒連夜密奏，勸阻廢罷按察司。忽必烈答覆說：「此天下安危計也，其勿罷。」[94]

至元二十年（一二八三），有人舉報江南趙宋宗室造反，忽必烈下令派遣使者拘捕至京師。宿衛士阿魯渾撒理進諫說：「言者必妄，使不可遣。」忽必烈問其理由。阿魯渾撒理回答：「果若反，郡縣何以不知。言者不由郡縣，而言之闕庭，必其仇也。且江南初定，民疑未附，一旦以小民浮言輒捕之，恐人人自危，徒中言者之計。」忽必烈大悟，立刻召回使者，追究舉報真相，果然是誣告。忽必烈稱讚阿魯渾撒理說：「非卿言，幾誤，但恨用卿晚耳。」[95]

至元二十一年（一二八四）正月，諸王百官為忽必烈上尊號曰憲天述道仁文義武大光孝皇帝，朝臣集議大赦天下。參知政事張雄飛勸諫：「古人云：無赦之國，其刑必平。故赦者，不平之政也。聖明在上，豈宜數赦！」忽必烈高興地採納了張的意見。還對張雄飛說：「大獵而後見善射，集議而後知能言，汝所言者是，朕今從汝。」結果僅頒布了輕刑之詔。[96]

有人盜竊上都大安閣祭祀神仙之幣，忽必烈命令誅殺此人，群臣沒有人敢提出異議。提點太醫院事許扆獨自勸諫說：「敬神，善事也。因置於死地，臣恐神不享所祭。」忽必烈聽罷，立即下令釋放了盜幣人。事後，又賞賜許扆白玉帶，且對他說：「以汝潔無瑕，有類此玉，故以賜汝也。」[97]

忽必烈在上都行宮帳殿大宴群臣時，有不能大杯飲酒的，就脫去衣服帽子，以示處罰。監察御史魏初上疏：「臣聞君猶天也，臣猶地也，尊卑之禮，不可不肅。方今內有太常，有史官，有起居注，以議典禮，記言動；外有高麗、安南使者入貢，以觀中國之儀。昨聞錫宴大臣，惟一弗謹，非所以尊朝廷，正上下也。」忽必烈欣然採納，又諭告侍臣今後不得復為此舉。[98]大杯狂飲及其懲罰，盛行於蒙古草原。忽必烈聽從臣下意見，廢止行宮宴會中的此類舊俗，應該是難能可貴的。

臣下進諫和皇帝納諫，不免引出犯龍顏、逆龍鱗等一系列問題，真正做起來並非易事。廉希憲進諫，「讜論具陳，無少回惜」，忽必烈聽罷，並不舒坦。一次，他埋怨廉希憲說：「汝昔事朕王邸，猶或容受，為天子臣，乃爾木強邪？」[99]說明忽必烈同樣遇到臣下進諫傷害其顏面和權威的問題，只是忽必烈相對冷靜一些、理智一些而已。

由於忽必烈比較能夠接受臣下言辭激烈的進諫，比較能夠容忍臣下的直言不諱，在他身旁長期有幾名諍臣存在。如敢於公開頂撞忽必烈的廉希憲，「屢為直言，雖帝怒甚，其辭不少屈」的昂吉兒，「犯顏諫諍，剛毅不屈」的許衡，「不肯阿意承順」的王磐，「負才氣，剛直敢言」的崔彧等等。[100]這應是忽必烈朝政治比較清明和上層決策比較符合實際的重要保障性因素。

政治家的個人才能，未見得必須超越凡人多少，但用人之道則需要十分講究。忽必烈的高明之處，既在於識別各類人才，也表現在運用靈活方法讓人盡其才，物盡其用。忽必烈重名士，重家世，重故舊，不拘疏遠，惟才是舉，重實用，斥空言，惜臣節，用人不疑，特許便宜，樂納諫等等，多數是獨樹一幟的個性化舉措，少數是模仿前人。《元史》撰者稱其為「知人善任使」，殆非虛言。這也是忽必烈政治上取得成功的必要條件。

締造元帝國的功業

綜觀忽必烈四十餘年的政治生涯，不難窺見：作為成吉思汗繼承者和元帝國締造者的忽必烈，其一生最主要的功業建樹，可概括為三項：少數族君主統一和治理南北的第一人，創立並實施「內蒙外漢」二元模式，多民族統一國家發展的推動者。這三者應是忽必烈對十三、十四世紀的中國及亞洲積極歷史作用的集中體現，也是他可以超越秦皇、漢武、唐宗、宋祖和乃祖成吉思汗的地方。

一、少數族君主統一和治理南北的第一人

忽必烈首先是少數族皇帝統一中國南北的第一人。

在五千年的歷史長河中，統一中國南北的漢族皇帝不乏其人，如秦始皇、漢武帝、隋文帝、唐太宗等等。相對而言，統一中國南北的少數族皇帝就比較少了。

三八六年鮮卑人拓拔珪建北魏政權，三九八年定都平城（今山西大同東北）。四九四年魏孝文帝遷都洛陽，其疆域北至大漠，西至新疆東，東北至遼河，南至江淮，統治北方長達一百四十九年。

九一六年契丹人耶律阿保機建契丹國，九四七年改國號大遼，一度攻陷汴梁，擄掠人口財物北撤。迄一一二五年，遼朝一直雄據北方，以上京臨潢府為統治中心，西至流沙，東至黑龍江，北至臚朐河（今克魯倫河），南方疆域只達到河北中部。

一一一五年女真人阿骨打建大金國，後滅遼朝和北宋，控制北方大部分地區。又遷都燕京，疆域東到日本海，北至大漠，西至河套，南至淮河，與南宋、西夏政權並存對峙近一百二十年。

北魏、遼、金及大蒙古國等少數民族政權，都是入主中原的佼佼者，但他們只統一或占領了北方地區。江南及西南地區均未能囊括。

忽必烈成功地平定了南宋政權，結束了中國三百餘年的分裂割據和南北對峙，完成了新的大一統。此處「中國」的概念，應是廣義的，實際上涵蓋了當今中國、蒙古為中心的東亞、中亞大陸。這正是魏孝文帝、耶律阿保機、海陵王、成吉思汗等未曾做到的，也是忽必烈超越他們的地方。

忽必烈所建立的元帝國不僅開了少數民族皇帝統一中國的先河，所轄疆域也明顯超過了秦、漢、隋、唐等漢族皇帝所建的統一王朝。

《元史・地理志》云：「自封建變為郡縣，有天下者，漢、隋、唐、宋最盛，然幅員之廣，咸不逮元。漢梗於北狄，隋不能服東夷，唐患在西戎，宋患常在西北。若元，則起朔漠，併西域，平西夏，滅女真，臣高麗，定南詔，遂下江南，而天下為一。故其地北逾陰山，西極流沙，東盡遼左，南越海表。」

所言「北狄」即匈奴，「南詔」即雲南，「西戎」即吐蕃。西漢在西域「拓地雖遠，而攻取有正譎，叛服有通塞」。唐帝國時期，雖然有唐蕃甥舅之盟，但唐與吐蕃始終是分轄東西的兩個並立政權，二者不存在隸屬關係。南詔也沒有歸入唐帝國的統轄之下。況且，後期又有「腹心之地為異域」的藩鎮割據問題。時至元朝，雲南設行省，吐蕃屬宣政院，兩地均正式隸屬於元朝廷，從而奠定了我們多民族統一國家西南疆域的基本輪廓。也就是說，元帝國的大統一，比起秦、漢、隋、唐來，最突出的是首次將吐蕃和雲南納入版圖之內。元人稱：「古之一統，皆名浮於實」，元帝國的大一統，「實協於名」，真正做到了「六合同風，九州共貫」。[101] 而吐蕃、雲南及江南，都是忽必烈親自置於元帝國統治之下的。

忽必烈又是少數族皇帝中有效治理中國南北的第一人。

在數十年的政治生涯中，忽必烈武功和文治相益彰，統一與治理共輝煌。他不僅以蒙古鐵騎統一了中國南北，而且雜糅蒙漢制度對廣袤疆域實施了卓有成效的中央集權式的治理。

第一，以漢法治漢地，卓有成效。

如前所述，忽必烈政權建立之初，採納漢儒士的建議，使用中統和至元兩個年號，立大元國號，以示進入中原傳統王朝系列。又廢和林舊都，立漠南兩都——上都、大都，將統治中心自漠北南移。又勸課農桑，興辦水利，恢復漢地的農業生產，禁止蒙古軍踐踏毀壞稼穡。還設置中書省、樞密院、御史台等漢地式官僚機構，罷黜漢世侯，重建路府州縣及官吏遷調制度。又重用包括藩邸舊臣及新選精英在內的部分漢族士大夫，或參謀朝政，或舉辦儒學教育。占領江南後又大體保留原先的土地賦稅制度，維持了當地較先進的經濟結構和生產方式等。在吸收漢法和以漢法治漢地方面，忽必烈的確是蒙古統治者中最主動、最積極的一員，而且取得了卓越的成效。

第二，吸收漢法，彌補蒙古舊制的缺陷和不足。

譬如引入漢地王朝立太子儲君制度，改變蒙古國汗位繼承規則不完善而生內訌的弊端。儘管因為真金太子英年早逝，此項改進並不十分順利，但畢竟打破了蒙古忽里台貴族會議選汗舊俗的支配，加大了預立太子在皇位傳承中的作用，為元中後期太子儲君制度的成熟鋪平了道路。忽必烈還部分吸納漢地食邑制和遼金二稅戶制，對蒙古投下分封制實施局部性改造，既保留蒙古貴族封君的權益，又將其限制在不危害朝廷中央集權的範圍內。

第三，雜糅蒙漢，創立適合元帝國統治的新制度。

在治理元帝國的過程中，忽必烈因時因地制宜，開創了一些新的制度。譬如，融合蒙古國燕京等處三斷事官和魏晉以來行台等因素，設置行中書省，作為中書省的派出機構和地方最高官府，統轄中書省直轄區以外的江浙、江西、湖廣、雲南、四川、陝西、甘肅、河南、遼陽等地區；根據成吉思汗「凡臨官事者互相覺察」的旨意，[102]吸取漢地監察制度，創建江南行御史台和二十二道肅政廉訪司為中心的地方監察制度；變通宋、金紙鈔舊制，推行統一的中統鈔和至元鈔等貨幣制度；創立宣政院和帝師為首的政教合一體制，對吐蕃進行較直接的管轄；創設宗王出鎮和行省治庶事相結合的體制，統制雲南、甘肅、陝西、揚州、漠北等邊徼要地。

由於實施了以上三條舉措，忽必烈對大元帝國的治理，取得了超越成吉思汗等任何游牧君主的積極成效。《元史·地理志一》「蓋嶺北、遼陽與甘肅、四川、雲南、湖廣之遠，唐所謂羈縻之州，往往在是，今皆賦役之，比於內地；而高麗守東藩，執臣禮惟謹，亦古所未見」等語，又足以表明忽必烈在包括吐蕃、雲南、嶺北、遼陽等廣袤疆域內的中央集權治理，同樣是相當有效和前無古人的。前述王惲、馬可波羅、瓦撒夫、薩囊徹辰、趙翼諸人雖然對忽必烈的議 論評價高下不一，但在「混一天下」和「留意治道」兩方面，卻是眾口一詞和同聲讚譽。換言之，忽必烈治理元帝國的業績受到中外史家的充分肯定和高度評價。

因此，我們認為，忽必烈既是第一位征服和統一了中國南北的少數族皇帝，也是第一位有效治理全中國的少數族皇帝。少數族皇帝統一和治理中國南北的第一人，統一與治理共輝煌，應是對忽必烈政治生涯恰當的概括總結。

元帝國的大統一和有效治理，標誌著我國多民族統一國家成長和發展進入一個新階段。它締造了各民族、各地區在統一中央政府管轄下的相對安定的環境，促進了南北社會經濟文化的交流與發展，促進了邊境少數民族地區的進一步開發與各民族間的交流、融合。元王朝的行省制度，在邊疆管轄上獨闢蹊徑，開創了高層政區分寄式中央集權模式，為後世處理中央與地方關係留下了可貴的經驗和啟示。這些都是忽必烈元帝國的大統一和有效治理所發生的比較積極的歷史作用。

另外，有的學者還認為，海外征伐及鼓勵海外貿易的政策，給蒙元帝國已有游牧國家與農耕國家混合體帶來海洋國家性質，從而使蒙元帝國的發展步入的第二階段，即成為橫跨歐亞、包括陸地海洋的前所未有的世界大帝國。忽必烈本人可以稱為蒙元帝國的第二位創業者。[103] 這應該是立足近世世界史發展軌跡的更為宏觀的見解。

二、創立並實施「內蒙外漢」二元模式

忽必烈之所以能夠成就其大統一和有效治理的非凡功業，還在於從疆域龐大、民族成分複雜、

經濟文化多元的客觀條件出發，不拘泥祖制，也不照搬漢法，在治理方式上作出有益的探索，創立並實施比較切合實際的模式和辦法，即「內蒙外漢」二元模式。

一九三九年，法國學者格魯塞率先提出了忽必烈統治政策的一個新的重要命題：

「忽必烈推行一種二元政策……從蒙古人的觀點來看，他在原則上（如果不是在現實中）始終如一地維護了成吉思汗帝國精神上的統一。作為至高無上的汗，即成吉思汗和蒙哥統治的繼承人，他堅持不斷地要求成吉思汗各大封地的服從……在中國，他企圖成為十九個王朝的忠實延續者。其他的任何一位天子都沒有像他那樣嚴肅地扮演著自己的角色。他恢復的行政機構治癒了一個世紀之久的戰爭創傷。宋朝滅亡以後，他不僅保留了宋朝的機構和全部行政官員，而且還盡一切努力得到了當時任職官員們的個人的效忠。在征服土地以後，他也完成了對人們頭腦的征服，他想獲得的最偉大的名聲也許不是『他是世界上第一位征服全中國的人』，而是『第一位治理中國的人』。」[104]

格魯塞的蒙漢「二元政策」的說法，將忽必烈評價提升到一個新的境界。至於忽必烈「完成了對人們頭腦的征服」的見解，又可以得到前揭漢人官吏王惲的讚頌效忠這位蒙古皇帝的八首五言律詩的印證。

二十世紀八〇年代，周良霄又認為，元世祖忽必烈在中國歷史和蒙古族歷史的發展上都是一個影響比較深遠的人物。他創建元王朝後，重新確定中央集權政治，恢復瀕於中斷的社會生產，進而滅亡南宋，完成了全國規模的大統一。忽必烈迫於穩定統治的需要，不能不改行「漢法」，採用與中原發達的經濟基礎相適應的「漢官儀制」。同時，他又把保持蒙古舊俗和推行民族壓迫，當作維護蒙古貴族統治的另一個主要桿杆。而且在採行漢法上，忽必烈也經歷了一個從積極開展到消極停頓的過程。總的來說，忽必烈的前期是進步與積極占主導，後期則主要是保守和消極，但後期的消極作用在他整個一生的事業中畢竟只占次要的地位。他的歷史功勳是值得我們肯定的。[105]

美國學者羅沙比進一步指出：「忽必烈統治的成就是顯著的。與其他蒙古大汗相同，他繼續從事軍事征伐。他最輝煌的勝利是征服中國的南宋……從而確保忽必烈作為蒙古人中的一位偉大統帥的地位。而他在政治上的成就可能是令人印象深刻的。他希望使漢人相信他日益漢化的同時，本民族同胞仍對他信任。他設立了進行統治的行政機構，在中原建立了一座首都，支持中原宗教和文化，並且為朝廷設計出合適的經濟和政治制度。然而，他並未拋棄蒙古傳統，保持著大量的蒙古習俗。」[106]

白鋼又主張：忽必烈「附會漢法」，是歷史的必然，在歷史上曾經起過一定的進步作用。但是，由於他的立足點是「附會」，以致造成有元一代的典章制度呈現出蒙古舊制與金制、宋制兼容並蓄的局面。這種諸制並舉的本身，反映了「附會漢法」帶有很大的局限性，造成了社會制度混亂。元朝之所以不足百年而亡，不能說與忽必烈有意識地保留大量舊制沒有關係。對忽必烈「附會漢法」，不宜估計過高。[107]

如果是十四世紀－十九世紀人們對忽必烈的評價尚處於功勳過錯議論階段，那麼，二十世紀學者們的看法就開始上升到一個新的境界，即開始從政策的二元和矛盾性的角度，審視和考量忽必烈及其時代。儘管大家的認識視角和部分見解不完全相同，但是，學者們逐漸達成了這樣的共識：如何治理好以中原漢地為代表的廣大被征服區域，如何整合蒙古統治模式和新征服地區原有的統治模式，是忽必烈難以回避的歷史使命。忽必烈既行漢法，又存蒙古舊俗。他的政治生涯，他的政治文化二元政策，與祖輩父兄明顯不同，一方面他是承襲草原傳統的蒙古帝國第五位大汗，另一方面他又是作為中原王朝系列的元王朝的開國皇帝。可以說，他的一生都是在努力編織政治文化的蒙漢雜糅之「夢」。

筆者進而認為，上述蒙漢雜糅中，漢法和蒙古舊俗並非平分秋色，也未必存在二者在前期和後期主導位置的互換。忽必烈的政治文化二元政策，多數情況下是以「內蒙外漢」的形式表現出來的。草原舊俗為代表的蒙古制度，相當多地占據忽必烈政治文化政策的內核部分，漢法制度則往往居周邊或從屬位置。

這個問題本身比較複雜，又關係到忽必烈一生評價乃至元帝國的政策取向。有必要在前面詳細敘述忽必烈一生具體事蹟之後，分為政治上的蒙漢二元或「內蒙外漢」，文化習俗上的蒙漢二元或「內蒙外漢」，「內蒙外漢」政策的根源與後果等三個方面，闡發筆者的這個新看法，也算是對忽必烈整體評價的新嘗試、新探索。

忽必烈政治上的蒙漢二元或「內蒙外漢」，可以從官制、軍制、分封制、宮室制、戶籍制等方面得到解讀。

忽必烈所創建的元朝中央官制，是由中書省、樞密院、御史台三大衙門為主，另加數十個院、府、司、寺、監而構成。從性質歸屬上看，上述中央官制，又能分為蒙古游牧官、漢地官、管理皇室事務等特設官府三個系列。

蒙古游牧官包括札魯忽赤斷事官，必闍赤（掌文書）、扎里赤（書寫聖旨者）、博兒赤（掌烹飪飲食者）、速古兒赤（掌尚供衣服者）、答剌赤（掌酒者）、舍利別赤（掌果汁飲料者）、阿察赤（掌架設帳幕者）、烓剌赤（掌宮中燈火者）、虎兒赤（奏樂者）、阿塔赤（掌牧養御馬者）、火兒赤（主弓矢者）、雲都赤（帶刀者）、八剌哈赤（守城門者）諸怯薛執事官等。

漢地官即是中原王朝傳統的中書省、樞密院、御史台、翰林國史院、太常寺、太府監、秘書監、司農司等。

管理皇室事務等特設官府，成分來源比較複雜，名目繁多。如為專門管轄皇帝宮廷事務，設置了數十種大小官署：宣徽院、典瑞監、太醫院、太僕寺、尚乘寺、中尚監、章佩監、利用監等；為便於管轄諸王公主位下事務，設置王傅府、內史府、王相府、旭烈兀大王位下管領隨路打捕鷹房民匠總管府、安西王位下管領本投下大都等路怯憐口民匠總管府等；[108]為替御位下和諸王貴族經營和管理斡脫錢，設立諸位下斡脫總管府、斡脫所、斡脫局等。[109]這些都是管理皇室事務、私屬部民、工役造作、高利貸等而特意設置的。其數量名目，甚至超過了朝廷政務管理機構。

不難窺見，上述中央官制具有三個特色：

第一，通元一代，以博兒赤、速古兒赤、火兒赤、雲都赤、扎里赤為首的怯薛執事組成內廷官，長期負責宮廷禁衛、宮內生活服侍和宮廷機務，且與中書省、樞密院、御史台三大衙門為首的外廷官，內外銜接，穩定配合，共同構建起中央官僚體制的基本框架。

第二，通過「別里哥選」途徑，怯薛根腳者的蒙古及色目勳舊得以占據了中書省、樞密院、御史台等外廷官的長官職位。這些被稱為「隨朝」「宿衛大臣」者，依舊履行其輪值怯薛的義務。由此，怯薛組織不僅充任高、中級官員的「候選學校」，而且對外廷官也具有某種人事上的溝通或控馭聯繫。

第三，諸如大宗正府、宣徽院、太醫院、太僕寺、尚乘寺、中尚監、章佩監等官署，多數是蒙古游牧官派生並與漢官名號相拼加而形成的。

以上官署三系列及三特色表明：蒙古游牧官和為皇室貴族服務的特設官署，確實占據著忽必烈朝中央官制的內核部分和數量上的較大比重，儘管這類官署都冠以院、府、司、寺、監之類的漢官名號，但那只是表面現象。即使是漢地式官署中書省、樞密院、御史台等內部，也滲入了相當多的蒙古因素，體現著蒙古主導性質。

元朝的地方官以行省和路府州縣為主幹。其間，漢地式官署的成分比重，似乎比中央官府大些。主要統治漢族百姓的管民官路府州縣，其基本框架和層級承襲於宋、金制度，但也深深打下了蒙古統治的若干印痕。首先，路府州縣均設有蒙古人充任的首席長官達魯花赤；其次，按照戶口多寡及蒙古投下封邑所在，路府州縣設置做了局部的升級調整；再次，遵循忽必烈的種族分化和壓迫政策，嚴格實行蒙古人任達魯花赤，色目人任同知，漢人任總管的分職制度。

行省是元朝地方最高官府和中央控馭地方的樞紐。儘管其名稱、官吏設置與魏晉以來的行台、行尚書省十分相近，儘管前期朝廷中書省派出機構的性質比較明顯，但就實質內容而言，元朝的行省又是偏重於按照大蒙古國燕京、別失八里、阿母河三處「行斷事官」模式建立的。在由朝廷直接委派，代表朝廷分鎮，與朝廷行政中樞互為表裡、分轄內外以及一府多員、圓議連署等方面，元朝行省與燕京等三處行斷事官，如出一轍。

由此可見，元朝地方官系統雖然在蒙古官制占據核心方面不及中央官府突出，但無論路府州縣抑或行省，蒙古的主導因素卻是隨處可見的。

就元朝官制整體而言，草原舊俗為代表的蒙古制度，同樣打下了深刻的印痕：

第一，從中央到地方的諸色官府，均以正官、首領官、吏員三層級予以編組。

第二，從中央到地方的大多數官府，實行多員制和圓座連署制。

這兩項制度，有些來源於金朝，如各級衙門普遍設置掌管案牘、統轄吏員、協助長官處理政務的首領官，就是直接承襲金制。首領官之下，又設許多享受較少俸祿而又能夠出職任官的吏員，也承襲金制。但是，將各級政府機構主持政務和決策的正官，與首領官、吏員，依次排列為上、中、下三層級，來劃一編組中央到地方的全部諸色官府，卻是蒙古統治者發其端的。至少漢族中原王朝沒有類似的制度。稱之為蒙古人的制度，似乎不過言。我們把正官、首領官、吏員，比附為蒙古草原的那顏、必闍赤長、必闍赤，也說的過去。重要的還在於，多員制和圓座連署制，直接可以溯源於蒙古忽里台會議舊俗。這二者推行於中央到地方的大多數官府，顯然屬於蒙古制度。鑑於此，我們可以說，從元朝官府總體構成和議事決策方式的角度，植根草原舊俗的蒙古制度仍占據某種主導和核心地位，這是不爭的事實。

另外，有元一代，各級衙門的主要長官均被蒙古人把持。即使到元中葉，蒙古人和色目人在全國諸色官員總數中也可占到三分之一左右。[110] 從這個意義上同樣可以說，代表草原舊俗的蒙古制度在元朝官僚體系中占據著主導和核心地位。

總之，無論中央和地方官制，抑或元朝官府總體構成、議事決策方式及長官成分，都可以說是「內蒙外漢」，即代表草原舊俗的蒙古制度，占據著內核部分，漢法制度大多是其周邊部分。

其次看軍制。

元朝的軍隊，自忽必烈開始，總體上分為宿衛軍和鎮戍軍兩大系列。而在這兩大系列中，蒙古的因素，至為突出。

宿衛軍，同樣是自忽必烈開始，由萬人怯薛和諸衛侍衛親軍兩部分組成。其中，負責皇帝宮廷宿衛和處於宿衛軍核心地位的，依然是萬人怯薛。即使是漢族軍士占多數的諸衛侍衛親軍內，也存在蒙古人、色目人任長官或達魯花赤的制度，還有少量蒙古侍衛親軍系列中的「內蒙外漢」，又比較典型。至於元朝後期色目人侍衛親軍迅速膨脹，「準蒙古人」或非漢人軍團的增加，亦可凸顯宿衛軍系列中的蒙古人和「準蒙古人」主導地位的進一步發展。[111]所以，元朝宿衛軍

忽必烈以降的鎮戍軍，包括蒙古軍、探馬赤軍、漢軍和新附軍。以蒙古人為主體的蒙古軍和探馬赤軍，不僅地位高，而且鎮戍位置布局最為重要。至元二十一年（一二八四）和至元二十四年（一二八七）組建的山東河北蒙古軍都萬戶府、河南淮北蒙古軍都萬戶府所屬蒙古軍、探馬赤軍，長期駐屯在山東、河南、河北一帶。正如《經世大典敘錄·屯戍》篇云：「及天下平，命宗王將兵鎮邊徼襟喉之地，而以蒙古軍屯河洛，據天下腹心，漢軍、探馬赤軍戍淮江之南，以盡南海，而新附軍亦間廁焉。」另，漢軍萬戶府及千戶所，例設達魯花赤一員，規定由蒙古人擔任。[112]概言之，元朝鎮戍軍系列的「內蒙外漢」，同樣比較典型。

元朝的軍隊編組方式，除怯薛外，一律沿用蒙古草原的十進位萬戶、千戶、百戶制。蒙古軍自不待言，探馬赤軍、漢軍均如此。新附軍和諸衛侍衛親軍雖然沒有萬戶的建制，但千戶和百戶組織依然存在。換句話說，元朝的軍隊編組方式同樣貫穿或體現著蒙古因素和蒙古制度。

元朝廷的軍事指揮和管轄機關樞密院，雖然沿襲宋、金制度，但那只是機構形式。樞密院長官樞密使一直由皇太子兼領，其實際長官知樞密院事除元末賀均一人外，一直由蒙古和色目勳貴擔任。擔任副長官同知樞密院事的，十之八九也是蒙古人和色目人。軍隊數目因為是「軍機重務」，則由皇帝和樞密院蒙古長官直接管理，「漢人不閱其數」。[113]足見，元朝最高軍事指揮機構的外殼是漢地制度，首腦官職和核心權力始終握於蒙古人之手。

此外，元朝軍隊特許實行軍官世襲。這又是沿襲和保留蒙古草原萬戶長、千戶長、百戶長世

襲的舊俗。

從宿衛軍和鎮戍軍兩大系列的蒙古因素、軍隊編組方式、最高指揮核心權力及軍官世襲諸方面看，元朝軍制的「內蒙外漢」性質也比較突出。

再看皇帝及相關制度。

元朝皇帝的名號，從忽必烈開始，均有了漢地王朝式的年號、廟號和謚號，如忽必烈先後使用中統、至元兩個年號，其廟號為世祖，謚號為聖德神功文武皇帝，這無疑是漢法制度。但是，忽必烈還有蒙古語尊稱薛禪皇帝或薛禪汗。在一般蒙古人中，並不懂得「世祖」等名號的涵義為何。「薛禪皇帝」，蒙古語意謂「聰明之汗」，以此來稱呼忽必烈，似乎更崇敬、更親切。所以，在蒙古人範圍和蒙古語、藏語文獻中，忽必烈大多使用薛禪皇帝或薛禪汗的稱號。[114]顯而易見，包括受到漢法制度影響頗深的忽必烈等元朝皇帝的名號，同樣有「內蒙外漢」之別。

忽必烈把都城自漠北和林，南遷至開平和燕京，在那裡建起了雄偉的漢地式宮殿，如大都的大明殿、延春閣、廣寒殿、隆福宮，上都的大安閣和萬安閣等。還建起了大都太廟和諸官衙。這誠然是漢法制度的影響和表現。但是，與這些宮殿並存的還有蒙古草原大汗的帳殿斡耳朵。如上都的失刺斡耳朵（蒙古語義為黃色宮帳）。馬可波羅稱之為「竹宮」。上都皇城中的草地上各式各樣的野獸飛禽在生息繁衍。如麋鹿鷹兔等。忽必烈時常在圍牆內馳馬追逐麋鹿，一則取鹿肉餵鷹，二則消遣娛樂。[115]忽必烈的皇后和妃子雖然多數時間居住在漢地式宮殿內，可她們的等級位置仍然是依草原大汗四大斡耳朵的順序排列的。如第一斡耳朵帖古倫大皇后，第二斡耳朵察必皇后、南必皇后，第三斡耳朵塔刺海皇后、奴罕皇后，第四斡耳朵伯要兀真皇后、闊闊倫皇后。忽必烈以後，也遵循這樣的規則。[116]即使在大都皇宮的漢地式正殿大明殿舉行元旦、天壽節之類的慶典，皇帝與皇后仍按照草原舊俗，並坐於御座之上。

此外，忽必烈朝依然保留著漠北成吉思汗四大斡耳朵的設置，曾經委派皇子北平王那木罕和皇長孫晉王甘麻剌負責守護。[117]自忽必烈逝世，又模仿漠北諸大汗保留生前斡耳朵的制度，在大都皇城東華門內也設此類斡耳朵，稱為「火失房子」或「火失氈房」，「謂如世祖皇帝以次俱承襲皇后職位，奉宮祭管一斡耳朵怯薛、女孩兒，關請歲給不闕。」元人詩曰：

守宮妃子住東頭，供御衣糧不外求。
牙仗穹廬護闌盾，禮遵佔服侍宸遊。[118]

此類祭奠已故皇帝的斡耳朵，也就是長信寺、長慶寺等官署的前身。

而且，上都、大都兩都制度以及歲時巡幸本身，就隱含著蒙古草原夏營、冬營舊俗的背景。從蒙古本位的原則出發，上都的蒙古都城風格更重，每年夏季皇帝在這裡召集忽里台聚會蒙古諸王，其地位應在大都之上。虞集所云：「世祖建上都，控引天下，重於大都。」[119]正是這個意思。可見，元朝的都城、宮室，大體是漢地式與蒙古草原式雜糅並存，諸如元上都等場合，蒙古制度的主導或核心色彩更重些。

再次看御前奏聞制度。

如前所述，有元一代，雖無漢、唐、兩宋等王朝式的「常朝」，但中書省、樞密院、御史台等大臣參與的御前奏聞仍然是常見的中央最高決策形式。或者可以說，御前奏聞相當於元代的一種特殊「視朝」。

舉辦時間不固定，場所或兩都宮內各殿，或巡幸途中納鉢，變化多端，靡有定所。這或許是元代御前奏聞的特殊「視朝」顯得不甚正規而容易被人們忽視的重要原因。逐水草而居和「行國」「行殿」，是游牧國君棲息理政習俗。元代御前奏聞的時間和場所的不確定性（包括在「火兒赤房子裡」、「西耳房」等較簡陋的房室內舉行），正是這種習俗在朝廷議政決策方式上的表現。

怯薛近侍參與陪奏，是元代御前奏聞中值得注意的現象。陪奏的怯薛執事大抵是依其所在的四怯薛番直，分別負責皇帝的生活服侍、護駕、文書記錄、聖旨書寫等職事。陪奏時有些怯薛執事官的作用又重在輔佐皇帝裁決機密事務，軍政財刑，無不涉及。

由於大部分蒙古皇帝不懂漢語，大部分漢族臣僚又不懂蒙古語，君臣間的上奏和聽政，不能不受語言隔閡的較嚴重制約，而需要借助怯里馬赤譯員作中介。這種情況下，包括漢人、蒙古人、色目人諸民族成分的文武百官朝見皇帝和上奏議論政事，就顯得十分困難。皇帝自然而然地會經常使用少數蒙古人和熟悉蒙古語的色目人、漢人大臣參加的御前奏聞，來代替漢地式的文武百官「常朝」。這似乎是元代御前奏聞所具有蒙古特色而異於前代百官「常朝」的一個直接原因。[120]

在採用類似漢地「視朝」決策方式的同時，忽必烈又在其御前奏聞的時間、場合、陪奏等環節，凸顯蒙古草原舊俗的特色。

其他如投下分封、官工匠、朝會賞賜等，都是忽必烈沿襲蒙古舊俗的重點領域。有些幾乎是地道的蒙古制度，就其本身而言，無所謂「內蒙外漢」。但它們在元朝整個政治制度中也可以歸屬於占核心地位的蒙古因素。

忽必烈在文化習俗上的蒙漢二元或「內蒙外漢」，具體表現在語言文字使用、學校教育、儒學政策、祭祀禮儀、朝會燕饗、行獵蒐狩等方面。

先看語言文字使用。

忽必烈朝，官方使用三種文字：蒙古語、漢語、波斯語。其中，蒙古語起初是成吉思汗時期畏吾兒人塔塔統阿創制的畏吾字蒙古語。後來，忽必烈命令帝師八思巴以吐蕃字拼蒙古語創制八思巴蒙古字，作為新的官方文字。當時，朝廷內外各民族官民頻繁接觸交流，漢人懂蒙古語，蒙古人學漢語，色目人懂蒙古語或學漢語的，蔚然成風，數量甚夥。但是推行漢法比較積極的忽必烈，卻只通曉蒙古語，不懂漢語。忽必烈和一般漢族臣僚的交談或聽取其上奏，就需要借助怯里馬赤翻譯。人們從世祖初參與御前奏聞的中書省宰執廉希憲、趙璧、張文謙都精通蒙古語，左右司郎中賈居貞「由善國語，小大庶政，不資舌人，皆特入奏」；右丞相史天澤自稱：「老夫有通譯其間，為諸公調達耳」等史實，[121]也能窺見一斑。

值得注意的是，忽必烈本人不懂漢語，也不去提倡和鼓勵其他蒙古人學習使用漢語，反而督促漢人和南人官僚學習蒙古語。忽必烈曾經親自命令降元南人將領管如德學習蒙古語：「習成，當為朕言之。」若干年後，管如德遵照忽必烈的旨意學會了蒙古語，江淮行省丞相阿塔海派遣任職浙西宣慰使的管如德馳驛北上，向忽必烈奏聞出征日本事。由於管如德學會了蒙古語，君臣之間已沒有語言障礙，忽必烈對他的上奏十分滿意。還對管如德說：「有當奏聞者，卿勿憚勞，宜馳捷足之馬，來告於朕。」[122]至元二十四年（一二八七）以後，管如德迅速提升至行省參政和左丞，這雖然主要是基於他征討鐘明亮等的軍功，但忽必烈格外喜歡懂得蒙古語的漢人、南人官員也應是一個重要因素。可以說，忽必烈在鼓勵漢人、南人官員學習蒙古語方面是相當積極的。

至元六年（一二六九）二月，忽必烈降詔頒布八思巴字時規定：「凡有璽書頒降，並用蒙古新字，仍各以其國字副之。」強調用八思巴蒙古字「譯寫一切文字」。還要把八思巴蒙古字當作國家的統一文字，「以同四海之文，以達四方之情，以成一代之制。」其後，頒布聖旨條畫命令

「省部台院凡有奏目用蒙古字寫」。又在翰林國史院內設新字學士，至元十二年（一二七五），另設蒙古翰林院，專掌宮廷蒙古語和其他語言的通譯及璽書使用八思巴字。省部院台等朝廷衙門中還長期設置蒙古必闍赤。[123]說明忽必烈在允許蒙古語、漢語、波斯語等並行於世的同時，依然不放棄蒙古語母語，依然想以創制八思巴字的方式保持其本位和主體地位。換言之，在語言文字使用上，忽必烈的「內蒙外漢」傾向，也是不爭的事實。

其次是學校教育。

與語言文字政策相關聯，忽必烈在學校教育方面也竭力突出蒙古學校教育的中心地位。在朝廷已設國子學以教授蒙古、色目、漢人諸生儒學的基礎上，忽必烈又於至元八年（一二七一）正月下詔立蒙古國子學，專門為蒙古、漢人官宦及怯薛子弟教授八思巴蒙古語。在地方，至元六年設諸路蒙古字學，除路府官子弟外，民間生徒上路三十人，下路二十五人，可免一身雜役，肄習朝廷所頒《通鑑節要》八思巴蒙古文譯本。後又設路府州蒙古字學教授和江南三行省蒙古提舉學校官。於是，忽必烈在儒學、陰陽學、醫學之外，另行建立起一套從中央到地方獨立的蒙古字學教育系統。由於「國字在諸字之右」，蒙古字學隨而高於同級儒學及其他學校，蒙古字學教授的品秩也相應高於其他教授。[124]

由於官方的提倡，蒙古字學優於儒學的風氣，也影響到部分儒士。

元人貢奎詩曰：

周宣石鼓久剝落，浮雲變化字跡訛。
八分小篆亦已廢，紛紛行草何其多。
洪惟盛世自作古，制書勒石傳不滅。

知君達時尚所學，落筆星斗光森羅。
蒙恩千里領教職，養育多士培菁莪。
諧音正譯妙簡絕，窮究根本芟繁柯。
牙籤玉軸點畫整，照耀後世推名科。
愧予鄙俚事章句，儒冠多誤將如何？[125]

貢奎是元中葉江南文學名士。他仰慕蒙古字學合乎時尚，讚揚其「諧音正譯妙簡絕」，「照耀後世推名科」。同時哀歎蒙元統治下漢文化的衰落，哀歎自己專事章句而為儒冠所誤。當時「願充虜吏，皆習蒙古書，南人率學其字」，[126]似乎已成風氣。貢奎的上述態度，在江南儒士中恐怕不是少數和孤立的。

再看儒化政策。

如前所述，忽必烈的儒學政策是十分強調其應用性。對學儒讀經，基本要求是能為其治國經世所用。能用則受稱道，不能用則受批評。同時，忽必烈特別喜歡讓人把儒學經典口譯或書面翻譯為蒙古語，在不改變其母語的前提下，比較積極地吸收漢地儒家文化。其結局是部分儒化而不漢化。如藩王時期的忽必烈，曾特命藩邸漢族儒士趙璧學習蒙古語，然後翻譯《大學衍義》，在馬上向他講說。北征阿里不哥之際，忽必烈曾命「善國言」的中書省左司郎中賈居貞利用閒暇，以蒙古語「陳說《資治通鑑》，納君為善」。[127]在聽取北方儒學宗師許衡進講儒術紀綱時，忽必烈還特意親自選擇擅長翻譯者，口譯其說，發覺翻譯不確切，忽必烈則出面糾正。[128]前述《通鑑節要》也是忽必烈在至元八年（一二七一）正月命令翰林院等處譯史翻譯為蒙古語，並用蒙古語抄錄多份，頒發給蒙古國子學和諸路蒙古字學教授使用的。忽必烈這種對儒學的特殊政策，依然是基於其「內蒙外漢」的方略。採用儒術為其治國經世所用，學習儒術又不放棄母語文化和蒙古本位，可以部分儒化而拒不完全漢化，這似乎是忽必烈始終堅持的理念之一。

再看祭祀禮儀。

自忽必烈開始，元朝的祖宗祭祀大體是蒙古俗和漢地制度並行的。

以蒙古俗祭祖，通常在上都舉行。元人周伯琦說：「國朝歲以七月七日或九日，天子與后素服望北方陵園，奠馬酒，執事者皆世臣子弟。」[129]周伯琦所記雖然晚在元末，但可以判定其基本內容定制於忽必烈朝。至元十三年（一二七六）五月初一忽必烈曾派遣伯顏等大臣赴上都近郊祭祀祖宗，告以平宋大捷。這是一次較特殊的祭祖，也沒有皇室人員參加。遵照元樞密院的安排，被擄北上的南宋亡國之君趙㬎和全太后一行也隨同參與。趙㬎等面對象徵黃金家族太廟的錦製罘思（城角之屏），向北兩拜。另有一名蒙古官員對著罘思前致語，拜兩拜而退。[130]

依漢地制度祭祖，主要是大都太廟祭祀。大都太廟始建於中統四年（一二六三）三月，至元三年（一二六六）十月，太廟落成。增太廟七室為八室，又定尊諡廟號，即烈祖神元皇帝、太祖聖武皇帝、太宗英文皇帝、皇伯考朮赤、皇伯考察合帶、皇考睿宗景襄皇帝、定宗簡平皇帝、憲宗桓肅皇帝。又定每歲冬季祀太廟。太廟神主起初用栗木。至元六年（一二六九）十二月，帝師八思巴奉聖旨造木質金表牌位，特稱「金主」。至元十三年（一二七六）「金主」題名又依蒙古俗略作改動，太祖改稱「成吉思皇帝」，睿宗改稱「太上皇也可那顏」，諸皇后則直題其名諱。[131]忽必烈在大都太廟祭祀中並沒有完全倒向漢法典制，而是有意無意地加入了不少蒙古及藏傳佛教的東西。如宗廟祭祀祝禱之文，用蒙古文書寫；祭祀用常饌外，增加野豬、鹿、羊、葡萄酒等。一度禁用豕及牛；作佛事於太廟；諸王、宰執及必闍赤攝行祀事。[132]太廟祭祀由此被改造為蒙漢雜糅的形態。

依蒙古俗祭祖的長期保留，太廟祭祀摻入蒙古因素以及忽必烈拒不親祀，均說明忽必烈在祭祖上的「蒙古本位」傾向十分強烈。

忽必烈雖然從至元十二年（一二七五）開始在大都麗正門東南七里設祭壇，仿漢地禮儀祭祀天地，但僅僅是派遣使臣代祀，儀式頗簡單。較正規的祭祀天地，是成宗以後的事。忽必烈朝祭天仍主要在上都遵蒙古舊俗而行。中統二年（一二六一）四月八日，忽必烈親率皇族成員，祀天於舊桓州西北郊，皇族以外不得參與。祭天依然採用灑白色牝馬奶子的蒙古舊俗。[133]很顯然，忽必烈在祭祀天地之際同樣是「蒙古本位」。

再看朝會燕饗。

《元史．禮樂志一》云：「元之有國，肇興朔漠，朝會燕饗之禮，多從本俗。太祖元年，大會諸侯王於阿難河，即皇帝位，始建九斿白旗。世祖至元八年，命劉秉忠、許衡始制朝儀。自是，皇帝即位、元正、天壽節，及諸王、外國來朝，冊立皇后、皇太子，群臣上尊號，進太皇太后、皇太后冊寶，暨郊廟禮成、群臣朝賀，皆如朝會之儀。而大饗宗親、錫宴大臣，猶用本俗之禮為多。」

如前所述，至元六年（一二六九）十月忽必烈命令劉秉忠、許衡等承襲和變通漢、唐、金有關制度，主持訂立漢地式的朝儀，其內容包括：平明設儀仗於崇天門內外，虎賁羽林，弧弓攝矢，分立東西，陛戟左右。教坊陳樂廷中。皇帝、皇后出閤升輦，升御榻。謁者傳警，雞人報時。妃嬪諸王駙馬和丞相百官分班行賀禮。具體禮節有：二鞠躬、六拜、三舞蹈、三山呼、三叩頭等。

丞相祝贊曰：「溥天率土，祈天地之洪福，同上皇帝、皇后億萬歲壽。」[134]至元八年（一二七一）八月忽必烈生日天壽節時正式啟用。而後，元旦朝賀、冬至進曆、冊立皇后太子、諸國來朝等，也用此儀。

忽必烈批准並實行的上述朝儀，與漢唐儀制有四處差異：第一，皇帝、皇后列坐御榻，同受朝賀；第二，增加了三叩頭。此叩頭之禮，似來自窩闊台汗即位時諸王那顏們的「九次以首叩地」；[135]第三，朝儀結束後，還要舉行蒙古傳統的宴飲。第四，元旦慶典一律穿白色衣服。遵循蒙古人尚白習俗，「在那天，皆必須穿白色禮服。他們這樣作，因為他們覺得白衣服是最好的東西，並且是好的預兆。所以在新年那天，他們全穿白衣，他們全年就可有幸福和快樂了。」[136]這四者明顯摻入了蒙古草原禮俗。

此外，忽必烈還往往在上都舉行忽里台朝會。中統五年（一二六四），也是開平被定為上都的第二年，阿里不哥南下歸降，又在上都召開了依據札撒赦免阿里不哥和處置其謀臣的忽里台貴族會議。包括漢地諸路總管史權等二十三人和高麗國王王植，也奉詔參加了這次「大朝會」。[137]

元人張昱詩曰：「至元典禮當朝會，宗戚前將祖訓開。聖子神孫千萬世，俾知大業此中來。」[138]所謂「祖訓」，就是成吉思汗寶訓。在至元三十一年確定皇孫鐵穆耳和甘麻剌誰取得汗位繼承權的上都忽里台朝會上，真金妃闊闊真讓二皇孫朗誦的就是成吉思汗寶訓。

忽里台朝會期間，也含有蒙古傳統的宴饗等內容。正如元初王惲所言：「國朝大事，曰征伐，曰蒐狩，曰宴饗，三者而已。雖天廟謀定國論，亦在於樽俎饜飫之際。」[139]

關於蒙古傳統的宮廷宴飲，馬可波羅的記述非常珍貴。他說：

皇帝的席是比別人的高好些。他坐在北邊，面朝南向。靠近他的左邊坐的，是他第一個妻子。在他右邊略低的地方，坐著他的兒子、孫子，以及所有屬於皇族的親屬。他們的頭和大可汗的腳同一樣高。皇太子坐在比別人稍微高一點的地方。其次，別的達官顯宦坐在更較低的桌上。在他的左邊較低的地方，坐著所有他的兒子、孫子以及親屬的媳婦。再次就是達官顯宦和武將們的妻妾，坐在更較低的地方。每個人都知道他的座位。因為那是大可汗指定的。但是你們必須不要以為所有的人全坐在桌上。有許多武將和達官顯宦，都坐在大廳地毯上吃，並沒有桌子。宴席如此布置，使大可汗可以看見每一個人。他們人數是很多。在大廳外面，還有四萬多人在那裡吃。因為有許多人帶著貴重的禮物聚集進來，例如外國來的人，帶著許多奇怪的東西，還有從前曾經做過官，現在還想得到新差事的人，在大可汗臨朝和公宴時候，他們全都來到了。

在大廳中央大可汗宴會的地方，有一個美麗的方櫃，這東西很大。裝飾的極富麗。每邊三步寬，上面很精巧雕刻著好看黃金色獸像。櫃中間是空的，裡面立著一個純金的大罈子。容量如同一個大桶，盛滿著酒。這罈子周圍的角上放著小的酒甕，容量如同一小桶。在這些小甕裡面，盛著最好的飲料。一個盛著馬奶，另一個盛著駱駝奶。其他亦皆盛著相類的東西。在櫃的上面放著大可汗的酒杯。就在這杯裡面他接受臣下奉獻的飲料。依照情形，酒或貴重的飲料，吸入大金罈中，可以供給八人或十人的飲量。每桌上放著一個酒甕，可供兩位賓客。每一位賓客有一個帶柄的金酒杯。拿這個杯他可以從那金罈中取酒喝。那些婦女，也同男子一樣，每二人有大金罈子一個和兩個杯子。

……

在這大廳各門前，和其他大可汗所在屋子門前，每邊站著兩個長人，皆大如巨無霸。手裡拿著棍子，不許行人觸到門檻，皆必須邁過去。如有人偶爾觸到門檻，這些看守人就剝去他的衣服。如要取回他的衣服，他必須要付若干罰金。假使他們不剝去他的衣服，他們就一定用棍子打他若干下。假如有外國客人不懂得這規則，那也有指定的達官告訴他們和領導他們。他們以為如果有人接觸門檻必定帶來惡運……。

當大可汗要喝酒時，廳中無數不同的樂器全都奏起來了。一個侍人呈獻他酒杯後，立刻向後退三步再跪下去。在大可汗每次舉杯時，所有的達官顯宦和到場的別人全皆跪下去，表示他們恭敬以後大可汗才喝。每次大可汗飲時，他們都照你們所聽到的那樣子做。

馬可波羅所言忽必烈宮廷宴會帝后皇室座次、酒局和宴飲禮節、禁觸門檻等，與柏郎嘉賓、魯布魯克在貴由汗廷和蒙哥汗廷的見聞，驚人的相似。140 因此，忽必烈宮廷宴飲基本是沿用蒙古國四大汗規制的。

元人張昱亦有詩為證：

靜瓜約闌殿西東，頒宴宗王禮數隆。

酋長巡觴宣上旨，盡教滿飲大金鐘。141

質孫宴和質孫服，是宮廷宴饗中最具蒙古特色的。質孫，蒙古語意為顏色，質孫宴，即穿一樣顏色的衣裳赴宴。關於質孫宴和質孫服，馬可波羅同樣有詳細描述：

你們必須知道，照大可汗的命令，一年有十二個節期（韃靼人依照陰曆一年十三個月，用隆重儀式賀節）。在節裡，我們先前講過的一萬二千貴官皆須加入慶賀。這些貴官他們叫怯薛歹，即皇帝之親信衛軍也。他賞他們每人有十三套皆是不同顏色的衣服。只可以在前述的節期中穿著。他們都用極華麗的珍珠寶石，和其他希奇的東西來裝飾，全是非常值錢。另外他賜給這一萬二千貴官，每人一條金帶，一雙鮫革靴，非常美麗和貴重。靴帶銀絲，做得極其精工。他們裝飾得極其尊貴美麗。穿戴起來時，看著都像國王。十三節期，每一節他們都要穿特別不同的衣服，這些衣服是常備的。但是他們不需每年重作，因為每套可以穿十年左右。大可汗有十三套衣服，顏色和他的貴官的相似。至於其餘的他的衣服是比較的更美麗更值錢，裝飾的更闊綽了。每次他也像他的那些貴官一樣穿戴起來。142

馬可波羅有關質孫宴的描述，同樣可以追溯到蒙古國時期。柏郎嘉賓《蒙古行記》記述朝見貴由汗類似情景時說：「第一天，他們都穿白天鵝絨的衣服，第二天——那一天貴由汗來到帳幕——穿紅天鵝絨的衣服，第三天，他們都穿藍天鵝絨的衣服，第四天，他們穿最好的織錦衣服。」143 就是說，忽必烈朝舉行的質孫宴及質孫服，也是沿襲蒙古國舊制。

總之，忽必烈在朝儀方面較多吸收漢法，又有意無意地摻入了不少蒙古因素，而在忽里台朝會燕饗之際又較完整地保留和沿用了蒙古舊俗。這方面的蒙漢二元或和「內蒙外漢」的傾向，依然非常頑固。

再看行獵蒐狩。

忽必烈建立元朝後，積極推行勸農桑和恢復發展農業生產的政策。然而，這主要是忽必烈統治漢地和增加賦稅的需要，並不意味著忽必烈在經濟政策和生活習俗上完全倒向農耕方式。如第十章所述，在位三十五年間，忽必烈始終保持行獵蒐狩等蒙古舊俗。忽必烈冬春之際的狩獵，一般正月出發，三月初以前返回。開始在大都近郊，後來多數在大都東南的柳林。忽必烈還常常在上都附近的東涼亭、察罕腦兒（白海）行獵。如中統二年（一二六一）十一月，忽必烈命令平章政事塔察兒以虎符徵發燕京兵士，取道居庸關，圍獵於湯山（大約在今北京昌平東）之東。至元十四年（一二七七）八月，一度畋於上都之北。[144]

元人曾將蒐狩與征伐、宴饗當作三件「國朝大事」。[145]忽必烈歲時行獵蒐狩，無疑是在恪守蒙古草原貴族相沿已久的傳統。

從以上論述中不難窺見，無論政治上和文化習俗上蒙漢二元都是忽必烈獨具特色的國策，而且在較多情況下表現為「內蒙外漢」。或者可以說「內蒙外漢」應是忽必烈實施政治文化蒙、漢二元政策過程中奉行的一項重要原則。儘管忽必烈出於治理大漠南北的實際需要，吸收了大量漢法制度，但是，由於「蒙古本位」理念作祟，反映草原舊俗的蒙古制度，多占據其政治文化政策的內核部分，漢法制度則往往居於周邊或從屬位置。

忽必烈的「內蒙外漢」二元模式，客觀上適應了大漠南北草原游牧與漢地農耕的並存格局，對保持蒙古族的獨立性和延續性具有重要歷史意義。

蒙古人建立的大蒙古國和元帝國是包括大漠南北和中亞東歐在內的世界性帝國，單就疆域而言，它比起傳統的以漢地為主的中原王朝，地域要廣袤的多，成分要複雜的多。所以，對忽必烈蒙漢二元或「內蒙外漢」政策的評價，也不能囿於「漢地文明本位」，視野應更廣闊些，角度應更客觀些。

應該看到，「內蒙外漢」二元模式，客觀上適應了大漠南北草原游牧與漢地農耕的並存格局，有利於多元文明的共存和繁榮發展，它比起蒙古國前四汗純粹的「蒙古中心」和「蒙古本位」，是要進步的多。

還應該特別注意，在「內蒙外漢」二元模式或政策之下，忽必烈為首的蒙古貴族和部眾，沒有像拓拔魏和滿人那樣舉族南遷，沒有像拓拔魏和滿人在學習和吸收漢地先進文化的同時逐步漢化，逐步放棄了本民族原有的語言文化及習俗，從而被人數眾多的漢民族所「吞沒」同化。這種「吞沒」同化，猶如一把雙刃劍，對民族融合和漢民族的不斷壯大誠然是好事，但對拓拔人和滿人的民族延續生存，卻又是災難性的。

忽必烈為首的蒙古貴族和部眾，基於「內蒙外漢」二元模式或政策，走上一條與拓拔人和滿人稍有差別的發展道路。他們學習和吸收漢文化，多數只限於「儒化」而未必漢化，既把漢地先進的制度文明有選擇地吸收進來，為我所用，也不完全改變和放棄本民族原有的語言文化及習俗，在國家體制和語言文化諸方面，始終保持蒙古原有制度和習俗的核心地位。所以，當元帝國在漢地的統治崩潰，大都和上都相繼失守之際，蒙古人雖然在哀歎：「以諸寶裝成之我大大都城，應時納涼而居之我上都開平輪城」，「被漢人朱葛諾延席捲而去矣」，但「各處轉戰蒙古人等四十萬內」，畢竟有六萬人得以逃回漠北。[146]他們和當地的蒙古人會合，成為明清以來蒙古人的前身或主體。

換句話說，正是忽必烈的「內蒙外漢」二元模式或政策，才有可能使六萬北逃的軍士及漠北部眾繼續保持蒙古民族風貌和特徵。在這個意義上，忽必烈的「內蒙外漢」二元模式或政策，對蒙古民族在元帝國滅亡後的獨立性和延續性發揮了至為重要的歷史作用。

三、多民族統一國家發展的推動者

誠如前人所言，成吉思汗對世界的影響甚大，忽必烈對中國的影響和作用，不僅在於他統一和治理南北，創立並實施「內蒙外漢」二元模式，直接影響元帝國的構架、面貌及政策走向，還對我們多民族統一國家發展的歷史進程施加了重要影響，做出了傑出貢獻。

忽必烈對多民族統一國家發展的貢獻傑出，表現有三：

其一，部分改變蒙古貴族傲視天下的觀念，轉而重視漢地，入主漢地。

在多民族統一國家發展歷程中，唐太宗李世民、元世祖忽必烈和清康熙皇帝三人是獨樹一幟的人物。他們三人都以比較開明的理念和政策，推動了兩千年多民族統一國家的發展進步。

唐太宗李世民聲稱：「自古皆貴中華，賤夷狄，朕獨愛之如一。」[147]又以大唐皇帝和「天可汗」雙重身分自居，實施和親、羈縻府州及少數族首領入侍等政策，所以唐代的民族關係比較融洽，多民族統一國家得到很大的發展。

清康熙皇帝不以長城自限，「不設邊防，以蒙古部落為之藩屏。」[148]他主持下的滿蒙關係、滿藏關係等均有十分高明而有益的舉措，滿漢民族矛盾也得到一定的緩和。清代多民族統一國家由此發展到一個新的階段。

忽必烈的獨特之處在於，他率先部分改變蒙古貴族傲視天下的觀念，轉而重視漢地漢民，邁出了入主漢地和混一南北的歷史性一步。

由於成吉思汗軍事征服的主攻方向是西域，其所建大蒙古國又橫跨亞歐，征服功業和聲績亙古未有，成吉思汗及其繼承者隨而對本民族游牧文明充滿自豪和優越感，對已征服和未征服的國家地區，則抱有比較頑固的傲慢與偏見。

成吉思汗曾訓誡黃金家族的子孫說：「我們用這些律令，並推行了這些必里克，因此使我們的安寧、歡樂和自由的生活一直繼續到現在。將來，直到五百年、千年、萬年以後，只要承嗣汗位的後裔們依然遵守並永不改在全民族中普遍沿用的成吉思汗的習慣和法令，上天將佑助他們強國，使他們永遠歡樂……如果屬於國君的許多後裔們的權貴、勇士和異密們不嚴遵法令，國事就將動搖和停頓，他們再想找成吉思汗時，就再也找不到了。」

窩闊台、貴由、蒙哥等都恪守成吉思汗的札撒和法令，不敢有任何更改。蒙哥汗顯得更為固執，他「性喜畋獵，自謂遵祖宗之法，不蹈襲他國所為」，稱得上是成吉思汗習慣和法令最忠實的守護者。[149]

窩闊台汗時一位蒙廷使臣別迭又提議：「雖得漢人亦無所用，不若盡去之，使草木暢茂，以為牧地。」[150]

在成吉思汗等蒙古貴族看來，蒙古人是最高貴的支配者，蒙古人的習慣和法令最美好，應該世代相傳，永遠遵守。漢人等被征服民族的亡國之俗，則無足掛齒。在這方面，成吉思汗的征服偉業，似乎也給他的子孫們背上了比較沉重的包袱，使他們傲視天下的偏執觀念很難改變。這恰恰是他們在南下征服漢地等先進文明區域時難以克服的弱點和障礙。

忽必烈卻在金蓮川幕府等智囊精英的幫助下，率先改變和屏棄了父兄們的陳舊觀念，逐漸增加了「天下一家」和「奄四海以宅尊」的意識。[151]這兩句措辭雖然出自漢人文臣之手，但基本可以反映忽必烈本人君臨南北的意圖和思想。至元八年（一二七一）所建「大元」國號，實際上也和以上新增意識一脈相承，而且從大元帝國包容四海、南北之民悉為赤子的層面，給忽必烈的政治理念和政治行為方式帶來的影響至深且重。

中統二年（一二六一）八月，忽必烈頒手詔給剛剛歸降的原南宋夔府守將劉整：

土地定其疆，固有朔南之異，而父母愛其子，曾何彼此之分。朕嘗以四海為家，萬方在己，凡有來賓之俗，敢忘同視之仁。近因宋國之未臣，遂致蜀川之重擾，彼軍旅焉，老淹於屯戍；彼民人焉，力盡於轉輸。況值凶荒，舉皆轉徙。保聚山麓者，延生於歲月；潛匿澤藪者，橫死於風霜。彼君有昧於天時，在朕心亦有其慚德，今茲劉整慕我國朝，既能順德而來，當副傒蘇之望。市肆勿異，田里俾安，爾有貨財，毋令劫掠，爾有禾稼，罔使踐傷。諸回回通事人等逃在彼軍者，許令自還為良，不屬舊主。除已行下陝西行省常加存恤，不使侵擾外，今降金牌五、銀牌十，以旌有功者，當續具姓名，須降宣命。凡在軍民，各寧處所，故茲詔示，想宜知悉。152

至元十二年（一二七五）五月，忽必烈對剛剛歸降的原南宋湖北制置副使高達說：

昔我國家出征，所獲城邑，即委而去之，未嘗置兵戍守，以此連年征伐不息。夫爭國家者，取其土地人民而已，雖得其地而無民，其誰與居？今欲保守新附城壁，使百姓安業力農，蒙古人未之知也。爾熟知其事，宜加勉旃。湖南州郡皆汝舊部曲，未歸附者何以招懷，生民何以安業，聽汝為之。153

至元十四年（一二七七）四月，忽必烈又說：「山以南，國之根本也。」154

忽必烈以總結蒙古征服以來治理山南農耕地區的經驗教訓為切入點，談到南北一視同仁和政治中心南移後南部疆域的重要性，談到江南百姓安業力農和新征服州郡的保守鞏固，談到委付給南人官僚進一步招降未歸附者。這幾段話至少披露了忽必烈對漢地農耕區政策傾向的三點重要資訊：第一，明確主張「四海為家，萬方在己」，南北一視同仁；第二，批評蒙古人對漢地單純殺掠和委棄而去的陳舊政策，主張視蒙古、漢人同為百姓子民和精心治理漢地漢民；第三，承認在「保守新附城壁，使百姓安業力農」方面蒙古人的懵然無知。這與成吉思汗到蒙哥汗的傲慢與偏見，的確形成了較大反差。

做出這樣理念上的重要改變後，忽必烈就可以敞開胸懷，比較勇敢地面對如何治理漢地等廣大被征服區域，如何整合蒙古統治模式和新征服地區原有的統治模式等棘手課題。忽必烈之所以能夠成為少數族皇帝統一和治理南北的第一人，之所以能夠創立並實施「內蒙外漢」二元模式，就是因為他率先部分改變蒙古貴族傲視天下的觀念，轉而用「天下一家」和「奄四海以宅尊」的意識，重視漢地，視蒙古、漢人同為子民。在這一點上，忽必烈和李世民的華夷如一、康熙帝不以長城自限，同樣顯得氣度不凡，胸懷遠大，包容四海。

忽必烈做出重視漢地漢民的選擇或改變，是需要極大的勇氣和魄力的。許衡曾說：「然萬世國俗，累朝勳貴，一旦驅之下從臣僕之謀，改就亡國之俗，其勢有甚難者。苟非聰悟特達，曉知中原實歷代帝王為治之地，則必咨嗟怨憤，喧嘩其不可也。」[155] 忽必烈突破對被征服國家地區的傲慢與偏見，轉而重視漢地和視蒙古、漢人同為子民，當然屬於「聰悟特達」。

其二，兼容各民族的多元文化和先進文明。

忽必烈創立並實施「內蒙外漢」二元模式或政策，允許各存本俗，兼容來自不同民族的文化。

漢地先進文化雖然未能成為元帝國的主體和內核，但它在國號、年號、官制等儀文制度方面的諸多外在表現，也足以令廣大漢族民眾感到寬鬆親和。忽必烈在皈依藏傳佛教的同時，並沒有排斥伊斯蘭教、基督教、道教和儒學，還採取了某些優待政策。這就避免了惟喇嘛教獨尊的封閉性和排他性，保持了其他宗教文化的兼容並蓄和繁榮發展。忽必烈的另一項成功業績，是起用、支持郭守敬和札馬魯丁等實施天文水利方面一系列世界領先的創造，又鼓勵中國與西域的天文曆法並存發展，交相輝映。忽必烈不甚干預漢地民間思想文化，元雜劇等文壇奇葩因而得以自由發展。

特別需要強調的是，忽必烈在保留江南的經濟生產方式及土地賦稅制度方面的歷史貢獻。前述汪元量賦詩記述道：

> 伯顏丞相呂將軍，收了江南不殺人。
> 衣冠不改只如先，關會通行滿市廛。
> 北客南人成買賣，京師依舊使銅錢。[156]

這大抵是攻占江南和南宋都城臨安後雞犬不驚，四民晏然，街市如故的寫實。連始終敵視元政權的南宋遺民鄭思肖，也不得不承認：「昔韃人用兵，所破城邑，縱虜掠殺戮畢，不復守其土地；自南人教得一州守一州之法，韃奪襄陽後，主於守土，勢脈相應，根深枝連。」[157]

忽必烈根本改變了蒙古人攻略中原初期的大肆殺掠方式，基本維持了原南宋統治區域的經濟結構和經濟政策，從而使南宋境內繁榮的社會經濟倖免遭受破壞，得以繼續向前推進。據鄭天挺先生考證，元末杭州絲織業已經出現了雇傭勞動，估計是民間手工業資本主義的早期萌芽。[158]這應該是忽必烈保存江南原有先進生產方式的意想不到的碩果。

其三，率先統一南北和入主中國，大大增強了少數民族在多民族統一國家中的主角意識和親和力、內聚力。

前面提到，由於實施「內蒙外漢」二元模式，忽必烈為首的蒙古貴族和部眾，有選擇地吸收漢地先進文明，並不完全改變原有的語言文化及習俗，在國家體制和語言文化諸方面，始終保持蒙古制度和習俗的核心地位。當元帝國在漢地的統治崩潰之際，六萬北逃的蒙古軍士及漠北部眾遂藉此繼續保持蒙古民族的風貌和特徵，蒙古民族共同體賴以得到長期延續和發展。換言之，蒙古人入主中原，來去百年，元朝滅亡後，蒙古人亡國而未絕種，喪權而未滅族，仍然是大漠南北逐水草而居的游牧民族群。

蒙古人成功北歸和繼續棲息於大漠，雖然給長城以南的明帝國造成長期的軍事騷擾或威脅，但其本身又遏制著該地蒙古族以外的其他部族的興起和強盛。於是，十四世紀至今的大漠南北，始終是蒙古人的世界。請不要忘記，這些蒙古人恰恰是大元帝國曾經統治漢地全境的主人。這段近百年的光榮經歷，非常重要，既有征服和反抗的腥風血雨，又有各民族之間的水乳交融。它給蒙古族留下的心理印記難以磨滅。它讓蒙古人視漢地為停雲落月的第二故鄉，一直和漢地保持著向心和內聚聯繫。清代以後特別是二十世紀以來，蒙古族一直被公認為中華民族的基本成員之一。應該承認，蒙古族融入中華民族大家庭的進程，是從元王朝統治中國和元末蒙古人成功北歸發軔的。

忽必烈率先統一南北和入主中原，打破了長期由漢族皇帝充當多民族統一國家主角的慣例，開啟了少數族建立大一統王朝的先河。連明太祖朱元璋也不得不承認胡、漢輪流為中原主的事實。此例一開，後繼效仿者不乏。誰曾料，三百年後滿族的順治和康熙居然步忽必烈之後塵，再次演出一幕入主中原和統一全國的精彩戲。於是，兩千年來秦、漢、隋、唐、元、清六個多民族大一統王朝中，少數民族為主角的竟然六居其二。這樣的成果，顯然是與忽必烈、康熙的名字緊密聯繫在一起的。

蒙漢雜糅夢的喜與悲

正如元末梁寅所言：

元之有天下，殊方絕域，靡不臣服，輿圖之廣，亙古所無。而世祖之定制也，本之以寬仁，加之以周密，繼繼承承勿替，引之宜無弊也。然立賢無方，學古入官，禮義廉恥，國之四維，治道之要也。世祖之約，不以漢人為相，故為相皆國族。而又不置諫官，使忠直路塞，文學之士雖世世不乏，而沉於下僚，莫究其用。所賴以為用者，惟吏師而已。其為法如是，是以朝皆苟且之政，世無謇諤之風，官有貪婪之實，而吏多欺誑之文。將欲求保萬邦、比隆三代，無乃未之思乎？[159]

忽必烈雖然建立了不朽的功業，但蒙漢雜糅政策的客觀局限及其難以避免的弱點，使他在奠定了元帝國大半基業的同時，又給身後留下了不少隱患弊端。或者可以說，忽必烈一生精心編織的蒙漢雜糅之「夢」，多半是精彩靚麗的喜劇，有些場合特別是忽必烈身後則大抵是悲與喜相參的混成劇了。

第一，嗜利黷武，加重了財政危機，激化了社會矛盾。

「內蒙外漢」二元政策表現在軍事和財政方面，又引發了忽必烈等統治者的黷武嗜利。黷武嗜利，是清人趙翼對忽必烈的中肯批評，而且得到後人的讚賞和認同。然而，究其根源，就能明顯看到忽必烈黷武嗜利與「內蒙外漢」二元政策之間較為密切的聯繫。

基於政治文化「內蒙外漢」二元政策，忽必烈追求的不僅是成為一位中國皇帝，而且要成為一位蒙古帝國的大汗。對忽必烈來說，後者甚至比前者更重要。自忽必烈登上蒙古第五任大汗和大元皇帝的寶座，與阿里不哥、海都、昔里吉、乃顏等叛王的戰爭，平定南宋的統一戰爭以及對安南、日本、爪哇、緬國的征服戰爭等，接踵而來。前一部分對叛王的戰爭是忽必烈被迫舉行的，後一部分則是忽必烈主動發起的。做一位中國皇帝，未必需要建立上述赫然武功。而作為成吉思汗的後繼者和蒙古帝國第五任大汗，就必須取得這些戰爭的勝利，必須建立和祖輩父兄相媲美的軍事征服偉業。蒙古大汗的身分地位，決定了「黷武」必須成為忽必烈政治生涯不可缺少的組成部分。

而與「黷武」相伴的，就是「嗜利」，就是任用王文統、阿合馬、盧世榮、桑哥等，幫助他斂取巨額財富，為其窮兵黷武的內外戰爭服務。黷武嗜利，不是忽必烈個人的什麼嚴重的過錯，而是忽必烈基於「內蒙外漢」二元模式，成就其蒙古第五任大汗和大元皇帝功業過程中必不可少的選擇。

第二，「內蒙外漢」二元模式，也導致冗官、貪污等後果，使元代吏治敗壞較早到來。

忽必烈建立元王朝後的傑出貢獻，在於積極吸收漢法，吸收漢地王朝先進的官僚制度及經驗，去履行其征服並有效治理南北混一大帝國的使命。忽必烈所企求的不僅是第一個征服占領全中國，而且是第一個有效治理全中國。[160]這正是忽必烈超越其祖父兄弟的高明之處。然而，蒙漢二元或「內蒙外漢」政策，阻止忽必烈沿著吸收漢地王朝先進的官僚制度及經驗的道路繼續走下去，而只允許他淺嘗輒止和半途而廢。這樣一來，元王朝的政治制度無法將漢地王朝先進的官僚制度及經驗全面吸收和貫徹進去，不可避免地造成蒙古舊俗與漢地制度的拼加混合。

這種政策表現在官制方面，就是漢地官與蒙古游牧官有意無意的拼加混合。既有對宋、金官制的沿用，也有蒙古游牧官衍生出的諸多官府匯入其間，還有蒙古貴族特權所需的「創置衙門」，以及蒙古早期國家所慣用的按職業分工設官。結果是官府設置無甚章法，疊床架屋，冗雜不堪。元之冗官，以官府名目繁多重疊、多員制氾濫、高官劇增等，肆虐於政壇，從而使元代成為繼兩宋以後又一個官府冗濫十分突出的時期。如果說宋代官府冗濫是統治者養官政策指導下，兩漢三公九卿、唐五省六部翰林及試官員外制、晚唐五代樞密院差遣制等等紛然雜陳和畸形發展的產物，[161]那麼，蒙古統治者對蒙古游牧官制和漢地官制的兼容並蓄以及出於維護特權目的的拼合、改造、增添，又是造成元代官署繁雜的基本原因。

這種政策表現在官僚秩序方面，又導致吏治迅速敗壞和官吏貪贓惡性發展。

早在世祖朝前期，擔任監察御史的王惲已有：「仕途之間，廉恥道喪，贓濫公行」的批評。[162]王惲的批評，並非危言聳聽。成宗初，「京師犯贓罪」的官吏就達到三百人，占當時「在京食祿者萬人」的三%。[163]大德七年（一三〇三）七道奉使宣撫所罷贓汙官吏又多達一萬八千四百七十三人。[164]這兩個數字足以表明世祖、成宗二朝官吏貪贓較早有了氾濫成災之象。

究其原因，可以列舉俸祿微薄、選舉不精、徇私曲赦、蒙古舊俗滲透等若干方面。其中影響最大的應該是蒙古舊俗滲透。由於沒有全面吸收和採用漢地王朝先進的官僚制度及經驗，蒙古草原舊俗同樣地混入了官吏貪贓，甚至直接影響到朝廷的懲貪政策。蒙古貴族那顏向來有取財於部屬的「撒花」舊俗，後來還傳入中原及江南。汪元量「北師要討撒花銀，官府行移逼平民」的詩句，可以為證。[165] 怯薛「別里哥選」在選舉中的特殊地位及其對科舉的排斥，多數蒙古貴族官僚只把儒學視為「宗教」而不當作治國修身之術等等，都是蒙古舊俗因與漢法牴牾而給官僚素質和官場秩序帶來的不良影響。

忽必烈等元朝統治者雖然沿襲漢制設置御史台等監察官糾劾按治貪贓，還頒布贓罪條例以懲貪，但其懲貪政策和措施，又受到窩闊台汗以來寬縱曲赦貪贓行徑的嚴重干擾。當年窩闊台汗明明知道汗廷必闍赤等官在商人與宮廷交易中因商人額外「開支」而中飽私囊，卻下令高價支付商人貨款，美其名曰替接受好處的必闍赤「付錢」。[166] 多年來，窩闊台汗的做法像幽靈一樣困擾著元朝的幾個重要皇帝，使他們幹出一些徇私曲赦貪贓的事情。尤其是雜入喇嘛僧的影響後，此類徇私曲赦愈演愈烈。成宗大德七年（一三〇三）取消贓罪十三等中的死刑條例，估計與此有一定關係。

有一個現象比較明晰：在元朝諸帝中，像世祖、英宗等採用漢法較多的皇帝，其懲治貪贓也比較嚴厲；而成宗、武宗、泰定帝等曾經久居漠北，受蒙古舊俗影響較深，其在徇私曲赦方面似乎就走得更遠。只要從蒙漢二元體制和蒙古舊俗的滲透這一角度去觀察，元代吏治迅速敗壞和官吏貪贓惡性發展，就不難理解了。

第三，「內蒙外漢」二元政策引發了民族等級壓迫，造成激化民族矛盾和妨礙民族融合等消極情況。

在元王朝建立和統一戰爭過程中，忽必烈從「內蒙外漢」二元模式出發，推行四等人民族壓迫，使之成為維持或支撐元帝國統治的重要工具。

早在中統三年平定李壇之亂以後，重用蒙古人和色目人的傾向已初見端倪。如中統三年（一二六二）設立的十路宣慰司十六官員中，蒙古人和色目人竟多達九人，占總數的五十六・三%。相當於原十路宣撫司中非漢人的二・六八倍。[167]至元二年（一二六五）二月元廷又規定：「以蒙古人充各路達魯花赤，漢人充總管，回回人充同知，永為定制。」中書省宰相的民族成分也發生了類似的變化。至元四年（一二六七）六月，安童任中書省右丞相，漢人史天澤任左丞相；以下平章，蒙古人、漢人各一，右丞和左丞，蒙古人、色目人各一；參知政事，色目人、漢人各一。[168]此類規定的背景是，李壇之亂後忽必烈對漢人世侯官僚心存疑懼，蓄意借重色目人，以壓抑和牽制漢人。

元末梁寅云：「世祖之約，不以漢人為相，故為相皆國族。」[169]按照元朝的習慣，丞相與平章，合稱宰相。梁寅所說的「相」，實際上是指丞相與平章。準確地說，至元二十一年（一二八四）以後漢人任中書省丞相與平章是徹底絕跡了。

在刑罰條文方面，忽必烈時期也相繼出現了一些帶有民族壓迫性質的規定。如「禁止漢人聚眾與蒙古人鬥毆」，「蒙古人員毆打漢兒人，不得還報」。[170]「禁民間私藏軍器」的命令，又重在禁止漢人持有兵器。至元十三年（一二七六）又把禁持兵器的政策進一步擴大到新征服的南人範圍。至元二十二年（一二八五）五月元廷又規定，江南地方拘收的弓箭軍器，命令諸路達魯花赤和色目官員提調管理，漢人和南人官員「休教管者」。[171]又禁止侍衛親軍以外的漢軍平時執把武器，禁止漢人打捕戶執把弓箭。還強制拘收漢人持有的鐵尺、手撾等。[172]這又是提防漢人和南人官員率眾造反的嚴厲措施之一。

忽必烈也十分清楚，元王朝是人口占少數的蒙古人所建立的「征服王朝」，讓蒙古人擔任各級官府長官，維護其特權統治地位非常必要。而治理漢地，也不能不使用漢族官僚士人，儘管李璮之亂和王著殺阿合馬事件，都令忽必烈對漢人的忠誠已心存懷疑。色目人多是蒙古軍隊征服擄掠來的僕從和奴隸，進入元帝國境內後，他們對蒙古貴族始終是牢固地依附和效忠，他們中間的相當部分已逐步蒙古化。對漢地而言，色目人和蒙古人，都是為數較少的外來者，二者一直保持著政治上、文化上的親和性。重用和優待色目人，分割漢人官僚的一部分權力，既可以牽制漢人，防備其懷貳坐大，又能造成色目人與漢人的角逐，增加他們對蒙古統治者的依賴和忠誠。最終有利於蒙古人的居高監督和特權地位。

元末葉子奇曰：「治天下之道，至公而已爾。公則胡越一家，私則肝膽楚越。此古聖人所以視天下為一家，中國為一人也。元朝自混一以來，大抵皆內北國而外中國，內北人而外南人，以至深閉固拒，曲加防護，自以為得親疏之道。是以王澤之施，少及於南，滲漉之恩，悉歸於北。」[173]

葉氏的批評，大體正確。身為一代英主的忽必烈，所制定的民族等級壓迫方略，的確造成「內北國而外中國，內北人而外南人」的消極後果，人為地激化了民族矛盾，妨礙了民族融合。至元十九年爆發的王著殺阿合馬事件，揚言：「殺掉所有的帶鬍鬚的人」；順帝至元五年（一三三九）河南行省掾范孟偽傳皇帝聖旨，殺行省月魯不花、左丞劫烈、廉訪使完者不花等蒙古、色目官員多人；[174]都暴露了元朝民族壓迫和民族矛盾的嚴重性。元朝統治中國，不足百年而亡，民族等級壓迫帶來諸多社會弊端，應該是重要原因之一。在這方面，忽必烈推行的蒙漢二元或「內蒙外漢」政策，可謂始作俑者。

第四，「內蒙外漢」二元模式，帶來忽必烈等蒙古皇帝政治文化取向的兩難，加劇了統治集團的分歧、衝突和內訌。

由於實施「內蒙外漢」二元模式，包括此政策的制定者忽必烈，往往會在處理漢法與蒙古舊俗關係以及相關集團利益時，陷入兩難，左右搖擺。胡祇遹所云：「南不能從北，北不能長南」，[175]道出了問題的癥結。

如至元前期忽必烈儘管非常賞識姚樞、竇默、廉希憲、劉秉忠、許衡等漢法派儒臣，但對可以為他窮兵黷武而收斂錢財的回回宰相阿合馬又信賴有加，百般呵護。

至元十九年（一二八二）王著、高和尚等冒充太子真金在大都以暴動方式殺阿合馬後，忽必烈立即調兵予以鎮壓，還處死了與此事件有牽連的樞密副使張易。時隔不久，又下令將阿合馬剖棺戮屍，籍沒其家，誅其子侄忽辛、抹速忽及黨羽等。

阿合馬死後，和禮霍孫任右丞相，在太子真金的支持下積極推行漢法。但是，忽必烈對和禮霍孫重儒術而「諱言財利事」感到不滿，也對動搖蒙古貴族入仕特權的科舉之議十分惱火。就在和禮霍孫奏請重開科舉一個月後，忽必烈解除了他的相權，改而起用盧世榮理財。

起初，忽必烈對盧世榮極為信任倚重，幾乎是言聽計從，致使盧世榮當權期間肆無忌憚，十分跋扈。不到半年時間，御史台官等群起而攻之，忽必烈又殺掉盧世榮，割其肉以餵鷹隼獵獸。

至元二十四年到二十八年，是桑哥丞相理財和專權時期。桑哥的赫然權勢和專橫跋扈，比起阿合馬，的確是有過之而無不及。忽必烈對桑哥幾乎是全力支持的。後來，在以安童為首的漢法儒臣派和以玉昔帖木兒為首的蒙古權貴及怯薛宿衛的猛烈攻擊下，忽必烈又殺掉了桑哥。

忽必烈在上述複雜的朝廷政爭中，態度頻繁變化，左右搖擺，活像「兩面人」，一方面是他在各種政治勢力中取得一定平衡的權術使然，另一方面，也是忽必烈在處理漢法與蒙古舊俗關係以及相關集團利益時陷入兩難的被動表演。

因為上述兩難，忽必烈本人與其繼承人真金太子，曾經發生過一些不大不小的矛盾。如前所述，忽必烈吸收和推行漢法，造就一個率先儒化的太子真金，但忽必烈「內蒙外漢」政策又釀成父子二人的理念衝突和真金憂懼身亡的悲劇。

忽必烈之後的諸位皇帝，基本上沿襲其蒙漢二元或「內蒙外漢」政策模式，治理元帝國。由於成宗、武宗、仁宗、英宗等在位時間較短，較少發生處理漢法與蒙古舊俗關係以及相關集團利益時左右搖擺、態度頻繁變動的情況，但他們難免有重視漢法或留戀蒙古舊俗的政策差異，甚至因之引發或派生了一些政治鬥爭。

武宗海山久鎮漠北，入繼大統後，帶回的濫行賞賜，濫授官爵，濫封王號等蒙古草原舊制頗多。而仁宗愛育黎拔力八達儒化較深，即位後廢除皇兄的諸多弊政，還衝破重重阻力，恢復科舉考試，在推行漢法的道路上邁進了一大步。他倆雖然是同胞兄弟，但同樣因為處理漢法與蒙古舊俗關係而矛盾很深。

又如英宗碩德八剌和丞相拜住推行重用儒臣、罷汰冗員、行助役法等內容的新政，太皇太后答己、鐵木迭兒、鐵失等守舊勢力卻竭力阻撓，最終釀成暗殺英宗和拜住的「南坡之變」。

上述情況，雖然含有統治階級上層爭權奪利的因素，但也和忽必烈「內蒙外漢」政策取向的兩難，有著直接或間接的聯繫。

第五，「內蒙外漢」二元模式，派生出忽必烈頻繁誅殺宰相等君臣關係的消極變化。

忽必烈「知人善任使」為世人所稱道，但有一點需要特別指出，頻繁殺死宰相及其他大臣，在忽必烈朝比較突出。這應是忽必烈將蒙古草原主奴從屬習俗帶入元王朝並直接影響後世君臣關係的突出表現。

至元十六年（一二七九）九月，忽必烈詔諭：「今後所薦，朕自擇之。凡有官守不勤於職者，勿問漢人、回回，皆論誅之，且沒其家。」[176]在忽必烈的心目中，宰相也好，一般臣僚也好，都是自己的奴僕。勤於職守，為主人效犬馬之勞，就是稱職的好官。反之，不勤於職守者，格殺勿論。本著這樣的原則，平章王文統、右丞盧世榮、右丞相桑哥以及參政郭佑、楊居寬等正副宰相，一個個難逃被誅殺的厄運。這種情況，與趙宋三百年文臣士大夫犯罪一般不殺的制度相比，無疑是形成了鮮明的對照。即使成吉思汗到蒙哥的前四汗時期，也很少發生此類誅殺所用大臣的現象。

人們注意到，數十年後元順帝妥歡帖睦爾和明太祖朱元璋，又相繼步其後塵，在誅殺大臣的道路上走得愈來愈遠。元順帝妥歡帖睦爾像走馬燈似的撤換和誅殺宰相，被他殺掉的一品大臣據說有五百餘人。[177]朱元璋大殺開國功臣，也是駭人聽聞，非常殘暴。如果說朱元璋的行徑主要是模仿漢高祖劉邦，元順帝則可能大抵仿效世祖皇帝忽必烈了。在這個意義上，稱忽必烈開了元朝誅殺宰相的先河，是毫不過言的。

另外，漢唐時期，宰相和三公坐而論道，奏聞政事時皆有座位。自北宋初，宰相奏聞開始失去了座位，常被論者視作相權式微的表現。忽必烈朝確立的省院台大臣奏聞，大臣一律下跪奏聞。只有許衡之類的名儒，經皇帝特許，方能得到「賜坐」的優遇。臣下的地位比起宋代又大大下降了。這應該視為北方民族臣下即奴婢習俗對元代君臣關係的嚴重浸染滲透，恰恰是忽必烈把省院台大臣奏聞時大臣跪奏的儀制正式規定下來。而且，一定程度上影響了明清兩代的相關儀制。

總之，忽必烈的蒙漢雜糅或「內蒙外漢」政策是忽必烈輝煌政治生涯的產物。它支撐和造就了忽必烈創建元帝國、統一和有效治理南北、推動多民族統一國家發展進程等偉大功業。然而，由於本身的矛盾和局限性，註定它僅僅能把南北統一之後包括階級矛盾、民族矛盾、統治階級內部矛盾等種種社會矛盾，在一定方面範圍和時期內加以緩和或維持，根本不可能在解決上述矛盾中有所突破。結局就是忽必烈所建造的元帝國大廈非常雄偉龐大，但它的根基並不十分穩固，存在著許多隱患和潛在危機。而財政危機、吏治敗壞的惡性發展、民族矛盾激化、統治集團的衝突和內訌，以及君臣關係主奴化等，恰恰構成了元末農民戰爭較少爆發和最終推翻元帝國的基本原因。元王朝不可能像大多數漢地王朝那樣享國二、三百年，其不足百年覆亡的命運，似乎是在劫難逃。

註釋

1《秋澗集》卷一三。
2《馬哥孛羅遊記》張星烺譯本，頁一三一、一五一，商務印書館，一九三六年。
3《瓦撒夫書》，轉引自馮承鈞譯《馬可波羅行記》，頁一七九，上海書店出版社，二〇〇〇年。
4《蒙古源流》道潤梯步校注本，頁一九六，內蒙古人民出版社，一九八一年。
5《廿二史箚記》卷三〇〈元世祖嗜利黷武〉。
6《草木子》卷三下〈雜制篇〉。
7《馬哥孛羅遊記》張星烺譯本，頁二一四，商務印書館，一九三六年。
8《元史》卷一〇二〈刑法志一〉，卷五〈世祖紀二〉中統三年十一月。
9《元史》卷一六五〈管如德傳〉。
10《元史》卷一二六〈安童傳〉。
11《元史》卷一四八〈董文忠傳〉。
12《元史》卷一五九〈趙璧傳〉。
13《元史》卷一二五〈鐵哥傳〉。

14《元朝名臣事略》卷一二〈內翰王文忠公〉。

15《草木子》卷三下〈雜制篇〉。

16《元文類》卷六〇〈中書左丞姚公神道碑〉；《元典章》卷四〇〈刑部二・刑獄・獄具〉。

17《勤齋集》卷三〈元故特授大司徒石公神道碑〉。

18《元史》卷一六三〈趙炳傳〉。

19《元史》卷一二六〈安童傳〉。

20《元朝名臣事略》卷七〈平章廉文正王〉。

21《元朝名臣事略》卷一一〈參政商文定公〉。

22《元史》卷一五一〈王忱傳〉。

23《元史》卷一七六〈劉正傳〉。

24《元朝名臣事略》卷四〈平章魯國文貞公〉。

25《元史》卷二〇二〈釋老傳〉。

26《秋澗集》卷三五〈上世祖皇帝論政事書〉。

27《草木子》卷四上〈談藪篇〉。

28《元史》卷二〇四〈宦者傳〉。

29《元史》卷九六〈食貨志四〉。

30《馬哥孛羅遊記》張星烺譯本，頁二〇七，商務印書館，一九三六年。

31《元史》卷九六〈食貨志四〉。

32《元典章》卷二三〈戶部九・農桑・栽種・道路栽植榆樹槐樹〉。

33《馬哥孛羅遊記》張星烺譯本，頁二〇四，商務印書館，一九三六年。

34《元典章》卷五七〈刑部十九・諸禁・禁賭博・賭博流遠斷罪例〉。

35《馬哥孛羅遊記》張星烺譯本，頁二一四，商務印書館，一九三六年。

36《草木子》卷三上〈克謹篇〉，頁四七。

37《道園類稿》卷四〇〈張忠獻公神道碑〉。

38《道園類稿》卷四〇〈賀忠愍公神道碑〉。

39《元史》卷一七二〈程鉅夫傳〉；《雪樓集》附錄揭傒斯〈程鉅夫行狀〉。

40《元朝名臣事略》卷八〈左丞許文正公〉。

41《元朝名臣事略》卷一二〈內翰王文康公〉。

42《元史》卷一五八〈李俊民傳〉。

43《元史》卷一七〈世祖紀十四〉至元三十年四月己亥。

44《元史》卷一九〇〈熊朋來傳〉。

45《元史》卷一三〇〈阿魯渾撒理傳〉。

46《元朝名臣事略》卷四〈平章魯國文貞公〉。

47《元史》卷一二二〈鐵邁赤傳〉。

48《元史》卷一五四〈洪福源傳〉。

49《元史》卷一六八〈姚天福傳〉。
50《元史》卷一六五〈管如德傳〉。
51《元史》卷一六〇〈閻復傳〉；《元朝名臣事略》卷一〇〈尚書劉文獻公〉，卷一一〈參政商文定公〉。
52《元史》卷一二四〈孟速思傳〉。
53《元朝名臣事略》卷八〈內翰竇文正公〉。
54《元朝名臣事略》卷一一〈左丞李忠宣公〉。
55《元文類》卷五三〈平章政事張公墓誌銘〉。
56《元朝名臣事略》卷一四〈左丞董忠獻公〉。
57《秋澗集》卷五八〈大元故正議大夫浙西道宣慰使行工部尚書孫公神道碑〉。
58《元史》卷一二五〈布魯海牙傳〉。
59《元史》卷一六二〈李庭傳〉。
60《元史》卷一七六〈梁曾傳〉。
61《元史》卷一六三〈張雄飛傳〉。
62《元史》卷一二九〈百家奴傳〉。
63《牧庵集》卷一六〈榮祿大夫福建行省平章大司農史公神道碑〉。
64《元史》卷一五六〈董文炳傳〉。
65《元史》卷一五三〈石天麟傳〉。
66《元史》卷一二三〈月里麻思傳〉，卷一三二〈麥里傳〉。
67《元史》卷一三四〈也先不花傳〉。
68《元朝名臣事略》卷二〈丞相淮安忠武王〉。
69《元史》卷一五〈世祖紀十二〉至元二十六年六月己酉。
70《元朝名臣事略》卷八〈左丞許文正公〉；《至正集》卷四八〈劉平章神道碑〉。
71《元史》卷一四九〈王珣傳〉。
72《元史》卷一六一〈楊大淵傳〉；《秋澗集》卷八〇〈中堂事記〉（上）。
73《元史》卷一六五〈管如德傳〉。
74《元史》卷一六九〈劉哈剌八都魯傳〉。
75《元史》卷一三〇〈不忽木傳〉。
76《松雪齋集》附錄〈大元故翰林學士承旨趙公行狀〉。
77楊建新、馬曼麗《成吉思汗忽必烈評傳》，頁四二四，南京大學出版社，二〇〇二年。
78《元史》卷一〇〈世祖紀七〉至元十五年六月；卷二〇五〈阿合馬傳〉。
79《元史》卷一七三〈馬紹傳〉。
80《元朝名臣事略》卷七〈平章廉文正王〉。
81《元史》卷一六二〈李庭傳〉，卷一二八〈土土哈傳〉；《金華集》卷二五〈湖廣行省平章政事劉公神道碑〉。
82《元史》卷一二七〈伯顏傳〉。

83《元史》卷一四九〈劉黑馬傳〉。

84《元朝名臣事略》卷四〈平章魯國文貞公〉。

85《元文類》卷七〇〈藁城董氏家傳〉。

86《金華集》卷二五〈湖廣行省平章政事劉公神道碑〉。

87《元史》卷一六七〈張立道傳〉。

88《歸田類稿》卷二〈時政書〉。

89《元朝名臣事略》卷四〈平章魯國文貞公〉。

90《元史》卷一五八〈竇默傳〉，卷一三四〈朵兒赤傳〉。

91《元史》卷一六八〈許國禎傳〉。

92《元朝名臣事略》卷七〈平章廉文正王〉。

93《元史》卷一五六〈張弘範傳〉。

94《元史》卷一六八〈姚天福傳〉；《元文類》卷六八〈大都路都總管姚公神道碑〉。

95《元史》卷一三〇〈阿魯渾撒理傳〉。

96《元史》卷一六三〈張雄飛傳〉。

97《元史》卷一六八〈許扆傳〉。

98《元史》卷一六四〈魏初傳〉。

99《元朝名臣事略》卷七〈平章廉文正王〉。

100《元史》卷一二六〈廉希憲傳〉，卷一三二〈昂吉兒傳〉，卷一五八〈竇默傳〉，卷一六〇〈王磐傳〉，卷一七三〈崔彧傳〉。

101《至正集》卷三五〈大一統志序〉。

102《元史》卷二〇五〈桑哥傳〉。

103杉山正明《遊牧民から見た世界史》，日本日經ビジネス人文庫，二〇〇三年。

104《草原帝國》藍琪譯本，頁三七五，北京商務印書館，一九九八年。

105《忽必烈》，吉林教育出版社，一九八六年；〈論忽必烈〉，《中國社會科學》，一九八一年二期。

106《劍橋中國遼西夏金元史》史衛民等譯本，頁五六一，中國社會科學出版社，一九九八年；另參閱 Rossabi, Morris. Khubilai Khan:His Life and Times. Berkeley and Los Angeles: University of California Press. 1988.

107〈忽必烈附會漢法的歷史考察〉，《中國史研究》，一九八一年四期。

108《元史》卷八五〈百官志一〉，卷八九〈百官志五〉。

109《元史》卷八九〈百官志五〉。

110《廿二史箚記》卷三〇〈元制百官皆蒙古人為之長〉；根據《元典章》卷七〈吏部一・官制一・內外諸官員數〉，大約在仁宗延祐年間，全國官員總數為二六，六九〇人。其中，朝官二，〇八九人，京官五〇六人，外任一九，八九五人，無品級四，二〇八人，色目官六，七八二人。此次統計，未將蒙古官員及胥吏計算在內。如果以蒙古官員數相當於色目官的二分之一強估算，蒙古官員數應該在四千左右。把這個數字計算進去，延祐年間全國官員總數應是三萬餘人。如此，蒙古和色目官員應相當於全國官員總數三分之一左右。

111 《元史》卷九九〈兵志二．宿衛〉；卷八六〈百官志二〉。

112 《元史》卷九一〈百官志七〉。

113 李涵、楊果〈元樞密院制度述略〉，《蒙古史研究》第三輯，內蒙古大學出版社，一九八九年。

114 蔡美彪《元代白話碑集錄》，〈一二九六盩厔太清宗聖宮聖旨碑〉，科學出版社，一九五五年；《蒙古源流》道潤梯步校注本，卷四，頁一九九，內蒙古人民出版社，一九八〇年；《紅史》陳慶英譯本，頁二七，西藏人民出版社，一九八八年。

115 《馬哥孛羅遊記》張星烺譯本，頁一二五，商務印書館，一九三六年；《史集》余大鈞、周建奇譯本，第二卷，頁三二五，北京商務印書館，一九八六年。

116 《元史》卷一〇六〈后妃表〉。

117 《元史》卷一一五〈顯宗傳〉。

118 《析津志輯佚．歲紀》，頁二一六，北京古籍出版社，一九八三年；楊允孚《灤京雜詠》；《可閒老人集》卷二〈輦下曲〉。

119 《道園類稿》卷五三〈上都留守賀公墓誌銘〉。

120 拙文〈元代「常朝」與御前奏聞考辨〉，《歷史研究》，二〇〇二年五期。

121 《元文類》卷六一〈參知政事賈公神道碑〉；《秋澗集》卷四八〈開府儀同三司中書右丞相忠武史公家傳〉。

122 《元史》卷一六五〈管如德傳〉。

123 《元典章》卷一〈詔令一．行蒙古字〉，卷三一〈禮部四．蒙古學．蒙古學校〉；《元史》卷八七〈百官志三〉；《道園類稿》卷四三〈順德路總管張公神道碑〉。

124 《元典章》卷三一〈禮部四．蒙古學．蒙古學校〉；《元史》卷八一〈選舉志一．學校〉。

125 《雲林集》卷三〈贈送蒙古字周教授〉。

126 〈大義略敘〉，《鄭思肖集》頁一八九，上海古籍出版社，一九九一年。

127 《元史》卷一五九〈趙璧傳〉；《元朝名臣事略》卷一一〈參政賈文正公〉。

128 《元朝名臣事略》卷八〈左丞許文正公〉。

129 《近光集》卷二〈立秋日書事五首〉。

130 《元史》卷九〈世祖紀六〉；《錢塘遺事》卷九引〈祈請使行程記〉。

131 《元史》卷七四〈祭祀志三〉。

132 《元史》卷七四〈祭祀志三〉，卷九〈世祖紀六〉至元十三年九月，卷七〈世祖紀四〉至元七年十月己丑，八年九月丙子。

133 《元史》卷七二〈祭祀志一〉；《秋澗集》卷八一〈中堂事記〉（中）；《馬哥孛羅遊記》張星烺譯本，頁一二七，商務印書館，一九三六年。

134 《元史》卷六七〈禮樂志一〉；《元文類》卷六八〈平章政事致事尚公神道碑〉；《滋溪文稿》卷二二〈故昭文館大學士中奉大夫知太史院侍儀事趙文昭公行狀〉。

135 《史集》余大鈞、周建奇譯本，第二卷，頁一七五。

136 《馬哥孛羅遊記》張星烺譯本，頁一七四，商務印書館，一九三六年。

137 《元史》卷五〈世祖紀二〉。

138、141 《可閒老人集》卷二〈輦下曲〉。

139 《秋澗集》卷五七〈大元故關西軍儲大使呂公神道碑〉。

140 《出使蒙古記》周良霄譯本，頁六二、一九四，中國社會科學出版社，一九八三年。

142 《馬哥孛羅遊記》張星烺譯本，頁一六八、一七七，商務印書館，一九三六年。

143 《出使蒙古記》周良霄譯本，頁六〇，中國社會科學出版社，一九八三年。

144 《元史》卷九〈世祖紀六〉。

145 《秋澗集》卷五七〈大元故關西軍儲大使呂公神道碑〉。

146 《蒙古源流》道潤梯步譯本，頁二二二、二二七，內蒙古人民出版社，一九八一年。

147 《資治通鑑》卷一九八，貞觀二十一年五月。

148 《清聖祖實錄》卷一五一。

149 《史集》余大鈞、周建奇譯本，第一卷第二分冊，頁三五四，第二卷，頁二二四，北京商務印書館，一九八三年；《元史》卷三〈憲宗紀〉。

150 《元文類》卷五七〈中書令耶律公神道碑〉。

151 《元史》卷四〈世祖紀一〉，卷七〈世祖紀四〉。

152 《秋澗集》卷八二〈中堂事記〉（下）。

153 《元史》卷八〈世祖紀五〉。

154 《元朝名臣事略》卷一四〈左丞董忠獻公〉。

155 《許文正公遺書》卷七〈奏疏〉、〈立國規模〉。

156 《增訂湖山類稿》卷一〈醉歌〉，中華書局，一九八四年，頁一四。

157 《鄭思肖集》〈大義略敘〉，頁一八九，上海古籍出版社，一九九一年。

158 《關於徐一夔〈織工對〉》，《歷史研究》，一九五八年一期。

159《梁石門集》卷八。

160 格魯塞《草原帝國》藍琪譯本，頁三七六，北京商務印書館，一九九八年。

161 郭正忠〈中國古代官僚機構的膨脹規律及根源〉，《晉陽學刊》，一九八七年三期。

162《秋澗集》卷八九〈烏台筆補·論州縣官經斷罰事狀〉；另，劉塤《隱居通議》卷三一〈元貞陳言〉也有類似議論。

163《元史》卷一八〈成宗紀一〉至元三十一年五月壬申，十一月庚戌。

164《元史》卷二一〈成宗紀四〉。

165《黑韃事略》；《增訂湖山類稿》卷一〈醉歌〉。

166《史集》余大鈞、周建奇譯本，第二卷，頁九四，北京商務印書館，一九八五年。

167 參閱拙著《行省制度研究》，頁三一五，南開大學出版社，二〇〇〇年十一月。

168《元史》卷六〈世祖紀三〉。

169《梁石門集》卷八〈元〉。

170《通制條格》卷二七〈漢人毆蒙古人〉；《元史》卷七〈世祖紀四〉；《元典章》卷四四〈刑部六·雜例·蒙古人打漢人不得還〉。

171《元典章》卷三五〈兵部二·達魯花赤提調軍器庫〉。

172《元典章》卷三五〈拘收弓手軍器〉；《通制條格》卷二七〈禁約軍器〉。

173《草木子》卷三之上〈克謹篇〉。

174《庚申外史》任崇岳箋證本，卷上，頁二五，中州古籍出版社，一九九一年；《馬哥孛羅遊記》張星烺譯本，頁一六四，商務印書館，一九三六年。

175《紫山集》卷二一〈論治法〉。

176《元史》卷一〇〈世祖紀七〉。

177《庚申外史》任崇岳箋證本，卷下，頁一五六，中州古籍出版社，一九九一年。

附錄　忽必烈大事紀

元朝紀年	西元	大事紀	世界大事紀要
元太祖十年	一二一五	九月二十三日，忽必烈出生於燕京（北京）戰地，為成吉思帝第四子拖雷之次子，成吉思汗御賜名為忽必烈，有轉世之意。	英國貴族進軍倫敦，逼迫英王簽署《大憲章》。
十二年	一二一七	燕京再發生特大火災。一二一一年曾發生一次火災。這兩次大火幾乎把金朝舊都燕京給毀了，成吉思帝封木華黎為太師國王建行省於燕京，負責太行以南軍事，偏師經營金國。速不台滅蔑兒乞部，殺火都兄弟。	
十三年	一二一八	春，成吉思帝派出由牙剌瓦未率領的三人使團回訪花剌子模。花剌子模不快。但還是來往，派來三個商人。五月，成吉思帝派五百人商團到花剌子模，並給摩訶末國王寫了一份國書。但是，成吉思帝所派之五百人商團全部被摩訶末國王殺害。八月，成吉思汗再次派出以布吉拉為首的三	第五次十字軍東征，以埃及為目標。（一二一八—一二二一）

		人使團到花剌子模，向摩訶末提出抗議。摩訶末已後悔但還是殺死了布吉拉。金將張柔降蒙古，蒙古任為河北都元帥。十月，成吉思汗派哲別滅西遼，討伐古出魯克。
十四年	一二一九	四月，成吉思帝親率大軍，殺向花剌子模。拖雷、忽必烈跟隨耶律楚材隨成吉思帝西征。成吉思汗令劉仲祿召長春真人丘處機。
十五年	一二二〇	木華黎入濟南，嚴實降蒙古，與蒙軍圍金東平。是年，耶律楚材告成吉思汗，「治天下當用『治天下匠』（儒者）」。
十六年	一二二一	西夏配合木華黎攻金。蒙古兵破金東平（今屬山東），使嚴實建行省。從此金失山東，嚴實為依附蒙古之地方勢力。木華黎圍金延安。
十七年	一二二二	成吉思汗滅花剌子模，掠印度而還，回師渡阿姆河，接見長春真人丘處機，封國師，命部領道教。哲別、速不台遠征。木華黎取金河中府。
十八年	一二二三	五月，成吉思汗軍打敗俄羅斯聯軍。木華黎在中原病死。

二十年	一二二五	成吉思汗七年西征歸來。在葉密立河畔舉行儀式。在慶功那達慕上，忽必烈一箭射中一隻兔子，贏得爺爺成吉思汗的誇獎。是年冬，成吉思汗與忽必烈在大蒙古帝國首都和林度過。拖雷之妻唆魯和帖尼曾召儒士到漠北和林侍諸子講讀，因而忽必烈幼時已受到中原文化的影響，青年時便「思大有為於天下」。	
二十一年	一二二六	春，成吉思汗軍進入西夏，在途中落馬受傷。	
二十二年	一二二七	六月，西夏國度銀川城被蒙古軍占領。八月二十五日，成吉思汗與世長辭。幼子拖雷監國。蒙古軍滅西夏。道士丘處機逝世。	
	一二二八		第六次十字軍東征，仍以埃及為目標。（一二二八—一二二九）
元太宗元年	一二二九	窩闊台即位，即元太宗，便在耶律楚材的倡議下，蒙古統治者開始採行漢制、任用文臣。繼續對金作戰。	

三年	一二三一	蒙古立中書省，改侍從官名，以耶律楚材為中書令。蒙古遣速不罕赴宋朝，請假道並會師攻金，為宋將所殺。	
四年	一二三二	夏，拖雷與窩闊台在河南會師後北返。拖雷在軍中病死。	
六年	一二三四	正月，金滅，命塔思率軍南下。	
七年	一二三五	拔都西征。窩闊台重建和林。	
八年	一二三六	窩闊台大行分封。忽必烈任河北邢台藩王。拔都渡過札牙黑河。耶律在和林。蒙古始行交鈔。學者楊惟中、姚樞受命從蒙古軍南下，收集理學書籍，招致儒、釋、道、醫、卜等人。姚樞在德安得名儒趙復，送往燕京講學。程朱理學遂行於北方。	拔都率領的第二次蒙古西征，入侵東歐，攻陷莫斯科基輔等地，更達波蘭亞得里亞海海岸。
九年	一二三七	拔都進入欽察草原。	
十年	一二三八	蒙古建太極書院於燕京，以趙復為師，傳播程朱理學。	

十二年	一二四〇		基輔羅斯被蒙古所滅。
十三年	一二四一	拔都打入波蘭和匈牙利。	
昭慈皇后稱制元年	一二四二	太宗窩闊台死，皇后乃馬真問政，蒙古事業停滯。忽必烈留心政治，延請老臣及學士，研究治理國家的大道。此年，召燕京海雲到和林論道，以劉秉忠（子聰）為謀士，禮遇理學家姚樞、竇默，召用儒者張文謙、張德輝等。諸人勸以尊孔子，用儒生，重農桑。又有雲中懷仁人趙璧也以兼通蒙古文為忽必烈所召用。	蒙古在俄地建立金帳汗國（欽察汗國）。
二年	一二四三	拔都建撒萊城，正式成立欽察帝國。	
三年	一二四四	忽必烈將金朝的狀元、東明人王鶚請至漠北。蒙古中書令耶律楚材去世，楊惟中代為中書令。吐蕃八思巴之叔薩斯迦班智達約在本年會見蒙古闊端，表示接受蒙古大汗管轄。	
元定宗元年	一二四六	定宗貴由即位。	
二年	一二四七	冀寧交城人張德輝也應忽必烈之召來到漠北。	

三年	一二四八	貴由汗死，海米失後聽政。速不台死（一一七〇—一二四八）。	法王路易九世發動第七次十字軍東征，目標為埃及，慘敗。（一二四八—一二五四）
元憲宗元年	一二五一	憲宗蒙哥即位。命令忽必烈總領漠南漢地軍國庶事，忽必烈由和林南下，建立金蓮川幕府。	
二年	一二五二	被張德輝、元好問奉贈為「儒教大宗師」尊號。郝經受召。六月，忽必烈奉命征蒙哥汗、窩闊台子孫諸王往各邊，賜海米失後死。	
三年	一二五三	忽必烈受關中封地。十二月，忽必烈攻占大理（白族政權），凡收八府四郡三十七部。忽必烈北歸，留兀良海台平定大理。賀仁傑之父賀賁，在忽必烈率軍征大理時，獻金助軍費，並薦賀仁傑為怯薛。賀仁傑以勤勞侍奉得到了忽必烈的寵信。八思巴在六盤山謁見忽必烈，是年蒙古第三次西征開始，以旭烈兀（忽必烈弟）為帥。	
四年	一二五四	蒙古軍進入吐蕃，平定不服從蒙古大汗之貴族。秋，忽必烈從大理還，於京兆（今西安市）分地置宣撫司，以廉希憲為使，旋回到金蓮川。	馬可波羅在義大利威尼斯市出生。

五年	一二五五	忽必烈在京兆（西安）興學，用理學家許衡為提舉。	
六年	一二五六	三月，忽必烈命劉秉忠興建上都城（初名開平）。旭烈兀翦滅木剌夷，後攻阿拔斯王朝首都巴格達。文天祥於本年中狀元。	
七年	一二五七	春，忽必烈因採行漢法而引起蒙哥的猜忌被撤職，解除其兵權。蒙哥派親信大臣阿藍答兒等至陝西、河南鉤考錢穀。元好問去世，活了六十八歲。南宋任賈似道為兩淮宣撫大使。蒙古軍攻安南（越南）。	
八年	一二五八	上都城基本建成。在城欒隅建大龍光華嚴寺。夏，忽必烈於城內主持佛道大辯論。十一月三日，忽必烈從上都城東北榪牙後啟行，與蒙哥汗征四川。又令蒙古益都行省李璮（李全子）出兵，李璮攻海州、漣水軍以塞責。	旭烈兀滅黑衣大食（阿拔斯王朝）。
九年	一二五九	二月，在邢州。南征鄂州（武昌）。七月，蒙哥病死於四川釣魚城。八月，忽必烈渡淮，至黃陂。九月初，忽必烈得到蒙哥死訊，但他不願無功而歸，渡江進圍鄂州。十一月，忽必烈得知幼弟阿	

里不哥謀自立為汗，急忙與南宋權相賈似道議和，十一月二十日返抵燕京，住京三個月。

元世祖中統元年

一二六〇

三月，從京出發抵上都。三月二十四日，忽必烈繼蒙古帝國皇帝位（元世祖）。察哈台之孫阿吉嘎等參加。合丹、塔察兒等東、西道蒙古宗王率眾來會。設立開平府，設達魯花赤（鎮守官）和總管各一員。忽必烈最早任命的行政官，是開平府達魯花赤兀良合帶，總管是忙古都、董銓，同知是阿合馬。阿合馬為回回人，以善於理財而得到忽必烈的信任，他以同知兼太倉使。世祖加封李璮為江淮大都督。任王文統為平章政事，文統自此用事。以吐蕃僧八思巴為國師，統佛教，管轄西藏政事。七月，世祖率大軍北上攻取和林。蒙古初行中統寶鈔。賈似道扣留蒙古使臣郝經，封鎖消息。旭烈兀以貼必力思城為首都、巴格達為陪都，建立伊兒帝國，於一三八八年為貼木兒帝國所併。志費尼仍在撰寫《世界硼匠者史》，這時他剛受命為巴格達的長官。

二年

一二六一

二月十四日，世祖由燕京赴上都，召燕京行省官至上都理事。八月七日。命上都守臣祭奠孔子於宣聖廟，蒙古詔軍中所俘儒士，聽贖為民。十月，

尼西亞帝國得熱那亞人之助，重建東羅馬帝國。

		世祖率大軍北征阿里不哥，大破之。十一月，大軍回師，忽必烈率漢軍諸萬戶和武衛軍返駐潮河川。
三年	一二六二	二月，蒙古益都行省長官、江淮大都督李璮舉兵反叛元，與宋連結，進據濟南。忽必烈派史天澤等不到半年的時間內鎮壓了李璮之變，破濟南，殺死李璮。李璮之變使忽必烈對漢人世侯和官僚產生了嚴重的疑慮，平章政事王文統以通李璮被殺。忽必烈將興州、松山縣、望雲縣劃歸上都城，八月，燕京行省官從上都南返。
四年	一二六三	五月九日，升開平府為上都．設上都路總管府，仍設路達魯花赤和總管。六月，設立上都惠民藥局。
中統五年 至元元年	一二六四	遷都燕京，稱大都，上都為陪都，纂《五經要語》。二月，詔史權等漢軍萬戶赴上都參加大朝會。同月始重建大都瓊華島（今北海），臨安府學生葉李、蕭規上書言賈似道專權、誤國、害民。七月，阿里不哥窮蹙，至上都投降。世祖主持召開忽里台，處置阿里不哥及其亂黨。十月，

		下詔禁止上都畿內捕獵。在大都瓊華島接見高麗國王。十一月，擢升阿合馬為中書平章政事，繼任開平府同知的是漢人張煥。	
二年	一二六五	開始新建北京（大都），義大利商人波羅兄弟初次抵達上都。宋加封賈似道太師，封魏國公。	文學家但丁出生。（一二六五—一三二一）
三年	一二六六	海都在封地舉兵叛。世祖親征海都。蒙古立制國用使司，以阿合馬為使。七月，詔上都路總管府，遇皇帝巡幸，行留守司事，皇帝還大都，仍掌總管府事，十二月，始建上都大安閣。	
四年	一二六七	五月，命上都重建孔子廟，築大都宮城。以許衡為國子祭酒。	
五年	一二六八	正月，建上都城隍廟。蒙古西北藩王質問留漢地、用漢法之故。	
六年	一二六九	八思巴到達上都，世祖命造八思巴文。八思巴作蒙古新字成，加號「大寶法王」，世祖纂《十福經》。六月，高麗國王王禃遣子王堪至上都朝見忽必烈。	

七年	一二七〇	五月，由於上都地理遙遠，商旅往來不易，命令免除課稅，蒙古立尚書省，罷制國用使司，以阿合馬平章尚書省事。
八年	一二七一	蒙古定國號為元。以元為宗主國，以欽察汗國、伊利汗國、察合台汗國為宗藩國，馬可波羅奉羅馬教皇命隨父叔波羅兄弟從阿克城出發出使中國，經伊朗等地抵中國。十一月，上都大安閣建成。
十年	一二七三	正月，世祖攻克樊城。四月南宋襄陽守將呂文煥降元，到上都城朝忽必烈，忽必烈召大臣部署攻宋方略。
十一年	一二七四	攻日本。五月，以皇女都魯揭里迷失出嫁王堪。七月，王埴死，世祖命同知上都留守司事張煥冊封王堪為高麗國王。建上都乾元寺、太一宮。七月，受命統率攻宋軍隊的將領伯顏等人從上都辭行南下，忽必烈要求伯顏徹底改變蒙古的殺掠傳統，採用取其土地人民，使之安業力農的方針。劉秉忠死。

十二年	一二七五	五月，馬可波羅到中國的上都覲見忽必烈皇帝。元軍攻臨安，南宋恭帝降，宰相文天祥立少帝，繼續抗元。夏，忽必烈將伯顏召回上都，調整攻宋部署。八月，伯顏離上都南下。九月，賈似道被押送官鄭虎臣所殺。元平章軍國重事史天澤死。郝經被賈似道扣留多年，是年獲釋，北還後死。
十三年	一二七六	文天祥以宋右丞相入元營談判，被扣留。三月，世祖命上都和雇、和買按照大都常例實行。四月，令水達達分地歲輸皮革在上都交納。文天祥於二月十九日自鎮江元營逃出，至此始至溫州。五月，伯顏攜宋帝趙㬎至上都，忽必烈封趙㬎為瀛國公，南宋亡。忽必烈以平宋遣官祭告天地、祖宗於上都近郊，元諸王脫里帖木兒等劫皇子那木罕等，奉昔里吉（蒙哥之子）以叛，進攻和林，八月，世祖命闊闊率李庭等拒叛軍，召阿朮北歸，召宋太皇太后北上。九月，命阿朮征叛王。
十四年	一二七七	正月，括上都獵戶為兵。時元萬戶只兒斡帶於應昌舉兵，叛應昔里吉，漠南漠北大震，世祖召南征諸將北返。從伯顏北討。是夏，元諸王伯木兒

		等大破只兒斡帶，殲其軍。伯顏在和林城北斡兒洹水上大破昔里吉軍。八月，忽必烈狩獵於上都北郊。建崇真宮於上都，以居玄教道士。
十五年	一二七八	文天祥被俘。元以張弘範為蒙古、漢軍都元帥，率兵南下。七月，上都守城軍二千人免為民。龍崗失火，有人建議遷都，遭廉希憲等反對而止。
十六年	一二七九	世祖皇后察必死。二月，立儀象圭表於上都。忽必烈命張弘範克崖山，殘宋幼帝趙炳投海死。張弘範要求文天祥招降張世傑，文天祥書〈過零丁洋〉詩拒之。三月，郭守敬由上都歷大都、河南至南海，測驗晷景。四月，詔以上都軍四千為虎賁軍，守上都城，其他地方來的鎮戍士兵都遣還原籍。同月，帝師八思巴死，亦鄰真嗣為帝師。五月，忽必烈命張留孫在行宮設壇祭祀，歷時五晝夜。十月，文天祥被押送至大都，是年，雲南行省平章政事賽典赤・贍思丁死。
十七年	一二八〇	世祖娶南必。元政府實行郭守敬《授時曆》，五月，在察罕腦兒建立行宮。六月，罷上都奧魯宮，以留守司兼管奧魯事。是年，張弘範、姚樞、竇默、廉希憲、關漢卿相繼逝世。

十八年	一二八一	二月，正式設置上都留守司，兼本路都總管府，改變了過去以總管府兼行留守司的作法。留守司是掌管上都路行政管理的機構。命范文虎再次攻日本，七月，颶風毀船。八月，龍虎山天師張宗演等人在壽寧宮作醮事，歷時五晝夜。九月，給鈔賑上都饑民。許衡死。
十九年	一二八二	抗元秘密武裝、益都千戶王著等矯太子令，夜入中書省，暗殺了阿合馬，忽必烈再三改善海上航道。十一月，在上都建立用庫，十二月，以宋亡君趙溪及其宗室趙輿驃等人定居上都。
二十年	一二八三	一月十七日，文天祥在大都英勇就義，時年四十七歲。正月，發鈔三千錠糴糧於察罕腦兒，供給軍匠。罷上都回易庫。六月，差遣五衛軍人修築上都行殿外牆。七月，命上都商稅六十分取一。十二月，給鈔四萬錠糴於上都。
二十一年	一二八四	四月，高麗國王王椿攜公主與兒子到上都朝見忽必烈。

二十二年	一二八五	正月，設立上都路群牧都轉運使司。三月，立上都規措所回易庫，五月，減上都商稅。元軍入安南，以疾疫撤走。
二十三年	一二八六	十月，減汰上都留守司官員冗員。
二十四年	一二八七	大都建成，立國子監，弟子員一百二十人，蒙漢各半，同年五月，因為東道蒙古宗王乃顏反叛，忽必烈率大軍自上都出發親征叛逆者乃顏等，駐軍應昌。八月，忽必烈返回上都。
二十五年	一二八八	五月，營建上都城內倉庫。設宣政院專管西藏事務。賜原宋帝趙㬎鈔百錠。不久，趙㬎皈依佛法。叛王海都犯北邊。十二月，命上都募人運米萬石至和林。
二十六年	一二八九	七月，忽必烈率軍隊北上征討西北叛王海都。開會通河。
二十七年	一二九〇	二月，發虎賁更休士二千人赴上都城修城。十月，增上都留守司副留守、叛官各一員。十一月，禁上都釀酒。

二十八年	一二九一	正月，雇民運米十萬石至上都，由官府定價出售。二月以虎賁士二千人屯田。開挖通惠河，溝通了從杭州到大都的南北大運河。桑哥以專權罷相，被殺。	十字軍的最後一個據點—阿卡被穆斯林攻占，十字軍東征至此完全失敗。
二十九年	一二九二	馬可波羅離元回義大利，升上都兵馬司為正四品。十月解除上都酒禁。十一月，增調侍衛軍一千人赴上都屯田。	
三十年	一二九三	伯顏從和林進擊海都，敗之。通惠河完工。	
三十一年	一二九四	二月十九日，忽必烈病死於上都，在位三十五年。四月，皇孫鐵穆耳由漠北率軍抵上都，並即帝位（元成宗），受文武首官朝賀於上都大安閣，派遣安童於兀都帶等請謚於上都南郊。元世祖忽必烈帝建立了北抵北極海，西抵於中亞細亞，西南抵喜馬拉雅山，南抵南洋群島，東抵大海的龐大帝國。忽必烈帝是中國卓越的政治家。	

歷史，

中國史

忽必烈傳

作者	李治安
發行人	王春申
編輯指導	林明昌
副總經理兼任副總編輯	高　珊
責任編輯	徐　平
封面設計	吳郁婷
封面題字	侯吉諒
校對	趙蓓芬
印務	陳基榮
出版發行	臺灣商務印書館股份有限公司
地址	23150 新北市新店區復興路43號8樓
電話	(02) 8667-3712　傳真：(02) 8667-3709
讀者服務專線	0800056196
郵撥	0000165-1
E-mail	ecptw@cptw.com.tw
網路書店網址	www.cptw.com.tw
網路書店臉書	facebook.com.tw/ecptwdoing
臉書	facebook.com.tw/ecptw
部落格	blog.yam.com/ecptw

局版北市業字第 993 號
臺灣初版一刷：2017 年 7 月
定價：新台幣 800 元

ISBN 978-957-05-3082-7

元大都（燕京）平面示意圖

（元成祖忽必烈時期）

一二〇六年，成吉思汗建立蒙古帝國，到一二一五年，成吉思汗率大軍攻克金中都（今北京）。一二一七年，太師、國王木華黎改中都為燕京。一二六〇年忽必烈即位，以元上都（今內蒙古多倫縣）為帝都。但是上都位置偏北，對控制中原不利，因此忽必烈在一二六四年解決了與其弟阿里不哥的汗位之爭後，決定遷都至燕京地區。一二六三年，忽必烈下詔升開平府為上都。一二六四年，忽必烈發布《建國都詔》，改燕京（今北京）為中都，定為陪都，兩都制正式形成。一二六七年，元世祖忽必烈由上都遷都到位於中原的中都，定中都為首都，將上都作為陪都。一二七二年，忽必烈將中都改名為大都（突厥語稱汗八里，帝都之意），並建中書省署在此。

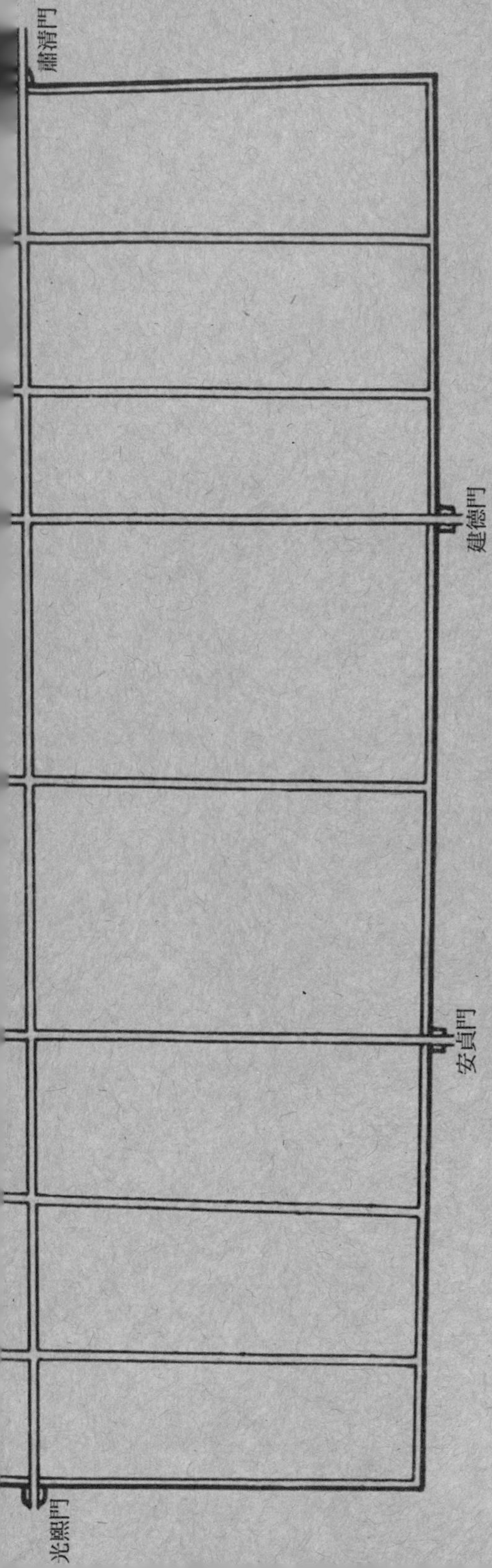